本書中文版由汲古書院授權出版

正史宋元版之研究

〔日〕尾崎康 著
喬秀岩 王鏗 編譯

中華書局

圖書在版編目(CIP)數據

正史宋元版之研究/(日)尾崎康著;喬秀岩,王鏗編譯. —北京:中華書局,2018.3(2019.2重印)
ISBN 978-7-101-12767-6

Ⅰ.正…　Ⅱ.①尾…②喬…③王…　Ⅲ.版本學-研究-中國-宋元時期　Ⅳ.G256.22

中國版本圖書館 CIP 數據核字(2017)第 203384 號

責任編輯：王　勇
責任校對：彭春芳
封面題簽：顧廷龍

正史宋元版之研究
〔日〕尾崎康 著
喬秀岩　王　鏗 編譯
*
中 華 書 局 出 版 發 行
(北京市豐臺區太平橋西里 38 號　100073)
http://www.zhbc.com.cn
E-mail:zhbc@zhbc.com.cn
北京市白帆印務有限公司印刷
*
710×1000 毫米 1/16・46¾印張・13 插頁・580 千字
2018 年 3 月北京第 1 版　2019 年 2 月北京第 2 次印刷
印數:3001-6000 册　定價:198.00 元

ISBN 978-7-101-12767-6

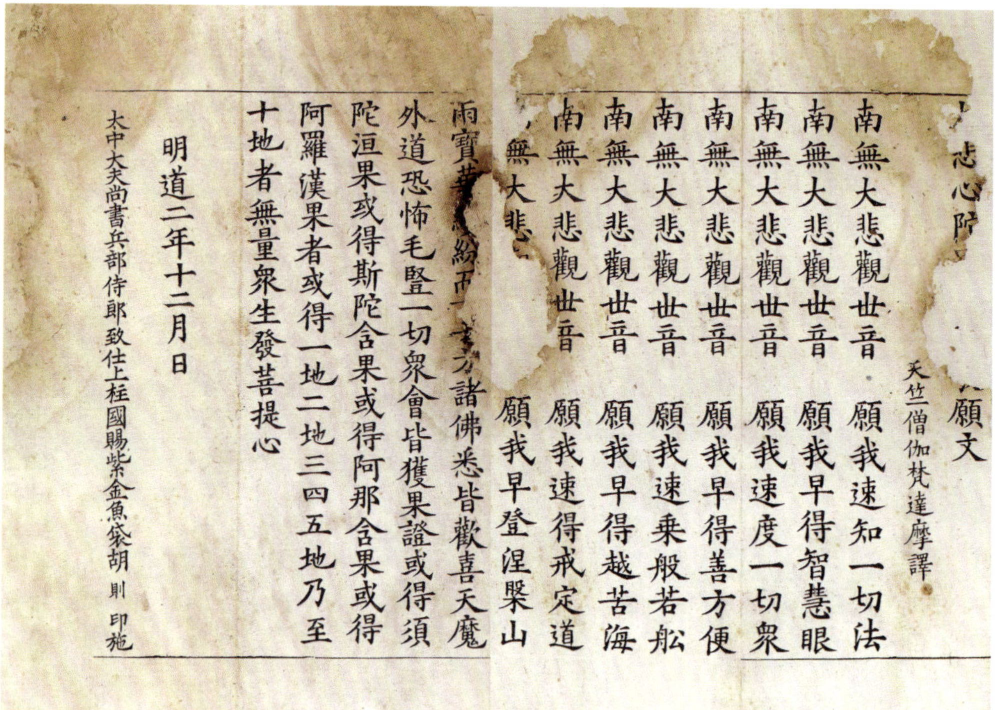
大悲心陀……願文
天竺僧伽梵達摩譯
南無大悲觀世音　願我速知一切法
南無大悲觀世音　願我早得智慧眼
南無大悲觀世音　願我速度一切衆
南無大悲觀世音　願我早得善方便
南無大悲觀世音　願我速乘般若船
南無大悲觀世音　願我早得越苦海
南無大悲觀世音　願我速得戒定道
南無大悲……　願我早登涅槃山
雨寶華繽紛十方諸佛悉皆歡喜天魔
外道恐怖毛竪一切衆會皆獲果證或得須
陀洹果或得斯陀含果或得阿那含果或得
阿羅漢果者或得一地二地三四五地乃至
十地者無量衆生發菩提心
明道二年十二月日
太中大夫尚書兵部侍郎致仕上柱國賜紫金魚袋胡　則　印施

北宋版《大悲心陀羅尼經》

溫州慧光寺舊藏（據文物出版社《白象慧光》轉載）

聖壽取　鈞旨

十一月　日奉議郎守尚書禮部員外郎兼講議司參詳官陳暘劄子

十一月二十日進　　呈三省同奉

聖旨依所乞已降

勅命訖二十二日午時付禮部施行仍關合屬去處

尚書省牒福州崇寧萬壽大藏

禮部員外郎陳暘白劄子竊見

朝廷近降指揮

天寧節天下州軍各許建寺以崇寧爲額仍候了

日賜經一藏契勘大藏經唯

都下有板於是親爲勸首於福州東禪院勸請僧

募衆緣雕造大藏經板及建立藏院一所欲乞

勅賜東禪經藏以崇寧萬壽大藏爲名候指揮

牒奉

勅宜賜崇寧萬壽大藏爲名　　牒至准

勅故牒

崇寧二年十一月二十二日牒

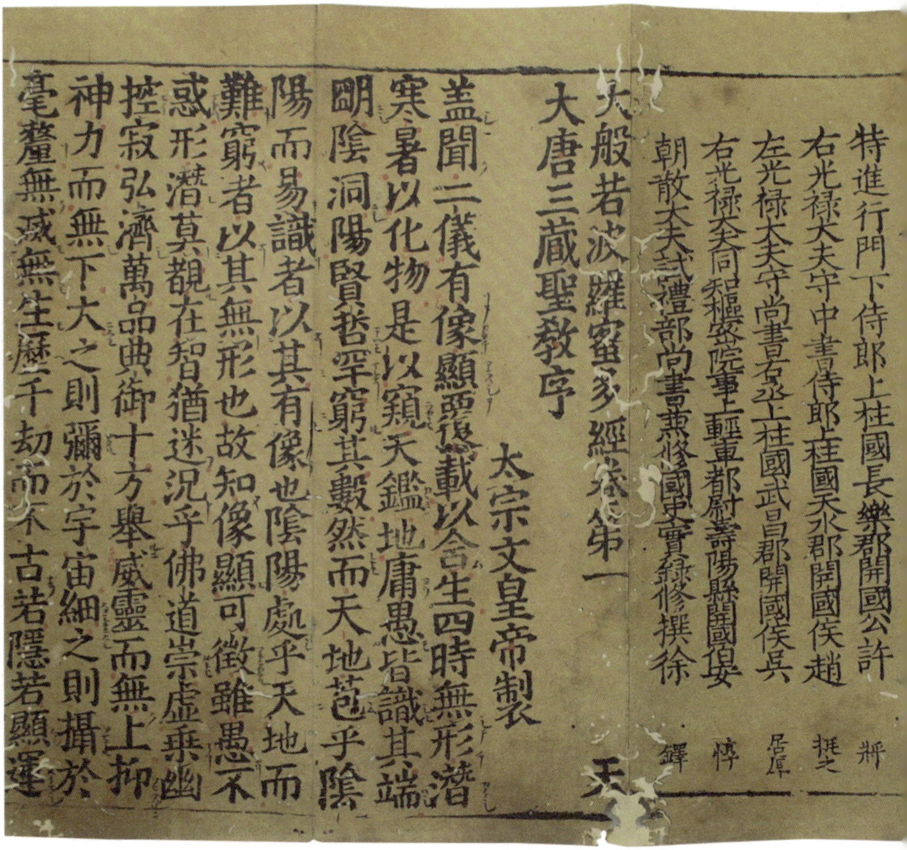
特進行門下侍郎上柱國長樂郡開國公許　將
右光祿大夫守中書侍郎上柱國天水郡開國侯趙　挺之
左光祿大夫守尚書右丞上柱國武昌郡開國侯吳　居厚
右光祿大夫同知樞密院事上輕車都尉壽陽縣開國子安　惇
朝散大夫試禮部尚書兼修國史實錄修撰徐　鐸

大般若波羅蜜多經卷第一　天
大唐三藏聖教序
太宗文皇帝製
蓋聞二儀有像顯覆載以含生四時無形潛
寒暑以化物是以窺天鑑地庸愚皆識其端
明陰洞陽賢哲罕窮其數然而天地苞乎陰
陽而易識者以其有像也陰陽處乎天地而
難窮者以其無形也故知像顯可徵雖愚不
惑形潛莫覩在智猶迷況乎佛道崇虛乘幽
控寂弘濟萬品典御十方舉威靈而無上抑
神力而無下大之則彌於宇宙細之則攝於
毫釐無滅無生歷千劫而不古若隱若顯運

東禪寺版大藏經首函首卷（南宋補版）

稱名寺所藏（神奈川縣立金澤文庫保管）（圖像數據由該文庫提供）

福州開元禪寺住持傳法賜紫慧通大師了一謹募衆緣恭爲
今上　皇帝祝延　聖壽文武官僚資崇　禄位圓成雕造
毗盧大藏經板一副舍紹興戊辰閏八月　日　句複　謹題

二經同卷　一　高

最上大乘金剛大教寶王經卷上

最上大乘金剛大教寶王經卷下

最上大乘金剛大教寶王經卷上

西天譯經三藏朝散大夫試鴻臚卿傳教大師臣法天奉　詔譯

如是我聞一時世尊在廣嚴城菴羅樹園與大苾芻衆六十萬人俱其名曰尊者大迦葉尊者優樓頻螺迦葉尊者那提迦葉尊者須菩提尊者尊那尊者大目乾連尊者舍利弗尊者劫賓那尊者摩呬捺囉尊者優波梨尊者阿難如是等苾芻衆六十萬人俱復有菩薩摩訶薩其名曰師子威德菩薩摩訶薩地藏菩薩摩訶薩虚空藏菩薩摩訶薩普賢菩薩摩訶薩金剛手

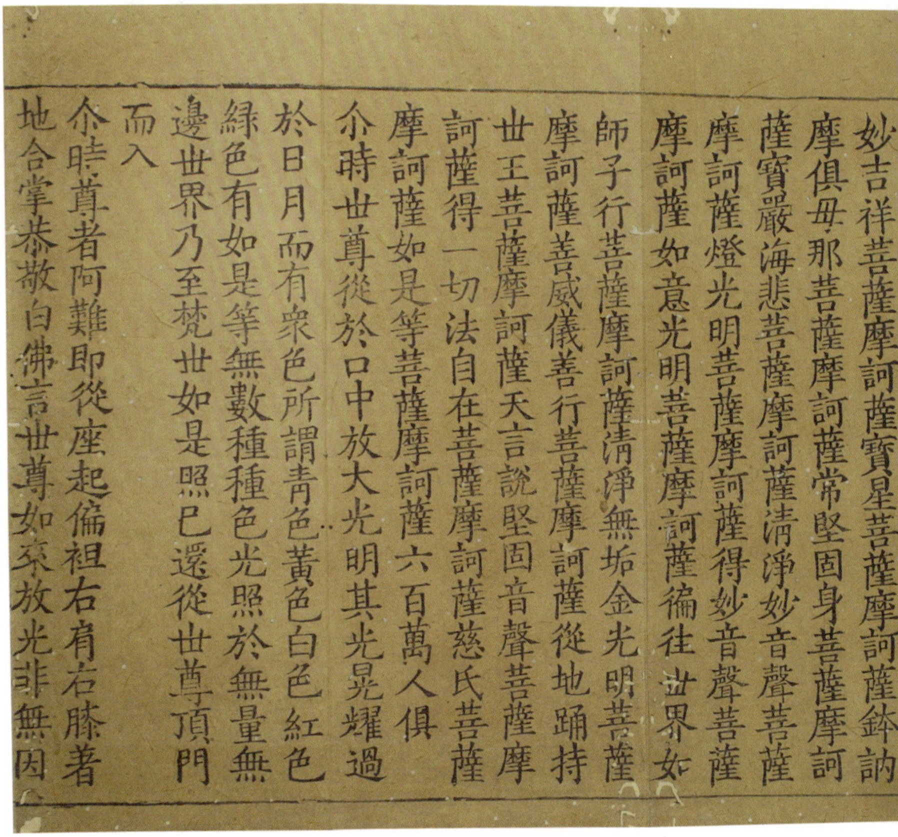
妙吉祥菩薩摩訶薩寶星菩薩摩訶薩鉢訥
摩俱毋那菩薩摩訶薩常堅固身菩薩摩訶
薩寶嚴海悲菩薩摩訶薩清淨妙音聲菩薩
摩訶薩燈光明菩薩摩訶薩得妙音聲菩薩
摩訶薩如意光明菩薩摩訶薩徧往世界如
師子行菩薩摩訶薩清淨無垢金光明菩薩
摩訶薩善威儀善行菩薩摩訶薩從地踊持
世王菩薩摩訶薩天言說堅固音聲菩薩摩
訶薩得一切法自在菩薩摩訶薩慈氏菩薩
摩訶薩如是等菩薩摩訶薩六百萬人俱
尒時世尊從於口中放大光明其光晃耀過
於日月而有衆色所謂青色黃色白色紅色
緑色有如是等無數種種色光照於無量無
邊世界乃至梵世如是照已還從世尊頂門
而入
尒時尊者阿難即從座起偏袒右肩右膝著
地合掌恭敬白佛言世尊如來放光非無因

開元寺版大藏經

稱名寺所藏（神奈川縣立金澤文庫保管）（圖像數據由該文庫提供）

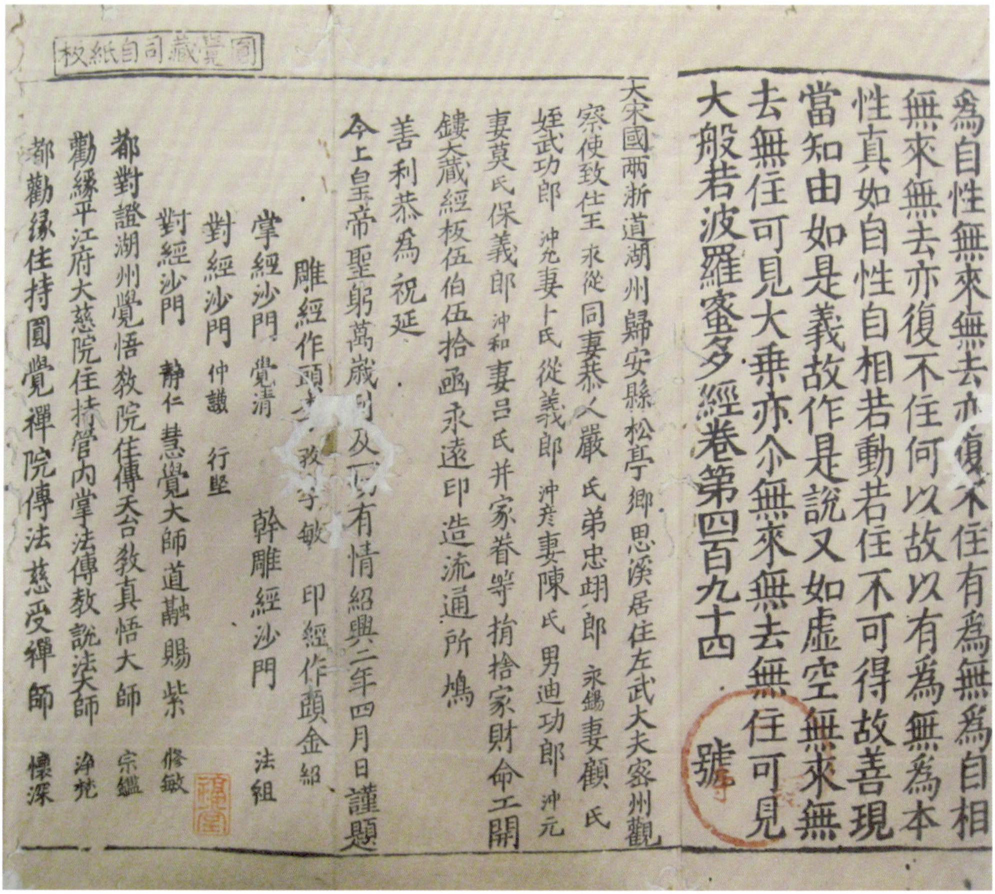
爲自性無來無去亦復不住有爲無爲自相
無來無去亦復不住何以故以有爲無爲本
性真如自性自相若動若住不可得故善現
當知由如是義故作是說又如虛空無來無
去無住可見大乘亦尒無來無去無住可見
大般若波羅蜜多經卷第四百九十四
大宋國兩浙道湖州歸安縣松亭鄉思溪居住左武大夫密州觀
察使致仕王永從同妻恭人嚴氏弟忠翊郎永錫妻顧氏
姪武功郎沖允妻卜氏從義郎沖彥妻陳氏男迪功郎沖元
妻莫氏保義郎沖和妻呂氏并家眷等捐捨家財命工開
鏤大藏經板伍伯伍拾函永遠印造流通所鳩
善利恭爲祝延
今上皇帝聖躬萬歲以及[illegible]有情紹興二年四月日謹題
雕經作頭[illegible]孜 [illegible]敏 印經作頭金紹
掌經沙門覺清 幹雕經沙門法祖
對經沙門仲謙 行堅
對經沙門靜仁 慧覺大師道融賜紫 修敏
都對證湖州覺悟教院住持傳天台教真悟大師 宗鑑
勸緣平江府大慈院住持管內掌法傳教說法大師 淨梵
都勸緣住持圓覺禪院傳法慈受禪師 懷深
圓覺藏司自紙校

思溪版大藏經

五島美術館大東急紀念文庫藏品（圖像數據由該文庫提供）

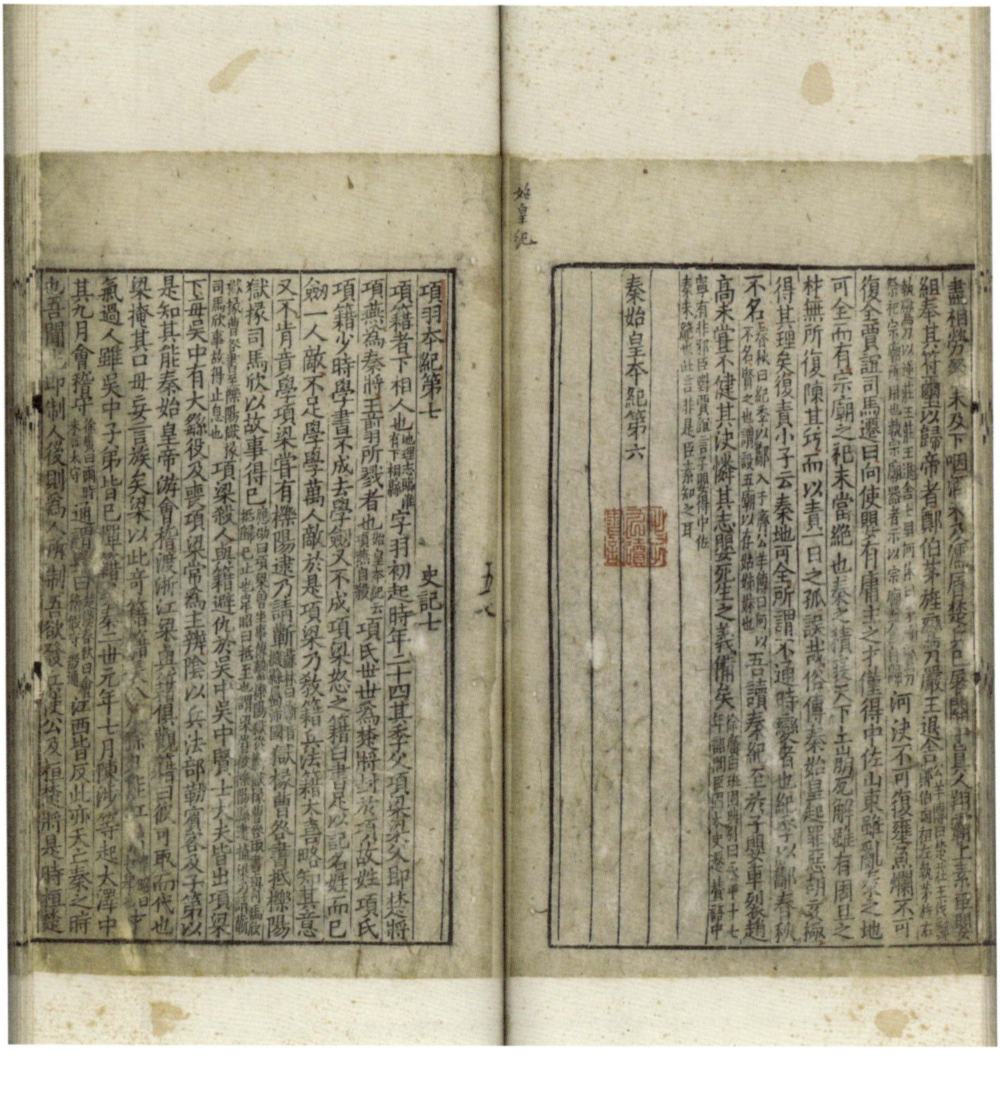

北宋版《史記》（本書編號「甲—C—1」本）

北京大學圖書館藏（圖像數據由該館提供）

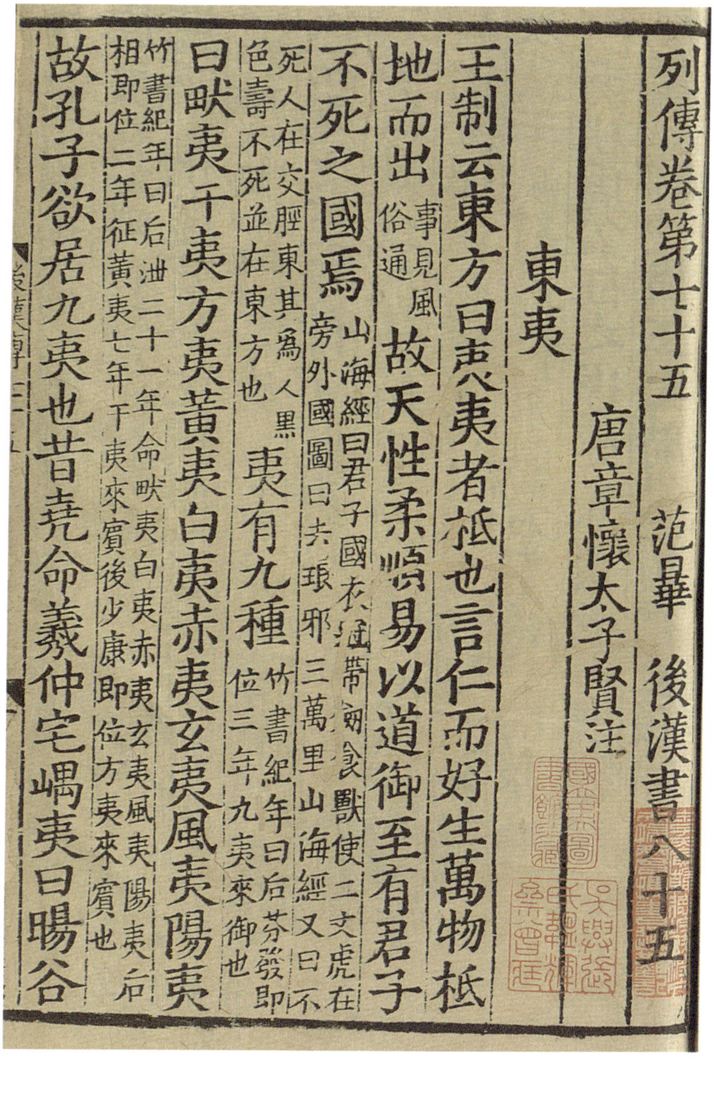

列傳卷第七十五　范曄　後漢書八十五

唐章懷太子賢注

東夷

王制云東方曰夷夷者柢也言仁而好生萬物柢地而出（事見風俗通）故天性柔順易以道御至有君子不死之國焉（山海經曰君子國衣冠帶劒食獸使二文虎在旁外國圖曰去琅邪三萬里山海經又曰不死人在交脛東其爲人黑色壽不死並在東方也）夷有九種（竹書紀年曰后芬發即位三年九夷來御也）曰畎夷于夷方夷黃夷白夷赤夷玄夷風夷陽夷（竹書紀年曰后泄二十一年命畎夷白夷赤夷玄夷風夷陽夷后相即位二年征黃夷七年于夷來賓後少康即位方夷來賓也）故孔子欲居九夷也昔堯命羲仲宅嵎夷曰暘谷

「景祐本」《後漢書》（本書編號「A—1」本）

本圖像數據由臺北「國家圖書館」提供

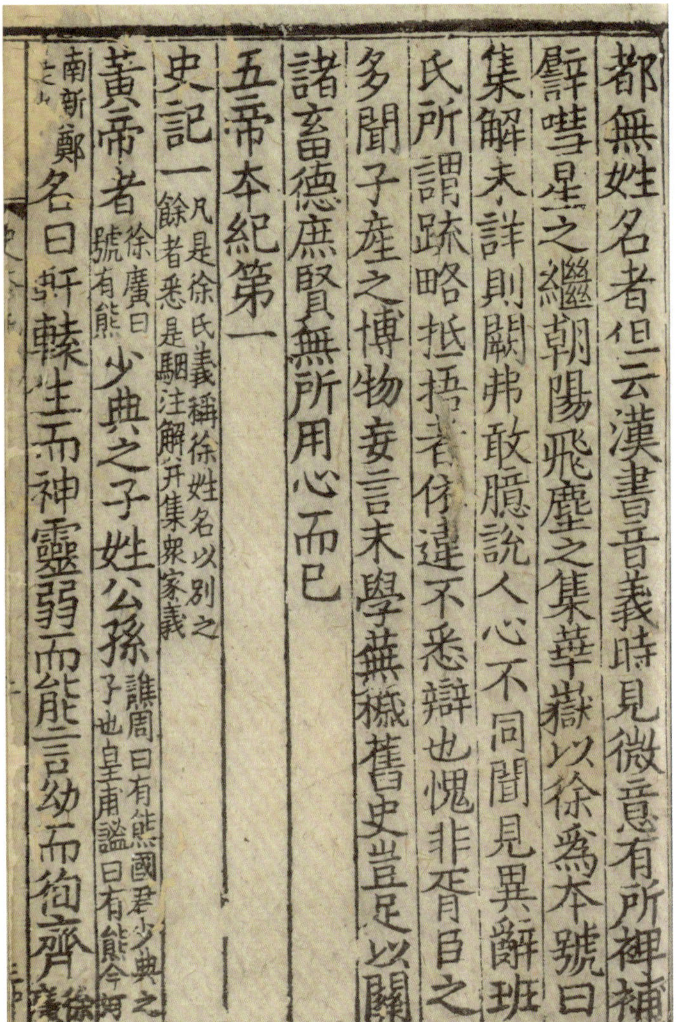
都無姓名者但云漢書音義時見微意有所裨補
譬嘒星之繼朝陽飛塵之集華嶽以徐爲本號曰
集解未詳則闕弗敢臆說人心不同聞見異辭班
氏所謂疏略抵捂者依違不悉辯也愧非胥臣之
多聞子產之博物妄言末學蕪穢舊史豈足以關
諸畜德庶賢無所用心而已
五帝本紀第一
史記一 凡是徐氏義稱徐姓名以別之餘者悉是駰注解并集衆家義
黄帝者 徐廣曰號有熊 少典之子姓公孫 譙周曰有熊國君少典之子也皇甫謐曰有熊今河
南新鄭 名曰軒轅生而神靈弱而能言幼而徇齊 徐

南宋前期覆「景祐本」《史記》（本書編號「甲—E—1」本）

本圖像數據由臺北「國家圖書館」提供

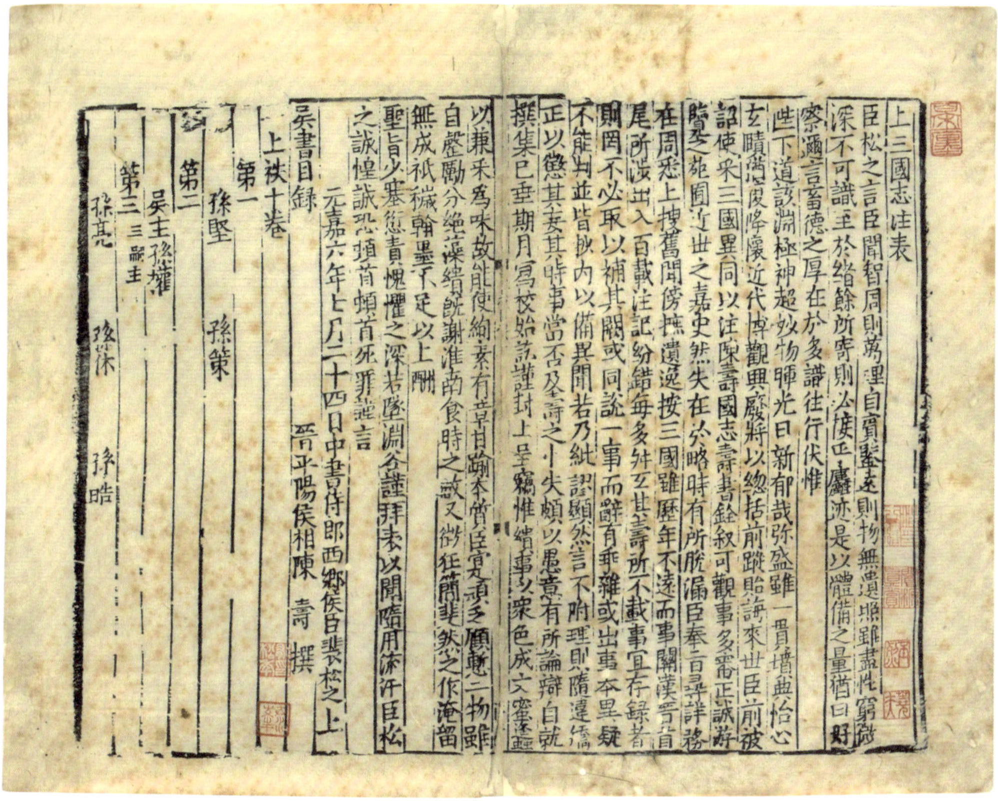
上三國志注表

臣松之言臣聞智周則萬理自賓鑒遠則物無遺照雖盡性窮微深不可識至於緒餘所寄則必接乎麤迹是以體備之量猶曰好察邇言畜德之厚在於多識往行伏惟

陛下道該淵極神超妙物暉光日新郁哉彌盛雖一貫墳典怡心玄賾猶復降懷近代博觀興廢將以總括前蹤貽誨來世臣前被

詔使采三國異同以注陳壽國志壽書銓敘可觀事多審正誠游覽之苑囿近世之嘉史然失在於略時有所脫漏臣奉旨尋詳務在周悉上搜舊聞傍摭遺逸按三國雖歷年不遠而事關漢晉首尾所涉出入百載注記紛錯每多舛互其壽所不載事宜存錄者則罔不必取以補其闕或同說一事而辭有乖雜或出事本異疑不能判並皆抄內以備異聞若乃紕繆顯然言不附理則隨違矯正以懲其妄其時事當否及壽之小失頗以愚意有所論辯自就撰集已垂期月寫校始訖謹封上呈竊惟繪事以衆色成文蜜蜂以兼采為味故能使絢素有章甘逾本質臣寔頑乏顧慚二物雖自罄勵分絕藻績既謝淮南食時之敏又微狂簡斐然之作淹留無成祇穢翰墨不足以上酬

聖旨少塞愆責愧懼之深若墜淵谷謹拜表以聞臨用流汗臣松之誠惶誠恐頓首頓首死罪死罪謹言

元嘉六年七月二十四日中書侍郎西鄉侯臣裴松之上

吳書目錄

晉平陽侯相陳　壽　撰

上帙十卷

第一

孫堅　孫策

第二

吳主孫權

第三　三嗣主

孫亮　孫休　孫晧

南宋初期刊《三國志》（本書編號「A—1」本）

静嘉堂文庫藏（本圖像數據由該文庫提供）

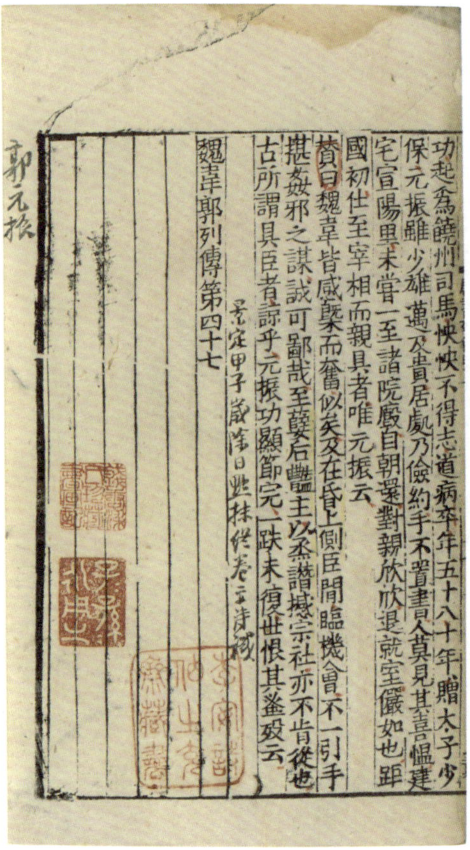

郭元振

功起爲饒州司馬怏怏不得志道病卒年五十八十年贈太子少保元振雖少雄邁及貴居處乃儉約手不置書人莫見其喜慍建宅宣陽里未嘗一至諸院廢自朝還對親欣欣退就室儼如也距國初仕至宰相而親具者唯元振云

贊曰魏韋皆感槩而奮似矣及在昏主側臣間臨機會不一引手摧姦邪之謀誠可鄙哉至韋后蠱主以悉譜傾宗社亦不肯從也古所謂具臣者諒乎元振功顯節完一跌未復世恨其鑒歿云

魏韋郭列傳第四十七

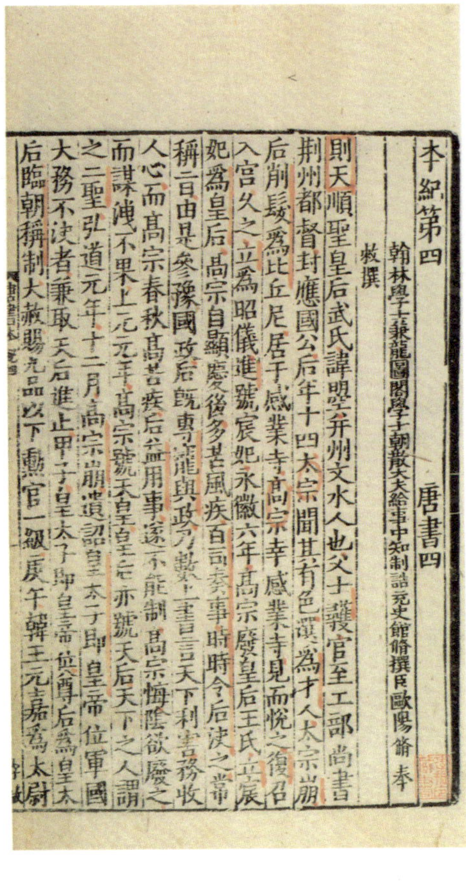

本紀第四　　唐書四

翰林學士兼龍圖閣學士朝散大夫給事中知制誥充史館脩撰臣歐陽脩奉敕撰

則天順聖皇后武氏諱曌并州文水人也父士彠官至工部尚書荊州都督封應國公后年十四太宗聞其有色選爲才人太宗崩后削髮爲比丘尼居于感業寺高宗幸感業寺見而悅之復召入宮久之立爲昭儀進號宸妃永徽六年高宗廢皇后王氏立宸妃爲皇后高宗自顯慶後多苦風疾百司奏事時時令后決之常稱旨由是參豫國政后既專寵與政乃數上書言天下利害務收人心而高宗春秋高苦疾后益用事遂不能制高宗悔陰欲廢之而謀洩不果上元元年高宗號天皇皇后亦號天后天下之人謂之二聖弘道元年十二月高宗崩遺詔皇太子即皇帝位軍國大務不決者兼取天后進止甲子皇太子即皇帝位尊后爲皇太后臨朝稱制大赦賜九品以下勳官一級庚午韓王元嘉爲太尉

南宋初期刊《新唐書》（本書編號「A—1」本）

静嘉堂文庫藏（卷四首據《静嘉堂文庫宋元版圖録》轉載）

（卷一二二尾圖像數據由該文庫提供）

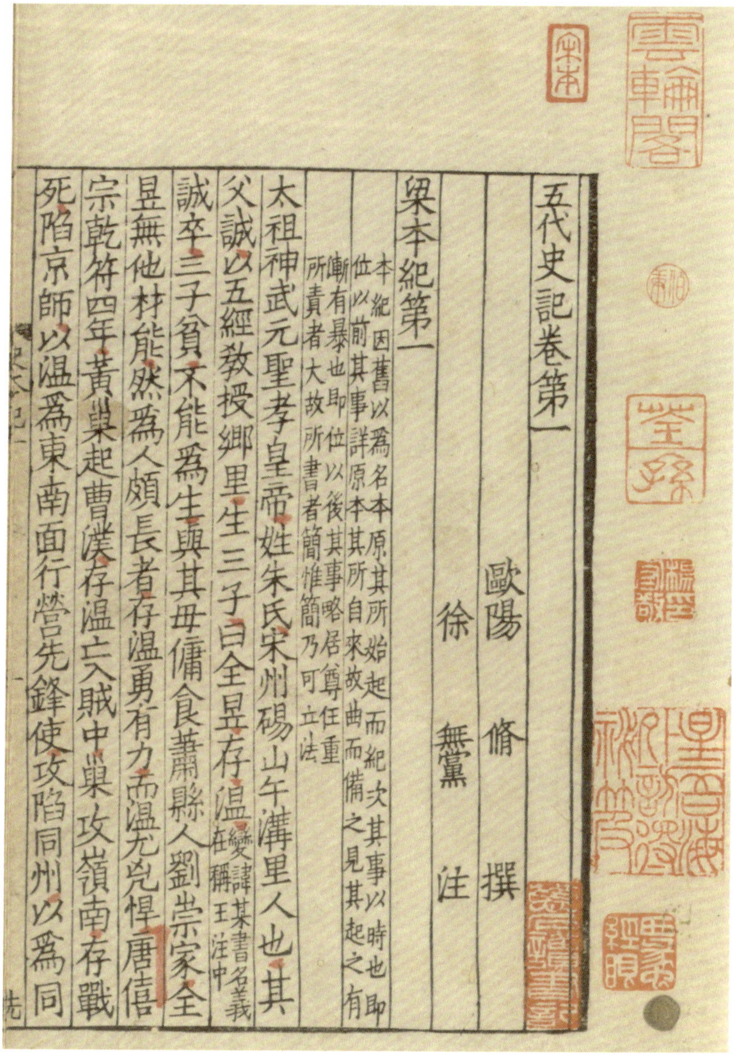

五代史記卷第一

歐陽　脩　撰

徐　無黨　注

梁本紀第一

本紀因舊以爲名本原其所始起而紀次其事以時也即位以前其事詳原本其所自來故曲而備之見其起之有漸有暴也即位以後其事略居尊任重所責者大故所書者簡惟簡乃可立法

太祖神武元聖孝皇帝姓朱氏宋州碭山午溝里人也其父誠以五經教授鄉里生三子曰全昱存溫（溫變諱某書名義在稱王注中）誠卒三子貧不能爲生與其母傭食蕭縣人劉崇家全昱無他材能然爲人頗長者存溫勇有力而溫尤兇悍唐僖宗乾符四年黃巢起曹濮存溫亡入賊中巢攻嶺南存戰死陷京師以溫爲東南面行營先鋒使攻陷同州以爲同

南宋初期刊《五代史記》（本書編號「A—1」本）

本圖像數據由臺北「國家圖書館」提供

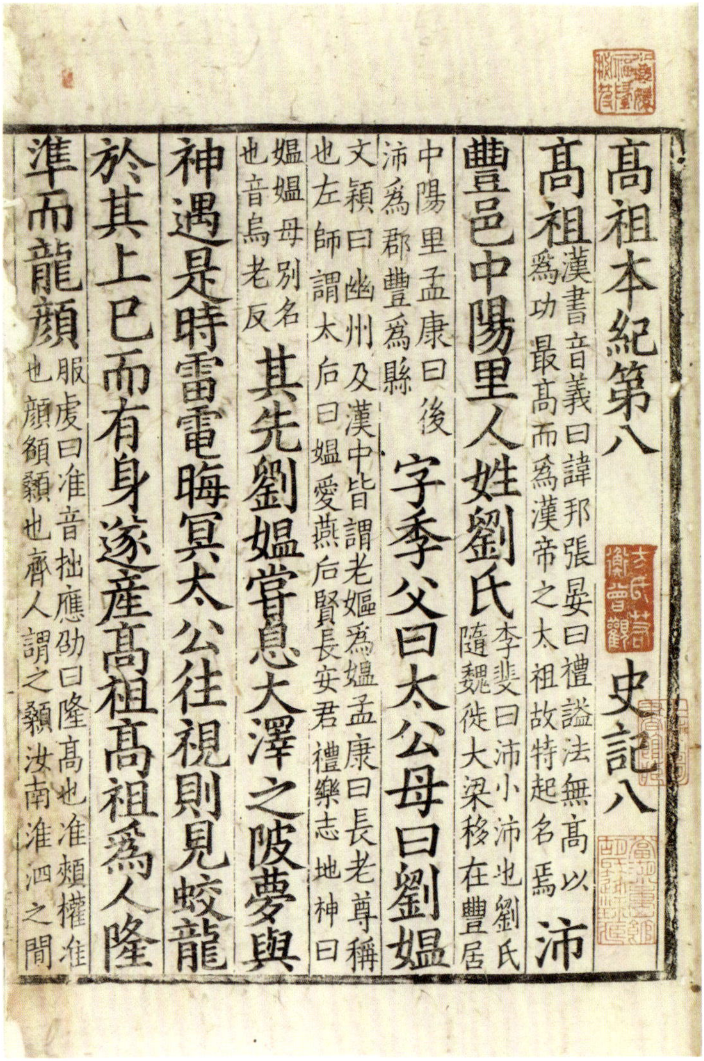

高祖本紀第八　史記八

高祖漢書音義曰諱邦張晏曰禮謚法無高以為功最高而為漢帝之太祖故特起名焉沛

豐邑中陽里人姓劉氏李斐曰沛小沛也劉氏隨魏徙大梁移在豐居中陽里孟康曰後沛為郡豐為縣字季父曰太公母曰劉媼文穎曰幽州及漢中皆謂老嫗為媼孟康曰長老尊稱也左師謂太后曰媼愛燕后賢長安君禮樂志地神曰媼媼母別名也音烏老反其先劉媼嘗息大澤之陂夢與

神遇是時雷電晦冥太公往視則見蛟龍

於其上已而有身遂產高祖高祖為人隆

準而龍顏服虔曰准音拙應劭曰隆高也准頰權准也顏額顙也齊人謂之顙汝南淮泗之間

南宋前期淮南西路轉運司刊《史記》（本書編號「甲—F—1」本）

上海圖書館藏（據上海古籍出版社《上海圖書館宋本圖録》轉載）

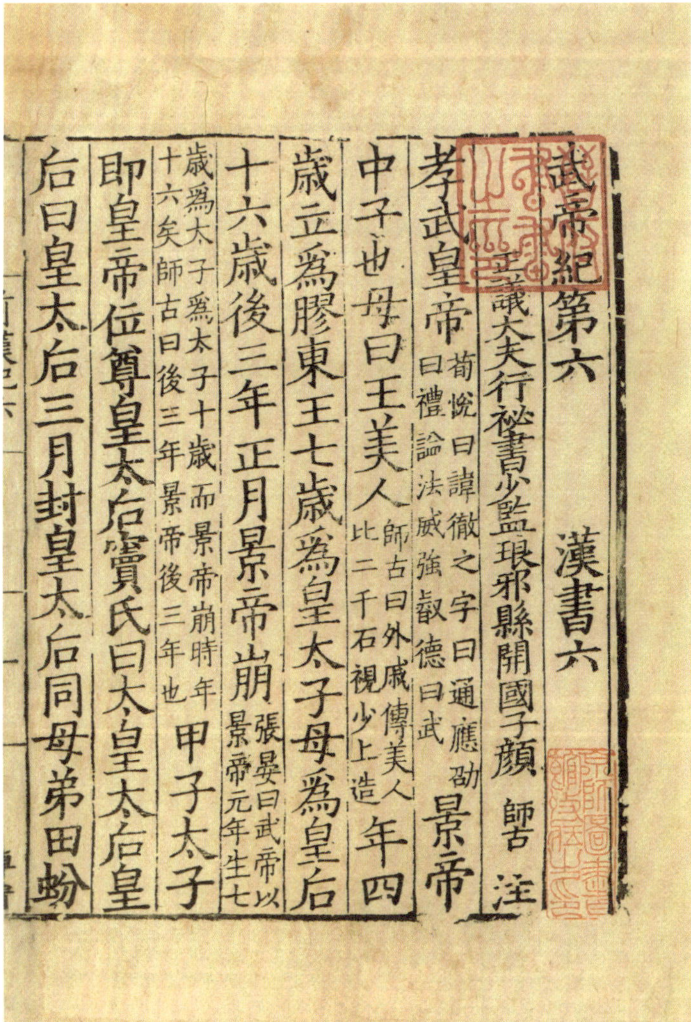
武帝紀第六　漢書六

正議大夫行祕書少監琅邪縣開國子顔師古注

孝武皇帝　荀悅曰諱徹之字曰通應劭曰禮謚法威強叡德曰武　景帝中子也母曰王美人　師古曰外戚傳美人比二千石視少上造　年四歲立爲膠東王七歲爲皇太子母爲皇后十六歲後三年正月景帝崩　張晏曰武帝以景帝元年生七歲爲太子爲太子十歲而景帝崩時年十六矣師古曰後三年景帝後三年也　甲子太子即皇帝位尊皇太后竇氏曰太皇太后皇后曰皇太后三月封皇太后同母弟田蚡

南宋前期兩淮江東轉運司刊《漢書》（本書編號「D—1」本）

北平圖書館舊藏今在臺灣「故宫」（據《大觀：宋版圖書特展》轉載）

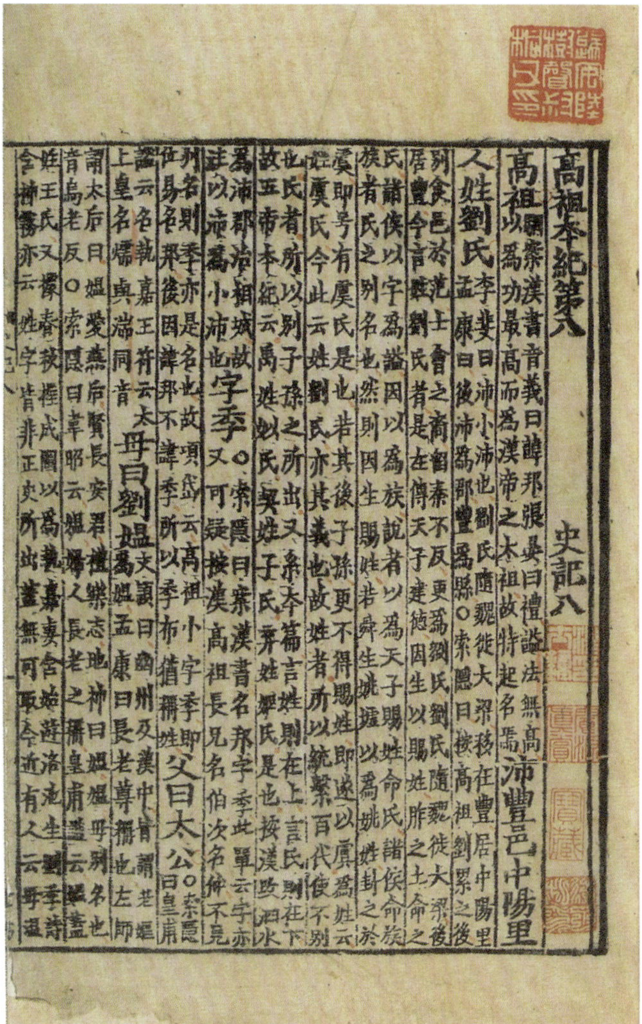
高祖本紀第八　史記八
高祖集解漢書音義曰諱邦張晏曰禮謚法無高以爲功最高而爲漢帝之太祖故特起名焉沛豐邑中陽里人姓劉氏集解李斐曰沛小沛也劉氏隨魏徙大梁移在豐居中陽里孟康曰後沛爲郡豐爲縣○索隱曰按高祖劉累之後別食邑於范士會之裔留秦不反更爲劉氏劉氏隨魏徙大梁後居豐今言姓劉氏者是左傳天子建德因生以賜姓胙之土命之氏諸侯以字爲謚因以爲族說者以爲天子賜姓命氏諸侯命族族者氏之別名也然則因生賜姓若舜生姚墟以爲姚姓封之於虞即号有虞氏是也若其後子孫更不得賜姓即遂以虞爲姓云姓虞氏今此云姓劉氏亦其義也故姓者所以統繫百代使不別也氏者所以別子孫之所出又系本篇言姓則在上言氏則在下故五帝本紀云禹姓姒氏契姓子氏弃姓姬氏是也按漢改泗水爲沛郡治相城故注以沛爲小沛也字季○索隱曰案漢書名邦字季此單云字亦又可疑按漢高祖長兄名伯次名仲不見別名則季亦是名也故項岱云高祖小字季即位易名邦後因諱邦不諱季所以季布猶稱姓父曰太公○索隱曰皇甫謐云名執嘉王符云太上皇名煓與端同音母曰劉媼文穎曰幽州及漢中皆謂老嫗爲媼孟康曰長老尊稱也左師謂太后曰媼漢禮樂志地神曰媼媼母別名也音烏老反○索隱曰韋昭云媼婦人長老之稱皇甫謐云媼蓋姓王氏又據春秋握成圖以爲執嘉妻含始遊洛池生劉季詩含神霧亦云姓字皆非正史所出蓋無可取今近有人云母媼

南宋前期桐川郡齋刊《史記》（本書編號「乙—B—3」本）
靜嘉堂文庫藏（據《靜嘉堂宋元圖鑒》轉載）

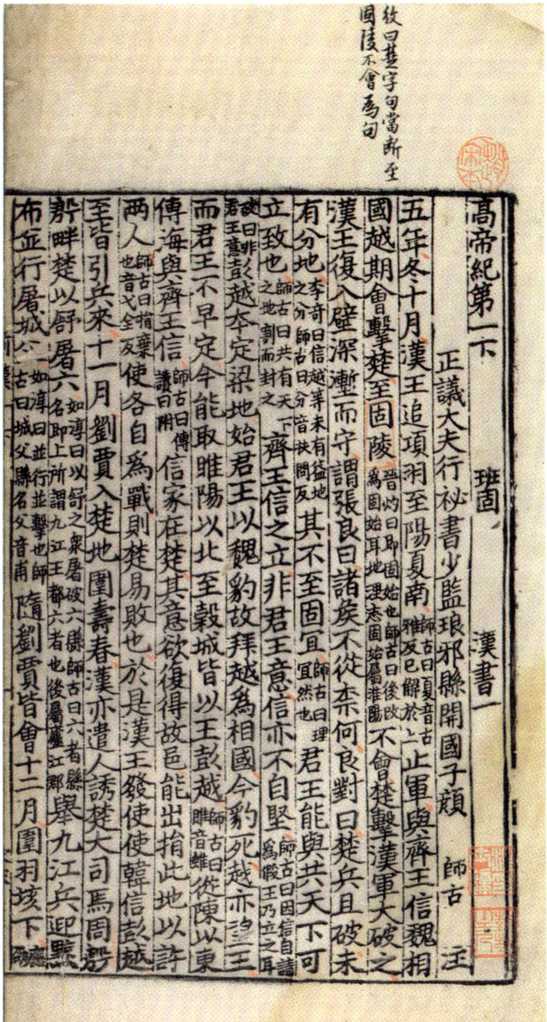

紋曰甚字句當斷至固陵不會為句

高帝紀第一下　　班固　　漢書一

正議大夫行祕書少監琅邪縣開國子顔　師古　注

五年冬十月漢王追項羽至陽夏南（師古曰夏音古雅反已解於上）止軍與齊王信魏相國越期會擊楚至固陵（晉灼曰即固始也師古曰後改為固始耳地理志固始屬淮陽）不會楚擊漢軍大破之漢王復入壁深壍而守謂張良曰諸侯不從柰何良對曰楚兵且破未有分地（李奇曰信越等未有益地之分師古曰分音扶問反）其不至固宜（師古曰理宜然也）君王能與共天下可立致也（師古曰共有天下之地割而封之）齊王信之立非君王意信亦不自堅（師古曰因信自請為假王乃立之耳故曰非君王意）彭越本定梁地始君王以魏豹故拜越為相國今豹死越亦望王而君王不早定今能取睢陽以北至穀城皆以王彭越（師古曰睢音雖）從陳以東傅海與齊王信（師古曰傅讀曰附）信家在楚其意欲復得故邑能出捐此地以許兩人（師古曰捐棄也音弋全反）使各自為戰則楚易敗也於是漢王發使使韓信彭越至皆引兵來十一月劉賈入楚地圍壽春漢亦遣人誘楚大司馬周殷殷畔楚以舒屠六（如淳曰以舒之衆屠破六縣師古曰六者縣名即上所謂九江王都六者也後屬廬江郡）舉九江兵迎黥布並行屠城父（如淳曰並行並擊也師古曰城父縣名父音甫）隨劉賈皆會十二月圍羽垓下

南宋前期湖北提舉茶鹽司刊《漢書》（本書編號「C—1」本）
静嘉堂文庫藏（據《靜嘉堂文庫宋元版圖録》轉載）

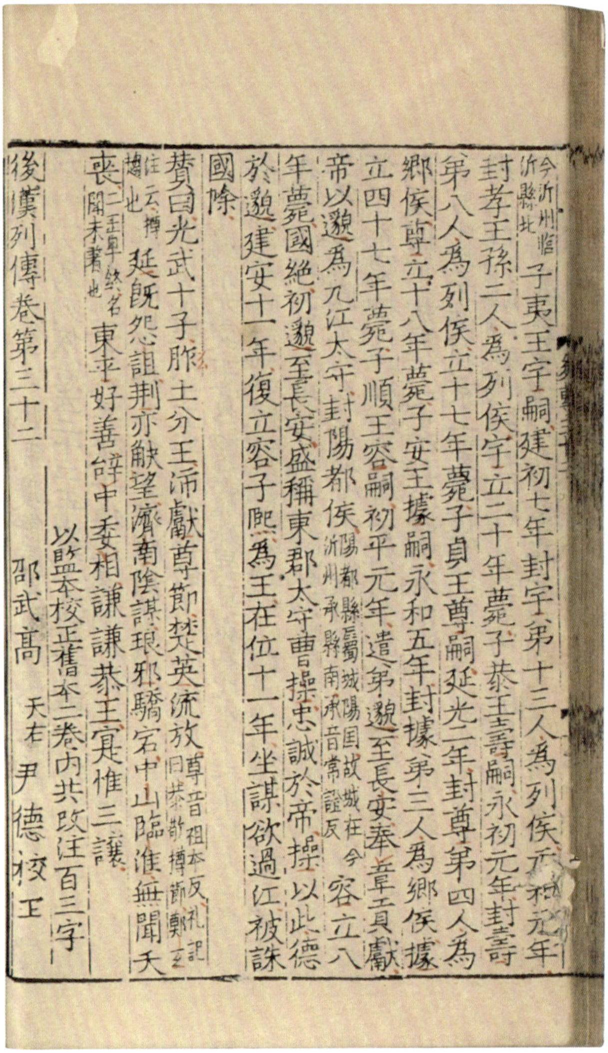

南宋前期建刊《後漢書》（本書編號「E—1」本）
京都大學人文科學研究所藏（圖像數據由該所提供）

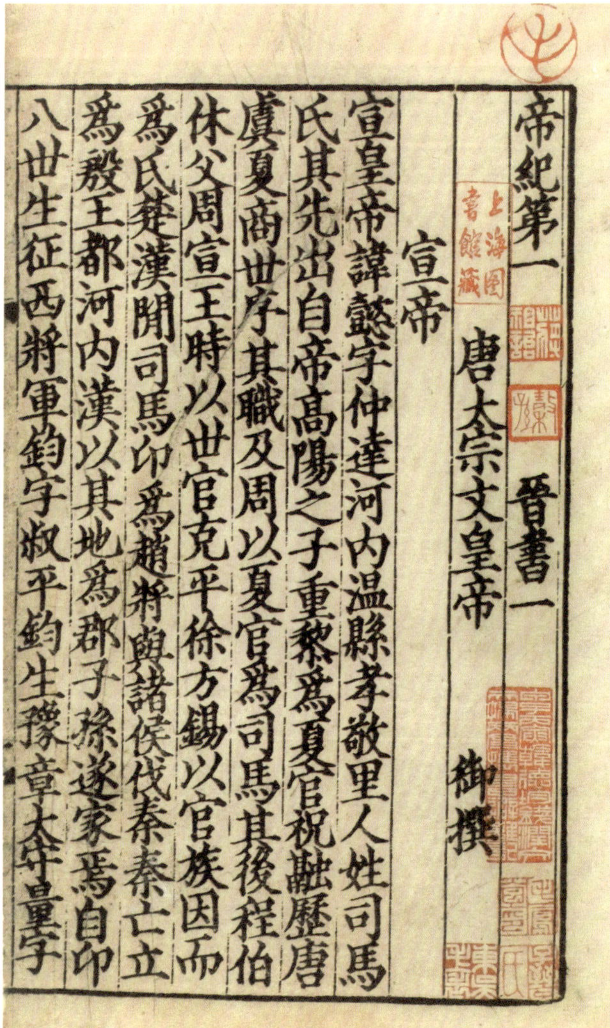

帝紀第一　晉書一

唐太宗文皇帝　御撰

宣帝

宣皇帝諱懿字仲達河内温縣孝敬里人姓司馬氏其先出自帝高陽之子重黎爲夏官祝融歷唐虞夏商世序其職及周以夏官爲司馬其後程伯休父周宣王時以世官克平徐方錫以官族因而爲氏楚漢閒司馬卬爲趙將與諸侯伐秦秦亡立爲殷王都河内漢以其地爲郡子孫遂家焉自卬八世生征西將軍鈞字叔平鈞生豫章太守量字

南宋中期建刊《晉書》（本書編號「D—1」本）

上海圖書館藏（據上海古籍出版社《上海圖書館宋本圖録》轉載）

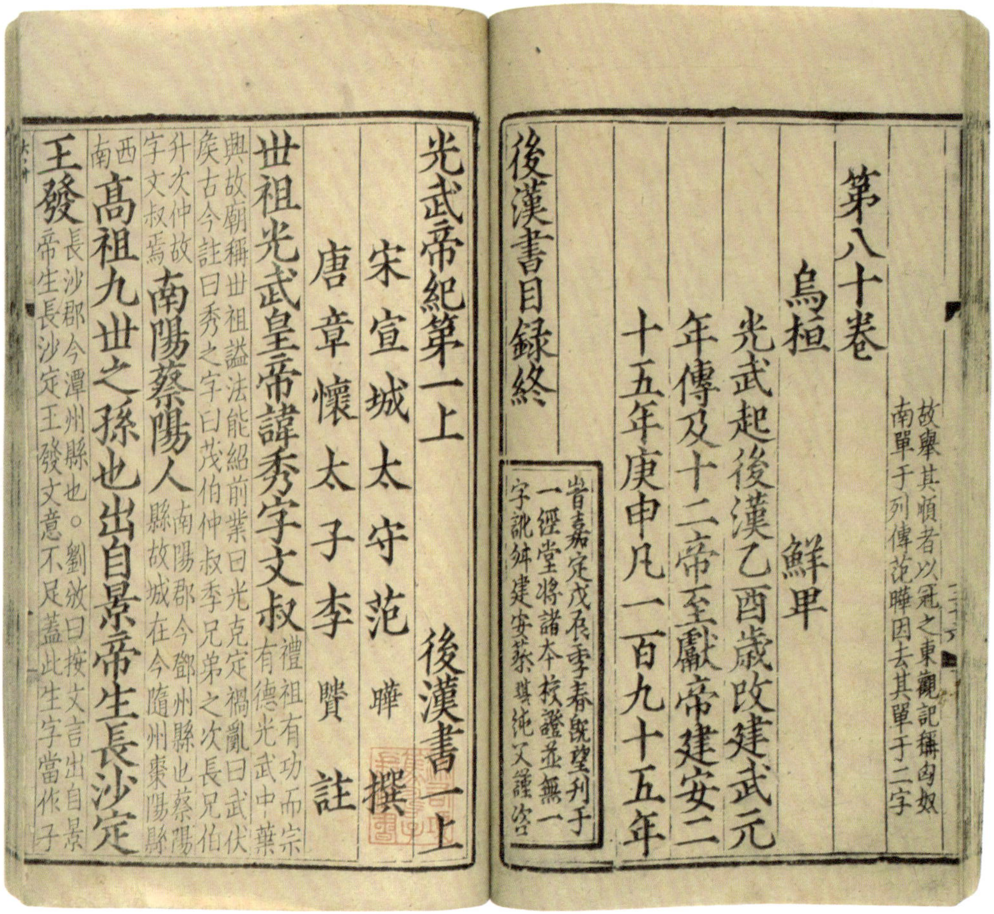

南宋中期建安一經堂刊《後漢書》（本書編號「H—1」本）

静嘉堂文庫藏（本圖像數據由該文庫提供）

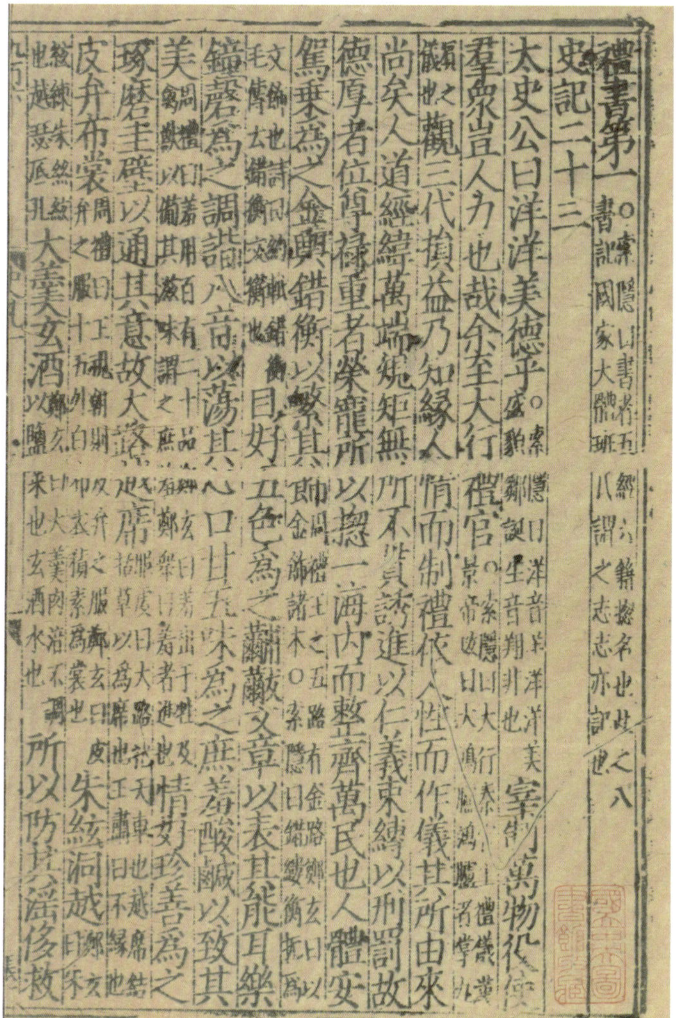

蒙古時期平陽刊《史記》（本書編號「乙—C—1」本）

本圖像數據由臺北「國家圖書館」提供

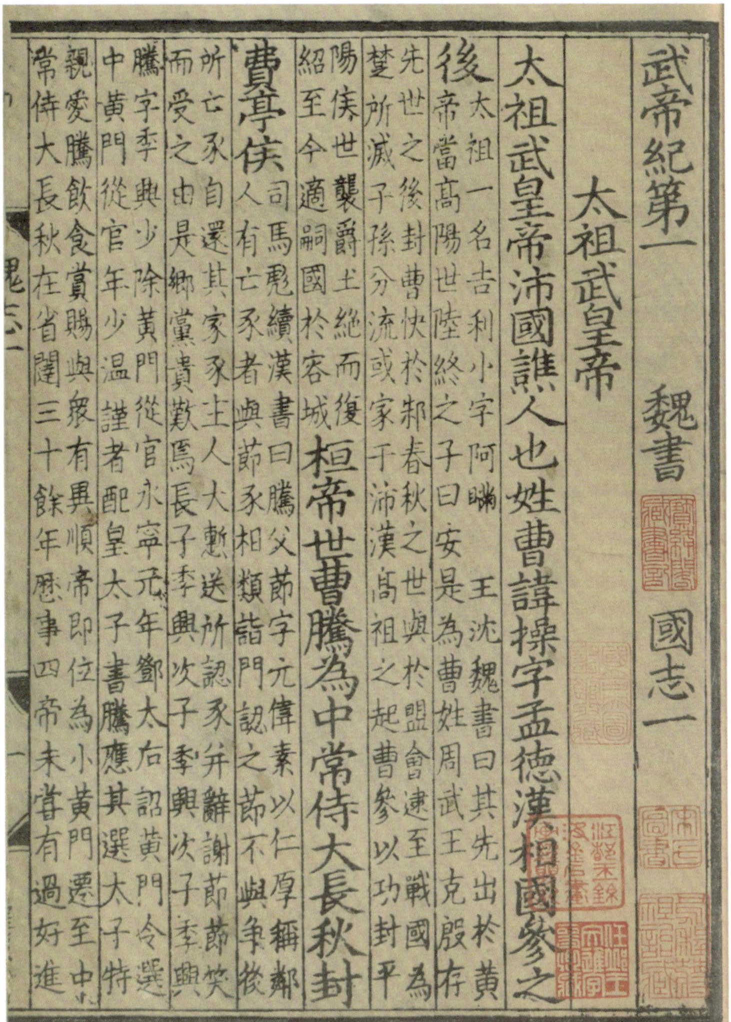
武帝紀第一　　魏書　　國志一
太祖武皇帝
太祖武皇帝沛國譙人也姓曹諱操字孟德漢相國參之
後太祖一名吉利小字阿瞞　王沈魏書曰其先出於黄
帝當高陽世陸終之子曰安是為曹姓周武王克殷存
先世之後封曹俠於邾春秋之世與於盟會逮至戰國為
楚所滅子孫分流或家于沛漢高祖之起曹參以功封平
陽侯世襲爵土絶而復紹至今適嗣國於容城桓帝世曹騰為中常侍大長秋封
費亭侯司馬彪續漢書曰騰父節字元偉素以仁厚稱鄰
人有亡豕者與節豕相類詣門認之節不與爭後
所亡豕自還其家豕主人大慚送所認豕并辭謝節節笑
而受之由是鄉黨貴歎焉長子伯興次子仲興次子叔興
騰字季興少除黄門從官永寧元年鄧太后詔黄門令選
中黄門從官年少温謹者配皇太子書騰應其選太子特
親愛騰飲食賞賜與衆有異順帝即位為小黄門遷至中
常侍大長秋在省闥三十餘年歷事四帝未嘗有過好進

元大德九路本《三國志》（本書編號「F—1」本）

本圖像數據由臺北「國家圖書館」提供

目次

編譯説明

一、本書係日文專著正史宋元版の研究（汲古書院，一九八九年）之增訂漢譯本。增訂漢譯，均經作者親自審定，故本書不妨視爲作者最新增訂版。

一、作者在原書出版之後，繼續調查各地所藏正史宋元版本，著文發表，今悉取以增訂原書，主要有如下五篇：

日本現在宋元版解題　史部（上）（日文），斯道文庫論集第二七輯，一九九二年。

北京大學圖書館宋元版史部正史類解題，中國典籍與文化論叢第一輯，一九九三年。

後又發表北京大學圖書館藏宋元版解題　史部（日文），見斯道文庫論集第三〇輯（一九九五年），則正史部分從略，因已見此文故也。

北京圖書館藏正史宋元版解題抄——「正史宋元版研究」補訂（日文），史學第六四卷第三、四號，一九九五年。

此文有陳捷譯本，見北京圖書館館刊一九九五年三—四期，内容稍有出入。

上海圖書館藏宋元版解題　史部（一）（日文），斯道文庫論集第三一輯，一九九六年。

復旦大學圖書館藏宋元版解題（日文），斯道文庫論集第三四輯，一九九九年。

又，汲古書院影印吴書、後漢書等宋本，每附作者解題。所言若出本書之外，則取以補入。

一、此外亦頗有作者未嘗發表之增訂内容。

一、原書出版至今二十餘年，資料條件大爲改觀。本書仍以原書及其後作者親自調查版本原件之結果爲主，未能利用當代之資料優勢，全面改寫。

一、今經編譯，内容與原書不盡同。讀者欲知作者論述之先後變化及具體觀點之發表時間，原書及相關論文具在，（斯道文庫論集有免費電子版可下載　http://koara.lib.keio.ac.jp/　或　http://ci.nii.ac.jp/）可以案覈。

記述凡例

一、本書討論正史版本甚多，僅用語言表述，不易確指爲何本。爲便説明與參照，依本書解題編論述次第，就每一版種擬A、B、C、D等英文字母爲代號，如「漢書D種」指南宋前期兩淮江東轉運司刊本。每一版種下，就每一部傳本擬1、2、3、4等阿拉伯數字爲代號。「書名—版種代號—傳本代號」相結合，可以確指一部傳本，如「三國志C—1本」指上海圖書館所藏南宋前期刊、舊稱「衢州本」殘本。史記有集解本、集解索隱本、三家注本之别，故以甲、乙、丙爲三大類，如「史記乙—D種」爲大德九路本，「史記丙—A—3本」爲東京大學東洋文化研究所藏黄善夫本殘本。正文中言及版種、傳本，譯者每皆附注代號，讀者依代號翻查解題編，即得其詳。凡此代號皆譯者所加，非原書所有，且專爲方便閱讀本書而設，絶非學界通用，讀者幸勿在本書之外沿襲用之。

一、著録刊年、刊地等，若無刊記等明文依據，則上下加〔 〕符，如云「〔南宋前期〕刊」。

一、年代、卷數等，若爲序數，去「千」、「百」、「十」等字，以别於量數。如云「存三十八卷」，謂存卷共有三十八;云「存卷三八」,謂存第三十八卷。引文不在此例。高寬尺寸用釐米,則去「十」字,如云「二八・六×一八・五釐米」。

一、中華再造善本封面背面所題原書版框尺寸,每較中國版刻圖録及阿部隆一、本書作者等記録之數值大一至三釐米。蓋中國版刻圖録及阿部隆一、本書作者等,均據版框内沿測量尺寸,而再造善本編者據版框外沿測量尺寸,故有此差。特請讀者注意。歷來著録版框尺寸,測外測内頗不一致。綜合考慮,當以測内沿尺寸爲便。〔盧佳妮四部叢刊初編散考(二〇〇九年復旦大學碩士論文)第一章有詳論。又,本書作者曾謂譯者言,内沿寬度除以行數即可得一行寬度。此亦可見測内之便。〕

一、日文原版出版後,二十餘年來,社會變化較大,藏書單位往往易名。如日本内閣文庫,藏書無變動,閲覽室仍舊,而管理機構改稱「國立公文書館」。凡此等,爲免説明之煩,本書一概襲用舊名。

序

宋元版本珍稀罕見，收藏者多秘之，不易示人。故清儒校勘古籍，用力雖勤，利用宋元版實屬困難，僅能就所見少數宋元版，或爲製作覆刻本，或爲校訂翻刻，自矜其文本精善而已。明清藏書家，致力於搜求宋元舊槧，往往著之書目，誇示其富美，而鮮有能將所藏宋元版與通行本對校，令世人體悟其文本之可貴者。至清末，始有楊紹和楹書隅録、瞿鏞鐵琴銅劍樓藏書目録等，校對各類舊籍之宋元版本，斥明南監本、清武英殿本訛誤脱衍之不勝枚舉，證明宋元版之優勝。雖然，楊、瞿二目，猶未能廣參多種宋元版本，直接對校同版異本及其他諸宋元版，所見多不出家藏一部之外，故仍不免歷來藏家書目之通病，較多版本學認知之失誤。

既知清末民初之情形如此，則不難理解上海涵芬樓出版四部叢刊，實具劃時代之重大意義。涵芬樓自身搜集大量善本，其中包含多種宋元版，又借用當時京師圖書館之巨大庫藏，再透過與傅增湘等人士之交往，搜訪各地珍本，自一九一九年起，先後十八年間，刊行三編四百五十八部二千一百一册。其中正史獨立爲百衲本二十四史，附録包含校勘記之詳跋。正史諸跋亦單獨刊行爲百衲本後跋集，隨後又大加增補修訂，成校史隨筆一書（一九三八年，商務印書館出版）。

四部叢刊雖非全據刊本爲底本，然無疑帶動版本學之迅速發展。一九三三年北平圖書館善本書目問世，儘管有未著録册數等缺憾，但其中所記趙萬里等鑑定刊刻、修版之精確，即以今日之水準論之，可謂超群非凡。

當時已進入長期戰争時期，善本書燒亡者不少，又有大規模轉移。然戰火停息，稍歷時日，善本書之收藏亦漸見穩定，於是一九五七年上海圖書館、一九五九年北京圖書館相繼出版善本書目，而一九六〇年中國版刻圖録緊隨其後。在臺灣，有一九五九年「中央圖書館」善本書目及一九六七年增訂本，同年又出「故宫博物院」善本書目，其餘諸機構亦紛紛出版目録。日本亦見同樣趨勢，除戰前書目已著録者外，新公布之信息，往往包含多種前所未知之宋元版等善本書收藏之情況及藏本細節。

斯道文庫已故阿部隆一教授，於一九七〇年訪問臺灣，調查「故宫博物院」所藏楊守敬觀海堂舊藏日本舊抄本，以爲其長期研究日本舊抄漢籍之總結。隨後著手研究宋元版，以「故宫博物院」與「中央圖書館」爲大宗，臺北、香港所藏幾乎所有宋元版本，均作調查研究，撰成巨著中國訪書志，於一九七六年出版。筆者跟隨阿部教授開始調查宋元版，一九七四至一九七五年，獲得哈佛燕京研究所之研究資助，重點調查正史宋元版。調查研究之成果，陸續發表在斯道文庫論集、史學（三田史學會）上，至今日本、臺灣藏本大都已皆調查完畢。後又獲豐田財團之特别資助，得以目睹少量大陸收藏重要版本。如此積累調查記録，加以參考各種書目、書誌、書影、影印本等，足以瞭解正史宋元版之概況。

宋元版文本精善，遠過後代刊本，事屬常識。然以往利用宋元版研究文本，除上述楊、瞿、張三氏外，大都僅限某些經書、史記、通典、文選、白氏文集等少數文獻，未及全面展開。究其原因，在於缺乏每部宋元版書之基本調查，思想、歷史、文學等專家學者，徒知宋元版本分藏各地，毫無頭緒，不知當從何處著手。自此意義而言，中國訪書志就四部各類宋元版，提供全面之調查研究成果，雖云僅限宋元版收藏之三大塊——中國大陸、臺灣、日本——中之二，然其功實偉。阿部先生又已完成日本所藏宋元版之基本調查，僅發表日本國見在宋元版本志經部（斯道文庫論集第一八輯，一九八一年。後收入阿部隆一遺稿集第一卷），遽歸道山，不勝遺憾。

筆者才疏學淺，未通四部，祇能限史部書爲調查研究之範圍。其中正史自爲中國學術最重要之基本典籍，因此試圖比較每一本正史宋元本，證明宋元版之文本價值。本書正史宋元版之研究，乃其成果之結集。正史宋元版包括史記至金史共二十一史（不含舊五代史），卷數龐大，勢不能一一校對所有異文。宋元版並非每部皆善本，本書自期達到之目標爲：就刊刻、修補、刷印等版本學問題，進行盡可能詳細準確之説明，以便學者瞭解爲其不同需要，當利用何種版本及如何利用。

下列本書常引書目，正文中隨宜用簡稱。

北平圖書館善本書目四卷	趙萬里編	一九三三年
北京圖書館善本書目八卷	該館編	一九五九年
「中央圖書館」善本書目（增訂本）	該館編	一九六七年
涵芬樓燼餘書録	張元濟著　上海商務印書館	一九五一年
中國版刻圖録	北京圖書館編	一九六〇年

「中央圖書館」宋本圖録　該館編　一九五八年

「中央圖書館」金元本圖録　該館編　一九六一年

舊京書影　橋川時雄、倉石武四郎編

舊京書影提要　文字同盟二十四、二十五號合刊

校史隨筆　張元濟著　上海商務印書館　一九三八年

中國訪書志　阿部隆一著　斯道文庫論集第九、一一、一三輯　一九七〇、一九七四、一九七六年

單行本汲古書院　一九七六年　增訂本　一九八三年

【譯者按】中國版刻圖録有一九六〇年初版與一九六一年增訂本及其重印本，圖版編號頗有出入，請參王鸞嘉編中國版刻圖録初版、修訂版對照表，見二〇一四年北京大學出版社出版版本目録學研究第五輯。本書所用版刻圖録圖版編號，皆據增訂本。又，原書引中國訪書志，並注新舊版本之頁碼。譯本僅注增訂本頁碼。又，一九三三年北平圖書館善本書目、舊京書影並提要有二〇一一年人民文學出版社影印本。涵芬樓燼餘書録、校史隨筆有多種翻印本。又，首冠一九八七年序之北京圖書館古籍善本書目精裝五册，或云一九八八年出版，或云一九八九年出版。當一九八八年秋，本書作者校訂本書日文版校樣，撰寫後記時，尚未出版，故本書參考、引用該目，均出日文版原書出版後之補充修訂。今引此目，姑稱一九八九年新目。

第一部　緒論編——四部書及正史之初次編刊

第一章　北宋初期四部書之初次編刊

印刷術之發明，或在唐代以前，然目前尚未發現早於法隆寺百萬塔陀羅尼（日本神護景雲四年，七七〇）之印刷品。韓國慶州佛國寺新羅時期石造釋迦塔發現無垢浄光大陀羅尼經，或云爲八世紀前期之印刷品，固無任何科學根據；或以此經屬後印，謂當係唐代刊經（川瀨一馬新羅佛國寺釋迦塔出無垢浄光大陀羅尼經，載書誌學新三三、三四期，一九八四年），亦屬猜測，尚無定論。

不少論者曾經試圖根據文獻記載論證隋、唐初已有印刷術，但此類文獻根據一一被否定。神田喜一郎先生指出唐法藏華嚴五教章、華嚴經探玄記中有關於「印法」之記載，論證七世紀後半期印刷術已經普及（中國印刷術之起源，載日本學士院紀要三四之二，一九七六年。後收入神田喜一郎全集第二卷續東洋學説林），本書日文版亦曾介紹此説。最近見艾俊川先生新著文中象外（浙江大學出版社二〇一二年出版），開卷第一篇論證神田此説之非，明快確鑿，令人信服，則神田説又被否定。具有刊記可知刊印時間之印刷品，目前當以唐咸通九年（八六八）刊金剛般若波羅蜜經爲最早。而晚於法藏之記録，神田先生又曾指出册府元龜卷一六〇所載唐大和九年（八三五）東川節度使馮宿奏准敕禁斷印曆日版。又，咸通六年（八六五）日本延曆寺僧宗叡撰新書寫請來法門等目録，有「西川印子唐韻一部五卷，同印子玉篇一部三十卷」等，柳玭家訓云中和三年（八八三）於成都目睹「其書多陰陽雜説、占夢、相宅、九宮五緯之流，又有字書、小學，率雕版印紙」，不僅可證當時蜀地印刷之通行，亦可見當時在長安，即此類俗書印本尚屬罕見。晚於金剛般若波羅蜜經之現存印刷品，則以乾符四年（八七七）、中和二年（八八二）曆殘片爲最早。

可見直至唐末，印刷術之普及雖已有二百餘年，然刷印內容仍不出佛書、具注曆、星占以及字書等實用通俗之範圍，且篇幅甚小，除玉篇外，多單葉，或數葉而已。印章起於先秦，碑刻亦有悠久歷史，後漢熹平以來又有石經立京師太學門前，而九世紀前半開成石經十二經二百餘石，至今仍存西安碑林，但終唐之世，未有木版刊刻典籍之迹象。

五代後唐長興三年（九三二）至後周顯德二年（九五五）之間，馮道使田敏等人校定印行九經及五經文字、九經字樣、經典釋文，通常以此爲刊印經書之始（見五代會要卷八經籍等）。同時，成都毋昭裔刊行文選、初學記、白氏六帖（見宋史卷四七九等），官民所刊不同，各有特色。要之，據此可以推測，唐末五代在相對和平地區，已經開始刊行典籍。

宋朝隨其平定荆南、蜀、江南，逐漸增加三館書籍（麟臺故事卷二書籍），雍熙元年又購求逸書（續資治通鑑長編卷二五、宋史卷四太宗紀一），至端拱元年（九八八），分三館書萬餘卷，別爲書庫，目曰秘閣（宋史卷二〇二藝文志序）。宋朝統一天下，標榜文治，重視科舉制度，秘閣典籍日漸充實，五代以來又有刊印經籍之舉，則宋朝校定刊行重要經典，亦時勢必然，而此工程自五經正義始。

玉海卷四三藝文「端拱校五經正義」條云：

端拱元年三月，司業孔維等奉敕校勘孔穎達五經正義百八十卷，詔國子監鏤板行之。易則維等四人校勘，李説等六人詳勘，又再校。十月板成，以獻。書亦如之，二年十月以獻。春秋則維等二人校，王炳等三人詳校，邵世隆再校。淳化元年（九九〇）十月板成。詩則李覺等五人再校，畢道昇等五人詳勘，孔維等五人校勘。淳化三年壬辰四月以獻。禮記則胡迪等五人校勘，紀自成等七人再校，李至等詳定。淳化五年五月以獻。是年，判監李至言：「義疏、釋文尚有訛舛，宜更加刊定。杜鎬、孫奭、崔頤正，苦學强記，請命之覆校。」

至道二年（九九六），至請命禮部侍郎李沆，校理杜鎬、吴淑，直講崔偓佺、孫奭、崔頤正校定。

咸平元年（九九八）正月丁丑，劉可名上言，諸經板本多誤。上令頤正詳校。可名奏詩、書正義差誤事。

二月庚戌，奭等改正九十四字，沆預政。

二年，命祭酒邢昺代領其事，舒雅、李維、李慕清、王涣、劉士元預焉。五經正義始畢。

校定自易始，每經用一年左右時間，經校勘、詳勘、再校，至淳化五年五經校畢。其後又經兩次修訂，至咸平二年（九九九）「五經正義始畢」，自端拱元年（九八八）先後凡十二年。

五經正義北宋刊本均無傳本，而現存南宋覆刻本，可以印證玉海等記載。傅增湘雙鑑樓舊藏（現藏北京圖書館）周易正義十四卷，爲南宋前期覆刻本（有一九三五年影印本，亦見續修四庫），卷末列二十二名官銜，其中都勘官孔維之外，勘官共四名，詳勘官李説等共七名，進書日期題「端拱元年戊子十月　日」。較之玉海云「維等四人校勘，李説等六人詳勘」，則人數不符，不知何故。宮内廳書陵部藏尚書正義（有一九二九年每日新聞社影印本，亦見四部叢刊三編），久遠寺藏禮記正義（有一九二九年東方文化學院影印本，亦見四部叢刊三編）亦如此。内藤湖南恭仁山莊舊藏（今歸武田科學振興財團杏雨書屋）紹興九年紹興府覆刻本毛詩正義（有一九三六年東方文化學院影印本），卷末亦有校正人士及淳化三年壬辰四月　日上書列銜，可證玉海之記載。

各種典籍，歷來以抄本相傳，當其初次刊行之際，詳爲校勘，以期無誤，此在北宋朝計劃施行之多種文化事業之中，可謂最具重大意義。如第二章所述，正史尤其三史之校勘周詳審慎，一如五經正義。北宋朝廷動員學識深厚之文官，實行此劃時代之大事業，所期當以王朝權威爲擔保，編輯堪爲永世標準之定本。時至今日，北宋定本仍是不可逾越之最善本，此正如當時所望。然權威定本之出現，亦曾使豐富多彩、各具特色之大量抄本迅速散亡。後代諸刊本，即以宋朝官方定本爲祖本，輾轉覆刻、翻刻，以至今日之通行版本。因其間不免常有訛誤脱衍、删略竄入等現象，故就大體而言，版本越早文本越善，此宋元版所以爲珍貴。雖然，權威定本即以北宋當時之思想、學説及各種感性判斷爲據，因而仍不免偶失偏頗，致使古書原貌隨同唐代抄本，永失不可復得，日本相傳之少數唐代抄本及轉抄唐抄本往往可供例證。

五經正義之後，史記、漢書、後漢書三史相繼刊行，亦曾經過嚴格校定，詳見第二章討論。此先就宋會要輯稿（第五五册）崇儒四勘書、麟臺故事（四部叢刊續編影印影宋抄殘本）卷二校讎門、玉海卷四三藝文，表列五經正義以下北宋朝廷刊行之主要典籍，瀏覽其大體傾向，略窺其中正史所佔地位。

五經正義	端拱元年(九八八)至淳化五年(九九四) 校定繼續至咸平二年(九九九)	經　五經
三史	淳化五年(九九四)景德元年(一〇〇四)景祐元年(一〇三四)	史　正史
三國志　晉書(唐書)	咸平三年(一〇〇〇)	史　正史
道德經	咸平六年(一〇〇三)	子　道家
經典釋文	景德二年(一〇〇五)	經　經解
文苑英華　李善注文選	景德四年(一〇〇七) 天聖七年(一〇二九)重刻文選成	集　總集
南華真經	大中祥符元年(一〇〇八)	子　道家
列子沖虛真經	大中祥符四年(一〇一一)	子　道家
孟子	大中祥符五年(一〇一二)	經　四書
玉篇	大中祥符六年(一〇一三)至天禧四年(一〇二〇)	經　小學
四時纂要　齊民要術	天禧四年(一〇二〇)	子　農家
天和殿御覽	天聖二年(一〇二四)	子　類書
南北史　隋書	天聖二年(一〇二四)至四年 景祐元年(一〇三四)覆校南北史	史　正史

黄帝内經素問　單氏病源難經　天聖四年（一〇二六）　子　醫家
國語　景祐四年（一〇三七）　史　雜史
荀子　文中子　景祐四年（一〇三七）　子　儒家
南北朝七史　嘉祐六年（一〇六一）　史　正史
孫子　吴子　六韜　司馬法　三略　尉繚子　李靖問對　元豐三年（一〇八〇）　子　兵家
資治通鑑　元祐元年（一〇八六）至七年　史　編年

此所據三書，並未網羅當時所有刊本，而有些重要典籍不見於三書記載，令人意外。然僅就此列表觀之，自五經、三史始，依次刊行老莊、總集、類書等各類主要典籍，刊行計劃頗爲合理，如正史亦當據當時需求，依次刊行所有已成正史。資治通鑑成書較晚，又不見三書記載，上表附入末尾，以便參照。

第二章　北宋至元代正史之初次編刊

一　三史

端拱元年詔令刊行五經正義一百八十卷，經「校」、「詳校」、「再校」，凡六年始刊成，隨即著手刊行正史，以三史爲先。

程俱麟臺故事（南宋紹興元年撰）卷二校讎門（四部叢刊續編所收影宋抄本）及宋會要輯稿第五五册崇儒四（出永樂大典卷一七四二二）同云（宋會要輯稿官名簡略，人名有誤字）：

淳化五年（九九四）七月，詔選官分校史記、前後漢書。虞部員外郎崇文院檢討兼秘閣校理杜鎬、屯田員外郎秘閣校理舒雅、都官員外郎秘閣校理吴淑、膳部郎中直秘閣潘慎修校史記，度支郎中直秘閣朱昂再校。又命太常博士直昭文館陳充、國子博士史館檢討阮思道、著作佐郎直昭文館尹少連、著作佐郎直史館趙況、著作佐郎直集賢院趙安仁、將作監丞直史館孫何校前後漢書。既畢，遣内侍裴愈齎本就杭州鏤版。

此次杭州雕版，應當刊刻完成。然三史分量不小，固非淳化五年年内得以完工，必當至至道（九九五～九九七）或咸平

（九九八～一〇〇三）始藏事。按玉海卷四三藝文「淳化校三史　嘉祐校七史」條末有云「咸平元年七月甲申，賜諸王及輔臣新印三史」，疑因三史刻成遂爲頒賜。福唐郡庠刊後漢書卷末有兩行刊記曰「右奉淳化五年七月二十五日／勅重校定刊正」（參詳綜論編第二章），鄧邦述云「不知者遂號爲淳化本，可嗤也」（羣碧樓善本書録卷一。參後漢書B－8本下）。福唐郡庠本固出南宋後半期，鄧説是矣。然此淳化五年奉勅之語，當爲福唐郡庠覆刻之底本舊稱「景祐本」所具，亦當爲此次杭州刻版所有。

真宗咸平年間有校定周禮、儀禮等七經疏並三國志、晉書、唐書之舉，而三史仍爲反覆校勘。麟臺故事等記載云：

咸平中，真宗謂宰相曰：「太宗崇尚文史，而三史版本，如聞當時校勘官未能精詳，尚有謬誤，當再加刊正。」乃命太常丞直史館陳堯佐、著作郎直史館周起、光禄寺丞直集賢院孫僅、丁遜覆校史記。尋而堯佐出知壽州，起任三司判官，又以著作佐郎直集賢院任隨領其事。景德元年正月校畢，任隨等上覆校史記並「刊誤文字」五卷，詔賜帛有差。又命駕部員外郎直秘閣刁衎、右司諫直史館晁迥與〔丁〕（下）遜覆校前後漢書版本。迥知制誥，又以秘書丞直史館陳彭年同其事。至二年七月，衎等上言：「漢書歷代名賢競爲注釋，是非〔互〕（玄）出，得失相參，至有章句不同，名氏交錯，苟無依據，皆屬闕疑。其餘則博訪羣書，〔徧〕（掄）觀諸本，儻非明白，安敢措辭。雖謝該通，粗無臆説。凡修改三百四十九，簽正三千餘字，録爲六卷以進。」賜衎等器幣有差。

（此據四部叢刊續編本麟臺故事，以〔〕（）示校改。）

景德二年（一〇〇五）上去淳化五年僅十年，而成五卷、六卷之校記，是真宗朝之大工程。

隨後約三十年之間，三國志、晉書、舊唐書及南北朝七史陸續皆經校定，或爲刊行，至仁宗景祐元年（一〇三四）乃有三史第三次校定之舉。麟臺故事等均言其事：

> 景祐〔元〕（二）年九月，詔翰林學士張觀等刊定前漢書、孟子，下國子監頒行。……秘書丞余靖建言，前漢書官本差外，請行刊正，因詔靖及王洙，盡取秘閣古本對校，踰年乃上漢書刊誤三十卷。至是改舊摹版，以從新校。然猶有未盡者，而司馬遷、范曄史尤多脱略，惜其後不復有古本可正其外繆者云。明年以校勘史記、漢書官秘書丞余靖爲集賢校理，大理評事國子監直講王洙爲史館檢討，賜詳定官翰林學士張觀、知制誥李淑、宋郊器幣有差。（按：四庫輯本作「景祐元年」，館臣按語引玉海卷四九「嘉祐重校漢書」條云「景祐二年祕丞余靖言」云云，並謂余靖建言前已詔張觀等刊定。今參諸記載，則元年下詔校勘，余靖建言，是其事始；二年余靖上刊誤，下詔刊正頒行，是其事終，至三年有賞賜。元年、二年均有下詔，亦皆有余靖上言。）

此外，舊稱「景祐刊本」漢書卷末載景祐元年余靖上言、二年三月余靖上言請附刻舊注人氏等事，著録舊注人氏之後，又云：「二年九月校書畢，凡增七百四十二字，損二百一十二字，改正一千三百三字。」

此即景祐刊三史，然今無傳本。宋會要記淳化鏤板，真宗景德校勘之後，即云「今之行者，止是淳化中定本，後雖再校，既已刻版，刊改殊少」（宋會要輯稿崇儒四），上引麟臺故事述景祐余靖校勘之後亦云「改舊摹版，以從新校」，然則景德、景祐僅就淳化舊版（刻成蓋在咸平初年，見上）略爲修改，未嘗刊刻新版。不難推想，太宗淳化五年詔令之杭州刊本，經真宗、仁宗兩朝再度（景德、景祐）校勘，爲後代三史諸版本之祖本。版成之後，仍然反覆校勘，可謂鄭重。

舊稱「景祐刊三史」者，實出兩宋之交，蓋南宋初據景祐修訂本重刻，並非景祐原本，詳見綜論編。又，舊稱

「景祐刊史記」，卷六一爲老子第一上，卷六二爲伯夷第一下，顯異於後世版本。然據水澤利忠用各種版本校對全書之結果，雖其間異文極夥，又往往有「景祐本」獨與古抄本符合之處，然絶大多數異文屬後世刊本涉形近、音通之單純訛誤，每經翻刻逐次遞增者。不妨認爲淳化詔令之版，經景德、景祐之校勘，至南宋初之重刻本，一脈相承，爲後世諸版本之源頭。

又，玉海卷四九「嘉祐重校漢書」條云：「嘉祐六年（一〇六一）十二月，命秘書丞陳繹重校前漢書，又詔參政歐陽脩看詳。熙寧二年（一〇六九）八月六日，參政趙抃進新校漢書印本五十册及陳繹所著『是正文字』七卷，賜繹銀絹。」（又見宋會要輯稿崇儒四。歐陽脩有謝賜漢書表，文集標題下注「熙寧二年三月」。）疑亦就舊版修改，非刻新版。

二　三國志、晉書、舊唐書

繼三史第一次刊版完成（似在咸平元年）之後，真宗朝於咸平三年（一〇〇〇）著手校定三國志、晉書、舊唐書。檢宋會要、玉海等均有記載，而麟臺故事事最詳：

咸平三年十月，詔選官校勘三國志、晉書、唐書。以光禄少卿直秘閣黄夷簡、太僕少卿直秘閣錢惟演、都官郎中直史館劉蒙叟、駕部員外郎崇文院檢討直秘閣杜鎬、太常丞直集賢院宋皐、著作佐郎秘閣校理戚綸校三國志，又命鎬、綸與虞部員外郎史館檢討董元亨、秘書丞直史館劉鍇詳校。兵部員外郎直昭文館許衮、刑部員外郎直昭文館陳衮校晉書，黄夷簡續預焉，而鎬、綸、鍇詳校如前。金部郎中直昭文館安德裕、屯田郎中直昭文館句中正、主客員外郎直集賢院范貽永、殿中丞直史館王希逸洎董元亨、劉鍇同校勘唐書。宫苑使劉承珪領其事，内侍劉崇超同之。五年校畢，送國子監鏤版。校勘官賜銀帛有差，鍇特賜緋魚袋。

静嘉堂文庫藏吴書二十卷，卷末分二行題「咸平三年十月二十三日奉/勅校定雕印」，隔二行有校勘官、詳校官列銜，職官、姓名與麟臺故事所載完全一致。然其卷首目録後，載録咸平六年十月二十九日中書門下牒，則刻版至六年冬始完成。静嘉堂本吴書，歷來誤以爲咸平刊本，即三國志最初版本，其實是南宋初期刊本。雖然，亦當爲覆刻咸平刊本，蓋存咸平風貌，詳參解題編。

晉書現存有南宋前期刊本三種，但均屬建安坊刻本，並無刊記，無從推論其與咸平刊本之關係。

據宋會要云「惟唐書以淺謬疏略，且將命官别修，故不令刊板」，是此時未刻舊唐書。然北京圖書館藏南宋初期兩浙東路茶鹽司刊本殘存六十九卷三十二册，當即覆刻北宋刊本，是北宋已有舊唐書刻本。按歐陽脩編纂、上進新唐書在嘉祐五年（一〇六〇），上距咸平校勘舊唐書逾半百年。然則其間先以舊唐書上梓印行，或不悖常理。要之，新唐書成書之後，舊唐書少有讀者，宋元版之流傳至今者，僅此北京圖書館藏殘本一帙而已。蓋北宋、南宋各僅刻一次版，直至嘉靖中始有第三次刻版。

三 南北史、隋書、七史

繼太宗朝校刊史記、前後漢書，真宗朝校定三國志、晉書、（舊）唐書，仁宗即位後之天聖二年（一〇二四）詔令校定南北史、隋書，嘉祐六年（一〇六一）以後又及南北朝七史。麟臺故事云：

天聖二年六月，詔右正言直史館張觀，太常博士集賢校理王質、晁宗慤，秘閣校理陳詁，光禄寺丞集賢校理李淑，館閣校勘彭乘，國子監直講公孫覺校勘南北史、隋書，及令左司郎中知制誥宋綬、吏部員外郎龍圖閣待制劉燁提舉之。

宋會要所載，官職稍略，其下即云：

綬等請就崇文内院校勘成，復徙外館。又奏國子監直講黄鑑預其事。隋書有詔刻板，内出板樣示之，三年十月版成。四年十二月，南北史校畢以獻，各賜器幣有差。南北史，大中祥符中秘閣校理劉筠常請刻板，未成。

是大中祥符中（一〇〇八～一〇一六）曾有刊行南北史之議而未果，至天聖二年詔令校勘，至四年完成。觀玉海卷四三「淳化校三史　嘉祐校七史」條云：「天聖二年六月辛酉，校南北史、隋書。（原注：四年十二月畢。）景祐元年四月丙辰，命宋祁等覆校南北史。」則天聖四年雖校勘完畢，似未即刊版，待景祐元年（一〇三四）仁宗親政之後又令校勘，且自此至現存南宋前期刊南史出現之前，亦不見有南北史刊成之記載。然南北朝七史之校定難於南北史，且魏書、北齊書有用南北史補缺之處，以常理推，南北史之刊行當早於南北朝七史。如下文所見，嘉祐六年已下校理南北朝七史之詔，則南北史之刊刻，豈在景祐元年（一〇三四）至嘉祐六年（一〇六一）之間與。

江少虞皇朝類苑卷三一云：

嘉祐四年，仁宗謂輔臣曰：「宋、齊、梁、陳、後魏、後周、北齊書，世罕有善本，未行之學官。可委編校官精加校勘。」八月，命編校書籍孟恂、丁寶臣、鄭穆、趙彦若、錢藻、孫覺、曾鞏校宋、齊、梁、陳、後魏、北齊、後周七史。恂等言，梁、陳等書缺，獨館閣所藏，恐不足以定著。願詔京師及州縣藏書之家，使悉上之。仁宗皇帝爲下其事。至七年冬，稍稍始集，然後校正訛謬，遂爲完書，模本行之。

玉海卷四三「嘉祐校七史」條先後兩言嘉祐六年八月校定七史事：

嘉祐六年八月，校梁、陳等書鏤板，七年冬始集，八年七月陳書始校定。

嘉祐六年八月庚申，詔三館秘閣校理宋、齊、梁、陳、後魏、周、北齊七史，書有不全者訪求之。

後一條，續資治通鑑長編（卷一九四）亦見同文。正如現存所有刊本所見，北朝諸史當時即有缺卷，故或搜訪全書，或參照北史、高氏小史等，校勘實屬不易。玉海卷四三「景德群書漆板　刊正四經」條又云：

嘉祐七年十二月，詔以七史板本四百六十四卷送國子監，鏤板頒行。

玉海卷五二「嘉祐編定書籍」條亦云：「十二月，詔以所寫黄本一萬六百五十九卷、黄本印書四千七百三十四卷悉送昭文館，七史板本四百六十四卷送國子監。以校勘功畢，明年遂罷局。」宋會要輯稿崇儒四有同文。雖云「校勘功畢」（按：原文非專就七史而言），刻版之前，仍有待校勘。百衲本影印南宋前期刊本南齊書卷尾（元修葉）有牒如左：

崇文院

嘉祐六年八月十一日

勅節文宋書齊書梁書陳書後魏書北齊書後
周書見今國子監竝未有印本宜令三館秘閣
見編校書籍官員精加校勘同與管勾使臣選
擇楷書如法書寫板樣依唐書例逐旋封送杭

州開板

治平二年六月　日

（圖片見綜論編第五章）

蓋南齊書、梁書、陳書等校定較易，問題不多，故刊刻較早，南齊書於治平二年（一〇六五）刻版。晁公武郡齋讀書志（衢州本卷五、袁州本卷二上，宋書條）云：

嘉祐中，以宋、齊、梁、陳、魏、北齊、周書舛繆亡缺，始命館職讎校。曾鞏等以秘閣所藏多誤，不足憑以是正，請詔天下藏書之家悉上異本。久之始集。治平中，鞏校定南齊、梁、陳三書上之，劉恕等上後魏書，王安國上周書。政和中始皆畢，頒之學官，民間傳者尚少。

若如其説，因北朝三史難於校定，反覆校勘，自治平又過半百年，至政和年間七史刻本始完成。隋書於天聖三年（一〇二五），南北史於嘉祐初年（一〇五六），七史於治平二年（一〇六五）至政和（～一一一七）之間，皆刊刻印行。北宋刊本至今蕩然無存。南史尚存南宋前期刊本殘卷，而北史無南宋前期刊本流傳。七史，郡齋讀書志已言「民間傳者尚少」，現存最早版種爲南宋前期所刻，但宋印本已失傳，即元、明初印本亦僅存零本，今所見全帙乃所謂三朝本，即版存明南京國子監，經不斷修補，取爲嘉靖南監二十一史本者。

至此，史記至唐書共十六史已見刊行，自淳化五年（九九四）詔校三史，至刊刻南齊書之治平二年（一〇六五），已七十年，至郡齋讀書志所云政和中，則逾百年。可見搜集多種抄本，編輯校定，以至初次刻版，是何等艱苦，此亦可見宋朝校定之嚴謹。

四　新唐書、五代史記

以上十六史，皆宋代以前之書，宋人據抄本校定刊行。新唐書、新五代史則爲宋人新撰之書，亦見刊行。新唐書、新五代史之出現及刊行，致使舊唐書、舊五代史漸被忽視。如上所述，舊唐書當有北宋刻本，今僅存南宋覆刻本。至於舊五代史，終不見刻版，遂散佚。雖有輯自永樂大典之四庫本，原書全貌已無可恢復。玉海卷四三「景德群書漆板」條云「唯開寶所修五代史未布以俟筆削」，固謂舊五代史。

據宋史卷一二仁宗紀四等，嘉祐五年（一〇六〇）七月戊戌歐陽脩上進新唐書。然刊本多有（舊稱「嘉祐刊」足利學校藏本、南宋中期建安刊本及其元代覆刻本、元大德建康路儒學刊本、明萬曆北監本、日本寬延刊本等均有）同年六月二四日進書表並曾公亮等八名列銜，又有同年六月二六日詔令刻版之牒文並富弼等八名列銜。

嘉祐五年六月二十四日

進呈

（提舉編修曾公亮等刊修編修者八名官銜凡十二行）

嘉祐五年六月二十六日准

中書劄子奉

聖旨下杭州鏤板頒行

（富弼等校勘校對八名官銜凡十一行）

進書表所述編纂經過以及分纂人名與宋史所言合，而時間早半月。

歐陽脩五代史記，世人評價甚高，如宋史卷三一九本傳云：

奉詔修唐書紀、志、表，自撰五代史記，法嚴詞約，多取春秋遺旨。蘇軾敘其文曰「論大道似韓愈，論事似陸贄，記事似司馬遷，詩賦似李白」，識者以爲知言。

然生前未嘗流傳。郡齋讀書志（衢州本卷五、袁州本卷二下）云：

皇朝歐陽脩永叔，以薛居正史繁猥失實，〔重〕加修定，藏於家。永叔歿後，朝廷聞之，取以附國子監刊行。……

玉海卷四六引「書目」云：

熙寧五年八月十一日，詔其家上之。十年五月庚申，詔藏秘閣。

然則其刊行，當在熙寧一〇年（一〇七七）之後不久。

北宋刊本未聞有傳本，而現存一部南宋初期刊本之後修本，蓋即覆刻北宋版。

史記至五代史記，正史凡十九部，除舊五代史之外十八部，至此皆有刻本，備在開封國子監。刊刻五代史記在神宗熙寧、元豐間，而南北朝七史晚至政和中始完備。

五　宋史、遼史、金史

宋史、遼史、金史之編纂，自歷代實録始，屢經嘗試，見廿二史劄記（卷二三宋遼金三史）等。今本三史乃成立於元代後期，距遼亡二百餘年，金亡一百餘年，宋亡亦經半世紀有餘。元史卷四一順帝紀至正三年（一三四三）三月云：

是月，詔修遼、金、宋三史。以中書右丞相脱脱爲都總裁官，中書平章政事鐵木兒塔識、中書右丞太平、御史中丞張起巖、翰林學士歐陽玄、侍御史呂思誠、翰林侍講學士揭傒斯爲總裁官。

編纂時間甚短，至正四年三月上進遼史，同年十一月上進金史，至五年十月而三史完成。順帝紀至正五年十月云：

辛未，遼、金、宋三史成。右丞相阿魯圖進之。帝曰：「史既成書，前人善者朕當取以爲法，惡者取以爲戒。然豈止激勸爲君者，爲臣者亦當知之。卿等其體朕心，以前代善惡爲勉。」

三史現行諸本大多備録撰集聖旨、進書表、修史官員、鏤板印造之咨文等。如金史録梓、印造、裝褙之公文曰：

皇帝聖旨裏。江浙等處行中書省至正五年六月二十六日准

中書省咨：「至正五年四月十三日，……阿魯秃右丞相……等奏：『去歲教纂修遼、金、宋三代史書，即目遼、金史書纂修了有，如今將這史書令江浙、江西二省開板，就彼有的學校錢内就用，疾早教各印造一百部來呵，怎生？』奏呵，奉

聖旨：『那般者。』欽此。咨請欽依施行，仍令行省委自文資正官、首領官各一員，欽依提調，疾早印造完備起解。」准此，本省咨委參知政事秦中奉、左右司都事徐槼承德，欽依提調，及下江浙儒司委自提舉班惟志奉政校正字畫，杭州路委文資正官、首領官提調鋟梓印造裝褙。

刊印宋史之中書省咨文曰：

皇帝聖旨裏。中書省據遼、金、宋三史總裁官呈：「照得近奉都堂鈞旨，委自提調繕寫宋史刻板正本，今已畢

功。理合比依遼、金二史，從都省聞
奏定奪，指定行省去處，刊刻印造，傳之方來。竊照元修史官翰林編修張翥、國子助教吴當二人，深知宋書事理。如蒙差委齎書前往所指去處，監臨刊刻，至於鋟梓之際，倘或工匠筆畫差訛，就便正是，似爲便宜。具呈照詳。」得此，都省除已差史官翰林應奉張翥馳驛齎宋史浄稿前去，委自本省文資正官、首領官、儒學提舉各一員，不妨本職提調，與差去官精選高手人匠，就用齎去浄稿依式鏤板，不致差訛；所用工物，本省貢士莊錢内應付，如果不敷，不以是何錢内放支，年終照算；仍禁約合屬，毋得因而一概動擾違錯；工畢，用上色高紙印造一百部，裝潢完備，差官赴都解納外，合行移咨，請照驗依上施行，先具依准咨來。須至咨者。

右咨

浙江等處行中書省。

至正六年　月　日

右兩段公文，言三史刊印之具體情形甚詳。其中，明言用上等良紙印製一百部，特引人注目。金史、宋史有字體精美之刻本，雖非全帙，流傳至今，當即此至正刊本，已爲百衲本所收，今藏在北京圖書館。遼史、金史於至正五年（一三四五），宋史於同六年付梓。

第三章　宋版鑑定之前提性討論（附）

本章在進入綜論編討論版本問題之前，説明一些前提性問題。

一　東禪寺萬壽大藏、開元寺毗盧大藏、思溪圓覺大藏及其刻工

刊記無疑是確定刊刻時代之直接證據。然宋元版不具刊記者居多，或有刊記而非彼時所刻。既無刊記可據，則推論刊行時代，當以分析刻工爲最妥。此本刻工與已知刊刻時代之諸書刻工一致者多，則不妨推論此本刊刻與彼同時。可供對照之諸版本中，就北宋末南宋初期而言，東禪、開元、思溪三部大藏經，因大都可確定刊年，而且有大量刻工名，參考價值最大。此先概述此三部藏經以及刻工名之基本情況。

大藏經始於蜀地開雕，在校刊五經正義之前，開寶四年（九七一）至太平興國八年（九八三）之間，刊成一千七十六部五千四十八卷。此所謂開寶藏，爲卷子本，至今尚有少數殘卷分藏各地。高麗藏、金藏均受開寶藏之直接影響。於宋，則元豐三年（一〇八〇）至政和二年（一一一二）之間，福州東禪寺刊成萬壽大藏六千三百三十九卷。

此藏首函（「天」字函）大般若波羅蜜多經卷一之首，有崇寧二年（一一〇三）一一月二三日牒文，云「勅賜福州東禪

等覺禪寺天寧萬壽藏……云云……」，文長不録，又有「司空兼尚書左僕射門下侍郎上柱國南陽郡嘉國公蔡京」等七名官銜，並見圖書寮典籍解題漢籍篇（宮内廳書陵部一九六〇年）。此藏每經卷首幾乎均有刊記，如「薑」字函摩訶般若波羅蜜經三十卷，卷一首有云：

福州東禪寺等覺院住持傳法慧空大師沖真等謹募衆緣恭爲

今上皇帝　太皇太后　皇太后　皇太妃　祝延聖壽國泰民安

開鏤大藏經印板一副計五百函　函各十卷　元豐乙丑歲五月　日謹題

所題皆該卷具體刊刻時間，故有一經中，前後卷所題年份或有不同。一版印一紙，大都爲六折，刻工名記在第一折行間。至南宋，乾道五年（一一六九）至淳熙三年，此藏又增刻一百四十三卷，同時將原版中部分印板補刻抽換。增刻諸經卷首亦有刊記，題乾道或淳熙年。補版葉偶亦有簡單題記，如元豐三年刊大方廣佛華嚴經八十卷（「拱」字函至「臣」字函），卷二八第九葉有云「淳熙己亥崇賢里林念一娘爲孝林卅一郎雕捨文」，但僅見數處而已。或僅記干支，如「丙午」、「戊寅」等。

此東禪寺版藏經，尚未全面調查，且藏經之外，北宋末刊本流傳者極少，因此用此藏推論版本年代之事例不多。然將來若有東禪寺版之詳細調查，在政和年間及稍早時期所刻印板上，或可查出更多見於舊稱「景祐本三史」之刻工名，亦未可知。又，舊稱「咸平刊本吴書」之補版，可據此東禪寺版中乾道、淳熙年間補版刻工而推定爲相同時期，詳見解題編三國志（A—1本）下。

＊　＊

福州開元寺毗盧大藏，自政和二年（一一一二）至紹興二一年（一一五一）之間，刊成六千一百一十七卷，乾道年間又有增刻。如同東禪寺版，此藏每卷首皆刻題記，大都具刊年，如佛説無量清淨平等覺經上卷（「乃」字函）首云：

福州管内衆緣就開元寺雕造毗盧大藏經印板一副計五百餘函恭爲
今上皇帝祝延聖壽寺内外臣僚同資禄位都會首顔徽曾紹陶轂張嗣林桷陳芳林昭
劉居中蔡康國陳詢蔡俊臣劉漸陳靖謝沈前管句沙門本悟見管句沙門僧仟
證會前住持本明見住持宗鑑大師元忠當山三殿大王大聖泗州時宣和六年八月　日謹題

據各卷題記年份，知雖其間不無例外，大致以千字文函號，依次刊刻。宣和六年起，經靖康，至建炎二年，每年刊刻不少卷。之後有不具題記者約四十函三十部三百卷，然後有少數紹興四年至八年所刊、紹興一一年所刊，極少數紹興一六年刊，而紹興一八年、一九年所刊則卷數甚多。據此觀察，紹興五年至一七年之間，似甚少刊刻，幾至中斷。較晚時期之題記不如宣和時期具體詳細，如見中國版刻圖録（圖版一五七）所揭開元釋教録略出卷三卷首：

福州開元禪寺住持傳法賜紫慧通大師了一謹募衆緣恭爲
今上　皇帝祝延　聖壽文武官僚資崇　禄位圓成雕造
毗盧大藏經板一副旹紹興戊辰閏八月　日　謹題

紹興戊辰一八年，此期題記多類此。

開元寺版在東禪寺版之後，主要是北宋最末四、五年及南宋初紹興年間前半期所刊，而且不妨推測廣泛招集閩浙大批刻工爲之，因此理當作爲討論南宋初期諸刊本刊行時代之絶佳資料。可惜迄今調查尚不周詳。筆者曾調查宫内廳書陵部（參圖書寮典籍解題）、金澤文庫兩處所藏大藏經，但全藏龐大，自然有不少缺卷。又此兩部藏經之傳入日本，在刊成後已逾一百多年，其時版片當多磨損、散亡者，故此兩部藏經雖以開元寺版爲主，仍多夾雜東禪寺版，甚亦有用別版配補之處。配補情況複雜，分析調查難度較大，筆者止爲之初步調查，在此亦不得提示開元寺版刻工表，是以爲憾。

*　*

湖州思溪圓覺禪院大藏經，自北宋末期至南宋初期之間，刊刻大般若波羅蜜多經（「天」字函）至大般涅槃經（「合」字函），共五百四十八函五千四百八十卷。另據宋人元偉湖州圓覺禪院新雕大藏經律論等目録二卷，則共有五千八百二十四卷，略有出入。全藏中有多處卷末刻如下兩種題記，可資瞭解刊刻始末。

大宋國兩浙道湖州歸安縣松亭鄉思溪居住左武大夫密州觀

察使致仕王　永從同妻恭人嚴　氏弟忠翊郎　永錫妻顧　氏

姪武功郎　沖允妻卜氏從義郎　沖彦妻陳　氏男迪功郎　沖元

妻莫　氏保義郎　沖和妻呂　氏并家眷等捐捨家財命工開

鏤大藏經板伍伯伍拾函永遠印造流通所　鳩

善利恭爲祝延

今上皇帝聖躬萬歲利及一切有情紹興二年四月日謹題

雕經作頭李　孜李　敏　印經作頭金　紹

掌經沙門　覺清　　幹雕經沙門　法祖
對經沙門　仲謙　行堅
對經沙門　静仁　慧覺大師　道融　賜紫　修敏
都對證湖州覺悟教院住傳天台教真悟大師　宗鑑
勸緣平江府大慈院住持管内掌法傳教説法大師　净梵
都勸緣住持圓覺禪院傳法慈受禪師　　懷深

*　*

大宋國兩浙路湖州歸安縣松亭鄉思村居住左武大夫密州觀
察使致仕王　永從同妻恭人嚴　氏弟忠翊郎　永錫妻　顧氏
姪武功郎　沖允妻卜氏從義郎　沖彦妻陳氏男迪功郎沖元
妻莫氏　保義郎　沖和妻吕　氏與家眷等恭爲祝延
今上皇帝聖躬萬歲利樂法界一切有情謹發誠心
捐捨家財開鏤大藏經板惣伍伯伍拾函永遠印造
流通紹興二年四月　日謹題
雕經作頭李孜　李敏　印經作頭　密榮
掌經沙門　法已

對經沙門　仲謙　行堅　　　幹雕經沙門　法祖
對經慈覺大師静仁　慧覺大師道融　賜紫　修敏
都對證湖州覺悟教院住持傳天台祖教真悟大師　宗鑑
勸緣平江府大慈院住持管内掌法傳天台教説法大師　净梵
勸緣住持圓覺禪院傳法沙門　　懷深

據小野玄妙佛教經典總論大藏經概説（佛書解説大辭典，一九三六年）、同宋代思溪圓覺禪院及同法寶資福寺新雕二大藏經雜考（日華佛教研究會年報第三年，一九三八年）、小川貫弌思溪版大藏經私攷（龍谷史壇一九，一九三七年）、文化財保護委員會長滝寺宋版一切經現存目録（一九六六年）、喜多院宋版一切經目録（一九六九年）等，前一種題記見以下各處卷尾：大東急記念文庫藏大般若波羅蜜多經卷四九四（「號」字函）、南禪寺藏觀所緣緣論（「命」字函）、長滝寺及岩谷寺藏撰集百緣經卷五（「涇」字函）。後一種題記見以下各處卷尾：南禪寺藏長阿含經卷二二（「履」字函）、喜多院藏阿毘達磨識身足論卷六（「連」字函）、喜多院藏阿毘達磨界身足論卷上（「枝」字函）、喜多院藏阿毘達磨俱舍論卷三（「真」字函）。又，中尊寺藏法苑珠林卷五一、卷七六亦有題記，唯不知是何種。今按：兩種題記各十四行，皆印爲二折一紙，似在藏經正文之外單獨印製，粘附卷尾。南禪寺藏觀所緣緣論曾經屢見書刊介紹，爲學者所熟悉，今觀大藏經（大藏會編，百華苑刊，一九六四年）一書所載照片（第五二頁），則觀所緣緣論尾題之後，緊接粘附題記，且題記字體與正文極相似。大谷大學圖書館藏本以無想思塵論、觀所緣緣論合爲一卷，卷末第五葉（刻工葛方）五折，觀所緣緣論尾題在第四折，對照南禪寺藏本照片，當是同版，而有第五折空白，並無題記，亦無曾經粘紙之痕迹。就筆者調查所及，大谷大學圖書館藏本未見有此題記。大東急記念文庫藏大般若波羅蜜多經卷四九四末所附題記，與南禪寺藏觀所緣緣論所附題記同版，而其字體與大般若波羅蜜多經正文則截然不同。是知此題記非與正文一同刊刻，而是另行刊刻，粘附於此。

據此兩種題記，知思溪圓覺藏蓋由湖州思溪王氏一族人捐資爲之，净梵、懷深等高僧作勸緣，刊於圓覺禪院。然其所云紹興二年（一一三二），不知是開始著手之時，抑爲完成之時，因全藏五千多卷，刊刻必經多年，不易確定年代。

小川貫弌思溪版大藏經私攷（見上）、思溪圓覺禪院與思溪版大藏經的問題（龍谷學報三二四，一九三九年）指出：嘉泰年間（一二〇一～一二〇四）談鑰撰吴興志云，圓覺禪院於北宋宣和中（一一一九～一一二五）由王永從、永錫兄弟創建；菩提行經卷一末有王永從題記，解脱道論卷一末有其姪王沖允題記，並云靖康元年（一一二六）「書寫」；主持藏經事業之勸緣僧净梵圓寂於建炎二年（一一二八），都勸緣僧懷深圓寂於紹興二年（一一三二）。小川據此推論，此藏之刊刻當始於北宋末期，至紹興二年之後不久即見完成。若如此説，則前後約十年而刻成全藏，較之同時福州刊行開元寺版自政和二年至紹興二十一年（一一一二～一一五一）四十年而成，稍早之福州東禪寺版自元豐三年至政和二年（一〇八〇～一一一二）三十三年而成，思溪版雖卷數稍少，但其速度仍足令人驚訝。

現存思溪版無一部足本，且據云當其傳入日本之初，即已配補多種版本。除東禪開元寺版尚屬同時刻本外，或配磧砂版，甚至具有嘉定、淳祐題記之南宋中後期刊經。如此一來，確定思溪藏刊成時間較爲困難。且各經字體變化多樣，雖紹興二年題記一葉，尚屬紹興時期常見風格，然其餘字體，或筆畫僵硬，或字稍大而字距、行距緊蹙，或筆畫往右斜上而稍近行書，乍見不似南宋初期刊本，故以往此版零本往往被認定爲宋末刊本。

依筆者所見，版樣寫手有王永從及其他多人，不同刻工所刻字體亦不同，即同一刻工刻版，亦有精粗差異，因而呈現字體多樣。然通覽全藏，仍可看出大體一致之風韻，而且不同字體互見同一刻工名，即紹興二年刊語二葉亦屬其例，則除去補刻、增刻、配補別版之外，思溪版當可認定爲紹興初年所刊。王沖允所書解脱道論在「背」字函，王永從所書菩提行經在「槐」字函，小野玄妙認爲比丘覺元激憤靖康事變而血書之阿毘達摩俱舍釋論卷二一在「守」字函，尼妙悟大師浄覺所書月連所問經、外道問大乘我義經（二經同卷）在「卿」字函，凡此諸卷皆北宋末年所寫，而皆在全藏後部。全藏之印行自當有計畫，雖未必全遵千字文順序，容有局部先後不同之處，但大體仍應依千字文次序，如開元寺版然。今思溪版上述諸經版樣之書寫在北宋末年，可以旁證刊刻事業進展之迅速。又按直齋書録解題云，宇文時中知湖州前，「思溪王氏刻藏經有餘板，以刊二史（唐書、五代史）」，然則思溪版全藏之成，必當在紹興六年八月宇文時中任知湖州前（參新唐書A—1本下）。如此看來，小川之推論當得其實。

鎌倉時代（一一九二～一三三三）以來，思溪版大藏有多部傳入日本，至今傳藏在岐阜郡上長滝寺、愛知知多岩屋寺、川越喜多院、南禪寺、增上寺、中尊寺等寺廟中，其中一部分已有文化財保護委員會、小野玄妙、小川貫弌等所作調查報告。筆者參考此類報告，又親自調查大谷大學圖書館及大東急記念文庫所藏思溪版大藏，但未能細查全藏五千四百八十卷，僅得調查其中一成左右，以應研究之急需而已。

現存思溪版，大半已失封皮，或經改裝，然仍有不少保留原裝。原裝黄色封皮經折裝，上封皮左右延伸，包下封皮，外形約三〇×一〇・五釐米。上下單邊，高二四至二五釐米，一版一紙五折，每折無界六行，每行十七字。卷首題經名、卷次，下方記千字文函號，第二行低數格題撰者、譯者名。每紙右端正文之前，刻「（千字文函號）

（題名）（葉次）（刻工名）」以便拼接，而此部分被右一紙覆蓋粘接；東禪寺版、開元寺版二藏，音義單獨成册，附一經之後，而思溪版分附每卷之後。此兩點可謂思溪版特徵。大體以十帖爲一函，千字文爲函號。幾乎不見有缺筆，僅「敬」一字有極少數缺筆之例。

今調查大谷大學圖書館所藏思溪藏，就其中約一千二百帖，檢查被覆蓋粘接之刻工名，得如下表。依筆畫數排序，「→」表示互見。

丁禾　丁寧　万→萬　于成　于迪　大王昌　中立　公禾（翁和）　方浩　毛道　王戊　王用　王成　王宗

王昌　王迪　王珎　王政　王桓　王祖　王益　王真　王道　王園　王義　王榮　王睿　王震　王顯

毋唐三娘　付先　加謀　石端　立成　印志　印祥　吉彦　吉涣　朱一　朱乙　朱五　朱林　朱富　朱集

朱華　朱端　朱榮　伯中　何言　何忠　余宗　助祥　吴申　吴安　宋佖　宋庠　李九娘　李仲　李合　李妙

李攸　李玘　李茂　李恭　李翊　李湛　李詢　李謀　杜濟　沈乙　沈二　沈有　沈成　沈昇　沈益　沈端

周育　周奇　周宣　周唐　周富　周琦　官石　念六　枕一　法明　芦→盧　金二　金義　金榮　青一　俞成

俞原　姚珍　思徹　施中　施宏　施宗　施明　施門　洪先　洪吉　胡明　胡昇　范瑞　孫正　孫立　孫遘

徐氏　徐互　徐民　徐立　徐昇　徐免　徐阜　徐杲　徐秀　徐阿四　徐珎　徐軒　徐高　徐高阜　徐庸

徐華　徐貴　徐雅　徐義　徐顔　翁禾　翁味　翁和　馬成　馬辛　馬宗　馬宗顔　馬青　馬珎　馬壽　高杞

高起　崔林　常秀　張伯中　張宣　張悦　張浩　張海　張寧　張聚　張錫　章浩　章珎　章祥　章敏　許亮

陳六　陳世　陳出　陳立　陳全　陳汚　陳玘　陳庚　陳明　陳昇　陳亮　陳哲　陳浩　陳庾　陳軒　陳紹

陳景　陳琪（其）　陳詔　陳寧　陳璿　魚乙郎　魚大宗　魚大唐　魚大娘　魚母唐三娘　魚李　魚李九娘
魚宗　魚宗亮　魚念六　魚保奴　屠有　屠宥　惠祥　湯立　湯成　盛立　童濟　華元　華奕　馮立成　馮成
馮辛　黄六　黄廿六　黄廿八　黄元　黄常　黄悛　黄祥　黄覺　楊亮　楊彦　楊茂　楊通　楊寔　楊賓
楊實　萬成　萬澥　葉由　葉印　葉宗　葛方　葛古　葛韶　葛璋　董羽　董明　董奇　董珎　董祥　董暘
董濟　虞典　虞集　虞黄　虞廣　嘉謀　榮氏　榮氏男屠　翟完　裴忠　裴顔　趙宗　趙昌　潘氏　滕民
蔡超　蔣成　蔣諤　鄭昌　盧典　盧廣　盧震　衛立　衛祥　賴安　錢明　錢晞　錢竦　錢暘　薛昌　顔行
顔宣　嚴六　嚴氏　嚴申　嚴先　嚴志　嚴昌　嚴信　嚴肅

二　避諱缺筆

避諱缺筆在宋刊本中常見。明清書誌目録往往據以推論刊年，且常以所避最晚之皇帝在位時期之刻本。直至近代，諳熟版刻之陸心源、傅增湘等藏書家，仍用此法。如百衲本所收「嘉祐刊」唐書，實爲南宋初期覆刻本（參新唐書A—1本下），而皕宋樓藏書志卷一九乃云「朗、匡、徹、炅、恒、桓、鏡、竟、敬、貞皆避缺，宋仁宗時刊本也」，使後之學者多誤以爲嘉祐原刊本。

當今皇帝名諱是否回避，曾有争論。島田翰古文舊書考據禮記有明文，云：「所謂『卒哭乃諱』，生不諱也。」仁井田陞則指出慶元條法事類等明令禁止使用御名。二十世紀三〇年代，長澤規矩也與仁井田陞互相發表如下四篇論文，討論此問題，最後認爲從實例而言，當以回避當今皇帝名諱爲常例。

長澤　據帝諱缺筆鑑定宋刊本須知　書誌學二—一　一九三四年
仁井田　慶元條法事類與宋代出版法　書誌學四—五　一九三五年
長澤　就宋刊本缺筆求仁井田博士賜教　書誌學一〇—二　一九三八年
仁井田　宋會要與宋代出版法——尤其版本避諱缺筆問題——　書誌學一〇—五　一九三八年

避諱缺筆，首先要考慮官刻本與坊刻本之差異，官刻本較嚴謹，坊刻本較疏忽。分時代論之，南宋初期蓋因多出覆刻北宋版，缺筆往往至仁宗名諱止，更往後，則高宗諱「構」或作「今上」（白氏六帖事類集等），或作「今上御名」（兩淮江東轉運司刊後漢書等）者，往往而在，是知今上避諱乃是通例。依此類推，北宋蓋亦然，雖北宋刊本稀少，不得以實例論證。

官刻本避諱較嚴，僅就大體而言。若細觀之，則或避或不避，往往不統一。甚至上下重複同一句及正文下注文見同一詞語之處，或避或不避，一葉之中即不統一，至於卷帙較多者，先後不統一乃爲常態。依時間先後而言，南宋前期回避高宗、孝宗諱（「構」、「昚（慎）」）者頗常見，而南宋中期刊本避光宗、寧宗諱（「惇（敦）」、「擴（郭）」）之比率，遠低於前期避諱，至於南宋後期刊本，避理宗、度宗諱（「昀」、「禥」）者反而罕見。不避諱之原因，未必皆在謄寫版樣之寫手。或有國子監生、青年官員等認真書寫版樣，避諱嚴謹，而刻工幾乎不識字，不小心忽略不避，不足爲奇。而且時代愈後，無論寫手與刻工，規避意識恐怕愈益淡化。

又，舊時學者以避諱缺筆之下限爲刊刻年代，其實避諱缺筆之下限僅足以證明刊刻時代之上限而已，不得據以爲刊刻年代。不避諱，容有當避而忽略者；　已避諱，則刊刻時間必不能更早。其理自明，不必多言。推論刊刻年代，當以刊記、刻工名爲主，綜合研究版刻特點，參考其他文獻資料而爲之，避諱止供旁證而已。

雖然如此，避諱畢竟得以證明年代上限，不容忽視，本書亦將常爲討論。以下表列諸帝名諱及主要嫌名字，以便參考。此表本爲長澤規矩也所編靜嘉堂文庫宋刊本展覽會陳列書解説（該文庫，一九三三年）附録，今稍作調整。

始祖　玄　弦泫炫眩胘絃縣懸
　　　朗　悢浪烺狼
遠祖　軒　轅
高祖　朓
曾祖　珽
祖　　敬　儆警驚竟境鏡
父　　弘　泓　殷
太祖　匡　筐　胤
太宗　炅　耿熀炯熲　義
真宗　恒　姮　后父　通
仁宗　禎　貞楨偵湞徵懲

英宗　曙　署樹豎戍
父（濮王）允讓
神宗　頊　勗旭畜
哲宗　煦　昫
徽宗　佶　吉姞
欽宗　桓　垣完莞皖丸瑗源
高宗　構　搆媾購溝覯姤彀
孝宗　昚　慎蜃
光宗　惇　敦燉墩鶉
寧宗　擴　郭廓鞹椁
理宗　昀

三　版本學上之南宋時代分期

綜論編以下討論南宋時期刊刻、補刻以及印行之時段，使用初期、前期、中期、後期之分期概念。此乃筆者綜合考慮出版傾向、版刻特點（包括版式、字體、缺筆、刻工等）、文本内容等因素所定之個人方案。大體分前、中、後三期，初期屬於前期。

①南宋前期（高宗、孝宗朝，一一二七～一一八九）

南宋最早期以覆刻北宋刊本爲主，隨後逐漸開始刊刻新版本。因而文本相對優良，字體端正，刀法稍尖鋭，帝諱（「構」、「慎」以上）缺筆亦較嚴謹。版心記字數者少，而記刻工名頗豐富。此期建安坊刻本亦較中後期優良，校勘、雕刻均較細緻，所謂「瘦金體」字體頗具特色。前期當中，特以高宗建炎、紹興年間爲南宋初期。南宋初期刊本以覆刻北宋刊本爲主，往往有刊記、列銜等，明記擔任刊行之官衙及相關官員名，一般而言均較後代版本爲優善。

②南宋中期（光宗、寧宗朝，一一九〇～一二二四）

此期新開雕之版本固然不少，然更引人注目者，南宋前期刊本之中期補版極多。早在南宋前期後段，已有修補初期刊本之例，而蓋因缺乏可資參校之傳本，即國子監本亦往往有墨釘未刻之字。然則中期補版當有更多問題，可想而知。字體仍屬端正，而愈趨直綫化，轉失韻味。缺筆至「敦」、「郭」字。建刊本字體變化，可以黄善夫本史記爲代表，前期之「瘦金體」變爲棱角突出之僵硬字體。文本不必佳，而有附刻注釋之傾向，正如黄善夫本史記合刻三家注。

③南宋後期（理宗、度宗朝，一二二五～一二七四）

寶祐刊通鑑紀事本末、咸淳臨安志等，此期固不無新刻版本，其中亦有重要者。然無論質量還是數量，皆遠不如前期、中期。前期、中期版本有此期補版者頗罕見，大部分監本經南宋中期補版之後，下一次補版乃在元代。「昀」、「禥」兩字缺筆之例亦極少見。

分期	年份	廟號	帝諱	主要年號
前期（初期）	1127	高宗	構	紹興
前期	1163	孝宗	昚（慎）	乾道　淳熙
中期	1190	光宗　寧宗	惇（敦）　擴（郭）	紹熙　慶元　嘉泰　開禧　嘉定
後期	1225—1274	理宗　度宗	昀　禥	寶慶　紹定　淳祐　寶祐　咸淳

北宋刊本現存不過十數部，無需分期。元代約一個半世紀，其間版刻特色自有變化，而不似南宋刊本不同時段特色顯異，較難分期，故僅在必要時，或據刊記以及刻工，大致分前、中、後期，或用「元末明初」等分段法。

以上內容，曾在拙稿宋版鑑别法（*Biblia :bulletin of Tenri Central Library* 第八五輯，一九八五年）中略述大旨。

第二部　綜論編——宋元時期之正史刊刻

北宋初年，史記至舊唐書十六部正史已經成書，淳化年間三史以下陸續刊行。其時往往數史同時編刊，如緒論編所述。數史同時編刊，自有其目的、意義，且此類合刻大都以同一版式刊行。就今日我們之研究而言，數史同刻理當一併討論，且有相互對照之便，如合刻數史中某一史失傳或僅存殘本，即可據其餘諸史推定其刊年、刊者、刊地等。長澤規矩也曾撰宋代合刻本正史之傳本（瀧川博士還曆記念論文集東洋史編，一九五七年。後收長澤規矩也著作集卷三），蓋亦此意。

本編以合刻本爲主，雖非某一人或某一機構合刻印行，然同時以同一體例編刊，義同合刻者，一併討論。另輔以單刻一史者（如新唐書、五代史記之類），綜合考察各地各時段之出版特點，討論宋元時期正史刊行之主要問題。至於具體宋元版傳本之分析討論，請參本書解題編。

第一章 北宋刊正史

北宋朝於十世紀末至十一世紀陸續校定各類典籍，並首次刻版印行。其中正史同諸經注疏，特爲所重，除舊五代史外，所有正史次第刊行。尤其史記、漢書、後漢書，刊成之後，屢經校勘，每爲之修改版刻文字，最終成爲景祐二年校定本，如緒論編所述。此景祐二年校定本不妨視爲後來諸刻之祖本，詳見下章所述。

宋朝重文治，科舉制度發展成熟，經史典籍之需求有增無減。印數愈多，板片磨損愈甚，勢必屢爲修補或重刻，無論官刻民刻均當如此。然北宋刊本流傳至今者，除佛經較多之外，日本所藏約十部，臺北所藏僅文選殘本一部（臺北藏本保存狀態不佳，單獨觀察，不敢遽斷爲北宋版。後見北京藏本，始確定皆爲北宋版，詳拙稿「補説」，見二〇〇八年人民文學出版社出版日本足利學校藏宋刊明州本六臣注文選卷首），大陸近年有影印本出版及各種介紹，當有數部，然未見中國版刻圖録著録。不僅傳本少，相關記載亦甚少見。

就正史而言，漢書有景祐校勘之語，吴書、新唐書有咸平、嘉祐中書門下牒，均可驗證緒論編所引麟臺故事等文獻記載，然嘉祐以後之資料却闕如無聞。皕宋樓本吴書舊稱「咸平刊本」，其實爲南宋初期刊本，故卷中有崇寧、大觀年間校正官員名，可以認爲據北宋末期刊本覆刻者，可算例外。

正史現存唯一北宋版本，即武田科學振興財團杏雨書屋藏（恭仁山莊舊藏）史記（詳見解題編，史記甲—A—1本）。此本版刻特色與宫内廳書陵部藏通典相近，可以推測爲十一世紀中葉至後半期之刊本，而經過十一世紀末期修補。既有補版，知當時印數已多。又，此版另有南宋初期覆刻本，因此不能否定其爲國子監本之可能性。但此本行格十四行二十五、六字，與「景祐刊本」之十行十九字不同。

除此之外，諸書記載亦有不可信者。如天禄琳琅書目續目卷四著録一部史記索隱四函四十册，云：「末卷載『嘉祐二年（一〇五七）建邑王氏世翰堂鏤版』。前有刻書序，不著名氏，云『平陽道參幕段君子成求到善本募工刊行』，蓋重刊者也。」書林清話據以爲平陽段氏刊本之祖本。然現存傳本（史記乙—C種）均不見此刊記，且嘉祐年間不應有集解、索隱本，故不得不疑「嘉祐」有訛字。［譯者按：一九三四年版故宫善本書目中有天禄琳琅現存書目，已定此部實劉氏慎獨齋刊本，嘉祐刊記自出書賈杜撰，參昌彼得清内府藏書中的僞本（蟫菴論著全集所收）。此部臺北「故宫」藏一百二十七卷，餘三卷今在北京圖書館，見劉薔天禄琳琅研究（二〇一二年北京大學出版社）。］又如清范公詒撰、民國黄任恒校補兩漢書舊本攷，依據清至民初各種目録，列舉多種「北宋刊本」。然正如倉田淳之助已逐一否定（漢書版本攷，載東方學報（京都）二七，一九五七年），所列前後漢書版本，當無一部可證爲北宋版者。又，南宋慶元黄善夫、劉元起刊本卷首列舉「宋景文公所用」等諸版本，爲宋代之記録，值得重視。其中宣和六年（一一二四）國子監本應當肯定其存在，如倉田所言，惟不知是否即舊稱「景祐刊本」。

北京大學圖書館藏南宋前期建刊史記一百三十卷（甲—I—1本），其中卷五至七（秦、秦始皇、項羽本紀）配補小型小字本（甲—C—1本），疑係北宋版。字體遒勁精湛，墨色鮮明，略似諸書南宋初覆北宋版，而筆勢遠爲尖鋭，雖因無相關版本可以對照，未能完全肯定，但推定其爲北宋版，當不誤。

北宋版本幾乎絶迹，首要原因當在金軍陷開封。三朝北盟會編卷九八引趙子砥燕雲録云：

靖康丙午（一一二六）冬，金人既破京城，當時下鴻臚寺取經板一千七百片。是時子砥實爲寺丞，兼是宗室，使之管押，隨從北行。丁未五月，至燕山府。

靖康要録卷一五云：

靖康二年二月二日，壞司天臺渾儀，輸軍前。虜圖明堂九鼎，觀之不取。止索三館文籍圖書、國子書板。

此時所失，當不止宫中書版，即京城官宦家中所藏，蓋亦散亡殆盡。

第二章　舊稱北宋景祐刊三史

一　前言

北宋朝校定正史，初次刊行，自淳化年間校勘三史始。其後三史屢經校勘，於是有景德、景祐本，如緒論編所述。其中史記之需求最大，印數亦多，故史記傳本較其他諸史爲多。明清時期，往往根據刊記、避諱等，將後代刊本視爲淳化、景德、景祐等刊本。淳化、景德、景祐等三史刊本，當已散亡無存，但因漢書（今藏北京圖書館，百衲本底本，即A—1本）有景祐元年余靖上言及同二年「校書畢」等文字，與其行格相同、可視爲同時刊本之三史，曾經號稱「景祐刊本」，直至近年始被質疑。

漢書卷末有黄丕烈、顧廣圻題跋，而史記（今藏「中研院」史語所，仁壽本底本，即甲—D—1本）卷首有沈曾植、曹元忠兩長跋，論早期版本甚詳。沈、曹兩跋，見仁壽本二十五史直接影印，中國訪書志（增訂本第六二六頁）移録全文，中國訪書志及趙鐵寒北宋刊史記五種板本辨正（上）（下）（大陸雜誌二三—二、三，一九五九年）已詳論其中謬誤。

舊稱「景祐刊本」，除此兩部外，又有涵芬樓燼餘書録著録一部「漢書一百十八卷」，六十册，今藏北京圖書館

（A—2本），後漢書有臺北「中央圖書館」藏殘本，存十八卷二册（A—1本）。北京圖書館善本書目著録後漢書「北宋刻遞修本」殘本三部，一存一百十五卷三十八册（A—2本）、一存一百六卷四十册（A—3本）、一存三卷二册（A—4本），皆屬同版。

現存正史版本當以杏雨書屋所藏史記殘本存六十九卷（甲—A—1本）爲最早，刊刻時間推定在北宋十一世紀後半。玉海云「熙寧二年八月六日庚子進新校漢書」，時間略相當，不知與此史記有無關係。

二　現存傳本

舊稱「景祐刊」漢書（A種），如見百衲本，卷末有云（見圖一）：

> 景祐元年九月祕書丞余靖上言國子監所印兩
> 漢書文字舛譌恐誤後學臣謹參括衆本旁据它
> 書列而辨之望行刊正
> 詔送翰林學士張觀等詳定聞奏又命國子監直
> 講王洙與靖偕赴崇文院讎對二年三月靖又上
> 言……

下引顔師古漢書敍例，述舊注人氏等，末二行稱（見圖二）：

圖一

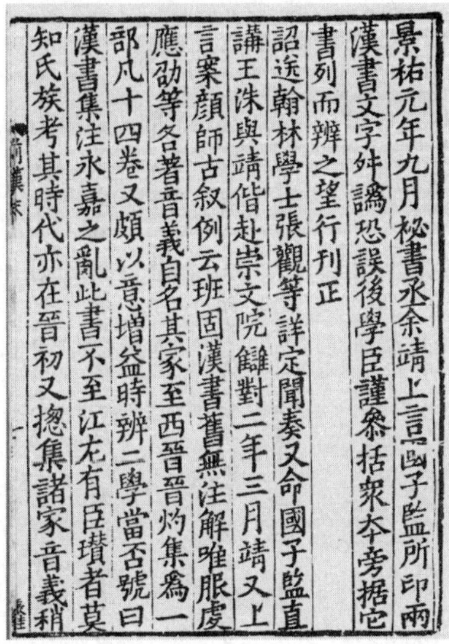

景祐元年九月秘書丞余靖上言國子監所印兩
漢書文字舛譌恐誤後學臣謹參括衆本旁據它
書列而辨之望行刊正
詔送翰林學士張觀等詳定聞奏又命國子監直
講王洙與靖偕赴崇文院讎對二年三月靖又上
言案顔師古叙例云班固漢書舊無注解唯服虔
應劭等各著音義自名其家至西晉晉灼集為一
部凡十四卷又頗以意增益時辨二學當否號曰
漢書集注永嘉之亂此書不至江左有臣瓚者莫
知氏族考其時代亦在晉初又總集諸家音義稍

漢書　北宋末南宋初刊(A種)
卷末校定題記首(百衲本)

圖二

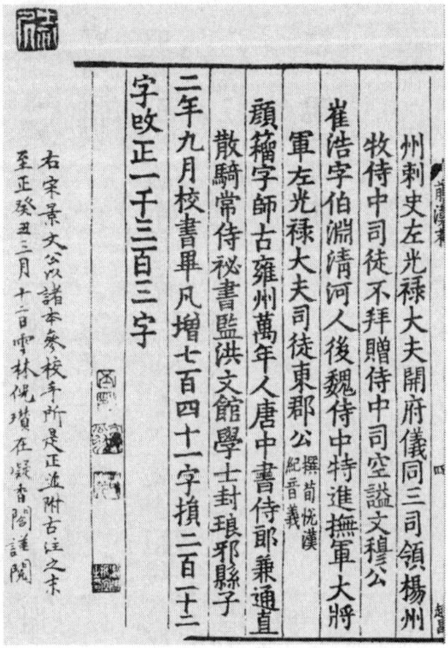

州剌史左光祿大夫開府儀同三司領揚州
牧侍中司徒不拜贈侍中司空謚文穆公
崔浩字伯淵清河人後魏侍中特進撫軍大將
軍左光祿大夫司徒東郡公　撰荀悅漢紀音義
顔籀字師古雍州萬年人唐中書侍郎兼通直
散騎常侍秘書監洪文館學士封琅邪縣子
二年九月校書畢凡增七百四十一字損二百一十二
字改正一千三百三字
右宋景文公以諸本參校手所是正並附古注之末
至正癸丑三月十二日雲林倪瓚在凝香閣謹閱

漢書　北宋末南宋初刊(A種)
卷末校定題記尾(百衲本)

二年九月校書畢凡增七百四十一字損二百一十二
字改正一千三百三字

加之字體、避諱等特點均顯古雅，故百衲本採用此本，題稱「上海涵芬樓影印常熟瞿氏鐵琴銅劍樓藏北宋景祐刊本」。此版半葉十行，行十九字，小字雙行二十五至二十八字，版心白口。此本缺九卷，百衲本用別本配補。

史記有「中研院」史語所藏本(甲—D—1本)。全部一百三十卷中，除去配補元大德饒州路刊本、南宋中期黄善夫刊本，「景祐本」實存一百十五卷。其行格與「景祐刊」漢書同，字風大體相似，而不如漢書尖鋭。此本補版較多，亦加强滯重印象。但原版刻工名，幾乎全見於「景祐本」漢書，可證此本與「景祐本」漢書確屬同時同地所刊。惟史記無刊記直接標明「景祐」年號。

圖三

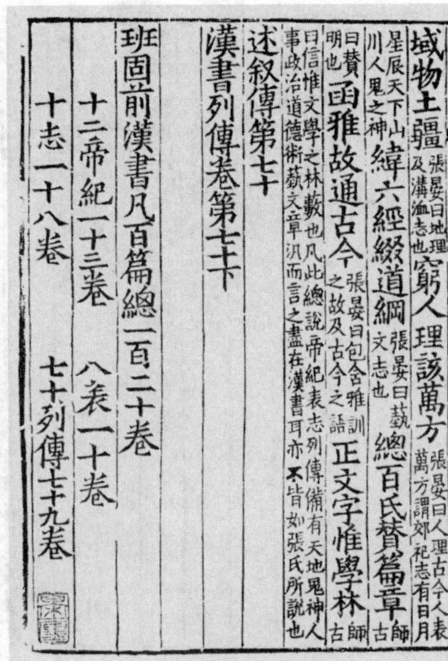
域物土疆 張晏曰地理及溝洫志也 窮人理該萬方 張晏曰人理古今人表萬方謂郊祀志有日月星辰天下山川人鬼之神 緯六經綴道綱 張晏曰藝文志也 總百氏贊篇章 師古曰贊明也 函雅故通古今 張晏曰包含雅訓之故及古今之語 正文字惟學林 師古曰信惟文學之林藪也凡此總說帝紀表志列傳備有天地鬼神人事政治道德術藝文章汎而言之盡在漢書耳亦不皆如張氏所說也

述敘傳第七十

漢書列傳卷第七十

班固前漢書凡百篇總一百二十卷

十二帝紀一十三卷　八表一十卷

十志一十八卷　七十列傳七十九卷

漢書　北宋末南宋初刊（A 種）

卷尾（百衲本）

圖四

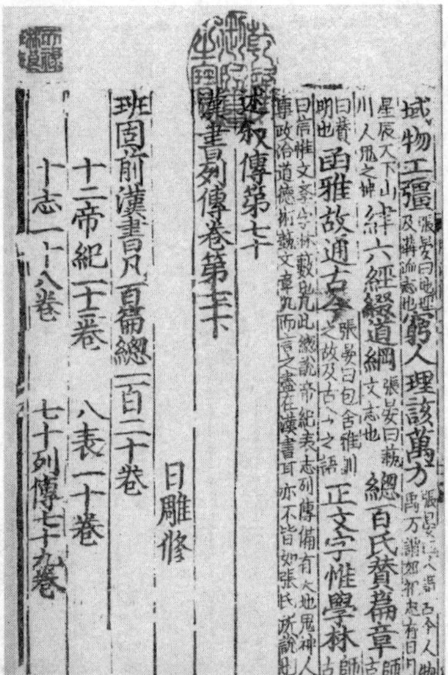
域物土疆 張晏曰地理及溝洫志也 窮人理該萬方 張晏曰人理古今人表萬方謂郊祀志有日月星辰天下山川人鬼之神 緯六經綴道綱 張晏曰藝文志也 總百氏贊篇章 師古曰贊明也 函雅故通古今 張晏曰包含雅訓之故及古今之語 正文字惟學林 師古曰信惟文學之林藪也凡此總說帝紀表志列傳備有天地鬼神人事政治道德術藝文章汎而言之盡在漢書耳亦不皆如張氏所說也

述敘傳第七十

漢書列傳卷第七十

日雕修

班固前漢書凡百篇總一百二十卷

十二帝紀一十三卷　八表一十卷

十志一十八卷　七十列傳七十九卷

漢書　南宋福唐郡庠刊（B 種）

卷尾（元修葉　仁壽本）

後漢書有「中央圖書館」藏本（A－1本），存十八卷二册，其中有抄補、缺葉，又有配福唐郡庠刊本元代補版葉。雖然殘存甚少，行格、字風亦同「景祐本」漢書，刻工除兩名外均見漢書。另，北京圖書館藏「北宋刻遞修本」殘本三部（A－2、A－3、A－4本），共計一百二十一卷，亦屬同版。

舊稱「景祐刊」漢書，實北宋末南宋初刊本（A 種），末卷尾題「漢書列傳卷第七十下」，後空一行有總目「班固前漢書凡百篇總一百二十卷」云云（見圖三），而福唐郡庠覆刻此本（B 種），乃在此空行之處，低十三字刻「日雕修」三字（見圖四）。丁丙善本書室藏書志稱，所藏「明正統翻宋淳化本」亦如此，並推論「日雕修」之上，原當有「右奉淳化五年七月二十五」等字，已被剷去。所云正統刻本，今亦罕見。至於丁丙謂當有「右奉淳化五年七月二十五」等字，必當據後漢書類推言之。後漢書「景祐本」（A 種）及福唐郡庠覆刻「景祐本」

圖五

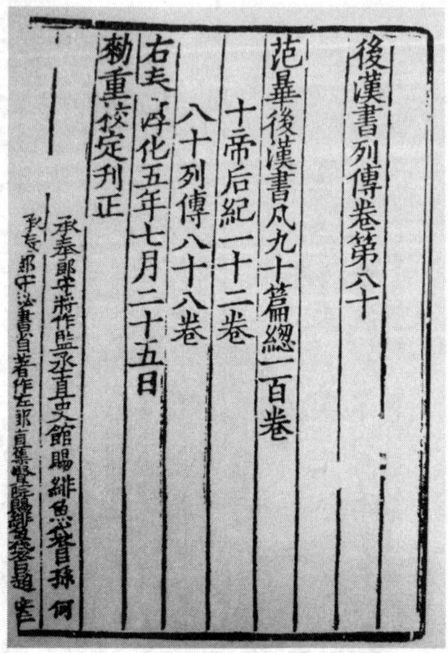

後漢書列傳卷第八十
范曄後漢書凡九十篇總一百卷
十帝后紀一十二卷
八十列傳八十八卷
右奉淳化五年七月二十五日
勅重校定刊正
承奉郎守將作監丞直史館賜緋魚袋臣孫何
承奉郎守祕書省著作佐郎直集賢院賜緋魚袋臣趙安仁

後漢書　南宋初刊(A 種)
卷尾(再造善本)

圖六

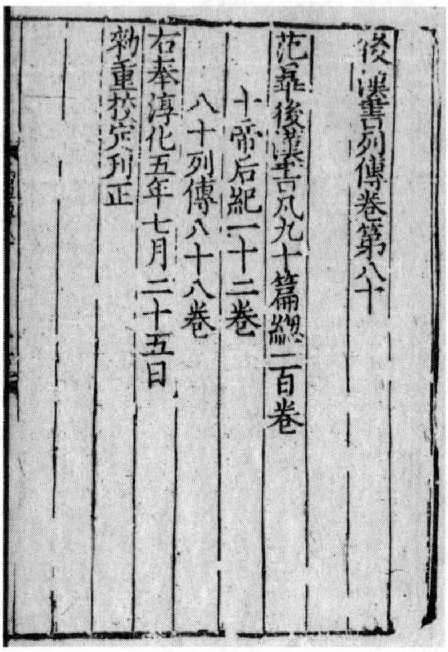

後漢書列傳卷第八十
范曄後漢書凡九十篇總一百卷
十帝后紀一十二卷
八十列傳八十八卷
右奉淳化五年七月二十五日
勅重校定刊正

後漢書　南宋福唐郡庠刊(B 種)
卷尾(元修葉　仁壽本)

(B種)，於相應位置有二行刊記曰「右奉淳化五年七月二十五日／勅重校定刊正」，另葉又附景祐元年余靖上言。鐵琴銅劍樓舊藏三十八册本(A－2本)在刊記下更有二行曰「承奉郎守將作監丞直史館賜緋魚袋臣孫何／承奉郎守祕書省著作佐郎直集賢院賜緋魚袋臣趙安仁」(見圖五)。此必淳化五年奉敕刊行相關列銜，當不止此二行，惜左半葉已殘缺不可見(參A－2本下)。此類刊記雖經輾轉覆刻，蓋亦可見已無傳本之淳化校定本至景祐定本，以及現存之舊稱「景祐本」、福唐郡庠本之間，一脈相承，屬同一系統。

三　刻工分析

舊稱「景祐本」後漢書(A種)，與行格截然不同之舊稱「咸平刊」吳書(三國志A－1本)之間，居然有十七名刻工名相一致，而且「景祐本」三史並「咸平本」吳書之刻工，又互見於北宋末南宋初開雕之福州開元寺毗盧大藏。據此可證此四史之刊刻時間，不在景祐或咸平，而在其後百餘年，兩宋之交。

此先表列此四史之原版刻工。此等閩浙刻工可分兩組，一組刻工常見於史記、漢書，少見或不見於後漢書、吴書，另一組刻工則反之。分兩組，一組承擔二史，惟不知依出身地分，抑或有時間先後等因素。今以史記、漢書刻工爲一表，後漢書、吴書刻工爲另一表，每一刻工名下，用代號注明所見正史。a爲史記，b爲漢書，c爲後漢書，d爲吴書。依刻工名筆畫數排序，阿拉伯數字表示筆畫數。

史記、漢書刻工（原版）

[2]丁保b d　[4]毛端b　牛賢a b　王中b　王寘b　王震b　[5]石貴a b　丘甸b　安明a
印起a　印貴a b　朱宗a b　朱保a b　[7]何立a b　何安b　何先a b　余永b
余集b　吴安a b　吴邵b　吴寶b　吕吉a b　吕章a　吕堅b　宋庠b　沈仁b
沈成a b　沈誠a b　沈詵b　沈信b　[8]周元b c　周成a b　[9]施元a b c　施明b
胡恭a b　洪吉a b c　[10]凌安a b　孫升b　孫安a b　孫吉b　孫程b　徐承b
徐和b　徐直a b　徐彦b　徐净b　徐軫b　徐雅a b c　徐琫b　郎生b　郎政a b
[11]張安a b c　張宣a b　張珪a b　張聚a b　曹先b　許中b　許宗a b c　許明a b
許亮a b　許簡a b　陳用b　陳吉a b c　陳受b c　陳忠a b　陳彦a b　陳宥a b
陳奎b c　陳信a b　陳浩a b　陳覺b　陳偉a b　陳惠a　陳富b　陳撰a

陳慧b　陳擇a b　[12]屠式a b　屠亨a b　屠室a　屠聚a b　稽起a b　湯立a b
華連a b　[13]楊玉b　楊守b c　楊玠b c　楊琪a b c　楊德b　葉虎b　董明b
[14]趙昌a b　趙起a　[15]劉誾b　蔣宗b　鄭安a b　鄭明b　鄭彥a b　鄭璋a b
[16]錢真a b　錢珍b　[18]顏宗b

後漢書、三國志（原版）

[2]丁明c d　丁保b d　[3]三月d　三溢d　[4]元仲d　六善d　王奕c　王周d　王洵d　王珣c d
王敏c d　王溢c d　王積c d　王慶c　[5]付及c d　付立c d　丘迪d　史貴c　甘正d　巧成c
[6]印祥c　印瑞c　江受d　[7]余安c　吴先d　吴甫c d　吴聳d　宋貴d　李孜c　李保d　李昱d
阮石c　阮青c　[8]周斗c　周元b c　周升c　林老c　林足d　林俊d　林茂d　金玘c　[9]姚順c
洪吉a b c　施元a b c　柳生c　范亮d　[10]唐慶c　孫先d　孫受c d　徐成c　徐玘c　徐真c
徐雅a b c　徐簡c　高宏c　高宣d　[11]崔志c　張文c　張安a b c　張宏c　張宗c　張敦c
張憙c　張棐d　許元c　許先c d　許宗a b c　郭文c　郭康c　郭喜c d　陳大c　陳吉a b c
陳兵c d　陳宗c　陳武c d　陳受b c　陳長c d　陳奎b c　陳青c　陳得c d　陳喜c　陳章c d
陳逸d　陳聰d　陳歸c d　陳贇d　[13]楊守b c　楊其c　楊玠b c　楊順c d　楊琪a b c　葛大c
[14]齊昌d　[15]劉受c　潘元c d　蔡大c　蔡道c　蔣深d　蔣馭d　蔣達d　鄭匣d　鄭受d
鄭勤c d　[17]韓通d

（譯者按：右表中，後漢書刻工（標c號）王珣、印祥、印瑞、余安、李攷、金玘、施元、洪吉、徐玘、徐真、徐雅、張安、張宏、張宗、張敦、張憲、陳吉、陳宗、陳奎、楊守、楊玠、楊琪凡二十二人爲原書出版之後，作者於北京圖書館見A—3本膠卷採録者。）

單字刻工名及補版刻工名將著録於解題編，此不列表。補版刻工並見於史記、漢書者，十五名以上，可見史記、漢書不僅同時開雕，補版亦在同時。

據此表，史記、漢書並見者四十八人，後漢書、吴書並見者二十人，史記及前後漢書三史共見者七人。並見於漢書與後漢書而不見於史記、吴書者五人，並見於漢書與吴書者一人。此足以證明史記、漢書二史與後漢書、吴書二史，分别爲同時同地所刻。史記、漢書二史與後漢書、吴書二史之間，刻工分爲兩組，是否可以斷定亦屬同時同地所刻？則需求證於開元寺毗盧大藏。

筆者曾見中國版刻圖録（圖版四）漢書條如下論述，始知開元寺版刻工實爲分析四史刻工之關鍵。

> 清代學者錢大昕、王念孫所謂「北宋景祐監本漢書」，即指此書。但原書是否景祐間刻，却是問題。此書嘉道間藏黄丕烈家，百宋一廛賦著録。黄氏别藏一本，内多補版。補版刻工程保、王文、孫生等人，紹興十九年又刻福州開元寺毗盧大藏。程保等既是南宋初年人，則此書原版刻於北宋後期，即據北宋監本覆刻，而非景祐監本，當是事實。

於是有必要調查開元寺版（圖七）。如緒論編第三章所述，開元寺版於鎌倉時代（一一九二～一三三三）以後傳入日本，距刊刻時已過一二百年，卷數又繁多，不僅補版漸多，且與同在福州大約同時（稍早於開元寺版）刊刻之東禪寺萬壽大藏混配，因此調查頗有難度。幸借得白石克先生調查宫内廳書陵部及金澤文庫藏本部分卷帙之筆記，筆者又稍作補充調查，雖不過全藏六千一百十七卷中百分之幾，然已得初步結果如下。

四史刻工並見於開元寺版者：

史記　（補版刻工：陳昌）

漢書　丁保　丘旬　周元　陳富

後漢書　丁明　王稹　付及　付立　周元　高宏　陳得　陳章　潘元　蔡大

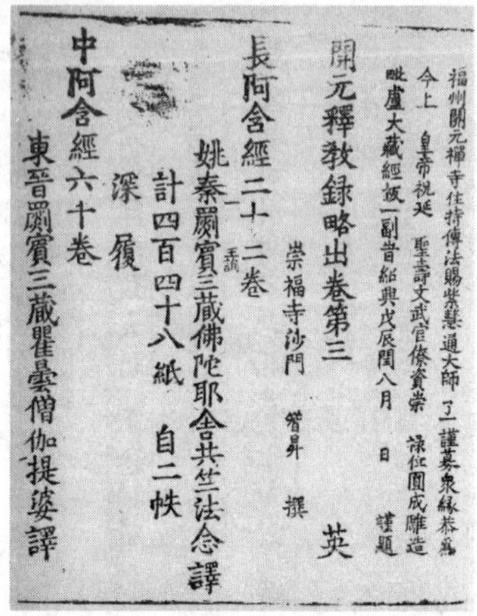
福州開元禪寺住持傳法賜紫慧通大師 了一 謹募衆緣恭為
今上 皇帝祝延 聖壽文武官僚資崇 祿位開成雕造
毗盧大藏經板一副時紹興戊辰閏八月 日 謹題
開元釋教録略出卷第三 英
崇福寺沙門 智昇 撰
長阿含經二十二卷 二帙
姚秦罽賓三藏佛陀耶舍共竺法念譯
計四百四十八紙 自二帙
深 履
中阿含經六十卷
東晉罽賓三藏瞿曇僧伽提婆譯

圖七　開元寺毗盧大藏　開元釋教録略出卷第三首　紹興一八年刊（版刻圖録）

吴書　丁明　丁保　王稹　付及　陳得　陳章　潘元

史記刻工在開元寺版中尚未檢得，僅得補版刻工而已。然史記與漢書共見之刻工甚多，固不妨據漢書推論。又，將來若能全面調查開元寺版刻工，與四史共同之刻工名當不止此。

東禪寺版、開元寺版於每經卷首明記刊年，使其具有重大參考價值。今表列此等刻工所見開元寺版中之經名及其刊年如下（經名下不注年者，卷首無刊年）。

丁明　大方等大集月藏經、陶字函音釋、方廣大莊嚴經（宣和七年）

丁保　開元釋教録（紹興一八年）

王稹　佛説信廣功德經（大觀元年）、開元釋教録（紹興一八年）

付及　大方等大集月藏經、方廣大莊嚴經（宣和七年）、寶授菩薩提行經、佛説瑜伽大教王經（紹興一八年）

陳得　佛説無量清淨平等覺經、大方廣三戒經（宣和六年）、大方等大集月藏經

陳章　佛説舊城喻經、佛説善樂長者經（大觀元年）、開元釋教録（紹興一八年）

潘元　開元釋教録（紹興一八年）

付立　佛説瑜伽大教王經

周元　大方等大集月藏經、方廣大莊嚴經（宣和七年）、普曜經（宣和七年）

高宏　大正句王經、佛説頻婆娑羅王經（大觀元年）、善住意天子所問經、大乘大方等日藏經（宣和六年）、大方等大集月藏經、方廣大莊嚴經（宣和七年）、王字函音釋、普曜經（宣和七年）

蔡大　佛説如幻三昧經（宣和六年）、方廣大莊嚴經（宣和七年）

丘甸　大乘大方等日藏經、方廣大莊嚴經（宣和七年）、普曜經（宣和七年）、月燈三昧經（靖康元年）

陳富　大方廣三戒經（宣和六年）、得無垢女經、佛説如幻三昧經（宣和六年）、善住意天子所問經、大乘大方等日藏經（宣和六年）、方廣大莊嚴經（宣和七年）、王字函音釋、普曜經（宣和七年）

陳昌　佛説無量清淨平等覺經

可見大都從事宣和六、七年（一一二四、一一二五）之雕版，又有見於紹興一八年（一一四八）者，而其間相隔約二十五年，尚可認爲同一人刻書時間範圍。然則四史刊刻時間與開元寺版相當，當可目爲北宋末南宋初。

更以東禪寺版考之，丁明、丘甸、陳富常見於東禪寺版大般若波羅蜜多經（卷首有政和二年牒）以下諸經。又，付

中、付言、卓免、林安、邵保、梁吉、陳楷、鄭俊等並見於東禪、開元兩藏，而不見於四史。蓋因東禪寺版自元豐三年（一〇八〇）開雕，至政和二年（一一一二）已刊成，而刊刻四史時間在其後，故四史刻工並見東禪寺版者，遠較開元寺版爲少。

版刻圖録論漢書補版刻工，舉程保、王文、孫生三人爲例。今筆者檢百衲本漢書（A—1本），僅一處見孫生，尚未見程保、王文，而王文見於吴書南宋前期補版葉。孫生、王文等見於開元寺版紹興一八年刊開元釋教録等，而未見於北宋末宣和時期所刊經卷，因此，不妨假設其刻書活動時間以紹興中期爲主，前後涉十五至二十年間。吴書南宋前期補版刻工中，有王文、李傑等七人並見於東禪寺版之乾道、淳熙間補版（詳三國志A—1本下），此與王文等見於開元寺版紹興一八年刊經卷，並不矛盾。

版刻圖録又論漢書與思溪版之關聯：

又案此書刻工牛實、徐高等，皆南宋初年杭州地區名匠；徐雅、湯立、洪吉、董明等，紹興初又刻思溪藏。於此見閩浙兩地刻工，可通力合作。此書究爲何時何地刻版，尚待後證。

按：思溪版自北宋末始刻版，大約至紹興二年左右完成，據其大藏經律論等目録，總共五千八百二十四卷。今調查其中約五百帖，所得刻工並見於史記、漢書原版者，有如下十五名：（a 史記，b 漢書。）

王震b　吴安a b　宋庠b　沈成a b　施明b　洪吉a b　徐昇b　徐雅a b　張宣a b　張聚a b

許亮a b　陳浩a b　湯立a b　董明b　趙昌a b

今所得思溪版刻工中，並見於史記補版者，有印志、王珎、徐杲、徐昇、徐高、陳全、章珎、趙宗、陳哲等十人，徐昇、徐高、陳全亦見於漢書補版。然思溪版刻工，尚未得並見於後漢書、吳書者。此亦可證史記、漢書爲一類，後漢書、三國志爲另一類。（譯者按：作者據後漢書A—3本膠卷新獲刻工名中，印祥、洪吉、徐雅三人亦並見於思溪版。另據郭立暄先生中國古籍原刻翻刻與初印後印研究（復旦大學二〇〇八年博士論文），後漢書A—2本中又見宋祥、張宣二人。然則思溪版刻工並見於史記者十人，並見於漢書者十五人，並見於後漢書者五人，而無並見於吳書者。）筆者推測，此蓋因時間先後問題，即史記、漢書之刻當在兩宋之交，後漢書、吳書當在南宋紹興一〇年左右。上列開元寺版與四史共見之刻工中，見於開元寺版紹興一八年刊經卷者多見於後漢書、三國志，此亦可互參。

思溪版、開元寺版兩藏之外，南宋初期至中期刊本之刻工共見於四史者不少。但多零星，不無同名異人之嫌，且多屬補版，非原版刻工，故此暫不具論，俟後解題編詳述於每部傳本下。

四　刻時刻地

版刻圖録云「何時何地刻版，尚待後證」，其中時間問題不大。舊稱「景祐本」史記、漢書、後漢書以及「咸平本」吳書，參照開元寺版、思溪版兩藏刻工，大致範圍可確定爲北宋末南宋初，已見上節。當知漢書、後漢書附録余靖上言等記載，吳書附刻咸平進書表、中書劄子等，均據底本覆刻而已，不得據以判斷刊版時間。吳書有南宋高宗諱字缺筆，可以確定爲南宋刻本（詳三國志A—1本下）。但史記、漢書原版葉尚未見避高宗諱字之處，後漢書「中央圖書館」藏本存卷少，亦未見避南宋諱處（詳後漢書A—1本下）。最近調查紹興三年兩浙東路茶鹽司刊資治通鑑，知其原版刻工並見於史記補版者十五人以上，並見於漢書補版者六人以上，足證史記、漢書於紹興初年已經修補。雖然筆者

圖八

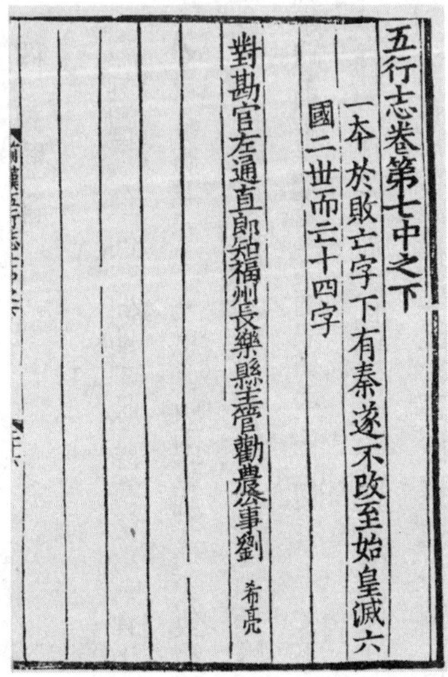
五行志卷第七中之下
一本於敗亡字下有秦遂不改至始皇滅六
國二世而亡十四字
對勘官左通直郎知福州長樂縣主管勸農公事劉　希亮

漢書　北宋末南宋初刊（A 種）
對勘銜名（百衲本）

圖九

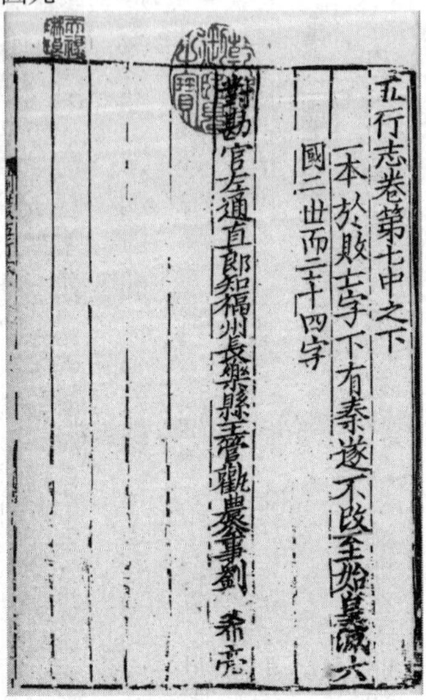
五行志卷第七中之下
一本於敗亡字下有秦遂不改至始皇滅六
國二世而亡十四字
對勘官左通直郎知福州長樂縣主管勸農公事劉　希亮

漢書　南宋福唐郡庠刊（B 種）
對勘銜名（元修葉　仁壽本）

感覺似是南宋初刊本，但紹興初年原版已開始磨損，則仍不能否定原版刊刻時間在北宋之可能性。因此，三史刊刻時間可暫定爲〔北宋末南宋初〕。將來詳查北京圖書館所藏三部後漢書（A—2、A—3、A—4本），或許能得更多證據，可以確定時間，亦未可知。（譯者按：王國維已知校刊漢書當在南宋，參見下段注。王説不可疑，而版刻圖録忽略之，不知何故。）

刻地較時間更難確定。版刻圖録又云：

此書五行志後有對勘官知福州長樂縣主管勸農公事劉希堯銜名一行，更證以明正統八年福州有此書翻刻本，因疑此本當是福州官版。

檢百衲本，卷二七志七中之下卷末題名作「劉希亮」，又在「知福州」上尚有「左通直郎」四字。［見圖八。譯者按：通直郎分左右，在紹興元年至淳熙元年之間，徽宗、欽宗朝及建炎年間皆不分左右。參十駕齋養新録卷一〇「階官分左右」條、建炎以來朝野雜記乙集卷一四「趙善俊乞文階去左右字」條等。錢大昕又據「右迪功郎」斷盧文昭所見太玄非北宋版，見文集卷三四。傳書堂藏善本書志曾據校正官銜散官冠左右字，認定衢州本三國志爲紹興間刊本，又謂漢書福唐本所見（按：王國維未見「景祐本」）劉希亮之「左通直郎」爲「南宋初結銜」。）既有此「對勘官」銜名，似可視爲福州刊本。正統八年翻刻本流傳甚少，筆者雖未見，自不妨爲此本刻於福州之旁證。然分析刻工名，則知此本實由閩浙兩地刻工合作刊刻，未便遽斷爲福州刊本，故版刻圖録不得不云「尚待後證」。（譯者按：馬清源調查漢書「景祐本」、福唐郡庠本及正統八年翻刊本，認爲就現存傳本觀察，此三種版本一脈相承，甚至不妨視爲一種版本經遞修而演化所成。參所撰漢書版本之再認識，見北京大學出版社二〇一四年出版版本目録學研究第五輯。）

今以常理推論，大藏經卷帙龐大，自然需動員大批人員，召集各地刻工。至若對勘官，倘若此本刻於浙江，難以理解爲何遠召福州長樂知縣。由此可見此本刻於福州之可能性較大。又，據李心傳建炎以來朝野雜記甲集卷四「監本書籍」條，紹興二十一年之前，「舊監刊正史無漢書」。（按：中華書局唐宋史料筆記叢刊本作「無漢唐」，並無校記。今從四庫全書本。）此當據臨安國子監言，且「景祐本」漢書在紹興前期之前即已刻成，是亦「景祐本」刻地在福州，不在浙江之旁證。中國訪書志曾斷定此本爲杭州刻本，主要根據補版刻工名。如此判斷，至少不適合於原版。要之，版刻圖録傾向於福州，而不敢斷定，遂謂「疑杭州或福州」，就目前所得證據而言，此説最爲穩妥。

舊稱「景祐刊」三史，實非景祐刊本，已經證明，但仍是北宋末南宋初三史合刻本。至於三國志，儘管刻工名顯示其間關係密切，但今所見似是吳書單行本，行格不同，並且裴注低一格用大字，版面形式獨特，其與「景祐刊」三史關係如何，尚不得知。

五　南宋前期覆「景祐本」史記

臺北「中央圖書館」藏史記（集解）存一百二十六卷（缺卷一一三至一一六，卷一二三補鈔）三十册（甲—E—1本），與上述「中研院」史語所藏「景祐本」（甲—D—1本）行格相同，字體亦相仿，是其覆刻本。此本刻工名列表於解題編，據知刊刻時間當在南宋前期，大約晚「景祐本」二三十年。史語所藏「景祐本」（甲—D—1本）南宋前期補版刻工有陳彦，「中央圖書館」此本（甲—E—1本）刻工亦有陳彦，時間相當，不排除爲同一人之可能性。

舊稱「景祐本」史記，今日僅有史語所藏本（甲—D—1本），經南宋前期修補之後，不知繼續刷印至何時。元西湖書院重整書目，著録史記僅列大字、中字、小字三本，而南宋前期覆刻本（甲—E種）自當居其一（詳甲—E—4本下），則大小、版式相同之「景祐本」已不見著録，殆此時版片已散亡。南宋前期覆刻本（甲—E種）據傅增湘藏園羣書題記題百衲本史記云，有元統三年（一三三五）江浙等處儒學官銜（甲—E—4本。「中央圖書館」藏本（甲—E—1本）無此題記），北京圖書館又有弘治一五年修弘治公牘紙印本（甲—E—4本），知元明仍存其版，繼續刷印。可見雖説不無增改三皇本紀及部分索隱文句等變化（甲—E—2本下），景祐本一脈存續至此弘治修本，行格恐亦傳景祐之舊。

此史記覆刻「景祐本」，而兩漢書覆「景祐本」則有下述福唐郡庠刊本。福唐郡庠本兩漢書，版式與此史記同，字體亦相仿佛，然刊刻時間晚在南宋後半期，且其元代修補之情形與史記截然不同。故知此史記覆刻「景祐本」，與福唐郡庠本兩漢書，並非一套合刻本。

六　南宋後半期福唐郡庠覆「景祐本」兩漢書

福唐郡庠覆刻「景祐本」兩漢書，已見圖四、六、九，仁壽本二十五史兩漢書均據「故宫博物院」藏福唐郡庠本（漢書B－4本，後漢書B－6本）影印。「故宫博物院」之外，臺灣則「中研院」史語所，日本則宫内廳書陵部並静嘉堂文庫，大陸則北京圖書館，均收藏兩漢書，恐爲合刻本。此外，各地圖書館往往單獨收藏漢書或後漢書。

既然覆刻「景祐本」，福唐郡庠本行格亦十行十九字。「景祐本」偶有小字雙行注一行擠刻三十六、三十七字等破例之處，福唐郡庠本一仍「景祐本」。字體亦類似「景祐本」，如同史記。又，漢書卷二七五行志中之下卷末，「景祐本」（A種）有一行題記曰「對勘官左通直郎知福州長樂縣主管勸農公事劉希亮」（見圖八），福唐郡庠本（B種）雖「主」字小訛作「王」，其實同文，位置亦同（見圖九）。又，「景祐本」漢書卷末附録景祐元年余靖上言等校書題記，現存福唐郡庠本漢書均無。後漢書福唐郡庠本（B種）亦附録景祐元年余靖上言等校書題記，形式與漢書同，而内容則就後漢書言，末尾增、損、改正字數亦與漢書不同。今所知見後漢書「景祐本」，僅鐵琴銅劍樓舊藏三十八册本（A－2本）獨具此題記。而據再造善本影印本觀察，此題記兩葉，似與仁壽本影印福唐郡庠本（B－6本）同版。然依常理推測，福唐郡庠本既有此題記，「景祐本」自當有此。分析刻工名（見解題編）得知，福唐郡庠本乃南宋後半期刊本。

福唐郡庠本現存傳本雖較多，然原版葉所占比率皆甚小，大部分書葉爲元代補版，字體與原版截然不同，即「對勘官」「劉希亮」題記亦然（見圖九）。元代補版葉，大都於版心下象鼻有大德八年（一三〇四）、九年、至大元年（一三〇八)、延祐二年(一三一五)、元統二年(一三三四)等補刊年記。

現存傳本中，刷印最早者，當推書陵部所藏不成套之漢書(四十三册，B—1本)。此部尚無元統二年補版，較之書陵部藏三十五册本(B—2本)，如卷四九共二十六葉中，前者(B—1本)尚有原版葉十四葉，而後者(B—2本)則全無原版葉。大德八年、九年有大規模補修，至元統二年修補更爲徹底。抽換原版，後漢書較漢書更徹底，故仁壽本漢書(B—4本)全書中原版葉尚存約六十葉，而仁壽本後漢書(B—6本)則原版葉幾乎全無。至於内閣文庫藏本，則有明代宣德九年(一四三四)、一〇年，正統六年(一四四一)、八年，正德六年(一五一一)之補刻年記。是知福唐郡庠本，至正德年間仍在刷印，且邊修邊印。

此種覆刻「景祐本」兩漢書版本(漢書B種、後漢書B種)之號稱福唐郡庠刊本，乃依據丁丙善本書室藏書志卷六著録一部「漢書一百二十卷宋福唐刊明修本」。丁丙云：「滬上更以此書來售，按之即屬此刻，惟將次行顔注銜名改題『鎮守福建都知監少監栝蒼馮讓宗和重修』，卷末有天順五年(一四六一)孟冬讓修刊福唐郡庠書版跋云『予奉命來鎮福建，福庠書集，版刻年深，詢知模糊殘缺過半，不便觀覽，心獨惻然，鳩工市版補刻』云云(今按八閩通志卷三〇云：「馮讓，浙江麗水人。天順二年以都知監右少監鎮守，八年還朝。」)，始知宋刻於福唐者。」因此謂此種(漢書B種、後漢書B種)爲福唐郡庠刊本。

馮讓云「福庠書集模糊殘缺過半，鳩工市版補刻」，當非專謂漢書，而天順五年兩漢書必定皆經修補，卷首第二行改刻馮讓銜名。然今檢内閣文庫本漢書(B—6本)，已經正德六年(一五一一，天順五年之後五十年)之修補，而顔師古銜名具在，仍同元修本，又不見天順補刊年記及卷末馮讓跋。又檢「中央圖書館」藏後漢書殘本(B—8本，存續漢志三十卷)，亦有正德六年、一〇年補刊年記，而不見天順補刊年記，因缺紀傳，無法確認有無馮讓銜名、卷末跋等。據今所見，無論漢書内閣文庫本(B—6本)，抑後漢書「中央圖書館」本(B—8本)，其中書葉似無宣德、正統以後，正德以前之補版。此皆與丁丙所云馮讓修本之情況不符，不知當作何解。

除丁志所云外，如今未聞有天順修本，而所知正德修本亦不過此兩部(漢書B—6本、後漢書B—8本)。資料有限，不便遽斷，然筆者一直以丁志所言爲疑。不知今藏南京圖書館之丁丙舊藏本有何綫索否。

七　小結

北宋景祐刊本已無傳本，但仍可推測淳化以來校訂三史之事業，至此略見完備，遂成開封國子監三史定本，並屢經覆刻，直至南宋。現存唯一正史北宋版武田科學振興財團杏雨書屋藏史記(甲—A—1本)及其覆刻本北京圖書館藏本(甲—B—1本)，據云其文本與舊稱「景祐刊本」(甲—D種)大同小異，蓋因同爲官刻本，屬於同一系列故爾。三國志以下今無北宋版，而有數種南宋初期刻本當爲覆北宋監本，保存北宋監本風貌。舊稱「咸平刊」吳書(三國志A種)、「嘉祐刊」新唐書(A種)等，均屬此類。雖無明證可斷定其必爲覆北宋監本，然可能性當較大。

第三章　南宋前期刊正史

一　官刻本

正如緒論編所述，北宋朝廷經過周詳校定，刊行正史，大都由國子監送杭州鏤版。此等版片當藏在開封國子監，隨時印製。又，静嘉堂藏三國志吴書（A—1本）除咸平刊記外，又有大觀年間校正官銜名（見圖一〇），杏雨書屋所藏史記（甲—A—1本）當係北宋後期刊本，可見北宋後期亦有新刻版本。然經靖康之變，由於戰事與混亂，至南宋初年，北宋書版或爲毀亡，或被金人携去，散失殆盡。

北宋末期，福州東禪寺（萬壽藏）、開元寺（毗盧藏）、湖州圓覺寺（思溪藏），分别刊刻大藏經，招集大批閩、浙刻工，雕造大量佛經書版。南宋政權成立後，因經史書版已較稀少，需爲補充，於是調集閩、浙刻工，陸續製作經史典籍官刊本。中國版刻圖録載録文粹與漢官儀，均有紹興九年臨安府雕印刊記，杏雨書屋藏毛詩正義有同年紹興府雕造刊記。毛詩正義之刻工，多並見於思溪版。又，舊稱「景祐刊」三史等，往往有並見於開元寺版之刻工名，此當與開元寺版雕造工程於紹興前半期約有十年中斷有關。

圖一〇

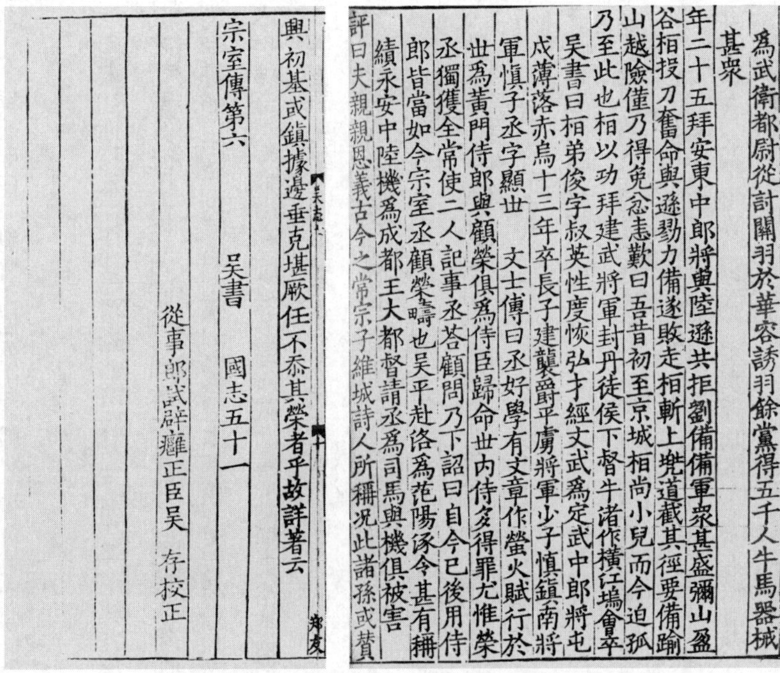

爲武衛都尉從討關羽於華容誘羽餘黨得五千人牛馬器械甚衆
年二十五拜安東中郎將與陸遜共拒劉備備軍衆甚盛彌山盈谷桓投刀奮命與遜勠力備遂敗走桓斬上兜道截其徑要備踰山越險僅乃得免忿恚歎曰吾昔初至京城桓尚小兒而今迫孤乃至此也桓以功拜建武將軍封丹徒侯下督牛渚作横江塢會卒
吴書曰桓弟俊字叔英性度恢弘才經文武爲定武中郎將屯戍薄落赤烏十三年卒長子建襲爵平虜將軍少子慎鎮南將軍慎子丞字顯世　文士傳曰丞好學有文章作螢火賦行於世爲黄門侍郎與顧榮俱爲侍臣歸命世内侍多得罪尤惟榮丞獨獲全常使二人記事丞荅顧問乃下詔曰自今已後用侍郎皆當如今宗室丞顧榮疇也吴平赴洛爲范陽丞令甚有稱績永安中陸機爲成都王大都督請丞爲司馬與機俱被害
評曰夫親親恩義古今之常宗子維城詩人所稱況此諸孫或贊興初基或鎮據邊垂克堪厥任不忝其榮者乎故詳著云
宗室傳第六　吴書　國志五十一
從事郎試辟廱正臣吴　存校正

吴書　南宋初刊（A種）　校正銜名（補版　静嘉堂）

承擔刊刻者，非僅臨安、紹興二府。正如王國維兩浙古刊本考及書林清話卷三「宋司庫州軍府縣書院刻書」條、「宋州府縣刻書」條等所舉具體事例，各地轉運司、茶鹽司、州郡齋等，資金似乎充裕之官衙亦紛紛刊書。然此時各官衙之刻書，當無整體計劃。若有，亦不過兩淮、江東轉運司分工刻三史之類而已。湖州刻新唐書、五代史記，用思溪藏餘板刊刻，置於郡庠，因南宋初「監書多闕，遂取其板以往」，如直齋書録解題所言。此亦可見其並無計劃，隨宜爲之而已。

雖然，當時所有正史自史記至五代史記凡十九史，幾乎皆有某地雕版。舊五代史北宋未見刊行，至南宋、元、明亦始終無刻本，可算例外。又，北史、隋書今無南宋前期官刊版本流傳。除此之外，十六史均有南宋前期官刊本流傳至今（其中包括僅存殘本者），且其中除前四史外，十二史現存南宋前期官刊本各止一種版而已。雖其中偶然因素較大，但亦應有當時各官衙避免重複之考慮。

＊　＊

南宋初期刊本，往往爲覆刻北宋版。玉海云「紹興九年九月七日，詔下州郡索國子監元頒善本，校對鏤版」，建炎以來朝野雜記甲集卷四亦云：「監本書籍者，紹興末年所刊也。國家艱難以來，固未暇及。九年九月，張彦實待制爲尚書郎，始請下諸道州學，取舊監本書籍，鏤板頒行。從之。」可見當時有詔令覆刻北宋監本，則此期多覆刻本自不足爲奇。今就中國版刻圖録所載而言，兩浙東路茶鹽司刊本有八部，其中唐書、資治通鑑、外臺秘要方、事類賦注四部皆紹興年間所刊，八行注疏本周易、尚書、周禮恐亦紹興年間刊本。短時間内刊行多部，卷帙龐大，理當不容一一校定。按刻字特徵，唐書等四部皆可推測爲覆刻北宋監本。其中資治通鑑爲紹興三年所刊，尚在玉海、雜記所云張彦實上言之前。紹興九年臨安府刊本文粹，刊記明言「今重行開雕」，毛詩正義字體明顯帶有覆刻特徵。持文學古籍刊行社影印北京圖書館藏本（甲—B—1本）對照杏雨書屋藏北宋版史記（甲—A—1本），則覆刻之字體特徵，尤其刀法，顯然可見（詳史記甲—A—1本下）。

就正史而論，舊稱「景祐刊」三史，字體、刀法之特徵與上述文粹、毛詩正義等相通，而有景祐余靖等校刊記，當係覆刻景祐刊本。紹興初年湖州刻新唐書（A種），舊稱嘉祐刊本，亦覆刻北宋本，當無疑義。兩浙東路提舉茶鹽司刊舊唐書及北京圖書館藏隋書（A—1本），版式、字體均與湖州刻新唐書相仿，當皆覆刻本。舊稱「咸平刊」三國志吴書，不僅字體類似，裴松之注换行低格大字，不作小字夾行，體式近古，猶如端拱、淳化刊五經正義之用單疏本形式，當因覆刻北宋版而然。

北宋刊本以天聖、明道間（一〇二三～一〇三三）刊本御注孝經（宫内廳書陵部藏）最爲典型，姓解（國會圖書館藏）、通典（書陵部藏）次之，字體或可謂略有歐陽詢、柳公權筆意。而南宋覆刻本亦未失此風。

南宋初年覆刻北宋版，本因倉促之間無暇詳爲校勘。然今日觀之，則覆刻本能傳北宋版面貌，因仍北宋版優良文本，爲後世傳存善本，價值最高。

* *

南史（A種）及南北朝七史（詳下第五章），刊刻時間稍晚，雖同屬南宋前期，恐已在紹興之後，故漸失覆刻本之字體特徵。兩淮、江東轉運司所刊三史（詳下第四章），淳熙三年桐川郡齋所刊史記（乙—B種）亦復如此。兩淮、江東轉運司所刊史記，略有顔真卿書風。南宋初期覆刻北宋版之南宋前期（紹興之後）補版，亦有同樣字體傾向。又，湖北提舉茶鹽司所刊漢書（C種），雖爲紹興年間所刻，但亦有顔真卿書風，字體稍異，或因其地域特色。

紹興末年以後，覆刻北宋版者甚少，不僅正史，其他經史子集諸書皆然。此等南宋前期紹興以後之刊本，筆者僅就少數版本校對部分而已，無法討論其文本情況。若據印象爲之推論，則此期官刊本之文本大體尚佳，避諱缺筆亦較嚴謹。

二　坊刻本

民間書肆出版，以杭州、建安及蜀爲主，南宋以建安最爲興盛，現存傳本亦最多。

宋代杭州刊本具有書肆名者不多，例如中國版刻圖録載録以下七部。（圖版五、六、一一、一二、四六至五五）

書名	刊記
文選　五臣注　存卷二九（北京大學圖書館）卷三〇（北京圖書館）	杭州貓兒橋河東岸開牋紙馬鋪鍾家印行
抱朴子二十卷（卷一一、一二補鈔，北京圖書館）紹興二二年	舊日東京大相國寺東榮六郎家見寄居臨安府中瓦南街東開印輸經史書籍鋪
王建詩集（上海圖書館）	臨安府棚北睦親坊巷口陳解元宅刊印
周賀詩集（北京圖書館，四部叢刊）	臨安府棚北睦親坊南陳宅書籍鋪印
朱慶餘詩集（北京圖書館，四部叢刊）	臨安府睦親坊陳宅經籍鋪印
唐女郎魚玄機詩（北京圖書館）	臨安府棚北睦親坊南陳宅書籍鋪印
李丞相詩集二卷（北京圖書館，四部叢刊）	臨安府洪橋子南河西岸陳宅書籍鋪印

版刻圖録推論文選爲建炎三年以前所刊，而文選與抱朴子之字體顯示南宋初期覆刻本之特點。後五種版刻圖録認定爲南宋後期刊，同爲「陳宅」所刊，内容同爲唐人詩集，故風格一致，字體極似官刊本，若無刊記不易區別。

在版刻圖録之前，長澤規矩也參考葉德輝書林清話等，列舉此類臨安書棚本有刊記可證者共四十四部，（書誌學一～三，一九三三年，後收入長澤規矩也著作集第三卷）大都皆唐人文集。雖其中不無經書，抱朴子刊記云「經史書籍鋪」，朱慶餘詩集刊記云「經籍鋪」，然南宋前期臨安書棚本並無正史傳本。儘管當時刻本流傳至今者不過九牛一毛，其中無一部正史，當不盡偶然。

＊　＊

建安離京師稍遠，刻本有獨特字體，且正史較多。中國版刻圖録謂南宋初期建安刊本字體近瘦金體，獨具風格。今專就正史版本，摘録版刻圖録評語如下：

字近瘦金體。紙墨版式，純係南宋初葉建本風格。（史記集解　北京大學圖書館藏（甲—Ⅰ種）　圖版一六四）

書體秀媚，字近瘦金體。紙墨版式，純係南宋初葉建本風格。（後漢書注　宋王叔邊刻本（D種）　圖版一六〇、一六一）

字近瘦金體，遒勁有力。紙墨版式，純係南宋初葉建本風格。（晉書（B種）　圖版一六五）

字體娟秀，版式刀法與晉書、周易注、初學記等書相似，純係南宋初年建本風格。（唐書南京圖書館藏（B種）圖版一六六）

此類版本用共同字體，故版刻圖録之評語幾乎全同。不同於書林清話所云「有一種横輕直重者，謂之爲宋字」（蓋據南宋中期建刊本而言），此類字體不僅「横輕」，且整體輕盈，微顯右上勢，謂「遒勁有力」似不相稱，謂「娟秀」則頗覺恰當。

日本所藏史記與後漢書，亦屬同類。史記（集解）爲武田科學振興財團杏雨書屋所藏一百三十卷十四册，具有紹興庚申（一〇年）「邵武東鄉朱中奉宅刊行」刊記（甲—Ⅱ—1本）。此正南宋初期建刊本，卷一首三葉字體正如版刻圖録收録諸本，而其下漸顯「直重」傾向，或因此本於現存南宋初期建刊本中時間最早，故有差異亦未可知。然通觀全書，卷次愈後，字體愈潦草，後半部刻字甚爲粗糙，若僅見後半部字體，難以認定其爲紹興一〇年刊本。建本往往有此例，如書陵部藏紹興一七年刊初學記，情形正同，前後字體迥異。

京都大學人文科學研究所藏後漢書一百二十卷二十册（缺三卷，補鈔六卷，即E—1本），雖無刊記，然校正人名冠以地名「邵武」，字體先後一致，皆「近瘦金體」，爲建刊本無疑，而半葉十三行之行格，或爲十一行至十五行不等。如若卷末照正常行格多出兩行，則此兩行擠入前葉，以省一葉，顯然是坊刻本之作風。

＊　＊

南宋前期建刊本之文本如何，筆者幾未校對調查，無法評論。惟晉書曾做簡單校對，見解題編。

圖一一

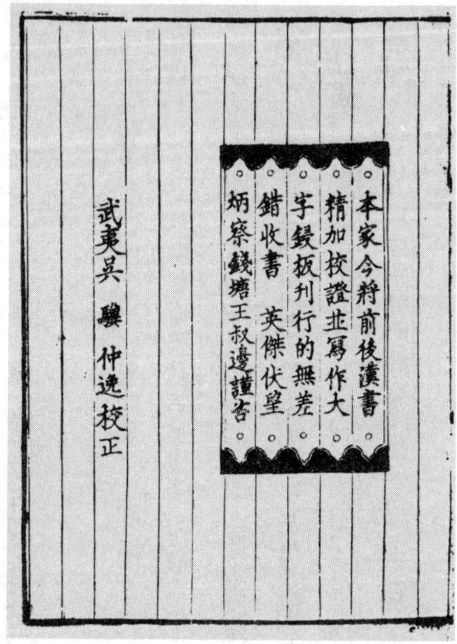

本家今將前後漢書
精加校證並寫作大
字鋟板刊行的無差
錯收書　英傑伏望
炳察錢塘王叔邊謹咨
武夷吳驥　仲逸校正

後漢書　南宋前期建安王叔邊刊
（D種　版刻圖録）

至中期，建本字體變粗大剛硬，絶不似「瘦金」，但與前期字體仍有共同特點。

本節所論，除紹興一〇年刊史記外，均無明確刊年，故不敢遽定爲初期，祇得泛稱前期。行格有十二行二十三字至十四行二十三至二十七字之幅度，若除去似爲最早之史記朱中奉刊本，則在十三或十四行，二十四至二十七字之範圍，差别不大。現存有史記（H種、I種）、後漢書（D種、E種）、晉書（A種、B種、C種）、唐書（B種）。又，竹汀先生日記鈔卷一云，曾見新唐書有墨記云「麻沙鎮水南劉仲吉宅紹興庚辰（三〇年）□月誌」。蓋建安諸書肆之間，當無協調計劃，但競相出版，以應需要，不難推測其間自然形成行格、字體相對一致之正史系列，即未成十史規模，當亦近之。

第四章 南宋前期兩淮江東轉運司刊三史

宋刊史記(集解)、漢書、後漢書九行十六字本,曾經稱爲「蜀大字本」。版刻圖録著録此種史記版框二一·三×一七·七釐米,漢書、後漢書大小相差無幾,行格一律,大字疏朗,字體端正秀麗,百衲本後漢書採用此種,可謂百衲本二十四史中之白眉。此種史記全書中有六卷(卷二〇、卷二六、卷八七、卷九五、卷一一〇、卷一二六)末尾有如下題記:

左迪功郎充無爲軍軍學教授潘旦校對

右承直郎充淮南路轉運司幹辦公事石蒙正監雕

漢書、後漢書雖無此,然行格皆同,字體風格極相似,避諱極嚴,在南宋前期官刻本中亦甚突出,三史刻工又多互見。南宋初洪邁(一一二三~一二〇二)容齋續筆卷一四(「周蜀九經」條)云:「紹興中,分命兩淮、江東轉運司刻三史板。其兩漢書内,凡欽宗諱並小書四字曰『淵聖御名』。」檢此種漢書、後漢書「桓」字往往作「淵聖御名」,又有高宗諱「構」

圖一二

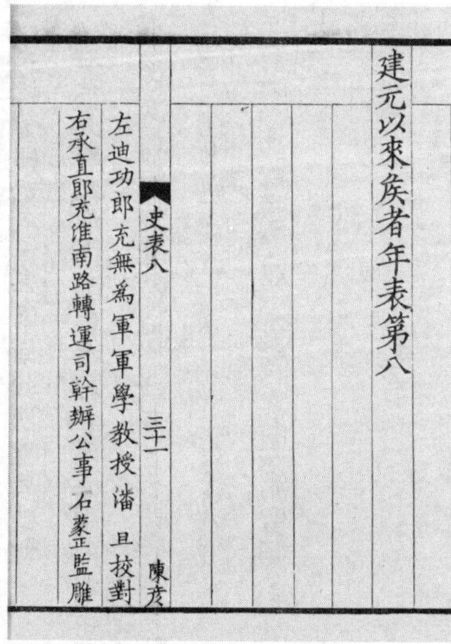
建元以來矦者年表第八
史表八　三十一
左迪功郎充無爲軍軍學教授潘　旦校對　陳彦
右承直郎充淮南路轉運司幹辦公事石蒙正監雕

史記　南宋前期淮南西路轉運司刊
（甲—F種）　校刊銜名（嘉業堂模刻）

圖一三

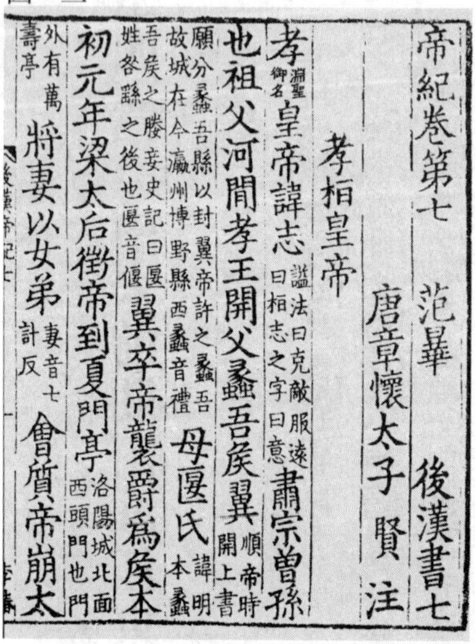
帝紀卷第七　范曄　後漢書七
唐章懷太子賢注
孝桓皇帝
孝淵聖御名皇帝諱志諡法曰克敵服遠曰桓志之字曰意肅宗曾孫
也祖父河間孝王開父蠡吾侯翼順帝時開上書願分蠡吾縣以封翼帝許之蠡吾故城在今瀛州博野縣西蠡音禮母匽氏諱明本蠡吾侯之媵妾史記曰匽姓咎繇之後也匽音偃翼卒帝襲爵爲侯本
初元年梁太后徵帝到夏門亭洛陽城北面西頭門也門外有萬壽亭將妻以女弟妻音七計反會質帝崩太

後漢書　南宋前期兩淮江東轉運司刊
（C種　百衲本）

字作「今上御名」處。是此種三史爲南宋紹興中兩淮、江東轉運司刊本，殆無疑義。（參趙萬里南宋諸史監本存佚攷）然卷中亦有此兩字缺末筆，且見挖補痕迹，又有「慎」字缺筆者，尚待分析討論。

總之，分析行格、避諱及刻工名，可證此三史爲高宗紹興中兩淮、江東轉運司合刻，孝宗朝調整缺筆者。又，除史記可定爲淮南西路刊本外，兩漢書爲何地漕司所刊，尚不明確。以下介紹現存諸本之概況，每本詳情另見解題編。

一　現存傳本

（一）史記

史記有上海圖書館藏本，北京圖書館亦藏三本，現存可確認者僅此而已。北京藏本筆者均未調查，而參考北京圖書館善本書目、中國版刻圖録及民國八年吳興劉氏嘉業堂模刻本、寶禮堂宋本書録等資料，可以瞭解大概。

甲—F—1本：存三十卷（南宋前期）刊　　上海圖書館

甲—F—2本：一百三十卷　同　刊（南宋中期、元）遞修　四十册　潘氏寶禮堂舊藏　北京圖書館

甲—F—3本：存六十七卷　同　刊　同　遞修（配別本成一百三十卷足本共六十六册）　劉氏嘉業堂舊藏　北京圖書館

甲—F—4本：存一卷　同　刊　同　遞修　清内閣大庫舊藏　北京圖書館

藏園群書題記續集卷一題百衲本史記（此帙亦見文禄堂訪書記）言其本包含六種版本，其一「蜀大字本三十九卷」（一九八九年上海古籍出版社彙編修訂本藏園群書題記已將「蜀大字本」修改爲「淮南轉運司大字本」），行格亦同，據云「列傳卷三十五後官銜二行，文曰『左迪功郎充無爲軍軍學教授潘旦校對，右承直郎充淮南路轉運司幹辦公事石蒙正監雕』」，其爲此種無疑，惟今不知下落。前人明知有此二行官銜，仍目此本爲蜀大字本，自今觀之不禁訝異。蓋以往「蜀大字本」之稱盛傳於世，耳濡目染，竟至見大字本徑以爲蜀刊本與。

（二）漢書

漢書現存本均殘，僅存數卷，甚或僅存一葉。大致已經南宋中期一次，元中期以後兩次，共三次補修。

D—1本：零本　存十七卷　　八册　「中央圖書館」（北平）

D—2本：零本　存九卷　四册　「中央圖書館」（北平）
D—3本：零本　存卷六五　一册　「中央圖書館」
D—6本：零卷　存卷一下第二至一五葉、第一七葉、第一八葉　一册　北京大學圖書館
D—4本：零本　存五卷　四册　静嘉堂文庫
D—5本：零卷　存卷九九下　一册　天理圖書館
D—7本：零葉　存卷六〇第一三、第一四、第一六至一八、第二〇、第二三、第二四葉（宋槧拾葉）　天理圖書館
D—8本：斷簡　存卷六〇第一九葉　一葉　京都大學人文科學研究所

三史行格一律，字體、版式皆相仿，惟漢書版心形式有異於史記、後漢書。史記、後漢書版心白口，單魚尾，而漢書版心稍寬，綫黑口，無魚尾，以四條横綫劃爲五格，第一格綫黑口，不刻字數，第二格小題並卷次，第四格葉次，第五格刻工名。浙刊七史版心頗類此，見下第五章。

（三）後漢書

後漢書現存六部，除北京圖書館藏本外，五部皆經筆者調查實物，其中四部皆經南宋中期一次、元代兩次共三次補修，與漢書同。百衲本據以影印之涵芬樓舊藏、北京圖書館藏本，雖有五卷補鈔，然修補僅至元代第一次，未經元代第二次修補，最爲善本。上海圖書館本爲足本（有少量補鈔），該館善本書目著録爲「明補版」，其實修補乃至元代兩次止，與静嘉堂藏本等相同。

C—1本：殘本　存六十卷　十七册　靜嘉堂文庫
C—3本：殘本　存六十二卷　二十三册　「中央圖書館」（北平）
C—2本：殘本　存二十三卷　九册　「中央圖書館」（北平）
C—4本：零本　存卷三三　一册　天理圖書館
C—5本：一百二十卷（補鈔五卷）　四十册　北京圖書館
C—6本：一百二十卷（卷一補鈔）　六十六册　上海圖書館

二　避諱

避諱缺筆甚多，是此種三史特徵，而後漢書尤豐富多樣，百衲本張跋列舉其缺筆字形竟多至百餘例，校史隨筆爲此特立「避宋諱特嚴」一目。

史記，據寶禮堂宋本書録云，原版葉「玄弦絃眩炫縣懸　敬警驚竟境　弘泓殷慇　匡　恒　禎貞徵癥　讓　署竪豎樹　戌頊　姁　桓垣洹完浣貆丸　搆媾購覯彀轂　慎」等字缺筆，補版葉則僅「玄眩胘　敬　弘殷　匡筐　恒　徵　樹　戌頊　桓　搆媾覯」等字缺筆。覈之嘉業堂影刻本，確實如此。惟上海本（甲—F—1本）「慎」字不缺筆。

漢書據筆者調查，原版葉「玄弦眩絃鮌縣懸　敬警驚竟境　弘殷　匡　恒　貞徵　樹　讓　頊勖　桓貆完莞

豲　構購　縠　慎」等字缺筆。另有幾處避欽宗諱「桓」作「淵聖御名」。其「桓」字缺末畫者，或稍斜傾，或微上浮，顯經挖改，當原作「淵聖御名」，挖版補改。

後漢書避諱，張元濟列舉百餘例，此非謂避字如許多，實乃張氏羅列各式缺筆字形。經張氏列表，缺筆字形一目瞭然，轉録如下：

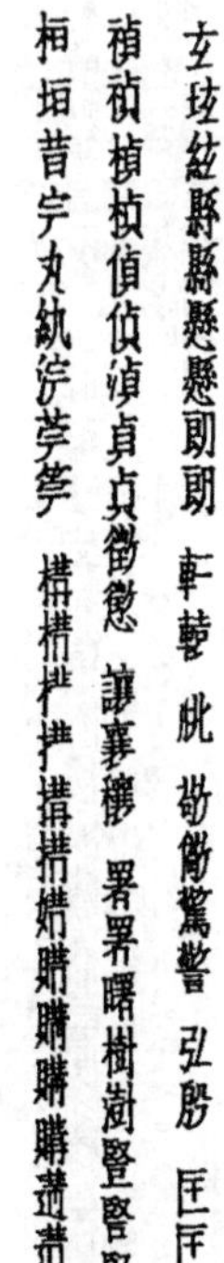

漢書、後漢書「桓」字缺末畫者，當原作「淵聖御名」，後乃修改。然則何爲修改？又，既以高宗「構」字爲「今上御名」，又避孝宗諱「慎」字，當如何解？此兩點問題，涉及刊刻時期，必需討論。

缺筆之外，後漢書不僅有「淵聖御名」，亦有避高宗諱「構」作「今上御名」之處。又，「桓」字缺末畫者，似亦出挖改，故張跋云「且有已剜未補，遂留空格者」。

先就史記而言，從來未有學者言書中有「淵聖御名」、「今上御名」之例，今檢上海圖書館藏本及嘉業堂模刻本均無其例。寶禮堂宋本書録云「慎」字缺末畫，然淮南路轉運司奉命刊刻在紹興年間，見容齋隨筆。

兩漢書屢見「淵聖御名」、「今上御名」，尤因後漢書常用「桓帝」、「烏桓」等詞，頻見「淵聖御名」。今計後漢書中「淵聖御名」凡三十八見，「今上御名」凡五見。其中兩處在元代第一期補版葉。（列傳卷五第二〇葉左，刻工「旬」。列傳卷七九第三〇葉左，刻工「董」。）然作

「淵聖御名」、「今上御名」者畢竟有限，其餘大都作「桓」、「構」缺末一畫或數畫，且字稍大於常，或往左突出，或稍上浮，挖改之迹，顯然可見。紀卷三第二四葉（刻工「林俊」，原版）第一七行正文及第一八行小字注均有「構」字誤作缺畫「桓」字之處，當係原作「今上御名」，修改當作缺畫「構」，而不慎誤作缺畫「桓」字。又有兩處（均在列傳卷七第二八葉左），百衲本之原版葉（刻工「林康」）作「淵聖御名」，静嘉堂本爲元代補版葉（刻工「誠」），改作「桓」字。觀察仍作「淵聖御名」、「今上御名」之處，則往往在一葉中不甚顯眼處，或在雙行小字中擠刻四字等，似屬修改未盡者。另，「慎」字缺末畫者甚多，是避孝宗嫌名。若在「構」字作「今上御名」時，自不當避孝宗諱，是知其必不在同時。可以推測，「慎」字末畫，是在改「淵聖御名」、「今上御名」作缺畫「桓」、「構」之同時，順便削去之，並非初刻時已缺者。孝宗前名瑗、瑋字，偶亦缺筆，然不多見。

張元濟有如下論述：

> 桓字或作「淵聖御名」，構字或作「今上御名」。此二字亦有缺末筆者，大都就四小字原格剜改，且有多處剜而未補，遂留空格。是知刊版在南宋初年，而竣工之時已在孝宗受禪之後，故瑗、瑋、慎三字亦兼避也。（見校史隨筆後漢書。百衲本後漢書跋略同。）

張氏意謂，紹興中開始刊刻，至隆興、乾道初竣工。此説合理，但未必盡是。今按後漢書，作「淵聖御名」、「今上御名」未改之例，見卷三至卷一一八，散見全書，而挖改爲缺筆「桓」字之例，亦散見全書。若如張説，開始刻版時作「淵聖御名」、

「今上御名」，未及刻成而孝宗受禪，則其後所刻部分當徑作缺筆「桓」字，既不必作「淵聖御名」、「今上御名」，更不必挖改。今全書無論前後，均散見「淵聖御名」、「今上御名」及挖改缺筆「桓」字之處。然則，不如認爲兩漢書在紹興年間已經竣工，全書均作「淵聖御名」、「今上御名」，至孝宗朝以後，修改避諱字，「淵聖御名」、「今上御名」改缺筆「桓」、「構」而未盡改，又缺「慎」、「瑗」、「瑋」三字末筆。紹興二年至三年兩浙東路茶鹽司刊資治通鑑，筆者曾對照兩部印本，某一葉同爲原版，而一本缺「慎」字末畫，一本不缺筆，可證孝宗朝以後確有修改紹興年間刻版，調整避諱字之事。

按建炎以來繫年要録、建炎以來朝野雜記、玉海藝文等皆云，紹興二十一年五月，因有上言，高宗命「監中闕書，令次第鏤板，雖重有所費，蓋不惜也」。筆者頗疑此種三史即因紹興二十一年此詔而開雕，數年而成，至紹興三十一年欽宗崩，三十二年祔太廟，高宗讓位，孝宗即位之後，即改避諱字。因有上述兩浙東路茶鹽司刊資治通鑑之事例，故筆者認爲最有可能如此。若不然，則至「南宋中期」修補此三史版時，順便修改此等帝諱，亦不無可能。此三史第一次修補在「南宋中期」，即光宗、寧宗時期（一一九〇～一二二四）。但此僅據刻工名而知，時間不得截然劃分，或許在孝宗淳熙末年（～一一八九），亦未可知。若然，則修補時避孝宗諱（「慎」、「瑗」、「瑋」），不避光宗、寧宗諱（「惇」、「敦」、「擴」、「郭」），事屬當然。

三　刻工

刻工分原刻、南宋中期補刻、元代補刻。三史多並見者，故三期各爲一表。

(一)原版刻工

原版刻工如下。刻工名下注代號：a史記，b漢書，c後漢書。阿拉伯數字標示筆畫數。

[2]丁璋b　[3]上官傳b　于洋c　[4]仇永a　毛仙c　毛伸c　毛彦b　毛諒b　王中b c　王允成c

王永b c　王永從c　王石b c　王仲b c　王先文a　王全a　王成b　王政b　王亮b　王珍b

王茂b　王恩b　王祐a　王華a　王景a　王琮c　王榮c　王端c　王壽a　王澤a　王徽b

王舉a　[5]丘甸a c　包政b　[6]仲良a　仲鑒良a　朱安明c　朱明a c　朱静b　[7]何通a b c

余中c　余仲c　余坦b　余竑b　余敏b　余通b　吴伸a　吴佐a c　吴宗b　吴迪a　吴渙a

吴興b　宋寔a　李允c　李文b　李用c　李秀a c　李昇b c　李杲b c　李芳a c　李俊b

李度b　李彦a c　李恂a c　李倍c　李純b　李清c　李章b c　李景b　李棠c　李裳c　李椿c

李詢b　李碩c　李璋c　李憲b　李懋b　汪靖a　沈亨b　沈昇b　沈恭b　[8]貞受b c　卓受c

卓宥b　周永a　周用b　周茂c　周清c　屈旻a c　林仁c　林志遠c　林芳b c　林俊b c

林康c　林選a　金茂b　金幸b　[9]俞尚a　施光a　施澤b　洪先b　洪茂b　洪珍b　洪新b

洪澤b c　[10]孫昇b　孫彦ac　孫格b　孫琦b　孫楹b　徐侃b　徐坦b　徐定b　徐杲b　徐竑b

徐茂b　徐逵b　徐諒b　徐顔b　荆宣c　袁佾a c　袁俊a c　[11]婁謹b　崔彦b　張圭b　張宗a c

張昇b　張況b　張真a　張翼a　戚聰旺a　曹硪a　梁文b　章宇b　章旼a c　章英c　章駒c

許源b　郭惇c　陳用a c　陳至c　陳伸a b c　陳辰c　陳庠b　陳彦a c　陳真a b　陳振c

陳從b c　陳敏b c　陳詢b　陳説b　陳壽a b　陳德a　陳震a c　陳興c　陳鎮b c　陳權a

[12]彭祥a　惠道b　程用c　華再興a　華定c　閔孝中a　[13]楊安a　楊守道a　楊采c　楊明a

楊垓a c　楊程b c　楊道a　楊謹a　葉才a　葉石a　葉克己b　葉青a　董昕b　董明b　董暉b

[14]翟榮a　趙明a　[15]劉中c　劉仲b c　劉康c　劉清c　劉章a　劉寔c　劉源b　劉璋a　蔡通b

蔣勍b　鄧堅c　[16]盧鎰a　[17]謝興a　韓仔a　[18]戴祐a　魏正a　魏俊a　[19]羅成a　[20]嚴定b

[21]顧招a　顧真a

以上共計二百零二名，a史記七十一名，b漢書九十二名，c後漢書七十七名，三史分數則共二百四十名。其中史記與漢書並見者僅四名，史記與後漢書並見者十九名，兩漢書並見者十八名，三史並見者何通、陳伸二名。换言之，各史刻工中約兩成皆同時參與另一史，後漢書刻工多並見史記與漢書，而史記與漢書並見者甚少。

此考三史刻工並見於其他南宋前期刊本，尤其有刊記可考者之情況，製成一表，作爲討論三史刊刻時間、地域之依據。

【凡例】「卷數」欄位記宋版存卷數，不含補鈔、配補卷。中間「史記」、「漢書」、「後漢書」欄位記該書刻工名並見於三史之人數。標「*」者，僅據中國版刻圖録解説，刻工之實際人數當不止此。「缺筆」欄位記所避最晚帝諱。「所藏」欄位記筆者所據或版刻圖録解説所據本之收藏機構，非謂現存本僅此而已。「備考」欄位摘録刊記、序跋、官銜等參考信息。白氏六帖事類集以下八部，當皆此期刊本，而無刊記，故附後。

書名	卷數	刊年	刊地	史記	漢書	後漢書	缺筆	所藏	備考
思溪圓覺藏經		紹興二年	湖州		7	1		大谷大	大宋國兩浙道湖州歸安縣松亭鄉思溪居住王永從……開鏤　紹興二年四月
資治通鑑	294卷(原版)	紹興三年	兩浙東路	4	7	3	構	北京	紹興二年……兩浙東路提舉茶鹽司公使庫下紹興府餘姚縣刊板　紹興三年十二月二十日畢工印造進入
	(補版)			3	5	5	愼		
(新)唐書	存188卷(原版)	紹興七年	湖州		1	1	禎	静嘉堂	(百衲本)
	(補版)			1	6	2			
北山小集	40卷		湖州	1	4	2	昚	北京	影鈔本　原本紙背爲乾道六年湖州官司帳簿　(四部叢刊)
文粹	100卷	紹興九年	臨安府		3*	1	構	北京	臨安府今重行開雕……紹興九年正月　日　印(版刻圖録)
漢官儀	3卷	紹興九年	臨安府		1		溝	北京	紹興九年三月臨安府雕印　(續古逸叢書)
毛詩正義	存33卷	紹興九年	紹興府		4	1	構	杏雨書屋	紹興九年九月十五日紹興府雕造　(東方文化叢書)
事類賦		紹興一六年	紹興府		5*		構	北京	紹興十六年邊惇德刻書序　右從政郎充浙東提舉茶鹽司幹辦公事李端民校勘(版刻圖録)
(舊)唐書	存69卷	紹興	紹興府	2	8	3	構	北京	右文林郎充兩浙東路提舉茶鹽司幹辦公事霍文昭校勘　左從政郎紹興府録事參軍張嘉賓校勘　(百衲本)
外臺秘要方	40卷	紹興	紹興府	1	10	5	完	静嘉堂	右文林郎充兩浙東路提舉茶鹽司幹辦公事趙子孟校勘　右迪功郎充兩浙東路提舉茶鹽司幹辦公事張寔校勘
周易注疏	13卷	乾道淳熙	紹興府	1	4	3	構	足利學校	
尚書正義	20卷	乾道淳熙	紹興府	1	13	2	構	足利學校	
禮記正義	70卷	紹熙三年	紹興府	2	4	3	敦	足利學校	(紹熙)壬子秋八月三山黄唐識　朝請郎提舉兩浙東路茶鹽司常平公事黄唐

文選	60卷(原版) (補版)	紹興 紹興二八年	明州	1 1	4 5	2 1	構 構	足利學校 書陵部	紹興二十八年冬十月……右迪功郎明州司法參軍兼監盧欽謹書
三國志	存30卷		衢州?	2	6	1	桓	北京	版刻圖録認爲杭州刊 （百衲本卷一至卷三即此本。刻工人數據此三卷。）
藝文類聚	存90卷		嚴*州	1	3	2	搆	上海	（中華書局影印本）
通鑑紀事本末	存28卷	淳熙二年	嚴州	2	1	3	昚	靜嘉堂	是書刊於淳熙乙未，修於端平甲午，重修於淳祐丙午……承直郎差充嚴州州學教授章士元董局
史記(索隱)	存99卷	淳熙三年 同八年修	桐川郡		6	1	慎	靜嘉堂	淳熙丙申郡守張介仲刊太史公書於郡齋(補鈔)
花間集	10卷	紹熙一八年	建康郡			4*	構	南京	紹興十八年二月二日濟陽晁謙之題　（版刻圖録）
文選	60卷		贛州		2	2	慎	靜嘉堂	左從政郎贛州州學教授張之綱覆校

白氏六帖事類集	30卷	11	1		構	天理
通典	存169卷(原版) (補版)	2	13 6	4	 慎	 天理
論衡	存25卷	8	1		構	書陵部

劉賓客文集30卷外集10卷		1	2	1	構	「故宮博」
世說新語	3卷	2	2	2	慎	尊經閣
世說新語	3卷	2	1			書陵部
王文公文集	存70卷	5	1	2	構	書陵部
唐百家詩選	存10卷	4	1	1	構	靜嘉堂

據此表，紹興至淳熙、乾道年間(南宋前期)，臨安、紹興府、湖州、明州等兩浙路中心地區諸刊本，與漢書之間有密切關聯，顯然可見。後漢書次之，史記刻工並見者甚少。以三路位置言之，江南東路緊鄰兩浙，離兩浙中心爲最近，淮南東路次之，淮南西路又次之。史記爲淮南西路轉運司(在廬州，今合肥)所刊，有石蒙正官銜可證，而其刻工並見

於上列兩浙刊本者較少，似合事理。至若兩漢書，當由江南東路、淮南東路兩路轉運司分擔刊行，然江南東路轉運司在建康府（今南京），淮南東路轉運司在真州（此據方輿勝覽。即路治揚州亦不甚遠。真州，今儀徵），兩地頗爲接近，距離臨安府，遠近幾乎無異。是不能據此推論兩漢書刊行地。

中國版刻圖録推論後漢書爲江東轉運司刊本，乃因其刻工多並見於紹興一八年建康郡齋刊本花間集。版刻圖録於花間集（圖版一〇五、一〇六）解題云：「刻工周清、章旼、毛仙、于洋又刻江東漕司本後漢書，章旼、黃祥又刻當塗本郭祥正青山集，此三書皆南宋初年南京地區官版，故刻工多同。」今按北京圖書館藏花間集，有一九五五年文學古籍刊行社影印本，然影印時截去版心，刻工名不得而知。僅得上引版刻圖録所列五名，以及杜工部集（圖版一〇九）解題所言鄭珣、黃淵、楊詵，共八名而已。花間集全書十卷四册，凡一百二十五葉，或有更多刻工名並見於後漢書者，然當不過一二名。上海圖書館藏杜工部集二十卷補遺一卷，有續古逸叢書影印本。參考版刻圖録（圖版一〇九）解題及影印本張元濟跋，檢覈影印本，知此部乃配合兩種版而成，兩種皆半葉十行。其中一種當爲南宋初期浙刊本，刻工名並見於明州本文選者八名，並見於北京圖書館藏紹興三年兩浙東路茶鹽司刊資治通鑑者十七名，亦有洪先、洪茂二人並見於漢書。另一種即版刻圖録謂鄭珣等刻工並見於花間集及青山集者。今檢此種印版刻工共九名，無並見於後漢書者，而有王祐並見於史記。

紹興一八年建康郡齋刊本花間集、青山集、杜工部集中之一種版及後漢書，四部書刻工互見，因此中國版刻圖録推定此四種版之刻地爲南京。然如此推論實屬不妥。後漢書與花間集之間刻工並見者較多，似乎關係密切，但若據此可定後漢書爲南京刊本亦即江南東路（建康府）刊本，則右表漢書刻工並見於浙江刊本者甚多，豈謂漢書爲兩浙路刊本，而非兩淮、江東刊本耶？又，後漢書與史記、漢書並見之刻工各約二十名，豈謂三史均爲江南東路刊本耶？今按：既無刊記，兩漢書刊地不得確定。或許異地刻工前往各轉運司置司地，暫住該地刻書，或許轉運司送臨安、紹興甚至建安等刻書中心，使其刻工刻書，詳情皆不得而知。然則刻工名分析僅得提供刻工活動或書版搬送之大致範圍而已，不足以確定刊刻地。刊刻時間亦然。一刻工之刻書時間當有三十年，長則或及五十年，故據刻工推論刻書時間，必有數十年幅度，無法精確推斷範圍。然則無論刻地與刻時，通過分析刻工，止得限定大致範圍，而此大致範圍亦甚重要。

大谷大學圖書館及岐阜縣長滝寺所藏思溪圓覺藏，其中新譯大方廣佛華嚴經八十卷（「拱」字函至「臣」字函）非紹興二年左右所刊六行十七字原版，而換以另一種五行十五字版。字稍大於原版，大方端正，亦屬南宋初字體，大谷本雖缺十八卷，仍得約二十名刻工。其中四名並見史記，二名並見漢書，五名並見後漢書。又有刻工名冠以地名者，如「建州浦城林和」、「建州東陽陳興」、「建州東陽陳異」、「建州東陽麻川陳至刊」（見長滝寺宋版一切經現存目録，一九六六年文化財保護委員會出版）知此等刻工出建安附近浦城、東陽等地。整部之中，林姓、葉姓各三名，陳姓六名，共十二名已佔一半以上書版。不妨推測此部刻工，連未冠地名者，亦均出建州。又此部刻工多不見於兩浙刊本，試就右表所列諸書核查，僅有思溪版、周易正義，白氏六帖事類集、唐百家詩選各有一名並見於此部大方廣佛華嚴經。以刻工並見情況而言，漢書與兩浙諸刊本屬一類，史記、後漢書與此大方廣佛華嚴經又屬一類。若然，史記、後漢書刻工中或有不少建州刻工，亦未可知。上文分析刻工分佈，以爲大致在兩淮、江東、兩浙之範圍。如今需加建州，實乃不知是三路轉運司招集兩淮、江東、兩浙、福建刻工刻版，抑或轉運司送兩浙或福建刻書中心地區刻版。（譯者按：王重民先生就漢書D—2本撰提要，謂兩淮、江東漕司不過擔任刻書費及校閱人，其刻書地點當在杭州，見中國善本書提要第七七至七八頁。又按宿白先生等論南宋版刻，皆引夷堅丙志卷一二「舒州刻工」條。其云「紹興十六年淮南轉運司刊太平聖惠方板，分其半於舒州。州募匠數十輩，置局於學」云云，列「蘄州周亮，建州葉濬、楊通，福州鄭英，廬州李勝」等刻工名。除蘄州、廬州固屬淮南西路外，又有建州兩名，福州一名。同爲紹興年間淮南轉運司刻書，又同出洪邁之筆，可以參考。但僅此一事，尚不足以推論其他。）

要之，此種三史刻本當即南宋前期兩淮、江東轉運司刊本無疑。建炎以來朝野雜記甲集卷四亦云：「監本書籍者，紹興末年所刊也。國家艱難以來，固未暇及。九年九月張彦實待制爲尚書郎，請下詔諸道州學取舊監本書籍鏤板頒行，從之。然所取諸多殘缺，故胄監刊六經無禮記，正史無漢書。二十一年五月輔臣復以爲言，上謂秦益公曰：『監中所闕之書，亦令次第鏤板，雖有重費亦所不惜也。』由是經籍復全。」建炎以來繫年要録卷一六二以秦檜奏及高宗語繫於紹興二一年五月乙丑。筆者認爲此種三史即由國子監計劃，兩淮、江東三路轉運司分擔刊刻者。容齋續筆云「紹興中，分命兩淮、江東轉運司刻三史板」，與雜記、要録所言相符。依筆者推測，至少兩漢書，在紹興年間已刻成（參上第二節避諱分析），歸國子監。

（二）南宋中期補刻

三史現存諸本之補版，大都出自元代，而漢書、後漢書有少數宋代補版。經與其他諸書比較刻工，知爲南宋中期補版。此先分列三史此期補版刻工名，後列相關南宋中期刊本，在刻工名下用代號注記該刻工並見之版本。

（a b c 爲此三史，1至9、ⅠⅡⅢ、n至x均見下表）

史記未見北京圖書館藏本，止得參據嘉業堂模刻本與寶禮堂宋本書録。模刻本不免失真，寶禮堂宋本書録著録刻工僅分原刊與補刊，未分不同時期補刊，因此不易確認此期刻工。今檢録其並見兩漢書此期補版以及其他南宋中期刊本者，庶幾大體不誤。後漢書亦未見北京圖書館藏本，今主據百衲本，仔細觀察字體、版心、缺筆等，又對照静嘉堂藏本等殘本，審慎檢録此期補版刻工。

a　史記

丁松年bc Ⅱ np　王汝霖Ⅰpq　石昌2opq　吳中p　金祖npq　凌宗bc npq　曹鼎pq　陳彬6 Ⅱ pq

陳壽1npq　龐汝升cp

b　漢書

丁松年acⅡnp　方中3 Ⅰp　王汝林q　王玩　1 Ⅰv　王珍v　王恭npq x　王渙cpq　王榮　何澄Ⅰpq

吳祐npq　宋祖p　宋通Ⅰpq　李仲npv　沈定np　沈珍np vx　周元輔　周常　金震cn　凌宗ac npq

孫春c np　徐仁c Ⅰ n v　徐良2　徐經n　高異c　徐珣6 n　崔達　張由　章忠c pq　陳浩Ⅰnp v　程惠

楊榮p　楊潤6 npq vx　劉昭1 Ⅰ Ⅱop vx　蔣榮6 p　鄭春c p　嚴忠5　顧達np

c　後漢書

丁之才Ⅰnpq v　丁松年ab Ⅱ np　毛端op vx　王渙6 pq　王壽Ⅰpq x　朱玩1 Ⅰp　朱梓6 no v　宋琚1 Ⅰ

沈定n p　沈昌x　金震b n　凌宗ab npq　（孫）日新Ⅰnpq　孫春b np　徐仁b Ⅰnv　徐珙6 Ⅱ np x

馬松6 np x　馬祖Ⅰ Ⅱ np x　高異b Ⅰnp x　章忠b pq　童遇p　楊昌　蔡仁 6　鄭春c p　龐汝升a p

（譯者按：本書日文版出版後，作者調查上海圖書館藏後漢書（C—6本），在此表之外，尚得南宋中期補版刻工七名：李允、周成、章東、陳允升、陳仲、陳政、陳鎮。詳見上海圖書館藏宋元版解題 史部（一）。）

1　歷代故事　宋楊次山編　嘉定五年跋刊　十二册　静嘉堂

2　石林奏議十五卷　宋葉夢得撰　葉横編　開禧二年跋刊　四册　静嘉堂

3　歐公本末四卷　宋吕祖謙撰　嘉定五年跋刊　二十册　静嘉堂

4　新刊校定集注杜詩殘本（存卷六至一一）　唐杜甫撰　宋郭知達編　寶慶元年廣東漕司刊　三册　静嘉堂

5　中興館閣録十卷（缺卷二）續録十卷（缺卷九）宋陳騤等撰補　嘉定三年跋刊（南宋末元初）增補修　四册　「中央」（圖六六）

6　吴郡志五十卷　宋范成大撰　汪泰亨等增補　紹定二年李壽明平江府刊　十六册　「中央」（圖七七）

7　儀禮經傳通解三十七卷（缺卷二六、卷二七）續二十九卷　嘉定一四年序刊　七十七册　「中央」（圖一七）

8　心經　宋真德秀撰　淳祐二年刊　一册　「中央」（圖八四）

心經、政經　宋真德秀撰　淳祐二年刊　一册　「故宫」（圖四三）

9　資治通鑑綱目五十九卷　宋朱熹撰　嘉定一二年真德秀温陵郡齋刊　六十册　「中央」（圖五六）

（括弧「圖」謂「中央圖書館」宋本圖録、「故宫博物院」宋本圖録）

Ⅰ　春秋左傳正義三十六卷　唐孔穎達正義　慶元六年沈作賓刊　三十二册　北京（圖七九、八〇）

Ⅱ　渭南文集五十卷（缺卷三卷四卷一一卷一二）　宋陸游撰　嘉定一三年陸子遹刊　二十四册　北京（圖三七）

Ⅲ　晉書殘本（存五十四卷）　唐太宗勅撰　嘉泰四年至開禧元年秋浦郡齋刊　北京（圖一二三、一二四）

（ⅠⅡⅢ三本據中國版刻圖録）

n　增修互註禮部韻略五卷（缺卷一）　宋毛晃增註　毛居正重增　〔南宋中期〕刊〔元〕修　四册　北平

o　重校添註音辨唐柳先生文集四十五卷外集二卷　唐柳宗元撰　宋鄭定輯註　〔南宋中期〕刊　二十四册　「中央」

殘本（存十七卷）　九册　「中央」

p　古史六十卷　宋蘇轍撰　蘇遜注　〔南宋中期〕刊〔明初〕修　二十四册　「故宫」

十八册　北京（涵芬樓燼餘書録）

q　晦菴先生文集一百卷目録二卷　宋朱熹撰　〔南宋中期〕刊元後至元二年修　一百册　北京（涵芬樓燼餘書録）

殘本（存五十四卷）　五十六册　北平

殘本（存六十五卷）　六十四册　北平

零本（存卷七十一卷七十四）　二册　天理

v　禮記正義七十卷　唐孔穎達正義　紹熙三年跋刊〔元〕修　三十五册　足利

x　尚書正義二十卷　唐孔穎達正義　〔乾道淳熙〕刊後修　八册　足利

今考南宋中期補版刻工，以1至9、Ⅰ、Ⅱ、Ⅲ共十二部之刻工名爲基礎。此十二部均有刊年可考，確爲寧宗、理宗朝刊本。又取其他南宋刊本中，有至少五名以上刻工已見於此十二部者，以擴大範圍，據此對照三史刻工。n 至 q 四部，其中並見三史補版刻工尤多，其餘諸書從略。與此諸書對照，編訂右表南宋中期補版刻工表。

具刊記之十二部，刊年在慶元六年（一二〇〇）至淳祐二年（一二四二），約當一三世紀前半。若謂一三世紀中期刊本刻工並見於三史補版者，則淳祐二年（一二四二）刊8心經竟無一名，寶祐五年（一二五七）刊通鑑紀事本末（右未列表）僅徐珙一名而已。更早，則乾道（一一六五～）至紹熙（一一九〇～一一九四）年間刊越刊八行本注疏 x 尚書正義、v 禮記正義刻工，亦有數名並見於三史，當非巧合。然則三史經第一次修補之時間，可以大致推定爲紹熙至慶元、紹定年間，即可目爲南宋中期。

右表刻工之中，並見三史者，僅丁松年、淩宗二人而已。然此當因此期補版葉極少之故，不足以爲補刻時間有先後之證。三史補版刻工大多並見於 n 增韻、p 古史、q 晦菴先生文集三部，可證三史補刻在同時。由此亦知南宋中期補刻時，三史版片當在一處，非如原刻由三路轉運司異地分擔。正如上文據容齋續筆、建炎以來朝野雜記推測，此三史當分命兩淮、江東三路轉運司刊刻，刻成之後，版歸臨安府國子監，於國子監印行，其補修亦當在國子監。

南宋中期由此一批刻工進行補刻者不少，舊稱「眉山七史」之宋書、南齊書、梁書、陳書、魏書、北齊書、周書是其顯例。而南宋中期經過補刻之書版，大多至元代始見又一次補刻，如下節所述。

（三）元代補刻

元代補版字體拙劣，一望即知。百衲本後漢書（C—5本）有約四十卷純然原版，全無補修，而其餘諸卷每卷皆有數葉元代補版，多則至十數葉，在整部一百二十卷共三千五百餘葉中，元代補版有四百餘葉，約佔百分之十。至静嘉堂本（C—1本）、北平本（C—2、C—3本）則元代補版葉明顯增多，如卷四百衲本絶無元代補版，静嘉堂本、北平本有八葉，卷五百衲本亦無元代補版，静嘉堂本、北平本則有三葉，卷六百衲本有元代補版一葉，静嘉堂本、北平本則增至九葉。又，其中尚有百衲本已爲元代補版，静嘉堂本、北平本又抽换新版者，至少有二十葉。據此可知，元代補刻實有兩期，百衲本後漢書已經元代第一期補刻，未經第二期補刻，静嘉堂本、北平本則已經兩期補刻。

今分兩期檢録元代補版刻工。第一期刻工，據百衲本後漢書（影印底本當時在涵芬樓，後藏北京圖書館，即C—5本）採録其元代補版刻工。第二期刻工，則對照百衲本與静嘉堂本、北平本，檢查始見於静嘉堂本、北平本之元代補版，採録其刻工。阿拉伯數碼標示筆畫數，刻工名上標「○」、「△」、「*」等號者，示並見其他版本，詳見表後説明。

元代第一期修（百衲本）

2丁　3万二　于　○弓華　才　4夙　今許一　元　太　文玉　方明四　毛文

毛耑　王　王付　○王全　王百九　王伸　王良　○王高　王得　王智　王涣　王僖

王壽　○王榮　○王興　5占　△占讓　史　石寶　6仲　仲召　任吉甫　任后

任聿　○任昌　△任阿伴　任亮　任韋　务陳秀（務）　兆　全　吉　吉甫　吉俞
赤　成　朱六　朱曾　○朱曾九　[7]何宗十七　○何宗十四　何浩　何益　何通　何慶
○吴子華　吴祥　李庚　△李嵩　李祥　杞　汪亮　○汪惠老　○沈一　沈定　沈壽
系元　阮明　阮明五　麦　[8]○匋　開成　周秀　○周鼎　孟三　宗二　林　芦
芦垚　芦開三　金　金二　金友　[9]俞榮　○俞聲　信　垕　姚　建　洪來　洪福
胡　○胡昶　胡慶十四　胡騰　茂五　范堅　范華　茅　○茅化竜　○茅文竜
[10]倪顒　凌　孫元　孫再　孫斌　孫開　徐　徐友山　○徐文　○徐泳　徐良
徐宗　徐榮祖　時　翁　馬文　○高涼　高諒　[11]婁正　庸忠信　張　張三　張明
張珍　張益　曹新　曹榮　盛　盛九　章　○章文　章文一　章正明　章亞明
章東　章忠　章著　○章演　章浜　陳　陳万二　○陳仁　陳文玉　陳日裕　陳邦卿
陳明　陳孫　陳琇　陸永　[12]△單目　費　○閏　○黄亨　[13]楊十三　楊昌　楊明
葉木　葛佛一　葛辛　董　虞良　詹德滿　[14]熊道瓊　趙春　趙遇春　○齊明
[15]○潘用　潘成　澄　○滕慶　蔡　蔡秀　蔣七　蔣佛老　蔣蠶　[17]應三秀
○應華　應德　○繆珍　[19]龐万五　[20]蘇　鍾同壽　[21]顧忠信

元代第二期修（静嘉堂本、北平本）

[3]士中　子成　寸　亢　亢六　仁　元亨　勻　太亨　户　文二　文昌
王　王正　王明　王德明　[5]丘　丘舉之　㐌　占　*古賢　句
*平山　本　正　用　[6]任　任子敬　全山　吉　朩　朱　*朱大存　朱元
朱珍　羊　[7]亨　伯　伯夫　何　吴　吴仲　吴仲明　吴祥　李　李章　沈山
系　言　辰福一　谷仲　[8]叔　周鼎　明　易　杭宗文　林　*林茂　林茂叔
林茂實　東　東子　芦　*青之　[9]政　施澤之　茂實　范　范又評　茅　[10]孫
孫誠　徐艾山　徐明　時　[11]張伯□　張佝　張明　張福一　曹中　曹興　章
*許成　陳　陶中　[12]屠　彭　童　童木　雇　雇恭　黄　[13]慶　虞　誠
[14]壽　壽之　焕　焕之　*趙秀　*趙明　趙彦　[15]潘　鄭埜　[16]德裕　澤之　錢成
[17]魏　魏伯天

（譯者按：本書日文版出版後，作者詳查上海圖書館藏本（C—6本），表列元代補版刻工名。其中不見右表者：千山、文一、毛原敬、王元、王元亨、王佛生、以子華、石閒、全二、务景先、伯志、伯忠、何敬、君實、吴五、吴文吕、吴睡、李庚、杜亮、沈山、谷中、辛文、周明、周春、東辰、曹后、陳之、陳明二、陸永、程月、程用、童遇、貴伯中、黄子敬、黄伯。此等蓋當視爲元代第二期補版刻工，今附記於此。詳見上海圖書館藏宋元版解題　史部（一）。）

右表所列刻工中，並見先後兩期者，僅周鼎一人。具體言之，列傳卷五三第七葉，百衲本補版刻工「周鼎」，而静嘉堂本抽换新補刻工作「户」，是知周鼎爲第一期刻工；而列傳卷二九第一七、第二三葉，百衲本明顯爲原版葉（刻工王石、李棠），而静嘉堂本乃是補版，刻工「周鼎」，是知周鼎又爲第二期刻工。百衲本有描改，刻工名與底本不符者，往往而在。原版當不至杜撰，豈卷五三第七葉補版刻工出百衲本描改？然今核查再造善本影印本，知底本（C—5本）確作「周鼎」。其實，周鼎見於第一期補版，事屬自然，並見兩期，亦不足爲奇，請論證如下。

右表所見元代補版刻工，往往並見於其他宋刊本之補版葉，如兩期補版刻工均見於舊稱「眉山七史」補版葉，又如南宋中期刊皇朝文鑑、「衢州刊」三國志等宋刊本之補版葉，亦屢見此表所列刻工。然又有刊年可確考之元刊本，亦並見此等刻工。

大德四年（一三〇〇）刊大德重校聖濟總録二百卷，書陵部所藏殘本僅存三十五卷，而其中竟有約三十名刻工與右表第一期刻工名一致。右表第一期刻工名上標〇者，即並見大德重校聖濟總録。其單字相同者亦不少，但容有同名異人，故未標〇。惟「甸」、「閏」二人所刻元代補版，保留「淵聖御名」，頗有特色，故特標〇。又，大德重校聖濟總録有詹讓、任伴、李端、單侶等刻工名，疑或與占讓、任阿伴、李耑、單吕爲同一人，故標△。刻工並見者如此之多，可以推論後漢書元代第一期補刻時間當與大德重校聖濟總録大致同時，即在一三、一四世紀之交。雖則一名刻工之刻書時間當有數十年，而且王榮、徐文另見二十餘年後泰定、天曆年間所刊十行本十三經注疏與唐書，然唯有後漢書元代第一期補修與大德重校聖濟總録原刻幾乎同時，始得有如此多名刻工同時並見。（大德重校聖濟總録殘本（存卷六二至八五，卷八七至九四，卷九六至九八），宋徽宗勅撰，元申甫等校，大德四年刊，三十五册，今藏宫内廳書陵部，係江户醫官多紀氏舊物。書陵部又藏朝鮮抄本二百卷足本，首有大德四年二月一日集慶學士嘉議大夫典瑞少監焦養直撰大德重校聖濟總録序，謂此書遭靖康之亂，南宋無傳本，而金大定年間重刊本，據此重校，詔江浙行省刊行。次十二名列銜中間有缺文，而經籍訪古志（補遺）著録吉田氏稱意館藏大德四年刊本云「序篇末有大德二年七月開讀雕造申甫等三人官銜及四年二月内畢工在局提調官梁曾等五人官銜」（序文、列銜，另參皕宋樓藏書志卷四五），是此種刊本即大德四年刊本，可無疑義。書陵部藏殘本存三十五卷，除單字者外，可檢得刻工約一百六十名。「中央圖書館」金元本圖録著録所藏殘本六卷（卷五〇、卷五二、卷五三、卷一三二、卷一九一、卷一九四）之刻工五十名（參中國訪書志（增訂本）第五〇五頁），幾乎皆見書陵部本。）

後漢書元代第二期刻工中，有九名並見於至大元年（一三〇八）序刊六書統、六書統溯源，即右表標「*」者。（六書統二十卷、六書統溯源十三卷，元楊桓撰，〔元至大年間〕刊〔元統三年〕修，明印，兩書各十二册一函，共二函，静嘉堂文庫藏。六書統首有至大元年倪堅序，刊刻時間當距此不遠，溯源亦當同時合刻。（時間或有先後，然當無間隔。）補修年代則稍有疑問，因六書統卷末有補修刊記云「三年八月江浙等處儒學提舉余謙補修」，「三年」上缺年號。張金吾愛日精廬藏書志因見所藏儀禮經傳通解有「元統三年六月」余謙等補修題記，遂謂六書統補修亦當在元統三年（一三三五）。鐵琴銅劍樓藏書目録從其説。陸心源皕宋樓藏書志因見所藏文獻通考有至元又五年（一三三九）余謙序記，且誤以至元爲至正，遂謂六書統補修當在至正三年（一三四三）。「中央圖書館」金元本圖録知余謙跋文獻通考在至元，非至正，而因跋中言「泰定元年（一三二四）……云云……，越十有一年予由太史氏出統學南邦」，以爲「余氏於後至元初提學杭州」，遂謂六書統補修當在至正三年。今按：余謙跋云「越十有一年」，當在元統三年，元統三年十一月改元至元。史記（甲—E種）有元統三年五月補修題記，儀禮經傳通解有元統三年六月補修題記，則六書統有元統三年八月補修題記，本無疑義。然尚無確證，姑且擬定如此。静嘉堂藏本爲明印本，其中部分書葉版面磨損嚴重、字迹模糊者，當爲早期版片，但至大原版與〔元統〕補版幾不可辨。然六書統、六書統溯源及書學正韻（三十六卷，静嘉堂文庫、内閣文庫藏。此書亦楊桓撰，行格、版心等又酷似六書統、六書統溯源，無疑爲同時或先後所刻。）三書每卷首葉均有刻工名「茅元吉」，極少例外，似當爲原版。以此爲標準，則六書統、六書統溯源仍以原版葉居多，補修僅限部分，右表標「*」之刻工，亦當認爲至大時期補版刻工。）

周鼎並見後漢書元代第一期及第二期，亦並見大德重校聖濟總録及六書統。大德重校聖濟總録在大德四年，六書統大約在至大年間，時間先後相差僅數年，而後漢書補刻確可分兩期。六書統刊年或許更晚，但畢竟先後不過十數年而已。然則第一期、第二期兩批刻工，在大德、至大年間，或因地區、年齡等分兩批，亦未可知。至十餘年後，泰定元年（一三二四）西湖書院刊、後至元五年（一三三九）余謙等修之文獻通考（靜嘉堂藏本存三百四十八卷、首一卷，已經明修，原版葉殘存極少，原版葉與余謙等補版不可區别），據「中央圖書館」金元本圖録（圖七七）採録刻工名，其中並見於後漢書元代第一期補版者二，並見於第二期補版者十名以上；圖録採録文獻通考「補刊工」，並見於第一期者一名，並見於第二期者九人。是知晚至泰定時期，兩期刻工一同從事刻一部書，而第二期刻工遠較第一期刻工多。

原版葉及南宋中期補版葉，至元代修補，抽换，事屬平常。而此種後漢書有元代第二期修補、抽换元代第一期補版葉者，恐約三十葉，至少二十葉，不免令人稍爲疑惑。第二期版心多作雙魚尾，字體更爲拙劣。然第二期修補亦非毫無是處，如列傳卷五二第一一、第一九葉，列傳卷七五第三葉等，元代第一期補版在版框四角或有墨釘，蓋因原版磨損，印字不辨，故作墨釘，而元代第二期修補，爲之挖補相應文字。

元代補版，行格標準與原版無異，而偶有一行字數出入，文字排位不同之處，尤其第二期補版夾行小字注，往往不遵標準字數，信手安排，至葉末始爲調整，以便與其下原版葉之文字銜接。

史記、漢書亦經元代兩期遞修，對照右列後漢書刻工表，更得確證。史記嘉業堂模刻本所見刻工與寶禮堂宋本書録記載，不無出入，而基本一致。其中見於後漢書第一期補版者，僅周鼎、孫斌二名，其餘大都皆屬第二期，至少有十五名。漢書靜嘉堂本、北平本所見刻工，除單字者外，見於後漢書第一期補版者四十三名，另有二名不見於後漢書而見於大德重校聖濟總録，可視爲第一期刻工，見後漢書第二期補版者八，不見於後漢書、大德重校聖濟總録者三十七名。此列史記、漢書元代補版刻工名中不見於後漢書者，且不分第一、第二期。（單字者不録。並見於大德重校聖濟總録者標「○」。）

仁木　方明　王阿得　王珍　王恭　王桂　王細孫　包孫　石山　羊青之　○何建　余諒　吴祐　李友文　李仲　李成　李穎　李璹　汪彦　沈元　辰一　周元輔　周常　季文左　洪寔　洪澤　茂之　倪昌　凌顯　孫實　徐俊　徐高　徐陳　徐經　高顯祖　婁達　崔達　張乙　張田　○張成　張亨　張阿狗　張富　盛之　章文郁　許忠　陳明二　陳政　陳德　陶士中　惠通　黄戊　黄鎮　○楊采　楊青之　楊景仁　楊程　詹世榮　詹仲　詹仲亨　賈祚　趙德明　蔡松　蔡松一　蔣三九秀　錢成　繆謙

南宋前期刊本先後經南宋中期及元代中期兩次共三次遞修者，除此三史外，即以同爲半葉九行之大字本，亦即百衲本二十四史據以影印之舊稱「眉山七史」爲典型。「眉山七史」原版葉留存極罕見，遠非三史尤其北京圖書館藏後漢書之比。「眉山七史」南宋中期補版亦少，元代補版甚多，其中頻見上述元代第一期、第二期刻工。

類似事例頗不少。中國版刻圖録詳細著録原版、補版時期，各期例示數名代表性刻工。今翻檢版刻圖録，即得如下十部。

經典釋文（圖版二四）　説文解字（圖版二六、二七）　爾雅疏（圖版三〇）　國語解（圖版三一）

揚子法言注（圖版三二）　沖虚至德真經注（圖版三三）　唐書（圖版六六）　周易正義（圖版六八）

周禮疏（圖版七〇，兩浙東路茶鹽司刊）　春秋左傳正義（圖版七九、八〇，慶元六年紹興府刊）

其中（新）唐書（A種）刊刻在紹興六年之前，故南宋前期已經補刻，較其他諸書多經一次補刻；春秋左傳正義爲南宋中期刊本，故無南宋中期補刻，較其他諸書少經一次補刻。版刻圖録言元代補版，不分兩期，且例示刻工名不多，其中同時列舉已知兩期刻工者不多，不得遽謂此諸書皆同時經過元代兩期修補。然版刻圖録於前七書「目録」指出其皆見元西湖書院重整書目，並推論此七書於元代同在西湖書院補修、印製，可謂卓見。

元西湖書院，至元中建於宋太學故址，重整書目著録一百二十二種，蓋皆南宋國子監本。（參松鄰叢書本吴昌綬跋）此目僅列書名，極其簡略，不易判斷爲何種版本。然版刻圖録推論右列經典釋文至唐書七種即重整書目著録之版本，當得其實。若周易正義、周禮疏、春秋左傳正義，版刻圖録未言爲重整書目著録本，亦未必非即重整書目所載。（譯者按：王國維兩浙古刊本考以爲重整書目著録群經注疏（十三經均有）當即單疏本。今謂儀禮、爾雅固當爲單疏，而未必十三經均皆單疏，越刊八行本卷數與單疏同。又，重整書目極簡略，多不可究詰。）兩淮、江東轉運司刊三史中，史記即重整書目之「大字史記」，當無疑義，然則兩漢書亦當即重整書目之「東漢書」、「西漢書」。重整書目著録南北朝七史，當即舊稱「眉山七史」，因此外別無宋元版本故知。此等經元代兩期補修之諸版本，大都見於西湖書院重整書目，不妨推論三史在元代亦於西湖書院補修。

* *

以上，所以不避繁瑣，詳論刻工者，因此三史可爲分析刻工、討論問題之典型事例。所謂問題，一則刊刻時間、地區，二則宋、元遞修之詳情。明清以來書目、書誌多誤以此三史爲蜀大字本，今知史記即淮南西路轉運司所刊，則前後漢書由淮南東路、江南東路分擔，惟不可確知何路刻漢書、何路刻後漢書。分析刻工名，則知其大都爲浙江刻工，而亦有建安刻工在其間。現存傳本中，南宋中期補版留存甚少，然三史刻工大都並見增韻、古史、晦菴先生文集等，知爲同時補版，不難推測此時書版在國子監，故三史一併補修。百衲本後漢書所據北京圖書館藏本與他本對照，得知元代補修有先後兩期，而且第一期補版往往留墨釘。

同爲一種宋版，不同時期補修之文本或有不同，此需仔細校對，分辨各期文本校勘之精粗程度。總體而言，此種三史文本雖不得謂特别優良，畢竟爲南宋前期官版，在三史衆多版本之中，當屬最重要版本之一。筆者未及全面校對，止得籠統言此。

史記、漢書、後漢書，每一史皆有七種以上宋版，而以往學者取以校勘者極少。中華書局點校本史記以金陵書局本爲底本，漢書以漢書補注爲底本，後漢書以此轉運司本爲底本，而校勘所用，除漢書用百衲本影印「景祐本」外，汲古閣本、武英殿本、金陵書局本而已，其餘各種宋刊本均未及校對。如漢書所用「景祐本」，雖稱善本，其實早不過北宋末年，轉運司本刊行時間上距「景祐本」不遠，而且文字有出入，則轉運司本不容忽視，自當取以校勘。今此轉運司本三史，史記雖經元修，仍有足本二部，漢書今存約三十卷，後漢書百衲本底本雖缺六卷，仍是補版較少之善本。切盼善讀書者爲之全面校勘。

轉運司本三史，九行大字，疏朗大氣，字體端莊，版片遞藏南宋國子監、元西湖書院、明國子監，而明南監已不爲之補修，幾乎不以印製，故至今傳本甚少。蓋行款疏朗則葉數龐大，版片數量大，册數亦多，不便保管，且三史版本衆多，不必用此版，故置之不用。「眉山七史」亦九行大字本，而經明國子監遞修之所謂「三朝本」至今傳本極多，與轉運司本三史正相反，當即因爲七史别無他版之故。

第五章　南宋刊南北朝七史

一　紹興中眉山井憲孟刊本

古書記載眉山七史，僅見於郡齋讀書志「宋書」條（衢州本卷五，袁州本卷二上）。嘉祐中，以宋、齊、梁、陳、魏、北齊、周書舛謬亡缺，始命館職讎校。曾鞏等以秘閣所藏多誤，不足憑以是正，請詔天下藏書之家，悉上異本，久之始集。治平中，鞏校定南齊、梁、陳三書上之，劉恕等上後魏書，王安國上周書。政和中始皆畢，頒之學官，民間傳者尚少。未幾，遭靖康丙午之亂，中原淪陷，此書幾亡。紹興十四年，井憲孟爲四川漕，始檄諸州學官，求當日所頒本。時四川五十餘州，皆不被兵，書頗有在者，然往往亡缺不全，收合補綴，獨少後魏書十許卷。最後得宇文季蒙家本偶有所少者，於是七史遂全，因命眉山刊行。

按：晁公武曾爲四川轉運使井度（字憲孟）屬官，井度悉舉其書贈晁公武（參郡齋讀書志自序、四庫提要等），兩人過從甚密，則所言自屬可信。井度於眉山刻七史，全部完工當在紹興十四年後之數年間。井度檄諸州搜集者，當即北宋刊本或其抄本，是此時四川亦有傳本。最後補足後魏書缺卷之宇文季蒙，即紹興六年至八年之間知湖州，刻新唐書糾謬、五代史纂誤之宇文時中。（參新唐書A—1本下。畫繼（十卷，宋鄧椿撰）卷八「銘心絶品」列「廣都宇文時中季蒙龍圖家」，下注徽宗皇帝水墨花禽圖、王維雪山圖等，知其爲書畫典籍收藏名家。）

然舊稱「眉山七史」之傳本，實皆南宋前期江浙刊本，如下節所論。「眉山七史」之真本今無傳，且歷代書目均未見著録。

二　南宋前期江浙刊本

南北朝七史宋元版之現存者，僅「眉山七史」即南宋前期杭州刊本一種而已。北宋刊本、紹興一四年井憲孟刊本（眞眉山七史），皆無傳本；元大德九路儒學刊「十七史」，當無七史，實僅刻十史，元代別無七史刊行之迹象。因無其他刊本，「眉山」本實即杭州刊本，經南宋、元、明遞修，邊修邊印，號曰三朝本，後編入明南京國子監二十一史中，直至萬曆一〇年代（一六世紀八〇年代），先後刷印達四百年。其間，明南監曾於嘉靖七年至一一年進行過大規模補修，編入二十一史，其後亦隨時補修，繼續印至萬曆年間，故經嘉靖補版後之七史印本傳存至今者甚多，各地圖書館往往有藏。

七史刊刻之後，至嘉靖年間已三百五十年，然南雍志經籍考著録嘉靖七年南監所藏七史版片，缺版各僅二至八面而已，較之他書，如南史缺一百三十面，則所缺甚少，不知是否因爲七史讀者少，刷印不頻繁之故。南雍志經籍考著録七史，言其各一套版片，蓋嘉靖之前，七史別無他版。然至萬曆，因長期使用，當已漫漶不清，因之南監開始陸續刊刻新版。萬曆（二年至）五年刻梁書，一六年刻陳書、周書，（一〇年至）一七年刻北齊書，（一六年至）一八年刻南齊書，（二〇年至二四）二五年刻宋書、魏書。梁書刊成之後，間隔十年始刻其餘六史。這或許有財政方面原因。然在此期間，南監仍對舊版加以補刻，繼續印行，此蓬左文庫藏宋刊魏書有萬曆一六年補版葉可證。又，北京國子監刊刻七史，則在萬曆二四至三三年間（詳第一〇章）。

二之（一） 舊稱「眉山七史」非蜀刻本

明清以來藏書家，皆視傳存宋刊七史爲眉山七史。或稱眉山刊本，或稱蜀大字本，殆無例外。七史在明南監長期刷印，流傳頗廣，故諸家書目、書誌著録七史單種，號稱「眉山」者，舉不勝舉。然因此版在南監，引起學者疑問，王國維、趙萬里、長澤規矩也、潘美月、阿部隆一諸學者先後著文否定，並且主張此七史乃江浙刊本。

王氏五代兩宋監本考未詳述其説，而傳書堂藏善本書志（一九二三年成稿）宋書條引玉海「紹興九年九月七日，詔下諸郡索國子監元頒善本，校勘鏤板」語，以明南宋初江南刊刻國子監本，並云：「今世所傳七史，元時板在西湖書院，明時移入南監，則非蜀中刊本而爲江南刊本，可斷言也。」

趙氏從王説，謂宋南渡後，監本尤其正史多取江淮諸州郡刊本，以爲九行本七史當爲北宋監本或眉山本之覆刻，非真眉山本（館藏善本書提要「南齊書五十九卷」，北平北海圖書館月刊卷一第六號，一九二九年）。趙氏兩宋諸史監本存佚攷更謂七史即臨安本，並舉三證曰：「傳世大字本七史，元時版入西湖書院，明時版在南監。凡入南監諸版，皆江南或浙、閩所雕，無蜀中刻本。其證一。眉山刊書，當時最有盛名。傳世宋刻本確爲眉山本者，小字則有册府元龜、國朝二百家名賢文粹、東都事略諸書，大字則有蘇文定、蘇文忠、秦淮海、陳後山、洪盤洲諸家全集。諸書無論大小字本，刊工體式與傳世宋刊七史均不合，而七史字體方整古厚，與浙本相近。其證二。七史中，梁書版心下記刊工姓名，有龐知柔、曹鼎、童遇諸人，皆浙人也。浙本朱子大全集亦龐知柔等所刊。觀於龐等重修梁書，其爲浙刊而非蜀刊，斷可知矣。其證三。」其中第三條，舉「重修」刻工爲浙人，足以確定最晚於南宋補刻時，七史版已在江浙。然一九六〇年中國版刻圖録序（疑出趙氏手筆）乃云「遠在四川眉山井憲孟倡刻的南北朝七史版片也移送到監」，則其説却與張氏同。

張氏跋雙鑑樓藏南齊書，稱其爲眉山七史之一（圖書館學季刊四～三、四，一九三〇年）。其編百衲本二十四史時，指出宋書補版葉有版心明記「至元十八年杭州某某刊」，又列舉宋書刻工之並見於宋慶元沈中賓於浙江所刊春秋左傳正義者多達三十三名，遂謂南宋中期其版已在浙江（百衲本宋書跋）。後張氏撰校史隨筆，立一條目曰「蜀大字板在南宋時入浙」，堅持眉山刊版之説，云：「卷中字體遒斂，與世間所傳蜀本同出一派。其版心畫分五格者，殆爲蜀中紹興原刊；餘則入浙以後，由宋而元，遞爲補刻也。」

長澤之駁難張説（宋代合刻本正史之傳本），根據亦在刻工與字體。但所舉刻工皆出宋代補版，未及討論原版刻工。就此而言，本質上，長澤未能超出張氏所論。長澤又論兩地相隔懸遠，蜀中亦當時刊書中心，遂以版片移送爲可疑。張氏言七史字體與「世間所傳蜀本」同出一派，長澤則謂與現存確知爲蜀刊本者（慶元中成都府路轉運判官蒲叔獻刊本太平御覽、太平寰宇記、景文宋公集、十卷本論語註疏、周禮等）不同，並謂所親見静嘉堂藏陳書，更似杭州刊本。

今按：静嘉堂藏陳書，原版葉殘存較多，具杭州刊本字體特點。張氏所以認爲七史字體類似蜀本，蓋因七史現存諸本大都屬後印本，其中僅存之原版葉已經磨損，筆畫消瘦，乍看似蜀本之風格故也。又按：張氏固然熟知原版、補刻之别，然依筆者推測，當時掌握之刻工信息尚少，張氏在原版刻工中難以查得並見於浙刊本者，反有並見於太平御覽等蜀刊本之刻工名，故堅持蜀刊説。長澤駁張説，仍然不能討論原版刻工，亦因所掌握之刻工信息不足，儘管長澤傾注極大精力編纂刻工表。

潘氏有長篇專論，就史料、字體、刻工三點，尤其後兩點，討論「張元濟蜀中原刊説之誤，傳世七史刻於臨安之證」(南宋重刊九行本七史考，故宫季刊四～一，一九七三年)。然潘氏討論宋刻葉，初不分辨原版與補版，致使所論失去意義。張氏既認定慶元年間即南宋中期之補版爲版片運浙之後所刻，則補刻在何地已無疑義，必須專就原版葉討論問題方可，否則毫無意義。潘文論字體，刊載蜀刻、浙刻代表性版本書影，與魏書書影對照。如此比較方式，本屬妥當，可惜所載二葉魏書書影，其第二葉乃是南宋中期補版葉。刻工方面，除百衲本外，潘氏似又親查北平圖書館本五部(即百衲本底本)，編製刻工表、刻工對照表，二表甚詳細，而幾乎歸於徒勞。潘氏依據張氏推測，以所有「版心畫分五格者」爲採録刻工之範圍，除少數分别注記初期、中期外，未就七史原本鑑别原版與補版。如此製表之結果，表中刻工大都皆屬補版刻工。對照表利用中國版刻圖録，列舉七史刻工名之符合版刻圖録著録杭州刊本刻工者，然所列刻工在七史均屬補版刻工，無一例外。其實，版刻圖録明言此等刻工爲「南宋中期江浙地區良工」，則不難推測其在七史當屬補刻刻工，而非南宋前期原版刻工。七史原版刻工並見於他書者甚少，故潘氏對照表中竟不見原版刻工，可見證明七史原版刻於浙江，實非易事。潘氏分析其刻工表所列刻工，僅少數一部分刻工並見於南宋中期刊本，已見其對照表。除此之外，所有刻工，潘氏皆僅謂見長澤規矩也宋刊本刻工名表初稿或金子和正天理圖書館藏宋刊本刻工名表而已(洪新、蔡邠二人不見長澤、金子二表爲例外)。其實，長澤、金子二表包含數種南宋前期杭州刊本，而潘氏不言七史刻工名有與長澤、金子所列南宋前期杭州刊本刻工名相合者。潘氏不分原版與補版，又不分前期與中期，不得不謂未能掌握問題之核心。

原版刻工，直至阿部氏始見研究。阿部採録七史原版刻工多至六十三名，經比對其所調查之大量宋刊本，證明其中約三分之一並見於其他約三十種南宋前、中期杭州刊本。具體言之，六十三名中有二十三名並見於紹興刊新唐書、思溪版大藏經等三十種版本，而此三十種版本大多皆紹興至嘉定間，亦即南宋前、中期杭州刊本。其可認爲蜀刊本者，不過四名，即慶元刊太平御覽見三名、眉山刊蘇文忠公文集見一名（又，阿部所列南宋前期廣都裴氏刊六家文選之補版有一名，疑亦當列入）而已。而其中三名亦見於同期其他浙刊本，則不知是杭人、蜀人抑或同名異人。阿部根據其具體詳細之刻工分析，同時參考避諱等其他因素，最後論定七史爲孝宗時期（南宋前期）杭州刊本（中國訪書志（增訂本）第四三九頁）。阿部説可以視爲定論，基本問題已經解決。筆者於下文表列刻工名及諸書並見刻工名者，於阿部之研究有所補充。

然而同名異人之可能性始終不能排除，一二刻工名並見，亦不足以證明兩種版本之關聯。筆者認爲需有至少四五名刻工並見於兩種版本，始可信其非同名異人。於是筆者補查有明確刊年之大藏經，曾經指出思溪版有五名刻工並見於七史，後查開元寺版，亦得四名刻工並見於七史。開元寺雖在福州，但其刻工往往見於江浙刊本（參上第二章第三節）。

二之（二）　敘録與疏語

七史行格體式基本一致，爲九行十八字大字本。南齊書卷末有治平二年（一〇六五）送杭州開板之牒文。（見圖一四，又參緒論編第二章第三節。）

又，南齊書等四史於目録之後，有曾鞏等敘録三、四葉，版心題仍作「目録」（魏書作「目録序」），版心葉次連目録通數之。中華書局點校本移此等敘録置於全書後，並題「曾鞏南齊書（陳書）目録序」、「舊本魏書（周書）目録敘」等。敘録所載校勘官（均稱「臣某」，不具姓。下列姓名，其姓爲筆者所加），南齊書則孟愔、丁寶臣、鄭穆、錢藻、孫洙、孫覺、趙彦若、曾鞏，陳書則南齊書八人中除丁寶臣之外七人，魏書則劉攽、劉恕、梁燾、范祖禹，周書則梁燾、王安國、林希。梁書此本無敘録，而武英殿版有曾鞏序，張元濟以爲録自元豐類稾（百衲本梁書跋）。

南齊書敘録云「臣等因校正其訛謬」，陳書敘録云「其疑者亦不敢損益，特各疏於篇末」。此本各卷末偶有疏語，宋書有二條，南齊書十條，梁書四條，陳書七條，魏書二十七條，北齊書十六條，周書二條。疏語或僅提示正文可疑之處，如南齊書卷七末疏語僅三字，或爲詳細按語，如魏書卷三末疏語長達三百九十字。張氏百衲本七史跋，每言及此等疏語，校史隨筆皆特立「卷末疏語」一目。此版卷末疏語，較之明南北監本、汲古閣本、清武英殿版，出入異同甚多，故張氏就宋書言「本書百卷，而疏語僅此二條，必有缺失已」。張氏又謂南齊書今存疏語十條，其中(A)二條各本皆有之，(B)四條唯見於此本、汲古閣本，(C)四條唯見於此本，而他本均無之。今覈之點校本，知(B)中有二條，(C)中有一條，缺疏語諸本之正文與此宋版不同；其中又各一條，點校本校勘記認爲明清刊本是，宋本非。據此推測，疏語之缺失，當因南監本等已經校改正文，遂删疏語而然。

七史之中，魏書、北齊書疏語顯多於其餘五史。魏書疏語大多以「魏收書亡」或「亡」始，北齊書疏語大都僅「此卷與北史同」六字。此即北宋校定二書時，不少卷已經散亡，别取北史等補足，卷末出疏語説明。整卷散亡者居多，而有少數僅缺史臣論等部分，據他書補足之處。

校補所據他書，據疏語可見者，除北史爲大宗之外，計有「魏澹史」、高氏小史、修文殿御覽、隋書論贊。魏澹魏書（隋書經籍志曰「後魏書百卷（著作郎魏彦深撰）」，舊唐書經籍志曰「魏書一百七卷（魏澹撰）」，新唐書藝文志曰「魏澹魏書一百七卷」）高氏小史（新唐志曰「高氏小史一百二十卷（高峻。初六十卷，其子迥釐益之。峻，元和中人。）」）修文殿御覽（隋志曰「聖壽堂御覽三百六十卷」，兩唐志曰「（祖孝徵等）修文殿御覽三百六十卷」）蓋皆散亡於北宋，此版留存佚文，頗足珍貴。（參拙稿北齊文林館與修文殿御覽，史學四〇～二、三，一九六七年）

二之（三）　缺葉、缺字

七史此版，較早時期即有不少缺葉、缺字及墨釘、空格，百衲本跋、校史隨筆均言之。

宋書卷四少帝紀缺第四葉，次葉即此卷末葉，僅有史臣論末尾十七字。北監本、汲古閣本、武英殿本等，此處據南史補二百二十字，然其言無法上接第三葉末尾，至若沈約史臣論，本非南史所有，無可補足。中華書局點校本，另據册府元龜卷一八八帝王部補五十九字，適可上接第三葉末，但其下是否應接南史所載，尚未可知，而史臣論仍不得補足。若册府元龜、南史所載共二百七十九字爲宋書原文，以一行十八字計，則當佔十五行又九字。此

圖一四

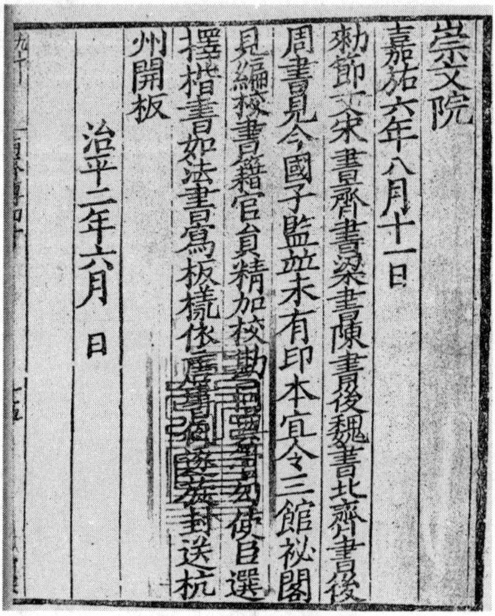

南齊書　南宋前期浙刊

卷末開板牒（元修葉　百衲本）

本一葉十八行，則正文之後，仍有二行。今以南史推測宋書内容，此處缺文當不足佔滿兩葉，則史臣論當在缺葉末兩行及末葉十七字而已。按武帝紀三卷凡七十三葉，史臣論此創業主，佔十六行；而孝武帝紀三十四葉、順帝紀九葉，史臣論各僅三行半。少帝紀僅四葉强，則史臣論僅用三行，不足爲異。現存最早之明初印本（明朝禮部官書，即A－1本）已缺此一葉。

南齊書之明清刊本，相當於宋本卷一五（志七）第三葉及卷三五（傳六）第一〇葉之兩處，有長段缺文。宋本此兩葉，在百衲本所據明禮部舊藏、北京圖書館現藏明初印本（A－1本）中，皆爲南宋中期之補版，而嘉靖一〇年前後修本以下諸印本則均缺。是嘉靖一〇年前，版片散亡，南北監本、汲古閣本、殿本等均未能補足。又，南齊書明初印本已缺卷四四（傳二五）第六葉、卷五八（傳三九）第五葉，所有傳本均缺。魏書卷一六（傳四）第一六葉等亦缺。

張氏校史隨筆於梁書立「宋本多墨丁空格」一目，百衲本跋云：「是本前後有墨丁三十六，空格九，凡缺七十六字。後出諸本，補完無缺，大都采自南史。」今就百衲本粗略統計，墨丁已得四十二，而幾乎全在元代修版。蓋因元代大規模修補之際，原版漫漶已甚，不得校正之故。校史隨筆又立「宋本闕文」一目，列舉陳伯之傳、傳昭傳、朱异傳各十數字缺文，云：「右三段所闕字句，宋本、汲古本同，監本、殿本有之，殆據南史增補。」其中卷二〇陳伯之傳缺十九字在第八葉，乃是原版，刻工余恭。另，點校本此三段均不缺字，與監本、殿本同，而無校記。

二之（四）　版式、字體

七史卷首題，皆小題在上，大題在下，第二行題撰者名。唯魏書除目録外，不著魏收之名。此舉宋書爲例：

「本紀第一　（空四格）　宋書一

臣沈　約　新撰」

版框皆左右雙邊，高大約二二釐米、寬一七釐米左右。原版版心較寬，綫黑口（或白口），不用魚尾而用横綫分爲六格（或無刻工名上一横綫，爲五格），第二格題「宋書紀一」等，第四格記葉次，第六格記刻工名。版心以横綫分欄，於宋刊本中頗具特色，除此七史外，僅見於同時期兩淮、江東轉運司刊本漢書。（見上第四章。另，大德重校聖濟總録亦用此式。）補版葉因襲此版心格式者甚多，而往往記字數，爲原版葉所無。若僅據此版心格式，考其刻工，則其中南宋中期、元代補版刻工居多數，不足以討論原版出自眉山抑或出自杭州，見上「二之（一）」節。補版葉版心格式多種多樣，除因襲原版格式外，以單魚尾或雙魚尾居多。（譯者按：南宋中期單魚尾補版或有版心記編號文字者，不知是否千字文。如南齊書志三第二〇葉記「律（千字文次序二九）」，刻工何澤；志七第九葉「辭（二八六）」，刻工余敏；志八第一九葉「移（四〇〇）」，刻工范元；志九第九葉「呂（三〇）」，刻工金嵩；志十第二葉「雅（四〇三）」，刻工賈祚；傳十八第一三葉「宇（五）」，刻工章忠；傳二一第二四葉「張（一六）」，刻工曹鼎；傳二二第二葉「寒（一七）」，刻工錢宗；同第四葉「閏（二五）」，刻工沈定；同第一四葉「秋（一一）」，刻工石昌；傳二四第九葉「收（一二）」，刻工楊榮；傳二五第一葉「冬（二三）」，刻工蔣容；同第一〇葉「列（一五）」，刻工楊潤；同第一一葉「辰（一三）」，刻工王進；同第一五葉「往（二〇）」，刻工吴春；傳二七第一二葉「宿（一四）」，刻工詹世榮；傳三三第一九葉「暑（一九）」，

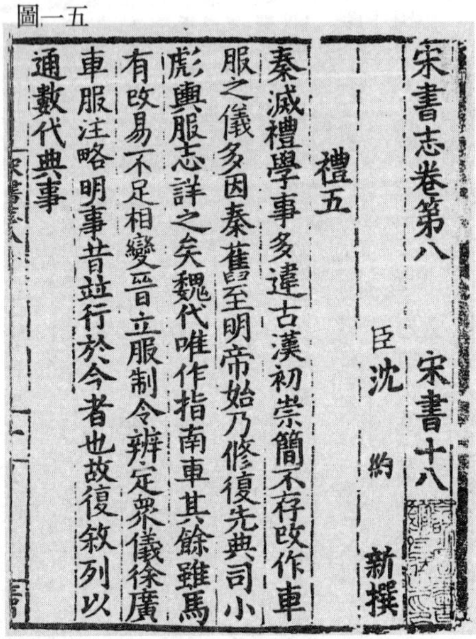
宋書志卷第八　宋書十八
臣沈　約　新撰
禮五
秦滅禮學事多違古漢初崇簡不存改作車
服之儀多因秦舊至明帝始乃修復先典司小
彪輿服志詳之矣魏代唯作指南車其餘雖馬
有改易不足相變晉立服制令辨定衆儀徐廣
車服注略明事昔並行於今者也故復敘列以
通數代典事

圖一五　宋書　南宋前期浙刊
原刻葉（百衲本）

圖一六

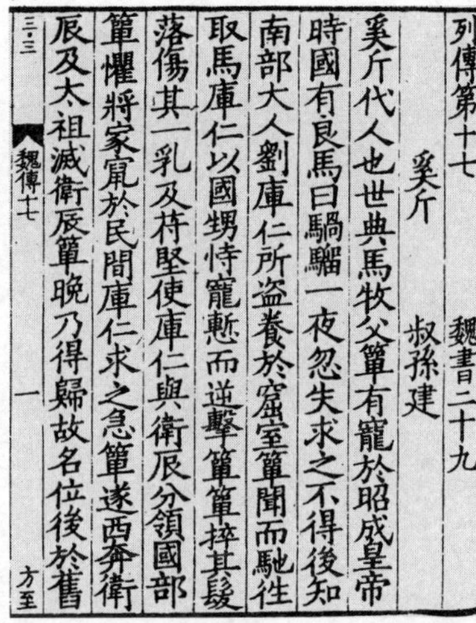

列傳第十七　　魏書二十九

奚斤　　叔孫建

奚斤代人也世典馬牧父箄有寵於昭成皇帝時國有良馬曰騧騮一夜忽失求之不得後知南部大人劉庫仁所盜養於窟室箄聞而馳往取馬庫仁以國甥恃寵慙而逆擊箄箄捽其髮落傷其一乳及苻堅使庫仁與衛辰分領國部箄懼將家竄於民間庫仁求之急箄遂西奔衛辰及太祖滅衛辰箄晚乃得歸故名位後於舊

三·三　魏傳十七　一　方至

魏書　南宋前期浙刊　南宋中期修葉
（百衲本）

圖一七

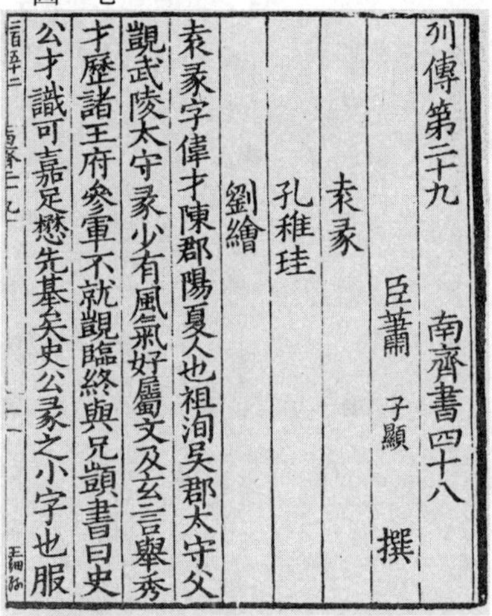

列傳第二十九　　南齊書四十八

臣蕭子顯　撰

袁彖

孔稚珪

劉繪

袁彖字偉才陳郡陽夏人也祖洵吴郡太守父覬武陵太守彖少有風氣好屬文及玄言舉秀才歷諸王府參軍不就覬臨終與兄顗書曰史公才識可嘉足懋先基矣史公彖之小字也服

三百五十二　二　王細孫

南齊書　南宋前期浙刊　元修葉
（百衲本）

刻工陳伸；傳三三第一六葉「階（四六四）」，刻工張堅。此類編號，當爲補版寫刻之管理而設。因諸家均未言及，故附記於此。）

傳世七史皆後印，其中殘存少數原版，然均已磨損，字體頗失宋代風貌。唯因字大，猶存當年餘韻，雖已漫漶，而其風格猶有別於後修葉。因經磨損，筆畫失豐腴，轉顯干瘦，此蓋張氏所以不認其爲浙刊本之原因。然此字體亦無蜀刊本堅硬之風。

二之（五）　原版刻工、避諱

原版避諱字，筆者就原本直接確認者，有「玄、朗，珽，敬驚警竟境，弘、殷，匡、胤，恒峘，貞徵，樹，桓，構，慎」諸字，據百衲本又得「炫懸縣，鏡，恇，禎，署屬豎」諸字。要之，原版避諱至孝宗「慎」字止。南宋中期補版葉避諱至光宗「敦燉」字止。

原版刻工名，此分七史表列。筆者直接就原本採録者標○，據百衲本採録者標●。據影印本鑑別原版，往往不易確定，且百衲本有描潤加工之例，故不得不分別注明。（阿拉伯數字標筆畫數。單字者列後。）

	宋	南齊	梁	陳	魏	北齊	周
三志*[3]					○		
下開						○	
千正*					○		
万六					●		
王干[4]	●		○				
元正*					○		
王大方					●		
王川					○		
王才			○	●	○		
王世華						○	
王亢					○		
王友	○						
王太				○		○	
王丙				○			
王右	○						
王生			○	○		○	
王全					●		
王冲					●		
王圭				○			
王有					○		

	宋	南齊	梁	陳	魏	北齊	周
王利和				○			
王廷	○		○	○			
王志	○		○		○		
王周					●		
王庚	○						
王昇(升)			○	●	○	○	
王昌	○		○	●		○	
王信					○		
王真					○		
王祖	○		○	●		○	
王能				○	○	○	
王欽	○		○		○		○
王昊*					○		
王堪			○		○		
王智	○						
王華	○			○	○	○	
王賓				○	○		
王道					○		
王諒	○						
史忠[5]	○			○	○		

	宋	南齊	梁	陳	魏	北齊	周
田力			○	●		○	
田下					●		
田召	○				●		
田永			○	○	○		
田立			○	○		○	
田芽				○			
任己[6]					○		
任王真					●		
任(壬)亨					●		
任宗					○		
任昌						○	
任亮*					○		
任章						○	
任欽	○		○	○	○	○	
任達			○				
任顯			○				
朱太			○	○			
朱右				●			
朱立*					○		
朱言			○	○	○		

刻工	宋	南齊	梁	陳	魏	北齊	周
朱通	○				○		
朱善			○				
余心[7]	○						
余全*					○		
余恭			○		○		
余彥*					○		
余貴	○			○	○	○	
吳明				●			
宋全					○		
宋彥					○		
洪新[9]						○	
家宗[10]					●		
袁民				○	●	○	
張与[11]					●		
張仁				○	●	○	
張国					●		
張林			○				
張禹			○	○			
張萬*					○		
張善			○	●	○	○	
陳立				○	○	○	
陳智	○			●			
單亨[12]					●		
單昇					●		
程昇(呈升)					○		
馮會					●		
黃文					○		
楊丈[13]			○				
楊和			○	○	○		
趙旦[14]					●		
潘正[15]			○		●	○	
潘亨					●		
潘忠*					○		
蔡中					●		

（譯者按：標「*」者，今據作者上海圖書館藏宋元版解題　史部(一)增補。）

單字刻工名有：千　巳　六　升　元　文　壬　王　右　史　朱　田　石　立　冲　牟　全　宋　言　宗　周　忠　秦　祖　張　華　善　智　隆　楊　詹　禄　趙　賓　潘

阿部氏曾將原版刻工與南宋諸刊本刻工對照，論證七史爲南宋前期杭州刊本。今就阿部氏所舉諸刊本，稍加增廣，整理成下表。

凡例：

一、諸刊本分四類，即南宋前期刊本、中期刊本、蜀刊本、後期刊本。

一、每類中諸刊本排序，大致依照刊年先後。其年代不相遠，而書名、刻工名相同者並列之，以便瞭解。

一、稱「某刊」者，下舉刻工見其原版葉；稱「某刊某修」者，下舉刻工見其補版葉。

一、小字注，或爲版本別稱，或用單字代表所據版本藏地及所據影印本、目録等資料。

靜　靜嘉堂文庫　　宮　宮内廳書陵部　　足　足利學校遺蹟圖書館　　内　内閣文庫　　陽　陽明文庫

北　北京圖書館　　央　臺北「中央圖書館」　　平　臺北北平圖書館　　故　臺北「故宮博物院」

歷　臺北「中研院」史語所　　百　百衲本二十四史　　四　四部叢刊　　寶　寶禮堂宋本書録

書名	刊年、刊地、刊者	刻工名並見於七史者
開元毗盧大藏	宣和六年至紹興一八年 福州刊	王才 王太 王生 陳立
思溪圓覺大藏	紹興七年 湖州刊	王昌 王真 王祖 王道 陳立
吳書	南宋初期刊 舊稱「嘉祐本」 靜	王周
同	同 南宋前期修	王太
(舊)唐書	紹興間 紹興府刊 北 百	王升 王圭 王昌 王華
(新)唐書	紹興 湖州刊 靜 百	王昌 王真 王祖
同	同 南宋前期修	王昇

史記（集解）	南宋初期刊南宋前期修　舊稱「景祐本」　歴		王華
史記（集解）	南宋前期刊　央		王友
史記（集解）	南宋前期淮南路轉運司刊　北　實	王全	王華
漢書	南宋前期兩淮江東轉運司刊		洪新
漢書	紹興間　湖北茶鹽司刊　静		王亢
同	同　淳熙修	張善	蔡中
文選	紹興間　明州刊紹興二六年修　宮		王諒
唐百家詩選	紹興間刊　静		王華
本草衍義	宋刊南宋前期修　實		張仁
淮海集	乾道九年　高郵軍學刊　内　故		潘正
類篇	影寫南宋前期刊本　故		宋彦
北山小集	南宋前期刊　央		王昌
東坡先生奏議	南宋前期刊　央		黄文
元氏長慶集	南宋前期刊　静		潘亨
論衡	南宋前期刊　宮	洪新	潘亨
史記（索隱）	淳熙三年　桐川郡齋刊　静	洪新	潘亨

春秋經傳集解　紹興間 江陰軍學刊淳熙修　陽　潘亨
春秋經傳集解　淳熙間 撫州公司庫刊　故　王才　王全　吳明
通鑑紀事本末　淳熙二年 嚴州刊　静　王信
楊氏家藏方　淳熙一二年刊　宮　王太

以上南宋前期刊修刻工

禮記正義　紹熙間刊　足　王圭
尚書正義　紹熙刊　足　王圭　王信
歐公本末　南宋中期刊　静　王信
文選　南宋前期贛州刊南宋中期修　宮　王信
太平寰宇記　南宋中期　宮　王才
增修互註禮部韻略　南宋中期　吳明
晦菴先生文集　南宋中期　平　吳明
資治通鑑綱目　嘉定一二年 温陵郡齋刊　寶　王友　陳智　潘亨　蔡中
周易本義　南宋中期刊　歷　王華

以上南宋中期刊修刻工

蘇文忠公文集　南宋前期 眉山刊　央　宋彥

蘇文定公文集	南宋前期至中期	平	王祖　王道
太平御覽	慶元間 蜀刊	静 四	王庚　王祖　王道
六家文選	南宋中期蜀廣都裴氏刊	故	王庚

以上蜀刊本刻工

國朝諸臣奏議	淳祐一〇年刊	静	王才
慈溪黄氏日抄分類	南宋後期刊	央	王信　黄文
真文忠公續文章正宗	咸淳二年刊		朱通
咸淳臨安志	咸淳刊	静	王真

以上南宋後期刊本刻工

七史原版刻工八十四名中（譯者按：此不含據上海圖書館藏本增補者），二十九名見此對照表。對照表中，王庚僅見於蜀刊本，朱通僅見於南宋後期刊本，其餘二十七名皆見於嘉定二二年以前杭州刊本。其中，陳智僅見於南宋中期刊本，王信、吴明二人僅見於淳熙年間以後刊本（淳熙爲南宋前期末段），除此三名，猶有二十四名皆見於南宋前期刊、修本。據此，七史原版當可認作南宋前期浙江刊本。另，其避諱至孝宗「慎」字止，亦可爲證。

漢人姓少，同姓同名不同人者往往而在。此對照表中，又多僅有一名並見者，其未必爲同一人。然兩部大藏經及兩唐書各有三至五名並見，則其爲同一群刻工，殆無可疑。七史原版之刻於杭州，當亦可信。雖然，仍稍有疑慮，尚不敢以浙刊爲鐵案者，其多處並見之三至五人中，除陳立一名外，又皆王姓，且單名，並其名爲常用字，各地王氏刻工群又有幾名同姓同名者？又，七史刻工中，較多田姓、任姓、余姓，而此三姓於浙刊本並不多見，更無姓名一致者。總之，蜀刊本一説絶不成立，應當認爲是南宋前期浙刊本。當然，此點尚需確證。

二之（六）　補版刻工

南宋中期補版刻工多至近二百名，且屢見於中國版刻圖録、中國訪書志，亦見於兩淮、江東轉運司刊三史、通典南宋本相關論述中，故僅列表，分析從略。

〔南宋中期〕補版刻工（阿拉伯數字標筆畫數）

2丁之才　丁松年　4方中　方至　方信　方堅　方能　毛端　王才　王生　王圭　王成　王汝林　王汝霖
王材　王阮　王安　王明　王信　王政　王春　王恭　王進　王渙　王遇　王椿　王誠　王壽　王敷　王璡
王諒　王禧　5包端　石昌　6朱光　朱玩　朱宥　朱春　朱祖　朱梓　7何建　何昇　何澄　何澤　余政
余敏　吴中　吴志　吴宗　吴忠　吴明　吴春　吴祐　吴清　吴椿　吕信　宋全　宋芑　宋昌　宋芾　宋通
宋琚　宋琳　李才　李允　李正　李仲　李成　李良　李伸　李忠　李昇　李昌　李茂　李政　李思正
李思忠　李倍　李師順　李時　李詢　李諒　李憲　阮祐　沈仁舉　沈文　沈定　沈忠　沈旻　沈昌　沈思忠
沈思恭　沈珍　沈珎　沈璋　8周明　邵亨　金祖　金滋　金嵩　金榮　金震　9彦中　施寔　施昌　施珍
洪坦　洪澤　10凌宗　夏乂　夏義　孫日新　孫春　孫琦　徐乂　徐大中　徐中　徐仁　徐杞　徐浚　徐珙

徐珣 徐高 徐琚 徐琪 徐義 徐經 徐榮 秦顯 馬松 馬祖 高文 高寅 高異 11張允 張升 張亨
張昇 張明 張堅 張富 張斌 張榮 曹冠英 曹鼎 章忠 章東 章茂 許忠 許茂 郭正 陳才
陳仁 陳用 陳仲 陳良 陳彦 陳晃 陳浩 陳彬 陳閏 陳壽 陳潤 陳錫 陳鎮 陸永 陸春 崔茂
12童遇 項仁 黄戊 黄鎮 13楊昌 楊春 楊壽 楊潤 董澄 詹世榮 賈祚 15劉仁 劉文 劉志 劉昭
蔡邠 蔣信 蔣容 蔣榮祖 鄭春 16錢宗 17繆恭 18魏奇 19龐汝升 龐知柔 20嚴忠 嚴智 21顧永
顧達 顧澄 22龔正

* *

元代補刻，似可分初、前、中期三次，説詳解題編陳書下。然初期、前期補版似極少，其刻工可知者，不過北陳、承祖（不知是否沈承祖）二名而已。因此，元代補版大都皆在中期，當爲大德前後刻工。

〔元〕補版刻工（標「○」者見兩淮、江東轉運司刊三史元代第一次補版，標「●」者見同刊元代第二次補版，標「*」者見南北史、唐書、隋書元末明初補版。）

2丁銓 3大用 （尤）大有 ●士中 ●士元 子才 子成 弓華 4●元亨 ○（徐）友山 （陳）天錫
●太亨 （滕）太初 夫王 尤大有 ●文二 文榮 方中久 ○毛文 *毛原敬 日新 王六 王元
●王元亨 ○王付 王付四 ●王正 王玉 ○王全 王再十三 王圭 王汝良 王汝明 王汝林 ○王百九

○王良　●王明　王信　王垚　王桂　王高　王高十三　王細孫　王富四　○王智　王壽　王壽三　○王榮
王榮八　●王德明　○王興　王興四　王興五　5丘之　●丘舉之　付善可　北陳　○占讓　●古賢　可川
可用　○可宗十四　可原　史伯恭　平山　石寶　6○任昌　○任亮　任阿　○任阿伴　○任韋　任欽　朱二
●*朱大存　朱子光　朱子壽　○朱六　朱仁　●朱元　朱文　朱丘　*朱玉文　*朱宗甫　朱長二
○朱曾　○朱曾九　○务陳秀　*危壽？　*江厚　7何九万　○何宗十七　●何宗十四　何亶　何建　何原
○何浩　○何益　○何通　何閏　*何慶　何鎮　*余彦文　君寶　吴千七　吴子華　吴士中　*吴六
吴四崇　吴文昌　吴玉　吴宗　吴昌　吴津　吴祥　*吴睡　*吴榮二　*吴榮三　宋全　李公正　*李五
李玉　○李庚　李崙　李茂　○李祥　李澄　李寶　杜良臣　求裕　○汪亮　汪惠　○汪惠老　○沈一
●沈山　沈允　沈必達　沈承祖　沈珍　沈英　沈祖　沈韋　沈祥　沈翔　沈貴　沈椿　○沈壽　沈瑋　沈謙
沈權　○阮明五　8甸崙　周山　○周秀　*周受　*周明　周慈應　○●周鼎　*周應　○孟三　○宗二承祖
林伯福　林叔　林官保　●林茂　●林茂叔　●林茂實　東山　●青之　麦茂　○芦開三　邵山　○金二
○金友　金文榮　金有　金宸保　金許一　金榮　金觀保　(朱)長二　9俞升　俞吉　俞信　○俞榮
○俞聲　姜公　(許)彦明　施國　*施寶　○洪來　○洪福　胡文昌　胡券　○胡昶　○胡慶十四　○茂五
○茅化竜　○茅文竜　范元　范良　*范彦榮　○范堅　范惠老　范華　10倪順昌　○倪顯？　孫日　孫白
○孫再　孫再一　孫阮　○孫斌　○孫開　孫開一　○徐友山　○徐文　徐永　●徐又山　○徐良　徐怡祖
●徐明　○徐泳　徐信　徐榮　○徐榮祖　祖承　翁子和　翁升　翁榮　高文　高俊　○高涼　○高諒

高顧　11(陳)國才　婁正　崔茂　張一　張一秀　張二　張三　張成　○●張明　張阿狗　○張珍　張斌
＊張廣祖　張慶三　●曹中　曹德新　○曹榮　●曹興　盛九　章才　○章文　○章文一　章文郁　○章亞明
章明一　章若　章演　章演孫　●許成　許彦明　陳一　陳二　＊陳士通　○陳万二　陳万三　○陳仁
陳仁五　陳允升　陳天錫　陳文五　○陳文玉　陳公友　○陳日裕　○陳邦卿　○陳明　○陳孫　陳晃
陳國才　陳復　○陳琇　陳新　陳傳二十七　陳寧　陳榮　＊陳德全　陳壽　陶中　陶春　12傅善可　單侶
雇恭　馮會　＊黄四崇　黄亨　黄鎮　13○楊十三　楊仁　楊采　○楊明　楊景仁　楚慶一　焕之　○葉禾
葛弗　○葛弗一　葛弗乙　○葛辛　虞二　虞文舉　○虞良　＊虞保山　＊虞壽　董大用　董辰　詹德潤
14○熊道瓊　(徐)榮祖　趙旦　趙良　●趙秀　●趙明　○趙春　○趙遇春　○齊明　齊明一　15＊劉子和
劉仁　劉仁中　劉埜　劉景舟　德裕　歐志叔　○潘用　潘佑　滕太初　滕式　○滕慶　蔡文達　蔡秀
＊蔡彦舉　蔡舉　○蔣七　●蔣佛老　○蔣鬘　鄧廣五　＊鄭子和　鄭名遠　＊鄭和子　●鄭埜　16錢昭　＊
鮑與道　17應子華　○應華　應德　繆伯山　繆珍　繆謙　＊薛志良　謝杞　○鍾同壽　18(丘)舉之
19＊羅恕　龐文龍　○龐萬五　21○顧中信　22顯祖

(譯者按：本書日文版出版後，作者調查上海圖書館藏本，又得元代補版刻工出右表外者，有毛昇、王遇、以子華、仲信、李昌、洪東、淀順昌、曹鼎、許茂、龐汝升。參詳上海圖書館藏宋元版解題 史部(一)。)

＊　＊

元大德九路儒學本中，廣德路刊南史、信州路刊北史有明初覆刻本，其刻工多並見於洪武二三年福建布政司刊金史、古史等，詳見下第九章第二節。七史補版亦有同一群刻工，散見於魏書、南齊書。然此等刻工名之字迹，至成化公文紙印本已經磨損，不辨爲何字；至嘉靖修本，則全然不見有字。未知是否因用質地鬆軟木材雕刻，故磨損迅速。南齊書、魏書因明前期印本尚存，故可檢得此明初刻工名；宋書亦有明前期印本，雖不無可疑，然幾無明初期補版。其餘四史或亦經明初修補，然刻工名既不可見，僅從後印本版面，無法鑑别是否明初補版。因此，七史明初補版刻工，並見於第九章第二節表列南史、北史、金史等八書者，僅江子名、范双評、張名遠三名而已。大德九路本初議當刊十七史，其實僅刊行十史，未聞更有七史，除此之外，元代更無刊行七史之事。因此可知江子名、范双評、張名遠所刻，當即宋版七史之明初補版。

*　*　*

宋書偶有弘治四年補版，版心明記刊年，下記「監生王太」等，當是版樣爲國子監生所寫。所見弘治四年補版監生名，王太之外，又有王泰、王相、肖漢、李秘、蕭漢、姜滄、姚岳、陳澤、費徵、劉子宇、劉子璵。

*　*

南監修整二十一史，七史皆經嘉靖八年、九年、一〇年之大規模補修。

嘉靖八年補版刻工：

何祥　呂奎　呂機　李受　李潮　易宣　袁電　高成　章悦　陳傑　陸先　黄林　黄珎　黄珣　黄琉　黄珪

嘉靖九年補版刻工：

黄琇　黄球　黄琯　黄琥　黄琰　黄琢　黄瑜　黄銑　黄瑢　黄碧　黄瑾　黄璉　黄雲　黄璦　黄瓏　雇文舉

易堂　胡章　徐敖　張昆　黄旦　陸奎　盛應鵬　劉元

嘉靖一〇年補版刻工：

陳林　劉尾　容顯岩

＊　＊

又有嘉靖一一年補版，但極罕見，當爲檢查八年至一〇年補修之不備，補充完善者。

二之（七）　現存善本

以上，綜論七史概況。解題編分七史，具體討論明前期以前諸印本。明前期以前印本，即編入南監二十一史前所印、未經嘉靖八年至一〇年之大規模補修、保留原版葉較多之善本。俗稱「三朝本」者，指嘉靖補修以後之印本，寓有貶義。明初修本中之較佳者，雖亦經三朝，然不宜目爲三朝本。不同於三朝本之首尾完足，明前期以前印本，除南齊書、陳書外，皆殘缺不全，甚至爲零本。百衲本二十四史之七史，大都以此等明前期以前印本爲底本，然因無足本，故配合幾部殘本而成，其間取捨配合，頗有令人疑惑之處，詳解題編。

此將編入嘉靖二十一史前之諸善本，表列如下。

宋　書　存六十八卷（卷一至五，卷一一至一三，卷一五至七四）至　元遞修　明禮部官書　四十册（配嘉靖修本，成一百卷足帙，凡五十四册）「中央圖書館」藏

同　存五十八卷（卷四至一一，卷一四至二四，卷二七、卷二八，卷三〇、卷三一，卷三九，卷四一至四八，卷五一至六五，卷七五至七九，

卷八二、卷八三、卷九三至九六）至 元遞修　明晉府舊藏　三十一册「中央圖書館」（北平）藏

南齊書　五十九卷　至　明初修　明禮部官書　二十册　北京圖書館藏

同　同　同　十二册「中央圖書館」藏

梁　書　存四十卷（卷一至六、卷一一至二一、卷二六至四一、卷四六至四八、卷五一至五四）至 元遞修　十四册「中央圖書館」（北平）藏

陳　書　存二十五卷［卷一（有缺）、卷五、卷六（存一葉）、卷八至一〇、卷一七（存尾一葉）至二二、卷二四至三六（卷一九缺後半）］至 元前期遞修　七册「中央圖書館」（北平）藏

同　存八卷［卷一七至二一、卷三一至三三（缺後半）］至元中期遞修　明晉府舊藏　二册　同

同　存五卷［卷五、卷七（有缺）至一〇（有缺）］　同　一册　同

同　三十六卷　至元中後期遞修　十六册　静嘉堂文庫藏

魏　書　存四十一卷　至 元中期遞修　元延祐、泰定、元統、至元公文紙印本（配嘉靖修本，成一百一十四卷足帙，凡四十册）北京圖書館藏

同　存一卷（卷四一）至 元中期遞修　洪武四年公文紙印本　一册　南京大學圖書館藏

同　一百一十四卷（卷三至九補鈔）至明初遞修　明禮部官書　六十四册　美國國會圖書館藏

同　存九十四卷（缺卷四〇至五九）　同　洪武公文紙印本　六十册「中央圖書館」藏

同　存四十六卷（卷三八、三九，卷五九（存後半）、卷六〇，卷六二至七〇，卷七二至九三，卷九五，卷九七，卷九九、卷一〇〇，卷一〇三至一一〇

九）至明初遞修　成化公文紙印本（配嘉靖修本、清抄本成一百一十四卷足帙，凡六十四册）東洋文庫藏

同　存五十七卷（卷五四至六五，卷六九，卷七〇，卷七二至一一四）至明初遞修

存一卷（卷七一）至明初遞修　成化公文紙印本（兩殘本並嘉靖修本、清抄本配合，成一百一十四卷足帙，凡八十册）大倉文化財團藏

同　存十七卷（卷一至一七）至明初遞修　成化公文紙印本　十二册　北京圖書館藏

北齊書　存十六卷（卷三五至五〇）至元前期遞修　五册　「中央圖書館」（北平）藏

周　書　存三卷〔卷四四（存尾一葉）至四六（存首八葉）〕至元中期遞修　一册　天理圖書館藏

七史經嘉靖八年至一〇年之大規模補修，編入南京國子監二十一史，即所謂「三朝本」，至今傳本不少。經嘉靖補修，原版葉蕩然無存，南宋中期補版亦極罕見。蓬左文庫藏魏書有萬曆一六年補版年記，（卷一〇九第一二葉）是七史書版繼續補修至萬曆年間，然萬曆年記僅此一見而已。各史傳本詳見解題編。

第六章　南宋中期建安刊十史

一　黄善夫、劉之問所刊三史

討論南宋中期建安刊本十史，當以慶元中（一一九五～一二〇〇）黄善夫、劉元起（之問）所刊之三史爲出發點。

其中史記，因係三家注合刻第一本，備受重視，明正統至嘉靖間，先後由廖鎧、王延喆、汪諒、秦藩覆刻四次。然黄善夫史記原本在中國失傳，而兩漢書流傳不絶如縷，頗疑當年印數皆極少，惟不知何故也。而日本中世以來即有三史傳本，幾乎完足，爲撰寫史記抄之桃源瑞仙及月舟壽桂（撰幻雲抄）、南化玄興等禪僧漢學大家研讀之底本，尤其帝紀，上加大量批注，爲後世學者所重。此本由南化，經直江兼續（山城守），歸藩主上杉家，直至近年仍在米澤（上杉藩所在地），近由日本文化廳收購，今藏日本歷史民俗博物館。另有一部三史，曾在狩谷棭齋求古樓，如今分散多處。

此三史行格，十行十八字，字較大，字體由初期建刊本之「娟秀」變爲「棱角峭厲」，筆畫往右斜上，棱角尖鋭，横輕直重。此乃南宋中期建刊本之常用字體，非三史所特有。有耳題，版心綫黑口，雙魚尾，上象鼻少見大小字數，下象鼻幾不見刻工名。

此三史之最大特徵，在其增入注釋，內容較此前諸刊本豐富，如史記之兼備三家注。儘管存在所收史記正義非全文等問題，然此後之史記版本基本因襲此版內容。漢書、後漢書屢見「宋祁曰」、「劉攽曰」等宋人校注，各卷末題「右宋景文公用諸本參校，凡所是正並附古注之下」，而卷首目録之後，詳列參校注本。增入注釋，與同爲南宋中期建刊之經書版本附入釋音，有異曲同工之妙。稍早於此三史，建刊已有史記集解、索隱彙本（蔡夢弼刊本，即乙—A種）及漢書增入三劉刊誤本（金澤市立圖書館本，即E種），可謂此三史之前驅。

此三史皆有木記。史記有「建安黃善夫刊／于家塾之敬室」、「建安黃／氏刻梓」，漢書有「建安劉元起刊／于家塾之敬室」、「建安黃善夫刊／于家塾之敬室」各兩種。後漢書於目録末有木記，或曰「建安黃善夫刊／于家塾之敬室」，或曰「建安劉元起刊／于家塾之敬室」，因印本先後而異。史記木記「建安黃／氏刻梓」在目録末，用篆字，見百衲本。上杉本（丙—A—1本）缺此葉，補鈔據彭寅翁本，故有彭寅翁木記。北京圖書館藏本（求古樓舊物，丙—A—2本）存此葉，百衲本即據此。又，漢書、後漢書各有刊書識語，漢書識語末題「慶元嗣歲端陽日建安劉之問謹識」，後漢書識語末題「慶元戊午良月劉元起父謹識」。

經籍訪古志著録上杉本三史，附記狩谷棭齋求古樓藏本。求古樓本雖殘缺不全，然三史存卷皆過半，經籍訪古志注記所存卷次。求古樓本後分散各處，其史記今有六十八卷藏北京圖書館，一卷藏東京大學東洋文化研究所；漢書約存七十一卷，今藏松本市立圖書館；後漢書存六十三卷，今藏天理圖書館。雖經分散，所幸求古樓當年存卷大體皆在，幾無亡佚。

圖一八

史記　南宋中期黄善夫刊
（丙—A 種）　目録首（百衲本）

圖一九

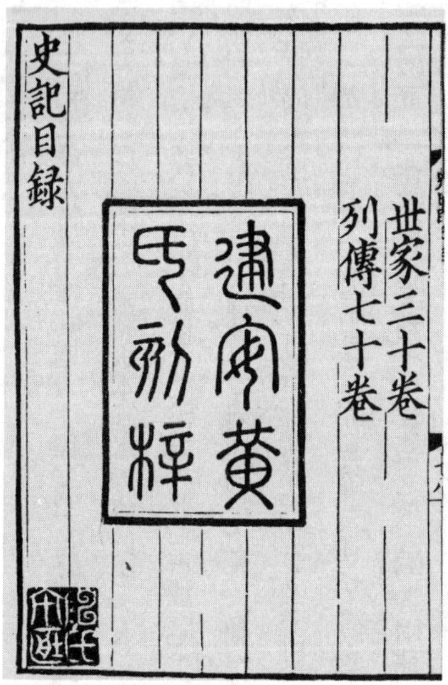

史記　南宋中期黄善夫刊
（丙—A 種）　目録尾（百衲本）

圖二〇

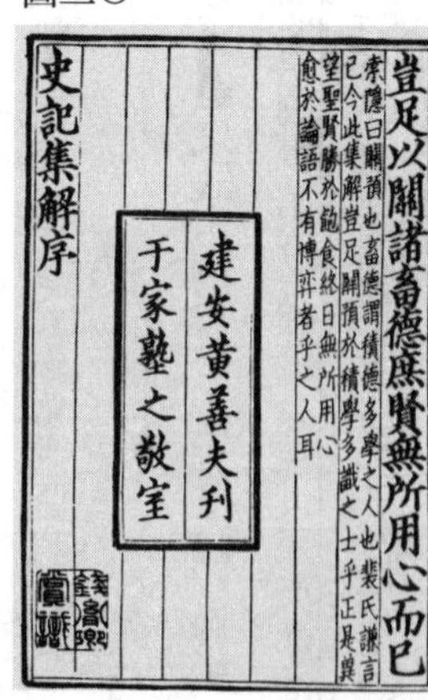

史記　南宋中期黄善夫刊
（丙—A 種）　集解序尾（百衲本）

圖二一

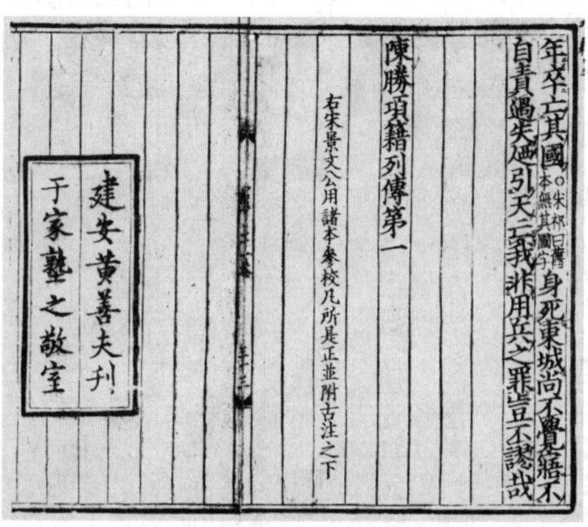

漢書　慶元刊（上杉本即 F—1 本）
列傳第一（卷三一）卷尾

漢書上杉本（F—1本）目録後有劉元起木記。求古樓本（F—2本）相應之處無此木記，而有黄善夫刊書識語凡九行，末題「建安黄宗仁善夫謹咨」，下列「校字」者五名，其中即見「劉之問元起」。今人推測，求古樓本當屬初印，後因故（如黄善夫死亡等），劉元起接管此三史書板。上杉本目録後黄善夫識語已改爲劉元起木記，而列傳第一卷末尾仍留黄善夫木記。後漢書求古樓本（G—2本）缺卷首，不得與上杉本（G—1本）比較，而北京大學圖書館藏本（G—3本）目録尾題後有黄善夫木記。上杉本目録約三十葉，經全面重訂後重刻，與北京大學本不同，木記在尾題前，改署劉元起名。以漢書例推，求古樓本原有之目録當與北京大學本相同，求古樓本、北京大學本爲黄善夫初印本，上杉本爲劉元起接管後印本，詳見解題編漢書F種、後漢書G種（有圖）。求古樓本與上杉本有先印後印之別，除後漢書目録全部重刻之外，正文仍同版，雖未校對全書，文本當無異同。

因上杉本兩漢書劉氏識語皆署年「慶元」，故以往目三史爲慶元刊本。然漢書求古樓本（F—2本）黄善夫識語云「始於甲寅之春，畢於丙辰之夏」，是紹熙五年開始校刊，至慶元二年蕆工。依常情推測，校刊史記當先於兩漢書，且兩漢書先爲黄善夫校刊，後由劉元起接管，亦可爲史記在先之旁證，因此可以推測校刊史記當在紹熙年間。雖其主事者先（黄善夫）後（劉元起）不同，然此三史仍爲合刻。故長澤規矩也撰宋代合刻本正史之傳本一文（見著作集第三卷），特立「之敬室刊本」一目，重點介紹其於松本發現失蹤已久之漢書求古樓本。

二　三國志、晉書、南史、北史、隋書、唐書

三國志、南史、北史、隋書、唐書有版式與三史相同者。十行十八至十九字，有耳題，版心格式、字體等均與三史一致。宋諱缺筆，除筆者尚未檢查之南史後半部尚不敢斷定之外，其餘皆至「郭」字止。

三國志（E種）有宮内廳書陵部藏本存六十二卷，缺首三卷，有百衲本影印本。日本曾有「邪馬臺國」熱，常稱引「紹熙本」，即此本。北京圖書館藏本有補鈔，亦缺卷首目録。因兩本均缺卷首，不知原有何刊記、木記等，故刊者、刊年皆不得確知。

南史（B種）北京圖書館藏本殘存四十五卷（有補鈔六卷），目録尾有四行木記，第一行云「此書本宅刊行已久中遂漫滅」。因未具宅名、刊年，據此木記僅得想像字體「娟秀」之南宋前期建刊本曾經存在。

北史（A種）静嘉堂文庫藏本存八十一卷，北京圖書館藏本存二十七卷，均缺卷首目録及第一卷，不知有無刊記，故刊者、刊年皆不得而知。

隋書（B種）現存皆零本，臺北「中央圖書館」藏兩帙，一存卷九、卷一一，一存卷一〇，北京圖書館藏卷二四以下五卷，自不見刊記。

唐書（新唐書C種）幸於目録上卷末尾有木記曰「建安魏仲立宅刊行／收書賢士伏幸詳鑒」（見圖二二），雖不知刊年，然仍得魏仲立之名。此本今藏「中央圖書館」，殘存一百九十五卷中，此種宋版有一百八十二卷。

另，晉書及五代史記亦有類似版本，各家目録著録爲「宋慶元刊」。然諸家所藏當皆元代覆刻本，見下節討論。

（晉書有上海圖書館藏宋刊本，見下節。）

以上三國志至唐書，體例與三史微異者，列傳卷中某人傳之前，專以一行題示人名，以便檢閲。三國志至唐書皆然，而與三史不同，不知是否因爲三國志以下爲同一處所刊。既無刊記，一切只得猜想，無從討論。

無論三史與三國志至唐書，傳本皆甚少，且就筆者所見而言，無不刷印如新，版面清晰，無一葉補版。宋版書流傳至今者，大都經過修版，原版未修之印本甚爲罕見。加以晉書、唐書、五代史記有元代覆刻本，史記至嘉靖年間已難得一見，則或可推測三史及三國志至唐書皆限定印數，並不爲之修補。然如此推測，似不合營利刊書之本旨，令人感到意外。

圖二二

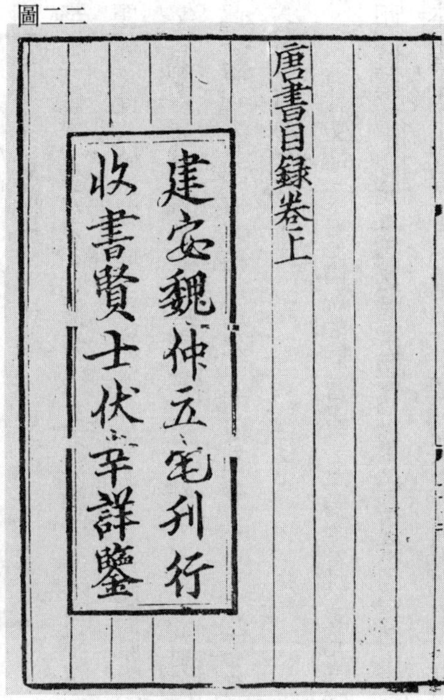
唐書目録卷上
建安魏仲立宅刊行
收書賢士伏幸詳鑒

唐書　南宋中期建安魏仲立刊
（C種　嘉業堂書影）

三　元代覆刻本

魏仲立宅刊唐書有元天曆二年（一三二九）覆刻本（D種），静嘉堂文庫、大垣圖書館各藏一部。静嘉堂藏本爲二百二十五卷足本，因静嘉堂又藏舊稱「嘉祐刊本」（A—1本，即百衲本底本），其中有六卷配入魏仲立宅刊本，故得以直接對照，原版與覆刻之關係清晰可見。雖無刊記，然卷一首葉版心記「己巳冬德謙刊」六字，且德謙等五名刻工並見於至治、泰定年間（一三二一～一三二七）諸刊本（詳漸唐書D種下），故可推定「己巳」當即天曆二年（一三二九）。覆刻本不同於原本之特徵，在字體稍嫌潦草，版心記字數、刻工名者甚多，缺筆字多數恢復正常字形等。又，大垣圖書館本殘存一百八十八卷中，明代宣德九年、十年之補版多至約百葉。

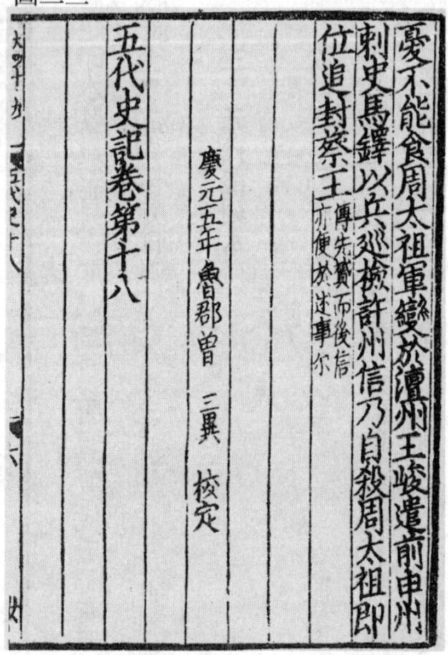
憂不能食周太祖軍變於澶州王峻遣前申州
刺史馬鐸以兵巡檢許州信乃自殺周太祖即
位追封蔡王　傳先實而後信亦便於述事尔
五代史記卷第十八
慶元五年魯郡曾三異校定

圖二三　五代史記　元覆宋慶元五年建刊本
（C種　百衲本）

晉書（E種）傳本不止十部，分藏東京、臺北、南京、上海諸地，有僅存四卷之原版印本，有原版存一半之元修本，有元末明初遞修本，又有修印時間不可確定而頗類唐書宣德修本之至明遞修足本，情況複雜，詳參解題編。此等傳本以往著錄均作宋刊本，然（一）此種原版字體，比之宋版，更近唐書元覆宋刻本；（二）刻工名兩字者雖不多，然大都並見於唐書元覆宋刻本；（三）明代修本類似唐書宣德修本者，僅筆者親見者已有三部。以此三證，筆者深信此種當爲元中期覆刻本。（直至二〇一〇年，上海圖書館首次公開展出所藏真宋版殘本，筆者三十年前之推論於是獲得實證，詳參解題編。）

五代史記（C種）情況如同晉書。雖卷中有「慶元五年魯郡曾三異校定」一行刊記（見圖二三），百衲本據此影印，號稱「宋慶元本」，然據字體與刻工名，可以認定與唐書、晉書同時，即元中期覆刻本。「中央圖書館」所藏明修本，版心下象鼻刻有「丁亥」二字。在唐書補版記年之宣德一〇年（一四三五）前後，丁亥有永樂五年（一四〇七）、成化三年（一四六七），據字體風格，當不得視爲永樂五年，可以推定爲成化三年。

要之，南宋中期建刊本均不見補刻迹象，而晉書、唐書、五代史記則有元覆刻本，且屢經修補，遞修刷印至明代，故傳本較多。

四　十史

晉書、五代史記有覆刻本，可證其底本南宋中期刊本之存在。則南宋中期之建刊十行本，備有十史。五代史記有「慶元五年魯郡曾三異校定」刊記，可以認爲慶元年間（共六年）蔵工印行。假設史記至五代史記依次刊行，則自紹熙至慶元，先後約十年間，完成十史。

然唐書爲魏仲立所刊，與三史刊者不同，漢書求古樓本列五名校字者，亦不見魏氏。其餘六史又不知誰氏所刊。是則十史似不當爲一家所刊。筆者猜測，建安諸家書肆之間，或無統一規劃，唯諸家見三史博得好評，先後依同一版式刊刻其餘諸史，自然形成一套十史。如此想象，似尚合理。

五　一經堂刊兩漢書與白鷺洲書院覆刻本（附）

稍後於上述十史，嘉定元年（一二〇八）建安蔡琪一經堂刊行兩漢書，又有吉安白鷺洲書院覆刻蔡琪本。相關情況，不足以專設一章，僅附記於此。

圖二四

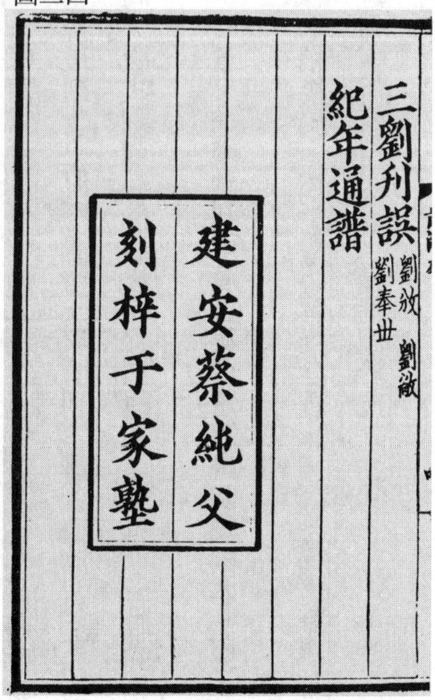

三劉刊誤
紀年通譜
建安蔡純父
刻梓于家塾

漢書　嘉定初蔡琪一經堂刊
（G 種　版刻圖録）

圖二五

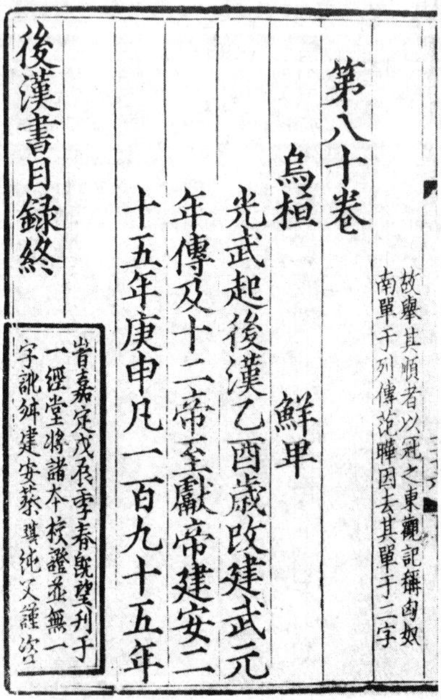

故舉其頑者以冠之東觀記稱匈奴
南單于列傳范曄因去其單于二字
第八十卷
烏桓　鮮卑
光武起後漢乙酉歲改建武元
年傳及十二帝至獻帝建安二
十五年庚申凡一百九十五年
後漢書目録終
皆嘉定戊辰季春既望刊于
一經堂將諸本校證並無一
字訛舛建安蔡琪純父謹咨

後漢書　嘉定元年蔡琪一經堂刊
（H 種　静嘉堂）

蔡琪一經堂刊本漢書（G種），北京圖書館藏一百二十卷（其中八卷半配另一宋刊本）六十册，南京圖書館藏殘本存十四卷十四册。北京圖書館藏本即當年楊氏四經四史齋之漢書第一本，楹書隅録有詳說，長達十五葉。版刻圖録（圖版一八三、一八四）收録卷一首及目録末尾半葉（首二行爲參考諸本目末尾，後有蔡純父木記）。南京圖書館藏本，爲吴壽暘、丁丙遞藏本，故拜經樓藏書題跋記、善本書室藏書志均有跋，亦見江南圖書館善本書目、江蘇省立國學圖書館圖書總目等著録，殘存列傳共十四卷，其中又多缺葉。盋山書影收録卷八三首葉書影。

漢書此本爲四周雙邊（版刻圖録云版框二二・一×一三・一釐米），八行十六字大字本。版刻圖録云：「有『建安蔡純父／刻梓于家塾』牌記，不記刻書年月，以蔡氏一經堂本後漢書刻於嘉定元年例之，疑亦嘉定前後刻本。」今按此本字體與黄善夫、劉元起本相仿，而行格疏朗，字大更顯剛强。書影所見，列舉「宋景文公祁所用諸本」，正文注引「宋祁曰」、「宋氏校本云」等，似據黃善夫、劉元起本翻刻。（蔡琪據黃善夫本而有所補充，參G種下）然版刻圖録將黃善夫、劉元起本稱「漢書注」，蔡琪一經堂本稱「漢書集註」，内容全同而著録書名不同，有所不便。（譯者按：瞿中溶、吴騫見蔡琪本（或其覆刻本）誤以當劉之問本，謂顔注書名當稱「集注」，楊紹和從其説。校史隨筆以爲非，云「師古雖集衆人之説，而實一家之言」，其説是。劉之問本僅題「注」，蔡琪本據以翻刻始題「集註」，是「集」字出蔡琪手，於古本無徵。校史隨筆以劉之問本與蔡琪本同作「集註」，則又失實。）黃善夫、劉元起本及一經堂本皆在顔注之外增入三劉刊誤、宋祁校語。其實金澤市立圖書館藏本南宋前期刊漢書（E種）已增入三劉刊誤，而未入宋祁校語。增入宋人校語之情形，如何著録於目録，尚有待探討。

後漢書有殘本存六十七卷，藏静嘉堂文庫（H—1本），目録尾題下有三行木記曰「旹嘉定戊辰季春既望刊于／一經堂將諸本校證並無一／字訛舛建安蔡琪純父謹咨」（見圖二五），知爲嘉定元年刊本。版式同漢書，卷一首葉版心題「官仁刁」。静嘉堂此本與下述北京圖書館藏吉州白鷺洲書院覆刻本兩漢書，皆項篤壽萬卷堂舊物。

白鷺洲書院刊本兩漢書，有經項篤壽、汪士鐘、郭嵩燾、嘉業堂、寶禮堂遞藏之北京圖書館藏本（漢書H—1本，後漢書I—1本），幾近完足。兩漢書均有嘉業堂模刻本（民國九年、一〇年至一三、一四年校刊），嘉業堂善本書影亦見書影，然皆誤以後漢書爲蔡琪一經堂刊本。蓋後漢書無木記，遂有此誤。稍後，則董康撰嘉業堂藏書志稿、寶禮堂宋本書録等皆知其誤，認定爲白鷺洲書院本。寶禮堂宋本書録於漢書云「書經翻刻，必有譌字，余故定是爲覆建安蔡琪刊本」，於後漢書又云「其所從出，則固蔡氏一經堂本也」。今觀嘉業堂模刻本亦可意會其爲覆一經堂本，若以版刻圖録（圖版二八四）一經堂本目録末半葉較之嘉業堂善本書影或嘉業堂模刻本（對照圖二四與圖二六），則木記位置、大小均同，僅文字改作「甲申歲刊于／白鷺洲書院」，文字筆畫或稍微加粗，此外則無區別。其爲覆刻，毫無疑義。

白鷺洲書院本，以往皆目爲嘉定刊本，漢書刊記之「甲申」當嘉定一七年（一二二四）。版刻圖録一九六〇年初版據吉安府志云白鷺洲書院淳祐辛丑（元年，一二四一）建，疑「甲申」當是元世祖至元二一年（一二八四）。並以刻工與已知南宋中期吉州地區刻工無一相合，爲其旁證。然終因不得積極證據，未敢斷定爲元初刊本。恐因實非宋版，而説又未定，一九六一年修訂本删除此條，不著録此版。筆者最近於上海圖書館得睹再造善本影印白鷺洲本，見其字體風格不似南宋嘉定刊本，知刊刻時間較嘉定一七年至少晚一甲子，當爲元代覆刻本。刻工名較之以往採録諸刊本元代刻工尚不吻合，仍可考慮其中或有參與元代西湖書院修補南宋前期刊八行本注疏、兩淮江東轉運司刊三史等版本之役者。在第三部解題編，目此種爲「元白鷺洲書院刊本」，略爲探討刻工問題。

圖二六　漢書　元吉州白鷺洲書院刊
（H種　嘉業堂書影）

六　元代覆刻南宋中期建刊本

南宋中期建刊十史有元代覆刻本，情況與十行本十三經注疏相當。南宋中期建刊十行本注疏之現存者，足利學校遺蹟圖書館藏劉叔剛一經堂刊附釋音毛詩註疏二十卷、附釋音春秋左傳註疏六十卷,北京圖書館及臺北「故宫博物院」各藏左傳註疏殘本,餘無所聞。(譯者按:最近張麗娟先生論證北京圖書館藏穀梁註疏亦南宋刊本,説見穀梁單疏本與注疏合刻本考,儒家典籍與思想研究第一輯,二〇〇九年。)南宋注疏當未備十三經,然不知所刻幾部。至元中期,則以覆刻南宋中期刊本爲主,形成十三經規模(情況複雜,如儀禮無注疏,以楊復儀禮圖代之等),例如静嘉堂文庫藏全部足本凡二百册。静嘉堂本版心刊年及補版年記幾乎全用墨筆涂没,而論語兩見「泰定四年(一三二七)」年記。補版有記年可證者,晚至明正德一二年(一五一七),故或稱「正德十行本注疏」。(參長澤規矩也正德十行本注疏非宋本考,見書誌學論考,一九三七年。又見著作集第一卷。)新唐書元代覆刻本(D種)在天曆二年(一三二九),後於論語註疏刊年泰定四年僅二年。

資治通鑑亦有相同情形,此乃學界所未知,故特爲介紹。四部叢刊影印資治通鑑二百九十四卷,號稱宋刊本,而與静嘉堂文庫藏二百二十三卷一百二十册之殘本相較,乍看似同版,其實字體、缺畫稍有不同,又有版心有無大小字數、刻工名及有無耳題之異同,可知一爲底本,一爲覆刻本。静嘉堂本、舊京書影(二七八至二八〇)(當即今北京圖書館「〇八一二」號、存十五卷者)爲南宋中期原刊本,四部叢刊底本(當即今北京圖書館「七三七二」號)乃其覆刻本。例同十史、十行本注疏,知四部叢刊底本乃元版。(詳參拙稿宋元刊資治通鑑,斯道文庫論集第二三輯,一九八八年。)

圖二七

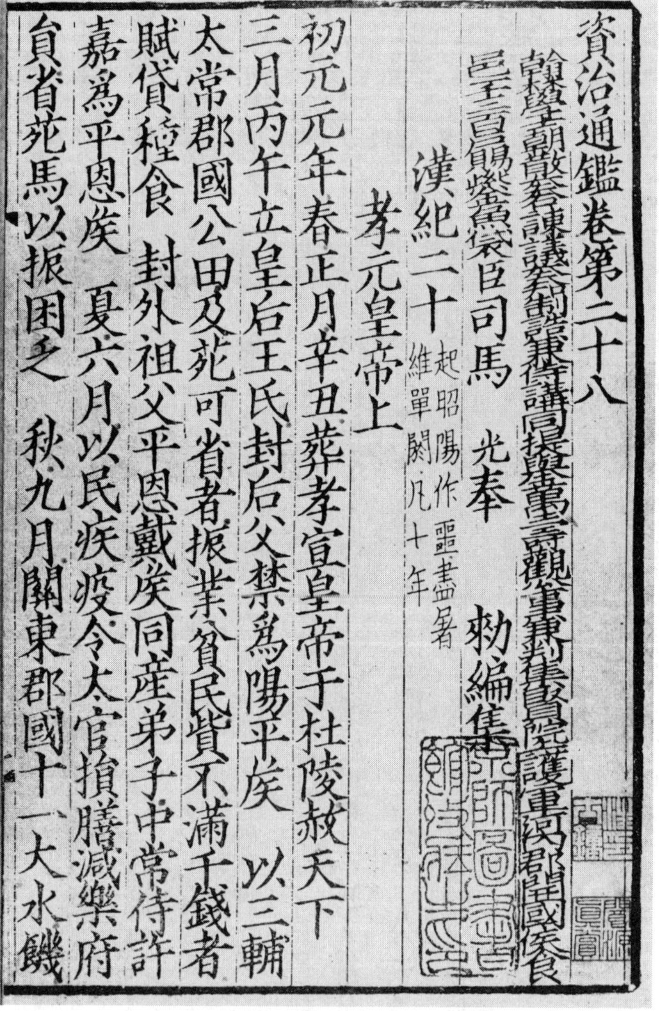
資治通鑑卷第二十八
翰林學士朝散大夫右諫議大夫充集賢殿修撰判尚書吏部流內銓提舉萬壽觀公事兼侍講同提舉崇福宮上護軍河內郡開國侯食邑一千三百戶食實封四百戶賜紫金魚袋臣司馬　光奉　勑編集
漢紀二十 起昭陽作噩盡屠維單閼凡十年
孝元皇帝上
初元元年春正月辛丑葬孝宣皇帝于杜陵赦天下
三月丙午立皇后王氏封后父禁爲陽平侯　以三輔
太常郡國公田及苑可省者振業貧民貲不滿千錢者
賦貸種食　封外祖父平恩戴侯同產弟子中常侍許
嘉爲平恩侯　夏六月以民疾疫令太官損膳減樂府
員省苑馬以振困乏　秋九月關東郡國十一大水饑

資治通鑑　南宋中期建刊（舊京書影）

圖二八

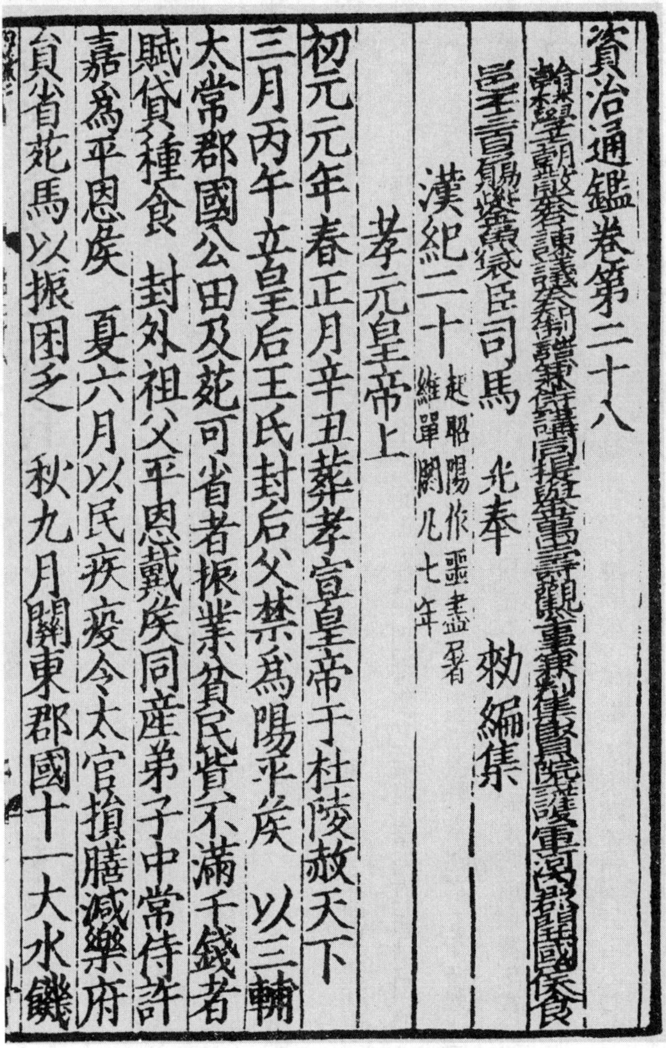
資治通鑑卷第二十八

[illegible]臣司馬光奉　勑編集

漢紀二十　起昭陽作噩盡屠維單閼凡七年

孝元皇帝上

初元元年春正月辛丑葬孝宣皇帝于杜陵赦天下　以三輔太常郡國公田及苑可省者振業貧民貲不滿千錢者賦貸種食　封外祖父平恩戴侯同産弟子中常侍許嘉爲平恩侯　夏六月以民疾疫令太官損膳減樂府員省苑馬以振困乏　秋九月關東郡國十一大水饑

資治通鑑　元覆南宋中期刊（四部叢刊）

第七章　南宋後期刊本、蜀刊本

南宋後期刊本、蜀刊本，傳本極少，此且立一章，略説情形，以備參考。

一　南宋後期似無新版

如上所述，南宋前、中期正史刊本，頗爲豐富，然傳世無一後期刊本。上章所論南宋中期建刊本屬坊刻，至若南宋中期官刻本，則新刊經籍種類甚多，傳本亦不少，而正史幾無刊刻新版之舉。蓋因前期已完成十八史，版存臨安國子監，故官衙不必另爲新版。屬其例外者，桐川郡齋（廣德軍）新刊史記集解、索隱本（乙—B種），爲官版合刻二注之始，與國子監藏版不重複，且在南宋前期之末；舊稱「景祐本」三史，史記有南宋前期覆刻本（甲—E種），而兩漢書福唐郡庠覆刻本（漢書B種、後漢書B種）當在南宋中期或後期。除此之外，未聞有南宋中後期官刊正史版本。

國子監藏版，皆在中期經大規模補修，可見經常印製以應需求。兩淮、江東轉運司刊三史、七史、新唐書等南宋前期刊本之南宋中期補版刻工，大都互相並見，又見嘉定一三年陸子遹刊渭南文集（此僅舉一有明確刊年者）等多種版本，版刻圖録列舉其名，並稱「南宋中葉杭州地區良工」者，不勝枚舉。

至於南宋後期，則未聞有正史新版可證者。蓋因當時國運衰頹，無論官刻、坊刻，已有刻版之書，既無需亦無力重新刻版，即補修舊版亦較罕見。尤其正史卷帙浩繁，更爲如此。

二　蜀刊本

正史蜀刊本，無刊記可證者。僅有數部可據字體推測爲蜀刊本。

北宋初蜀本大藏經、慶元三年眉山咸陽書隱齋刊新刊國朝二百家名賢文粹（版刻圖録圖版二二三）、廣都裴氏刊六家文選（中國訪書志增訂本二九二頁）、太平御覽、册府元龜等，皆可確定爲蜀刻本，且字體特徵鮮明。據此字體推論蜀刊本，當不至大誤。相反，以往忽視其字體具江浙特徵，僅憑郡齋讀書志記載號稱「眉山七史」者，以今言之自非蜀刻本，如上第五章所論。

宋版正史據字體可認作蜀刻本者，史記兩種、三國志一種，均藏北京圖書館。其中史記皆用以補配之殘本，一爲劉氏嘉業堂舊藏淮南路轉運司刊本（甲—F—3本）之配本，目録所謂「配另一宋刻本」十八卷（甲—J—1本），一爲南宋初期覆刻北宋十四行本（甲—B—1本）之配本，目録所謂「配另一宋刻本」二十二卷（甲—K—1本）。前者爲九行十六字大字本，後者爲十三行二十四字本。前者有嘉業堂模刻本，但模刻本字畫雕刻太過流利，乍看不似蜀刊本。三國志現存僅九卷零本（D—1本），十三行二十五字，版刻圖録有書影。三種蜀刻本，均可據書影、影印本、模刻本瞭解大概，詳參解題編。

第八章　元大德九路儒學刊十史

一　九路分擔十史

大約在元大德九年，江東建康道肅政廉訪司擬刊行十七史，命其所屬九路儒學校刊，結果刊行南北朝七史以外之十史。早在一九四〇年，神田喜一郎發表元大德九路本十七史考（史林二五之三，後編入東洋學文獻叢説，見神田喜一郎全集Ⅲ），已得大德九路本之大要。神田在當時未得調查一部原本，專就各家書目、書影等文獻資料而得出精確結論，難能可貴。筆者幸得調查多部原本，在神田考證之基礎上，增補筆者調查所得，綜述如下。

十史之中，漢書、後漢書、三國志、南史、唐書有校刊識語，前三者神田考載録全文，（譯注：神田引漢書識語據天禄琳琅書目、愛日精廬藏書志、楹書隅録、鐵琴銅劍樓藏書目等，後漢書識語據善本書室藏書志、藏園群書題記等，三國志識語據愛日精廬藏書志、五十萬卷樓藏書目録初編、善本書室藏書志等。）南史見百衲本，唐書録文見解題編 E 種下。其中漢書識語所言涉及刊行十史之概要，最足參考，見圖二九。

漢書首題「太平路學新刊班固漢書」，次漢書敘例，次前漢書目録，目録末尾有此識語。末行「伯都」之官銜首四

圖二九

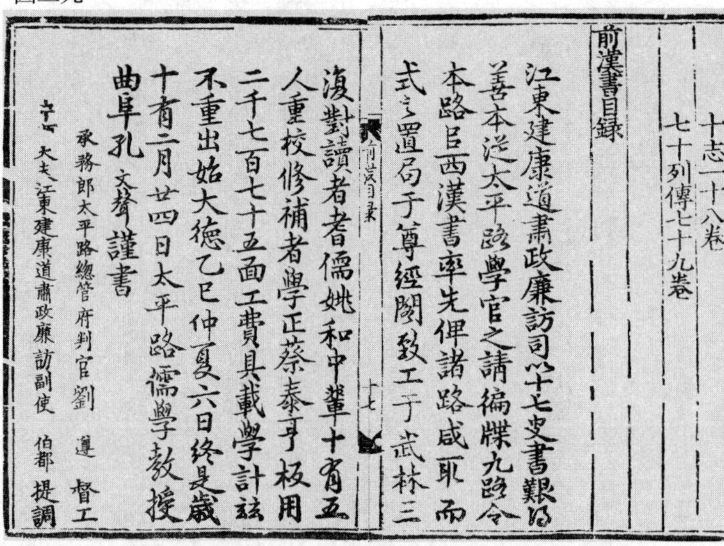
十志一十八卷
七十列傳七十九卷
前漢書目録
江東建康道肅政廉訪司以十七史書艱得
善本從太平路學官之請徧牒九路令
本路以西漢書率先俾諸路咸取而
式之置局于尊經閣致工于武林三
前漢目录　十七
復對讀者耆儒姚和中輩十有五
人重校修補者學正蔡泰亨板用
二千七百七十五面工費具載學計茲
不重出始大德乙巳仲夏六日終是歲
十有二月廿四日太平路儒學教授
曲阜孔文聲謹書
承務郎太平路總管府判官劉　遵　督工
亞中大夫江東建康道肅政廉訪副使　伯都　提調

漢書　元大德九年太平路儒學刊本跋（I 種　鐵琴圖録）

字筆畫殘缺，當爲「中順大夫」。

十八史刊版，南宋前期已齊備，版片歸臨安國子監管理，元代由西湖書院接管。自此之後至明嘉靖一〇年前後南京國子監整理二十一史前之情形，請參第一〇章第一節。泰定元年（一三二四）西湖書院重整書目著録史記有大字、中字、正義三本，而晉書、舊唐書不見著録。至正四年（一三四四）金陵新志（十五卷，静嘉堂文庫藏。譯者按：今有四庫全書本可用，但四庫誤稱「至大」。中華書局宋元方志叢刊所收亦四庫本。）之著録已經包括大德九路本，故有晉書，而仍缺舊唐書。是知大德時，西湖書院仍存十七史版片，僅缺晉書（連舊唐書爲十八史）。就今日傳本而言，兩淮江東轉運司刊三史及南北朝七史皆經大德年間補修。是則當時除晉書尚需另覓外，正史版片應當齊備，可以隨時印製以應需求。然不知爲何（或有地域、行政區畫之問題，或因補版漸增，文本有問題，皆不可知），有議云「浙西十一經已有全版，獨十七史則未也」（後漢書識語），於是江東建康道肅政廉訪司擬刊行十七史。據校刊識語所言時間，漢書在大德九年五月至一二月，後漢書在同年四月至一一月，三國志在大德一〇年冬至，南史在一〇年立夏，新唐書在一一年元正。可以推測各路幾乎同時開始校刊，自大德九年至一一年三年之間，先後刊成史記至五代史記共十史。

史記傳本少，未見刊記、識語一類文字。據漢書識語，則九路刻史緣起於太平路之請。太平路率先校刊漢書，「俾諸路咸取而式之」。若如其説，十史版式一致，實由各路取法漢書之結果。然寧國路校刊後漢書，無論開工與完成，皆早於漢書一月，此間詳情無法究詰。漢書識語又云「置局于尊經閣」，此僅就漢書言，非謂此局總管十史。「致工于武林」，當亦太平路所爲，而十史版心刻工名往往冠以地名，可見刻工來源涉及較廣範圍，詳下文。

十史之基本特徵爲：字體基本一律，未有趙松雪之豐腴，乃大德時期典型字體。每半葉十行，每行二十二字，匡郭以四周雙邊爲主，而偶有左右雙邊。版心或作白口，但大都爲綫黑口，上象鼻往往詳記分擔校刻之路、州、縣學及書院名。下象鼻記刻工名，往往冠以地名。

＊　＊

漢書、後漢書、三國志、南史、唐書五史識語均言十七史，而現存僅十史，南北朝七史全無存在之痕迹，則雖有刊行十七史之議，其實止刊行十史。除五史有校刊識語，諸史版心往往刻路、縣學及書院之名，神田考據此推論十史之分擔情況如左：

史記　饒州路　鄱陽（江西）　　漢書　太平路　當塗（安徽）　　後漢書　寧國路　宣城（安徽）

三國志　池州路　貴池（安徽）　晉書　不詳　隋書　饒州路　鄱陽（江西）

南史　廣德路　廣德（安徽）　北史　信州路　上饒（江西）　唐書　建康路　江寧（江蘇）

五代史記　不詳（鉛山州　鉛山（江西））

神田考謂九路本不知有無晉書。今已見一本，版心有「路學」字眼，而不知爲何路。五代史記神田考謂不詳，今可據北京圖書館藏本卷末有「宗文書院刊」五字刊記及版心屢見「宗文」二字，確定爲鉛州路所刊，並詳解題編。江東建康道肅政廉訪司所屬九路，尚有徽州路（歙縣）未見右表，則晉書或爲徽州路所刻，亦未可知。若果如此，則九路刊行十史，除饒州路刊史記與隋書二史外，一路一史，且池州路校刊三國志，財用窘乏，「幾至中輟」（三國志校刊識語）。然則九路本當止於十史，應無刊刻南北朝七史之事實。其時所以不重七史，蓋因學者多讀南北史，不讀七史，七史需求量少。「眉山七史」有三朝本，持續刷印至明嘉靖年間，亦因印數不多，版面磨損較少之故。南雍志經籍考著録九路本版片例稱「集慶路儒學梓」，見金陵新志（九路本版後歸集慶路），而南北朝七史無「集慶路儒學梓」者，益可證九路本止十史，未有南北朝七史。

* *

南史爲廣德路所刊，此神田考之發現。以往多不知爲何路所刻，諸家往往目爲信州路刊本，謂與北史同刊。南史版心幾無記路學名者，僅於全書末葉即列傳七〇第三一葉版心下象鼻記「桐學儒生趙良粢謹書／自起手至閣筆凡十月」。版心此題現存僅見於「中央圖書館」藏八十卷四十册本（C－1本），即見百衲本者。張元濟跋百衲本謂

「縣名首冠『桐』字者不一」，以書中版心刻工名有「古杭占閏」、「古杭良卿」等，推論「桐」「當爲桐廬」。又謂「以意度之，是占閏、良卿二人必至自武林之匠役，寫官趙氏或同時與之俱來，至爲何路所刻，則不能確定矣」。

嘉靖以後所印南監二十一史本南史卷首有刊行識語四葉，第三葉已缺其文，僅印匡郭、界綫。版心均題「南史序」，四葉皆出南監補版。（此序三葉，百衲本與南監本雖大致相仿，但字體顯異。蓋百衲本新寫上版。）然傅增湘曾於永樂大典卷一〇一三五見此識語全文，抄録箧存，至一九三六年即百衲本南史出版之第二年，録示張元濟。於是校史隨筆載録全文，百衲本後印本據此補第三葉文字，重新寫版付印。按此識語與兩漢書、三國志不同，前半評論南史之價值，至第三葉始見「一道儒學分刊十七史，桐川偶得南史」等語，第四葉言「郡侯吕公師皐」、「郡同知張公雲翼」等主其事，撰者「蜀人蒯東寅」，「大德丙午立夏拜手謹書」。得此第三葉，知南史爲桐川所刊，昭然若揭。至若「桐川」爲何地，則校史隨筆云：「建康道九路所屬縣州，亦無名桐川者。按清一統志，廣德州屬有桐水，在州西少北，流經建平縣南，在元之廣德路境。又廣信府屬有桐木水，在鉛山縣南，源出福建崇安縣界，在元之鉛山州境。有桐源書院，在今貴溪縣，貴溪與鉛山爲鄰。以隋書及北史刊地例之，此當以鉛山爲近。」是張氏推測爲鉛山州所刊，而未敢斷言。另，校史隨筆此下又照録百衲本跋「以意度之，是占閏、良卿二人必至自武林之匠役，寫官趙氏或同時與之偕來也」云云，則正如阿部隆一所論，刊行者籌資、校定、寫版樣，而刻工未必皆當地人（中國訪書志增訂本第四五二頁），寫官趙氏自是桐川當地學生，非與刻工一同至自杭州者。此校史隨筆修訂不周之小失，當删「寫官趙氏或同時與之偕來也」十二字即可。

至神田元大德九路本十七史考，「桐川」始被確定爲廣德路。神田謂淳熙年間耿秉刊史記，見楹書隅録、儀顧堂題跋等（即本書乙—B種），即桐川郡守張杍所刊，後耿秉爲桐川郡守又補刊行之。而十駕齋養新録（卷一三「史記宋元本」條）乃云「史記宋槧本，吳門顧抱沖所藏澄江耿秉刊於廣德郡齋者」，是錢大昕知桐川即廣德。神田又以宋末嘉熙年間祝穆著新編方輿勝覽卷一八江東路廣德軍「郡名」列「桐川」，注云「廣德縣西南有桐水，故名」，可證錢大昕所言不誤，遂稱「南史爲廣德路所刊，殆無疑義」。

郡名「桐川」乃廣德之代語別稱，故查太平寰宇記、元豐九域志、輿地廣記及大元一統志輯本、萬曆新修廣德州志（萬曆四〇年序刊）、光緒重修廣德州志（光緒七年刊）等，絶不見「桐川」之稱。獨輿地紀勝於每州州名下以小字列別稱，方輿勝覽特立「郡名」一目附注説明，因其宗旨在「收拾山川之精華，以借助於筆端」（王象之自序輿地紀勝語），「操弄翰墨而欲得助江山」（呂午序方輿勝覽語）之故也。又，校刊識語所見呂師皐、張雲翼，均無考。

神田利用方輿勝覽證桐川郡即廣德軍，可謂創見，南史爲廣德路所刊，當爲定論。

二　現存傳本

十史傳本，唐書獨多，隋書、南史、北史、五代史記次之，因此五史書版後編入明南監二十一史故也。南監二十一史唐書始終用此書版，自大德以來至清嘉慶，反復印製先後五百年，遞經補修，至萬曆以後，則僅以十行二十二字之行格保留元大德建康路儒學刊本之舊形，其實全然明南監修補書版。隋書、南史、北史、五代史記，遞修印製至萬曆初期而爲新版取代。然其中隋書、南史、北史有元末明初覆刻本，明洪武後，南監兼收大德版、元末明初覆刻本兩套書版，混配印行，故南監印本已非純粹之大德九路本，説詳第九章及解題編。

圖三〇

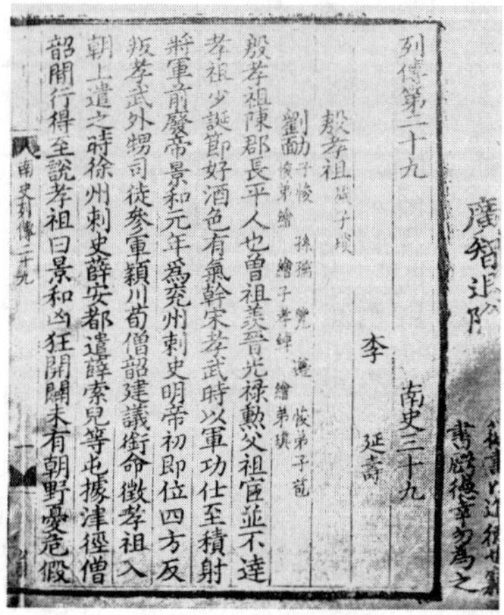
列傳第二十九　南史三十九
李　延壽
殷孝祖　族子琰
劉勔　子悛　悛弟繪　孫孺　覽　遵　繪子孝綽　繪弟瑱　悛弟子苞
殷孝祖陳郡長平人也曾祖羡晉光祿勳父祖官並不達
孝祖少誕節好酒色有氣幹宋孝武時以軍功仕至積射
將軍前廢帝景和元年爲兗州刺史明帝初即位四方反
叛孝武外甥司徒參軍潁川荀僧韶建議銜命徵孝祖入
朝上遣之時徐州刺史薛安都遣薛索兒等屯據津徑僧
韶間行得至説孝祖曰景和凶狂開闢未有朝野憂危假
南史列傳二十九

南史　元大德一〇年廣德路儒學刊

（C 種　舊京書影）

圖三一

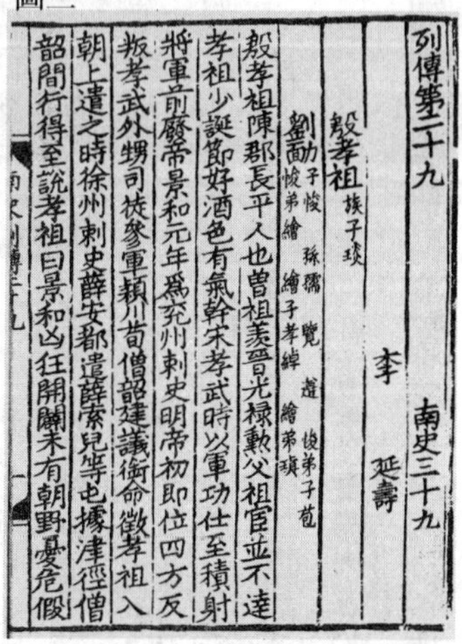
列傳第二十九　南史三十九
李　延壽
殷孝祖　族子琰
劉勔　子悛　悛弟繪　孫孺　覽　遵　繪子孝綽　繪弟瑱　悛弟子苞
殷孝祖陳郡長平人也曾祖羡晉光祿勳父祖官並不達
孝祖少誕節好酒色有氣幹宋孝武時以軍功仕至積射
將軍前廢帝景和元年爲兗州刺史明帝初即位四方反
叛孝武外甥司徒參軍潁川荀僧韶建議銜命徵孝祖入
朝上遣之時徐州刺史薛安都遣薛索兒等屯據津徑僧
韶間行得至説孝祖曰景和凶狂開闢未有朝野憂危假
南史列傳二十九

南史　明初覆大德廣德路儒學刊本

（D 種　百衲本）

南雍志經籍考記載明嘉靖一〇年代南監所藏印本及書版殘存數，史記中字、前漢書、後漢書、三國志、晉書、隋書、南史、北史、唐書、五代史共十史皆注「集慶路儒學梓，見金陵新志」（譯者按：「梓」猶「版」，此言藏版，非謂刻版），除晉書外，皆大德九路本書版。

南監二十一史，晉書用元刊十行二十字本（H 種），且其總葉數與南雍志云「存者三千一百五十二面，失者十三面」大致相符，可以確定南雍志所載晉書乃二十字本，其時大德九路本晉書（G 種）書版似已散亡。（金陵新志著録晉書版二千九百六十五，當即大德九路本。）因南監晉書用二十字本，藏書家往往誤以二十字本晉書爲大德九路本，其實大德九路本皆十行二十二字。十行二十二字之晉書大德九路真本，今獨存五十二卷殘本，藏臺北「中央圖書館」（北平）（G—1本），版心上象鼻刻「路學」二字，僅見少數明初修葉。

史記中字，南雍志著録其版「缺者二百一十九面」，缺版如此之多，則明初以後幾乎置之不用。兩漢書，南雍志不言其版有缺，僅附録「嘉靖七年重刊」，則嘉靖以前仍爲印製，現存大德九路本兩漢書亦經明初補修。南雍志著録書版數量，似乎太少，然却與大德九路本校刊識語所言版數相合。

三國志，南雍志著録「存者一千三百九十二面，缺者六面」，又云「集慶路儒學梓，計一千二百九十六面，見金陵新志，與今不同」。前者乃衢州本（C種），嘉靖南監二十一史即用此。後者當即大德九路本（F種）。筆者檢衢州本葉數，約一千三百九十，大致與南雍志相合。衢州本十行十九字，九路本十行二十二字，一葉相差六十字，則

圖三二

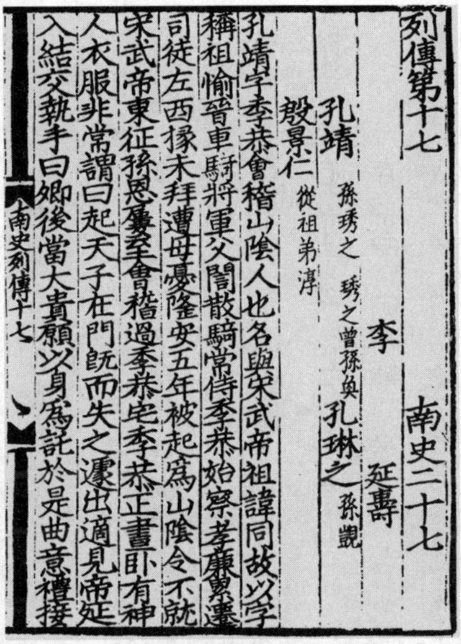
列傳第十七　南史三十七
李　延壽
孔靖 孫琇之 琇之曾孫奐　孔琳之 孫覬
殷景仁 從祖弟淳
孔靖字季恭會稽山陰人也名與宋武帝祖諱同故以字
稱祖愉晉車騎將軍父誾散騎常侍季恭始察孝廉累遷
司徒左西掾未拜遭母憂隆安五年被起爲山陰令不就
宋武帝東征孫恩屢至會稽過季恭宅季恭正晝卧有神
人衣服非常謂曰起天子在門既而失之遽出適見帝延
入結交執手曰卿後當大貴願以身爲託於是曲意禮接
南史列傳十七

南史　明初覆大德廣德路儒學刊本
明修葉（D種　百衲本）

九路本版少衢州本約一百面，蓋得其實。據南雍志知三國志九路本書版曾在集慶路儒學，而撰南雍志時（嘉靖一〇年左右）已經散亡。

九路本三史傳本甚少，三國志、晉書未入南監二十一史，傳本不絶如縷。其餘五史，傳本較多者，大都皆南監二十一史印本，嘉靖以前印本極少。雖然，十史均有傳本，其中北平圖書館舊藏今藏臺北「中央圖書館」者約佔一半，且刷印最早。今表列現存傳本如左。表中有三部北京圖書館藏本，筆者未見，僅據善本書目、版刻圖録列目，卷數上標「△」識之。稱「原刻」者，未經補修之早期印本，其餘經補修，僅記最晚補修時期。

史記　存十五卷（三册）又存三卷（一册）　原刻　北京圖書館

漢書　存二十一卷　明初修　四册　「中央圖書館」（北平）
△一百卷　明正德修　二十二册　北京圖書館
一百卷　明修　一百四册　上海圖書館
存三卷　原刻　一册　北京大學圖書館
後漢書　存四十二卷　原刻（元末明初印）　十四册　「中央圖書館」（北平）
存五十二卷　原刻（元末明初印）　十七册　北京圖書館
△一百二十卷　明成化修　五十册　北京圖書館
一百二十卷（缺十二卷）　明中期修（抄配）　三十六册　北京大學圖書館
一百二十卷　明修　八十册　上海圖書館
三國志　存二卷　原刻　二册　上海圖書館
六十五卷　明初修（四卷補配宋本）　四十册　「中央圖書館」
六十五卷　明初修（二卷補配宋本）　四十八册　「中央圖書館」
晉書　存五十二卷　明初修　十一册　「中央圖書館」（北平）
隋書　存三十五卷　原刻（元末明初印）　十三册　「中央圖書館」（北平）
存三卷　明初修　二册　「中央圖書館」（北平）
南史　八十卷　明初修（六卷補配嘉靖初年印本）　四十册　「中央圖書館」

存二十六卷　明初修　　十册　「中央圖書館」(北平)

存十七卷　明初修　　七册　「中央圖書館」(北平)

北史　存六十五卷　原刻(元末明初印)　　三十二册　「中央圖書館」(北平)

存二十九卷　明初修　　十三册　「中央圖書館」(北平)

一百卷　原刻、明初修、覆刻本、同明修本四種配本　　九十三册　「中央圖書館」

△一百卷　明嘉靖元年修　　四十八册　北京圖書館

一百卷　明嘉靖二年修(十卷補寫)　　四十九册　静嘉堂文庫

唐書　存一百六十卷　原刻　　二十七册　「中央圖書館」(北平)

存一百六十三卷　明初修　　三十二册　「中央圖書館」(北平)

存一百二十五卷　明初修　　四十九册　「中央圖書館」(北平)

存二百二十五卷　明初修(二卷補配元覆宋本)　　一百二十册　上海圖書館

存二百二十二卷釋音二十五卷　明初修(後印)　　一百册　天理圖書館

存一卷　明初修　　一册　天理圖書館

五代史記　存五十八卷　原刻　　八册　「中央圖書館」(北平)

七十四卷　明初修　　二十册　北京圖書館

七十四卷　明中期修　　八册　内閣文庫

可見現存本大都經過明初補修，原刻亦皆僅稍早於明初補修之印本，惟獨唐書存一百六十卷之原刻本爲元代印本。

三　學校、書院與刻工

大德九路本十史，由江東建康道内各路分擔刊行，雖未完全一律，但行格等規格基本統一。版心上象鼻往往記承擔校刊之路學、書院名，下象鼻刻工名偶有冠地名者。路學、書院名常用省稱，詳見解題編，今以全名表列如左。

史記　饒州路儒學　鄱陽縣學　樂平州學　錦江書院

漢書　太平路儒學

後漢書　寧國路儒學　宛陵縣學

三國志　池州路儒學

晉書

隋書　饒州路儒學　鄱陽縣學　餘干州學　樂平州學　浮梁州學　初庵書院
錦江書院　忠定書院　長薌書院

南史　廣德路儒學

北史　信州路儒學　玉山縣學　弋陽縣學　上饒縣學　永豐縣學　貴溪縣學

　　象山書院　稼軒書院　藍山書院　道一書院

唐書　建康路儒學　明道書院

五代史記　宗文書院

十史中，或詳記各學校名，或一概不見，體例不同（存卷多少不同，無法詳論）。若隋書、北史，據此可考每卷之分擔情況。不同學校分擔之卷，刻工大都亦可分群。可以推測，各學校之分擔，包括校定文字，寫版樣，使刻工雕版之後，復爲覈校。

＊　＊

刻工名將於解題編分别表列。其中太平路刊漢書與建康路刊唐書有刻工名並見者，饒州路刊隋書與信州路刊北史有多數刻工名並見，蓋因兩路各皆接壤之故。又，刻工名冠地名者，漢書有古杭、寶婺、新安，三國志有吉，隋書有金川、昌江、洒（？）州、龍湖，南史有古杭，北史有金川、洒（？）州、盱江、康山、古杭，唐書有括蒼。隋書、北史爲饒州路、信州路所刊，其刻工名所冠地名，約在鄱陽湖東岸至今日江西省東北部及隔山入浙江省之範圍。十史雕刻幾乎同時，當招集動員各地刻工。隋書、北史則似以當地刻工爲主，此亦可證江西東北地區當時有一群刻工集團。「古杭」當即杭州，此與漢書校刊識語云「致工于武林」相符。

＊　＊

圖三三

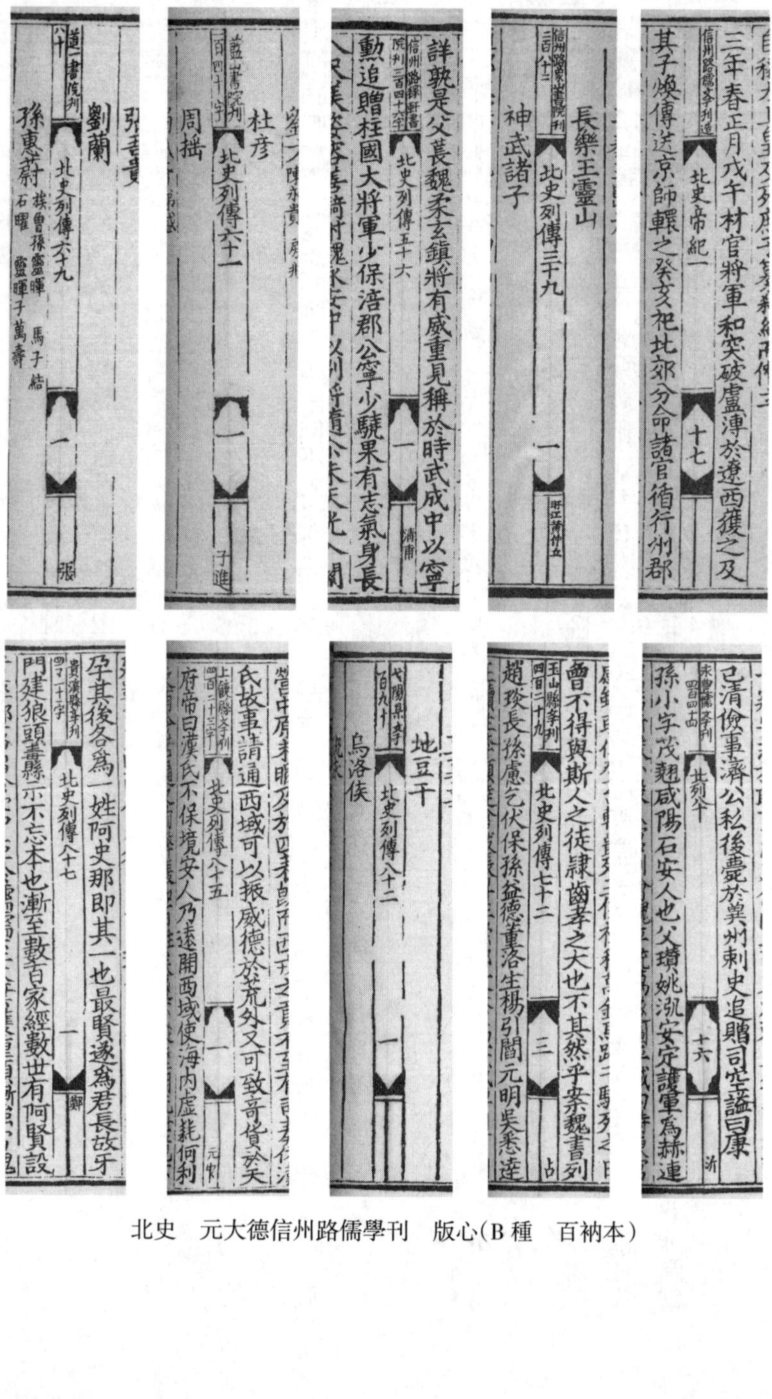

北史　元大德信州路儒學刊　版心(B 種　百衲本)

十史由九路分擔，每路之内，又由路、州、縣學及書院等分擔。然此書版，在至正年間編纂金陵新志之前，統歸集慶路（建康路改稱）儒學。因此，十史在元末、明初於集慶路儒學修刻補版，刻工名皆並見諸史。此等補版刻工名，或因爲數不多，諸家書目往往不備記，解題編將分散著録，此先一併表列。

巴友　王安　王佛生　付庚　朱大存　朱禾　朱伯禾　朱伯和　江厚　伯上　伯川　伯禾　何敬　吴五　吴睡
吴榮二　吕茂　沈中民　周東山　周春　周鼎華　季七十　張伯上　張伯勿　張伯瀼　張克名　張清之
張堯名　張廣　張廣祖　章良之　郭正　傅繼之　黄道正　楊成　楊茂　楊茂卿　葉就　趙川　趙伯
趙伯川　劉子和　戴添與

右共四十三人，補刻時間似有先後，或當分爲元末、明初二期，然暫無明證可以區分。考之其餘諸書，元至大元年序刊六書統之元統三年（一三三五）江浙等處儒學提舉余謙等所修補版見朱大存，泰定元年序刊文獻通考之後至元五年（一三三九）余謙等所修補版見周東山、張廣祖、葉就三人，宋慶元年間合刊禮書、樂書之至正七年（一三四七）福州路儒學所修補版見張廣祖，至正二三年（一三六三）平江路儒學刊通鑑總類見張伯川，有後至元三年序而當爲明初刊本之慈溪黄氏日抄分類及下章將要介紹之洪武刊本古史皆見劉子和，可以推測此等刻工之活動時間當以元明之交爲主。南史混配本有以明洪武以後之覆刻本（見第九章）替換趙伯川、王安、楊茂卿、張克名所刻補版葉之處，故姑且認爲此四人所刻爲元末補版。然其餘諸人所刻未被替换者，不知是元末抑或明初，只好泛稱元末明初刻工。

*　*

大德九路本行格統一，皆十行二十二字。舊時書目往往將三國志十行十九字南宋前期衢州刊本、晉書十行二十字元浙刊本目爲大德九路本，實屬謬誤。致謬之由，在於此二史大德九路真本流傳極罕，而三國志衢州本、晉書二十字本皆編入南監二十一史，流傳頗廣之故也。南雍志經籍考即不知所見書版已非金陵新志所著録之大德九路本。其實，三國志、晉書皆有二十二字大德九路真本傳世，雖則僅存殘本，但十史皆有，可以辨别真假。

第九章　元末明初覆刻本隋書、南北史

一　元末覆大德饒州路本隋書

九路本十史之傳存日本者，幾乎全爲明南監二十一史本。筆者調查此類南監本，曾以百衲本對照，在隋書、南史、北史中，常見百衲本用原版葉而南監用別版，既非原版，又非嘉靖以後補版，不知何版。無論字體抑或刻工，均可確定其既非元大德版，亦非南監補版。反觀百衲本，則百衲本中亦羼雜此類書葉，且爲數不少。因無其餘綫索，筆者僅據上不同於大德版，下不同於南監補版，初以其爲元末明初補版。至後始知南史、北史此類刻工常見於明洪武末年福州地區刊本，又於「中央圖書館」（北平）藏本中得見一部隋書，雖係僅存四十七卷之殘本，然全部屬此類書版，字體一貫，刻工亦同屬一批，且其刻工有並見於兩淮江東轉運司刊三史元代第二次補版者。此類版行格仍同大德九路本，自不同於瑞州路儒學刊本。於是知此類版當爲元代後期覆刻大德饒州路本。

因而又知，南監二十一史中，大德饒州路版隋書之後修本與元代後期覆刻大德饒州路本兩種書版隨處錯見，是兩種混配成一套書版。「中央圖書館」藏四十八册本（隋書E—1本）用洪武前期（紀年可見者，二年至一一年）公牘紙印……製，已是兩種混配版。假設公牘紙經十至二十年報廢，之後至取以印書，以常情推測當不過五十年。據此則洪武洪武末年或永樂年間，隋書已形成兩種混配版。

現存諸本之詳情請參解題編，此先描述覆刻本之概貌。筆者見此覆刻本（隋書D—1本）較早，而當時未悟其爲覆刻本。直至數年之後，得見大德饒州路本之善本（C—1、C—2本），經對照，始得確認。覆刻本行格與大德饒州路本同，十行二十二字。就每一字觀其字體結構特徵，則酷似大德饒州路本，兩相對照，令人頗難指言其相異處。但若觀全體版面，則印象與大德饒州路本截然不同。覆刻本字體呈往右斜上之勢，筆畫稍細，且少遒勁活力。饒州路本版心大都刻分擔該卷之路儒學、書院名，覆刻本則僅約十葉保留此類學校名，且有不同於饒州路原本之處。刻工名可見者不足二十人，非照刻原版刻工名，其中徐又山、陶士中等常見於元代諸刻本。此「中央圖書館」藏本（D—1本）爲蝴蝶裝大本，晉府舊藏，印製時間不晚於明代前期，裝幀當亦當時原裝。

二　明初覆大德廣德路本南史、信州路本北史

一九四二年長澤規矩也發表明初刊本五種一文（積翠先生華甲壽記念論纂，後收入長澤規矩也著作集第三卷），言以下五種版本刻工互見。

歐陽文忠公集　　明洪武一九年刊　　宮内廳書陵部藏

唐文粹　　島田翰舊藏
古　史　　靜嘉堂文庫藏
遼　史　　靜嘉堂文庫藏
韻府羣玉（十八卷）　明洪武刊　　薄井恭一藏

又詳舉刻工名，並計算五種之間並見刻工人數爲一表：

	唐文粹	遼史	古史	歐陽集
韻府羣玉	五	八	三	四
唐文粹		三十	十五	九
遼史			二十五	十五
古史				九

韻府羣玉有洪武八年題記而未必即刊行年，歐陽文忠公集刊記僅作「柔兆攝提格」（丙寅），不知何年，唐文粹、遼史、古史更無刊記。雖然，五種版本刻工相互並見，又據字體、版式等特點，可以推定「柔兆攝提格」爲洪武一九年（一三八六），其餘四種刊刻時間相差當不遠。以上爲長澤説。（譯者按：古文舊書考論歐陽文忠公集爲洪武刻本，不僅分析刻工，又引

明文衡所載鄭緝書居士外集後一文爲證，可謂定論。長澤引用島田翰説，有失片面。）

莫伯驥五十萬卷樓藏書目録初編卷五古史條云：「楊氏所刻留真譜有元刊古史，半葉十四行，行二十四字。楊氏又有明初刊本，曾於題記潘書時及之。伯驥攷明陸氏中和堂隨筆稱：『洪武二十三年（一三九〇）福建布政使司進南唐書、金史、蘇轍古史。初，上命禮部遣使購天下遺書，令書坊刊行。至是三書先成，進之。』」阿部隆一爲臺北「故宫博物院」藏本古史撰解題（中國訪書志增訂本第二三八頁）引莫氏此説，因而推定此古史爲洪武年間福州刊本。今按：陸深（一四七七～一五四四。明史卷二八六有傳），弘治一八年（一五〇五）進士。莫氏所引見中和堂隨筆卷上（百陵學山所收）。

金史刻工自然並見於遼史，二史皆覆刻元至正刊本。然而南史、北史亦有一群傳本（南史D類、北史C類諸本），並見以上諸本之不少刻工，其中有些刻工亦散見於南監二十一史本、百衲本南北史，情形正與隋書同。筆者曾調查南監二十一史本，百衲本南史、北史，見有行格一如大德九路本而非大德九路本補版之葉，不知是何本。今乃知爲明初覆刻本。蓋明代前期，大德九路原版與此明初覆刻版兩套書版均歸南監，大德九路原版有漫漶，不更刻補版，而抽取明初覆刻版配補，遂以原版、覆刻混合成一套書版。

然則此種南史、北史當亦明洪武後半期以後之覆刻本，且與福州關係較深。爲便參考，此表列南史、北史及相關六種版本之刻工。南史、北史、遼史、金史參見解題編，其餘四種可參中國訪書志。

南　史（D—1本）　存四十四卷　六册　「中央圖書館」（北平）

南　史（D—2本）　存三十二卷　八册　「中央圖書館」（北平）
南　史（D—3本）　八十卷（其中四卷配大德本）　四十一册　上海圖書館
北　史（C—1本）　存九十一卷　三十册　「中央圖書館」（北平）
北　史（C—2本）　存六十九卷　二十六册　「中央圖書館」（北平）
遼　史（A—1本）　存八十八卷　八册　「中央圖書館」（北平）（百衲本亦同版）
遼　史（A—2本）　存八十一卷　十三册　「中央圖書館」（北平）
遼　史　一百十六卷　十册　静嘉堂文庫
金　史（B—2本）　存五十六卷　十六册　「中央圖書館」（北平）
古　史　六十卷　八册　「故宫博物院」（見中國訪書志）
古　史　六十卷　十六册　静嘉堂文庫
古今紀要　存七卷　四帖　「故宫博物院」（見中國訪書志）
慈溪黄氏日抄分類　存二十九卷　十九册　「中央圖書館」（北平）（見中國訪書志）
慈溪黄氏日抄分類　九十七卷　二十四册　「中央圖書館」（見中國訪書志）
文　粹　一百卷　八册　内閣文庫
文　粹　二十册　「故宫博物院」（見中國訪書志）

	南史	北史	遼史	金史	古史	古今紀要	日抄分類	文粋
十五[2]	○							
子中[3]	○			○		○	○	○
子名							○	
子享						○		
子和	○							
子旻	○		○	○		○	○	
子記	○						○	
子高	○	○		○			○	○
子得	○							
子達	○							
士通	○	○	○	○	○	○	○	○
士達	○		○	○		○	○	○
中豪[4]			○					
六付			○	○	○	○	○	○
六彦	○	○	○		○		○	○
六晏	○	○	○	○	○		○	○
友永茂	○	○	○		○		○	○

	南史	北史	遼史	金史	古史	古今紀要	日抄分類	文粋
双平	○							
月寿								○
王以善		○		○	○			
王保			○	○		○	○	○
王貴全							○	
丘老[5]	○	○	○	○		○	○	○
以善	○							
付名仲	○	○	○	○	○	○	○	○
付彦成	○	○		○	○		○	○
付彦和							○	
付資	○	○	○		○	○	○	○
正彦	○							
永茂							○	
玄保			○	○			○	○
玄宝								○
名仲[6]	○		○					
名遠	○							

	南史	北史	遼史	金史	古史	古今紀要	日抄分類	文粋
朱宗文	○	○						
朱彦						○		
朱堯		○				○		
江子名	○	○	○		○	○	○	○
江六	○	○						
江同	○	○		○	○	○	○	○
江后	○	○	○	○	○		○	○
江屋			○	○		○	○	○
江貴全	○							
江童							○	
汝敬	○	○	○			○	○	○
伯安[7]	○	○						
伯美	○	○	○	○		○	○	○
佛林	○	○						
余子真		○						
余長						○	○	
余長寿	○	○	○	○		○	○	○

	南史	北史	遼史	金史	古史	古今紀要	日抄分類	文粋
吴中		○	○			○	○	○
吴原礼	○	○			○	○		○
吴祐							○	
吴福	○	○	○	○		○	○	○
肖寄	○	○	○	○	○	○	○	○
志道	○	○	○	○	○		○	○
沈彦						○		
辛豪							○	○
侍者[8]	○							
周同	○	○					○	
周童							○	
周寿	○	○	○		○		○	○
孟和	○		○				○	○
孟淳	○	○	○	○	○		○	○
孟達	○							
孟龍	○						○	○
孟隆								○

	南史	北史	遼史	金史	古史	古今紀要	日抄分類	文粋
宗文	○	○	○	○	○	○	○	○
易林	○							
林安	○	○	○	○	○	○	○	○
林備	○							
和尚			○	○			○	○
長寿			○			○		○
具福							○	
姜原良[9]	○	○						
彦正	○	○	○		○	○	○	○
彦成			○	○			○	○
彦良		○					○	
彦和	○	○	○	○	○	○	○	○
彦珍	○							
彦従	○		○					
彦博							○	
范子通			○					
范双評	○							

	南史	北史	遼史	金史	古史	古今紀要	日抄分類	文粋
范彦	○					○		
范彦成	○							
范彦従		○	○		○		○	○
范通	○		○	○	○		○	○
貞彦						○		
原文[10]	○							
原良	○	○	○		○	○	○	○
原礼	○	○	○	○			○	○
徐子中	○	○	○					○
徐子仲			○	○	○			
徐子達								○
徐田			○	○		○	○	○
徐林	○							
徐彦正	○							
兼雨						○		
張名[11]	○							
張名遠	○	○	○	○	○		○	○

	南史	北史	遼史	金史	古史	古今紀要	日抄分類	文粋
張伯	○							
得子中		○						
章毫	○	○		○	○			
章豪		○						○
連彦	○	○	○				○	○
連彦博	○	○		○				
郭名	○	○						
郭名遠	○							
陳士立	○							
陳士達	○	○		○	○			○
陳仕達				○				
陳四	○		○					
陳立	○							
陳后	○	○	○	○				○
陳垕	○						○	○
陳和	○				○			
陳彦	○						○	

	南史	北史	遼史	金史	古史	古今紀要	日抄分類	文粋
陳彦正								○
陳彦和	○		○				○	○
陳彦博	○	○						
陳厚		○	○	○	○		○	○
陳劉其								○
陳魯	○	○	○		○		○	○
陸付	○	○			○			
媿右[12]	○	○	○		○			○
媿名	○	○		○			○	○
媿伯美	○	○		○	○			○
媿海	○	○		○				
堯朱	○	○	○	○		○	○	○
游子名			○				○	
游名			○				○	
景中	○	○	○	○	○	○	○	○
景舟	○	○	○		○	○	○	○
番劉								○

	南史	北史	遼史	金史	古史	古今紀要	日抄分類	文粋
貴全	○	○	○		○	○	○	○
黄于	○							
黄子名	○	○		○	○			
黄子旻	○	○	○	○		○	○	○
黄子明		○						
黄子高	○	○		○	○			○
黄以実	○							
黄志道	○	○						
黄侍	○	○						
黄洪	○							
黄明実		○						
黄孟竜	○	○		○	○			○
黄旻				○				
黄保	○	○	○		○		○	○
黄彦								○
黄是			○				○	○
黄軒	○	○	○					

	南史	北史	遼史	金史	古史	古今紀要	日抄分類	文粹
黃喧				○		○	○	
黃竜	○							
[13]楊保					○			
葉禾	○		○					
葉松	○	○		○	○			○
葉寿			○	○	○	○	○	○
虞子記	○	○	○	○	○		○	○
虞子得				○			○	○
虞子德	○	○		○	○			○
虞子璋	○							
虞天孟								○
虞付記								○
虞向	○							
虞后	○	○	○			○	○	
虞良	○							
虞亮	○	○	○	○	○	○	○	○
虞孟和	○	○						○

	南史	北史	遼史	金史	古史	古今紀要	日抄分類	文粹
虞孟淳	○	○			○		○	○
虞孟德	○							
虞厚			○	○	○		○	○
虞益							○	
詹見					○			
詹現	○	○		○	○		○	○
詹塊							○	
[14]熊佛林	○	○						
熊汝敬	○	○		○	○			○
[15]劉八	○	○		○	○			
劉子和	○							
劉本	○	○	○		○		○	○
劉伏	○	○	○	○	○		○	○
劉伏三			○		○			
劉行	○							
劉伯安	○		○		○		○	○
劉宗	○	○					○	○

	南史	北史	遼史	金史	古史	古今紀要	日抄分類	文粹
劉保	○	○	○	○	○	○	○	○
劉宣	○	○		○	○	○	○	○
劉侍							○	
劉侍者	○	○	○	○	○	○	○	○
劉是者							○	
劉昆							○	
劉景中				○				○
劉景忠				○				
劉復					○		○	
劉復三			○					
劉貫	○	○		○	○		○	○
劉詹								○
潘劉			○			○	○	
潘晋	○	○	○	○	○		○	○
蔣佛	○	○		○	○			○
[16]薛和尚	○	○		○	○		○	○
[17]羅六	○	○	○	○	○		○	○

	南史	北史	遼史	金史	古史	古今紀要	日抄分類	文粹
羅雄	○	○						

右表刻工中，有數名散見於南監所藏諸版本（如舊稱「眉山七史」之補版等）。其中江子名、汝敬、周寿、范双評、張名遠五人，並見於元泰定元年（一三二四）西湖書院刊後至元五年（一三三九）、〔明初〕遞修本文獻通考三百四十八卷（静嘉堂等藏）之補版。文獻通考之此種版本，原版與兩次補版之間差異不明顯，不易辨别。今據右表，知此五人所刻當爲洪武後半期或建文、永樂初年之第二次補版。

除范双評外，江子名等四人屢見於右列八種書。八種書中，金史、古史當可推定爲福建布政使司所刊，文獻通考補版當刊於杭州（西湖書院）或南京（集慶路儒學、國子監）。同一批刻工見於不同地所刻版本，或刻工流動，或刊行者委託異地刻書，皆未可知。要之，不能依據遼史、金史、古史爲福建刊本，遽然推定南史、北史等亦皆福建刊本。

又，元後至元五年至明洪武年，相差半世紀，而此五人所刻與其餘後至元五年補版之間，版面特徵似無差異。因而筆者曾疑此五人實亦後至元五年（一三三九）補版刻工之可能性。如果忽視陸深所言，則南史、北史亦有可能是元至順三年（一三三二）建昌路刊本（詳見下節）。後見王重民中國善本書提要著録北平圖書館舊藏大明清類天文分野之書二十四卷，是洪武一七年撰成上進之書，王氏云：「此本爲當時所刻，下書口記刻工姓氏。」攷南史、北史、遼史、金史並有明初翻刻本，頗苦不諗其翻刻時代。今按之是書刻工，其相同者或數人，或十數人，因得略定諸史翻刻時代。」並録刻工名約四十，其中包括江子名、汝敬、范双評、虞孟和、劉子和。王氏所言正可釋疑，歐陽文忠公集之「柔兆攝提格」亦可確定爲洪武一九年。今推定右表所列皆大約洪武後半期刻工，南史、北史爲明初覆刻本。（譯者按：據李國慶明代刊工姓名索引，洪武正韻之最早刊本見范双評、江子名、劉伯安、熊汝敬等刻工名。洪武正韻於洪武八年撰成上進，刊刻時間待考。）

* *

南史爲覆元大德一〇年廣德路刊本，北史爲覆大德信州路刊本，故行格一如大德九路本，十行二十二字。筆畫較細，無遒勁之勢，而仍與大德本相仿，故在百衲本中，此版書葉錯見於大德原版書葉之間，亦較自然，不若補版葉風格之截然不同。

大德廣德路本無明代補版，而此覆刻本往往包含大量明代補版。覆刻本補版，行格固同，而版心粗黑口，一望即知，下象鼻黑口部分偶以白字記刻工名。百衲本中亦散見此種補版。

以上綜述南史、北史明初覆刻大德九路本。覆刻本之存在，本不足異，而南監二十一史混配大德九路版與此明初覆刻版（含補版），構成一套，著實出人意表。

三　元至順江西湖東道肅政廉訪司十史

大德九路儒學十史，爲江東建康道肅政廉訪司管下諸路所刊。之後約四分之一世紀，與江東建康道比鄰、以鄱陽湖爲界、在其西南之江西湖東道肅政廉訪司，又議配備十七史書版，似有一二史見新刊。北京圖書館現藏至順三年（一三三二）瑞州路刊隋書（F—1本），卷首有校刊序二葉，詳述刊書經過。孫毓修中國雕板源流考（一九一八年初版）曾節録此序，始爲世人所知。神田喜一郎引用孫毓修書，謂先人蓋因此序而誤以大德饒州路刊隋書爲瑞州路所刊。斯道文庫藏南監二十一史本隋書（饒州路原本與覆刻本之混配版，遞修至嘉靖一二年）卷首有清人（似不甚晚）抄録之此序全文。筆者又於北京圖書館閲覽F—1本膠卷，知孫毓修録文，除有删節外，訛誤甚多，斯道文庫本所抄，則與刻本一致，僅末行「於」字斯道文庫本作「于」爲小異。今録其文如左：

十七史書，缺一不可。曩予録廬陵鄉校，有史記、東漢書，而無西漢。及長鷺洲書院，則有西漢一書而已。嘗嘆安得江西學院所刊經史，會爲全書。今教瑞學，有通鑑全文，又在十七史外。至順壬申夏，府奉省憲命，備儒學提舉。高承事言，十七史書善本絶少，江西學院惟吉安有史記、東西漢書，贛學有三國志，臨江路學唐書，撫學五代史，餘缺晉書、南史、北史、隋書。若令龍興路學刊晉書，建昌路學刊南北史，瑞州路學刊隋書，便如其請，俾行之毋怠。府委録事歐陽將仕同召匠計工，周教授專校勘刊雕，提舉司令自尋善本。今學首訪到建康本十七史内隋書，攷訂未免刻畫粗率，句字差訛。後得袁趙氏本頗善，然差謬亦不少。遂參究互攷，隨事求證，誤者正之，訛者補之。予承乏于此，無所諉責。竊詳史未易言，太史公筆力如此，班固猶有是非謬於聖人之譏。況降而東都，又降而八代之衰者乎。予觀唐魏鄭公所上隋書帝紀列傳，固當别眼觀之；若長孫無忌等所撰志，又自有不同者。今所校定凡千有餘字，非敢僭妄，皆信有徵，庶幾有益於後之覧者云爾，敢自附於能讀史哉。歐鄉周似周書。

圖三四之一

圖三四之二

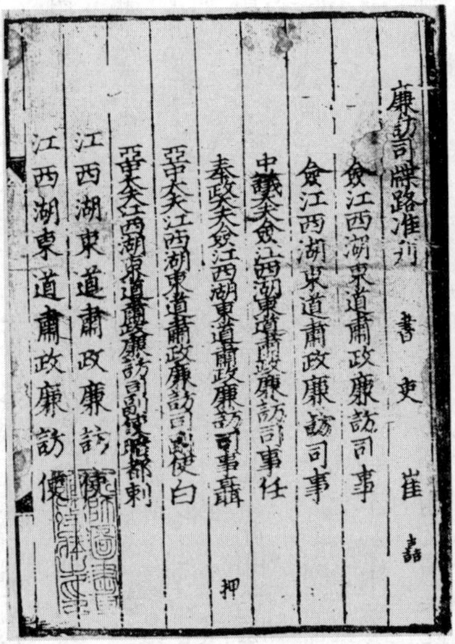

隋書　元至順三年瑞州路儒學刊（F 種　舊京書影）

據此序，江西湖東道十路之中，吉安有史記、兩漢書，贛州有三國志，臨江有唐書，撫州有五代史，各有書版。按：至元二十五年（一二八八）吉州彭寅翁崇道精舍刊史記（丙—B種），傳本不止十部，慶應義塾圖書館亦藏一部，然非官刻本，不知是否即此序所言。吉安白鷺洲書院覆刻建安蔡琪刊本兩漢書各有一部傳世（漢書H—1本、後漢書I—1本），而明代以來諸家目録絶不見元代吉州刊本兩漢書。贛州版三國志、臨江版唐書、撫州版五代史，均無傳本，亦不見於諸家目録。兩漢書以下諸本之流傳情況，與彭寅翁本史記迥異，則彭寅翁本史記當非此序所指。又據此序，議令龍興路刊晉書，建昌路刊南北史，瑞州路刊隋書，而今僅瑞州路刊隋書有傳本，其餘均不見於諸家目録。又，序文開首雖言十七史，文中所論不及南北朝七史，則假設當時此議果行，亦不過十史而已。而此十史，蓋印數不多，其版未送致西湖書院或集慶路儒學，因而未在明南監刷印，故至今除隋書外竟無傳本。

舊京書影（二四〇、二四一）爲「隋書　元刻殘本」「卷八十五之十八」及「卷八十九（當作「五」）之十九」（見圖三四），即全書末五代史志序後附録天聖二年校刊公文及江西湖東道廉訪司官員列銜。舊京書影所據，爲内閣大庫舊藏殘本，當即今藏北京圖書館（書號：〇五八）者。北京圖書館另藏鐵琴銅劍樓舊藏本（F－1本）乃足本，首有周似周校刊序，全書尾則與舊京書影（二四〇、二四一）同。此兩葉行格爲九行，雙行注每行二十字，鐵琴銅劍樓元本書影所收（即F－1本）卷一首葉亦如此。此即至順三年瑞州路刊本，雖云以大德饒州路本爲底本，然行格不同，文字亦不盡同，不容混淆。

另，藝風藏書續記著録隋書「元刊本，每半葉十行，行二十二字」者，具見「堯學」等學校名五，其爲大德饒州路刊本或其覆刻本（或兩種混配版）無疑，而又謂具此天聖公文及江西湖東道廉訪司官員列銜，不知何故，記此存疑。天聖二年公文出北宋祖本，故大德饒州路本系統之百衲本及「中央圖書館」八十五卷四十八册本（E－1本）卷末均見之，而此兩本自不載江西湖東道廉訪司官員列銜。

* *

元代新刊正史版本，除第八、第九章所論外，今可知者，第六章所述覆刻南宋中期建刊本及至元二十六年吉州彭寅翁崇道精舍刊三家注本史記（丙－B種）而已。又有蒙古中統二年刊史記集解、索隱本（乙－C種）。凡此等均詳解題編。

第一〇章　明南北國子監二十一史（附）

嘉靖之前，南監所印三國志、晉書、南北朝七史、南北史、隋書、新唐書、五代史記皆宋元版，在二十一史中過其半。其中新唐書邊修邊印，持續使用至嘉慶一〇年（一八〇五）南監二十一史書版全部燒亡之時。南監明代新刊者，亦以宋元版本爲底本，北監本又以南監本爲底本，因此明南北監本二十一史可謂宋元版之嫡傳。

今日吾輩讀正史，有以宋元版爲主體之百衲本，更有中華書局點校本，皆文本精良而便於閱讀。除非有特殊目的，無人翻閲南北監本二十一史。然明初至萬曆初年，除史記等少數需求量大、版本種類甚多者外，正史直以南監本爲幾乎唯一之通行本。萬曆前半期，南監本正史刊刻新版，隨後北監又刻二十一史，至明末則有常熟毛氏汲古閣刊十七史。北監本與毛本，均經多次補修，刷印至清代，印數當不在少，然終不如南監書版之頻繁補修，大批印製。因此，明清士人讀正史，大都以南監本爲本。南監本傳本頗爲不少，即在日本，各大圖書館、文庫等均有所藏。北監本傳本較南監本爲少，而日本皆藏原刻本及兩次補修本。一九七八至八〇年代，筆者受豐田財團之研究資助，調查日本所藏南北監本二十一史，就嘉靖、萬曆之改版及其間頗爲頻繁之補修等版本情況，獲知大概。故於宋元版之後特立一章，以述詳情。

南監本原本即多訛脱，經多次補修，又倍蓰之，加以書版磨損或遺失，缺葉亦不在少。如晉書與唐書，蓋因卷帙浩繁，南監於萬曆間重刊正史，此二史未見刻新版，僅就舊版補修而已，因而訛脱尤甚，且每葉字體不一，版框大小亦不齊。今見傳世南監本正史，往往可見明清學人珍視訛脱如此嚴重之南監本，辛勤閲讀之痕迹。如京都大學文學部藏南監本二十一史，其中晉書幾乎每卷皆加朱筆句讀、圈點，文字可疑處加按語，全書有二十數條識語，可知是此人自天啓乙丑（五年，一六二五）仲春至崇禎三年（一六三〇）七月，前後用五年餘，精讀此一百三十卷四十册。江户時期日本學人亦有類似情形。内閣文庫收藏林鵝峰手批正史，雖無史記、漢書、後漢書、宋史四史，其餘自三國志至元史均存。其中南監新版則以萬曆版原版爲主，其餘元版、嘉靖版之補修亦至萬曆一〇年左右而止，在現存南監本中，尚屬較早，而缺葉、壞版及錯訛字甚多。林鵝峰自寬文五年（一六六五）至延寶五年（一六七七）讀此，以朱筆加句讀，缺葉、壞版爲之補鈔，錯訛字間加按語，每數卷爲一條識語，每一史末綜述一朝興亡之概略，並記感想，可見其用功之勤。

一　南監嘉靖以前

明南京國子監修整二十一史，印行全套，當始於嘉靖一一年（一五三二）。此先述嘉靖一一年前之狀況。

所謂南監本，即南宋官刊本先後歸臨安國子監者。臨安國子監至元代改爲西湖書院，臨安國子監所藏書版亦由西湖書院接管，於西湖書院繼續補修印製。（西湖書院，乾隆四九年序刊杭州府志卷一一學校二引成化舊志外，嘉靖二八年序刊仁和縣志（據光緒一九年武林丁氏翻刻本）、萬曆七年序刊杭州府志及清代浙江通志、杭州府志、仁和縣志等，所述文字幾乎全同，僅簡述宋太學經宋朝滅亡，至元至元中改爲西湖書院，元朝滅亡而廢，明代改爲仁和縣學等大概而已。譯者按：至元二八年（一二九一）徐琰任江南浙西道肅政廉訪使，三一年（一二九四）即舊殿改建西湖書院，見六藝之一録卷一一二西湖書院重修大成殿記（亦見兩浙金石記）、黄溍文獻集卷七西湖書院田記、貢師泰玩齋集卷七重修西湖書院記等。）元西湖書院重整書目（松鄰叢書甲編）附有泰定元年（一三二四）朱鈞西湖書院重整書目記，書目著録四部書一百二十餘種，其中正史依次有大字史記、中字史記、史記正義、東漢書、西漢書、三國志、南齊書、北齊書、宋書、陳書、梁書、周書、後魏書、新唐書、五代史並纂誤。其中三國志當爲南宋初期衢州刊本（C種），南北朝七史當爲舊稱「眉山七史」，皆後世之三朝本，此可確定無疑。「大字史記」與兩漢書，疑爲南宋前期兩淮、江東轉運司刊本，而無確證。新唐書與五代史，附有五代史纂誤，頗疑爲南宋紹興中湖州刊本，而亦無確證。雖無確證，仍有旁證。即此諸版均經南宋中期及元大德時期由同一批刻工補修，因此可以推測爲南宋國子監及元西湖書院所補修。又，重整書目無晉書、隋書、南史、北史，可見大德九路本十史等元代刊版此時未在西湖書院。自金陵新志時之集慶路儒學起，至明萬曆初之南監，晉書、隋書、南史、北史及唐書、五代史，皆用元刊本。

大德九路本十史（其中唐書爲建康路儒學所刊）書版後歸集慶路儒學［天曆二年（一三二九）建康路改稱集慶路］，故至正四年（一三四四）集慶路儒學刊金陵新志（十五卷，静嘉堂文庫藏。譯者按：四庫本「至大」金陵新志同。）卷九「學校」條云：「景定志所云賜書板刻買置者，兵火散失殆盡。歸附後，於諸路裒集及捐學計續刊，設職收掌。所買經史子集圖志諸書，視他郡亦略全備。」注云「十七史書板，計紙二萬三千張」，並列舉「史記一千八百一十九，前漢二千七百七十五，後漢二千二百六十六，三國志一千二百九十六，晉書二千九百六十五，南史一千七百七十三，北史二千七百二十一，隋書一千七百三十二，唐書四千九百八十一，五代史七百七十三」及其他史部、集部書十六種（凡二十六種）。雖稱「十七史書板」，所列僅十史，板數合計二萬三千一百一，與所稱「計紙二萬三千張」相符，則所記確無南北朝七史。所列十史當即大德九路本。至明嘉靖一〇年前後，南雍志已著録南北朝七史書板，南北朝七史之嘉靖修本現存者亦不在少，是南北朝七史書板在明前期已在南京國子監。惟不知西湖書院所藏諸書書版，何時歸集慶路儒學或南京國子監。（譯者按：元末至正一六年（一三五六）張士誠陷杭州，隨後降元，而至正一八年即據杭州，掌握實權。此時集慶（南京）爲朱元璋所據。一七年，張士信整頓西湖書院書版，二一年一二月至二二年（一三六二）七月之間，又使陳基、錢用壬督工修補書版，經史子集共補七千八百九十三板。修補完畢，新編目録，陳基爲之序，見夷白齋稿卷二一。據此，則西湖書院書版之移置南京，當在此後。蒙李新峰教授講解，至元二六年底，朱元璋軍不戰而下杭州，主將李文忠素好結交文士，西湖書院書版當保存完好。其移置南京，必當在至正二七年（一三六七）秋張士誠覆滅之後。）宋史、遼史、金史之刊行在至正五年、六年（參緒論編第二章），則其不見於至正四年刊金陵新志，固矣。然此三史至正書版當終不歸集慶路儒學及國子監，故三史元版流傳甚少。

至正二五年乙巳（一三六五）九月，先於即位三年，朱元璋即置國子學，以集慶路學爲之。洪武一四年（一三八一）改建於雞鳴山下，改稱國子監（見明會要卷二五學校上，明史卷六九選舉志一、卷七三職官志二，南雍志卷一事紀一、卷七規制考上等。蒙李新峰教授指點，改學爲監，在洪武一五年（一三八二），見明太祖實録卷一四三該年閏二月丙辰）。諸書板片移置此，而翌年即有補修之舉。南雍志卷一事紀一云：

（洪武一五年）冬十一月壬戌，上命禮部官修治國子監舊藏書板，諭之曰：「……今國子監所藏舊書板多殘缺，其令諸儒考補，命工部督匠修治之，庶有資於學者。」

自後，四方多以書板送入，洪武、永樂時，兩經欽依修補。然板既叢亂，每爲刷印匠竊去，刻他書以取利，故旋補旋亡。至成化初，祭酒王㒜會計諸書亡數，已逾二萬篇。時巡視京畿南京河南道御史上海董綸，乃以贓犯贖金送充修補之費，文獻通考補完者幾二千葉焉。弘治初，始作庫樓貯之。

卷一八經籍考下亦云：

據李新峰教授教示，西湖書院書版當於明代前期已移置南京，而一百年後仍有徵求書板之議。弘治四年（一四九一）南監祭酒謝鐸上言稱：「本監書版，舊多藏貯，散在天下，未免有遺。乞敕各布政司，凡係經史書版，盡送南京國子監，以復國學儲書之舊，免有司贈饋之勞。」（明孝宗實録卷四七弘治四年正月辛五，亦見禮部志稿卷四五。）此當與南雍志云「弘治初始作庫樓貯之」相關。

按賀次君史記書録（一九五八年商務印書館）所云，白鹿洞書院刊本史記卷首有提學江西按察司僉事田汝耔刻史記序，其次有景泰四年（一四五三）南京國子監祭酒吴節南監本序云：「南雍舊梓史記凡三本，多蠹蝕，惟中字本稍完明，而缺亦不少。大司寇楊公彦謐，政暇閲而惜之，因捐俸刊補，凡以兼方計者二百有奇，而是書復完。」〔見史記書録正德一〇年白鹿洞書院刊本條（第一二七至一二九頁）及南監嘉靖九年刊本條（第一四九至一五〇頁）〕若如此説，則楊寧（字彦謐，景泰二年調南刑部，景泰八年卒，明史卷一七二有傳）於景泰四年補修南監中字史記。（按：賀氏所言，尚待核查。據賀氏説，景泰本今已不存，而其所見白鹿洞書院本乃曹寅（楝亭）舊藏本歸美國國會圖書館所藏者，賀氏於北平圖書館見其膠卷。今按一九三三年北平圖書館善本書目著録爲集解，而不見於美國國會圖書館善本書目（王重民輯，袁同禮校），臺灣史語所善本書目著録爲正義三十六册，不知是否同本。又，南雍志經籍考始爲吴節所撰，後爲梅鷟所增訂，而不言及此事，亦屬可疑。）

元泰定元年西湖書院刊文獻通考及至治二年福州三山郡學刊通志有成化一〇年（一四七四）補版紀年。元大德建康路儒學刊唐書有成化一八年及弘治三年（一四九〇）補版。三朝本宋書有弘治四年補版。萬曆二二年新刊宋書，司業季道統序（重刻宋書引）云「監本刻於弘治之初」，蓋指此補修而言。元刊晉書與饒州路儒學刊隋書均見正德一〇年（一五一五）補版紀年。

凡此皆明代前期南監補修之事例。蓋此期南監偶或補修少數版片，亦爲印製，然此期印本幾無流傳至今者。又，首冠成化一六年總督兩廣軍務朱英序之宋史，後爲二十一史之一，而此期尚無移置南監之迹象。元史刊於洪武三年，當即南京刊本，然其原版至今幾無傳本。元末至正年間刊本遼史、金史亦然。故可推論此期二十一史當未有整套印製之事實。

南雍志卷一七經籍考上著録「天順年間官書」曰：

前漢書二十六本二套（原注：洪武十七年甲子閏二月二十七日進）　後漢書二十四本二套　三國志十五本一套
晉書三十本三套　前宋書三十本三套　南齊書十二本一套　梁書十本一套　陳書六本一套　魏書三十本三套　北齊書八本一套　後周書十本一套　南史二十本二套　北史三十本三套　隋書二十本二套　唐書五十本五套　五代史十本一套　宋史一百本十套　遼史十二本一套　金史二十四本二套　元史五十本五套。（原注：以上二十一史，皆藍綾殼，藍綾套，牙籤錦帶，共計五百四十本，凡五十二套，貯在彝倫堂大櫃内。　率性堂二十一史　脩道堂二十一史　誠心堂二十一史　正義堂二十一史　崇志堂二十一史　廣業堂二十一史　以上六堂各有大櫃貯之，其裝釘册數俱同，七處總計一百四十七部，三千七百八十本。按：宋景祐元年九月，秘書監丞余靖上言……云云……。其後，元江東建康道肅政廉訪使以十七史艱得善本，……云云……。正德十年雖經刊補，然未完也。及嘉靖七年奉勑校正補刊，至十年乃完，奏請令工部刷印，分貯彝倫堂與六堂，以便師生觀覽。）

著録缺史記，不知何故。要之，天順年間南監收藏裝幀精美之二十一史印本，共有七套。注云「洪武十七年進」，則印製更早。所用二十一史書版當皆宋元刊版，其中容有元代印本。後世流傳南監宋元版，其宋元印本極其罕見，則此所謂「天順年間官書」二十一史當爲價值極高之善本。據南雍志此條記載，亦可推論明朝前期、嘉靖之前，南監並未整套印製二十一史。

二　南監本二十一史之成立（嘉靖版）

（一）概況

南雍志二十四卷，祭酒黄佐撰。景泰年間，祭酒吴節曾撰志十八卷，後經黄佐增訂重修，至嘉靖二十二年而書成。其中卷一八經籍考下，委助教梅鷟成之（見四庫總目卷八〇）。其卷一八首「梓刻本末」有云：

嘉靖七年，錦衣衛間住千户沈麟奏准校勘史書。禮部議以祭酒張邦奇、司業江汝璧博學有聞，才猷亦裕，行文使逐一考對，修補以備傳布，於順天府收貯變賣菴寺銀，取七百兩發本監，將原板刊補。其廣東布政司原刻宋史，差人取付該監，一體校補。遼金二史，原無板者，購求善本，翻刻以成全史。完日通印，進呈以驗勞績。制曰可。於是邦奇等奏稱，史記、前後漢書殘缺模糊，原板脆薄，剜補隨即脱落，莫若重刊。又於吴下購得遼金二史，亦行刊刻。共該用工價銀一千一百七十五兩四錢七分，刷印等費不在數内。其餘十五史費用尚多，合於本監師生折乾魚銀寄貯南京户部羡餘銀内，動支一千八百兩，以給費用。已而邦奇、汝壁陞遷去任，祭酒林文俊、司業張星繼之，乃克進呈。然多有遺脱，不如新刻之精緻也。

此述南京國子監二十一史之成立。其要在：一、嘉靖七年時，南監無宋、遼、金史書版，宋史取廣東布政司刊本置南監，遼金史於吴下得本（當爲元刊本）而重刊；二、史記、漢書、後漢書因「殘缺模糊，原版脆薄」而重刊；三、其餘十五史書版，修補費用不少於新刊五史（史、漢、後漢、遼、金）。四庫全書著録林文俊方齋存稿十卷，其卷二有進二十一史疏（宋史爲廣東刊本，故不在其數），大體與南雍志所述同，而詳載開局年月日、校勘分擔、各項費用、五史版數等，可以互參。日知録卷一八「監本二十一史」條云：「嘉靖初，南京國子監祭酒張邦奇等請校刻史書，欲差官購索民間古本，部議恐滋煩擾。上命將監中十七史舊板考對修補，仍取廣東宋史板付監，遼、金二史無板者購求善本翻刻。十一年七月成，祭酒林文俊等表進。」此言其大要，林文俊表見方齋存稿卷一。

南雍志於「梓刻本末」之後，分九類著録所藏書版，正史在其第四「史類」。今摘録所載卷數、版數、刊年等文字，下方注明可以推定之版本詳情。

史記大字一百三十卷　完，計二千二百三十五面。嘉靖七年刊。明 嘉靖 南京國子監刊

史記中字七十卷　存者一千六百面，缺者二百一十九面。本集慶路儒學梓，見金陵新志。　元 大德間 饒州路儒學刊 明初修

史記小字七十卷　存者一千一百六十面。　明 嘉靖九年 南京國子監刊

前漢書一百卷　完。嘉靖七年重刊。

(按：集慶路儒學梓，計二千七百七十五面，見金陵新志。　元 大德九年 太平路儒學刊 明初修)

後漢書一百二十卷　完，并前漢共計五千二百五十二面。嘉靖七年重刊。　明 嘉靖九年 南京國子監刊

(集慶路儒學梓，二千三百六十六面，見金陵新志。　元 大德九年 寧國路儒學刊)

三國志六十五卷　存者一千三百九十二面，缺者六面。　南宋初期衢州刊 南宋中期、元、明初遞修

(集慶路儒學梓，計一千二百九十六面，見金陵新志，與今不同。　元 大德一〇年池州路儒學刊 明初修)

晉書一百三十卷　集慶路儒學梓，見金陵新志。今存者三千一百五十二面，失者十三面。　元 江浙刊十行二十字本

宋書一百卷　存者二千七百一十四面，缺二面。　南宋前期 杭州刊 南宋中期、元、明初遞修

梁書五十六卷　存者九百六十七面，缺三面。　南宋前期 杭州刊 南宋中期、元、明初遞修

南齊書五十九卷　存者一千零五十八面，缺三面。　南宋前期 杭州刊 南宋中期、元、明初遞修

陳書三十六卷　存者五百四十八面，缺八面。　南宋前期 杭州刊 南宋中期、元、明初遞修

魏書一百二十四卷　存者三千三百八十二面，失者三面。　南宋前期 杭州刊 南宋中期、元、明初遞修

北齊書五十卷　存者七百零四面，缺二面。　南宋前期 杭州刊 南宋中期、元、明初遞修

後周書五十卷　存者八百七十二面，缺者五面。　南宋前期 杭州刊 南宋中期、元、明初遞修

隋書八十五卷　存者一千六百九十四面，缺三十七面。本集慶路儒學梓，見金陵新志。　元 大德間 饒州路儒學刊 明初修

南史八十卷　存者一千六百四十三面，缺一百三十面，本集慶路儒學梓。　元　大德間　廣德路儒學刊　明初修

北史一百卷　存者二千六百七十六面，缺四十五面，本集慶路儒學梓，見金陵新志。　元　大德間　信州路儒學刊　明初修

唐書二百二十五卷釋音二十五卷　存者四千七百九十六面，失八十五面，本集慶路儒學梓，見金陵新志。　元　大德九年　建康路儒學刊　明初修

五代史七十五卷　完，計七百六十三面，本集慶路儒學梓，見金陵新志。　元　大德間　鉛山州儒學刊　明修

宋史四百九十一卷　好板七千七百零四面，裂破模糊板二千零四十三面，失者一百二十七面。成化中，巡撫兩廣都御史朱英刻於廣州，嘉靖八年以板送監。　明　成化一六年總督兩廣軍務朱英刊

遼史一百一十五卷　完，計一千零三十五面，失者三面。嘉靖七年刊。　明　嘉靖八年　南京國子監刊

金史一百三十五卷　完，計二千三百九十八面。嘉靖七年刊。　明　嘉靖八年　南京國子監刊

元史二百二卷　完，計四千四百七十五面。　明　洪武三年序刊

此嘉靖二十一史，宋史有嘉靖三五年、三六年補版，晉書、唐書有嘉靖三七年補版，皆有版心紀年可證，而其餘十八史似不見嘉靖、隆慶間補版。其後萬曆二年開始重刊史記，至萬曆二五年刊宋書、魏書，共有十四史皆見重新刻版，除晉書、唐書外，宋元刊本全廢，二十一史面目一新，是爲萬曆二十一史。

嘉靖二十一史書版，大致可分四類。第一類爲宋刊宋元明遞修，即所謂三朝本，版心上象鼻往往可見嘉靖八年、九年、一〇年、一二年補刊記。此類書版元代藏西湖書院，而歸明南監者，三國志、南北朝七史屬焉。第二類爲

南雍志稱「集慶路儒學梓」者，即元大德九路本（獨晉書爲似是而非之十行二十字本），版心補刊紀年與第一類同。然史記、漢書、後漢書在大德九路本之外，另有嘉靖重刊書版，二十一史即用新版，故大德舊版三史傳本較少，嘉靖年間已無印製之迹象。此類書版在至正四年（一三四四）編纂金陵新志前已歸集慶路儒學，爲明南監所繼承。第三類爲明初刻本，即當爲南京刻本之元史及廣東刻本之宋史。第四類爲嘉靖新刊五史，其中史記、漢書、後漢書因舊版殘缺磨損而重刊，遼史、金史南監舊無書版而新刊。南雍志著録此五史均稱「嘉靖七年刊」，今檢版心紀年，則遼史、金史題嘉靖八年，史記、兩漢書題嘉靖九年乃至一一年，可知似先刊遼史、金史，後刊史記、兩漢書，一一年七月蒇工表上之後，翌年又修改少數書版。五史字體相仿，每卷首篇題、撰者、注者之後，皆題「大明南京國子監祭酒臣張邦奇司業臣江汝璧奉／旨校刊」二行，版心綫黑口，紀年在上象鼻右側。惟遼、金史左右雙邊，每半葉十行，行二十字，史記、兩漢書四周雙邊，十行二十二字，版式稍異。

總之，南監嘉靖二十一史，即用舊藏宋元版，爲之補修，又加重刊新版而成。修補、刊刻在嘉靖七年至一一年之間，一二年仍有補修。此後，南監用此書版，印製二十一史全部之外，亦當分印各史。嘉靖二十一史非皆國子監刊本，又非皆嘉靖刊本，不得稱爲「南監刊」或「嘉靖刊」，其實當稱「南監印」，宜以稱「南監二十一史」、「南監嘉靖二十一史」爲便。萬曆以後，上述第一類、第二類宋元刊本亦有新版，而晉書、唐書仍用元刊本，故南監二十一史始終不得稱爲「南監刊」本。

* *

南監嘉靖新刊史記、漢書、後漢書，皆用南宋慶元中建安黄善夫、劉元起刊本或其翻刻本爲底本。

嘉靖新刊史記爲集解、索隱、正義三注彙編本，較之黄善夫本，删省三家注大約四分之一條目，而所存注文則與黄善夫本一致。史記於萬曆中南監又經二度重刊，連嘉靖版與北監本共四種，情況複雜，故另爲詳述，見解題編史記丙類末尾。

兩漢書黄善夫、劉元起本每卷末稱「右宋景文公以諸本參校手所是正及諸家辨疑並附古注之末」（漢書卷一上卷末）等，卷中附注宋祁、劉攽、朱子文等宋人校語。南監嘉靖刊本兩漢書，雖不無删省，但亦有此等宋人校語，大體相同。

漢書顔師古注、後漢書章懷太子注，較之黄善夫、劉元起本，亦經删省。惟其删省不如史記删注之多而已。如漢書卷一上未經删省，而卷六武帝紀頗多删省。顔師古常引如淳、應劭、孟康、文穎等古注之異説，或列二説而取其一，或引一説而斥爲誤。嘉靖本於此等處，往往僅存顔師古以爲是者，删省顔師古以爲非者。又如後漢書，卷一上即删省注文二十二條。

（二）傳本

嘉靖二十一史傳本不爲少，各存十部上下。惟嘉靖新刊史記、兩漢書傳本頗少，出人意表。當時印製之二十一史全套，已無完整流傳至今者。

三國志南宋衢州刊本，南北朝七史南宋刊本（「眉山七史」），元大德九路本南北史、隋書、五代史記等諸版之現存傳本，大都包含嘉靖八年、九年、一〇年、一一年諸年補版葉，百衲本二十四史所收南北七史、南北史、隋書亦屢見之。是知此等傳本皆當年嘉靖二十一史之一部分。此等宋元刊本傳本，現藏日本、臺灣者幾乎全部已經調查。大陸藏本筆者親見者極少，而因有補版紀年，北京、上海兩圖書館善本書目及江蘇省立國學圖書館圖書總目（一九三五年）等圖書館目録著録「刊」、「修」時間相當明確。據此統計嘉靖印本之現存可確認者，梁書僅七部爲偏少，宋書、南齊書約十部，其餘則各存約十五部。

若元刊晉書（十行二十字本）、唐書，明初刊宋史、元史，萬曆二十一史仍用同一書版，長期邊修邊印，補修頻繁，則非經詳查原本，不得確定爲嘉靖二十一史本或萬曆二十一史本。日本、臺灣藏本經筆者調查，晉書、唐書各有九部嘉靖二十一史本，宋史、元史日本所藏嘉靖二十一史本分别有四部與七部。晉書、唐書、宋史於嘉靖三五年、三六年、三七年經過修補，恰在嘉靖二十一史本印製期〔嘉靖一一年（一五三二）至萬曆二〇年（一五九二）左右〕之中間。今以有無經過此期修補爲標準，將此三史嘉靖二十一史本分爲前、後期印本，則現存傳本前期、後期各一半。此爲討論嘉靖二十一史本之流傳，提供有趣綫索。

嘉靖新刊漢書、後漢書、遼史、金史書版，亦爲萬曆二十一史所襲用，日本所藏嘉靖二十一史本漢書、遼史、金史各七部，後漢書最少，僅存三部而已。

史記於嘉靖八年、九年新刊，至萬曆初又重刊新版以代之，則可謂嘉靖二十一史之典型代表。此史記嘉靖二十一史本，傳本較少，内閣文庫、無窮會、臺灣「中央圖書館」各有收藏，江蘇省立國學圖書館亦曾有一部，除此以外别無所聞。江蘇省立國學圖書館本當即丁丙善本書室藏書志卷六著録，云有「橘煌之印」者，亦即賀次君史記書録（第一五〇頁）所云南京圖書館藏「原刊初印本」。江蘇省立國學圖書館圖書總目卷九又云此本有「石室外史」、「太原橋氏黄葉樓藏書」、「詠蘭室」、「橋西邨黄葉樓藏書印」、「黄葉主人」、「非三代兩漢之書不敢觀上述唐虞三代之德」諸印記。另，史記書録引莫伯驥五十萬卷樓藏書目録初編云「其版嘉靖間燬於火」，謂此即嘉靖版所以少見之故。其實，萬曆三年重刊本余有丁序僅言舊版漫漶，之前並無燒毀之事，莫氏所言乃嘉慶年間南監二十一史之最後燒亡，賀氏誤「嘉慶」爲「嘉靖」。

現存嘉靖二十一史傳本，大都單種流傳，其號稱「二十一史」全套者，亦非印製當年之舊，而是後人相配成套者。今有宮内廳書陵部藏鈎龍家舊藏本，蓬左文庫本，内閣文庫藏明平泉鄭氏、寛永寺勸學寮遞藏本，此三套較早形成「二十一史」大致規模流傳，值得介紹。

＊　＊

書陵部收藏南監二十一史共兩套，其一鈎龍家舊藏本，缺史記。書衣或鈐印，文作「文章／華瑩／廣博鈎龍家藏」，然北齊書、周書、五代史記不見此印。每册書衣粘附淺藍紙題簽，刻印雙郭及「二十一史」四字。三國志缺後半（卷二九以下），而其餘宋元刊本部分大體齊全，明初及嘉靖新刊本亦近齊全，獨遼史非嘉靖刊本，而爲萬曆三四年北監本。遼史題簽與其餘各册無異，且題簽刷印稍新，似係明末清初新製。不知原有二十一史獨缺遼史，取北監本配補，抑或其餘諸史亦有後配者，要之當爲明末清初配補成一套二十一史者。遼史以外，南監印本紙質差異不大，蓋印製時間較接近。晉書、宋史包含嘉靖三五年、三六年、三七年補版，南北朝七史及五代史記嘉靖補版亦頗磨損，知係嘉靖二十一史後期印本，印製時間當在嘉靖末或隆慶中。又，宋書、魏書羼入數葉萬曆本，晉書有一册（卷六六至六九）爲遞修至萬曆一〇年之印本，唐書中卷一一八至一二二，卷一四二至一六一，皆遞修至萬曆四四年、崇禎七年之後印本。又有唐書等部分書葉以版框剪裁萬曆本粘附者。此等皆後人取以配補缺葉、缺卷者，自不得據以論整體印製時間。

* *

蓬左文庫本晚於書陵部藏本，爲萬曆一〇年代末之印本。缺史記、前漢書、三國志三史，梁書、五代史乃萬曆五年新刊版本，而其餘十六史仍爲嘉靖本。萬曆新版，於三年刊史記，五年刊梁書、五代史，其餘諸史之新刊則在萬曆一六年以後。蓋此套二十一史爲嘉靖二十一史至萬曆二十一史轉型過渡時期之特殊産品，饒有趣味，所缺史記原當爲萬曆三年新版。

嘉靖二十一史書版中，萬曆二十一史繼續使用，不另重刊者，蓬左文庫本亦見補修之迹。唐書、宋史、遼史有少數萬曆四年至六年之補版葉。後漢書卷首有「大明萬曆十年重修後漢書」祭酒以下十餘人列銜，漢書、晉書亦當有此列銜，而蓬左文庫本缺漢書全書及晉書首三十卷，故不得見。後漢書、晉書卷中有萬曆一〇年補版葉。補版紀年之最晚者，宋史有萬曆一五年，唐書有萬曆一七年。後漢書、唐書、宋史、金史、元史後印本有萬曆二六年補版葉，爲蓬左文庫本所無（唐書卷二一第一四葉爲萬曆二六年補版葉，是此本缺葉，取別本補版葉粘附入此，不在此例），可證印製在其前。

又，嘉靖二十一史魏書用宋版（「眉山七史」），萬曆二十一史廢宋版，於萬曆二四、二五年重刊新版。然蓬左文庫本魏書（缺卷一至五九）雖爲嘉靖二十一史之宋版，但卷一〇九第一二葉却爲萬曆一六年補版。即將廢置而爲新版所取代之嘉靖二十一史中宋元版（晉書、唐書除外），至此期仍爲補修，未見有其他事例。即魏書傳本而言，亦僅蓬左文庫本有此一葉萬曆一六年補版，此外則絶無所聞。

萬曆重刊新版，自梁書、五代史記之後，中斷十年（其間僅補修舊版），至萬曆一六年乃續刊陳書、周書，陸續刊行至二五年而新刊十一史書版全成（參下節萬曆二十一史列表）。萬曆重刊陳書、周書，每葉版心均題「萬曆十六年刊」，然其正式刊行時間或稍晚，故蓬左文庫本唐書已有萬曆一七年補版，而陳書、周書未用新版，陳書、周書連北齊書、南齊書均用嘉靖二十一史宋刊三朝本。據此可證，蓬左文庫本爲萬曆一七年或其後數年間印製。

此蓬左文庫本二十一史，史記、前漢書、三國志全缺，晉書、南齊書、魏書、隋書、北史、唐書、宋史、元史各有不少缺卷。然補版紀年互不矛盾，版面較書陵部本更爲磨損，而磨損進度各史一致，用紙等特點各史之間無明顯差異（裝潢當非原裝），因此可以認定爲印製以來一整套流傳者，而非後世配補成套。書衣内面或副葉上貼紙片，墨書「瑞龍院樣　萬曆版／梁書十册」等（由「瑞龍院樣」四字可見此書爲德川光友於尾張德川藩第二代藩主任上（一六五〇至一七〇〇）所購），或稱「嘉靖版」（北史），或稱「成化版嘉靖萬曆補刊」（唐書），所題版本每異，實屬不誤。

＊　＊

内閣文庫藏平泉鄭氏、寛永寺勸學寮舊藏本，如今各史獨立上架，未作整套收藏，又周書（五十卷十册）另爲大東急記念文庫所藏。但據藏印等，仍可認定爲一整套流傳有緒之二十一史。南齊書已缺，漢書、後漢書非南監本，史記、梁書、五代史記爲萬曆新刊本。萬曆新刊本，鄭氏所鈐印章不同。其餘十五史，乃爲嘉靖二十一史本。

此嘉靖本中之十五史，無論宋、元、明刊本，補修皆至嘉靖一一年，未經嘉靖三六年補修。此十五史可視爲此套二十一史傳本之主體，是嘉靖前半期印本，早於書陵部本、蓬左文庫本。每册首鈐「淡泉」、「大司／寇章」，册尾鈐「凝雲深處／清暇奇觀」、「海頻逸民／平泉鄭履／準凝雲樓／書畫之印」諸大印。

兩漢書爲嘉靖中覆刻元大德九路儒學本，疑爲福建刊本。漢書較之斯道文庫（坦堂文庫）藏本，斯道文庫本之墨釘，此本已經補字，且界綫破損更甚，是知爲經過補修之後印本。然此兩漢書所鈐鄭氏藏印與上述十五史（嘉靖二十一史本）同，且晉書、漢書有嘉靖乙丑（四四年）三月、四月、七月、八月平泉山人識語。是知漢書爲經過補修之後印本，而印製時間不晚於嘉靖四四年之前，印製後不久，鄭氏取以補所藏嘉靖本二十一史之缺。

鄭履準，浙江海鹽縣人，海鹽縣圖經卷一三有傳，曾任刑部郎中等官。册首所鈐「大司寇章」，疑爲履準父鄭曉（嘉靖三七年升任刑部尚書，明史卷一九九有傳。）所用，嘉靖四四年「平泉山人」識語蓋出鄭曉晚年之筆。［嘉靖三九年，鄭曉忤宰相嚴嵩而罷官，間住鄉里，四五年九月卒，年六十八。此時履準年二十九，翌年隆慶元年，以父蔭得官。參明史卷一一二七卿年表二、卷一九九鄭曉傳，重刻鄭端簡公年譜（十卷，鄭履淳撰，萬曆三五年刊，內閣文庫、尊經閣文庫藏本）卷二、卷七，海鹽縣圖經（十六卷，胡震亨撰，天啓四年序刊）。］履準長兄履淳，明史亦有傳（卷二二五）。可見鄭氏爲名門，而當時未得整套嘉靖二十一史，兩漢書用別本配補始全，而珍藏研讀之。

史記、梁書、五代史記爲萬曆二年至五年南監重刊新版，五代史記有萬曆丁丑（五年）七月「點」、「看完」等識語。此三史所鈐鄭氏藏印頗小，非其大印鈐嘉靖本之比。史記刊行較早，鈐「平」、「泉」、「凝雲／堂印」、「司寇／大夫」諸印，梁書、五代史記鈐「平」、「泉」、「參軍／大夫」、「青官／侍御」諸印。

此二十一史後傳入日本，曾在寬永寺，故無論嘉靖本、萬曆本，整套均見「武州東叡山／勸學寮文庫」、「淺草文庫」二印。

江蘇省立國學圖書館圖書總目（民國二五年序刊）著録丁丙舊藏南監二十一史，史記即嘉靖九年刊本，而其餘各史大都皆萬曆本，藏印又各異，當爲後人配合成套者。

＊　＊

三　南監萬曆二十一史

萬曆二十一史之開雕，自二年（一五七四）刻史記始。刊行在翌年，卷首史記諸序之後，有國子監祭酒余有丁刊行序。其文云「國學故藏史記，久乃曼漶不可讀，余病之，將付梓人……云云」，又述先人傳注不佳，與司業周子義修正等情形，絶不旁及史記以外諸史，更不見重整二十一史之議。第二部爲梁書，有四年余有丁序，五年司業周子義序，亦僅言梁書，與史記略同。然則，當初似僅就其漫漶特甚、需求較多，或卷帙不甚大，較易爲功者，隨宜重刊而已，尚無全部重整二十一史之計劃。萬曆五年刊五代史記之後，重刊中斷十餘年，中間補修嘉靖本晉書、唐書、宋史等大部頭舊版。萬曆一六年起，繼續重刊，自陳書、周書、北齊書起，次第刊行共十一史，連萬曆五年以前所刊三史，共十四部，其中史記先後刊行兩次，則共十三史有萬曆新版。五代史記以外，其餘諸史卷首均附刊行序，但皆止言該史書版磨損最甚，校勘艱難之類，無足重視。

此依時間先後，表列萬曆重刊本。其仍用嘉靖本舊版，進行補修者，低二格排列。

萬曆某年刊　　祭酒　　司業

史記　二三　余有丁　周子義
梁書　二三五　余有丁　周子義
五代史記　二四五　余有丁　周子義
　晉書　四補修
　唐書　四補修
　遼史　四補修
　宋史　六補修
　前漢書　一〇補修　高啓愚　劉珹
　後漢書　一〇補修　高啓愚　劉珹
　晉書　一〇補修　高啓愚　劉珹
（金史）一六補修
陳書　一六　趙用賢　余孟麟
周書　一六　趙用賢　余孟麟
北齊書　一六　一七　趙用賢　張一桂

南齊書	一六	一七	趙用賢	張一桂
	一八		張一桂	
南史	一七	一八	趙用賢	張一桂
	一九		張一桂	
北史	一六	一七		
	一八	一九	鄧以讚	劉應秋
	二〇	二一	陸可教	馮夢禎
隋書	二三	二三		季道統
史記	二四		馮夢禎	黃汝良
三國志	二四		馮夢禎	黃汝良
宋書	二〇	二一	陸可教	馮夢禎
	二三	二三	馮夢禎	季道統
	二五			
魏書	二四	二五	馮夢禎	黃汝良

史記先後兩次重刊，情況特殊，將詳述於解題編史記末尾「南監史記三版之三家注」一節。未見重刊者，前漢

書（嘉靖刊）、後漢書（嘉靖刊）、晉書（元刊）、唐書（元刊）、宋史（明初刊）、遼史（嘉靖刊）、金史（嘉靖刊）、元史（明初刊）共八史，繼續使用嘉靖二十一史舊版，其中元刊本二，明初刊本二，嘉靖刊本四。至此，宋版俗稱三朝本者全部廢置，元刊本淘汰過半，而版數較多之晉書（三千一百五十張）、唐書（四千八百張）仍用元版。明初刊宋史、元史書版亦經磨損，而未爲重刊者，蓋亦版數太多（宋史約一萬張，元史約四千五百張）之故。

萬曆新刊本行格，前期史記、梁書、五代史記爲四周雙邊，每半葉十行，行二十一字；後期陳書以下爲四周雙邊，每半葉九行，行十八字，大致統一。然末期史記、魏書十行行二十一字與前期同，而爲左右雙邊；三國志則左右雙邊，十二行，二十三字，與諸史全然不同。字體有宋體（匠體）、軟體兩種不同。又，三國志經馮夢禎親自校定，題記校畢年月日，注文低一格大字，如同舊稱「咸平刊」吳書，與諸史注文夾行小字截然不同。是萬曆新刊本體例不完全一致，然卷端首題、撰者、注者之後，題署「大（或作「皇」）明南京國子監祭酒」及「司業」銜名各一行，版心上象鼻題刊年，如同嘉靖本，可以爲南監本之標誌。右表之刊年及祭酒、司業姓名，大都據此卷端題署。

* *

今上海圖書館收藏一部校刊萬曆二十一史時所用校本。三國志魏志卷一、卷二、卷六至八，共存五卷二册，嘉靖二十一史本，即南宋初期衢州刊、至嘉靖一〇年遞修本，有馮夢禎校語。此部（本書C—9本，圖片九二）未見上海圖書館善本書目（一九五七年），一九七八年六月六日「日本圖書館職員友好訪華團」訪問該館時，館方展出供覽。訪華團團員横山弘先生整理發表「專選陳列目録」（「中國研究月報三六七號（一九七八年九月號，「中國圖書館」專題）」），第七類「校本」部分著録此本如下：

三國志　存魏志五卷（卷一至二，六至八）　二册

宋刻元明遞修　嘉靖十年印本（明馮夢禎校刻南監底本　清吴省蘭跋）

此本經馮夢禎手校，後南監刻三國志，即以此本爲底本。魏文帝紀卷末有「南京國子監藏書記」八字陽刻朱長方印。

「萬曆丙申正月十九日校完文帝紀／夢禎」藍墨手筆

「乾隆癸巳十一月初三至四日校完／清谿」朱墨手筆

今按萬曆版卷二文帝紀末有馮夢禎題識云「丙申正月二十七日校完／夢禎」，與此校本題識略同。筆者得此信息，欲知馮夢禎校勘之詳及所據參校版本，故申請閲覽，幸獲批准。可惜調查結果，未見據其他善本校對之痕迹。不知是因此殘本僅存五卷，抑或馮夢禎當時已無善本可校。雖然，此校本仍可珍重，補充横山氏之記録如下。

外加粉紅書衣（三二・一×二三・三釐米），内有原裝粉紅色書衣。第一册原裝書衣已破碎，後經修復，墨題「□書卷一之二」。第二册原裝書衣完好，墨題「魏書卷六之八」，又有别筆墨題列傳之目。首存大德丙午（九年）池州路儒學刊本朱天錫序之末一葉，次上三國志注表，次三國志目録上，次卷一正文。兩册首皆有「南京國子／監官書記」大印，其上又有「典籍／廳記」大印。另鈐「韓繩大一／名熙字侃／藩讀書印」（白文）、「文淵閣校／理翰林／院編修吴／省蘭印」、「吴印／省蘭」（白文）、「稷／堂」、「上海／圖書／館藏」諸印。

横山先生所記識語二則，均見卷二末（第一册末），蓋當時上海圖書館翻開該葉展出供覽。今得調查全書，除此

二則外，尚得如下諸條題識：

「丙申正月十四日清晨校終魏志／本紀　夢禎」（朱筆，見卷一末）

「乙未十二月廿日校完此卷／□禎」（朱筆，見卷六末）

「乙未十二月／廿一日夢禎／手寫補十／七號」［朱筆眉批，見卷七第一七葉（補抄葉）］

「萬曆廿三年十二月廿一日校完此／卷　夢禎」（朱筆，見卷七末）

「萬曆乙未十二月廿六日校完／祭酒馮夢禎」（藍筆，見卷八末）

「十一月十五日校勘清谿」（濃朱筆，見卷八末）

書眉有藍筆、朱筆校記當出馮夢禎，濃朱筆校記當出清谿。然此等校記並無重要内容，亦不見參校善本對校之痕迹。又有墨筆校字，不過訂正異體字而已。卷首上三國志注表後有吴省蘭手跋云：

明南監版三國志三十卷，馮夢禎校用墨筆，每卷末署／「萬曆丙申某月某日校完」，間有署「監生劉世教校」者。／每册前印隸書「南京國子監官書記」長記一，楷書「典籍廳記」方記／一，皆以硃。浙江通志文苑傳：「馮夢禎，繡水人，字開之，萬曆丁丑會／元。官編修時，阻奪情，忤張居正，引病免。後復官，遷南司業，／歷祭酒，與諸生砥名節，正文體。尋中蜚語歸。」考史，居正以／萬曆五年奪情，十年卒。此署丙申，爲萬曆十四年，正夢／禎爲祭酒時也。板多漶字，又有硃字以宋元本校正，並參用／他書訂證，頗爲用心。卷末署「乾隆癸巳某月某日校」而自稱「清／谿」，與劉世教，俱不知爲何人。蓋古今之不求名而名不彰者多矣，識／之以俟考。乾隆丙午六月十四日南匯吴省蘭跋。

又有一紙夾在書中，題「明修宋衢州本三國志　十六本」，並云：

馮夢禎通部手校，每卷後俱有校完年月可考。書中缺葉手鈔ㄧ補入。ㄧ吳稷堂先生跋稱劉世教不知何人，今檢得明詩綜第五十八卷ㄧ所載，劉世教字少彝，海鹽人，萬曆庚子舉人，官廣乘知縣，ㄧ有研寶齋稿。又著有合刻李杜分體全集，其序又見王琦ㄧ注李太白集卷三十三。清谿所校者，乃臨何義門宋校本也。

按：清谿題「乾隆癸巳」爲三八年，後十三年乾隆丙午五一年，吳省蘭跋已稱無考。據吳省蘭跋並夾紙題識，則乾隆末年似尚存魏志三十卷十六册，且云「以宋元本校正」，今皆不得知其詳。三國志注衢州本已作夾行小字，而萬曆刊本改作低一格大字，如同「咸平刊」吳書，亦終不知何所據也。又，萬曆刊本卷二四至卷三〇，每卷末題「丙申三月監生劉世教校」等，疑馮夢禎手校至卷二一，以下委之劉世教，而自校蜀志、吳志。

* *

上節所述蓬左文庫藏二十一史，以嘉靖二十一史本爲主，而梁書、五代史已用萬曆版，可見萬曆版全部刊成之前，已刊書版即印製流傳。然整套二十一史之印製流傳，自在二六年以後。

內閣文庫藏中原職忠舊藏二十二史共六百六十九册，以萬曆版爲主，而配合其他版本幾近一半，有萬曆以前所印嘉靖本，有北監本及其他明版，亦有清刊明史。其中萬曆二一年刊北史，傳一四第五、第六葉，傳七一第一三、第一四葉均缺。然都立中央圖書館藏川田氏舊藏本及內閣文庫藏楓山文庫舊藏本兩套北史，此四葉皆爲萬曆二六年刊葉。川田氏舊藏本二十一史，除宋史爲嘉靖三四年以前印本之外，其餘蓋皆同時期印本，故兩漢書、唐書、金史、元史均有萬曆二六年補版，唐書補修至二九年。楓山文庫舊藏本，分散上架，不稱二十一史，而仍有二十一史規模，雖缺宋史，元史以雍正七年遞修本配補，其餘諸史裝幀一致，其原爲二十一史整套無疑。楓山文庫舊藏本之萬曆二六年補修狀況，與川田氏舊藏本無異。可見中原本北史當係萬曆二二至二六年之間印製，川田本、楓山本乃二十一史全部完成後之印本。川田本與楓山本，幾乎同時，且二十一史基本完整。據此推測，二五年魏書刊成，重刊（含部分嘉靖本書版亦經補修）二十一史完成之後，南監當於二六年及二九年又加修整，然後始爲批量印製。

其後，萬曆年間又有少數補版，主要見於唐書、宋史、元史等元、明初刊本。僅在筆者親自調查之範圍内，二九年後之萬曆年間印本，諸史各現存十部左右，可見當時印數相當可觀。印數愈多，則版面磨損愈甚，於是始有天啓二年、三年、四年（一六二二～一六二四）間之大規模補修。後漢書卷首有天啓三年國子監祭酒黄儒炳重修後漢書小敘、司業葉燦重修後漢書題辭，又有天啓三年重修刻官銜，自黄儒炳、葉燦而下，共列四十四名。元史於目録後有官銜，列十四名，據云「其新刻過字三十八萬五千九百七十三個」。京都大學附屬圖書館藏本（四百二十三册）與京都大學文學部藏本（五百六十九册）似皆以天啓修本二十一史爲主體，配合更晚或更早修本而成。文學部藏本宋史雖有天啓五年一一月、一二月舛向居士補鈔約十葉，但其補修至萬曆二八年止，是萬曆三四年以前印本，而非天啓修本。

萬曆二十一史書版直至清嘉慶一〇年（一八〇五）燒亡之前，屢次印製，因而亦經多次補修。明末則有崇禎一年、二年、三年、七年、一〇年、一一年補版紀年，往往並見「東廂王南廂周同補」、「東廂侯補修」、「兩廂侯補修」等字。各卷首葉若爲崇禎補版，則有卷端題補刊官銜之例。此種情況，元史中最常見，如删卷端第二行撰者王禕等官銜，代以「南京國子監祭酒侯恪／司業謝德溥補刊」（崇禎三年補版）等，七年則祭酒胡尚英、司業王錫袞，一一年則祭酒王錫袞、司業周鳳翔。又如南史卷端或題「唐學士李延壽撰　明祭酒王錫袞」（卷一二）。此時明朝瀕臨滅亡，而南京未被李自成戰禍，故得繼續補修印行。北京陷落，福王在南京即帝位，翌年改元弘光，元年五月爲清軍所滅。即此弘光元年（清順治二年，一六四五）亦有補版，見後漢書（傳六九上第五葉）。

清朝於順治元年入北京，即以明國子監爲太學，置祭酒、司業以下（清史稿卷一一二選舉志一「學校上」），南京國子監被廢，順治六年改爲江寧府儒學（江南通志卷八七學校志「江寧府」）。南監之名失，而南監書版仍藏府學，順治一六年至一八年之間，二十一史又經大規模補修。大倉集古館藏二十一史共四百七十一册，缺漢書大半（僅存卷九七至九九上），後漢書亦不全（缺卷一、卷二、卷四一至四五），其餘皆此時印本，史記首有順治一六年一〇月望日江南江西總督郎廷佐重修廿一史序，又有一八年何可化，一六年徐爲卿、毛一麟、衛貞元所撰重修廿一史序共四篇，連郎序而五。卷末往往有二行校閲題署，如曰「順治己亥年八月十五日／江寧府儒學教授朱模閲」。康熙修印本則删去何可化以下四序，僅存郎序，而加康熙重修序。

康熙年間（一六六二～一七二二）則有五年、一二年、二〇年、二五年、二六年、二七年、三九年（版心不見四〇年紀年，但亦有補修，詳見下）、五五年補刊紀年可見。二〇年補版，版心下象鼻皆題「江寧知府陳龍嚴捐俸」，少有例外。二五年、二六年補版，版心可見江南江西總督、江南安徽巡撫及江寧縣、上元縣、松江府、滁州、溧水等周邊地區知府以下教諭、生員等損資或寫樣。其中亦有題「裝釘書户董懋校正貲刊」，「刷釘書户易孫董陸貲刊」，「書業儒堂陳綸貲刊」等，透露印刷、裝訂、出版商參與之情形。宫内廳書陵部所藏兩套南監二十一史，其一鈞龍家舊藏嘉靖本已見上，另一乃萬曆本，經二五年大量補修，又有二七年補修之印本。

康熙三九年之補修，規模甚大，補版葉數亦多。史記卷首保留郎廷佐順治重修序。次康熙四〇年江寧等處地方巡撫宋犖重修廿一史序，云：「洪武時所刊廿一史版，順治己亥兩江總督郎公修其漫漶殘缺者，今又四十餘年矣。蟫鼠朽蠹，增多於昔。……云云……。」次江南等處學政提督張泰交序，云：「大中丞宋公邀飲陸子泉，談及南雍書。舊貯廿一史板，年久殘缺，欲糾同志輯而完之。……云云……。」次江寧府儒學教授荆子邁跋，云：「計資則費一千四百兩有奇，各憲捐如其數；計書則梓四千頁有奇，各史補字無算；計時則始於庚辰（三九年）五月，竣於辛巳（四〇年）四月。……云云……。」次「重修廿一史姓氏」，列江南江西總督陶岱以下二十餘名官銜，宋犖、張泰交、荆子邁在其中。諸史書中各卷尾，偶有兩行題記，如曰「康熙庚辰年江寧府／儒學訓導王奕章校」等，校者於史記卷首「重修廿一史姓氏」皆列爲「監修官」。如陳書版心全不見補版紀年，而有此卷尾題記，可知其補修時間。諸史版心補刊紀年皆三九年，然據卷尾題記及荆子邁跋等可證此次補修至四〇年。

隨後約一百年間，則有康熙五五年、五六年，雍正三年、七年、一二年，乾隆二年、一六年、二三年、二四年、五五年、五七年，嘉慶二年補版紀年可見，惟葉數不多。是知此期間仍繼續遞修遞印。現存傳本，雖一套中諸史未必均爲同時印本，但就大體而言，靜嘉堂文庫藏中村敬宇舊藏二十一史六百二十册及東京大學東洋文化研究所藏二十一史四百九十五册皆至乾隆二年遞修本。内閣文庫藏二十一史五百册乃筆者所見最晚印本，遞修至嘉慶二年。嘉慶二年補版葉在魏書（傳二九第九葉）、宋史（傳一二二第一一葉）、元史（紀三五第二一、第二二葉），版心均題「上元訓導毛藻捐」。

管見所及，嘉慶二年爲最後一次補修，至嘉慶一〇年（一八〇五）全部書版燒亡，南監二十一史告終焉。書版燒亡之情況，清代後期各種江寧府志等地方史志均有記載，而李宗羲等編同治一三年序刊上元江寧兩縣志（二十八卷，十二册，今據静嘉堂文庫藏本）卷八「考（學校）」述之最詳。曰：

（文廟堂）堂後爲尊經閣（藏國學十三經、廿一史、通鑑綱目、通典、通考、會典、通志諸書板。順治一七年馮如京重修，而郎廷佐序之。所謂南監板二十一史也。）嘉慶十年（乙丑五月二十八日）尊經閣燬於火，各書板及吴天璽紀功碑燼焉。（後蒙趙永磊先生指教，知白下瑣言卷一有説，早於縣誌，或爲縣誌所本之一。其文曰：「六朝石刻之見於世者，以吴天璽紀功碑爲最古，石裂爲三，舊在縣學尊經閣下。……云云……閣上舊藏明南雍書版十三經、廿一史、通典、通志、玉海諸大部，亦一炬而盡。合河康茂園方伯基田僅重刊玉海，迫於時日，讎校未精。」）

自嘉靖二十一史成立至此二百七十餘年，自萬曆本宋書等最後刊成至此二百一十年，南監二十一史經過屢次補修，持續印製。其中明初刊宋史、元史書版經歷四百二十年左右，元刊晉書、唐書書版經過五百年，直至最後仍各有原版存在其中，因燒亡始斷其命脈，書版壽命之長，足以驚人。又，刷印時久，版面磨損，故歷次大規模補修序跋每言漫漶之甚。今見諸傳本，大都版面不清晰，閱讀頗費力，當知明清士人讀史之不易。

萬曆中北京國子監刊行二十一史，明末崇禎時更有汲古閣十七史行世。然北監本傳本不如南監本之多，汲古閣本原版印本傳存極其罕見，則汲古閣本之普及亦當在南監書版燒亡之後。南監本二十一史可謂明清士人獲得歷史知識之主要來源。

四　北監二十一史

永樂帝即位之翌年（永樂元年，一四〇三）二月庚戌，設立北京國子監（見明太宗實録卷一七、明史選舉志等）。值南監萬曆二十一史之編刊接近尾聲之時，北監亦有刊行二十一史之舉。據版心刊年，自後漢書、唐書之萬曆二二年（一五九四）始，至北齊書、金史之三四年止，先後歷時約十五年。全部二十一史，並無刊行序跋，一切刊行背景均不見任何敍述。然每葉版心上象鼻右側均有刊行紀年，如作「萬曆二十三年刊」，又卷首題書名、撰者、注者之次行即題擔任校刊之國子監祭酒、司業官銜，由此可知各史刊年與擔任者。卷首校刊官銜稱「奉勅重校刊」，然神宗實録不見記載。此表列各史刊年及校刊祭酒、司業如下。

（刊年或涉兩三年，今以其中主要一年以黑體表示。祭酒、司業或注「暫」、「署」、「管」字，分別爲「暫掌國子監事」、「署國子監事」、「管國子監司業事」。中間换人，注記於備考欄位。）

	萬曆某年刊	祭酒	司業	備　考
史　記	**二六**	劉應秋	楊道賓	卷一〇一以下，祭酒方從哲。
前漢書	二四　**二五**	劉應秋	方從哲	卷八三以下，司業楊道賓。
後漢書	二二　二三　**二四**	李廷機	方從哲	
三國志	**二八**	敖文禎	黄汝良（管）	吳書，祭酒楊道賓，司業周如砥。

晉書	**二四**			方從哲	黄汝良(管)	
宋書	二四	**二六**	二七	方從哲	黄汝良(管)	
南齊書	三三			蕭雲舉	李騰芳(管)	
梁書	三三			蕭雲舉	李騰芳(管)	
陳書	三三			李騰芳(署)		
魏書	二四	**二五**		李廷機	方從哲	卷九五以下，祭酒劉應秋。
北齊書	三三	**三四**		李騰芳(署)		
周書	三一	三二	**三三**	蕭雲舉	李騰芳(管)	
隋書	**二六**			劉應秋	楊道賓	卷七一以下，祭酒方從哲。
南史	**三〇**	三一		楊道賓	蕭雲舉(管)	卷四一以下，祭酒黄汝良，管司業事周如砥。
北史	二六	**二七**	二九	方從哲	黄汝良(管)	
唐書	二二	**二三**		蕭良有	葉向高	
五代史	**二八**			敖文禎(暫)	黄汝良(管)	卷七一以下，祭酒楊道賓，管司業事周如砥。
宋史	**二七**			方從哲	黄汝良(管)	
遼史	**三四**			沈　権(署)		
金史	三三	**三四**		李騰芳(署)		

元	史	二九	三〇	楊道賓	蕭雲舉（管） 卷五一以下，祭酒黃汝良，管司業事周如砥。 卷一〇一以下，祭酒蕭雲舉，管司業事周如砥。

據右表可見，北監二十一史前後十數年，校刊者多人，然行格、字體基本統一。此以史記爲例，則首史記索隱序，次史記索隱後序，次補史記序，次史記集解序，此四序版心通爲葉次，順序固定，不容因印本而異。卷端題如下：

史記卷一　五帝本紀第一

漢　太　史　令　龍　門　司　馬　遷　撰

宋中郎外兵參軍河東裴駰集解

唐國子博士弘文學士河内司馬貞索隱

唐諸王侍讀率府長史張守節正義

皇明朝列大夫國子監祭酒臣劉應秋

承直郎國子監司業臣楊道賓等奉

勅重校刊

左右雙邊（二二·九×一四·二釐米），每半葉十行，行二十一字，注文小字雙行。版心白口，上象鼻右半題「萬曆二十六年刊」，中間題「史記卷一　本紀　（葉次）」。版心卷次一律用全書通算卷次，不用志、傳篇次，諸史皆然。全書末尾題「史記卷一百三十終」。

後漢書以續漢志插入紀、傳之間，以紀、續志、傳之順序通爲卷次，與舊本不同，而爲殿版所因仍。

北監本以南監本爲底本。除史記不取萬曆兩種新版而用嘉靖版外，其餘全據萬曆本，故其中兩漢書、遼史、金史爲嘉靖刊，晉書、唐書爲元刊。上第二節曾述嘉靖版史記、漢書、後漢書注有删省，北監本亦大體相因未改。蓋當時搜集宋元善本已非易事，北京較之南方應更難覓善本，且南監校定二十一史新成，因此北監據南監本爲底本乃情理自然。

又，北監校刊人員之中，有先於南監從事校刊，後轉至北監仍任校刊者。劉應秋於萬曆一六年至一九年爲南監司業，任校刊北史；於二四年爲北監祭酒，任校刊前漢書，二六年任校刊史記。劉應秋既有南監刊史之經驗，頗疑自大約二三年北監開始校刊二十一史之初，即有參與。黄汝良在南監，於二四年左右，助祭酒馮夢禎校刊史記、三國志、魏書諸史，後爲北監管司業事，參與校刊宋書、北史、宋史、三國志、五代史，時間自二六年至二八年，恰在劉應秋之後。蓋劉應秋、黄汝良二人於北監本當有較大貢獻。

*　*

北監本傳本較南監本少，而大都以整套二十一史流傳，此其特點。現存諸本蓋皆整套同時印製者，題簽亦爲整套印製，多用淺藍色紙而刻印内容有數種，或題「二十一史」，或題「史記」以下各史書名，或詳記各册目録，可見其經多次印製。

二十一史爲大型叢書，全書約五百册，故保存當初印製之所有原本者甚少，大都有缺卷、補鈔卷，或以南監本等別本配補。又，所見傳本幾乎不見明清人之藏印，除尊經閣本前半之外，罕見句讀、訓點等墨迹，可見北監本不如南監本之受重視。

內閣文庫藏本，今分散上架，鈐「昌平坂學問所」、「淺草文庫」、「慶應乙丑」諸印，缺五代史全部及晉書部分，共存四百九十冊，屬較早印本。宮內廳書陵部藏足本五百三十九冊、東京大學東洋文化研究所大木文庫藏四百八十三冊（缺三國志、陳書、五代史，其餘又有缺卷）、尊經閣文庫藏三百一十九冊（有補鈔、配補南監本）、東洋文庫藏五百六十一冊（有補鈔、配補南監本），此四套刷印當稍晚於內閣文庫本。京都大學人文科學研究所藏四百三十冊當與此四套同時，然後漢書、陳書、南史、北史爲康熙修本。二十一史冊數甚多，傳本往往雜取補鈔、不同印、不同修、不同版等數種而補足，亦不足爲異。

靜嘉堂文庫藏本配補情況最爲複雜。今分散上架，而每冊首鈐「歸安陸氏守先／閣書籍稟請／奏定立案歸公／不得盜賣盜買」印（又有同文二行印），其在陸心源守先閣時當一併存放爲二十一史。今缺宋史，共存四百冊。皆爲北監本，然其中原刻本、崇禎修本、康熙修本相雜。史記、後漢書、隋書、遼史、金史、元史六史鈐有「提督順天等／府學政關防／baita be kadalara guwan fang／Sun tiyan i jergi fu i tacikui」漢滿兩文大型印等三印，而鈐此三印之書葉即有崇禎補版葉。隋書、遼史各取原版印本與崇禎修印本配成一部，而皆有此印。可見清代前期「提督順天等府學政」所藏，已非全部原版，而雜取崇禎修印本配補。清代後期，以此六史爲主，雜配五六種，其中一種有「太原趙瑾」、「陳印國猷」諸印。陳書共四冊及三國志、魏書、元史之一部分用康熙修本配補。北監本經崇禎、康熙兩次補修，皆涉及全體，無單葉之補修，故配補以卷爲單位。惟後漢書卷三第一葉爲補鈔，而版心上象鼻題「日本寬政七年補」，葉面右上方鈐陸氏印，爲特例。又，北監康熙修本版心削去所有萬曆紀年，僅各卷首葉改刻「康熙二十五年修」。此本康熙修本，每卷首葉版心挖去「康熙二十五年修」七字，另補白紙，第二葉以下版心此處原無字，而加印萬曆刊年，三國志作「萬曆二十四年刊」，陳書、元史作「萬曆三十年刊」，魏書作「萬曆三十年刊」。此蓋書商售與陸氏時所爲，欲以此康熙修本冒充萬曆原版也。

現存北監本中，印製最精美者，當推慶應義塾圖書館田中萃一郎文庫藏遼史十二册。三九・一×二二・八釐米大本，書衣以紙板爲中，覆以瑞雲瑞鳥織文橙色綾，以其綾包背，距背約四至四・五釐米穿三孔綫裝。題簽及目録亦綾，題簽印「遼史卷十之卷二十」等（第一册題簽已失），目録方形（方一六・五釐米），詳記篇目。内文用開化紙，印刷如新。蓋初印特製本，獻上内府或類此者。第一册首進遼史表缺首半葉，爲補鈔。

神田喜一郎先生所藏晉書八十册亞之。裝幀無特別之處，然内文白紙甚厚，故其餘傳本最多三十四册，獨此部訂爲八十册。印面清晰鮮明，當亦初印本。

* *

北監二十一史，於明末崇禎六年（一六三三）、清康熙二五年（一六八六）先後兩次經過全史全卷之補修。筆者雖未及仔細調查，但就大體而言，即康熙補修以後印本，版面狀態尚佳，無漫漶特甚之處，亦未見有正文補刻之處。兩次補修，皆不過稍改每卷卷首，書前加上表而已。

崇禎六年補刻本，史記書前有上表，其文自「國子監祭酒吴士元等／欽奉／聖旨據奏書板修補已完具見／勤恪着該衙門刷印裝潢／進／覽謹奉／表上／進者」起，至「崇禎六年十一月二十九日／奉／聖旨覽進二十一史具見悃忱／該部知道欽此」止，共十一葉。正文每卷首，原版題校刊祭酒、司業官銜各一行，崇禎補修，則改此官銜爲小字夾行，後加補修時之祭酒吴士元、司業黄錦「奉旨重修」官銜。仍以史記卷一爲例，示其體式如下，可與原版比較。

史記卷一　五帝本紀第一

漢太史令龍門司馬遷撰

宋中郎外兵參軍河東裴駰集解

唐國子博士弘文學士河内司馬貞索隱

唐諸王侍讀率府長史張守節正義

皇明朝列大夫國子監祭酒臣劉應秋
承直郎國子監司業臣楊道賓等奉

勑重校刊

皇明朝列大夫國子監祭酒臣吴士元
承德郎司業仍加俸一級臣黄錦等奉

旨重修

各史書題、撰注者及萬曆校刊祭酒、司業各不同，而末二行（小字四行）祭酒吴士元、司業黄錦等「奉旨重修」官銜則全史各卷皆同。然版心上象鼻刊年一仍原版之舊，作「萬曆某年刊」。

萬曆校刊祭酒、司業官銜，各史不同，一史之中先後亦有不同，見前表。崇禎補修，爲加「奉旨重修」官銜而將萬曆校刊官銜改刻小字夾行，偶或混淆，如南史卷四四誤題祭酒方從哲、司業黄汝良。又，北監本原版後印本，正文版面完好清晰，獨校刊官銜部分開始漫漶，不知何故。崇禎補修改刻此官銜，康熙補修又爲改刻官銜。

崇禎六年修本，最近慶應義塾圖書館購得一部史記二十五册，稱内府舊藏，雖不及遼史之豪華，仍爲精美。較遼史小（二九・五×一八・六釐米），瑞雲瑞鳥文藍緑綾書皮，綾地題簽，印「史記序正義目録卷一」、「史記卷二之五」等，又有綾地方形目録題簽。内文用厚白紙，質地稍硬，不如遼史用紙之佳。函套題簽墨書「内府史記」。每册首葉中央鈐「欽文/之璽」朱色大印（方九・三釐米）。不知是否崇禎補修本初印上進本。印面稍有漫漶之處。

内閣文庫藏高野山釋迦文院舊藏本四百七十册，缺元史，漢書有缺卷。北史中似乎夾雜原刻本，然大體皆崇禎修本。崇禎修本二十一史傳本甚罕見。

＊　＊

清康熙二五年（一六八六），又經一次補修。然如同崇禎時補修，僅改刻卷首官銜與版心刊年而已。全史每卷卷端，經崇禎補修，原有萬曆原刊、崇禎補修官銜共三行（即小字夾行六行），此次全爲删削。然各史卷首目録及第一卷卷端，於此三行補刻如下内容：

康熙二十五年國子監祭酒臣常錫布祭酒加一級臣翁叔元司業臣宋古渾
司業加一級臣達鼐司業臣彭定求學正臣王默典籍臣程大畢奉
旨重校修

各史第二卷以下每卷卷端，則不爲補刻，而留三行空白。然此挖改頗爲混亂，例如漢書，漢書敘例卷端仍留崇禎時官銜，未及删削，僅目録卷端改爲康熙補修官銜，而第一卷卷端失補康熙補修官銜，留三行空白。

版心上象鼻，崇禎補修時未加修改，仍留萬曆刊記，此次全爲削去。每卷首葉改刻「康熙二十五年重修」八字，第二葉以下則作空白。然版心加工亦不嚴謹，仍有萬曆刊年未及削去之處。

內閣文庫藏二十一史五百册。

王重民史記板本和參考書云：「其版康熙間修補一過，至今猶存。」（圖書館學季刊卷一第四期，一九二六年。一九九二年上海古籍出版社版冷廬文藪第五七九頁。）

第三部　解題編——正史宋元版書誌解題

一　史記　一百三十卷

現存史記宋元版，按内容可分爲三類：甲、集解本，乙、集解、索隱本，丙、集解、索隱、正義本。

甲類、集解本

甲—A種、北宋刊北宋修本（十四行）

内藤湖南恭仁山莊舊藏、武田科學振興財團杏雨書屋現藏之宋刊史記有兩種，一爲無刊記殘本，存六十九卷十一册，舊由竹添井井、富岡鐵齋分别收藏，舊稱北宋本（另一種見下甲—H種）。然此本無刊記等材料表明刊刻時間。書衣有竹添井井墨題「北宋本」，恭仁山莊善本書影（大阪府立圖書館編，一九三五年）亦稱北宋版，而不知何據。或稱「太宗、真宗間刊本」，則似以缺筆止「恒」（真宗諱）而云。

一九五五年文學古籍刊行社影印北京圖書館藏本（甲—B—1本），趙萬里先生當年任北京圖書館善本組主任，審定爲南宋紹興初期杭州刊本。水澤利忠（史記之文獻學的研究第一一頁）以此本（甲—A—1本）與北圖本（甲—B—1本）爲同版，故從趙説，認定此本（甲—A—1本）爲南宋刊本。圖録重要文化財一九（一九七六年）標注亦稱「南宋時代」。以往本人觀恭仁山莊善本書影、文學古籍刊行社影印本及影印涇陽陶氏藏史記百衲本（上海商務印書館，一九〇九年）之相闕部分（甲—B—2本），亦以爲同版。

後詳細對照恭仁山莊善本書影及兩種影印本之同一葉（卷三一吴太伯世家第一首半葉），發現兩影印本（甲—B—1本、甲—B—2本）固屬同版同修本，而此本（甲—A—1本）雖行格相同，字體、刀法却有明顯不同之處。今經調查原件，確定此本爲北宋版。

甲—A—1本： 存六十九卷（卷三一至三九、卷四四至六〇、卷八一至一〇一、卷一〇九至一三〇）

〔北宋〕刊〔北宋〕修本

半葉十四行，行二十四至二十七字，注文雙行三十二至三十九字不等。　存十一册　杏雨書屋藏

本紀、書、表全缺，僅存世家與列傳之一部分。恭仁山莊善本書影云「其中十册爲竹添井井居士手裝本，一册爲富岡鐵齋舊藏本」，新修本恭仁山莊善本書影（杏雨書屋，一九八五年）云「其中十册係竹添光鴻舊儲，另一册卷第五〇至第六〇以富岡桃華舊藏南宋刻本配補」。竹添舊藏本十册，經改裝，新加淡褐書衣，外形二八・六×一八・五釐米，墨書題「北宋本史記」，右上角墨書「世家自第一至第四　不全本一」等。内文亦經襯紙修補，每册首葉眉批「井々居士手裝　明治四十二年十月」。富岡舊藏本一册，經改裝，新加灰黑書衣，外形二八・五×一七釐米，題簽墨書「史記 世家 目 □□ □□」。

竹添舊藏本第一、第二册爲世家第一至第九，第三册並富岡舊藏本一册爲世家第一四至第三〇，竹添舊藏本

第四册至第六册爲列傳第二一至四一，第七册至第一〇册爲列傳第四九至第七〇。據水澤著録，又有列傳第四二至第四八共七卷，爲今所缺，其散佚當在此書歸恭仁山莊前。

竹添舊藏本十册與富岡舊藏本一册，外形縱向尺寸幾乎相同，刊、修、印情况完全一致。有朱點、朱綫、圈點、墨筆假名，眉批反切等，似出一人手筆。有引録索隱、正義等，又出另一人手筆。此等批注蓋皆日本室町後期人所爲，竹添舊藏本與富岡舊藏本情况相同。又，十一册每册首葉首行下部均有長六・五至一〇釐米、寬一釐米之長方形窟窿，當係舊藏者印記，爲後人剪去。據此可確定竹添舊藏本與富岡舊藏本原屬一套。蟲損情况亦相一致，然因富岡舊藏本未經襯紙修補，故情况看似較竹添舊藏本嚴重。

竹添舊藏本鈐有「宋／本」、「雙／桂／書／樓」、「島田／重禮／敬甫／印」、「竹添氏／光鴻」、「藤／虎」、「炳卿珍藏舊／槧古鈔之記」、「寶馬／盦」諸印。「宋／本」印亦見富岡舊藏本。

正文首題「吴大伯世家第一（空四格）史記三十一」，尾題「太史公自序卷第七十」。左右雙邊（二三・六×一四・九釐米），每半葉十四行，行二十四至二十七字，注文小字雙行三十二至三十九字。版心多破損，僅就可知者言之，則白口，細魚尾或有或無，少數雙魚尾。版心或題「史世家（列傳）幾」，或作「世家幾」。間有作「史十七世家十」等，意爲世家第十七之第十葉，非謂史記第十七卷。每卷另起葉次。版心下方偶見刻工名，共得五十餘葉。因破損，或不易辨認，此録其大致可辨者如左：

大安老□□、大李、大潘、小安、小李、小胡、朱佐、何明、吴仙、吴政、胡七、胡祐、胡顧、張綷、葉辰、戴余老、韓正、顧吉。朱、吴□、何、沈、周、度、胡、張、陳、許、葉□、錢、顔。

圖三五

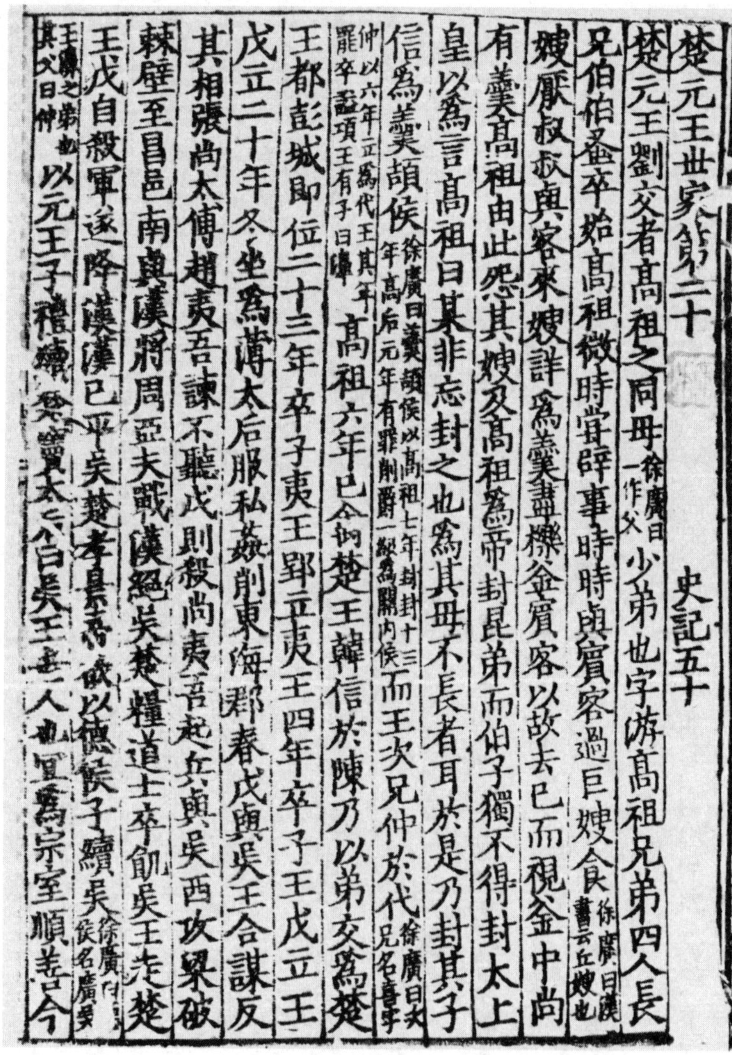

楚元王世家第二十　史記五十
楚元王劉交者高祖之同母徐廣曰一作父少弟也字游高祖兄弟四人長
兄伯伯蚤卒始高祖微時嘗辟事時時與賓客過巨嫂食徐廣曰漢書云丘嫂也
嫂厭叔叔與客來嫂詳為羹盡櫟釜賓客以故去已而視釜中尚
有羹高祖由此怨其嫂及高祖為帝封昆弟而伯子獨不得封太上
皇以為言高祖曰某非忘封之也為其母不長者耳於是乃封其子
信為羹頡侯徐廣曰羹頡侯以高祖七年封封十三年高后元年有罪削爵一級為關內侯而王次兄仲於代徐廣曰兄名喜字
仲以六年正月為代王其年罷卒謚項王有子曰濞高祖六年已禽楚王韓信於陳乃以弟交為楚
王都彭城即位二十三年卒子夷王郢立夷王四年卒子王戊立王
戊立二十年冬坐為薄太后服私姦削東海郡春戊與吳王合謀反
其相張尚太傅趙夷吾諫不聽戊則殺尚夷吾起兵與吳西攻梁破
棘壁至昌邑南與漢將周亞夫戰漢絕吳楚糧道士卒飢吳王走楚
王戊自殺軍遂降漢漢已平吳楚孝景帝欲以德侯子續吳徐廣曰德侯名廣吳
王濞之弟也其父曰仲以元王子禮續楚竇太后曰吳王老人也宜為宗室順善今

史記　北宋刊（甲—A種　杏雨書屋）

避諱缺筆，「玄、弦、炫、眩、敬、警、驚、竟、境、弘、泓、殷、匡、胤、恒、貞」諸字，至仁宗止。書中「貞」字常見，而多不缺筆。翻覽全部，僅在卷三八第三葉左半葉注文中有一處「貞」字缺末筆，且其上下三見「貞」字，皆不缺筆。

殘本共六十九卷中，含補版二十七葉，其中卷一二九第一葉左半葉第五行注有墨釘，北圖本（甲—B—1本）作「鹹」字。就此補版二十七葉，覈之北圖本，則三葉用蜀刊本配補，五葉爲補鈔，其餘十九葉皆原版，非補版葉。此本原版葉偶有剜補一或二字，連上下數字壓縮重刻。剜補部分字體較原版稍顯拙劣，然剜補時間距原版似不遠，疑原版刻成後經校對即爲剜補者。

鑑定此本，關鍵在與北圖本、陶氏百衲本之比較。北圖本、陶氏百衲本原件未見，只能就影印本觀察。北圖本之影印本有删去版心之缺點（文學古籍刊行社以綫裝、精裝兩種形式同時出版影印本。精裝本截去版心，另補框綫，每半葉爲左右雙邊，固非原貌；綫裝影印本有版心，乃出影印時統一描補，並非底本原貌），然版面印製尚屬清晰，足供版本對照之用。陶氏百衲本之影印本時間頗早，雖印刷效果稍差，版心部分又不無疑點，然仍可斷定與北圖本爲同版同修本。北圖本（甲—B—1本，存一百二卷）與陶氏百衲本（甲—B—2本，存七十五卷）兩者合用，杏雨本所存六十九卷均有相應影印本，可對比研究。爲行文方便，本節下文稱「甲—B本」以代表北圖本及陶氏百衲本中相關部分。

首先，此本與甲—B本極其相似。除甲—B本補版葉中極少數特殊例子外，行格全同，文字特點亦十分相似。以此本開頭卷三一首行題爲例（參考圖三六、三七），「吴大伯世家第一」之「世」作「丗」，「家第」二字偏左，「一」字左右緊接界綫，「史記」之「記」言旁偏左，右旁「己」占三分之二幅度等，皆與甲—B本同。又如上述剜補脱字，連上下五、六字剜版嵌補之處，表面形式全同，甚至嵌補部分字體亦非常相像。儘管如此，此本與甲—B本之間，差異亦明顯。比較兩者之刀法，此本豐潤而甲—B本尖鋭。又如「荆」字之「刂」，此本與甲—B本寬度明顯不同。更爲重要者，如上所述，此本補版葉在甲—B本均爲原版，相反，甲—B本亦有不少補版葉，而此本中相應處則全爲原版葉。此種現象在同版不同印本之間絶不能發生。一套版片，印製越晚，補版越多，原版葉只會減少，不會增加。假如a本與b本爲同版不同印本，且某葉在a本爲原版葉，在b本爲補版葉，則a本應比b本更早，不可能有a本補版葉在b本反爲原版葉之情況發生。要之，此本與甲—B本應爲原刊與覆刊之關係，且覆刊版刻對原刊版本十分忠實，因而兩者面貌酷似，但仍然不免有所差異。另，據影印本看，陶氏百衲本版心形式亦有與此本不同之特點，即於書名題上記册次，而一册不止一卷，故葉次往往數卷通算。又，陶氏百衲本全然不見刻工名。北圖本雖影印本不見版心，此等特點實與陶氏本同。（北圖本有極少數見刻工之葉，皆屬補版。）

甲—B本之字體可謂南宋初期覆北宋刊本之典型，與所謂景祐刊漢書（北京圖書館藏，見百衲本）、紹興九年紹興府刊毛詩正義（杏雨書屋藏，見東方文化叢書影印本。譯者按：有二〇一二年人民文學出版社影印本）、紹興九年臨安府刊漢官儀（北京圖書館藏，見中國版刻圖録、續古逸叢書）、紹興九年臨安府刊文粹（北京圖書館藏，見中國版刻圖録）、紹興府刊外臺秘要方（静嘉堂文庫等藏）等有共同特點，坊刻本如杭州開牋紙馬鋪鍾家刊文選（北京圖書館藏，中國版刻圖録）亦如此。又如紹興刊兩唐書，因字小，字體特點不甚明顯，然亦可認定屬此類。中國版刻圖録圖版四至五五各種書，大都屬同類。北宋版字體圓潤秀麗，南宋版將其影寫，上版重雕，綫條具直綫化傾向，稍有右上勢，給人以方峭犀鋭、「粗綫條」之感。南宋覆刊本字體自有其魅力，然與北宋原刊本之間存在明顯差別。此乃覆刊版刀法自然之理。

圖三六

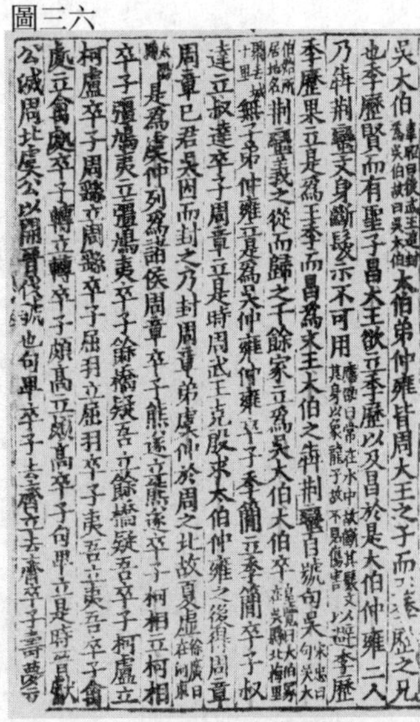
吳太伯世家第一　史記三十一
吳太伯太伯弟仲雍皆周太王之子而王季歷之兄
也季歷賢而有聖子昌太王欲立季歷以及昌於是太伯仲雍二人
乃奔荊蠻文身斷髮示不可用以避季歷
季歷果立是爲王季而昌爲文王太伯之奔荊蠻自號句吳
荊蠻義之從而歸之千餘家立爲吳太伯太伯卒
無子弟仲雍立是爲吳仲雍仲雍卒子季簡立季簡卒子叔
達立叔達卒子周章立是時周武王克殷求太伯仲雍之後得周章
周章已君吳因而封之乃封周章弟虞仲於周之北故夏虛
是爲虞仲列爲諸侯周章卒子熊遂立熊遂卒子柯相立柯相
卒子彊鳩夷立彊鳩夷卒子餘橋疑吾立餘橋疑吾卒子柯盧立
柯盧卒子周繇立周繇卒子屈羽立屈羽卒子夷吾立夷吾卒子禽
處立禽處卒子轉立轉卒子頗高立頗高卒子句卑立是時晉獻
公滅周北虞公以開晉伐虢也句卑卒子去齊立去齊卒子壽夢立

史記　北宋刊
（甲—A 種　杏雨書屋）

圖三七

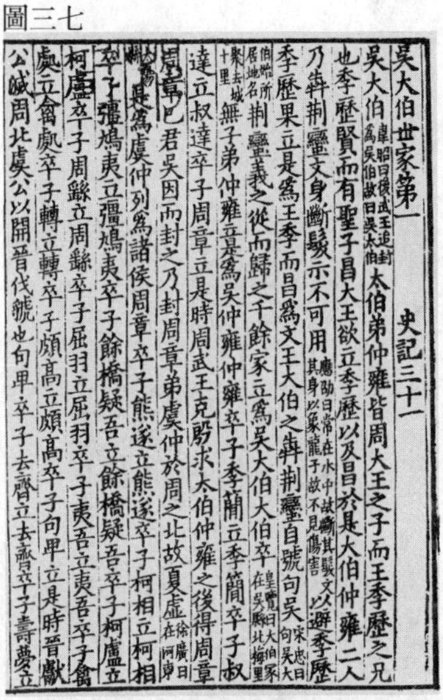
吳太伯世家第一　史記三十一
吳太伯太伯弟仲雍皆周太王之子而王季歷之兄
也季歷賢而有聖子昌太王欲立季歷以及昌於是太伯仲雍二人
乃奔荊蠻文身斷髮示不可用以避季歷
季歷果立是爲王季而昌爲文王太伯之奔荊蠻自號句吳
荊蠻義之從而歸之千餘家立爲吳太伯太伯卒
無子弟仲雍立是爲吳仲雍仲雍卒子季簡立季簡卒子叔
達立叔達卒子周章立是時周武王克殷求太伯仲雍之後得周章
周章已君吳因而封之乃封周章弟虞仲於周之北故夏虛
是爲虞仲列爲諸侯周章卒子熊遂立熊遂卒子柯相立柯相
卒子彊鳩夷立彊鳩夷卒子餘橋疑吾立餘橋疑吾卒子柯盧立
柯盧卒子周繇立周繇卒子屈羽立屈羽卒子夷吾立夷吾卒子禽
處立禽處卒子轉立轉卒子頗高立頗高卒子句卑立是時晉獻
公滅周北虞公以開晉伐虢也句卑卒子去齊立去齊卒子壽夢立

史記　南宋初覆北宋刊本
（甲—B 種　文學古籍刊行社）

另一方面，現存北宋版本，除佛典外，斷然無疑者不足十種，因數量太少，無法進行廣泛對比。然親見此本原件，感覺此本字體與真福寺藏熙寧二年刊雙金及宮內廳書陵部藏孝經十分類似。經翻看所有六十九卷，又發現此本各種特點與書陵部藏北宋版通典極其相似。即不僅具體字體相似，版面風格一致，甚至原版葉與補版葉之間關係亦相同，不禁爲之驚訝。北宋版通典鈐有「高麗國十四葉辛巳歲／藏書大宋建中靖國／元年大遼乾統元年」印，可知其刊、修、印均在北宋徽宗建中靖國元年（一一〇一）前。其中原版葉與補版葉字體特點之不同，可參看汲古書院影印本。如第一册第七葉（原版，影印本第一五五頁）與第六葉（補版，影印本第一五四頁）。

另外，此本避諱缺筆情況亦與北宋版通典同，此本刻工「胡祐」亦見北宋版通典，僅憑一刻工名雖不足以證明任何問題，但仍可參考。總之，此本可推定爲北宋刊北宋修本，當與北宋版通典同時，即十一世紀後期刊、末期修本。

圖三八

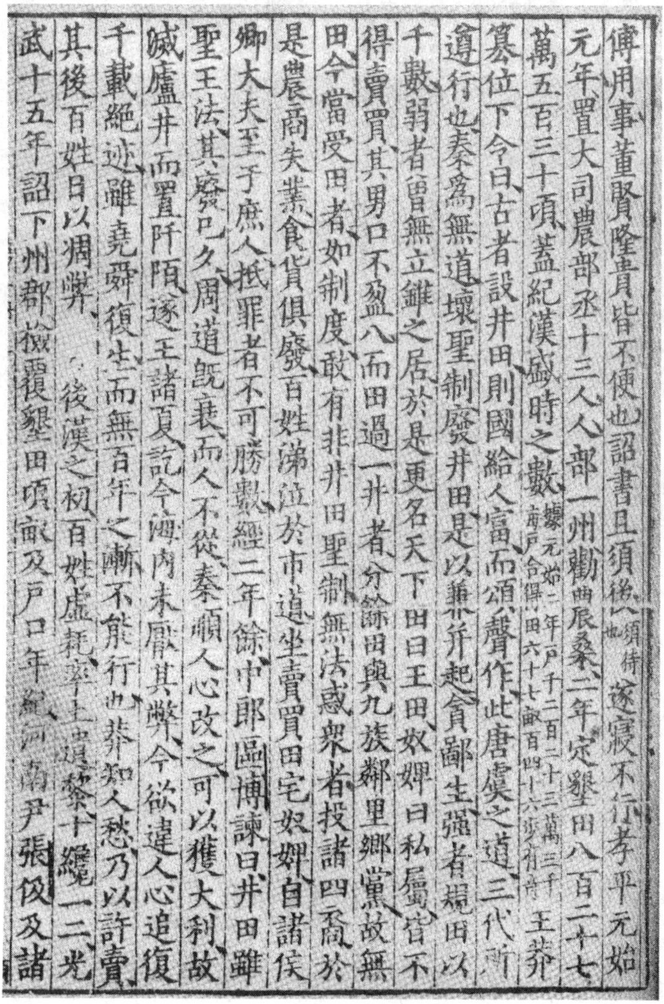
傅用事董賢隆貴皆不便也詔書且須後須待也遂寢不行孝平元始
元年置大司農部丞十三人人部一州勸農桑二年定墾田八百二十七
萬五百三十頃蓋紀漢盛時之數據元始二年戶千二百二十三萬三千每戶合得田六十七畝百四十六步有奇王莽
簒位下令曰古者設井田則國給人富而頌聲作此唐虞之道三代所
遵行也秦爲無道壞聖制廢井田是以兼幷起貪鄙生強者規田以
千數弱者曾無立錐之居於是更名天下田曰王田奴婢曰私屬皆不
得賣買其男口不盈八而田過一井者分餘田與九族鄰里鄉黨故無
田今當受田者如制度敢有非井田聖制無法惑衆者投諸四裔於
是農商失業食貨俱廢百姓涕泣於市道坐賣買田宅奴婢自諸侯
卿大夫至于庶人抵罪者不可勝數經二年餘中郎區博諫曰井田雖
聖王法其廢已久周道既衰而人不從秦順人心改之可以獲大利故
滅廬井而置阡陌遂王諸夏訖今海內未厭其弊今欲違人心追復
千載絕迹雖堯舜復起而無百年之漸不能行也莽知人愁乃以許賣
其後百姓日以凋弊　後漢之初百姓虛耗率土遺黎十纔一二光
武十五年詔下州郡檢覈墾田頃畝及戶口年紀河南尹張伋及諸

通典　北宋刊　原刻葉

圖三九

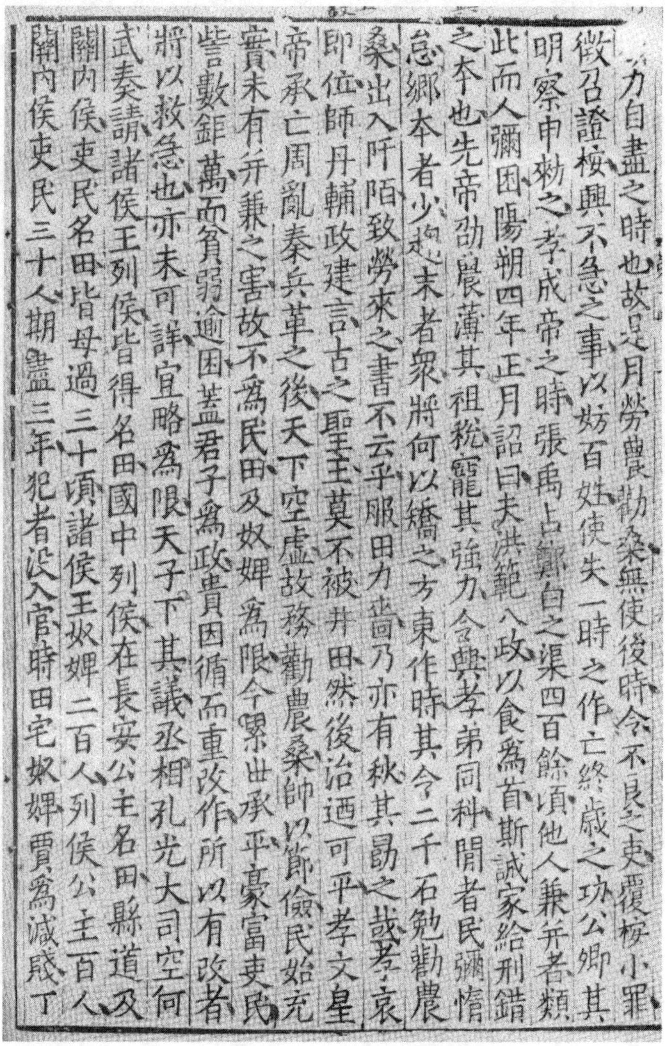
力自盡之時也故是月勞農勸桑無使後時令不良之吏覆按小罪
徵召證按興不急之事以妨百姓使失一時之作亡終歲之功公卿其
明察申勑之孝成帝之時張禹占鄭白之渠四百餘頃他人兼并者類
此而人彌困陽朔四年正月詔曰夫洪範八政以食爲首斯誠家給刑錯
之本也先帝劭農薄其租稅寵其強力令與孝弟同科間者民彌惰
怠鄉本者少趨末者衆將何以矯之方東作時其令二千石勉勸農
桑出入阡陌致勞來之書不云乎服田力嗇乃亦有秋其勗之哉孝哀
即位師丹輔政建言古之聖王莫不設井田然後治迺可平孝文皇
帝承亡周亂秦兵革之後天下空虛故務勸農桑帥以節儉民始充
實未有并兼之害故不爲民田及奴婢爲限今累世承平豪富吏民
訾數鉅萬而貧弱逾困蓋君子爲政貴因循而重改作所以有改者
將以救急也亦未可詳宜略爲限天子下其議丞相孔光大司空何
武奏請諸侯王列侯皆得名田國中列侯在長安公主名田縣道及
關內侯吏民名田皆毋過三十頃諸侯王奴婢二百人列侯公主百人
關內侯吏民三十人期盡三年犯者沒入官時田宅奴婢賈爲減賤丁

通典　北宋刊　北宋修葉

圖四〇

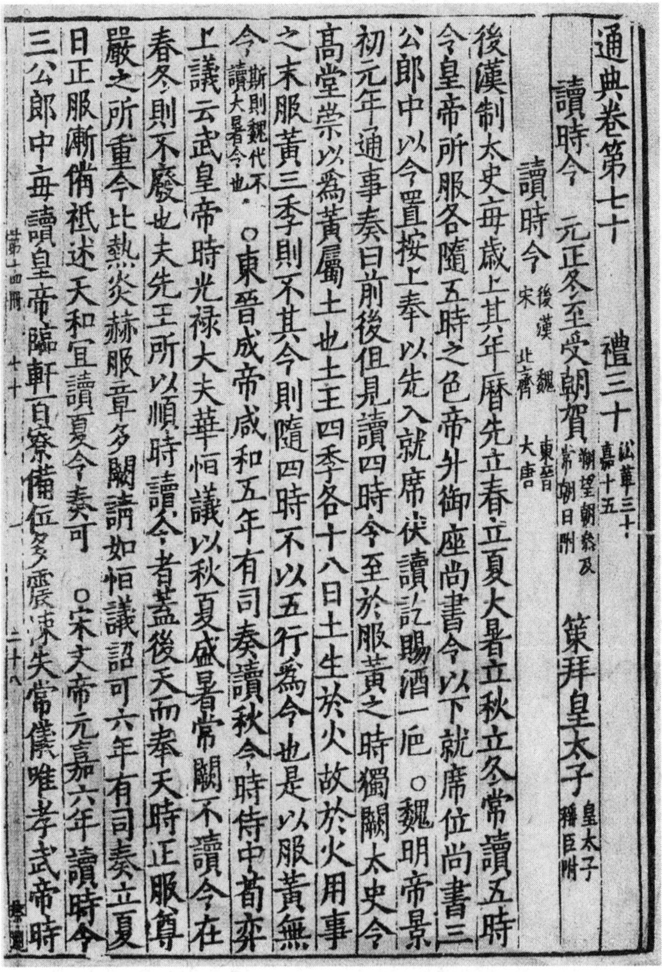
通典卷第七十　禮三十　沿革三十　嘉十五
讀時令　元正冬至受朝賀　常朔望朝參及朔日附　策拜皇太子　皇太子陪臣附
讀時令　後漢　魏　東晉　宋　北齊　大唐
後漢制太史每歲上其年曆先立春立夏大暑立秋立冬常讀五時令皇帝所服各隨五時之色帝升御座尚書令以下就席位尚書三公郎中以令置按上奉以先入就席伏讀訖賜酒一卮　○魏明帝景初元年通事奏曰前後但見讀四時令至於服黃之時獨闕太史令高堂崇以為黃屬土也土王四季各十八日土生於火故於火用事之末服黃三季則不其令則隨四時不以五行為令也是以服黃無令　斯則魏代不讀大暑令也　○東晉成帝咸和五年有司奏讀秋令時侍中荀奕上議云武皇帝時光祿大夫華恒議以秋夏盛暑常闕不讀令在春冬則不廢也夫先王所以順時讀令者蓋後天而奉天時正服尊嚴之所重今比熱炎赫服章多闕請如恒議詔可六年有司奏立夏日正服漸備祇述天和宜讀夏令奏可　○宋文帝元嘉六年讀時令三公郎中每讀皇帝臨軒百寮備位多震悚失常儀唯孝武帝時
第十四冊　七十　二十八

通典　南宋初覆北宋刊

水澤書（史記之文獻學的研究）在此本解題中，列舉校對二本紀、二世家、一列傳之結果，並指出雖無特別重大之文字異同，然此本往往有與其他諸本均不同、而獨與高山寺藏本等日本古鈔本一致之現象。不過，水澤既以此本與甲—B本爲同版，校對所據似爲影印北圖本。今就水澤所列三十餘處（此本無本紀，不計）覈以此本，則此本有五六處文字與北圖本不同，且此五六處非北宋本漫漶，即北圖本補版葉。如水澤所舉倒數第二例云司馬相如傳不重「油」字，此本雖然漫漶，無法確定爲何字，然其空間却有兩格，應爲「油油」二字，與北圖本（此葉爲原版）作一「油」字不同。其餘文字歧異處，北圖本概皆補版葉，因而不能排除南宋初期覆刊本原版文字本與北宋本相同之可能性。反言之，甲—B本之原版部分或可云其爲北宋本之高保真複製品，北宋本所缺部分不妨以甲—B本原版葉替代，其文本價值相距不遠。如此看來，水澤以影印北圖本探究其與古鈔本之關係，亦頗有參考意義。

甲—B種、南宋初期覆北宋刊本（或稱「紹興杭州刊本」，十四行）

甲—B—1本：存一百二卷（卷一至七〇、卷八一至八九、卷一〇〇至一〇八、卷一一七至一三〇）

〔南宋初期〕（覆北宋）刊、〔南宋前、中期〕遞修本

半葉十四行，行二十四至二十七字，注文雙行三十二至三十九字不等。

配補〔南宋蜀〕刊本二十二卷（卷七一至八〇、卷九四至九七、卷九九、卷一〇九至一一五）

又〔清〕鈔本六卷（卷九〇至九三、卷九八、卷一一六）

凡一百三十卷三十册　北京圖書館藏（書號：六五九〇）

一九五九年北京圖書館善本書目稱「宋刻遞修本，配另一宋刻本、清抄本」。鐵琴銅劍樓書影史部宋本第一種。一九五五年北京文學古籍刊行社爲紀念司馬遷誕生兩千一百年影印出版，綫裝本一函十四册，精裝本三册（譯者按：二〇一一年鳳凰出版社出版「宋刻十四行本史記」，據文學古籍刊行社之精裝本放大影印）。本節討論其中主體部分，即存一百二卷之「紹興杭州刊本」，亦即甲—A種北宋版之覆刻本。配補蜀刊本，待下文另做討論，見甲—K種。

新加棕色書衣（二七・五×一九・二釐米），金鑲玉裝（印版紙高二四・五釐米）。卷一三、卷三六等偶有補鈔葉。此等補鈔及配補蜀刊本中之補鈔葉，與鈔配六卷部分同出一人手筆。鈔配部分無下列諸藏印，則補鈔時間當在清中期後可知。有少量朱筆句點、傍綫、傍點及眉批。徐乾學、汪士鐘、瞿氏鐵琴銅劍樓諸印等頗多，如「徐／健菴」、「乾／學」、「傳是樓」、「尚志齋」（白文）、「楳／泉」、「徐中子」、「徐章仲／所讀書」、「東海」、「東海／漁父」、「汪印／士鐘」、「藝芸／主人」、「汪印／振勳」、「鐵琴銅／劍樓」（白文）、「瞿印／啓文」

圖四一

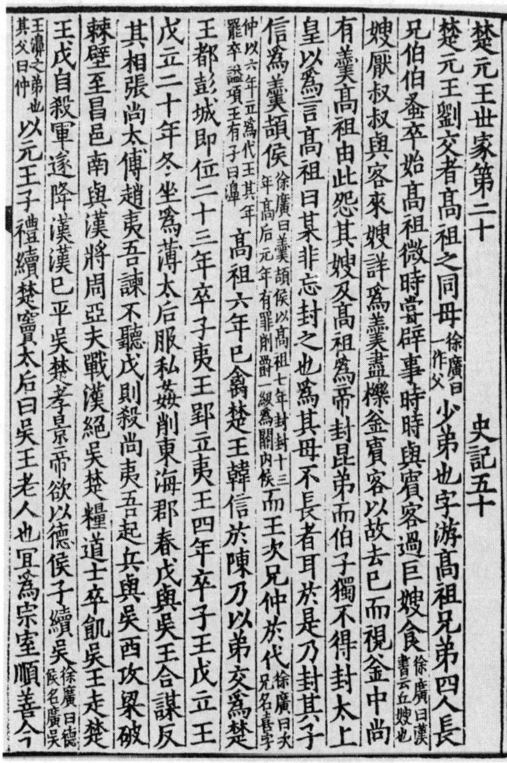
楚元王世家第二十　史記五十
楚元王劉交者高祖之同母徐廣曰一作父少弟也字游高祖兄弟四人長兄伯伯蚤卒始高祖微時嘗辟事時時與賓客過巨嫂食徐廣曰漢書云丘嫂也嫂厭叔叔與客來嫂詳爲羹盡櫟釜賓客以故去已而視釜中尚有羹高祖由此怨其嫂及高祖爲帝封昆弟而伯子獨不得封太上皇以爲言高祖曰某非忘封之也爲其母不長者耳於是乃封其子信爲羹頡侯徐廣曰羹頡侯以高祖七年封十三年高后元年有罪削爵一級爲關內侯而王次兄仲於代徐廣曰代王兄名喜字仲以六年立爲代王其年罷卒謚頃王有子曰濞高祖六年已禽楚王韓信於陳乃以弟交爲楚王都彭城即位二十三年卒子夷王郢立夷王四年卒子王戊立王戊立二十年冬坐爲薄太后服私姦削東海郡春戊與吳王合謀反其相張尚太傅趙夷吾諫不聽戊則殺尚夷吾起兵與吳西攻梁破棘壁至昌邑南與漢將周亞夫戰漢絕吳楚糧道士卒飢吳王走楚王戊自殺軍遂降漢漢已平吳楚孝景帝欲以德侯子續吳徐廣曰德侯名廣吳王濞之弟也其父曰仲以元王子禮續楚竇太后曰吳王老人也宜爲宗室順善今

史記　南宋初覆北宋刊本
（甲—B種　文學古籍刊行社）

（白文）、「瞿印／秉沂」（白文）、「瞿印／秉淵」（白文）、「瞿印／秉清」（白文）、「瞿／閏印」（白文）、「菰里／瞿鏞」（左陰右陽）、「綬珊／經眼」（白文）等。

首葉載裴駰史記集解序，至左半葉第七行止，第八行即題「五帝本紀第一」，第九行題「史記一」，下雙行注集解共二十四字，第十行以下乃正文。卷二以下，每卷輒改葉另起。每卷首第一行小題在上，大題在下，不著撰者。卷二無大題，可謂例外。左右雙邊（二二·一×一四·七釐米），行格與北宋本無異。影印本删去版心（綫裝影印本有版心，乃出影印時描補，以便翻檢，非底本原貌），實則與影印陶氏本（甲—B—2本）同，白口，單魚尾或有或無，題「第一册　本紀一」等，有葉次。原版葉僅三葉見刻工名「周」、「嚴」。世家以下版心册次或脱數字，又有版心破損者及配補葉，情況不甚明瞭。一册收二至九卷，通爲葉次，每册葉數少則十八，多至五十八。以此觀之，當分全書爲二十册。

現存一百二卷中補版葉不足三十葉，又有原版經局部修補之處，字體拙劣。可知此本至少經二次遞修。補版刻工有「于原」、「浩」、「賈」、「琚」。其中「賈」、「琚」二名先後二葉連續出現，似爲一人姓名。

避諱缺筆，有「玄、弦、眩、敬、警、驚、竟、境、弘、殷、匡、恒、貞」諸字。其中「貞」字缺筆，除與北宋版相同一處外，卷二一（表第九）屢見，亦見卷三八。

此本可認定爲南宋初期覆刊北宋刊本，上文（甲—A種下）已論之。據云水澤得見文學古籍刊行社影印本後，與趙萬里之間有書信來往。其中趙説之關鍵爲：「據卷一百十七司馬相如列傳第七、八葉（補版）刻工名考之，此本當是浙江本。」此本刻工名極罕見，姓名備具者僅「于原」一人而已，且此人又未見他書，無從比較。司馬相如列傳第七、八葉刻工名分别爲「賈」、「琚」，趙氏當以此爲姓「賈」名「琚」者，並以此「賈琚」爲浙江刻工。今案：所謂「司

圖四二

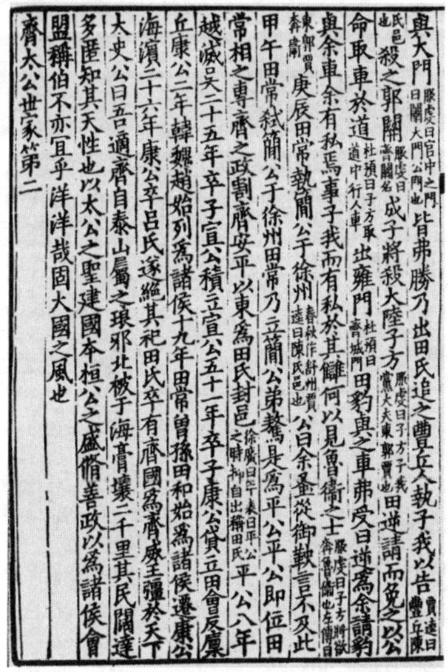

史記　南宋初覆北宋刊本　原刻葉
（甲—B種　文學古籍刊行社）

圖四三

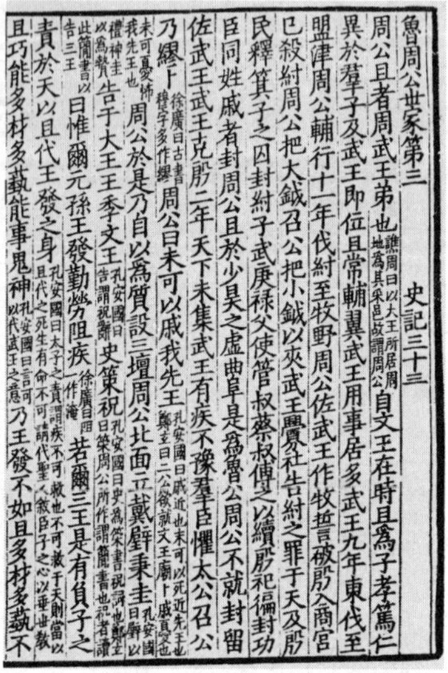

史記　南宋初覆北宋刊本　補刻葉
（甲—B種　文學古籍刊行社）

馬相如列傳第七、八葉」，乃據原本今日已錯亂之裝訂次序而言，實爲第九、十葉，版心葉次亦作九、十不誤。影印本已改正順序。又，某刻工於相連二葉分別標識姓與名，不乏其例。且此二葉獨出補版，而前後皆原版葉，則一人分別標識姓名之可能性尤大。雖無確證，不妨先假設「賈」、「琚」即「賈琚」。據筆者所知，刻工「賈琚」見三國志（舊稱「紹興本」）、南宋前期刊韋蘇州集（「中央圖書館」藏）之原版葉、紹興四年蘇州孫佑序刊吳郡圖經續記（「中央圖書館」藏）、乾道二年跋刊東萊先生詩集（内閣文庫藏）。僅此四見，不便遽爲論斷，且紹興四年至乾道二年前後三十二年，未必即一人。頗疑北京圖書館數量龐大之南宋刊本收藏中，另有幾處見「賈琚」名者，故趙氏得以如此論斷。

另外，參考他書所見刻工名而推定此人爲浙江人，自當以推定刊刻時間爲前提。懷疑趙氏致水澤書信中已表明刊刻時間可認定爲南宋前期。

總之，此本刊刻年代暫不能舉出確鑿根據。然據字體觀之，包括司馬相如列傳第七、八葉之第一次補修部分，似出南宋前期，或稍晚。因此可以推定爲南宋初期覆刊、南宋遞修本。趙氏未見北宋本（甲—A種），故未及言此本爲覆北宋本。除此之外，趙氏鑑定可謂妥當。

水澤曾校此本文字，指出其較其他刻本更接近古鈔本，如上文（甲—A種）所介紹。賀氏在解題中，除據錢泰吉「校北宋本」舉出此本與「北宋本」合者十餘條外，還舉列與武英殿版對校之結果，並云：「北宋所刊史記，今傳世者已無完帙。此本雖刻於南宋初期，猶存北宋之舊，故其史文及注，與南宋各本間差異甚大，多可補其訛漏。即以清乾隆四年四庫館臣齊召南、杭世駿等精校之武英殿本對勘，益可知此本之善。」（史記書録第五五頁）

甲—B—2本：存七十五卷（卷一至六、卷一九至二一、卷二三至二六、卷三一至三三、卷三九至六〇、卷七一至八〇、卷九〇至一一六）

乙—A—3本之配本　北京圖書館藏（書號：七九九八）

未見原件。見宣統元年（一九〇九）商務印書館涵芬樓影印浭陽陶氏百衲本史記。陶氏百衲本由四種版本相配成帙，此南宋初期刊本即居其一，共七十五卷。作爲最早期之影印古籍，印製不够清楚，然卷七一至八〇共十卷恰爲北宋本（甲—A—1本）、北圖本（甲—B—1本）所缺，故影印本有其不可替代之資料價值。

首史記集解序半葉及卷六第三三葉等極個別處似爲精緻補鈔葉，除此之外，與甲—B—1本同版同修，補版葉甚至一葉中局部之補刻情況亦相一致。據影印本看，版面似較甲—B—1本稍嫌漫漶，或因其爲後印本。然或因照相、印刷技術之原因，不敢懸斷。有汲古閣毛晉、季振宜、徐乾學諸人藏印。

此本存卷，與自莊嚴堪善本書目著録四種宋版配合本史記（該目著録史記僅此一部）中「宋刻十四行二十四、五字」者吻合。該本由周叔弢捐給北京圖書館，北京圖書館善本書目著録以蔡夢弼本（乙—A—3本）爲主，書號七九九八。

近張興吉先生查該本，與涵芬樓影印涇陽陶氏百衲本對比，認定兩者配補情況一致，認爲該本即涇陽陶氏百衲本之原件（影宋百衲本史記考，見中國典籍與文化二〇一〇年第二期）。張説可信，故此著録爲北圖藏本，並注書號。

甲—C種、北宋刊小字本（十四行）

甲—C—1本：存三卷（卷五至七）

〔北宋〕刊本。半葉十四行，行二十七字，注文雙行。

以配〔南宋前期建安〕刊本一百二十七卷（卷一至四、卷八至一三〇）　凡一百三十卷二十册　北京大學圖書館藏

卷五首半葉書影見第一批國家珍貴古籍名録圖録。

北京大學圖書館藏南宋前期建刊本（甲—I—1本）中卷五至七共三卷以此本配補，爲全帙二十册中第二册前半部分。金鑲玉裝，然因此本開本較小（印版紙大二一·一×一二·四釐米），如同貼在大紙上。匡外左上方墨書小題如「秦本紀」等。又，用紙右端中央偏下墨書「廿七」以及「七十」等，或爲舊時蝴蝶裝之總葉次。

此版與配補主體南宋前期建刊本（甲—I—1本），均鈐汲古閣毛氏、藝芸書舍（三十五峰園）汪氏諸藏印。此版部分所見，有「毛扆」（小印）、「毛／扆」、「斧／季」、「汪」、「文／琛」（白文）、「汪印／士鐘」（白文）、「閬源／真賞」（白文）、「民／部尚／書郎」、「敬／止」諸印。此版部分未見海源閣楊氏藏印，是因此版僅佔一册之前半，後半爲南宋前期建刊本之故。據藏印推測，此本在汲古閣時，已經配入此版三卷，以補南宋前期建刊本之缺。

圖四四

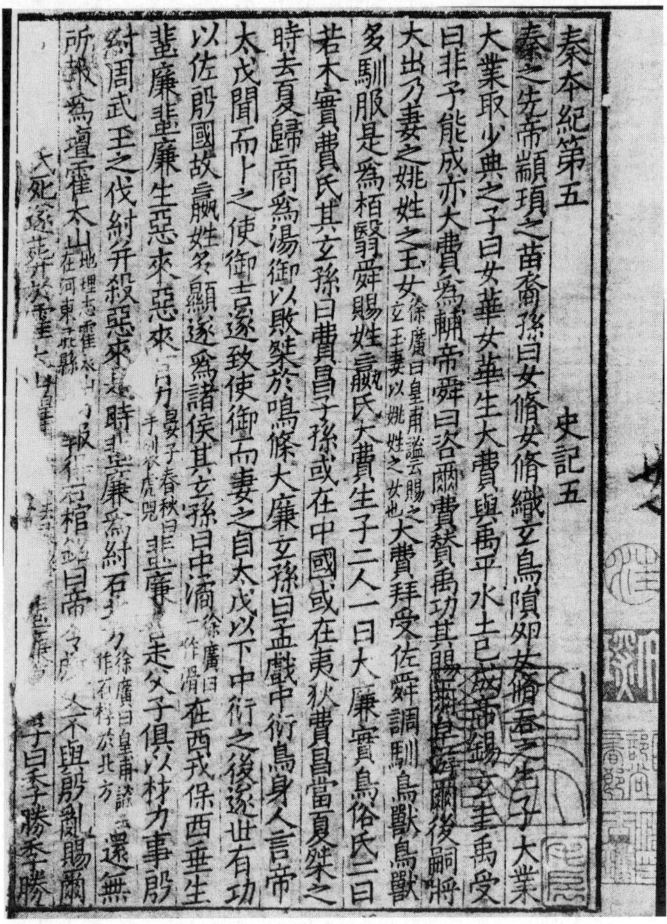

秦本紀第五　史記五

秦之先帝顓頊之苗裔孫曰女脩女脩織玄鳥隕卵女脩吞之生子大業大業取少典之子曰女華女華生大費與禹平水土已成帝錫玄圭禹受曰非予能成亦大費爲輔帝舜曰咨爾費贊禹功其賜爾皂游爾後嗣將大出乃妻之姚姓之玉女（徐廣曰皇甫謐云賜之玄玉妻以姚姓之女也）大費拜受佐舜調馴鳥獸鳥獸多馴服是爲栢翳舜賜姓嬴氏大費生子二人一曰大廉實鳥俗氏二曰若木實費氏其玄孫曰費昌子孫或在中國或在夷狄費昌當夏桀之時去夏歸商爲湯御以敗桀於鳴條大廉玄孫曰孟戲中衍鳥身人言帝太戊聞而卜之使御吉遂致使御而妻之自太戊以下中衍之後遂世有功以佐殷國故嬴姓多顯遂爲諸侯其玄孫曰中潏（徐廣曰一作滑）在西戎保西垂生蜚廉蜚廉生惡來惡來有力（晏子春秋曰手裂兕虎）蜚廉善走父子俱以材力事殷紂周武王之伐紂并殺惡來是時蜚廉爲紂石北方（徐廣曰皇甫謐云作石椁於北方）還無所報爲壇霍太山（地理志霍太山在河東彘縣）而報得石棺銘曰帝令處父不與殷亂賜爾石棺以華氏死遂葬於霍太山[illegible]子曰季勝季勝

史記　北宋刊小字本（甲—C種）

首題「秦本紀第五（空七格）史記五」。左右雙邊（二六・五×一〇・九釐米），十四行，行二十七字，注文小字雙行。版心白口，雙魚尾之間題「史記本紀幾」，下象鼻刻葉次及刻工名。刻工名有「公」、「曾」、「亮」、「許」、「用」、「胡」、「徐」。避諱缺筆者，「玄、弦、驚、境、弘、殷、匡、懲」諸字。「樹、豎、頊、桓、垣、源、購、溝、慎」諸字不缺筆。字體端麗，由於字小，更顯魅力。審其刀法，不似覆刊本。北京大學圖書館藏李氏書目（一九五六年）稱「卷五至七以北宋本配補」，此編者趙萬里先生獨具慧眼，筆者完全贊同。

甲—D種、北宋末南宋初刊十行本（舊稱「景祐刊本」）

甲—D—1本：存一百十五卷（卷一至四、卷七至四七、卷五六至一〇〇、卷一〇六至一三〇）

〔北宋末南宋初〕刊〔南宋前期〕修本

半葉十行，行十九字，注文雙行約二十七字。

配補宋〔紹熙〕建安黃善夫刊本五卷（卷一〇一至一〇五）

配補元〔大德九年〕饒州路刊本十卷（卷五、卷六、卷四八至五五）

凡一百三十卷四十册　「中研院」史語所藏

舊稱「景祐本」，綜論編第二章已有討論。其中史記現存僅此一帙。有仁壽本二十五史影印本，然原書配補黃善夫三家注本（丙—A種）及元饒州路集解、索隱本（乙—D種），影印本均替以明刊集解十行十九字本。

藏園群書經眼録云：「按：此書海内孤本，數百年來不見著録，余丁巳歲（一九一七）得於文奎堂書坊。微聞書出山右故家，賈人初獲時亦不無奢望，挾之遍扣京津諸藏書名家之門，咸斥爲南監爛版之最晚印本，歲餘無肯受者。遂漫置架底，任其塵封蠹蝕，乃爲余無意獲之。物有遇有不遇，信然。不然長安逐鹿者多，其價將十倍而未止，豈區區微力所克舉哉。沅叔。」此本原件卷末有傅氏自識曰：「四十全。癸酉（一九三三）十二月朔　藏園老人檢訖手記。」書首副葉有沈曾植、曹元忠二跋。跋文除影印本外，中國訪書志亦録全文。曹跋又見箋經室遺集卷一〇。

後補藍色書衣（三〇×一九·五釐米），金鑲玉裝（印版紙高二六·七釐米）。幾乎全卷均有朱句點、聲點。本紀之一部分等有眉批，引録索隱、正義等，又記監本異文等。眉批往往詳密，另貼浮簽録之，影印本連浮簽一併複製。藏印有：「朱印／子儋」（白文）、「晉之／心賞」、「沅叔／審定」、「雙鑑樓」、「藏園秘／籍孤本」、「江安傅／增湘沅／叔珍藏」、「藏園／秘籍」、「忠謨／繼鑑」。

史記集解序至第二葉第六行止，不改葉即接正文，第七行小題「五帝本紀第一」，第八行大題「史記一」，下録集解。卷二無大題，卷三以下卷首題如「殷本紀第三（空三格）史記三」。此本移老子列傳居首，爲列傳第一，伯夷列傳退居其下，題「伯夷列傳第一下　史記六十二」，而無「列傳第二」。左右雙邊（二二×一四·七釐米），每半葉十行，每行十九字，注文小字雙行約二十七字。又有如表六（卷一八）序等，爲九行十六字。版心白口，題「史本紀一　（葉次）（刻工）」等。補版葉占二三成。又多修刻原版之中間部分者，其刻工乃爲補刻者，自非原刊刻工。原版及補版刻工名，分別表列如下。二字及以上刻工名亦見漢書者標以★號。

毛端★　牛賢★　石貴★　安明　印起　印貴★　朱宗★　朱保★　何立★　何先★　吴安★

圖四五

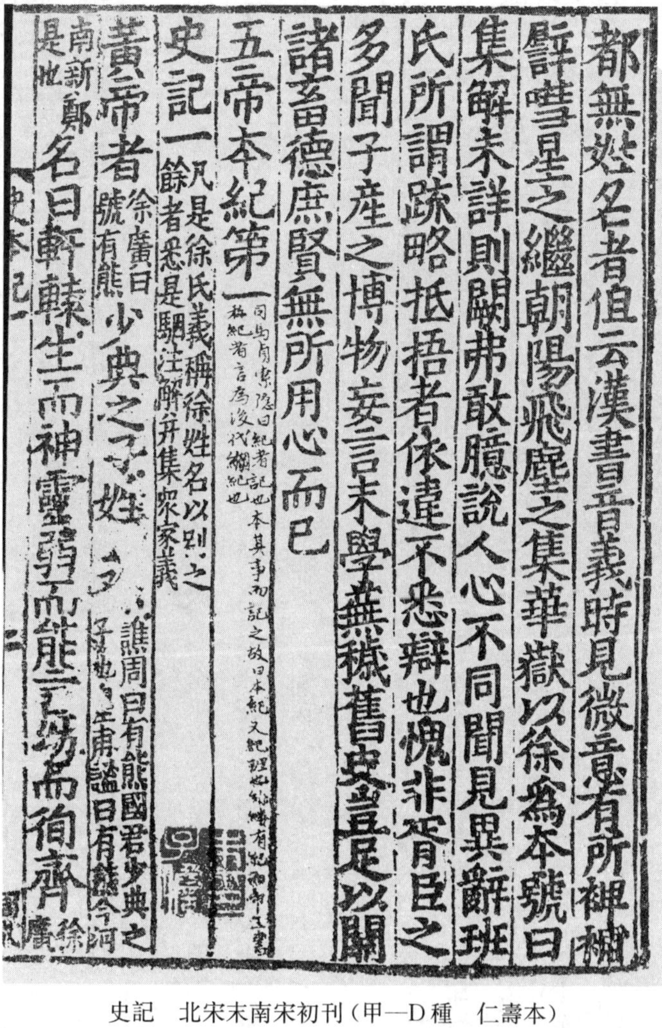

都無姓名者但云漢書音義時見微意有所裨補
譬諸行星之繼朝陽飛塵之集華嶽以徐爲本號曰
集解未詳則闕弗敢臆說人心不同聞見異辭班
氏所謂疏略抵捂者依違不悉辯也愧非胥臣之
多聞子產之博物妄言末學蕪穢舊史豈足以關
諸畜德庶賢無所用心而已
五帝本紀第一　司馬貞索隱曰紀者記也本其事而記之故曰本紀又紀理也絲縷有紀而帝王書稱紀者言爲後代綱紀也
史記一　凡是徐氏義稱徐姓名以別之餘者悉是駰注解并集衆家義
黃帝者徐廣曰號有熊少典之子姓譙周曰有熊國君少典之子也皇甫謐曰有熊今河南新鄭是也名曰軒轅生而神靈弱而能言幼而徇齊

史記　北宋末南宋初刊（甲—D種　仁壽本）

呂吉★　呂章　沈成★　沈誠★　周成★　施元★　胡恭★　洪吉★　淩安★　孫安★　徐直★
徐雅★　郎政★　張安★　張宣★　張珪★　張聚★　許宗★　許明★　許亮★　許簡★　陳吉★　陳忠★
陳彦★　陳宥★　陳信★　陳浩★　陳偉★　陳惠　陳撰　陳擇★　屠式★　屠亨★　屠室　屠聚★
嵇起★　湯立★　華連★　楊琪★　趙昌★　趙起　鄭安★　鄭彦★　鄭璋★　錢真★
元　印　守　吉　成　何　沈　宗　洪　亮　周　德　淩　郎　許　連　起　華　嵇　楊　琪　鄭　賢

以上原版

毛忠★　毛諒　毛諫　牛可道　牛實★　王受　王惠　王珎　王華　包正　史彦　史貴　印志　江通
吳圭　吳亮★　宋俅★　宋榮★　阮于　林榮　俞忠　姚臻　胡傍　孫勉　孫敏　孫祥★　徐昇★　徐忠
徐杲　徐茂　徐政　徐真★　徐高★　徐祥　徐從　張敏　張祥　章楷　章珎　陳全★　陳言　陳昌★
陳彦★　陳哲　陳迎　黄宇　黄暉★　楊平　趙宗　劉中　劉延　劉閏　衛玉★　嚴端　顧全★　顧忠　顧淵
史　全　陳　端　趙　嚴

以上補版

原版避諱，「玄、弦、絃、敬、警、驚、弘、泓、殷、匡、筐、竟、恒、貞」諸字缺筆，補刻又多「樹」、「桓」字。然或缺或否，不甚嚴格，不知景祐原本如此，抑或覆刊失慎所致。

原版葉字體粗重，補刻部分筆畫較細，判然有别。與漢書（百衲本）、後漢書（鐵琴銅劍樓宋本書影載卷七首葉及卷五四第一三葉）相較，此本原版葉字間、行間幾無空隙，故兩漢書字體顯得偏長，刀法犀鋭。補刻筆畫稍嫌乏力，甚至有些補版葉單獨看頗似明刊本。

雙鑑樓善本書目稱「北宋淳化刊本」，藏園群書經眼録稱「北宋刊遞修本」。經眼録分別著録原版與補版之刻工名，大都與上表重複，然亦有上表所漏者。一九四七年此本歸中研院史語所（時在南京），一九四八年該所集刊第一八輯刊登傅斯年北宋刊南宋補刊十行本史記集解跋及勞榦同後跋。勞跋録「版葉較舊之刻工」五十八人，「版葉較新者」四十八人，亦有上表所漏者。此據二氏補上表如下。原版、補版各分三組，即傅録、勞跋兩見者，傅録獨見者，勞跋獨見者。

徐真　陳言　趙建　蔣宗　＝　何光　吴圭　陳昌　＝　何言　安用　孫立　張中　許賢　屠宣

以上原版

江道　胡滂　＝　劉廷　＝　徐興

以上補版

沈跋開首即云「此爲北宋最初監本無疑」，然後稍加考證。曹跋引吴曾能改齋漫録，謂升老子傳爲列傳之首者，據政和八年（一一一八）詔，則此本爲政和補刊景祐監本，並稱「此爲天下宋本史記第一也」。勞跋發展曹説，謂索隱本伯夷第一，管晏第二，老莊韓非爲第三，此司馬遷之舊；正義據開元二三年敕令，改老莊伯夷同傳第一，韓非單傳；監本據政和八年勅，改爲老子伯夷同傳第一，莊子韓非同傳；而此本乃政和後補刊印本。勞跋指出列傳第一之兩標題「老子列傳第一上」、「伯夷列傳第一下」均出南宋補版，且各自爲葉次，乃政和以後改移篇第所致；莊子韓非列傳全屬補版，據其刻工名可推其爲政和年間所補版。既有政和年間補版，則此本爲政和以前刊、政和以後至南宋遞修本。至於原版刊行年代，勞跋指出原版刻工名有「陳吉」、「洪吉」、「吕吉」，若在徽宗朝，正文即或不避諱，刻工必不仍題「吉」字。更上言之，原版部分避諱者自聖祖至仁宗止，自英宗以下無一避諱者，且屢見「通」字缺筆，因謂此本原刊「在仁宗初年之成分爲最大」。然正如傅跋所言，「避諱有定式，然後『上至』可以推定，今既無定式，則此書創刊於何時，實難論定」，故勞跋亦云「至難論定」。當時刻工資料可參考者極爲有限，他們未能得出最終結論，事屬自然。據傅跋説「以避諱字鑑定此書，轉不若以其刻工」，「此書問題非單獨所能解決」，而要「綜合宋刊群書而論定」，即知傅氏思慮周密精審，推論方向完全正確。

今將此本刻工與開元、思溪兩大藏刻工進行比較，可以論證此本爲北宋末南宋初刊本，如綜論編所言。中國訪書志除大藏經外，廣泛對照各種宋刊本刻工，進一步推測此本爲南宋初期刊本。爲便參考，將中國訪書志所舉刻工整理表列如下。標×號者，此本補版刻工。

書名	刊年	刊地	刻工名
文選	紹興	明州	陳忠　王受×　江通×　黄暉×　陳迎×　毛諒×　毛諫×　俞忠×
五代史記	南宋初期		陳忠　陳彦×
白氏六帖事類集	南宋前期		陳忠　王惠×　徐高×　毛諒×
外臺秘要方	南宋初期		陳浩　江通×　徐昇×　徐杲×　徐高×　趙宗×
漢書	南宋初期	杭州	王珎×　毛諒×
漢書	南宋前期		陳浩　王珎×　徐杲×　徐高×　徐茂×　包正×　毛諒×
文選	南宋前期	贛州	陳信　劉中×
尚書正義	南宋前期	越	陳浩　王惠×　徐義×　徐高×
周易注疏	南宋前期	越	王惠×　顧忠×　徐茂×　張祥×
周禮疏	南宋前期	越	陳浩　王惠×　徐茂×
類篇	南宋前期		鄭彦　陳忠
春秋經傳集解（静嘉堂）	南宋前期		王珎×　阮于×　吴亮×　徐杲×　章楷×　包正×　毛諒×　毛諫×　姚臻×
資治通鑑目録	南宋初期		牛實×　江通×　黄暉×　史彦×　徐政×　章珎×　宋俅×　俞忠×

史記（索隱）	淳熙		徐忠×　章珎×
七史	南宋前期	杭州	陳浩　周成　王華×　徐高×
臨川先生文集	紹興二一序		陳忠　王受×　趙宗×
蘇文定公文集	南宋前期		張宣
史記（集解）	南宋初期		陳彦×
（新）唐書	紹興七	湖州	江通×
西漢文類	紹興一〇	臨安府	包正×
續高僧傳	紹興		王受×
周官講義	南宋前期		劉中×
昌黎先生集	南宋前期		劉中×
世説新語	南宋初期		陳浩
爾雅疏	南宋初期		陳浩
聖宋文選全集	南宋前期		陳彦×
春秋經傳集解	紹興刊乾道修	江陰軍學	陳彦×
論衡	南宋前期		王珎×
唐百家詩選	紹興		王華×
史記（集解）	紹興	淮南西路轉運司	王華×
周易本義	南宋中期（寧宗前後）		王華×
吳郡圖經續記	紹興四	蘇州	牛實×
妙法蓮華經（天理）	南宋前期		徐昇×
十一家注孫子	紹熙		章珎×
歐陽文忠公集	南宋中期（寧宗前後）		陳全×
通鑑紀事本末	淳熙二刊（補刻部分）	嚴州	陳全×
本草衍義	慶元		王惠×
孔氏六帖	乾道二	泉南郡庠	劉中×
漢隸字源	慶元三		劉中×

資治通鑑綱目	嘉定二	温陵郡齋	劉中×
禮記	淳熙	撫州公使庫	陳浩

據知，此本原版刻工中，陳忠、陳浩、陳信、張宣、鄭彦、周成僅六人見於其他南宋前期諸版本（偶涉初期、中期），而補版刻工則大量出現於同時期版本。因此，雖可肯定南宋前期之補刻距原版刊刻時間不遠（正如中國訪書志所言），然原版刊刻時間不宜遽定爲南宋初期。原版若爲南宋初期所刊，則原版刻工之見於南宋初中期諸刊本者定當不止此數，且原版與補版字體之差異當不至如此明顯。又，中國訪書志認爲刻工們大都爲杭州地區工匠，此觀點固然不錯，然若據原版與補版字體差異較大，並漢書對勘官有「左通直郎福州長樂縣主管勸農公事劉希亮」，且原版刻工多見於開元寺版等情況推測，或可認定原版爲北宋末南宋初於福州或福州附近某地所刻，至紹興後半期版片移置臨安國子監，國子監爲之補修，亦未可知。

水澤曾校此本，謂此本並無獨特異文。又，賀氏史記書録不録此本，其所謂「北宋景祐間刊本」兩種乃覆刻本，見下甲—E—2、3本。

甲—E種、南宋前期刊十行本（覆「景祐刊本」）

「中央圖書館」所藏史記（集解）存一百二十六卷三十册，觀該館宋本圖録所載書影（首葉左半葉即集解序末至卷一首部分），酷似舊稱「景祐刊本」（甲—D種），不僅行格相同，字體亦相像。因而該館宋本圖録及善本書目均稱「南宋初覆刊北宋刊本」，賀氏史記書録録同版本二部（見下甲—E—2、3本）竟稱「北宋景祐間刊本」。然宋本圖録、史記書録、涵芬樓燼餘書録所録此版刻工與所謂景祐刊本不合，涵芬樓燼餘書録及北京圖書館善本書目並稱此版爲「宋刊元明遞修本」。今此版由中國訪書志論定爲南宋前期刊本。

甲—E—1本：存一百二十五卷（缺卷一一三至一一六、卷一二三）

〔南宋前期〕刊〔元明初〕遞修本

半葉十行，行十九字，注文雙行二十六至二十七字。

圖四六

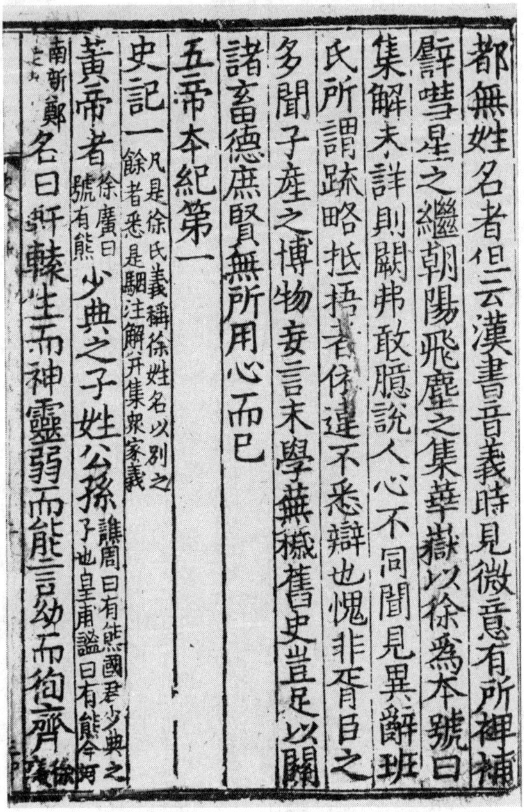
都無姓名者但云漢書音義時見微意有所裨補
辭甚是之繼朝陽飛塵之集華嶽以徐爲本號曰
集解未詳則闕弗敢臆說人心不同聞見異辭班
氏所謂疏略抵捂者依違不悉辯也愧非胥臣之
多聞子產之博物妄言末學蕪穢舊史豈足以關
諸畜德庶賢無所用心而已

五帝本紀第一
史記一　凡是徐氏義稱徐姓名以別之餘者悉是駰注解并集衆家義
黄帝者徐廣曰號有熊少典之子姓公孫譙周曰有熊國君少典之子也皇甫謐曰有熊今河
南新鄭名曰軒轅生而神靈弱而能言幼而徇齊

史記　南宋前期覆北宋末南宋初刊本（甲—E種）
（本圖像數據由「國家圖書館」提供）另見本書卷首彩圖

鈔補一卷（卷一二三）共存一百二十六卷三十册

「中央圖書館」藏（書號：〇二八四）

「中央圖書館」宋本圖録、國家圖書館善本書志初稿有書影。

新加淡紫絹書衣（三二×一八・八釐米）。襯紙修補，金鑲玉裝（印版紙高二六・七釐米）。除卷一二三外，卷二七第三、第四葉，卷三二第一三葉，卷八三首葉，卷一一二第三葉左半葉，亦爲鈔補。卷一一二第一至第三葉右半葉缺。鈐「本京中兵馬指揮／司副指揮李闢防」、「莚圃／收藏」印。首總目（缺首葉），次史記目録十六葉，第九行題「史記目録終」，第十行空，而缺左半葉（此當有元統修補刊記，今不可見，參甲—E—2本下）。次史記集解序，不改葉即接正文，題「五帝本紀第一」，改行題「史記一」。卷二以下，上標小題，空三格下標大題，卷尾標小題及卷次。四周雙邊（二二・七×一四・四釐米），間有左右雙邊者。有界十行，行十九字，注文小字二十六至二十七字。版心白口，記大小字數，單魚尾，題「史記一　（葉次）　（刻工名）」等。避諱缺筆者，「玄、弦、縣、敬、警、驚、竟、弘、殷、匡、恒、徵、桓」諸字，止於北宋。版心多破損，明修部分雙黑魚尾，無刻工名。今分别録此本原版及元補版葉刻工如下。爲便參考，一併表示涵芬樓燼餘書録（據甲—E—2本）及史記書録（據甲—E—3本）所録刻工。標⊙號者此本與涵芬樓燼餘書録皆見，標◇號者此本與史記書録皆見，標○號者此本不見，獨見於涵芬樓燼餘書録。

王友⊙　王仲⊙　王洪　王珙○　余翌⊙◇　吴永年⊙◇　吴富⊙　吴超⊙　李忠○　李枚○　沈明⊙
俞文⊙　倍祥⊙　苑云　范文一○　范敏⊙◇　張文○　張丙⊙　張立⊙　曹允◇　郭士良⊙　郭敦⊙◇
陳谷⊙　陳邦卿⊙　陳彥◇　彭祥⊙　閔昱⊙　詹允⊙◇　楊宗⊙　趙宗茂○　趙宗義◇　劉山◇　劉松⊙
劉道⊙　魏正⊙◇　譚謙⊙
文　曹　郭　彭　敦　趙　　以上原版
万二　公惜⊙　今友⊙　友山○　文榮⊙　方元⊙　王付⊙　王夫○　王全⊙　王良⊙　王珪○　王細⊙

王高⊙　王壽山○　王興○　占德潤○　石山○　任昌　任阿伴○　任韋　务陳秀⊙　朱元○　朱祥⊙
朱曾⊙　朱曾元○　何九万⊙　何益⊙　何通⊙　吴祥○　君玉○　君寶⊙　李庚○　李岩⊙　李格　汪惠⊙
汪惠老○　王諒○　沈珍○　沈貴⊙　邦卿⊙　阮寶　尚桂　金一○　金二○　金許○　俞榮○　胡昶⊙
胡慶　茅化龙　茅文　茅文龙　范堅　芦開三○　郁仁○　徐子秀　徐文⊙　徐怡⊙　徐怡祖○　徐泳⊙
孫賓○　高蓀五○　高顯祖　高諒⊙　張成⊙　盛久⊙　章亞明　章著⊙　章演　章濱○　許成○　陳一○
陳二○　陳日裕○　陳邦卿　黄亨○　楊采○　楚慶一　葛年○　董大用⊙　熊道瓊　德潤　德裕○
潘用○　滕慶○　蔡秀　蔣云甫○　蔣蠶⊙　鄭埜○　應三秀　應子華○　繆珍

以上元代補版

元　金　涼　張　盛　陳　錢　繆　蘇

涵芬樓燼餘書録録刻工甚多，此本刻工與之多相一致。案：此本元代補版刻工如以他書比較，則如兩淮江東轉運司刊三史之元代補版部分即見其中大部人名，又西湖書院重整書目所見各種宋刊本之元代補版亦多見此輩人名，則此本元代補版蓋出元代中或後期(有元統三年補修記，參甲—E—2本下)。

至若原版刻工，中國訪書志曾以其他宋刊本進行比較，如：

王黃州小畜集	南宋前期刊		郭敦　彭祥　閔昱
漢書	紹興	湖北提舉茶鹽司刊	沈明　陳彦
文選	紹興	明州刊	王仲
史記(「中研院」)	南宋初期刊前期修		陳彦
史記	南宋前期	淮南路轉運司	陳彦
後漢書	南宋前期	兩淮江東轉運司	王仲　陳彦

周禮疏	南宋前期　越刊	王仲
禮記正義	南宋前期　越刊	陳彥
白氏六帖事類集	南宋前期刊	陳彥　魏正
聖宋文選全集	南宋前期刊	陳彥
文選	南宋前期　贛州刊	沈明
宋書	南宋前期刊	王友
春秋經傳集解（陽明文庫）	紹興江陰郡刊乾道淳熙修	陳彥
石林奏議	開禧刊	王仲
資治通鑑綱目	嘉定一二　温陵郡齋刊	王友

可見除王仲、王友見末兩種開禧、嘉定刊本外，其餘刻工名均見南宋前期杭州地區刊本，因之可推定此本原刊亦即南宋前期杭州地區所刻。

涵芬樓舊藏本（甲—E—2本）據云有明弘治三年至一五年之補版頁，而此本不見。然此本實亦有雙魚尾明代補版葉，則其當爲明初（弘治以前）修本。

中國訪書志云：「原版字體渾厚，有北宋遺風，……與『中研院』藏史記集解字體相似，且行格相同。傅氏謂『是源出北宋胄監也』（案：此傅增湘評甲—E—4本語），誠然。」正如其言，此本蓋可視爲「中研院」史語所藏舊稱「景祐刊本」（甲—D種）之覆刊本。即非直接覆刊，亦屬廣義之覆刊本，爲同一版本系統。

甲—E—2本：舊存三十三卷（存序目、卷二至四、卷五四至六〇、卷八七至九五、卷一一三至一一八、卷一二〇至一二六）

〔南宋前期〕刊〔元明初〕弘治三年遞修本　傅增湘舊藏　存逸不詳

藏園群書經眼録云：此本

元補板大黑口。明補板細黑口，板心上方記弘治三年，或有「國子監」三字，下方記監生某人。目録後有元代刊補官銜名六行：

元統三年五月　日　刊補完成

儒司該吏　高德懋　樊道佑

所委監工鎮江路丹徒縣儒學教諭楊文龍

江浙等處儒學提舉司吏目　阿里仁美

登仕郎江浙等處儒學副提舉　陳旅

承事郎江浙等處儒學提舉　余謙

沈曾植氏跋云：

南監集解向來校刊家不甚注意，余獨重視之，而苦無佳印本。今日與淳化本并几同觀，乃知此是淳化嫡子也。紹興九年詔下諸郡，索國子監元頒善本校對重刊，此其是歟？元統重修銜名亦有關考證者。寐翁。

按：「淳化本史記」即余所藏景祐本，此本行欵正同，而桓字已缺末筆，則沈寐叟所定爲紹興重刊，殆無疑義矣。乙丑正月藏園主人記。（余藏）

右，藏園群書經眼録。「乙丑」當一九二五年（民國一四年）。

一九九五年前後（記憶不確），中國書店於東京中央圖書館舉辦新刊圖書展覽會，同時展列七部宋元版珍籍（每一部僅展出首一册），此傅增湘舊藏史記即在展覽之列，於是筆者僥倖親見其第一册。

新補淺藍色書衣，鈐「藏園」印，金鑲玉裝。特大一册（當時未携尺子，未能量尺寸）。册首抄録（與傅熹年跋同筆）甲戌（民國二三年，一九三四）藏園題記云：「余又增入南監本二十八卷，其中重複者不計，通得一百一卷。此六本中，淮南路本、南監本爲集解。」又有戊辰（一九八八）除夜傅熹年跋。册尾又有傅熹年跋，云：「六六年陳伯達掠去，卷首印章、畫套、籤題均其穢跡。」三皇本紀首鈐「伯達／之印」。又，同時出展之静修先生文集（元劉因撰）元至順三年宗文堂刊本，有康生識語云「劉著最早刻本」云云，可見其展品來源之共同特點。書中傅氏藏印有「雙鑑樓／藏書印」、「雙鑑樓／珍藏印」、「沅叔／審定」。卷首浮簽有沈曾植跋，其文如見右引經眼録。首史記目録（首三葉補鈔，第四至一六葉除有一葉明修外，餘皆原版），末尾有元統補修記（其文如見右經眼録引），次三皇本紀（共三葉，皆明修大黑口），次史記集解序（弘治三年修，監生孫蕙）。原版葉有譚葉，元修葉有鄭松、陳日裕等刻工名。此部不知今藏何處。

按：右録甲戌藏園題記，文義不全，其全文見藏園群書題記所收題百衲本史記。據題記知，傅增湘先後收得南監本共五十二卷，至壬申（民國二一年，一九三二）忽獲宋犖舊藏百衲本存八十卷十七册。其中宋版兩種，元版三種。於是傅氏配入所藏南監本二十八卷，除去重複，共存一百一卷。配入二十八卷之南監本，「半葉十行，行十九字，注雙行二十七字，白口，四周雙欄，版心上記大小字數，下記刊工姓名。有元明遞修之葉，明修者版心有『弘治三年補』五字。宋諱桓、慎皆不避，是源出北宋胄監也。存本紀卷一至四，世家卷二十六，列傳卷十一、卷三十八至四十五、卷五十二至五十八、卷六十至六十六。目録後有補版官銜名六行：……云云……」所録補版官銜名，即右引經眼録所載。經眼録所述存三十三卷本與題記所述百衲本中之二十八卷，情況一致，唯存卷不吻合而已。因傅氏原有五十二卷，取其中二十八卷入百衲本，經眼録著録者，或爲其所餘，亦未可知。傅氏百衲本，後亦見文禄堂訪書記，其第二種即此監本，所述存卷、補版情形、元統修補記及沈曾植跋等，均與傅氏題記同，而著録刻工名二十一。

據目録後六行列銜，知元修在元統三年（一三三五），因而亦可限定其元修刻工之刊版時間爲一四世紀前半至中葉。余謙等之補修題記，亦見儀禮經傳通解、通典及西湖書院刊本文獻通考等。儀禮經傳通解續編目録後有六行題記，首行「元統三年六月　日刊補完成　後學葉森書」，餘五行均與此史記同。北京圖書館藏通典殘本「宋刻元元統三年江浙等處儒學重修本」（書號：一一三一〇）存目録一册、卷一一至一五一册，兩册來源不同，亦非同版。此本目録凡四十葉（通典宋元版之有詳目，僅此一殘本而已），似皆南宋中期以後之原版，末尾挖版補入六行題記，首行「元統三年十月刊補完成」，第四行「江浙等處儒學副提舉　阿里仁美」，餘四行皆同史記、儀禮經傳通解（藏園群書經眼録卷六通典下「目後題記六行與余藏南監本史記集解銜名吻合，第後此數月耳」，即謂此）。又，文獻通考之補修亦在西湖書院，故史記此版可以推定爲西湖書院重整書目所謂「中字史記」。

圖四七

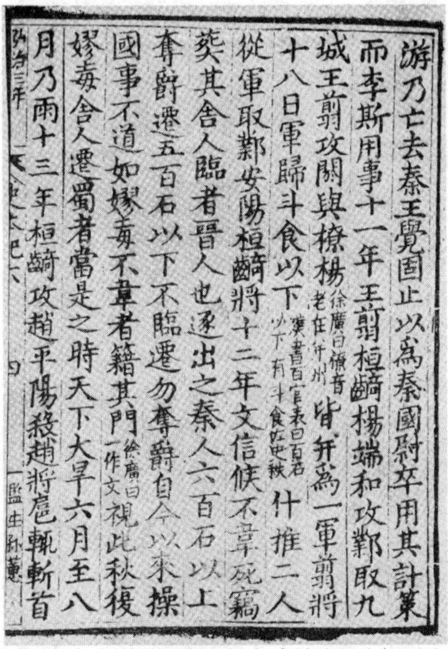
游乃亡去秦王覺固止以爲秦國尉卒用其計策
而李斯用事十一年王翦桓齮楊端和攻鄴取九
城王翦攻閼與橑楊徐廣曰橑音老在幷州皆幷爲一軍翦將
十八日軍歸斗食以下漢書百官表曰百石以下有斗食佐史秩什推二人
從軍取鄴安陽桓齮將十二年文信侯不韋死竊
葬其舍人臨者晉人也逐出之秦人六百石以上
奪爵遷五百石以下不臨遷勿奪爵自今以來操
國事不道如嫪毐不韋者籍其門徐廣曰籍一作視視此秋復
嫪毐舍人遷蜀者當是之時天下大旱六月至八
月乃雨十三年桓齮攻趙平陽殺趙將扈輒斬首

史記　南宋前期覆北宋末南宋初刊本（甲—E種）
明弘治三年修葉（資料和論文索引）

然嘉靖年間所撰南雍志經籍考中，似無相應版本，則此版弘治、正德以後之去向，今不得而知。

甲—E—3本：一百三十卷（南宋前期）刊（元明初）至弘治一五年遞修本　三十八册　北京圖書館藏（書號：七三四一）

未見。此涵芬樓舊藏本。北京圖書館善本書目著録爲「宋刻宋元明遞修弘治公文紙印本」。涵芬樓燼餘書録具録刻工名，並云非原版部分「或爲覆刻，或爲元補、明補之葉，以弘治三年爲最多，版心下有『監生某某寫録』一行。尚有闊黑口者，版心偶刻『弘治十五年』，此爲最後補配之葉。注文每多芟削，有時且羼入索隱。版心亦不記寫生姓名，蓋負責無人，事遂苟且也。……全書用弘治公牘紙、紙背有官印，有朱筆批判，至饒古意」。

史記研究的資料和論文索引圖版一五刊載秦始皇本紀第四葉右半葉書影，標題爲「明弘治公文紙印補刊宋監本史記」。據書影，此葉雙邊，版心上象鼻記「弘治三年」，下象鼻記「監生孫蕙」。蓋補刻至弘治一五年（一五〇二）止，而此本則正德（一五〇六始）以後弘治公牘紙印本。

甲—E—4本：存四十卷（卷七至一七、卷三一至三八、卷七七至八九、卷一二三至一三〇）　存五册　北京圖書館藏（書號：〇一一六七）

史記書録稱此本爲「弘治三年補刊本」，並云三皇本紀爲弘治三年所補。史記書録亦云此本「字體刻工，俱極惡劣，集解注不全，又間出索隱，其不能與舊版相銜接處則空數字，甚或删去數字勉强湊合，其陋亦可知矣」。

未見。一九三三年北平圖書館善本書目作「宋刻明印本」，一九八九年北京圖書館古籍善本書目作「宋刻宋元明遞修本」。按史記書録著録一部「景祐間刊本」，存本紀六卷（卷七至一二）、表五卷（卷一三至一七）、世家八卷（卷三一至三八）、列傳二十卷（卷七七至八九、卷一二三至一二七、卷一二九至一三〇），凡三十九卷，當即弘治修本，謂「原爲清内閣大庫舊藏，現歸北京圖書館」。今與北京圖書館古籍善本書目對校存卷，即以卷一二八之有無爲小異，當即同一部。

甲—E—5本：存十九卷（卷一〇至一五、卷二七至三〇、卷六二至七〇）　北京圖書館藏（書號：七九九八）

乙—A—3本之配本

未見原件。涵芬樓影印涇陽陶氏百衲本中，卷一〇至一五、卷二七至三〇、卷六二至七〇共十九卷屬於此E種南宋前期刊十行本（有元修，不知有無明修）。據張興吉説（見甲—B—2本下），涇陽陶氏百衲本原件今藏北京圖書館，書號七九九八。互參甲—B—2本、乙—A—3本下。

* *

檢北京圖書館古籍善本書目，又有二部「十行十九字」本，其一「宋刻宋元遞修本」存四卷（卷一二三至一二六），一册；其二「宋刻宋元明遞修本」存四十九卷（卷四、卷五三至六〇、卷七〇至七一、卷七三至七八、卷八七至一〇四、卷一一二至一一八、卷一二〇至一二六），十三册。又有一部不記行格，稱「宋刻宋元明遞修本」，存四十卷，九册。另，史記研究的資料和論文索引著録一種「存本紀七卷、表五卷、世家十六卷、列傳四十三卷」，凡七十一卷，據云亦「原藏内閣大庫，現歸北京圖書館」。

甲—F種、南宋前期淮南西路轉運司刊本（九行）

南宋兩淮江東轉運司刊三史中，史記有「左迪功郎充無爲軍軍學教授潘旦校對、右承直郎充淮南路轉運司幹辨公事石蒙正監雕」二行銜名，可推定爲淮南西路轉運司所刊。淮南路原爲一路，至北宋熙寧五年（一〇七二）分爲東西兩路（宋史卷八八地理志四二），故容齋續筆云：「紹興中命兩淮、江東轉運司刻三史版。」無爲軍屬淮南西路。

甲—F—1本：存三十卷（卷五、卷六、卷八至一二、卷一六卷一七、卷三四至四〇、卷四八至五四、卷五六、卷九九、卷一〇〇、卷一〇七至一一〇）

〔南宋前期〕淮南〔西〕路轉運司刊本　凡十七册　上海圖書館藏

半葉九行，行十六字，注文雙行二十至二十二字。

附題跋一册

此本裝訂爲十六册，另附題跋一册。後補深藍書衣（二九·五×二一·五釐米），金鑲玉裝（印版紙高二八釐米）。藏印有：「吴／寬」、「原／博」（吴寬一四三五～一五〇四）、「停雲」（橢圓）（文徵明一四七〇～一五五七）、「肇錫／余以／嘉文」（文嘉一五〇一～一五八三）、「韓世／能印」（一五六八年進士）、「錢印／維成」（白文）、「稼軒」（錢維成一七二〇～一七七二）、「小瑯嬛／福地／秘笈」、「芙初女／士姚畹／真印」（姚畹真一八〇三～？）、「方氏若／衡曾觀」（白文）、「若／衡」、「勤裏／公五女」（白文）（方若衡，方維甸女）、「單學／傳印」、「師白」、「當湖小重山館／胡氏篴江珍藏」（胡惠墉一八二一～一八五二）、「郁印／松年」（白文）、「泰峰／審定」、「泰／峰」、「莫友芝／圖書印」、「渭仁／借觀」、「子孫／保之」、「説劍／堂印」、「獨立／山人」（潘飛聲）、「王氏／子裕」、「田耕／堂藏」、「南海康／有爲更／生珍藏」、「真宋刊」、「秘／帙」、「歸／首」、「地／山」、「自／小」諸印。

張金吾愛日精廬藏書志著録一部「史記殘本三十卷　宋蜀大字本」，卷次、行格與此本一致。莫友芝宋元舊本書經眼録卷一著録「史記集解　宋蜀大字本　上海郁氏藏」即此本，然莫氏稱「存二十九卷」，缺第三四卷（世家四）。

此本經琴川張蓉鏡、姚畹真夫妻，當湖胡惠墉，上海郁泰峰，甘翰臣遞藏，甘氏曾將其中一册贈與康有爲。卷三五末有道光二一年單學傳識語，卷一一〇末有咸豐四年徐渭仁識語，卷一二末有同治四年莫友芝識語，卷五〇前副葉有民國四年康有爲識語。另附題跋一册，有熊會貞札記及楊守敬、康有爲二跋。熊氏札記共十五葉，以此本校諸本，頗爲詳細。又，另有顧頡剛所作存卷目録，署時一九五〇年五月二二日。〔諸家題跋見拙稿 上海圖書館藏宋元版解題 史部（一） 載斯道文庫論集第三一輯（一九九六）。熊氏札記只録第一葉，其餘諸跋皆録全文。〕

圖四八

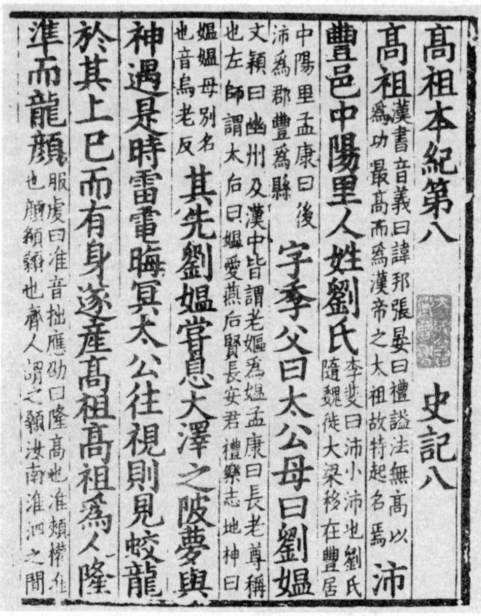
高祖本紀第八　史記八
高祖漢書音義曰諱邦張晏曰禮謚法無高以爲功最高而爲漢帝之太祖故特起名焉沛豐邑中陽里人姓劉氏李斐曰沛小沛也劉氏隨魏徙大梁移在豐居中陽里孟康曰後沛爲郡豐爲縣字季父曰太公母曰劉媪文穎曰幽州及漢中皆謂老嫗爲媪孟康曰長老尊稱也左師謂太后曰媪愛燕后賢長安君禮樂志地神曰媪媪母別名也音烏老反其先劉媪嘗息大澤之陂夢與神遇是時雷電晦冥太公往視則見蛟龍於其上已而有身遂産高祖高祖爲人隆準而龍顔服虔曰準音拙應劭曰隆高也準頰權準也顔額顙也齊人謂之顙海南淮泗之間

史記　南宋前期淮南西路轉運司刊
（甲—F種　版刻圖録）

殘存首卷爲第五卷，首葉右半葉係補鈔，今據左半葉言之，左右雙邊（二二・四×一七・七釐米），九行，十六字，注文小字雙行二十至二十二字。版心白口，題「史記幾（葉次）（刻工名）」。刻工名部分偶有殘損，似是有意爲之。

避諱缺筆者「玄、弦，敬、驚，竟、境，弘、殷，胤，貞，徵，樹，豎，讓，頊，姁，桓、垣、完、丸、源、貆」諸字，而「慎」字不缺筆。「構」、「購」缺「冉」中間竪筆，是否避諱缺筆，不可遽斷。兩漢書有「桓」字挖改之例（原爲小字「淵聖御名」，改爲「桓」字缺末筆，詳綜論編），而此本無。

刻工名如下：

王先文 王祐 王華 丘甸 仲良 宋寔 李秀 屈旻 林選 俞尚 施光 孫彦 張宗 張真 章旼 陳用
陳德 陳真 陳權 華再興 閔孝中 楊安 楊守道 楊謹 翟榮 趙明 盧鎰 戴祐 魏俊 顧珝 顧真

此本書影見中國版刻圖録（圖版一〇七）。第二批國家珍貴古籍名録圖録（卷八首半葉）、上海圖書館藏宋本圖録（卷八首半葉、徐渭仁跋、楊守敬跋）均見彩色書影。正如版刻圖録所云，此本「初印精湛，無一補版」，然「惜僅存三十卷」。且稍有破損，如卷六第二八葉以下、卷九第二葉、卷三四第八葉、卷三八第二葉、卷一〇一第一九葉以下均缺。版刻圖録云：「建元以來王子侯者表、曆書、李斯列傳、樊酈滕灌列傳、匈奴列傳、滑稽列傳末葉後有校對『無爲軍軍學教授潘旦』、監雕『淮南路轉運司幹辦公事石蒙正』銜名二行。」其實所言各卷此本均缺，雖有第一〇一匈奴列傳，亦缺卷尾，因而此本全不見潘旦、石蒙正銜名。版刻圖録所言，與其説爲此本解題，毋寧説爲此版（甲—F種）綜述。又案：版刻圖録舉建元以來王子侯者表，寶禮堂宋本書録（據甲—F—2本）同，然據嘉業堂模刻本（據甲—F—3本）觀之，銜名不在建元以來王子侯者年表第九，而在建元以來侯者年表第八（見綜論編圖一二）。版刻圖録又云：「宋諱缺筆至『搆』字，間有避『慎』字者。」此説亦與寶禮堂書録所言合，然此本（甲—F—1本）「慎」字不缺筆，「構」、「購」果否缺筆亦有疑問，如上述。

現存南宋兩淮江東轉運司刊三史中，百衲本二十四史所據北京圖書館藏後漢書補版極少，當屬上乘，而此本絶無補版，墨色鮮艷，猶在其上。字體渾厚端凝，近顔體。此版並兩漢書版本，蓋皆兩淮江東轉運司新創，故與南宋初期諸刊本多覆刻北宋版，字體近歐柳而綫條稍粗者不同。

未見。

甲—F—2本：一百三十卷　南海潘氏寶禮堂舊藏本　四十册　北京圖書館藏（書號：八六五四）

北京圖書館善本書目著録爲「宋紹興淮南路轉運司刻宋元明初遞修本」。此本爲潘氏舊藏本，寶禮堂宋本書録有詳説。

寶禮堂書録謂此本與百宋一廛賦注、愛日精廬藏書志所謂「蜀大字本」同版，然「無爲軍軍學教授潘旦校對」、「淮南路轉運司幹辦公事石蒙正監雕」二行銜名六見（所言六處同版刻圖録，見上），遂疑前人蜀刊説不足據。寶禮堂書録未敢明言此本非蜀刊，蓋舊時藏書家特重「蜀大字本」故也。

寶禮堂書録次云卷中版葉可分五種情況，即：一、原版。「字體渾厚端凝，避宋諱較嚴者，余認爲最初刊本，卷末有校對、監雕銜名二行者，均在其中。」二、補版「有書法勁瘦，時露鋒棱者，猶是宋代所刊」。三、補版「用筆圓活，饒有姿態者，恐已漸入元世」。四、補版「又有僅存字形，全無筆意者，則必用原版覆刻，故有同一刻工姓名，而刀法迥異者，中有陳壽、趙明二人所刊之葉，可爲證也」。五、補配別版者，「項羽本紀、陳杞世家、蘇秦列傳中，各羼入索隱一葉，是必原本殘缺，故以補配。然前後文字却相銜接，可云巧合」。今案：寶禮堂書録謂補版有南宋中期及元代，是也。綜論編所述刻工分布情況可以爲證。至若陳壽與趙明，實則原版、補版各有其人，不過同姓同名而已。所謂羼入索隱，則當係元代補刻時參據索隱本爲之，並非配補別版。寶禮堂書録述版式云：「半葉九行，行十六字，間有增減一二字者，然絶少。小注雙行，行二十或二十一字。左右雙闌。原刊者版心多白口，單魚尾；補刊者多細黑口，雙魚尾。書名題『史帝紀幾』，『史紀幾』，『本紀幾』，『史表幾』，『某書幾』（亦有不題書字者），『史世家幾』、『史記列傳幾』、『史傳幾』、『列傳幾』。其下記刻工姓名。上不記字數者爲原刊之葉，後來補刊者則多記字數。」

寶禮堂書録述刻工，分原版、補版、單字三類，補版不分宋元。所列原版刻工，於南宋前期江浙地帶諸刊本中不常見者居多。寶禮堂書録述宋諱，云原版葉「玄弦絃眩炫縣懸敬警驚竟境弘泓殷慇匡恒禎貞徵癥讓署豎豎樹戍項姁桓垣洹完浣貆丸搆媾購覯轂彀慎等字缺筆」，補版葉缺筆字僅有「玄眩胘弘殷敬匡筐恒徵樹戍項桓搆媾覯等字」。寶禮堂書録文末録藏印，可見此本舊藏南京禮部、太倉王世懋、常熟毛氏汲古閣等。

此本向無影印本，而嘉業堂影刻本中有四十七卷以此爲底本，詳下甲—F—3本。

甲—F—3本：存六十七卷（卷一至一〇、卷一三、卷一四、卷二三、卷二四、卷三一、卷三二、卷三四、卷三五、卷四〇至五五、卷六八至七一、卷七九至九六、卷一〇〇至一〇三、卷一〇六至一一〇、卷一一四、卷一一五）

配另一宋刻本十八卷（卷一一、卷一二、卷二二、卷二六、卷二七、卷三三、卷九七至九九、卷一〇四、卷一〇五、卷一一一至一一三、卷一一八至一二一）

配元大德刻本一卷（卷二三）

配明鈔本五卷（卷五六至六〇）

配清鈔本三十九卷（卷一五至二〇、卷二五、卷二八至三〇、卷三六至三九、卷六一至六七、卷七二至七八、卷一一六、卷一一七、卷一二二至一三〇）

吳興劉氏嘉業堂舊藏本　凡一百三十卷六十六册　北京圖書館藏（書號：七一八〇）

未見。北京圖書館善本書目著録爲「宋紹興淮南路轉運司刻宋元明初遞修本」，與甲—F—2本同。一九八九年新版北京圖書館古籍善本書目不録補配卷次，此據一九五九年版北京圖書館善本書目著録。此本爲劉氏舊藏本，有嘉業堂影刻本（封面背面有民國八年刊記，而王舟瑶序、劉承幹跋均署民國一〇年。又，末卷尾題「黄岡饒星舫影寫，自乙卯至丙辰秋書畢」，是寫版在民國四至五年），嘉業堂善本書影（民國一八年）有書影。賀氏史記書録稱此本爲「南宋紹興中淮南路無爲州官刊本」，論述長達八頁。此先録其中述版本部分，下依次爲説。

首史記目録，次裴駰集解序，序末無結銜。序後又行題「五帝本紀卷第一」七字，又行題「史記一」三字，下注云「凡徐氏義稱徐姓云云」，又行即正文，卷末題「五帝本紀第一」。以下卷式皆同。每半頁九行，行十六字；注雙行，行二十一、二十二字不等。細黑口。左右雙邊。版心上記本頁大小字數，亦有不記者。魚尾下題「史記一」三字，下記刻工戴祐、楊守達、王華、華再興、李友文、張名、陳文等姓名。宋洪邁容齋續筆云「紹興中命兩淮、江東轉運司刻三史版」，今此本李斯列傳、樊酈滕灌列傳、匈奴列傳後並有「左迪功郎充無爲軍學教授潘旦校對，右承直郎充淮南路轉運司幹辦公事石蒙正開雕」結銜二行，與洪邁所言相符，則此本即南宋高宗紹興中所刻「三史版」者。宋經靖康、建炎之亂，東都舊版散失，南渡初期所刻經史，皆就北宋傳本覆刊，即將北宋舊本蒙於板上重雕，並不加校改，故紹興間所刻經史，其文字往往同於北宋本，避諱亦同。所言「無爲軍學教授潘旦校對」，非以數本校讐之謂。此本宋諱「胤」、「頊」、「讓」、「恒」、「貞」、「竟」、「完」、「敦」、「敬」字皆缺筆，獨「殷」字不缺，「讓」字「敬」字亦有不缺者，蓋避之未盡耳，是爲據北宋舊本覆刻之證。而「慎」字「惇」字有數處亦缺筆，或光宗紹熙以後修補者所爲耶？

此本傳世不多，今見者爲孫敬亭、蔣祖詒、吴退樓、劉承幹所舊藏，有「兩罍軒」、「烏程蔣祖詒藏書」、「吴興劉氏嘉業堂藏書」等朱印。卷首有同治己巳（一八六九）吴雲題跋云：「蜀大字本史記，本紀十二卷十册，年表十卷七册，八書八卷四册，世家三十卷十二册，列傳七十卷三十册，通計一百三十卷六十六册。惜鈔配及别本羼入過半。」此一百三十卷中，孝景、孝武本紀二卷缺，以蜀大字本補；六國年表至建元以來侯者年表六卷缺，清鈔補；律書、封禪書、河渠書三卷缺，明鈔補；齊太公世家「西伯得以反國」至「莊公請獻遂邑」以上殘，清鈔補；燕召公世家首頁殘，清鈔補；陳杞世家至晉世家四卷缺，明鈔補；陳丞相世家至三王世家五卷缺，清鈔補；伯夷列傳至仲尼弟子列傳七卷，穰侯列傳至春申君列傳七卷缺，皆明鈔補；衛將軍驃騎列傳至南越尉佗列傳三卷，淮南衡山列傳至儒林列傳四卷缺，以蜀大字本補；酷吏列傳至太史公自序九卷缺，明鈔補：一百三十卷中，殘缺計五十一卷。又武帝本紀後有索隱述贊，而此本單集解無索隱，何來索隱述贊？顯係五帝本紀卷末亦殘缺，後人取另一九行大字有索隱者以補之。

賀氏云此本細黑口。今案：細黑口當爲補版葉，如寶禮堂宋本書録所言。據影刻本觀之，似是元代補版。賀氏又云李斯列傳、樊酈滕灌列傳、匈奴列傳後三處有潘旦、石蒙正二人銜名，則建元以來侯者年表、曆書、滑稽列傳末無此銜名，與影刻本不合。今案：此因原件建元以來侯者年表、曆書、滑稽列傳皆出補配，非此版，影刻本换用寶禮堂本。賀説當不誤。王舟瑶影刻序謂李斯列傳、樊酈滕灌列傳及滑稽列傳有此銜名，當係誤記。賀氏又云「惇」、「敦」字（光宗諱）缺筆。今案：此説甚可怪。影刻本劉承幹跋及中國版刻圖録（據甲—F—1本）、寶禮堂宋本書録（據甲—F—2本）所言避諱均止「慎」字（孝宗諱），影刻本亦不見「惇」「敦」缺筆者（雖然影刻本非原件舊貌，連「淳」字亦缺筆）。

賀氏又引吴雲跋。今案：此跋見嘉業堂善本書影，末題「舊爲孫敬亭藏，今歸兩罍軒。同治己巳新正月四日讀秦本紀畢，漫記」。兩罍軒即吴雲室號。賀氏又舉列補配卷次，云此版殘缺共計五十一卷。今案：此説亦不確。覈以北京圖書館善本書目，知賀氏所謂「蜀大字本」即善本書目之「另一宋刻本」（甲—J種），而賀氏僅舉卷一一二、卷一一二、卷一一一至一一三、卷一一八至一二二凡九卷，僅及善本書目所列十八卷之半。又，據善本書目，卷二三爲補配元大德本（乙—D種），賀氏未辨。至於鈔補，賀氏所言不僅比善本書目少三卷，明鈔、清鈔之認定又多乖異。總之，補配情況，當以善本書目爲正。

今觀嘉業堂影刻本，全書一百三十卷大致可分爲兩種版本，一種一百十四卷，一種十六卷。前一種即淮南路本，卷二〇、卷八七、卷九五、卷一一〇、卷一二六末尾皆有潘旦、石蒙正銜名。後一種半葉九行，與淮南路本同，而每行十六字左右，比淮南路本約多二字，版心上象鼻有字數，刻工名殆皆單字，與淮南路本皆不同，正文字體亦與淮南路本顯異。據北京圖書館善本書目，嘉業堂舊藏原件當有「配另一宋刻本十八卷、元大德刻本一卷、明鈔本五卷、清鈔本三十九卷」。影刻本後一種十六卷，案卷次均在所謂「另一宋刻本十八卷」（甲—J—1本）之中。而原件「配另一宋刻本」尚有二卷（卷九九、卷一一四）以及「配元大德刻本一卷、明鈔本五卷、清鈔本三十九卷」並非淮南路本，今影刻本皆同淮南路本者，當係劉氏借寶禮堂藏本影刻（參劉承幹跋）。然則影刻本中淮南路本一百十四卷，中有嘉業堂藏本六十七卷，寶禮堂藏本四十七卷。就影刻本言之，嘉業堂藏本部分與寶禮堂藏本部分完全同版，爲同刊、同修本。影刻本字體不足爲據，今據刻工，結合版心形式，可以推定淮南路本至少可分三種不同時期刻版，即一、原版，白口，上象鼻無字數，單魚尾；二、南宋中期補版，白口，有字數者居多，單魚尾；三、元代補版，綫黑口，少數爲白口，有字數，多爲雙魚尾，字體拙劣。參詳綜論編。「慎」字缺筆者二十餘處。

甲—F—4本： 存一卷（卷二四） 北京圖書館藏（書號：〇三七）

未見。一九三三年北平圖書館善本書目著録。一九八九年北京圖書館古籍善本書目著録爲「宋紹興淮南路轉運司刻宋元遞修本」。

舊京書影有卷二四（樂書第二）首半葉（右下部有缺損）書影（一八五），似是原版葉，舊京書影提要云「宋刻殘本，蓋即黄復翁所謂蜀大字本。舊清内閣書，見藏北平圖書館」，當即此本。因係北平圖書館舊藏本，故一九五九年八卷本北京圖書館善本書目不著録。

甲—F—5本： 舊存三十九卷（卷三一至三六、卷三九、卷四八至五〇、卷五二至五五、卷五七至六〇、卷七二至八三、卷九三至九七、卷一二七至一三〇） 存逸不詳

未見。傅增湘舊藏百衲本中有此（甲—F種）版三十九卷，藏園群書題記、文禄堂訪書記著録均列第一種，傅記稱「淮南轉運司大字本」，王記稱「宋紹興刻大字本」。二記所云存卷同，見右。據二記，此本行格固與上述諸本（甲—F—1、2、3本等）同，卷九五末有潘旦、石蒙正銜名，缺筆至「桓」字。王記列舉王全以下刻工二十四名，其中除石昌爲南宋中期修版刻工，張英影刻本不清楚外，皆與諸本合。有關元代補版，王記所言亦與諸本合。

甲—F種小結

據上述諸本有關資料，甲—F種原版刻工共得七十一人，其中四人亦見漢書，十九人亦見後漢書，又其中二人

三史均見（此云三史皆據兩淮江東轉運司本）。三史刻工多與紹興年間及乾道（～一一七三）淳熙（～一一八九）年間諸刊本刻工相合，結合容齋續筆「紹興中」語，三史刊刻年代可推測爲紹興後半期，當稱「南宋前期刊本」較爲穩妥。

甲—F—2,3 本至少經過南宋中期及元代補刻。補版刻工中有十人爲南宋中期代表性刻工；元代補版字體拙劣，刻工多且雜。據北京圖書館善本書目，甲—F—2,3 本至明初仍有補刻。今未見原件，不知其説是否屬實。然兩漢書在元代經過二次補刻，則史記最後補刻晚至元末明初，亦不無可能。

賀氏書録就甲—F—3 本校對文字，稱「此本爲北宋本之翻版，故其史文及注多較南宋諸刻及後來各本爲精審」，又云「此本由於翻刻時校對不精，故訛舛脱衍仍多」，並舉例甚多。水澤史記之文獻學的研究「依景刊本」（嘉業堂影刻本）校對，指出此版據尚書等諸書校訂之處，又云訛誤、脱字亦不在少，認爲此版難以看到突出特點。（嘉業堂影刻本號稱「景宋蜀大字本」，其底本包括淮南路版（甲—F—2,3 本）及「另一宋版」（甲—J—1 本）。水澤既據影刻本，而因襲「蜀大字本」説，並誤信賀氏書録「紹興一四年刊」説，故其説繫在「單集解本（五）史記集解一百三十卷（鈔配）」「紹興一四年刊」本後。）今案：甲—F—2,3 本已多補版，故賀、水澤二氏所做探討，未能反映淮南路本之真面目。竊謂淮南路本正處甲—A,B 種及甲—D,E 種等北宋版系統與後世南宋諸本（包括甲、乙、丙各類）之間，頗爲重要。南宋初期（紹興年間）刻本以覆刻北宋本爲主，以戰亂之後，版本奇缺，匆匆覆刻舊本以應急需者也。兩浙東路茶鹽司所刊諸書爲此期代表。據筆者推測，由南宋國子監主持重新校訂文本，創造新版本，應從紹興末年開始，而此兩淮江東轉運司刊三史及兩浙東路茶鹽司刊所謂越刊八行本注疏當是其最早者。因此，切盼史記專家仔細研究甲—F—1 本之文本。從此意義上，熊氏札記亦堪重視。

甲—G種、南宋刊十四行本

甲—G—一本：存十四卷（存卷二三至三〇、卷一二〇至一二二、卷一二八至一三〇）

〔南宋〕刊

半葉十四行，行二十七至二十九字，注文雙行三十一至三十四字。

三册 北京圖書館藏（書號：六五九一）

鐵琴銅劍樓藏書目録著録，鐵琴銅劍樓書影史部宋本第二種（卷二三首葉書影）。

後補藍書衣（二一·四×一三·四釐米），襯紙裝。有朱筆句點、旁綫、旁點，墨筆圈點及校語。有「海虞毛／表奏叔／圖書記」、「毛表／之印」（白文）、「鐵琴銅／劍樓」（白文）、「瞿印／啓科」（白文）、「瞿印／啓文」（白文）、「良士／眼福」（白文）、「敬」（外郭三七×二八毫米）諸印。

正文卷首題「禮書第一（空五格）史記二十三」。左右雙邊（一六·五×一一釐米），每半葉十四行，行二十六、二十七字，注文小字雙行三十五、三十六字。版心白口，單魚尾，題「史記書一」，又記葉次及刻工名。刻工名大都單字，有：

朱遂 陳有 用 朱 有 宥 屠 許 曾 遂 除 陳 亨 張 宣 華

賀氏書録據此本不避「項」字，遂謂爲紹興初覆北宋神宗前本。今按：此本宋諱「玄、弦，敬，弘、殷，匡」均缺

圖四九

史記　南宋刊（甲—G種　鐵琴圖録）

圖五〇

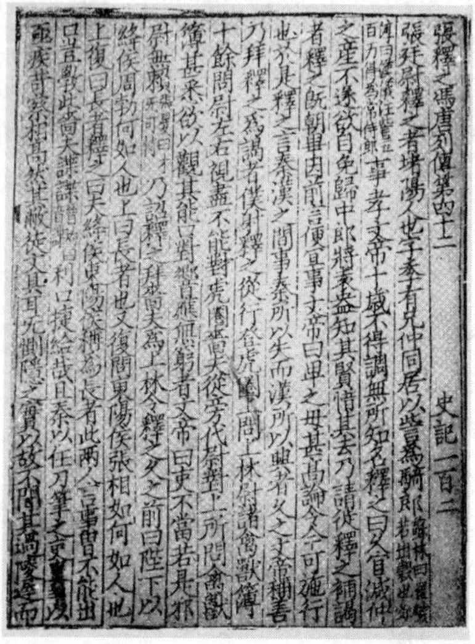

史記　南宋刊（資料和論文索引）

筆，「絃」字或缺或不缺。「徵」字大都不缺筆，偶有缺筆。「桓、垣，慎，敦、墩、焞，郭」諸字均不缺筆。此本缺筆蓋皆因襲翻刻底本，不得據以爲北宋版，亦不足以推論爲紹興初刊本。

就鐵琴銅劍樓書影所載卷二三首葉與文學古籍刊行社影印南宋初期覆北宋版（甲—B種）相較，皆十四行，而此本一行字數每多一、二字。又如首行標題「禮書第一（空五格）史記二十三」等，字體酷似，而斷非同版。此本筆勢稍弱，疑出南宋中期，然今無資料可證，僅得認定爲南宋刊本。

賀氏校對諸本，謂此本多與北宋本（不知何本，或據舊稱「景祐本」與？）合，然錯脱亦多。又將汲鄭、儒林二傳，校以「蜀大字本」（甲—J—1本），謂頗多吻合，似同出一源。賀氏所説，未得其要。

史記研究的資料和論文索引著録一種「殘卷　南宋紹興杭州刊本」，存書八卷、列傳六卷當即此本。該書亦據此本避諱缺「恒」不缺「禎」、「貞」字，謂爲紹興初期杭州覆刻本。

又，該書圖版（九）爲「南宋蜀十四行本史記零葉在蔡夢弼本（乙—A種）中　北京圖書館藏」書影一葉，是卷一〇二張釋之列傳，不知所據何本。賀氏書録云「北京圖書館藏蔡夢弼本（乙—A—2本?）中配有張釋之列傳一卷，亦係此本（甲—G種）」，是賀氏以資料和論文索引圖版之張釋之列傳與鐵琴銅劍樓舊藏本爲同版。然觀資料和論文索引圖版，字體稍類建本，與此鐵琴銅劍樓舊藏本（甲—G—1本）顯異。存疑。

甲—エ種、宋紹興一〇年邵武朱中奉刊本（十二、十三行）

内藤湖南恭仁山莊舊藏、武田科學振興財團杏雨書屋現藏宋版史記二種之一（另一種即甲—A—1本），亦爲天下孤本。

甲—エ—1本：一百三十卷　宋紹興一〇年邵武朱中奉刊本　十四册　杏雨書屋藏

後加淡黄書衣（二二·一×一九·五釐米），墨書題「史記一之六」等，當出室町時期手筆。部分書葉有襯紙。卷一三首葉、卷三九尾數葉、卷四四首數葉、卷七〇後半、卷一〇六尾數葉，均缺。卷一六、卷七四首葉及卷七三末葉、卷七七末葉之右半等皆鈔補。

目録尾題後隔一行朱書「南陽世家」，刊記後隔二行朱書「翁中奉宅知丞位端一古人」。

偶有朱筆句點、傍綫、傍點、訓點、校語等，亦有墨筆眉注反切等，又有浮簽校評林等異文。傳一四、一九、二五、二六等卷尾墨書録索隱述贊。

恭仁山莊善本書影載刊記及卷一首葉右半書影，新版恭仁山莊善本書影多載二葉書影。

藏印有「蘭陵／藏書」、「蘭陵家／藏書籍」，據云是飛鳥井家、龜谷成軒舊藏。又有「炳卿珍藏舊／槧古鈔之記」，是内藤湖南印。

首裴序二葉（首葉左半葉缺），九行十六字，首行題「大字史記集解序」。次目録十二葉，十二行，首題「大字史記目録」。目録後有三行木記曰「邵武東鄉朱中奉宅／刊行校勘即無訛舛／紹興庚申八月朔記」，可知此本爲紹興一〇年建安邵武朱中奉所刊。第一卷首葉，四周雙邊（一七·四×一一·七釐米），第一行頂格題「五帝本紀第一」，第二行低五格題「史記一」，下録集解。行格先後不一，本紀及列傳第一，每半葉十二行，行二十二、二十三字；表、書、世家及列傳第二以下，則十三行，二十四至二十九字，注文小字雙行。全書後半部有單邊葉。書有改卷不改葉者，版心題作「史記書六至八」等。卷三九第三葉有空白五格，而上下文字當連讀，中間並無脱字。又有以細字增加一行字數者。此等蓋皆校訂所致。版心多破損，有描補。白口居多，偶有綫黑口。版心題如「史記（史、史列傳）幾（葉次）」。全書無刻工名字。

避諱缺筆者，「玄、弦、敬、警、驚、竟、境，弘、泓、殷，匡，恒，貞，徵」諸字。宋微子世家自小題以下至第四次出現，「微」字皆缺末筆，不知是否誤以爲「徵」字。第五次出現以下，則不缺。又，卷二第四葉左半葉第二行末字「績」亦缺末筆，不知何意。「溝」字偶有缺「冉」中間竪筆者，未必爲避諱。「讓」、「桓」、「完」一概不缺。

首數卷字體優美，有瘦金體風格，爲南宋前期建刊本之特點。然自第五卷以下，字體漸趨潦草，若第五五卷，筆畫稍粗，若獨見此卷，必不以其爲紹興刊本。

圖五一

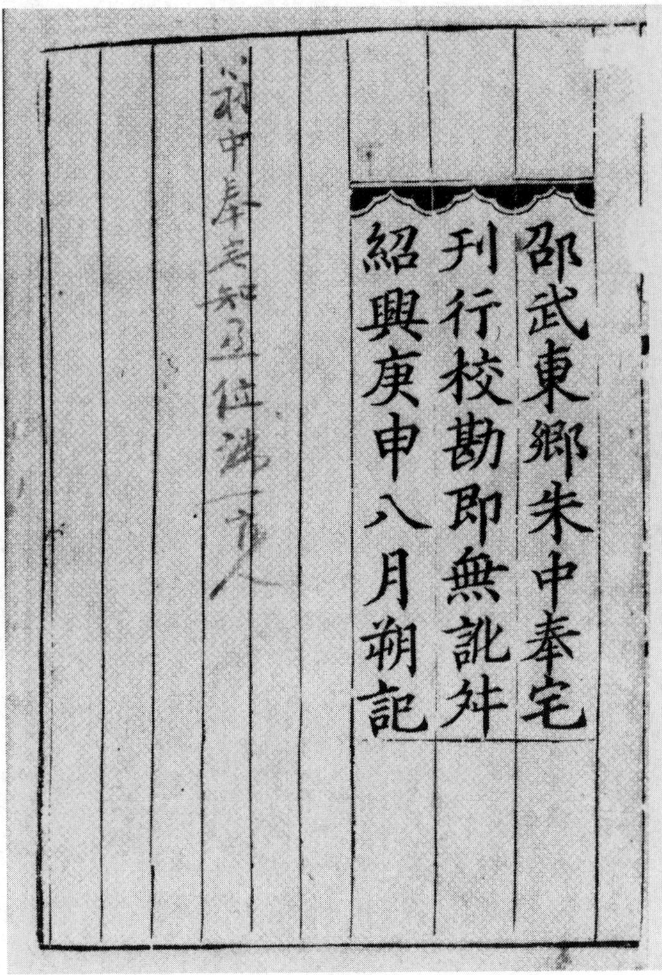
邵武東鄉朱中奉宅
刊行校勘即無訛舛
紹興庚申八月朔記

史記　紹興一〇年邵武朱中奉刊（甲—H種　杏雨書屋）

圖五二

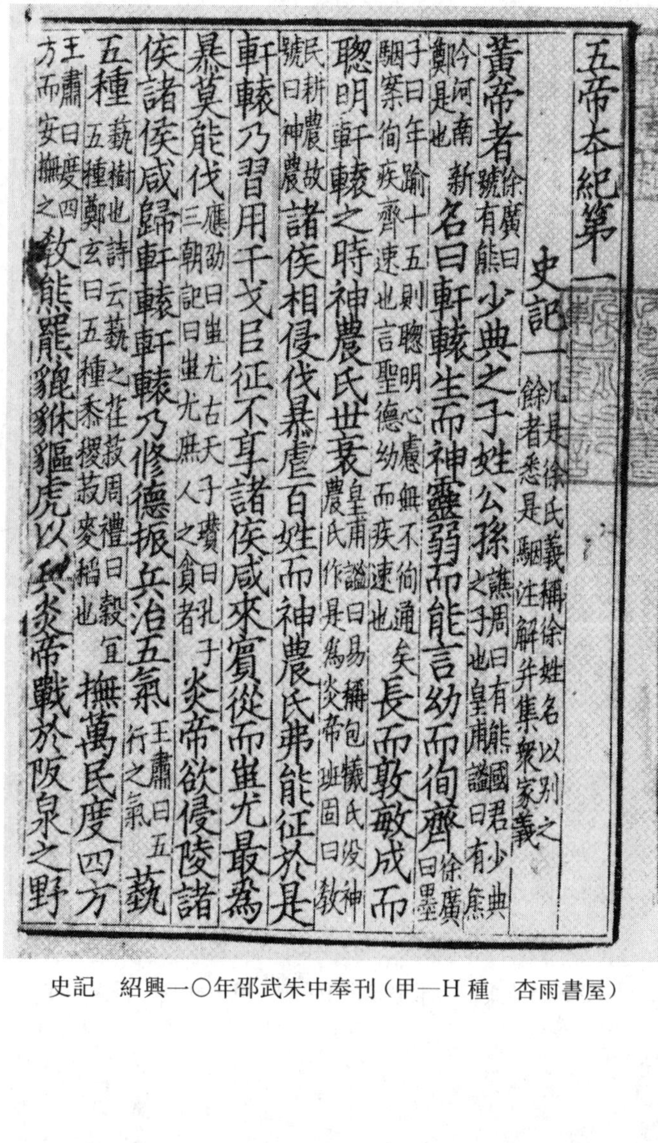

史記　紹興一〇年邵武朱中奉刊（甲—H 種　杏雨書屋）

水澤就周本紀、秦始皇本紀、晉世家、淮南衡山列傳四卷與諸本校對，舉出異同約八十條。其中此本獨誤者四十條，多爲形訛、誤脱之類，水澤因謂此本文本價值不高。筆者翻看原件，無意中亦見趙世家第二葉首「靈公立十四年」誤脱「四」字。水澤史記會注考證校補詳録此本異文，賀氏書録多據以舉例。賀氏書録又引繆荃孫藝風堂文漫存卷三，謂繆氏所見當在國内另有傳本。然繆氏與内藤有交，賀説未必。

甲一一種、南宋前期建刊本（十三或十四行）

甲一一一本：存一百二十七卷（缺卷五至七）

（南宋前期建安）刊本

半葉十三、十四行，行二十三至二十七字不等

補配（北宋）刊本三卷（卷五至七）

凡一百三十卷二十册　北京大學圖書館藏

楊氏海源閣四經四史齋宋版史記之第三部，楹書隅録、續録不見著録。中國版刻圖録著録（圖版一六四）。後補灑金深藍絹書衣（二七・一×一六・二釐米），金鑲玉裝（印版紙高二一釐米）。原版用紙獨書眉有「楊紹和／讀過」印及朱筆校語等部分高出，似爲流出海源閣後經裁斷裝幀。汲古閣毛氏、汪士鐘、海源閣楊氏、李盛鐸等諸人藏印如下：「毛鳳／苞印」（朱白文）、「汲古閣／主人毛晉／之印」、「汲古閣／主人毛／晉之印」、「毛／晉」、「子晉／氏」（朱白文）、「子／九氏」、「毛子／九讀／書記」、「汲古／閣」、「汲古閣／藏書記」、「在在處處／有神物／護持」（白文）、「毛氏藏書／子孫永寶」、「毛扆」、「毛扆／之印」（白文）、「毛斧季／收藏印」、「中吳毛斧／季圖書記」、「斧／季」

（白文）。「臣印／文琛」、「文／琛」（白文）、「平陽汪氏／藏書記」、「汪」（圓印）、「宋本」、「汪」、「汪印／士鐘」（白文）、「閬源／真賞」、「閬源／審定」（白文）、「民／部尚／書郎」。「楊以增字／益之又字／至堂晚／號冬樵」、「楊東樵／讀過」（橢圓）、「東郡楊氏／宋存書／室珍藏」、「聊城楊／氏宋存書／室珍藏」、「東郡／海源閣／藏書印」、「四經四／史之齋」、「楊紹和」、「楊紹和／讀過」、「楊紹和／審定」（朱白文）、「楊紹和／鑑定」（白文）、「臣紹／和印」（白文）、「楊印／紹和」、「楊紹和／藏書」、「楊紹和／曾敬觀／天祿琳／琅秘籍」、「紹和／筑岩」（朱白文）、「東郡／楊／紹和字／彥合藏／書之印」、「彥合／珍玩」、「紹和／協卿」、「協卿／仲子」、「協／卿」、「楊二／協卿」、「東郡／楊二」（白文）、「楊保彝／藏本」、「祿易書千萬值／小胥鈔良友詒／閣主人清白吏／讀曾經學何事／愧蠹魚未食字／遺子孫承此志」。「木齋／秘玩」、「木齋／藏書」、「李盛／鐸讀／書記」、「李印／傳模／麐嘉／館印」。此外又有「劉氏／家藏」、「漢／王孺」、「如／知」、「友／荆」、「日講／官起／居注」諸印。

卷五至七，即秦本紀、秦始皇本紀、項羽本紀，以北宋本配補，見上甲—C—1本。又，卷一〇〇第一葉亦元彭

圖五三

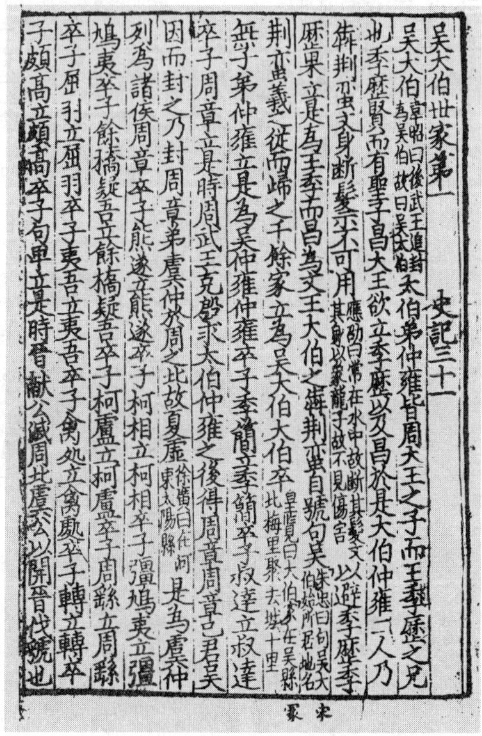
吳太伯世家第一　史記三十一
吳太伯太伯弟仲雍皆周太王之子而王季歷之兄
也季歷賢而有聖子昌太王欲立季歷以及昌於是太伯仲雍二人乃
奔荊蠻文身斷髮示不可用以避季歷季
歷果立是為王季而昌為文王太伯之奔荊蠻自號句吳
荊蠻義之從而歸之千餘家立為吳太伯太伯卒
無子弟仲雍立是為吳仲雍仲雍卒子季簡立季簡卒子叔達立叔達
卒子周章立是時周武王克殷求太伯仲雍之後得周章周章已君吳
因而封之乃封周章弟虞仲於周之北故夏虛是為虞仲
列為諸侯周章卒子熊遂立熊遂卒子柯相立柯相卒子彊
鳩夷立彊鳩夷卒子餘橋疑吾立餘橋疑吾卒子柯盧立柯盧卒子周繇立周繇
卒子屈羽立屈羽卒子夷吾立夷吾卒子禽處立禽處卒子轉立轉卒
子頗高立頗高卒子句卑立是時晉獻公滅周北虞公以開晉伐虢也

史記　南宋前期建刊（甲—I種　版刻圖録）

寅翁刊三注本（丙—B種）配補。另，鈔補有三十餘葉。

首「史記集解序」，次「大字史記目録」，次分二行題「五帝本紀第一」、「史記一（下有裴注）」。左右雙邊（一八・三×一二・二釐米）。版刻圖録稱「十三行，行二十七字」，實則前後頗不一致。本紀部分，自十三行，二十三字，注文小字雙行二十七字左右始；其後多爲十三行，二十四至二十七字，小字三十一字左右。後改爲十四行，二十四、二十五字，小字三十三字左右；其後多爲十三行，二十四至二十七字，小字三十一字左右。列傳多改卷另起葉，然亦有同葉隔行接下卷者，亦有自當葉左半葉始爲下卷者。版心綫黑口，題「史一」、「世家九」等，無刻工名，下象鼻右偶記字數。舊謂缺筆至「貞」、「徵」止，「頊、桓、構」等字皆不缺筆。「慎」字於正文中見五十餘處均不缺筆，唯表中四處缺末筆而已。

正如版刻圖録所言，此本「字近瘦金體，紙墨版式純係南宋初葉建本風格」。然後半部字體轉劣，且有「慎」字缺筆，則當可定爲南宋前期建刊本。此本文字似不精善。版刻圖録所載吴大伯世家首半葉，即有二處注文訛誤，有朱筆校正。全書類此者不少。

圖五四

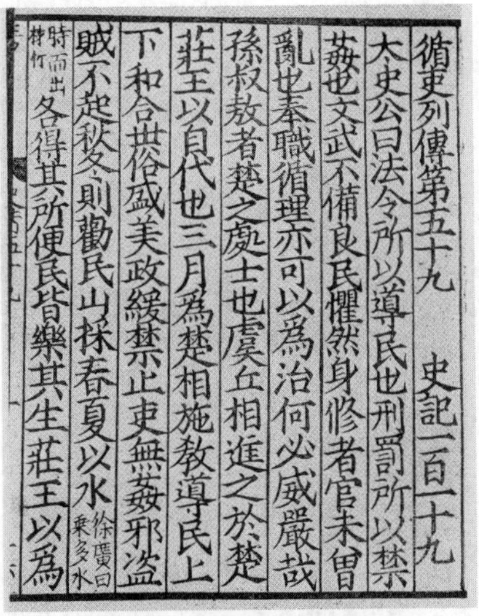
循吏列傳第五十九　史記一百一十九
太史公曰法令所以導民也刑罰所以禁
姦也文武不備良民懼然身修者官未曾
亂也奉職循理亦可以爲治何必威嚴哉
孫叔敖者楚之處士也虞丘相進之於楚
莊王以自代也三月爲楚相施教導民上
下和合世俗盛美政緩禁止吏無姦邪盜
賊不起秋冬則勸民山採春夏以水 徐廣曰乘多水
時而出 各得其所便民皆樂其生莊王以爲

史記　南宋蜀刊九行本
（甲—J種　資料和論文索引）

甲—J種、南宋前期大字本（舊稱「蜀刊大字本」，九行）

現存史記「蜀刊本」有九行大字本及十三行本，然皆無單獨傳本，唯有殘本作爲别版史記之補配本流傳。

甲—J—1本：存十八卷（卷一一、卷二二、卷二三、卷二六、卷二七、卷三三、卷九七至九九、卷一〇四、卷一〇五、卷一一一至一一三、卷一一八至一二一）

半葉九行，行十六字，注文雙行二十字。

以配南宋前期淮南路轉運司刊本（甲—F—3本）

吴興劉氏嘉業堂舊藏本　凡一百三十卷六十六册　北京圖書館藏（書號：七一八〇）

未見。此嘉業堂舊藏淮南路轉運司本之補配本，北京圖書館善本書目稱「另一宋刻本」，見甲—F—3本下。存十八卷中，除第九九卷、第一〇四卷二卷外，其餘十六卷皆有嘉業堂影刻本。嘉業堂影刻本號稱「宋蜀大字本」，底本爲其所藏有補配之本，實以轉運司本（甲—F—3本）爲主，而部分换用寶禮堂本（甲—F—2本），卷九九、卷一〇四當在其中。史記研究的資料和論文索引「圖版（八）」爲卷一一九首半葉書影，稱「宋刊蜀大字本史記（在淮南路本中）循吏列傳」，當即此本。史記書録以此本中卷一一、卷一二、卷一一一至一一三、卷一一八至一二一共九卷爲「南宋紹興十四年蜀刻大字本」。

據影刻本及諸書著録，此本左右雙邊，九行，行十六字，注文小字雙行二十字。版心白口，細魚尾，題「本紀十二」等，並記葉次及刻工名。影刻本所見刻工有：

子公　子言　子林　毛承　王仁　王炳　水恖（爪恖？）　玉生　田坤　何每　佛尚　呈生　李泉　坤之
袁正　袁申　袁海　陳用　劉一
之　六　毛　元　仁　生　田　何　庚　志　厚　袁　泉　真　員　炳　无　承　佛　物　袁

留　梁　受　單　來　万

避諱缺筆者，「玄、弦、絃、敬、警、驚、弘、殷、匡、貞、楨、徵、讓、桓、完」諸字，不及南宋。

賀氏書録引書林清話「紹興十四年有蜀刻七史」語，並謂「七史之中，當有史記一種」，又以不避「慎」字，遂稱此本爲「南宋紹興十四年蜀刻大字本」。然書林清話所云乃「眉山七史」，自無史記，與此本並不相干，賀説純屬臆測。今案嘉業堂影刻本，此本刻工皆不見其他宋元刻本，更無任何迹象顯示此本爲蜀刻。然筆勢道勁，刀法犀鋭，不似南宋中期以後刻本，時代印象與淮南路本不相上下，又考慮避諱情況，暫可定爲南宋前期刊本。水澤及賀氏書録校此本文字，以爲大致與其他集解諸本相類，而多優勝處。

圖五五

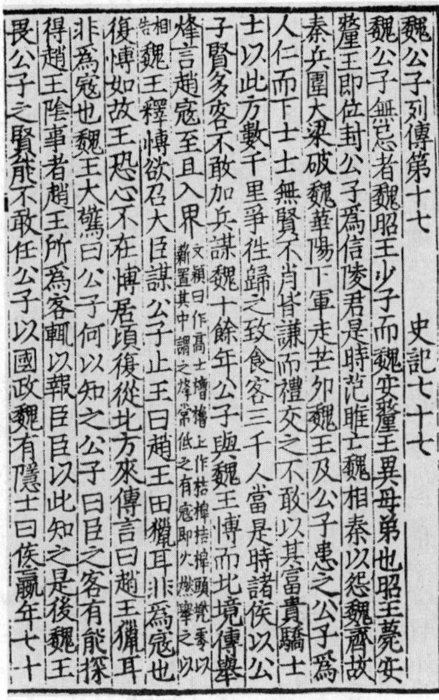
魏公子列傳第十七　史記七十七
魏公子無忌者魏昭王少子而魏安釐王異母弟也昭王薨安
釐王即位封公子爲信陵君是時范睢亡魏相秦以怨魏齊故
秦兵圍大梁破魏華陽下軍走芒卯魏王及公子患之公子爲
人仁而下士士無賢不肖皆謙而禮交之不敢以其富貴驕士
士以此方數千里爭往歸之致食客三千人當是時諸侯以公
子賢多客不敢加兵謀魏十餘年公子與魏王博而北境傳舉
烽言趙寇至且入界文穎曰作高土櫓櫓上作桔槔桔槔頭兜零以薪置其中謂之烽常低之有寇即火燃舉之以相告
魏王釋博欲召大臣謀公子止王曰趙王田獵耳非爲寇也
復博如故王恐心不在博居頃復從北方來傳言曰趙王獵耳
非爲寇也魏王大驚曰公子何以知之公子曰臣之客有能探
得趙王陰事者趙王所爲客輒以報臣臣以此知之是後魏王
畏公子之賢能不敢任公子以國政魏有隱士曰侯嬴年七十

史記　南宋蜀刊十三行本

（甲—K 種　文學古籍刊行社）

甲—K種、南宋蜀刊十三行本

甲—K—1本：存二十二卷（卷七一至八〇、卷九四至九七、卷九九、卷一〇九至一一五）

〔南宋蜀〕刊本

半葉十三行，行二十四字，

注文雙行約二十八字。

以配南宋初期覆北宋刊本（甲—B—1本）　凡一

百三十卷三十册　北京圖書館藏（書號：六五九〇）

此本爲南宋初期覆北宋刊十四行本（所謂「紹興杭州刊本」，即甲—B—1本）之配本，北京圖書館善本書目稱「配另一宋刻本」者。一九五五年文學古籍刊行社影印本即包括此二十二卷。

左右雙邊（二一・八×一四釐米），十三行，行二十四字，注文小字雙行二十八字左右。版心白口，題「史傳十一」等。影印本删除版心，不可見。

缺筆不嚴格，不足以據之推測刊刻時間。缺者「警、境，弘，匡」諸字，「桓，搆、媾、溝，慎，惇、敦、燉」諸字不缺筆。字體與三國志（南宋蜀刊十三行本，即D種）同，類似慶元中蜀刊諸本（詳三國志D—1本下），因此或可推測此本爲南宋中期刊本。然事例既少，不便遽斷，不如泛稱南宋刊本爲宜。

乙類、集解、索隱合刻本

據現存本而言，唐代鈔本以至南宋初期刻本，史記均爲集解本。索隱當有宋版單行本，而後世無傳本。至乾道七年（一一七一），建安蔡夢弼始刊行集解、索隱合刻本，淳熙三年（一一七六）桐川郡齋亦有合刻本，後又二十年，建安黄善夫始刊行集解、索隱、正義三家注本。蓋坊間書肆往往標新立異以吸引讀者耳目，故二注、三注本皆由建安書肆創始。黄善夫本出現之後，史記即以三家注合刻爲常態，則集解、索隱二注本可謂過渡形態。因此二注本傳世較少，宋版唯蔡夢弼本、桐川郡齋本，宋末有蒙古中統二年（一二六一）本，元有大德九路本，如此而已，歷代各家書目亦不見其他宋元版本。錢大昕（養新録卷一三）舉所見史記宋槧本三種，即蔡夢弼本、桐川郡齋本、中統二年本，

圖五六

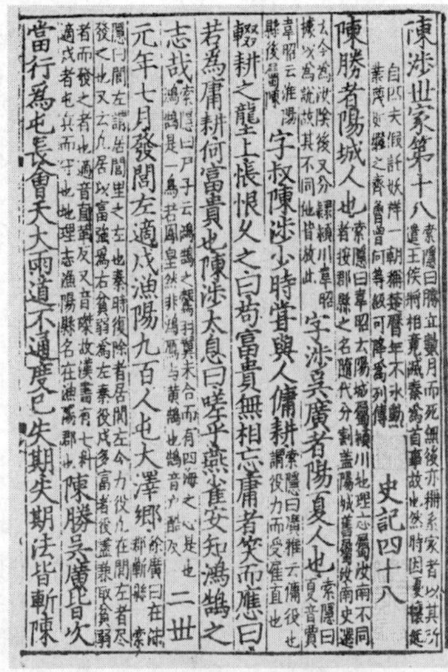
陳涉世家第十八　史記四十八
陳勝者陽城人也字涉吳廣者陽夏人也字叔陳涉少時嘗與人傭耕輟耕之壟上悵恨久之曰苟富貴無相忘庸者笑而應曰若爲庸耕何富貴也陳涉太息曰嗟乎燕雀安知鴻鵠之志哉二世元年七月發閭左適戍漁陽九百人屯大澤鄉陳勝吳廣皆次當行爲屯長會天大雨道不通度已失期失期法皆斬陳

史記　乾道七年蔡夢弼刊
（乙—A 種　版刻圖録）

圖五七

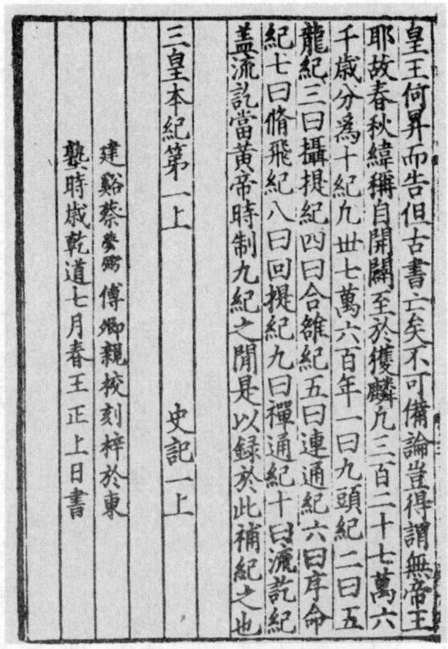
皇王何昇而告但古書亡矣不可備論豈得謂無帝王耶故春秋緯稱自開闢至於獲麟凡三百二十七萬六千歲分爲十紀凡世七萬六百年一曰九頭紀二曰五龍紀三曰攝提紀四曰合雒紀五曰連通紀六曰序命紀七曰脩飛紀八曰回提紀九曰禪通紀十曰流訖紀蓋流訖當黄帝時制九紀之閒是以録於此補紀之也
三皇本紀第一上　史記一上
建谿蔡夢弼傅卿親校刻梓於東塾時歲乾道七月春王正上日書

史記　乾道七年蔡夢弼刊
（乙—A 種　版刻圖録）

皆集解、索隱合刻本。讀錢氏説，亦可知二注本在史記版本演化過程中之重要意義。

乙—A 種、宋乾道七年建安蔡夢弼刊本（十二行）

北京圖書館善本書目著録有三部，筆者均未見。另有影印陶氏百衲本包括此版二十六卷。除此之外，未聞有傳本存在。故據諸家著録及影印本著録如下。後於一九九八年獲見上海圖書館所藏殘本，則著録於末。

乙—A—1 本：存一百二十九卷

宋乾道七年蔡夢弼東塾刻本

半葉十二行，行二十一、二十二字不等，小字雙行二十八字。

補配清光緒元年楊保彝影宋鈔本一卷（卷四三）

楊氏海源閣舊藏本　凡一百三十卷三十册

北京圖書館藏（書號：九五九一）

未見。楹書隅録著録，爲楊氏四經四史齋宋槧史記之第一部。文禄堂訪書記著録。中國版刻圖録著録（圖版一六二爲卷四八陳涉世家首半葉，圖版一六三爲卷一上三皇本紀卷尾半葉）。祁陽陳澄中舊藏善本古籍圖録收録卷一上三皇本紀首半葉、司馬貞補史記序末半葉書影，第一批國家珍貴古籍名録圖録收録目録末半葉并卷一上首半葉書影。有二〇〇三年再造善本影印本。據楹書隅録有「趙宋本」、「彭城錢興祖印」、「季振宜印」、「季振宜藏書」諸印。版刻圖録書影亦見「汪士鐘藏」印。又有楊氏諸印見王氏訪書記。

據楹書隅録，此爲季振宜舊物，辛亥歲（咸豐元年，一八五一）楊以增以三百八十金購得，次年又得同版殘帙，以清晰者入之。卷中間有梁溪顧柔嘉鈔補葉，未爲抽换。趙世家一卷原配他刻，至壬申夏（同治十一年，一八七二）假得此版殘帙，影録易之。據知此本舊有三套殘帙，楊氏得其二以相配，另借其一以影鈔，竟得全書如此。據王氏訪書記，顧柔嘉補鈔前後序及卷中四十二葉，楊保彝補鈔趙世家一卷二十五葉，末有「保彝影寫」四字，欄外記「光緒元年（一八七五）七月，宋存書室依宋本影鈔」。自海源閣流出後，經王氏文禄堂歸陳澄中，轉歸北京圖書館。

乙—A—2本： 存八十六卷（卷一至七、卷一三、卷一四、卷二三至四〇、卷五五至六八、卷七四至一〇〇、卷一〇二至一〇九、卷一一一、卷一一八、卷一一九、卷一二四至一三〇）

補配宋淳熙三年張杅桐川郡齋刻八年耿秉重修本四卷（卷一二〇至一二三）

補配清顧柔嘉鈔本二卷（卷一〇一、卷一一〇）

楊氏海源閣舊藏本　凡存九十二卷二十六册　北京圖書館藏（書號：八四四四）

未見。藏園群書經眼録著録。史記研究的資料和論文索引及史記書録著録。

此本原出海源閣，冀淑英云：「此本爲北圖所購海源閣九十二種之一，楊氏售書時，因『四史』中乾道本史記已不存，遂以此殘本充『四史』之數。」（冀氏答王紹曾書，見訂補海源閣書目五種，二〇〇二年齊魯書社出版）是謂海源閣「四經四史」之乾道本史記，本指乙—A—1本，而楊氏較早變賣乙—A—1本，故至二十世紀三〇年代初將九十二種善本書抵押於天津鹽業銀行時，以此殘本充之。一九三一年三月傅增湘於天津鹽業銀行庫房見此本，亦稱爲「四經四史之一」。據楹書隅録，咸豐元年楊氏購得乾道本一部，次年又得同版殘帙，兩部相校，以後者之清晰者入前者，是爲乙—A—1本。然則此乙—A—2本當是其棄餘者。

上録存卷卷次，據一九五九年北京圖書館善本書目。今案一九八九年北京圖書館古籍善本書目云「卷一百十配清顧柔嘉抄本」，不言及卷一〇二。果如此，則卷一〇二亦爲蔡夢弼本，蔡本存八十七卷。疑一九八九年新目轉録有奪字。

據一九五九年北京圖書館善本書目，此帙不分版本共存九十二卷，本紀七卷，表二卷，書八卷，世家十六卷，列傳五十九卷。案：賀氏書録謂此帙共存九十一卷。檢賀氏所列存卷篇名，覈以北京圖書館善本書目所録卷次，則賀氏所言少佞幸列傳卷一二五。史記研究的資料和論文索引云存世家二十一卷，列傳五十四卷，總數雖同，出入甚大。又案：賀氏書録謂張釋之馮唐列傳卷一〇二以「南宋初杭州刊十二行二十七字集解本」配補（見上甲—G—1本下），亦與北京圖書館善本書目不符。凡此等皆不知何以歧異至此。

乙—A—3本：存二十六卷（卷一六至一八、卷二二、卷三四至三八、卷六一、卷八一至八九、卷一一七至一二三）

補配宋淳熙三年張杅桐川郡齋刻八年耿秉重修本十卷（卷七至九、卷一二四至一三〇）

補配其他兩宋本共九十四卷

周叔弢舊藏本　凡一百三十卷二十四册　北京圖書館藏（書號：七九九八）

未見原件。此本一百三十卷中僅存二十六卷，北京圖書館善本書目不言此版所存卷次，今據冀淑英編自莊嚴堪善本書目著録。

配本桐川郡齋本十卷，見下乙—B—4本。若所謂「其他兩宋本」，據自莊嚴堪善本書目，一種存七十五卷，十四行，二十四、二十五字；一種存十九卷，十行，十九字（間有二十三字），不得其詳。最近張興吉先生調查此本（乙—A—3本包括配本，即北圖書號七九九八本），認爲該本即一九〇九年涵芬樓影印涇陽陶氏百衲本之原件（參甲—B—2本下）。今據影印涇陽陶氏百衲本，知配本「其他兩宋本」中，存七十五卷之十四行本即南宋前期覆北宋版甲—B—2本，存十九卷之十行本即甲—E種南宋前期覆「景祐」本，互詳甲—B—2本、甲—E—5本下。

乙—A—1、2、3本原本不可見，則影印陶氏百衲本自有參考之用。然今有乙—A—1本既全又美之本，且有再造善本影印本，其中補鈔之卷四三，此本亦缺，則此本之資料價值不可不謂較低。

賀氏書録、資料和論文索引所言又與筆者所見不同。書録未數第三七卷，資料和論文索引云「表三卷」（筆者所列卷一六至一八、卷三三，皆表，凡四卷），皆謂共存二十五卷，各少一卷。不知何故，記此存疑。

乙—A—4本： 存八十三卷（卷三至四、卷一五至一七、卷二一至四三、卷五六至七五、卷八七至一二〇）

配補蒙古中統二年平陽段子成刊本二十卷（卷五、卷六、卷一八至二〇、卷四七、卷四八、卷五四、卷五五、卷七六至八六）

凡存一百三卷二十一册　上海圖書館藏（書號：八二八六六二一八二）

不見於一九五七年上海圖書館善本書目，故拙著上海圖書館藏宋元版解題　史部（一）未及著録，至一九九八年九月始得借閲，記此補遺。中國古籍善本書目著録。（譯者按：據沈津先生博文「也説朱氏結一廬藏書」，張子美所藏結一廬舊本，「文革」中被抄家，後歸上海圖書館。不知此部是否在其中。）

缺卷一，夏本紀第二首葉左右雙邊（一九・四×一二・九釐米）。配補中統本，卷五缺第一五葉左半以下，卷六缺第一葉及第一四葉以下。太史公自序末葉左半葉出補鈔。

全書連配本均加朱筆句點、朱綫。藏印有「菭溪／艸堂」、「菭溪後／樂園得／閒堂印」、「華亭／朱氏／珍藏」、「宗／伯」（朱恩，號菭溪，成化二〇年進士，正德五年任南京禮部尚書。朱大韶爲其侄孫）、「仁和／朱澂」（白文）、「子清／校讀」、「結一／廬藏／書印」（朱澂字子清，朱學勤子）、「學而／不厭」（白文）、「徐乃／昌讀」。

末册（第二册）後書衣内有識語云：「此故老禮部尚書菭溪朱公家藏物也。嘉靖甲寅、乙亥間，倭夷内擾，涉歷于公族故土者累年，此書竟遺失之，流于吴下，幾落好事者之手。公之從孫英，以厚值購歸。庚午九月，余過其舊雨軒，出以相示，用識卷末。吴人許初。（下鈐「元」「復」朱文小聯珠印。）」按：此部印文、識語曾請陳先行先生覈查，陳先生教函謂識語中「乙亥」當爲「乙卯」之誤，「庚午」當爲隆慶四年。然則此部爲朱恩舊物，身後藏於家，至嘉靖三三年、三四年（一五五四、一五五五）遭倭寇劫掠，流入吴下，適爲朱恩從孫「英」（疑謂朱大英）所購，隆慶四年（一五七〇）許初（字元復）手書題識。

據賀氏書録，首司馬貞補史記序，次索隱序，次目録，次三皇本紀。據版刻圖録，左右雙邊（匡高一九・三，廣一三釐米。再造善本影印刊記稱「原書版框，高一八・九釐米，寬一三・四釐米」）。十二行，行二十二字（楹書隅録云二十一字，王氏訪書記云二十二至二十四字。案版刻圖録書影，陳涉世家二十二字，三皇本紀二十一字），注文小字雙行二十八字。有六種刊記，共十二見。

「建谿蔡夢弼傅卿親校刻梓於東／塾，時歲乾道七月春王正上日書。」三皇本紀末。

「建安蔡夢弼傅卿謹案京／蜀諸本校理，置梓於東塾。」補史記序、六國表、秦楚之際月表、漢興以來諸侯王年表、樂書、曆書末。

「建谿三峯蔡夢弼傅卿／親校謹刻梓於望道亭。」五帝本紀、周本紀末。

「建谿三峯樵隱蔡夢弼／傅卿親校刻梓於東塾。」殷本紀末。

「三峯樵隱蔡夢弼傅卿校正。」目録末。

「建谿蔡夢弼校正刊於東塾。」禮書末。

三皇本紀末半葉見版刻圖録，其文「七月」當爲「七年」之誤，錢大昕（日記鈔）、張金吾（愛日精廬藏書志）皆言之。秦楚之際月表、漢興以來諸侯王年表亦見於影印陶氏百衲本，後者有雙郭綫。

版心白口。據賀氏書録，魚尾上大小字數或有或無，魚尾下題「紀一」、「表一」、「書一」、「世家二十五」、「列傳一」等，無刻工姓名。影印陶氏本大致如此。

版刻圖録云宋諱缺筆至「慎」字，説與王氏訪書記同。賀氏書録云，「殷、匡、讓、桓、慎」字多缺筆，惟衛康叔世家獨不避「貞、慎」字。今案影印陶氏百衲本，「玄，弘、泓、殷，匡，貞，讓，桓，慎」缺筆，而不缺者不在少數，「敬、竟」等殆皆不缺，每卷每葉情況不同，幾無規律可言。要之，缺筆至「慎」字止，不及「敦、郭」，乾道刊本自當如此。

版刻圖録所載書影，大致與原件同大。據觀字體，較上述南宋前期建刊史記集解（甲—I—1本）稍劣，可謂南宋前期建刊本之典型風格漸失，始見趨向中期建刊本特點之萌芽。影印陶氏百衲本則字體印象不同，乍見不似南宋前期建刊本，頗疑影印失真。不知爲影印時縮小（高短五釐米）所致，抑或因清末影印技術不善之故。張金吾愛日精廬藏書志云此本「字畫精朗，古香可愛，蓋宋板中之絶佳者」。此本字體似爲清人所好。

賀氏及水澤氏照例討論文本特點（所據乙—A—2,3本）。如卷八二田單列傳，索隱述贊後更有正文約二百六十字並注文二十六字，疑爲後人取戰國策齊策文增入，故蒙古中統二年段子成刊本（乙—C種）、明天順七年游明刊本二索隱本同此本，而南宋他本則皆與正文連書。總而言之，此本文字與今本大致相同，疑黄善夫以後三注合刻本所本與此本同屬一類。

乙—B種、宋淳熙三年張杅桐川郡齋刊本（十二行）

如同蔡夢弼刊本，張杅刊本傳存亦甚稀，現存僅三部，且其中二部爲耿秉補刻本。錢大昕曾見耿秉補刻本，稱「紙墨最精善」（養新録卷一三）。三史拾遺特録張杅、耿秉二跋全文。耿秉跋云「淳熙丙申（三年，一一七六），郡守張介仲刊太史公書於郡齋」，張杅跋有「揭來桐川年踰」語。桐川指廣德，故錢大昕亦稱「澄江耿秉刊于廣德郡齋者」。方輿勝覽卷一八江東路廣德軍「郡名」下有「桐川」，注云「廣德縣西南有桐水，故名」。神田喜一郎元大德九路本十七史考（見東洋學文獻叢説，收於神田喜一郎全集第三册）引以證錢説（參綜論編第八章）。

乙—B—1本：存六十三卷（卷一至一八、卷四四至八八）

宋淳熙三年張杅桐川郡齋刊本

半葉十二行，行二十五字，注文雙行同。

二十册　北京圖書館藏（書號：一〇五〇九）

未見。中國版刻圖録著録，謂此本「爲張杅原刻，未經耿秉修補之本。紙墨瑩潔，如黄庭初搨，不爽毫髮」。版刻圖録載目録首葉書影（圖版一二九），見「乾學／之印」、「健／菴」、「崑山徐／氏家藏」等印。

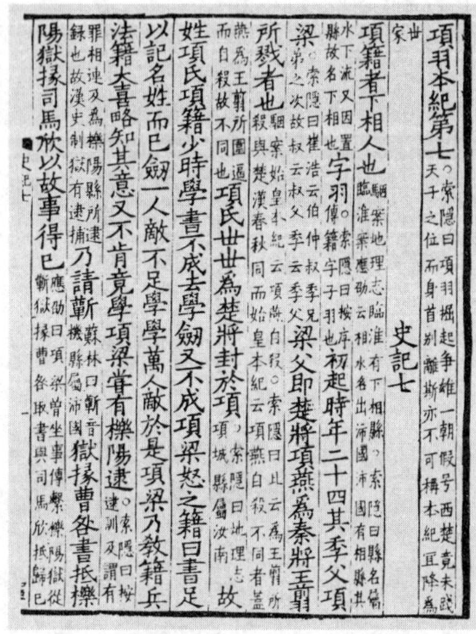

史記　淳熙三年張杅桐川郡齋刊
（乙—B種　版刻圖録）

圖五八

據版刻圖録，此本左右雙邊，（匡高一九・二，廣一四・一釐米）。十二行，行二十五字，注文雙行，行字同。注中「索隱曰」上每標「〇」，則「〇」以上爲集解，以下爲索隱。版心白口，單魚尾，題「史記幾」，又記葉次及刻工名。版刻圖録目録止言「刻工皆杭州地區良工」，不録其名，圖版一二九見刻工名「李師順」。今據静嘉堂本（乙—B—3本）、影印陶氏百衲本（乙—B—4本），輯録淳熙刻工如下。特言淳熙刻工者，静嘉堂本、陶氏百衲本皆經淳熙八年修補，去原版僅五年，原版與補版無從分辨故云。其中容有不見此本（乙—B—1本）者，然亦皆同時同地刻工，不分亦無妨。

王仲　王昌　王祐　王椿　丘文　丘臻　包彦　朱文貴　朱宥　朱端　余政　余珍　吴仲　吕祐　宋昌　宋端

李元　李良　李珎　李證　李師順　李益　李祐　李憲　李證　周彦　昌彦　施中　施昌　施政　施珎　施寔

洪坦　洪新　洪源　胡寔　師順　徐立　徐忠　徐昌　徐榮　郎松　高秀　高俊　高彦　張明　章中　章宇

章珎　章梓　章椿　陳昌　陳説　陸椿　董暉　劉文　劉彦中　潘亨

宇　李忠　施益　陸　董餘

此等刻工常見於其他南宋前、中期諸刻本，可證此本（乙—B種）確爲淳熙刻本。

宋諱缺筆至「慎」字。版刻圖録圖版一二九、一三〇（項羽本紀首半葉）見「殷」字缺筆，而「竟」字二見皆不缺筆。

張杅跋云「惟唐小司馬氏用新意撰索隱，……云云……每恨其書單行，於披閲殊未便。比得蜀本，併與其本書集而刊之，良愜意，意欲垂模，與南方學者共，未暇也。揭來桐川年踰，……云云……搜笥中書，蜀所刊小字者偶隨來，遂令中字書刊之，用工凡七十輩，越肇始四月望，訖六月終告終」（見再造善本影印乙—B—2本，録文亦見三史拾遺），則所據底本爲蜀刊小字集解、索隱合刻本（不聞有傳本。又，張杅云「其本書」謂史記正文并集解）。

乙—B—2本：一百三十卷　同刊、淳熙八年耿秉修訂本　二十四册　北京圖書館藏（書號：七八八四）

未見。第一批國家珍貴古籍名録圖録收録卷一首半葉書影。有二〇〇三年再造善本影印本，影印刊記稱「原書版框高十九・三釐米，寬十四・八釐米」。

楊氏四經四史齋宋版史記之第二部，楹書隅録著録。曾經毛晉、季振宜、徐乾學等手，楊氏於道光二九年（一八四九）以三百金購得。楹書隅録詳録諸家藏印。楹書隅録又云：「卷中遇『軒轅』二字輒缺筆，錢詹事考之李氏通鑑長編云云。」案：「軒轅」缺筆較罕見。錢説見養新録卷七。

此版修訂補版之情況，耿秉跋言之頗詳：（據再造善本影印本，録文亦見錢氏三史拾遺）

淳熙丙申，郡守張介仲刊太史公書于郡齋。凡褚少孫所續悉削去，尊正史也。學者謂非全書，懷不滿意，且病其訛舛。越二年，趙山甫守郡，取所削，別刊爲一帙，示不敢專。而觀者復以卷第不相入，覽究非便，置而弗印，殆成棄物。信乎流俗染人之深，奪而正之，如是其難。然星之於月，其不侔亦昭昭矣。屏之使不得並，孰若附之其旁，則小大較然，不其愈尊乎。別以所續從其卷第而附入之，兩存其板，俾學者自擇焉。其訛謬重脫，因爲是正，凡一千九百九字，以辛丑仲秋望日（錢氏注：辛丑，淳熙八年也）畢工。澄江耿秉直之謹書。

趙氏補刊版，當時「置而弗印，殆成棄物」，故後世無單獨傳本。

乙—B—3本： 存九十九卷（卷八至一五、卷一八至二六、卷二八至三〇、卷三八至一一六）

同刊、淳熙八年耿秉修訂、〔元〕修本　二十四册　靜嘉堂文庫藏

後補灑銀黃書衣（二八・五×一七・五釐米），襯紙裝。

卷首鈔録耿秉跋，卷尾鈔録張杅跋。有朱筆句點、傍綫，眉批録正義等。藏印有「汪印／士鐘」（白文）、「閬源／真賞」、「寶藏」、「子孫／保之」等。

此本有淳熙三年原版、淳熙八年修訂補版及元代補版。淳熙兩刻，字體、刻工無可區別，刻工名見上乙—B—1本下。元代補版版心形式亦略同，而上象鼻多記字數。元代補版刻工如下：

三椿　大成　丘大成　朱信　余良　沅寅　沈元　表源　徐昌　徐林　徐鄰　高用　張友文　張巽　梅斌
梅榮　章宥　黄埜　劉孚　潘椿季　蔡邁
中　元　友　丘　正　立　完　李　良　信　埜　巽　徐　寅　梅　皐　潘　蔡

乙—B—4本：存十卷（卷七至九、卷一二四至一三〇）

乙—A—3本之配本　　北京圖書館藏（書號：七九九八）

未見原件。影印涇陽陶氏百衲本史記中有此版十卷。賀氏書録以此爲中統二年本董浦序所謂「杭本」，並據避諱，遂稱「南宋紹興間杭州刊本」。顯誤，不足深辨。最近張興吉先生調查北圖書號七九九八本（即乙—A—3本包括配本），認爲該本即涵芬樓影印涇陽陶氏百衲本之原件。詳甲—B—2本、乙—A—3本下。

乙—B種文本特點

水澤論此版文本特點（同前書一三一頁）云：「一、正文近古。多處正文獨與古鈔本、宋版單集解本（或其覆刊本）合。二、索隱精善。較之三注合刻本，更接近單索隱注，而往往較單索隱本更優。三、偶有校訂。有據他書校訂正文及注之處。據此三點，可見此版文本之寶貴。」

乙—C種、蒙古中統二年平陽段子成刊本（十四行）

蒙古中統二年即南宋景定二年（一二六一），十年後蒙古始改國號稱元（一二七一），又不十年而南宋亡（一二七九）。此版傳存多殘本，且多爲明修本。後有明天順七年（一四六三）游明覆刊本，正德九年（一五一四）慎獨齋覆刊本，蓋當時此版已不多見。

乙—C—1本：存八卷（卷二三至三〇）

蒙古中統二年段子成序刊

半葉十四行，行二十五字，注文雙行同。

二冊　「中央圖書館」藏

「中央圖書館」金元本圖録著録（圖五一爲卷二三首半葉書影）。中國訪書志著録。後補深藍書衣（二七・二×一七・五釐米），襯紙裝。

首題「禮書第一」，下雙行注「○索隱曰」云云，改行題「史記二十三」。四周雙邊（一九・五×一二・八釐米），十四行，行二十五字，注文小字雙行，行字同。版心白口，上象鼻記大小字數，題「史書二十三」等，下象鼻記葉次及刻工名。刻工名有「張」、「薛」、「吉」、「姚」等。耳格記篇目。

圖五九

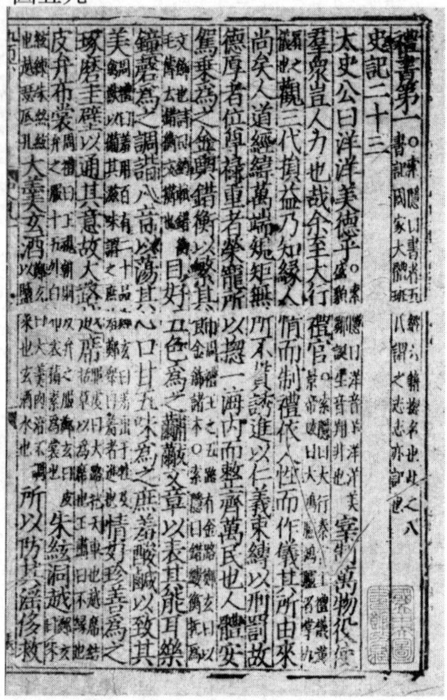

史記　蒙古中統二年段子成刊（乙—C種）
（本圖像數據由「國家圖書館」提供）

案：此帙乃原版無修本。然首葉中間即見版片斷裂，與明修本（乙—C—2本）同，則刷印時間距明修不遠，當可推定爲明印本。

此本缺卷首，而史語所藏本（乙—C—4本）卷首有董浦序（末署「中統二年春望日校理董浦題」），可以考見此版刊行緣起。此摘録其語如下：

索隱史記，近代號爲奇書。比之杭本，多述贊一百三十篇，注字幾十五萬言，小司馬氏之學亦勤也。處習者未究，目爲贅辭，宜其熟左氏、系本、國語、戰國策諸子之説，然後知索隱之學不妄也。姑以三十世家明之，諸家注説有所不通，皆没而不論。索隱必以左氏表襮，證據四出，搜抉無隱，如冰之釋，如泉之達，深於左氏者知之矣。今國家方鄉文學，晉紳之士猶無是書以備觀覽，况其下乎。平陽道參幕段君子成喜儲書，懇求到索隱善本，募工刊行，將令學者證其違而治其闕，習其舊而知其新。

據元史地理志卷五八，唐之晉州，金改爲平陽府，元初改爲平陽路。平陽即平水，乃金元時期華北刊書之中心地。然正史宋元版中刊於山西者，僅此一種。

據水澤，此版文字與淳熙八年耿秉修刻本（乙—B—3本）非常接近，則此版或據淳熙本爲底本。王國維則據此本十四行，字較小，因疑此版以張杅所謂「蜀所刊小字者」爲底本（傳書堂藏善本書志）。既無確證，諸説皆不過猜測而已。至於董序所謂「杭本」，賀氏書録、水澤氏皆以爲集解、索隱合刻而無述贊之本，賀氏擬以影印陶氏百衲本中之十卷（乙—B—4本）實之。竊疑所謂「杭本」當爲集解本（據董序，杭本當較索隱本少「述贊一百三十篇，注字幾十五萬言」），賀、水澤二氏説不足據。

乙—C—2本：存二卷（卷三一、卷三二）　同刊　一册　上海圖書館藏

新補深紫書衣（二四・八×一五・五釐米），襯紙。藏印「□討／司馬」。

首題「吴太伯世家第一」，下雙行録索隱，至第二行，索隱訖，空四格題「史記三十一」，第三行始正文。尾題「齊太公世家第二」。

四周雙邊（一九・一×一二・四釐米），十四行，二十五字，注文小字雙行。版心綫黑口或白口，題「史世卅一（卅

二）」，雙黑魚尾，上象鼻記字數，下象鼻記葉次。卷三一葉次下偶有刻工名，多爲「吉」，卷三二無刻工名。耳題「吴世家」、「齊世家桓公」等，偶有耳格圍綫。

（譯者按：中國古籍善本書目著録此本爲明修本，未詳其説。）

乙—C—3本：存第一百二十九卷　同刊　一册　上海圖書館藏

凡十葉。後補深藍書衣（二三・七×一七・七釐米），金鑲玉裝（印版紙高二四・三釐米）。副葉墨題「殘元槧本史記一卷　南陵徐氏藏」，下鈐「徐乃／昌印」印，又有兩行題記曰：「全書前有中統二年校理董浦序。按：元世祖中統二年爲／宋理宗景定二年。此本雖署元號，實則宋刻也。」藏印有「潛廬」、「闇伯／□□」、「積學齋徐乃昌藏書」。

首題「貨殖列傳第六十九」，下雙行録索隱，至第二行，索隱訖，空十一格題「史記一百二十九」，第三行始正文。尾題「貨殖列傳第六十九」。四周雙邊（一八・九×一二・三釐米），版心題「列（或作「列傳」、「史列傳」）百廿九」，然版心多破損。

乙—C—4本：一百三十卷　同刊〔明〕修本　三十二册　「中研院」史語所藏

後補深藍絹書衣（二九・五×一七・三釐米），金鑲玉裝（印版紙高二五・五釐米）。

第一册首副葉有鄧邦述手書題跋二則，羣碧樓善本書録、中國訪書志備録其文。有「綠筠／堂／圖書」、「群碧／樓」印。

卷首中統二年董浦序，次裴駰集解序並索隱注，次司馬貞補史記序，次史記目録，次三皇本紀，然後乃史記正文。此本卷末無索隱後序。正文首題「五帝本紀第一」，次行小字雙行録其索隱，第三行題「史記一」。第二卷以下，首行小題，次行大題並卷次，如乙—C—1本書影所見。四周雙邊（一九×一二・二釐米）。刻工名甚少見，有

張一　張二　楊一　七　弓　工　吉　何　李　姚　楊　劉　鄧　薛　魏

等。涵芬樓燼餘書録更列

七一　梁一　楊三　老賈　賈一

原版葉漫漶已甚。明代補版葉版心小黑口，不記字數爲常，題「項籍本紀七」等。

乙—C—5本：存九十二卷（卷六至三六、卷四九至六〇、卷七四至七八、卷八七至一三〇）　同刊　〔明〕修本　十六册　静嘉堂文庫藏

後補藍黑書衣（二六・五×一五・七釐米），背面書衣淡棕色，襯紙裝，印版紙高二四・八釐米。部分有朱筆句點、傍點、傍綫、圈點。缺卷六首第一葉、第二葉右半及卷二二首葉。明修版不過數葉，當係明代早期印本。明代補版刻工有「戴漆與」。

乙—C—6本：存一百十六卷　同刊　〔明〕修本

補配明刊本十四卷（卷三〇至四三）　凡一百三十卷二十四册　北京圖書館藏（書號：七三四二）

乙—C—7本：存一百二十七卷　同刊　〔明〕修本

補配明嘉靖四年汪諒刊本二卷（卷二一、卷二二）

補配清寫本一卷（卷二〇）　凡一百三十卷四十册　北京圖書館藏（書號：五一三五）

此二本均未見，今據北京圖書館善本書目著録。第一批國家珍貴古籍名録圖録收録乙—C—6本卷一首半葉書影。乙—C—6本有二〇〇六年再造善本影印本，影印刊記稱「原書版框高十九・六釐米，寬十二・九釐米」。史記研究的資料和論文索引、史記書録均云北京圖書館藏此版二部，一、拜經樓舊藏本，一、袁寒雲舊藏本。據史記書録，拜經樓本缺卷一三至一七，爲明人鈔補；袁寒雲本「已非初印，亦多脱爛，校讀頗不易」，不言有配本。史記書録所言與北京圖書館善本書目不合，不得不存疑。拜經樓藏書題跋記只言有「史類」、「正史」、「史記」三朱印，未言補配。涵芬樓燼餘書録録一部二十四册，有「慈溪／世家」「繡衣／驄馬」印，亦不言配補。傳書堂藏善本書志云「原闕卷三〇至卷四三，以游明本補」，乃與北京圖書館善本書目符合。據一九八九年新版北京圖書館古籍善本書目，乙—C—6本有袁克文跋；蔣汝藻舊藏書之經王國維編目者（至元人集部止）後歸涵芬樓（參詳蘇精近代藏書三十家），而北京圖書館書號七二五四至七八七五皆涵芬樓舊藏本，則乙—C—6本當爲經袁克文、蔣汝藻、涵芬樓遞藏者。據涵芬樓燼餘書録，「玄、弦、弘、殷、匡、恒、貞、樹、戍、桓、慎」諸字間有缺筆。又云：「全書每葉有『杏花春雨江南』篆文朱印，鈐處表裏無定，疑是當時製紙家之印記。」

一九八三年中華書局版藏園群書經眼録著録所藏此版，「年表七鈔配，八、九以汪諒本補」，標注北京圖書館書號「五二三五」，注云「辛未（民國二〇年，一九三一）三月十日董廉之送閲，旋以一千一百五十元收之」，是乙—C—7本即傳增湘舊藏本。

據李紅英袁克文史部善本藏書題識（文獻二〇一三年第一期）云，再造善本雖以乙—C—6本爲主，然卷首董浦序、集解序據乙—C—7本配入，補史記序、三皇本紀乙—C—6本有殘缺處亦據乙—C—7本配補。

乙—D種、元大德饒州路儒學刊本（九路本十史之一，十行）

乙—D—1本： 存十五卷（卷五、卷四八、卷四九、卷五六、卷六一至七一）

元大德〔九年〕饒州路儒學刊

半葉十行，行二十二字，注文雙行同。

三册　北京圖書館藏（書號：〇一一六九）

此本北平圖書館善本書目及一九五九年舊版北京圖書館善本書目不著録，始見於一九八九年新版北京圖書館古籍善本書目。

後補暗紅書衣（三〇·六×二一·一釐米），金鑲玉裝（印版紙高二八釐米）。第二（第三）册書衣墨題「宋版百衲史記列傳十六（二十）」。每册副葉及另夾小紙片記所收卷次與葉數。卷五至卷五六共四卷爲第一册，卷六一以下十一卷分爲第二、第三册。有朱筆句點、聲點。藏印有「商丘宋犖／收藏善本」、「緯蕭草堂／藏書記」、「國立北／平圖書／館收藏」。

傅增湘百衲本共用六種版本，大德九路本居其一，藏園群書題記、文禄堂訪書記同列爲第五種。據兩記，存有卷五、卷一六、卷一七、卷二三至三〇、卷四八、卷四九、卷五一、卷五六、卷六一至七一，凡二十六卷。此本存卷皆在其中，合以書衣墨題及藏印（傅、王二記均録「商丘宋犖收藏善本」、「緯蕭草堂藏書記」印），可證此本即傅增湘百衲本之一部分。卷一六、卷一七、卷二三至三〇、卷五一凡十一卷爲此本所無，而北京圖書館古籍善本書目另録殘本三卷（見下乙—D—2本），有卷二三、卷二五、卷二六，似亦出傅增湘百衲本。

史記書録著録「元大德十年平江、饒州等九路刊本」殘存十八卷，所云殘存卷次即此本所存十五卷加卷二三、卷二四、卷二六，似據此本與下乙—D—2本合言之，然乙—D—2本有卷二五，無卷二四爲異。史記研究的資料和論文索引云殘存十五卷，所言卷次與此本合。又，史記書録及史記研究的資料和論文索引皆言爲内閣大庫舊藏，北京圖書館現藏本，史記書録甚至謂配入傅氏百衲本中者不知下落，竟不以此本爲傅氏舊藏本，不知何所依據。

四周雙邊（二一・七×一五・四釐米），十行，二十二字，注文小字雙行。卷五首行頂格題「秦本紀五」，下雙行録索隱，至第二行索隱訖，不改行，空數字題「史記第五」，第三行以下乃正文。版心綫黑口。上象鼻右記「饒路學」、「堯學」、「路學」、「番學」、「番江」、「番」、「錦江」、「樂平」等，當是饒州路儒學、鄱陽縣學、錦江書院、樂平州學，皆饒州路下屬負責刊刻之學校。有二三處學校名下記「補刊」二字，其實亦皆同時原版，並非補版葉。

刻工名有丁義之、丁福、丁應、付正甫、玉甫、朱元秀、何璋甫、珍叟、范玉甫，皆見於同爲饒州路所刊之隋書。又有一陽、丁正甫、王愛、可福、包楫、付正父、呈氏、呈義父、尚父、洪尚父、胡寧、柴壽、鮑珍，單字者從略。

乙—D—2本：存三卷（卷二三、卷二五、卷二六）　一册　北京圖書館藏（書號：〇二一七〇）

未見。此據新版北京圖書館古籍善本書目著録。中國古籍善本書目將此本與乙—D—1本合爲一目，共存十八卷。

乙—D—3本：存十卷（卷五、卷六、卷四八至五五）　凡一百三十卷四十册　「中研院」史語所藏

以配舊稱「景祐刊本」（甲—D—1本）

丙類、集解、索隱、正義三家注本

丙—A種、宋紹熙黄善夫刊本（南宋中期建刊本，十行）

舊稱南宋「慶元刊」十行本三史，中國早佚，而日本有二套傳本，一套足本，一套稍有殘缺。由經籍訪古志著録此二套，聞名天下，百衲本二十四史史記據以影印。三史原有二套，一爲足本，妙心寺南化玄興舊物，遞經直江兼續、上杉氏，今歸日本歷史民俗博物館。一套稍殘，爲狩谷棭齋求古樓舊藏本，後分散數處。

另有三國志、南史、北史、隋書、唐書，雖無足本，版式字體一如三史；又有晉書、五代史記，宋本不存而有覆宋本（二〇一〇年上海圖書館始披露所藏宋版晉書），是知紹熙年間至慶元末年，建安一地同出十史，如綜論編所言。又，三史舊説均稱慶元刊本。然據求古樓舊藏漢書（F—2本）刊行識語，刊刻漢書始於紹熙五年，至慶元二年畢功，後漢書（G種）有慶元四年刊記，因此長澤規矩也推定刊刻史記當在漢書之前，即在紹熙中（宋代合刻本正史之傳本，見長澤規矩也著作集第三册），詳綜論編。

丙—A—1本：一百三十卷

宋（紹熙中）建安黄善夫刊本　九十册　歷史民俗博物館藏

半葉十行，行十八字，注文雙行二十三字。

圖六〇

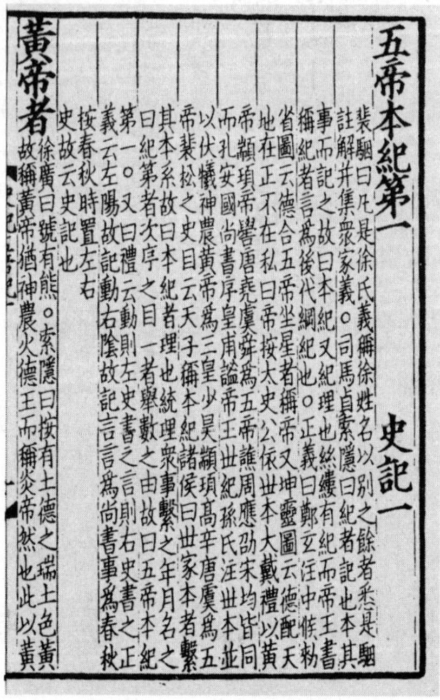

五帝本紀第一　史記一
裴駰曰凡是徐氏義稱徐姓名以別之餘者悉是駰
註解并集衆家義。司馬貞索隱曰紀者記也本其
事而記之故曰本紀又紀理也絲縷有紀而帝王書
稱紀者言爲後代綱紀也。正義曰鄭玄注中候勅
省圖云德合五帝坐星者稱帝又坤靈圖云德配天
地在正不在私曰帝按太史公依世本大戴禮以黄
帝顓頊帝嚳唐堯虞舜爲五帝譙周應劭宋均皆同
而孔安國尚書序皇甫謐帝王世紀孫氏注世本並
以伏犧神農黄帝爲三皇少昊顓頊高辛唐虞爲五
帝裴松之史目云天子稱本紀諸侯曰世家本者繫
其本系故曰本紀者理也統理衆事繫之年月名之
曰紀第者次序之目一者舉數之由故曰五帝本紀
第一。又曰禮云動則左史書之言則右史書之正
義云左陽故記動右陰故記言言爲尚書事爲春秋
按春秋時置左右
史故云史記也
黄帝者 徐廣曰號有熊。索隱曰按有土德之瑞土色黄
故稱黄帝猶神農火德王而稱炎帝然也此以黄

史記　南宋中期建安黄善夫刊
（丙一A種　百衲本）

有汲古書院影印本，精裝十二册，一九九六年出第一册，至一九九八年出齊。改裝補紅色書衣（三三×二二・五釐米）。改裝出室町後期僧人南化玄興之手，將原版本（約二四×一五釐米）貼在大型日本紙上，自署題簽，鈐「玄／興」印。一九三〇年左右，張元濟攝影此本時，又套加褐色書衣，襯紙。補鈔約二十餘葉。有朱點、朱綫、墨筆訓點，大型襯紙空白處，大量批注「師説」、「正義」。此本可謂集中表現月舟壽桂等室町後期史記學之内容。亦有桃源瑞仙鼎形印。批注所引「正義」多出此本之外，當係據單正義本補録此本删省者。

藏印有「興學／亭印」、「永光／邱青」（朱、墨）、「月／舟」（鼎形）、「興讓館藏書」等。水澤除史記之文獻學的研究之外，另有上杉家藏慶元本史記研究一文，見米澤善本之研究與解題（一九五八年市立米澤圖書館編刊），該書又有平中苓次撰米澤宋版前後漢書一文，亦見平中氏論文集中國古代田制及税法（亦見影印本國寶漢書宋慶元本附録），就此本傳承、批注等皆有詳論，其他有關此本之論説甚多，此不贅。

首史記集解序，次補史記序，次史記索隱序，次史記正義論例謚法解，次史記目録，次三皇本紀，後乃正文，題「五帝本紀第一（空六格）史記一」。目録列伯夷列傳爲列傳第一，老子莊子在第三，而正文則老莊居首，爲老子伯夷列傳第一」。集解序末尾題前有木記曰「建安黄善夫刊／于家塾之敬室」。此本目録末葉（第一八葉）出鈔補，有曰「安成郡彭寅翁／栞于崇道精舍」，實係至元二十五年彭寅翁刊本（丙—B種）之刊記；據丙—A—2本則篆書木記「建安黄／氏刻梓」，如見百衲本二十四史。左右雙邊（一九・七×一二・五釐米），十行，行十八字，注文小字雙行二十三字。版心綫黑口，極少數葉雙魚尾上記大小字數，版心題多兼大小題，如「史記五帝紀一」，或有省略，無刻工名。缺筆至「敦」字，首見卷四第一九葉左半葉第五行注文。南宋中期坊刻本中，此本避諱可謂甚嚴。

此本卷三一第二葉右半葉第六行誤脱一整行，卷一二八第一七葉左半葉第三、第四行誤重同文。此等訛誤、脱行，百衲本二十四史皆爲校訂，描摹調整。總之，此本文字訛誤甚多，文本不得謂精善。其實，校勘失審似爲南宋中期建刊十史之通病，不獨史記爲然。南宋中期建刊十史之優點當在載録史記正義及兩漢書宋祁、劉攽校語。張氏百衲本二十四史校勘記（史記校勘記整理本，一九九七年商務印書館出版）以殿本、王延喆本等校，記録頗詳，可參考。

丙—A—2本：存六十九卷（卷一、卷四至一二、卷一九至二一、卷二三至三〇、卷三九至六七、卷七三至九〇、卷一三〇）　二十八册　北京圖書館藏（書號：七三四三）

同刊

狩谷棭齋求古樓舊藏本。曾爲妙覺寺僧人日典所藏。日典於永禄（一五五八～一五七〇）、天正（一五七三～一五九二）間居住京都妙覺寺，今傳古刻本有其印記者不少，詳神田喜一郎妙覺寺常住日典一文（見其東洋學文獻叢説，神田喜一郎全集第三册）。求古樓之後，遞經淺野長祚（梅堂）、島田重禮（篁邨）手。此本卷一末有墨書題識二行，一曰「上虞羅振玉獲觀」（篆書。下鈐「臣玉／之印」印），一曰「島田先生家藏宋慶元刊本，丙午冬黄紹箕獲觀」（下鈐「黄印／紹箕」、「穆／琴」二印）。丙午爲光緒三十二年（一九〇六），時此本仍在島田手中。此後不久，田吴炤購回中國，隨即散出。故寶禮堂書録云「清末有鄂人田氏購得之，携以歸國，不久散出」，涵芬樓燼餘書録云「荆州田氏得之東瀛，宣統季年，余購之廠肆」，藏園群書經眼録云「張菊生前輩曾於正文齋收得殘帙」。［據沈燮元先生指教，田吴炤（一八七〇～一九二六），湖北江陵人，字伏侯，後改名潛，光緒二三年肄業於兩湖書院，二四年（一八九八）遊學日本，二七年（一九〇一）又隨羅振玉赴日考察，三四年至宣統元年（一九〇八～一九〇九）任留日學生監督及使署參贊（一九九〇年湖北人民出版社刊江陵縣志卷一〇四有傳）；「田偉後裔」即其藏章，田偉宋人，見藏書紀事詩。譯者按：近有王亮先生伏侯在東精力所聚——田吴炤書事鈎沉一文，載中國典籍與文化二〇〇八年第四期，述田吴炤藏書事迹最詳，可參。］涵芬樓購得六十六卷，其餘數卷已「爲市估分截」（涵芬樓書録）。袁克文於民國四年（乙卯，一九一五）購得卷二九、卷三〇、卷八六，李盛鐸即言「史記即黄善夫本，張菊生所購而譚估竊留之卷」（見李小文、孫俊撰李盛鐸致袁克文論書尺牘，文獻二〇〇八年第四期）。今見此部卷三〇有譚錫慶印記，可證袁克文即由譚氏正文齋購得。袁克文日記於民國四年十月初十日記得此三卷，即言「以河渠書一卷與沅叔，易得宋鷺州書院漢書景十三王傳一卷」（見上海古籍出版社版王子霖古籍版本學文集第二册引録。又，據上引李小文、孫俊論文，知此「宋鷺州書院漢書景十三王傳」今在哈佛燕京圖書館，上有袁克文題識，亦云以河渠書换得）。藏園群書經眼録所言略同，而云袁克文所贈爲卷二九、卷三〇。然雙鑑樓善本書目（一九二九）止見卷二九，又此部卷二九有袁克文、傅增湘兩家藏印（傅氏印記卷首三印、卷尾二印），而卷三〇僅見袁克文印，無傅增湘印，故疑經眼録誤記。袁氏所藏卷三〇、卷八六，後歸潘明訓，見寶禮堂書録（一九三九）著録。最後涵芬樓舊藏六十六卷，潘氏舊藏二卷，傅氏舊藏一卷，共六十九卷，分三次先後歸北京圖書館（據沈燮元先生指教，該館有分别購買二十六册、一册、一册之記録），即今此本。一九五九年版北京圖書館善本書目及中國古籍善本書目所載存卷如上著録，而一九八九年版北京圖書館古籍善本書目乃稱存六十八卷，無卷二九。其實卷二九雖僅八葉，訂爲一册，並未遺逸，新版古籍善本書目不録卷二九，不知何故。此本有二〇〇三年再造善本影印本，亦有卷二九。第一批國家珍貴古籍名録圖録收録三皇本紀首半葉書影。又，卷二、卷三今藏東京大學東洋文化研究所（丙—A—3本）。經籍訪古志所載求古樓本共七十二卷，今北京圖書館藏其中六十九卷，東洋文化研究所藏二卷，尚有一卷下落不明。覈校經籍訪古志所載殘存卷次，則所逸當爲卷二三。

後補灑金紫色書衣（二八・五×一八・三釐米），襯紙較原本稍大，印版紙高二六・五釐米。卷二九爲傅氏舊藏者，訂爲一册，紅書衣，似出日本近世初期（約當明末清初）。卷三〇、卷八六爲潘氏舊藏，金色梅樹文淡紫書衣。卷三〇墨題「史記殘本（隸書）／卷三十平準書第八／宋黄善夫刊寒雲得於廠市」，卷八六墨題「史記殘本（隸書）／卷八十六刺客列傳第二十六／宋刊宋印本乙卯十月寒雲」。有朱筆句點、旁綫、聲點、眉批等，墨筆假名注、眉注等，當出日本室町後期（約當明時）。鈐有妙覺寺日典、狩谷棭齋、淺野長祚、島田重禮、田吴炤、袁克文、涵芬樓諸印，詳見拙稿北京圖書館藏正史宋元版解題抄，載北京圖書館館刊一九九五年卷三第四期。

首史記索隱序，次史記正義序，次史記集解序，次補史記序，次史記目録，次三皇本紀，次史記正義論例謚法解。正文首題「五帝本紀第一（空六格）史記一」，卷一三〇末題「太史公自序第七十（空六格）史記一百三十」。全書後附史記索隱後序。史記集解序末有木記曰「建安黄善夫刊／于家塾之敬室」，史記目録末有篆書木記「建安黄／氏刻梓」。左右雙邊（一九・七×一二・五釐米，此據一九九一年筆者就原本測量。再造善本影印刊記則稱「原書版框高二一・一釐米，寬一三・三釐米」），十行，行十八字，注文小字雙行二十三字等，版式特點均同丙—A—1本。

丙—A—3本： 存卷二、卷三　同刊　一帖　東京大學東洋文化研究所藏

東洋文化研究所免費公開漢籍全本影像數據庫，可以查看此殘卷全部照相（http://shanben.ioc.u-tokyo.ac.jp/index.html）。中國國家圖書館網頁亦可瀏覽同一内容。

有木盒，盒蓋背面墨書題「明治三十三年（一九〇〇）十二月吉辰／東京下谷池の端齋藤／書林に於て求之／平岡藏」。據此知此兩卷之分出求古樓本（丙—A—2本），當在求古樓本歸島田重禮之前。一九二九年日帝成立東方文化學院，即由文求堂購進此殘卷。據東方文化學院賬簿，此「史記（殘存卷二、三）　宋版　一册　二七〇圓」，於一九二九年十二月十八日入藏登記。

改裝後補草花文黄色書衣（二七・三×一七釐米），題簽墨書「宋板史記」。襯紙相粘接，書口相連，書脊散開，作成折帖。攤開爲原版一整葉，猶如蝴蝶裝。有朱筆句點、旁綫，行間數處朱筆校字。墨筆假名注，書眉鈔正文等。有「妙覺寺常住日典」朱印。僅存夏、殷本紀共二卷。後附索隱後序，則係明版，非黄善夫本，不知何時附入。按：此本與丙—A—2本同爲求古樓舊物，丙—A—2本末尾自有索隱後序。

丙—A—4本： 存第八卷　同刊　一册　上海圖書館藏

第二批國家珍貴古籍名録圖録收録卷八首半葉書影。卷八凡四十葉，此本止存首葉至第二三葉，缺第二四葉以下。後補淺藍書衣（二六・四×一五・五釐米），金鑲玉裝（印版紙高二四・七釐米）。

首行題「高祖本紀第八（空五格）史記八」。左右雙邊（一九・八×一二・四釐米），十行，十八字，注文小字雙行二十三字。版心綫黑口，雙黑魚尾，上象鼻記大小字數，題「史高祖八　（葉次）」。此雖殘本，墨色鮮明，絕非後印本。

建刊十史概皆如此，頗疑當時印數極少。

丙—A—5本：存五卷（卷一〇一至一〇五）　同刊
以配舊稱「景祐刊本」（甲—D—1本）　凡一百三十卷四十册　「中研院」史語所藏

丙—A—6本：舊存四卷（卷三五至三八）　存逸未詳
未見。傅增湘百衲本配用六種版本，此其一，見藏園群書題記、文祿堂訪書記。

覆丙—A種諸本

蓋因三注合刻讀者稱便，黄善夫本明代有四種覆刻本。

正德一二年（一五一七）廖鎧刊本，中國版刻圖録著録（圖版三九一、三九二）。正如版刻圖録所云，在明覆黄善夫諸本中，此本尤罕，日本未聞有收藏者。校史隨筆略述廖鎧序云：「中統以後，翻刻者甚尠，搜采十餘年，始獲斯本。乙亥（正德十年）冬，隨侍出鎮關西，遂謀於梓。但有紀、志、表、傳而無八書，補以縉紳所藏。訛文已甚，脱簡彌滋，參眂群册，始獲苟完。自丙子三月至此，踰歲刻成。」

嘉靖六年金臺汪諒刊本，有嘉靖四年（一五二五）汪諒刊記，而卷末所載校正者柯維熊跋新刻史記序署六年（一五二七）。此本或稱柯本。校史隨筆引嘉靖四年費懋中序云「史記近時苦乏善本，雖陝西有翻刻宋板本，江南有白鹿書院新刻本」云云，又云「白鹿本無正義，陝西雖有之，而封禪、河渠、平準三書均缺焉，柯君悉爲增入」。所云陝西本當指廖鎧刊本。

震澤王延喆刊本，亦嘉靖四年至六年之間所刻，索隱後序後有刊記可知。張元濟跋百衲本二十四史史記曰：「王士禎池北偶談云：『延喆性豪侈。一日有持宋槧史記求鬻者，索價三百金。延喆紿其人曰，姑留此，一月後來取直。乃鳩工就宋本摹刻，甫一月而畢。』此實讕言。今王本索隱後序末木記七行，明明有『工始嘉靖乙酉（四年）臘月迄丁亥（六年）之三月』及『重加校讎』之語。」

嘉靖一三年（一五三四）秦藩刊本，有同年「秦藩鑒抑道人」重刻史記序及黄臣書重刻史記後。校史隨筆云：「嘉靖二十九年秦藩允中道人修板序謂叔考定王得蘇本刻之，是從震澤王氏本出也。鑒抑爲定王朱惟焯，允中即惟焯嗣子懷埢。」今案：此本版心卷次用千字文，無耳格篇名。較之柯本、王本，此本字體更不似黄善夫本，而與廖鎧刊本極相仿佛，豈據廖鎧本覆刻者與。

又，日本尊經閣文庫藏市河米庵影鈔黄善夫本及日本嘉永三年存誠藥室影刻黄本第四五卷，皆精美，能傳原書風貌。

百衲本二十四史史記兼用丙—A—1,2本，故卷首（集解序首）見島田氏雙桂樓四印，目録後亦有黄氏木記，皆據丙—A—2本。藏園訂補郘亭知見傳本書目云：「黄善夫刊本，余北宋本史記中配入五卷（丙—A—5本），宋元百衲本史記中配入四卷（丙—A—6本），又藏零種二卷（後併入丙—A—2本之中）。日本上杉氏藏一全帙（丙—A—1本）。百衲本二十四史以涵芬本（丙—A—2本）及余本並日本上杉氏藏本（丙—A—1本）合配成。」若如此言，百衲本二十四史中亦有傅氏藏本。計丙—A—5,6兩本存卷恰爲涵芬樓本所缺，「零種二卷」固與涵芬樓本同出一源。蓋百衲本二十四史除用涵芬樓本六十六卷外，兼用傅氏所藏殘本共十一卷，餘五十三卷始用上杉本與。

丙—B種、元至元二五年彭寅翁崇道精舍刊本（十行）

至元二五年（一二八八）刊本殆即元代唯一三家注合刻本，或因此版印數甚多，至今傳本頗不少。

丙—B—1本：一百三十卷

元至元二五年安福彭寅翁崇道精舍刊　半葉十行，行二十一字，注文雙行。　四十册　宫内廳書陵部藏

二〇〇一年綫裝書局出版日本宫内廳書陵部藏宋元版漢籍影印叢書、二〇一二年上海古籍出版社出版日本宫内廳書陵部藏宋元版漢籍選刊均收録此本。

淡橙書衣（二四・五×一五・九釐米），題簽墨書「史記」。有朱筆句點、旁綫，墨筆聲點、假名注等。書眉、行間、浮簽等批注有稱「正義曰」者，稱「師説曰」者，稱「鄒云」者，亦有注反切。此等批注之筆，當有三人以上。卷三七末（第一七册末）朱書「永亨十二年二月十七日加點於惠峰含雪齋下了矣」，則永亨一二年（一四四〇）於東福寺加點。另有識語二則，其文見圖書寮典籍解題漢籍篇（第一二四頁）。目録第八葉、卷一〇第七葉、卷一一〇第二三葉、卷一一八第一九葉、卷一二二第四葉原缺鈔補。

首史記目録，次史記集解序，次補史記序，次史記索隱序，次史記正義序，次史記正義論例謚法解，次三皇本紀，其下爲五帝本紀以下正文内容。正文卷首題「五帝本紀（空六格）史記一」。書末尾題「太史公自序第七十（空

圖六一

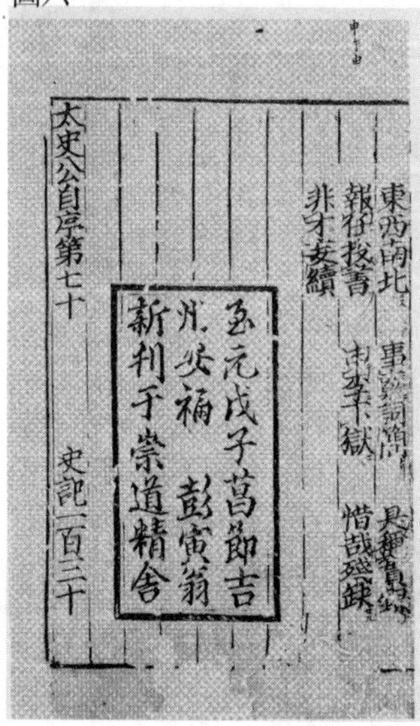

史記　元至元二五年彭寅翁刊
（丙—B種　書陵部）

圖六二

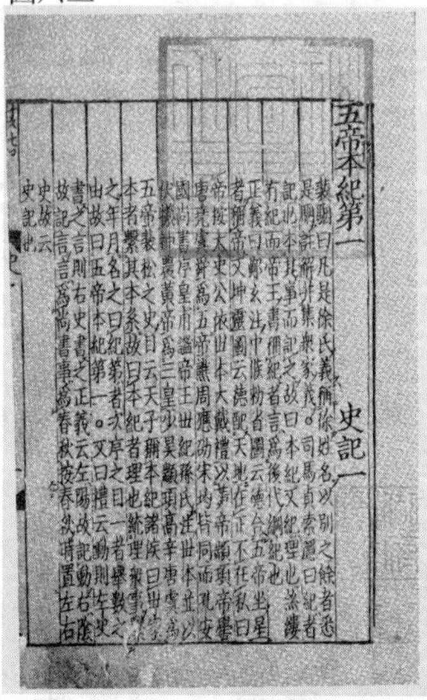

史記　元至元二五年彭寅翁刊
（丙—B種　書陵部）

四格）史記一百三十」。左右雙邊（一八×一二釐米），十行，行二十一字，注文小字雙行。版心綫黑口，上象鼻記大小字數，雙魚尾中間，上題「史一」、「史紀一」等，下記葉次，無刻工名。耳格題篇名。

木記四見，目録末曰「安成郡彭寅翁／桀于崇道精舍」（目録第八葉此本原缺鈔補），卷一四（年表二）末曰「安成郡彭寅／翁鼎新刊行」，卷七二（傳一二）末曰「旹至元戊子安／成彭寅翁新桀」，卷一三〇（自序）末曰「至元戊子菖節吉／州安福　彭寅翁／新刊于崇道精舍」，均有雙邊框綫包圍。據木記知此本爲至元二五年彭寅翁於江西湖東道吉州路安福縣崇道精舍所刊。

丙—B—2本：存一百二十一卷（缺卷七至一〇、卷三九、卷六四至六七）　同刊

鈔補五卷（卷七至一〇、卷三九）

凡存一百二十六卷五十六册　宮内廳書陵部藏

經籍訪古志著録，狩谷棭齋求古樓舊藏本。然經籍

訪古志著録行格有誤。

補寫五卷，缺四卷之外，卷七〇末、卷一〇八末鈔補，卷六〇末尾缺。又，卷一五、卷一六、卷二〇至二四、卷四二、卷四三、卷五八至六〇、卷六八、卷六九、卷八九至九二、卷一〇九、卷一一〇、卷一一三至一一六、卷一三〇以同版別本配補，原非一帙。

首史記序，用蒙古中統二年刊本，次補史記序以下順序同丙—B—1本，目録居各序之後。第一册後補棕色書衣（二四・八×一五・四釐米），左方有題簽脱落之痕迹，墨書題「史記第一册」，右方墨書小題。第二册以下淡褐書衣，時代更晚。襯紙補修。朱筆句點、旁綫、假名，墨筆假名等殆遍全書，而索隱、正義僅加句點，無假名注，則此等假名注解當據其他集解本移録。眉批有校字者，亦有録正義佚文者。有建仁寺龍崇等識語，亦見南禪寺靈彦名。鼎形印隨處可見，有「定／房」二字。是知此書批注反映室町時期至近世初期（約當明末）京都五山之史記學。詳參圖書寮典籍解題漢籍篇。

丙—B—3本：一百三十卷　同刊　　七十册　天理圖書館藏

有漆盒，表面金字題「堯／史記七十策」，朱字題「崇蘭館」。後補深褐書衣（二五・三×一六・二釐米），題簽墨書「史記目録并序」等。襯紙補修。朱筆句點、旁綫，墨書假名等。眉批有反切，有「亻」本（譯注：「亻」是旧文字母，代表yi音。古代日本人批校常用此符，代表「一本作」）校語，有補録「正義曰」等。卷五第一一葉鈔補。

丙—B—4本：存七十一卷（卷一、卷五至一二、卷一八至二一、卷二五至二七、卷二九至三二、卷四四至四六、卷四九至六〇、卷七五至九一、卷一〇八至一一六、卷一一九至一二七、卷一三〇）

同刊　　二十八册　慶應義塾圖書館藏

序目亦缺。改裝後加淡褐書衣（二三・二×一四・八釐米），襯紙補修。全書有朱點、墨筆假名，亦有藍筆塗抹訓點者。書眉、行間朱墨批注甚夥。有「伊佐早兼／古書之寶」、「林泉文庫」印。

丙—B—5本： 存一百二十二卷　同刊

補配明游明刊本六卷（卷四至六、卷二〇至二二）

補配明正德一六年慎獨齋刊本二卷（卷一八、卷一九）　凡一百三十卷十六册　「中央圖書館」藏

中國訪書志著録。新補灑金淺藍書衣（二三・五×一五釐米）。有「陸氏／宗口」印。

丙—B—6本： 存二十七卷（卷二至六、卷四六、卷四七、卷五〇至五四、卷六六、卷六七、卷九二至九四、卷九七至一〇四、卷一一一、卷一一二）

同刊　　十一册　「中央圖書館」藏

中國訪書志著録。新補灑金深藍書衣（二三・四×一五・五釐米），襯紙裝。有「曾植」、「海日／廔」（白文）、「植」、「壹庵／長壽」（白文）、「宋本」、「莚圃／收藏」諸印。

此本屬早印本，故沈曾植識語云「刻印俱精，惜殘缺不完，僅十一本，全書四分之下」。

丙—B—7本： 存一百二十四卷　同刊

補配蒙古中統二年段子成刊本六卷（卷一一七至一二二）　凡一百三十卷四十八册　北京圖書館藏（書號：一一二七九）

未見。續修四庫全書第二六一册、第二六二册收録此本全部影印，配本亦照録，未用丙—B—8本等補配。又

有二〇〇五年再造善本影印本，影印刊記稱「原書版框高十八·四釐米，寬十二·七釐米」。

丙—B—8本：存六十七卷（卷四至六、卷一三至一六、卷一九至三〇、卷三八至四二、卷五〇、卷八九至一三〇）

補配瞿氏鐵琴銅劍樓影元寫本十卷（卷二、卷三、卷四六、卷四七、卷五一至五四、卷六六、卷六七）

同刊　凡存七十七卷二十四册　北京圖書館藏（書號：六七二八）

未見。此據舊版北京圖書館善本書目、中國古籍善本書目著録。

此本當爲張金吾舊藏本。愛日精廬藏書志所言殘卷共計六十六卷，而藏書志誤作七十六卷。鐵琴銅劍樓藏書目録因襲此誤，至二〇〇〇年上海古籍出版社出版校訂本鐵琴銅劍樓藏書目録，始校改作六十六卷。第五〇卷不知其來源。又，一九八九年版北京圖書館古籍善本書目不言殘存卷數及卷次，似全一百三十卷具足者，蓋新版目録編者誤脱存卷一行。

丙—B—9本：存十六卷（卷一至一四、卷四八、卷四九、卷五八至六〇、卷一一〇、卷一一三至一一六、卷一二八、卷一二九）

同刊　七册　北京大學圖書館藏

後補灑金深藍絹書衣（二三·五×一五·五釐米），襯紙裝。存舊題簽二，上皆題「史記」，下各題「卷十三／之／卷十四」及「卷一百二十八／之／卷一百二十九」。卷十四末當有木記「安成郡彭寅／翁鼎新刊行」，而此本被剜去。木樨軒藏書書録云：「蓋書估僞充宋刊也。」有「李氏／玉陔」、「木犀軒／藏書」、「木齋／審定」、「李印／盛鐸」、「李印／傳模」、「麐嘉／館印」、「北京大／學藏」諸印。

此外，日本大谷大學、中央大學亦藏殘本，今從略。詳參筆者日本現在宋元版解題　史部(上)。

丙—B種文本特點

依常情推想，此本文本當據黄善夫本(丙—A種)。水澤曾校兩本，謂兩本基本一致，偶有此本獨誤者，亦有此本校訂黄善夫本訛誤者。又謂兩本索隱、正義有一整條互見者，即或黄本有而此本無，或黄本無而此本有。筆者校對首數卷，亦見此例頗不少。然則此本除依據黄本之外，或又參校單索隱、單正義本，亦未可知。三注之删節取捨，亦爲明南監本屢經改版之主要原因，詳下附説。

附：南監史記三版之三家注

南監二十一史中，晉書、唐書等始終使用元刊本，未曾重雕新版，而史記則經嘉靖九年(一五三〇)、萬曆三年(一五七五)、二四年(一五九六)三次改版，已見綜論編第十章。史記被反復改版，需求量大，自是背景因素，而主要原因在於明人反復校訂改動注文，三家注文之取捨，尤爲重點所在。

三家注本各單行，彙爲一編則不免有重複、衝突。三家注彙本現存最早者黄善夫本(丙—A種)，而黄本於正義頗多删省，以致部分正義文從此遺佚，直至日人會注考證出，始失而復得。黄本又有稱「索隱註同」者，亦其省文之例。然南監本之删省，竟與黄本不可同日談。校史隨筆監本大删三家注條云：「以監本校黄善夫本，集解全删者四百九十九條，節删者三十五條；索隱全删者六百十三條，節删者一百二十二條；以正義爲尤多，全删八百三十七條，節删一百五十七條。」其實南監本史記先後三版，删省情況各異。下依次爲説。

一　嘉靖九年版

據南雍志經籍考，嘉靖版發端於嘉靖七年沈麟奏准校勘史書，祭酒張邦奇、司業江汝璧奏稱史記、前後漢書莫若重刊。然此版無編刊序跋等説明編例及目的。卷首史記集解序、史記索隱序、史記索隱後序、補史記序、史記正義序、史記正義論例謚法解列國分野，並無删省。

論者皆謂南監本文本不佳，即三國志每卷末附祭酒馮夢禎所作校記，而較之宋元刊本則訛誤已甚，其餘諸史可想而知。至於三家注文，删省已甚，如上所言。今更以卷一五帝本紀爲例，黄善夫本三家注共計四百七十五條，而嘉靖版監本全删九十五條，節删二十條，監本所删多達四分之一。然此版亦有注文重複，未爲删省者。如黄善夫本五帝本紀卷尾太史公贊「孔子所傳宰予問五帝德及帝繫姓」下正義云「五帝德及帝繫姓皆大戴禮文及孔子家語篇名，漢儒者以二者非經，恐不是聖人之言，故或不傳學也」；「儒者或不傳」下索隱云「五帝德、帝繫姓皆大戴禮及孔子家語篇名，以二者皆非正經，故漢時儒者以爲非聖人之言，故多不傳學也」，兩注顯爲重複，而此版照録，不爲删省。萬曆三年版則皆删兩注，二四年版又備録兩注。至殿版乃删正義而留索隱（殿本考證云：「監本誤將下文索隱云云複見於此，標作『正義』，今删。」），爲金陵本（張文虎校刊史記集解索隱正義札記云：「正義此下原衍『五帝德』云云四十字，乃索隱文，官本無。」又案：金陵本以汲古閣版集解本、汲古閣版單行索隱本、王延喆三家注本爲主，廣參諸本，重新合編三家注，其與監本或殿本之間，固無直接關聯）、點校本所因襲。

嘉靖九年前所刊三家注本可考者，黄善夫本（丙—A種）、至元二五年彭寅翁刊本（丙—B種）、嘉靖六年金臺汪諒本（柯本）、震澤王延喆本。其中汪諒本、王延喆本皆覆黄本。彭寅翁刊本之文本與黄本大同而小異，於三家注文亦有所删節。經籍訪古志言之在先，水澤舉項羽、孝景、孝武本紀中注文删節者十條，賀次君舉周本紀八十三條。然五帝本紀與黄本全同，無所删略，與嘉靖南監本超出一百條者迥異。又，亦有彭本删節而嘉靖南監本具録者（如項羽本紀「居數月引兵攻亢父」至「西略地至雝丘」一段有八條正義，其中五條彭本有所删節，而監本具録無删節。類此事例甚多）。可知南監本之删節與彭本又無關係。要之，彭本、汪本、王本皆黄本之流亞，嘉靖南監本當亦出此，同屬一類，而其删節則於此四本無所因襲，當爲明臣斟酌文義自爲之者也。

二　萬曆三年版

萬曆三年版論例謚法解列國分野末有祭酒余有丁識語曰：

國學故藏史記，久乃漫漶不可讀，余病之。將附梓人，而尤病昔人所爲傳註，言人人殊，不無瑕纇，且多複語蕪辭。若邑里沿革，氏爵異同，音釋當否，顓門分路，各自名家。或乃離析本文，隔其篇什，至使局界莫辨，句韻靡通。因與周先生各取一編，手自排纘，删繁剔冗，互正睽違。舊所闕遺，輒更詳釋，間刺經傳及衆家往牒中語，即當代學士大夫所評隲者，皆掇拾之，而稍以猥見續廁其末。若班馬相詭，并楮大竄入，後人謬增，悉爲條正，不至差爽。極知譾薄，無根核之深，不能有所發明，董欲學者傳訓故而已。校成，部使者劉君捐所部贖鍰若干爲梓直。劉君名維，通覽記書，尤嗜竹素，而諸學官參對者，得具列左方云。四明余有丁志。（左列監丞沈奎燦以下十一名官銜）

據此，校訂增删之體例約略可知。今案此版删省甚多。如裴駰集解序嘉靖版備載索隱、正義，萬曆二四年版亦如此，獨此版索隱、正義悉皆删去。史記正義論例謚法解列國分野及三皇本紀之雙行注亦有所删省。正文卷一以下，三家注多所刊削，仍以第一卷五帝本紀爲例，黄本三家注共四百七十五條，嘉靖南監本全删九十五條，節删二十條，此版據嘉靖本，更有全删一百九條，節删一百十四條，各卷末索隱述贊亦皆删省。至此，黄本、彭本之三家注文，已失其半。詳其所删，就人名、地名、音釋等各家説歧者，此版取其一而删異説，與余氏識語所言合。又，五帝本紀注有稍涉怪誕者，亦爲此版所删。是知此版删節舊注，自有所見，然肆改舊文，終爲不妥。

此版注文於三家舊注之外，亦有所增補。卷一所增，有楊慎評語及諸書傳凡二十三條。三代部分引録尚書、書傳、書疏、蔡沈傳、尚書大傳等，而以僞孔傳爲最多。往後則引録書傳者轉少，偶互引史記及漢書注而已。又間引劉勰、柳宗元、李善語。其餘大都爲宋元明學士評語及余有丁按語。所引評語有劉攽、吕祖謙、真德秀、劉辰翁、王應麟、吴澄、楊慎、歸有光、唐順之、董份等，而引楊慎評語最多，遍及全書。

嘉靖年間始，盛行題評、評林一類書。題評、評林等删節三家注，增入諸儒評語。今觀此版所删、所增，頗類題評、評林等書，可見一時風氣。然余有丁評人事，説多偏頗，且諸儒評語皆入注中，與舊注並列，不如題評、評林等評語別置書眉。

三　萬曆二四年版

萬曆二四年版，旨在糾正萬曆三年版之失。書首祭酒馮夢禎南京國子監新鐫史記序云：

……太史公學涉六家，途經萬里，獵百代未收之聞見，剏千齡未備之體裁。……雖班氏而下，代有褒彈，而六籍以來最爲鉅麗。自晉徐中散廣，始考異同，作音義，引而伸之，代不乏人。至裴駰集解、小司馬索隱、張守節正義，尤爲較著。蓋通塞互存，瑕瑜相蔽，俱史家之娣姪，信龍門之忠臣，彼有所長，世安得廢。我朝弘治君子，首倡英風，近代通人，嗣鳴大雅，詩與三唐方駕，文將二漢齊鑣，以故遷書與杜詩，無不家傳而户誦。然競爲割裂，妄著題評。坐井闚天，詎盡高明之體；畫虎類狗，熟窮彪炳之姿。等小兒之無知，豈達人之細故。咄彼銅臭，貽茲木災，覆瓿猶寬，投燄非虐。故今校刻，一遵舊文。……

司業黄汝良南雍重刻史記序云：

……裴駰、司馬貞、張守節之倫，註音釋義，搜隱窮奇。彼此參詳，後先互證，然後讀是史者得繇景緯以步蒼旻，藉津筏而濟溟渤，羽翼之功，於是爲大。近時學士大夫，乃增以己意，更加題評，斑窺弋獲，並列殺青，使觀者意緒斷續，精神瞀亂。夫肌骸足體，何取駢枝；渾沌無門，豈當鑿竅。以此傳彼，斯爲汰矣。監本舊有史記，間載題評，而於舊註多所刪割，裒益之義，未協厥中。兼以歲久糢糊，覽者滋病。大司成檇李馮先生來涖南雍，嘆其闕事，遂手自校讐，重加鋟梓。題評新語，雖愛而必捐；註釋舊文，雖多而必録。……

二序旨意相同，皆謂三家注必合觀，注中不宜夾雜近人評語。

嘉靖版、萬曆三年版同十行二十一字，注文小字雙行二十一字，而此版改爲十行二十二字，注文小字雙行二十七字，版式較緊密。至内容則大致因襲嘉靖版之舊，三注刪略亦與嘉靖版大致相同。然亦有注文多出嘉靖本之外者。就本紀觀之，吕后本紀與嘉靖版無異，而孝景本紀、孝武本紀嘉靖版所刪注文，此版具載，如同黄善夫本。孝景本紀三家注黄本共約九十條，嘉靖版删其中三十三條，此版又恢復三十一條。孝武本紀嘉靖版所刪，大半亦備見此版。

四　其餘明刊本

北監本二十一史以南監本爲底本。其中史記以嘉靖版南監本爲底本，萬曆二六年刊刻。行格與嘉靖版一致，惟卷首題祭酒、司業二人銜名，嘉靖版只用一行，北監本改用二行，故正文較嘉靖版皆後一行。雖差一行，文字位置相當，甚便對校。試校孝景、孝武本紀，除極少訛字外，文字全同，三家注之删省亦同。北監本史記卷首有祭酒劉應秋銜名，此人曾在南監爲司業，參與刊刻北史事，時間前後不足十年（參綜論編第十章）。

有廣東巡按御史刊本，亦據嘉靖本翻刻。此本流傳較少，日本内閣文庫藏本三十二册，卷首列撰者司馬遷、注家三人名後，又一行題「大明巡按廣東監察御史張守約重修」。張守約，嘉靖五年進士。雙邊，九行，二十一字。正文加句點，如萬曆三年版，然三家注即與嘉靖版一致。此本無刊行序跋、刊記等，據版式推測，刊刻時間當晚於嘉靖版，而早於萬曆二四年版。

除北監本、廣東巡按御史本外，後來諸本三家注文皆不因襲南監本之删節。嘉靖、萬曆、崇禎年間流行李元陽、鍾人傑、陳子龍等人所刊題評、測議。此類書於書眉附刻近人評語。萬曆三年版南監本内容接近此類書，如上所述。除評林以外，此類書極少録載三家注，即有正文依據南監本者，畢竟不可同日而語。

二　漢書　一百卷

漢書一百卷，今傳本皆分子卷，通共一百二十卷。下文著録卷數，均按一百卷，不數子卷。

A種、北宋末南宋初刊十行本（舊稱「景祐刊本」）

舊稱景祐刊漢書，然如綜論編所述，實爲北宋末南宋初刊本。此種爲漢書現存最古版本。今存二部，皆黄丕烈舊物。（譯者按：今可限定爲紹興間刊本，參綜論編第五四頁。）

A—1本：存九十八卷　〔北宋末南宋初〕刊〔南宋前期〕修

半葉十行，行十九字，注文小字雙行二十五至二十八字，偶有三十七字處。

配補宋慶元元年建安劉之問刊本一卷（卷三〇）

配補〔宋嘉定〕建安蔡琪刊本一卷（卷三九）　凡一百卷四十册　北京圖書館藏（書號：九五九二）

未見。百宋一廛書録著録。鐵琴銅劍樓藏書目録著録。北京圖書館善本書目、北京圖書館古籍善本書目著録。書影見鐵琴銅劍樓書影（史部宋本第三葉至第五葉）、中國版刻圖録（圖版四，爲卷四文帝紀首半葉）、祁陽陳澄中舊藏善本古籍圖録（編號〇一六，爲卷一高帝紀首半葉）、第一批國家珍貴古籍名録圖録（卷一高帝紀首半葉）。百衲本二十四史漢書據以爲底本，稱「景祐刊本」。有二〇〇三年再造善本影印本。據藏印知此本遞經汲古閣、季振宜、徐乾學、黄丕烈、汪士鐘、鐵琴銅劍樓、陳澄中收藏。鈐有「宋本」（橢圓）、「鼎」、「元」、「汪印／士鐘」（白文）、「閬源／真賞」、「季印／振宜」、「滄／葦」等印。

百宋一廛書録云「無目録」。百宋一廛賦注云「予所藏班書前，互入乾興元年中書門下牒國子監文一通」（百宋一廛書録説同）。百衲本二十四史取以置續漢志卷首。又，一九五九年版北京圖書館善本書目云「卷三十配宋慶元元年劉之問刊本，卷二十九配宋蔡琪刻本」，而一九八九年新版北京圖書館古籍善本書目及中國古籍善本書目並謂卷三九配蔡琪刻本，所云卷次不同。按張元濟百衲本二十四史漢書跋云「原闕溝洫、藝文二志」，即卷二九、三〇，覈百衲本二十四史、再造善本影印本，知配補確是卷二九，非卷三九，舊版北圖善本書目固不誤。惟一九五九年版北圖善本書目之體例，列舉補配版本，以刊年先後爲序，不以卷次，故先卷三〇，後卷二九。疑一九八九年新版北圖古籍善本書目編者不知此體例，見「卷二十九」在卷三〇之後，輒臆改作「卷三十九」，中國善本書目因襲其誤。

書後墨書題記二行曰：「右宋景文公以諸本參校手所是正，並附古注之末。／至正癸丑三月十二日，雲林倪瓚在凝香閣謹閲。」案：第一行「右宋景文公」云云，蓋據黄善夫、劉元起本（F種）鈔録。檢再造善本影印本，知書中朱筆録宋祁校語，墨筆録劉氏刊誤，數量甚多，皆爲百衲本所删。又，書後兩行題記，與書中校語非一人手筆。（譯者按：此本録宋祁、劉氏校語，偶有不見於黄善夫本（F種）者大都見於蔡琪本（G種），其黄善夫本、蔡琪本皆不見者不多，然自有其來源，非據以上二本鈔録，互參F—1本下。）

本文首行題「高紀第一上（師古注雙行十八字）班固　漢書一」，第二行低六格題「秘書監上護軍琅邪縣開國子顏師古注」至行底。如綜論編所述，卷二十七中之下（五行志中之下）末有銜名曰「對勘官左通直郎知福州長樂縣主管勸農公事劉　希亮」，卷二二（禮樂志）末有銜名曰「學生席珍齋諭何　霆校勘」。書末尾題「漢書列傳卷七十下」後空一行題「（頂格）班固前漢書凡百篇總一百二十卷／（低二格）十二帝紀一十三卷　八表一十卷／（低二格）十志一十八卷　七十列傳七十九卷」三行至末行，改葉記「景祐元年九月秘書丞余靖上言」云云，以及注家名爵年次，共四葉，末題「二年九月校書畢，凡增七百四十一字，損二百一十二／字，改正一千三百三字」。

左右雙邊（版刻圖録云「匡高二二・七釐米，廣一四・五釐米」，再造善本云「版框高二二釐米，寬一五・五釐米」），十行，行十九字，注文小字雙行二十五至二十八字。卷一下有一行三十七字者，可謂例外。版心白口，單魚尾，題「前漢紀一上（葉碼）（刻工名）」等。避諱缺筆不甚嚴格，又僅據百衲本二十四史影印本不易分辨原版、補版，大致言之，原版葉避「玄、弦、鮌、敬、竟，弘、殷，匡，恒，貞」諸字，補版葉又避「讓、頊」字。修補方面，上已言僅據影印本不易辨別原版與補版，姑就可知者言之，此本原版、補版字體接近，甚至有補版字畫更粗者，不如史記原版、補版差異明顯。又，北京圖書館善本書目稱此本爲遞修，然據影印本觀察，似僅南宋前期一次補修，如同史記。補修是否一次，尚待調查原本，今暫目爲「〔南宋前期〕修」。今録刻工名，未能仔細分別原版與補版，只就明確可知爲補版者及見於史記補版之刻工，標以★號。綜論編表列原版刻工，而其中有亦見補版葉者，此亦標★號。

丁有★　丁保★　毛端　牛實　牛賢★　王中　王保★　王寘★　王進　丘甸★　石貴★　印貴★　朱宗

圖六三

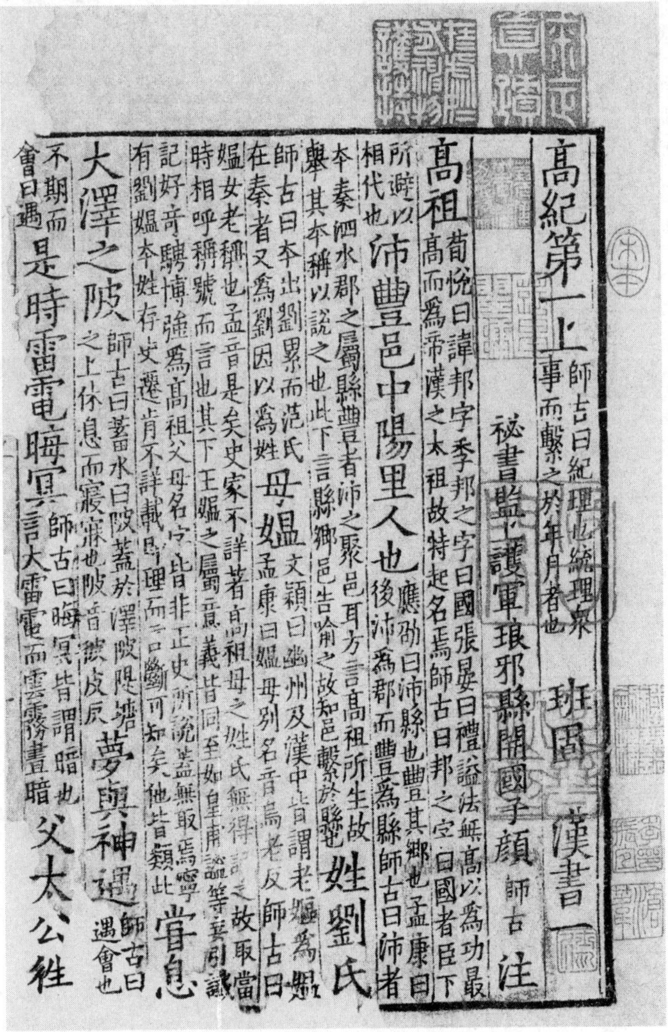
高紀第一上 師古曰紀理也統理衆事而繫之於年月者也 班固 漢書一

祕書監上護軍琅邪縣開國子顔師古注

高祖 荀悅曰諱邦字季邦之字曰國張晏曰禮謚法無高以爲功最高而爲帝漢之太祖故特起名焉師古曰邦之字曰國者臣下所避以相代也 沛豐邑中陽里人也 應劭曰沛縣也豐其鄉也孟康曰後沛爲郡而豐爲縣師古曰沛者本秦泗水郡之屬縣豐者沛之聚邑耳方言高祖所生故舉其本稱以說之也此下言縣鄉邑告喻之故知邑繫於縣也 姓劉氏 師古曰本出劉累而范氏在秦者又爲劉因以爲姓 母媼 文穎曰幽州及漢中皆謂老嫗爲媼孟康曰媼母別名音烏老反師古曰媼女老稱也孟音是矣史家不詳著高祖母之姓氏無得記之故取當時相呼稱號而言也其下王媼之屬亦同義皆至如皇甫謐等妄引讖記好奇騁博強爲高祖父母名字皆非正史所說蓋無取焉寧有劉媼本姓存史遷肯不詳載且理而言斷可知矣他皆類此 嘗息大澤之陂 師古曰蓄水曰陂蓋於澤陂隄塘之上休息而寢寐也陂音彼皮反 夢與神遇 師古曰遇會也不期而會曰遇 是時雷電晦冥 師古曰晦冥皆謂暗也言太雷電而雲霧晝暗 父太公往

漢書　北宋末南宋初刊（珍貴古籍圖録）

朱保　何立　何安　何先　余永　余集　吴安　吴亮★　吴邵　吴寶★　吕吉　吕賢　宋俅★　宋庠　宋榮★
沈仁★　沈成　沈信　沈詵　沈誠　周元★　周成　林有★　林受★　施元　施明　胡恭　洪吉　陸廂★
凌安　娘生★　孫升　孫生★　孫安　孫吉　孫成★　孫祥　徐昇　徐承★　徐和　徐直　徐彦　徐真★
徐高★　徐浄　徐軫　徐雅　徐秦　郎生★　郎政★　張安　張宣　張珪　張聚　曹先　許中　許和★
許宗　許明　許亮　許簡　陳用　陳吉　陳先★　陳全★　陳吕★　陳言★　陳受　陳忠　陳彦　陳昌★
陳宥　陳奎　陳信　陳浩　陳竟　陳偉　陳惠　陳富★　陳撰　陳慧　陳擇　屠式　屠亨　屠聚　嵇起　湯立
華連　黄暉★　楊玉　楊守　楊玠　楊琪　楊德★　葉虎　董明　趙昌　劉問　蔣宗　鄭安　鄭明　鄭彦
鄭璋　衛玉　錢真　錢珍　顔宗　顧全★
二★　丁★　父★　仁　仍　毛★　牛　正★　生★　玉　石　印　安　成★　全★　吉　式　信　余　吴★
吕★　秀★　志★　良★　沈★　言　宗　麦　明★　昌　忠　和　信　奎★　施　珎　洪★　凌　張　徐
竟　郎　高　孫　廂★　屠　祥　陳　逵　惠★　華　雇★　楊　端　慧　鄭　錢　嚴★　顧★　璿

據此刻工情況，此本可定爲〔北宋末南宋初〕刊〔南宋前期〕修本。又案再造善本影印本，知此本存卷中亦有配補葉。如卷三一第一三葉至第一七葉字體潦草，版心上方刻大小字數，下方記「陳璨寫」「梁文寫」，是配入福唐郡庠版明代補版，百衲本换用别本。

鐵琴銅劍樓藏書目録舉此本與南監本不同者七處，百衲本跋更大量舉例，以證此本之善。今有整理本百衲本二十四史校勘記（漢書校勘記，一九九九年商務印書館出版）可以參考。原缺卷二九、卷三〇，此本配蔡琪刻本及劉元起刻本，而百衲本二十四史則改用南宋福唐郡庠刊本。據影印本，大都記有元大德八、九、一〇年，至大二年，元統二年，明正統八年等補刊年。

A—2本：存九十二卷（卷六四僅存其下）

卷五四、卷八七、卷八八、卷九七、卷九八配明正統八年刻本

目録、卷一配清初鈔本，卷一九、卷六二、卷六四上配清鈔本

凡一百卷六十册　北京圖書館藏（書號：七三四四）

未見，此據北京圖書館善本書目著録。該目稱「北宋刻遞修本」。藏印有「繼／儒」、「眉／公」、「曹溶／鑒藏」、「蕘圃」、「虞山張蓉／鏡鑑定／宋刻善本」、「芙初女／士姚畹／真印」、「杜瓊」、「德卲／家寶」、「延陵王□□／家藏書畫記」等，亦有錢大昕等印記，並見爐餘書録。

此本亦黄丕烈舊物，涵芬樓舊藏，涵芬樓爐餘書録著録。爐餘書録稱「其屬景祐原刊者，尚有七十餘卷，餘爲元大德、延祐、元統、明正統覆刻，或前人舊鈔」，殘卷數量與善本書目出入較大，且據其覆刻年號，配補版本似爲福唐郡庠本，如百衲本二十四史，亦與善本書目不符。然北京圖書館善本書目當不致大誤，今只得存疑。

爐餘書録又云：「列傳第三十九，每葉紙背有『濟道』二字朱小印，五行志第七上等紙背亦有朱印，惟不辨爲何字，五行志第七下之上則爲花押，蓋皆當日造紙家之名號。」按：鐵琴銅劍樓舊藏後漢書「景祐本」（A—2本）亦有「濟道」印。爐餘書録又云：「卷首有蕘圃手書細目八葉，某卷某葉某版，一一記録，有時並記收得年月。此書由

豐順丁氏散出，余爲涵芬樓以重價收之，時距武昌革命軍興未數月也。」燼餘書録並録李兆洛（申耆）、錢天樹（夢廬）、無名氏、程恩澤、莫友芝等題識。

B種、南宋後半期福唐郡庠刊本（十行）

此當爲舊稱景祐刊本（A種）之覆刻本，五行志中之下末有銜名「對勘官左通直郎知福州長樂縣主管勸農公事劉希亮」，一如A種。「福唐郡庠」（當即福州州學）刊本之稱，出自丁丙善本書室藏書志。所言不無疑問，故北京圖書館善本書目僅稱「宋刻」，不用此稱。今爲便討論，仍用此稱，詳綜論編第二章。

B—1本： 存八十九卷（缺卷一至七、卷八二至八五。又卷九九缺「中」。）

〔南宋後半期〕〔福唐郡庠〕刊，元大德八、九年，至大元年、延祐二年遞修本

半葉十行，行十九字，注文小字雙行二十五至二十八字，偶有三十七字者。

鈔補八卷（卷四至七、卷八二至八五。又卷九九中亦補鈔。）

凡存九十七卷四十三册　宫内廳書陵部藏

改裝後補粉紅書衣（二六・一×一七・六釐米），以大紙襯裝，印版紙高二四・五釐米。題簽木版印四周雙郭綫，内墨題「前漢書　共四十三册　一」等。第一册書衣右下方貼小紙片，朱書「寫本／來歷志前編ニ載ス／佐伯獻本」。卷三六第一、第二葉，卷五二第六、第十葉，卷五三第一至五葉，卷七一第十葉，卷八六第一至十葉，卷八七上第五

葉，皆出日本近世初期（約當清前期）補鈔。全書並補鈔葉均有朱筆句點、旁綫，墨筆假名等，眉批引録左傳、莊子等。藏印有「天龍金剛藏／海印文常住」、「佐伯侯毛利／高標字培松／藏書畫之印」及明治初期所鈐「秘閣／圖書／之章」、「御府／之印」二印。「天龍金剛藏」印見每册首尾，而補鈔册無此印。「佐伯侯」印見第一册（文帝紀）、第二册首（宣帝紀），第一册爲補鈔，第二册爲刊本，則補鈔似出佐伯氏。

圖六四

高紀第一上　師古曰紀理也統理衆事而繫之於年月者也　班固　漢書
秘書監上護軍琅邪縣開國子顔師古注
高祖……沛豐邑中陽里人也……姓劉氏……母媪……嘗息大澤之陂……夢與神遇……是時雷電晦冥……父太公往

漢書　南宋中期福唐郡庠刊
（B種　仁壽本）

此本缺卷首。尾題「漢書列傳卷七十下」，次行低十三格記「日雕修」，後題「班固前漢書凡百篇總一百二十卷」以下三行，如A種本，而無余靖上言、注家名爵年次等。不僅此本，B種傳本亦皆如此。卷八首葉左右雙邊（二一・六×一四釐米），十行，行十九字，注文小字雙行二十五至二十八字，偶有多至三十五字以上者，皆倣所謂景祐本（A種）。原版葉版心白口，大都爲單魚尾，題「前漢紀八（葉碼）（刻工名）」。元代補版葉上象鼻記大小字數，刻工名上方有補刊年如下。

大德八刊　大德八年　大德八年補刊　大德八年刊補　大德八年春刊　大德八年冬刊（一三〇四）　大德九年　大德九年刊　大德九年刁　大德九年刊補　大德九年補刊　大德九刊刻　大德乙巳刊　大德乙巳年刊　大德九年三月刊　大德九年春刊　大德九年仲春　大德九年仲春刊　大德九年季春刊　大德九年冬刊（一三〇五）　至大元

年刊　至大元年補刊　至大元年刊補（一三〇八）　延祐二年刊　延祐二年補刊　延祐二年刊補　延祐二年重刊（一三一五）

避諱缺筆，原刻有「玄、炫、警、驚、竟、弘、殷、匡、恒、貞、偵、讓、桓」諸字，補刻更有「弦、絃、縣、境、敬、筐、洭、胤、禎、徵、懲、完、莞、構、購、溝、轂、慎、敦、鶉」諸字。

原版、補版刻工名分別記録如下。

丁生　丁保　丁宥　王生　王光　王佑　江華　何生　李易　李發　阮忠　周正　周禮　林元　林希　林深
林景　林竦　胡恩　陸廂　倪惠　娘生　張得　張榮　陳中　陳先　陳杞　陳采　黄永　黄宗　黄琮　楊慶
葛文　潘亮　鄧定　鄭立　鄭全　鄭信　鄭統　薛林
永　光　林　亮　悦　員　竦　詠　槐　端　禮
以上原版
一山　士安　士堅　士賢　士興　子龙　子青　子敏　子通　子清　子高　子華　子龍　仁父　仁甫　公迪
天祐　巴山　文正　文仲　文足　文振　文震　正父　玉全　玉泉　禾甫　仲和　共信　全禾甫　江士堅
江世亮　江亮　伯玉　余仁　吕文震　君玉　君甫　君祥　君輔　政卿　洪信　和甫　范禾　陳惠　傅甫
黄仁夫　劉通　劉震卿　德中　德忠　德潤　震卿
士　子　仁　中　尤　付　玉　互　禾　吉　伯　吕　定　東　青　泉　益　輔　潤　龍　興
以上大德補版
正卿　小　士　辰　林　宸　埜　節
以上至大補版

以上延祐補版

匹　文志宸　埜

原版刻工丁保、陸廂、娘生亦見所謂景祐刊漢書（A種）之補版（疑當在南宋中後期），可見此版與A種關係密切。中國訪書志（論B—6本）指出此種原版刻工與下列三種南宋後期閩刻本多一致：

國朝諸臣奏議　淳祐十年福州路提舉史季温刊本　陳采　葛文　楊慶　鄭全　鄭信　鄭統

押韻釋疑（「中央圖書館」藏）　嘉熙三年禾興郡齋刊本　李發　江華　阮忠　胡恩　張得　楊慶　鄭立

古靈先生文集（静嘉堂藏）　南宋後期福州刊本　葛文　楊慶　鄭立　鄭全　鄭統

中國訪書志又指出此種原版刻工名亦散見寧宗、理宗時期其他版本。因此，此種原版刊刻時間可定爲南宋後半期。（譯者按：緒論編論南宋版刻時代分期，以光宗、寧宗爲中期，理宗、度宗爲後期，故此特言「後半期」，不言後期。）

B種現存本皆經修補，其中此本刷印時間相對最早，無元統二年補版。B—2本以下諸本皆有元統二年補版。元統修本後，原版葉保存頗少。今以卷四九（傳一九）爲例，對照此本與B—2本。「宋」爲原版葉，「元」爲元代補版無補刊年記者。

	B—1本	B—2本
1	宋	元
2	宋	元統二
3	宋	元
4	宋	元統二
5	宋	元統二
6	宋	元
7	大德九	大德九
8	宋	元
9	宋	元統二
10	元	元
11	大德九	大德九
12	宋	元統二
13	元	元
14	宋	元統二
15	大德九	大德九
16	宋	元統二
17	大德九	大德九
18	宋	元統二
19	大德九	大德九
20	大德九	大德九
21	元	元
22	大德九	大德九
23	延祐二	大德九
24	大德九	元統二
25	宋	元統二
26	宋	元統二

可見卷四九共二十六葉，此本（B—1本）尚有十四葉原版，經元統二年補修，至B—2本則全爲補版，原版無一存

者。卷四九情況較突出，如第二四葉，B—1本已爲大德補版，而B—2本又改爲元統補版，先後僅十年而換版。又，第二三葉B—1本延祐補版，B—2本大德補版，時間顛倒，不無疑問。但總而言之，此本原版尚有一百餘葉，元統二年修本則原版僅存六十餘葉。

B—2本：一百卷　同刊　元大德八、九年，至大元年，延祐二年，元統二年遞修本　三十五册　宮内廳書陵部藏

後補褐色書衣（二三·一×一九釐米），墨書題簽「前漢書帝紀目　録一之三」。鈔補葉較多，計有卷一上葉九，卷一六葉一九、葉二〇，卷二一上葉二二，卷二三葉一三、葉一四，卷三〇葉七，卷四七葉四，卷六二葉四，卷六三葉一、葉二、葉八、葉一二、葉一三、葉一六至二三，卷六六葉一七、葉一八，卷七〇葉九，卷八〇葉一二，卷八一葉一八，卷八二葉六，卷八四葉七，卷九七上葉八，卷九九上葉三一，卷一〇〇上葉一九，卷一〇〇下葉一一、葉一三。有朱筆句點，旁綫，墨筆假名，藍筆假名等，眉上、行間及浮簽記反切，引録史記注等。

首「前漢書目録」十四葉。正文首行題「高紀第一上（師古曰紀理也統理衆事而繫之於年月者也）　班固　漢書一」，改行低格題「祕書監上護軍琅邪縣開國子顔（師古）注」至行底，參圖六四及仁壽本二十五史影印本。左右雙邊（二〇·七×一四·六釐米）。十行，行十九字，注文小字雙行二十五至二十八字。首葉版心白口，上象鼻記大小字數，雙魚尾，題「前漢紀一卷上」，有葉碼，下象鼻記「元統二年刊」，又有一「日」字，似爲刻工名。

元統二年補刻刻工如下：

余安卿　安卿　君裕　秀甫　東山　梁德　壽甫　德右
丁　大　士　子　山　天　夫　云　匹　文　日　以　右　生　正　田　仲　目　字　朱　戊　成　伯　君
杞　秀　周　東　林　明　和　厚　茂　徐　宸　浄　祐　祥　張　崔　善　節　鄒　壽　榮　廣　鄧　寶

B—3本：存九十三卷　同刊　元大德八、九年，至大元年，延祐二年，元統二年遞修本

配補大德九年太平路儒學刊本七卷（卷八七上至卷九三）　凡一百卷五十册　静嘉堂文庫藏

静嘉堂文庫宋元版圖録收録卷一首半葉（元統二年補版）、卷一第一五葉右半葉、卷八七上首半葉（配太平路學刊本）。

後補灑金黄書衣（二六×一七·七釐米），襯紙裝。版本與B—2本同。

B—4本：一百卷　同刊　元大德八、九年，至大元年，延祐二年，元統二年遞修本　四十册　「故宫博物院」藏

仁壽本二十五史影印此本。「故宫博物院」宋本圖録亦見其書影。此本原藏昭仁殿。後補粉緑書衣（二六·九×一八·六釐米）。首有漢書敘例，是據宋紹興中湖北提舉茶鹽司刊本（C種）鈔録者。缺葉補有界白紙。間有裝訂次序混亂處。舊有「宗/伯」、「袨溪/草堂」、「袨裕」（白文）、「虞山/景氏/家藏」印，上蓋「天禄/琳琅」、「乾隆/御覽/之寶」（橢圓）諸印。

仁壽本二十五史中二十四史版本多與百衲本二十四史同，而三史及晉書换用他本。百衲本二十四史漢書用所謂景祐刊本（A—1本），而仁壽本改用此福唐郡庠本。福唐本爲「景祐本」之覆刻本，且此本（B—4本）原版葉所

存無幾，大都爲元代補版，版本價值遠不如「景祐本」。唯因此本元代補刊記年皆被剪去，故全書一百卷中宋刻原版僅存六十葉之實情不易爲人所知而已。仁壽本捨「景祐本」而取此本，當以此本有「天禄／琳琅」諸璽印，故仁壽本印記皆朱色套印。仁壽本如此處理方法，於後漢書更爲明顯。仁壽本後漢書混用兩套福唐郡庠本，比較兩套，選取無補刊記年之葉及有璽印之葉。

B—5本：一百卷　同刊　（元明）遞修本　二十册　「中研院」史語所藏

此據中國訪書志著録，「（元明）遞修本」亦仍中國訪書志。後補藍色書衣（二七・八×一七釐米），外加棕色覆書衣。卷首副葉鄧邦述手書題記，其文見羣碧樓善本書録及中國訪書志。鈐有「蘇／齋」、「覃谿」、「紫／珊」、「紫珊／所得／善本」、「吉壽堂／藏書」、「羣碧樓」、「宋刻本」諸印。

中國訪書志謂「此本刷印晚於「故宫」本（B—4本），幾無宋刻原版，卷中補鈔甚多」，而不言宣德、正統補刊年記，則晚於「故宫」本（B—4本），早於内閣本（B—6本）、上海本（B—7本）。補鈔在每册首尾者，或爲原書葉破損，其在卷中者，更後印本往往作新補版，是此本刷印時版片破損，不得印製。若然，則此本或爲宣德九年修補前不久之印本，元統後宣德九年前又經修補，故中國訪書志云有明修。後漢書福唐郡庠本元遞修本中之補鈔葉（如B—5本），在明修本多爲新補版（如B—6本），漢書或亦如此。

B—6本：一百卷　同刊　元大德八、九年，至大元年，延祐二年，元統二年，明宣德九年，正統六、八年，正德六年遞修本　二十册　内閣文庫藏

粉紅書衣（二七・六×一七・一釐米），左上方墨題「元版漢書　目紀一之五」，右上方鈐「昌平坂／學問所」墨印。卷

一三葉一八、葉二二爲鈔補。目録多訛誤、誤脱、墨釘，有朱筆校字。正文卷六五以前，書眉、行間亦多批校。有「江户市野光彦藏書記」等印。書後有市野迷庵識語，其文曰：「前漢書百十八卷，爲元時印本，其間有補刻，記大德、元統之號，又有明氏正統、正德等之號。誤脱極多。友人伊澤澹甫云：『書有訛字，則知其爲佳本。如萬曆後刻本，整齊可好，其字多以意改，則我不知其可。』余謂此言真然。世間淺妄學者，不知擇書而讀之，何能教人。如此書爲元槧佳本，其題識可以證矣。顔師古注後，書體不改其面目，是爲佳本而已。文政五年壬午秋七月二日迷菴光彦識。」案：市野言「元時印本」，其意實謂元刊本，故後又言及明代年號。然此版固宋刊，非元刊。雖是宋刊，補版極多，故訛誤亦極多，觀此識語及批校之多，足以知大致情形。

正文首葉已爲明補版，四周雙邊（一九・四×一四・二釐米），版心粗黑口。B—4本新補元統二年版，此本亦有爲新版替换者。可見宋刻原版葉殆已不存，皆爲元大德以後修補版葉。約略估計，絶大部分爲明宣德至正統間補版，元大德至元統補版存者不足五十葉，正德補版已有四十葉左右。宣德至正統間補版多粗黑口，下象鼻白文記「宣德九年刊」（一四三四）、「宣德十年補」（一四三五）、「正統六年」（一四四一）、「正統八年刊」（一四四三）、「正德六年」（一五一一）等。

宣德補版於補刊年記下或左記鈔手名，如

劉銓寫　謝源寫　孫鎬寫　陳福寫　陳均寫

正統八年補版亦有雙邊無界者，則鈔手與刻工並記，如「李璿寫　戴冕」。單記鈔手或刻工者，有

李侊寫　李瓘寫　李俊寫　何璨寫　曾麟寫

王貫　唐琮　梁文　林韶　彭孟宣　魯瓚　魯麟　潘潤

正德補刊年記偶有記於上象鼻者。下象鼻則仍記鈔手或刻工名，如

李時抄　李時傑謄(抄)　蔡善才謄

全元善　余伯安　余道　吴盛　吴壽　江操　張田　陸福壽　陳欽　葉文方　葉文昭　劉景福

B—7本： 存二十二卷(卷五二至七三)　同刊　元大德、正統、〔元末、明〕遞修本　十册　上海圖書館藏

後補灑金暗紫絹書衣(三二·六×一九·一釐米)，金鑲玉裝(印版紙高二七·四釐米)。卷六一第六葉，卷六六第一七、第一八葉爲補鈔。

補版葉缺「敬、驚、徵、完」諸字末筆。

有刻工名張榮、鄭菫者，似爲原版葉，爲數不多。大德八、九年補版刻工有

又足　子尤　子高　子通　王文　王敦　文震　禾甫　止人　仲和　江亨　君甫　洪進　益山

劉震卿　震卿　德忠

元統二年補版刻工除余安卿一人外，皆記單字。有「元統六年」補刊記者，當爲訛誤(元統止二年)。此本明前期補版版心上下象鼻右邊已被刊削，蓋原有宣德九年、一〇年，正統六年、八年等補刊年及抄手、刻工名。

元末、明前期補版，版心粗黑口，雕刻、刷印皆粗劣，又多墨釘。

【譯者按：一九八九年新版北京圖書館古籍善本書目著録宋刻十行十九字殘本共五部，或稱「宋刻元修本」(書號：〇四〇，舊京書影圖版一九一、一九二、一九三、一九四當據此本)，或稱「宋刻宋元遞修本」(書號：〇七八四)，或稱「宋刻宋元

明遞修本」（書號：○七八五），或稱「宋刻元明遞修本」（書號：八六四、書號：○七八六）。譯者委託學生馬清源查閲相關膠卷，綜合刻工、版式等方面考量，確認其中「○七八四」本、「○七八五」本、「○七八六」本三部確屬「福唐郡庠刊本」（另兩部「○四○」、「八六四」，圖書館未攝膠卷，原書又不供閲覽，故未能查閲）。然一九八九年新目先出「○七八四」本，次列兩部宋刻九行殘本（疑屬兩淮江東轉運司本，然亦未有膠卷，故未能覈查），然後依次列「○四○」本、「八六四」本、「○七八六」本、「○七八五」本，混亂已甚，不知何意，記此存疑。又，一九八九年新目著録一部「明正統八年刻本」殘本（書號：○七八七），據存卷可知一九三三年北平圖書館善本書目著録該本爲「宋刻明正統修本」。然「福唐郡庠刊本」經正統八年修補後，仍存元大德、明宣德補版，又有明正德補版（如見B—6本），則不容與正統八年刊本相混。今查北圖藏兩部正統版足本（書號：一○○四七、一九一六四），知全部版片均爲明正統八年至一○年所刊，而「福唐郡庠本」正統修版與正統本相應葉面確屬同一版片。然則不問其爲補版抑或覆刻版，正統八年至一○年已有全套全新版片，而「福唐郡庠本」中常夾雜正統八年書版，不知爲混用版片，抑或配補印葉。正統刊本爲作者尾崎先生所未見，故姑爲補充如此。另參馬清源漢書版本之再認識一文（北京大學出版社二○一四年出版版本目録學研究第五輯）。】

C種、宋紹興中湖北提舉茶鹽司刊本（十四行）

此種傳本僅存一部，未聞有第二帙。

C—1本： 一百卷　〔宋紹興〕湖北提舉茶鹽司刊，淳熙二年、紹熙四年、慶元五年遞修本　四十册　静嘉堂文庫藏

半葉十四行，行二十六至二十九字，注文雙行三十一至四十字。

皕宋樓藏書志著録。靜嘉堂文庫宋元版圖録收録目録首半葉、卷一下首半葉及卷末修補題記。後補灑金青緑絹書衣（二九・三×一八釐米），襯紙裝。藏印有「文徵／明印」、「衡／山」（白文）、「趙／宋印」（圓印）、「汪印／士鐘」（白文）、「藝芸／主人」、「陳印／道復」（白文）、「陳淳／私印」（白文）、「陳氏／宗穆」（白文）、「山陰謝／執黄季／用甫觀」、「臣／恩海」（左陰右陽）、「鶴／峯」、「恩海／私印」（白文）、「雈／峯」、「翠雨／堂圖／書印」（白文）、「歸安陸／樹聲叔／桐父印」（白文）等。卷首副葉有題記曰：「余見宋版漢史不下五六部，未有若此之／全妙者。子孫其永保之。／正德二年三月，丹陽孫道静／重裝兩套。題係舊人筆，／不敢易也。」下鈐「景／瞻」印。卷尾亦有識語曰「正德二年三月吉日裝」，下亦鈐「景／瞻」印。卷三一首有「飛／雲閣」圓印，即孫氏印記。

首顔師古漢書敘例，次「湖北提舉茶鹽司新刊前漢書目録」。正文首題「高帝紀第一上（顔注）班固　漢書一」，改行低四格題「正議大夫行祕書少監琅邪縣開國子顔　師古　注」。尾題「〔漢書敘傳第〕七十下」。左右雙邊（二二・一×一三・七釐米），十四行，行二十六至二十九字，注文小字雙行三十一至四十字。版心白口，無魚尾，首葉版心題「前漢一上　一（葉碼）張善（刻工名）」。

卷末有補刻題識凡三，一曰：

右孟堅所書，二百二十年間列辟之達道、／名臣之大範、賢能之志業、黔黎之風美／具焉。柳柳州嘗評其文云：「商周之前，其／文簡而壄，魏晉以降，則盪而靡，得其中／者漢氏。」抑至言虖。湖北外臺嘗鏤諸版，／歲月窮深，字畫漫漶，且註誤脱落，背理／害文，學者病焉。（下空）／外府丞姑蘇梅公爲部刺史，自公之暇，顧／謂杲輩，讎而正之。於是集諸校本，參訂非／是，凡改竄者數百字，泯滅則復書。（下空）／郡太守番易張公，以

圖六五

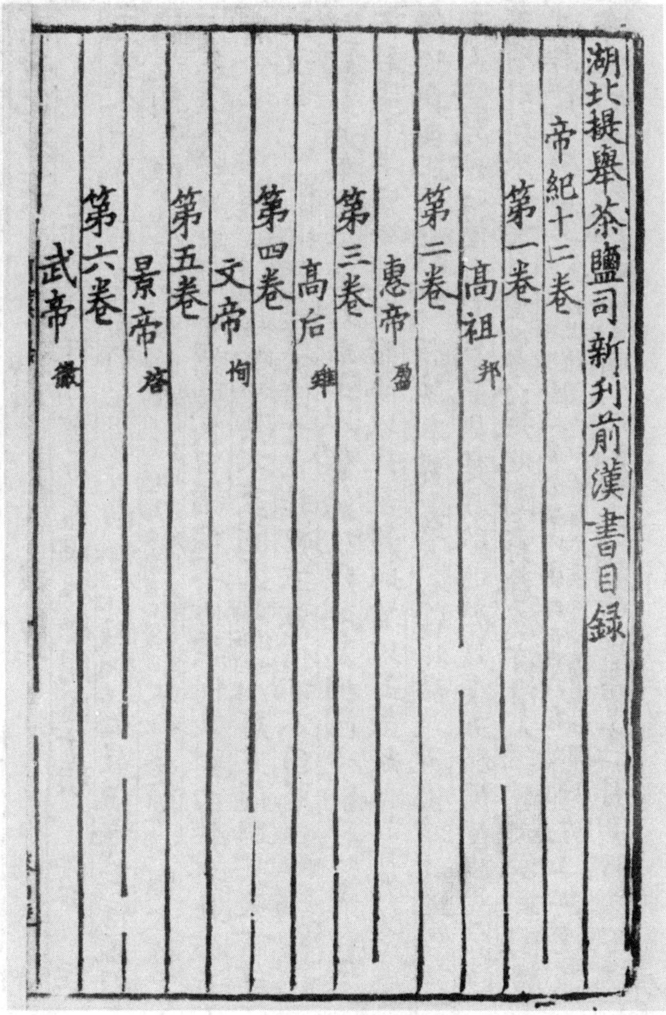

湖北提舉茶鹽司新刊前漢書目録
帝紀十二卷
第一卷
高祖　邦
第二卷
惠帝　盈
第三卷
高后　雉
第四卷
文帝　恒
第五卷
景帝　啓
第六卷
武帝　徹

漢書　紹興湖北提舉茶鹽司刊（C種　静嘉堂）

圖六六

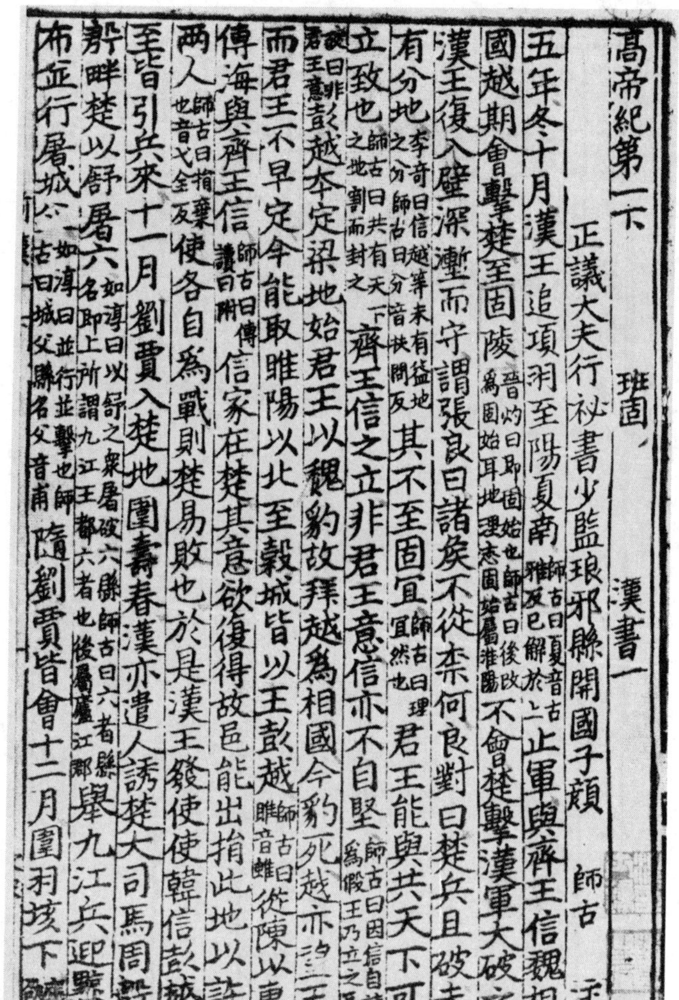
高帝紀第一下　班固　漢書一

正議大夫行祕書少監琅邪縣開國子顔　師古　注

五年冬十月漢王追項羽至陽夏南 師古曰夏音古雅反已解於上 止軍與齊王信魏相

國越期會擊楚至固陵 晉灼曰即固始也師古曰後改爲固始耳地理志固始屬淮陽 不會楚擊漢軍大破之

漢王復入壁深塹而守謂張良曰諸侯不從柰何良對曰楚兵且破未

有分地 李奇曰信越等未有益地之分師古曰分音扶問反 其不至固宜 師古曰理宜然也 君王能與共天下可

立致也 師古曰共有天下之地割而封之 齊王信之立非君王意信亦不自堅 師古曰因信自請爲假王乃立之耳

故曰非君王意 彭越本定梁地始君王以魏豹故拜越爲相國今豹死越亦望王

而君王不早定今能取睢陽以北至穀城皆以王彭越 師古曰睢音雖 從陳以東

傅海與齊王信 師古曰傅讀曰附 信家在楚其意欲復得故邑能出捐此地以許

兩人 師古曰捐棄也音弋全反 使各自爲戰則楚易敗也於是漢王發使使韓信彭越

至皆引兵來十一月劉賈入楚地圍壽春漢亦遣人誘楚大司馬周殷

殷畔楚以舒屠六 如淳曰以舒之衆屠破六縣師古曰六者縣名即上所謂九江王都六者也後屬廬江郡 舉九江兵迎黥

布並行屠城父 如淳曰並行並擊也師古曰城父縣名父音甫 隨劉賈皆會十二月圍羽垓下

漢書　紹興湖北提舉茶鹽司刊（C種　靜嘉堂）

治辦稱，寔尸厥事，／廼庀工修鋟爲成書。時淳熙之二載（一一七五）季夏／十日，憲幙三山黄杲升卿、宜興沈綸季言敘。

迪功郎荆湖北路提點刑獄司幹辦公事沈綸　校正

從事郎荆湖北路提點刑獄司檢法官黄杲　校正

朝請大夫知常德軍府事提舉常德府澧辰沅靖州兵馬盜賊公事張璹

朝奉大夫提舉荆湖北路常平茶鹽公事梅世昌

一曰：

湖北庾司舊所刊西漢史，今五六十年。壬辰（乾道八年，一一七二）歲，前／提舉官梅公嘗修治，今又二十餘年矣。鋟木既久，／板缺字脱，觀者病之。余將（下空）／命于茲，職事暇日，因取其朽腐漫漶者凡百二十／有七板，命工重刊，或加修剔，俾稍如舊，以便覽閲。／然板刻歲深，勞於摹墨，則損壞日增，此理必然。隨／時繕治，誠有待於來者。因誌其後以告。紹熙癸丑（四年，一一九三）／二月望日，歷陽張孝曾題。

一曰：

本司舊有西漢史，歲久益漫，因／命工刊整，計一百七十版。仍委／常德法曹廬陵郭洵直是正訛／舛二千五百五十八字，庶幾復／爲全書云。慶元戊午（四年，一一九八）中元，括蒼／梁季珌題。

修補題識如此詳繁，南宋版本中實屬少見。（譯者按：三則題識各用一紙，見靜嘉堂文庫宋元版圖録。皕宋樓藏書志、靜嘉堂文庫宋元版圖録等均以張孝曾識語、黄杲等序並列銜、梁季珌識語爲序，尾崎先生原書仍之。今按時間先後，以淳熙二年黄杲等序居前。）

避諱缺筆者，「玄、弦、泫、朗，敬、警、境、鏡，弘、殷，匡，恒，禎、貞、偵、徵，讓，頊，朂，桓、垣、完，構、搆、溝、購、彀」諸字，補版亦缺「脊、慎，鶉」字。

紹熙四年（一一九三）張孝曾跋云「湖北庾司舊所刊西漢史，今五六十年」，若所云年數不誤，則此版爲紹興三年至一三年（一一三三～一一四三）左右，荆湖北路提舉茶鹽司所刊。張孝曾跋又云「壬辰（乾道八年，一一七二）歲，前提舉官梅公嘗修治」，與淳熙二年（一一七五）黄杲等識語所言當爲一事，則此版於乾道八年至淳熙二年之間（一一七二～一一七五），經第一次修補。提舉荆湖北路常平茶鹽公事梅世昌始發其議，知常德軍府事張𢨳主其事，而荆湖北路提點刑獄司檢法官黄杲、提點刑獄司幹辦公事沈綸校正文字。黄杲等識語云「參訂非是，凡改竄者數百字，泯滅則復書」，則挖改、挖補數百字，似無重刊版片，替換舊版者。第二次修補在紹熙四年（一一九三），據張孝曾跋云「朽腐漫漶者凡百二十有七版，命工重刊，或加修剔，俾稍如舊」，則挖改、挖補之外，重新刊刻一百二十七版。第三次修補在慶元四年（一一九八），據梁季珌識語，校正兩千五百五十八字，重新刊刻一百七十版。然則紹熙、慶元二次新補版葉當有約三百葉，全書一千五百一十七葉中居五分之一。

然補版時間去原版不久，且字體效倣原版，孰爲原版，孰爲補版，頗難辨識，至紹熙補版與慶元補版之別，更無論矣。其可確知者，如余舜所刻葉「鶉」字缺筆，則余舜爲補版刻工，然猶不知其爲紹熙抑或慶元。「慎」字缺筆即出補刻，而版刻風格往往與原版無異。欲言係原版而淳熙挖補字偶缺筆，則亦無挖改痕迹可見。此本辨別補版之難如此。因此，下列刻工名，不分原版、補版，僅就確知爲補版者標以★號，疑爲補版而不敢確定者（即使爲補版，當在紹熙以前。）標以☆印。

王亢　王元　王元一　王厚　向敘★　余中★　余光★　余舜★　吴成★　吴振　吴軫　吴詡　吕榮★

宋宏★　宋超　杜良☆　杜良賢★　杜明　杜彦★　杜琳★　李建　李洛　李祖訓★　李棣　汪世安★

沈明　周士貴★　周貢★　周逢★　周貴　周震　周禮　施珎☆　胡遵　秦逸★　張政★　張振　張善☆

張貴★　張慎行★　陳仲　陳伴　陳昇　陳彦　陳通　陳景通　陳僅　陳肇　陳慶　陳瑾★　彭鼒　黄宥

黄執　黄善　楊憲　廖安　劉丙　劉定　劉真　劉釣★　蔡中★　蔡伯适　蔡伯達★　蔡伯道　鄭福臣

蕭年人　蕭寧　謝汝輯★　謝海★　魏真　譚柄☆　龔行成　龔成

光★　余★　李★　汪★　周★　貢★　舜★

刻地不在杭州，故此等刻工見於他書者頗少。此版文字較小，字體偏長，稍有右上勢，略帶顔風，或可謂與江浙刊本有所不同。原版刻工名字見於南宋前期（譯者按：本書以淳熙以前爲前期，其中紹興爲初期，詳緒論編）其他刊本者，有

王亢　見魏書（「眉山七史」，南宋前期）。

杜明　見王右丞文集（静嘉堂藏，南宋初期）。

陳彦　見唐百家詩選（静嘉堂藏，南宋初期），史記、後漢書（兩淮江東轉運司本，南宋前期）。

陳昇　見思溪大藏（南宋初期）。

陳通　見白氏六帖事類集（天理圖書館藏，南宋初期），王文公文集（書陵部藏，南宋初期）。

寥寥五名，容有同名異人，不足以爲證。然張孝曾跋既云此本爲紹興刊本，五名刻工可爲傍證，今定此本爲紹興刊本，當不誤。此本補版刻工名見於他書者更少，有

余中　見後漢書（兩淮江東轉運司本，南宋前期），文選（贛州本，南宋前期），李注杜詩（寶慶元年）。

余光　見本草衍義（書陵部藏，慶元元年）。

施珎　見史記（桐川郡齋刊本，淳熙），陳書補版（南宋中期）。

張善　梁書、陳書、魏書、北齊書（南宋前期）。

本草衍義、史記、陳書補版時間與此本補版接近，則此本之余光、施珎或即本草衍義、史記、陳書補版之余光、施珎。余中於此本似爲紹熙補版刻工，則其人曾從事其他南宋前期刊本或不無可能。

D種、南宋前期兩淮江東轉運司刊三史本（九行）

此九行十六字本，舊或誤稱「蜀大字本」。然行格與史記淮南西路轉運司本（甲—ㄈ種）同，亦有避「桓」字作小字「淵聖御名」者，與容齋續筆「紹興中，分命兩淮江東轉運司刻三史板，其兩漢書内，凡欽宗諱並小書四字，曰淵聖御名」之説合，故可推定爲兩淮江東轉運司刊本，惟不得指言爲何路耳。書中「桓」字有挖改痕迹，亦有缺「慎」字者，則此種爲紹興刊本，而孝宗朝已經修補。

所知傳本凡八本（大陸存本當不止一本，待將來調查），皆殘本斷簡，且均有補版。補版多少互有差異，而修補時間則相一致，即經南宋中期、元代中期（元中期有兩次）遞修。

圖六七

成帝紀第十　漢書十
正議大夫行秘書少監琅邪縣開國子顔　師古　注
孝成皇帝　荀悦曰諱驁字太孫驁之字曰俊應劭曰謚法安民立政曰成師古曰驁音五
到反元帝太子也母曰王皇后元帝在太子
宫生甲觀畫堂　應劭曰甲觀在太子宫甲地主用乳生也畫堂畫九子母如淳曰甲觀觀名畫堂堂名三輔黄圖云太子宫有甲觀師古曰甲者甲乙丙丁之次也元后傳言見於丙殿此其例也而應氏以爲在宫之甲地謬矣畫堂但畫飾耳豈必九子母乎霍光止畫室中是則宫殿中通有彩畫之堂室
爲世嫡皇孫宣帝愛之字曰太孫常
置左右年三歲而宣帝崩元帝即位帝爲

漢書　南宋前期兩淮江東轉運司刊（D種　舊京書影）

D—1本： 存十五卷［卷一下、卷二、卷六至一二（缺卷八尾）、卷二一（缺首尾）、卷二四、卷二七中、卷二八上、卷四八（缺前半）、卷四九（缺尾）］

〔南宋前期〕刊　〔南宋中期、元中期〕遞修

半葉九行，行十六字，注文雙行二十字。

凡八册　「中央圖書館」（北平）藏

北平圖書館善本書目（一九三三年）、「中央圖書館」善本書目（今據增訂二版，一九八六年）著録。舊京書影圖版（一八七、一八八）當即此本。「中央圖書館」善本書目稱「存十七卷」，乃因卷二一、卷二四分數子卷。今以全書一百卷計，則僅存十五卷，而卷

一、卷二七、卷二八、卷四八猶殘缺不全。第二册首（卷六）鈐「晉府／書畫／之印」印，第二册以下每册首尾鈐「京師圖／書館收藏」印。

八册原非一帙，由三種殘本（一、第一册，二、第二至第三册，一、第四至第八册。）彙合而成。然三種版本固屬同版同印。第一册（卷一、卷二）後補深藍書衣（三五・七×二五・二釐米），題簽印「前漢書」，下墨題「紀一下之五」。蝴蝶裝，襯紙。第二册以下後補黑絹書衣（三五・二×二四・九釐米），襯紙裝。卷八尾缺四或五葉，卷二一首缺二十四葉半，尾缺二葉，卷四八缺前二十九葉，卷四九尾缺第三二葉左半葉以下。

D—2本： 存九卷（卷一六至二〇、卷二四、卷二五、卷九四、卷九五）　同刊同遞修本　四册　「中央圖書館」（北平）藏

北平圖書館善本書目、「中央圖書館」善本書目著録。舊京書影圖版（一八九、一九〇）。後補粉藍外書衣（三一×二二釐米）。卷九四上尾墨書「金門羽客黄彦直圭中志」，每册首尾鈐「京師圖書／館收藏之印」印。

D—3本： 存一卷（卷六五）　同刊同遞修本　一册　「中央圖書館」藏

中國訪書志著録。書影見「中央圖書館」宋本圖録圖三六。此卷六五東方朔傳第三五。「中央圖書館」善本書目稱「存卷三十五」者，「卷」當改作「傳」。後補灑金粉紅書衣（三七・三×二三・七釐米），蝴蝶裝。副葉左上方題「宋監本漢書東方朔傳一卷」，右方題「翼翕瞻智宏材，瑰瑋博達，依隱玩世，滑稽／不窮，求諸古人，跡與東方生爲近。辛酉孟春，值／君四十初度，爰此傳以侑壽觴。无咎」。下鈐「无咎／藏書」印。卷尾鈐「莚圃／收藏」印。

D—4本： 存五卷（卷九四至九七上，卷九九上、中）　同刊同遞修本　四册　静嘉堂文庫藏

皕宋樓藏書志云「此宋蜀大字本，存卷六十四上、六十四下云云」，是據列傳篇第爲卷第。静嘉堂文庫宋元版圖録收録卷九四首半葉、卷九四下第二三葉右半葉（見「淵聖御名」）。後補粉紅書衣（三〇・七×二一・五釐米）。藏印有「尚寳少／卿袁氏／忠徹印」、「尚寳少／卿袁記」、「歸安陸／樹聲叔／桐父印」（白文）。

此本原版殘存比率，各卷情況參差不齊，如現存首卷卷九四，凡五十一葉，其中原版四十一葉，末尾卷九九中，凡四十八葉，其中原版僅存五葉。雖然，各卷修補時間並無差異。紙背爲明洪武年間前半期户籍簿等公文書，部分有官印。據竺沙雅章漢籍紙背文書研究（京都大學文學部研究紀要一四，一九七三年），此本紙背文書可分兩類，一、卷宗刷尾，具官印記，一、浙江温州、處州方面丁口、田産記録，即小黄册、黄册圖之類，皆可謂研究明代里甲制度之珍貴資料。

D—5本：存一卷（卷九九下，缺首）　同刊同遞修本　一册　天理圖書館藏

後補深藍包背書衣（三五・五×二三・八釐米），襯紙裝。副葉有「上野／藏書」印。卷九九下共四十八葉，此缺首九葉。原版存三葉，南宋中期補版一葉，餘皆元代補版葉。

D—6本：零卷（存卷二下第二至一五、第一七、第一八葉）　同刊同遞修本　一册　北京大學圖書館藏

北京大學圖書館藏善本書録（一九九八年）有第二葉（元補版）書影。白色書衣（三七・六×二三・三釐米），蝴蝶裝。有「木樨軒／藏書」、「李印／盛鐸」、「木齋／宋元／秘笈」、「麐嘉／館印」、「李印／傳模」、「廓／軒」諸印。凡存十六葉，其中原版四葉（第一一、第一二、第一七、第一八葉），南宋中期補版八葉，元代補版四葉。

D—7本：零葉（存卷六〇第一三、第一四、第一六至一八、第二〇、第二三、第二四葉）

同刊同遞修本　一册　天理圖書館藏

田中慶太郎編「宋槧拾葉」之前半八葉。新補深藍書衣（三一・七×二三・三釐米），蝴蝶裝。原版三葉（第一七、第一八、第二〇葉），元代補版五葉。版心有破損。末葉有尾題「杜周傳卷第三十」。

D—8本：零葉（卷六〇第一九葉）　同刊　一葉　京都大學人文科學研究所藏

整張大小爲三二・四×四七釐米。下方稍有破損，襯紙修補。此爲原版葉，刻工孫昇。然漫漶程度與上述諸本同，當亦爲元修明印本中之一葉，且疑與D—7本同出一帙。

【譯者按：一九八九年新版北京圖書館古籍善本書目著録兩部殘本，皆「宋刻宋元遞修本　一册　九行十六字白口左右雙邊」，其一存三卷（卷二下至卷三，書號：一七八二〇），其一存二卷（卷二二、卷六三，書號：一七八一五），疑皆兩淮江東轉運司刊本。且疑前者即舊京書影所收（一八六）「舊清内閣書，見藏吳興徐氏」者。未及核實，記此存疑。又案：第二批國家珍貴古籍名録圖録著録上海圖書館所藏殘本，存七十七卷，有卷五七首半葉書影。】

D種版本綜述

上述諸本皆南宋前期刊，南宋中期、元代中期遞修，元末至明代早期印本。避諱、刻工名等有關考證見綜論編。

卷首、第一卷上已佚，D—1本有卷一下，其卷首題「高帝紀第一下（空五格）漢書一」，改行低二格題「正議大夫行祕書少監琅邪縣開國子顔　師古　注」。此雖元代補版，然卷六首葉等原版部分卷首題亦如此式。原版葉左右雙邊（平均約二二・四×一七・四釐米），每半葉有界九行，行十六字，注文小字雙行二十字。南宋中期補版同此，似爲覆刻原版。元代補版則個別行字數偶有增減，小字部分較多，常見因個別行字數增多而注末多出空格，遂爲墨釘者。原版葉版心綫黑口，上象鼻無大小字數，無魚尾，題「前漢紀（志、年表、傳）」，下記葉碼及刻工名。如此形式與兩淮江東轉運司本史記、後漢書不同，而與舊稱「眉山七史」原版葉相似。南宋中期補版葉類似原版葉，而偶作白口，間亦記字數。元代補版葉除少數作白口，無魚尾外，大都作綫黑口，上象鼻記字數，單或雙魚尾，一見即可辨識。静嘉堂本（D—4本）紙背小黄册有明洪武一五年（一三八二）年記，則印行時間當在一五世紀後。因此，或疑雙魚尾葉出明代補版。然雙魚尾葉與元代補版無甚差異，不宜認爲明代補版。

原版字體端整，南宋中期補版稍失滯板，元代補版較粗放。

宋諱缺筆字有「玄、弦、眩、絃、鉉、縣、懸、敬、驚、警、竟、境、弘、殷、匡、恒、貞、徵、樹、讓、頊、桓、貆、完、莞、獂、構、購、彀、慎」等。又，欽宗諱「桓」字，或作小字「淵聖御名」，或缺末筆。而缺末筆者，角度、位置多不正常，乃挖改所致，挖改之前應仍作「淵聖御名」。

試以静嘉堂本（D—4本）原版葉與中華書局點校本校其正文，則静嘉堂本之異文不出點校本所附校勘記之範圍。點校本以漢書補注爲底本，校勘所用有百衲本二十四史漢書、汲古閣本、武英殿本、金陵書局本。此本與百衲本二十四史不合者約四十處，覈以漢書補注，其中三分之一强以百衲本二十四史爲是，三分之一弱以此本爲是。可見此本優劣相半，較諸本並無突出特點，正如水澤論轉運司本史記（甲—F種）。至若元代補版，則轉多訛誤及墨釘，又多俗字。

E種、南宋前期建刊十二行本

E—1本：存五卷（卷九〇至九四上）

〔南宋前期建安〕刊本

半葉十二行，行二十二字，注文雙行約二十九字。

二册　金澤市立圖書館藏

第一册酷吏、貨殖、游俠傳，第二册佞幸傳、匈奴傳上。卷九〇缺首一葉，卷九三第五、第六葉係鈔補。

後補深藍書衣（二二・五×一五釐米），插入襯紙。兩册書衣不同，第一册色濃而有光澤，第二册有題簽，墨書「西漢書　傳□□」，右邊墨書篇目。有朱筆圈點、傍綫，墨筆傍點、傍綫、假名注等。書眉批校似出江户時代，引録「蕭該音義曰」、「宋祁曰」等語，則當據黄善夫、劉元起本（F種）對校者。此本爲大島贄川舊物。大島於日本文化年間（一八〇四～一八一四）參與加賀藩（一地方政府，治所即今金澤市）校刊二十一史事業，此本蓋即當時參校所用。大島氏後人將部分藏書捐贈金澤市圖書館，此本在其中。册首各鈐「得所託／傳於久」印，即大島氏印，大島氏捐贈書多見此印。册尾有「長宜／子孫」六角形

圖六八

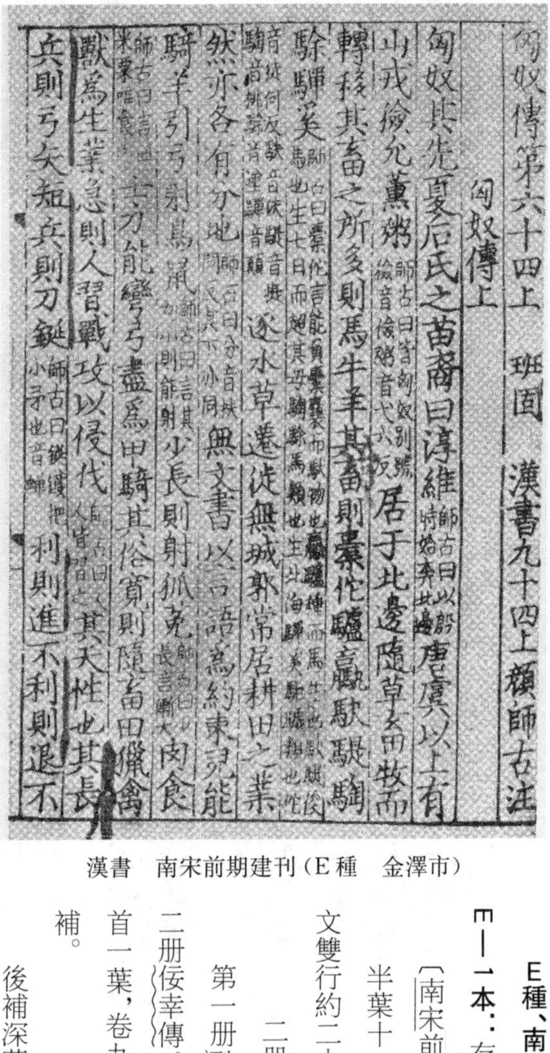
匈奴傳第六十四上　班固　漢書九十四上　顔師古注
匈奴傳上
匈奴其先夏后氏之苗裔曰淳維　唐虞以上有
山戎獫允葷粥　居于北邊隨草畜牧而
轉移其畜之所多則馬牛羊其奇畜則橐佗驢贏駃騠騊
駼驒奚　逐水草遷徙無城郭常居耕田之業
然亦各有分地　無文書以言語爲約束兒能
騎羊引弓射鳥鼠　少長則射狐兔　肉食
士力能彎弓盡爲甲騎其俗寬則隨畜田獵禽
獸爲生業急則人習戰攻以侵伐　其天性也其長
兵則弓矢短兵則刀鋋　利則進不利則退不

漢書　南宋前期建刊（E種　金澤市）

白文印。兩册外包紙上題：「宋板　西漢書　殘本二册。／右謹寄呈／大島老先生几下，伏請爲／校書之一助，幸甚。／（貧道知足叟／拜具。）」有桐木盒，墨題「北宋版西漢書零本二册」。

卷九〇缺首葉，卷九一首題「貨殖傳第六十一　班固　漢書九十一　顔　師古注」。左右雙邊（一八・八×一二・八釐米），十二行，二十二字，注文小字雙行約二十九字。版心綫黑口，雙魚尾，中間題「前漢傳（前傳）六十」，下記葉碼。上象鼻偶記大小字數時，則作白口，或字數旁削去黑綫。

字體類似所謂瘦金體，然不如中國版刻圖録所録史記、後漢書、晉書、唐書諸書之秀麗。字體、行格皆近似紹興一〇年邵武朱中奉宅刊本史記（甲—H種）。避諱缺筆不嚴，有「玄、殷、徵、構、慎」字，而「燉」字一見不缺筆。刊行時間當可推定爲南宋前期末。

師古注後偶録三劉（劉敞、劉攽、劉奉世）刊誤，「原父曰」、「貢父曰」、「仲馮曰（馮曰）」作白字（少數作黑字）。較之南宋中期建刊本（F種），既無宋祁等諸家語，即三劉語亦甚少，附注位置又不全同，然文字並無異。

黄善夫、劉元起等南宋中期建刊本（史記丙—A種、漢書F種、後漢書G種），以史記備録三家注、兩漢書收三劉等宋儒校説爲特點。而此本先於黄、劉刊本，已經摘録三劉語，或可謂開風氣之先。最早彙刻史記集解與索隱者，乾道七年建安蔡夢弼東塾刊本（乙—A種。按：張杅桐川郡齋刊本（乙—B本）之底本「蜀所刊小字者」，時間當在蔡夢弼本之前，惟流傳不廣，後世無傳本），而此本與蔡夢弼刊本時間相近，字體、行格亦頗有類似處。編輯旨趣及版刻風格皆相類似，此可見版本特點漸變之迹。

經籍訪古志著録崇蘭館所藏宋槧小字本，存列傳三十五卷（列傳第一至八、第二六至三一、第五五至七〇）。所云行格十二行二十二字，與此本同，或疑即此本。實則此本五卷單獨流傳，當經籍訪古志時固不在崇蘭館，其非一本，不辨自明。經籍訪古志又云列傳第一卷首題「正議大夫行祕書少監琅邪縣開國子顔師古注」，與此本題署形式迥異，則彼此非同版自可知。經籍訪古志所載本中另有一本頗堪留意，其行格亦同，而列傳第七〇末記「迪功郎新袁州萍鄉縣主簿主管學事江泰校正」。所云當屬官刻本，而今不知下落，亦未聞海内外有如此版本。袁州萍鄉縣，今江西省萍鄉市。宋元學案補遺卷七九見徽人江泰，朱熹以同鄉之誼，推介於劉光起者，不知是否此人。

F種、宋慶元黄善夫、劉元起刊本（南宋中期建刊本，十行）

黄善夫（宗仁）、劉元起（之問）本三史有上杉氏舊藏本及求古樓舊藏本，漢書更有李盛鐸舊藏本。求古樓舊藏本有黄善夫刊記，知紹熙五年（一一九四）春始校訂，至慶元二年（一一九六）夏畢，則刊行時間當在慶元二年。

F—1本： 存九十六卷　　宋慶元二年序，建安黄善夫、劉元起刊本

半葉十行，行十八字，注文雙行二十四字。

配補〔南宋後期福唐郡庠〕刊，元大德九年、至大元年、延祐二年、元統二年修本四卷（卷一七至二〇）

凡一百卷六十一册　歷史民俗博物館藏

上杉氏舊藏三史之一。日本有影印本（國寶漢書宋慶元本，一九七七年平中博士追悼出版委員會編印，四拼一縮印，十六開精裝三册）。

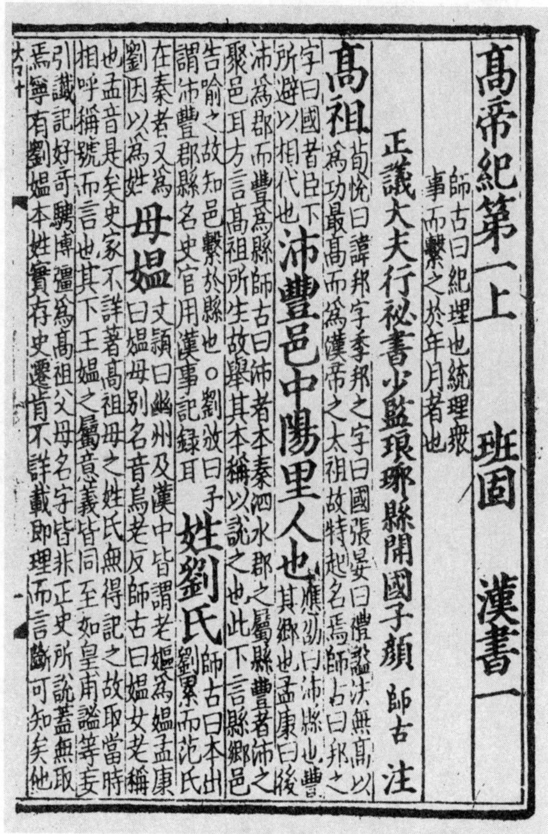
高帝紀第一上　班固　漢書一
師古曰紀理也統理衆事而繫之於年月者也
正議大夫行秘書少監琅琊縣開國子顔師古注
高祖荀悦曰諱邦字季邦之字曰國張晏曰禮謚法無以爲功最高而爲漢帝之太祖故特起名焉師古曰邦之字曰國者臣下所避以相代也沛豐邑中陽里人也應劭曰沛縣也豐其鄉也孟康曰後沛爲郡而豐爲縣師古曰沛者本秦泗水郡之屬縣豐者沛之聚邑耳方言高祖所生故舉其本稱以説之也此下言縣鄉邑告喩之故知邑繫於縣也○劉攽曰予謂沛豐郡縣名史官用漢事記録耳姓劉氏師古曰本出劉累而范氏在秦者又爲劉因以爲姓母媪文穎曰幽州及漢中皆謂老嫗爲媪孟康曰媪母別名音烏老反師古曰媪女老稱也孟音是矣史家不詳著高祖母之姓氏無得記之故取當時相呼稱號而言也其下王媪之屬意義皆同至如皇甫謐等妄引讖記好奇騁博彊爲高祖父母名字皆非正史所説蓋無取焉寧有劉媪本姓實存史遷肯不詳載即理而言斷可知矣他

圖六九

漢書　慶元建安黄善夫劉元起刊（F種　版刻圖録）

二十世紀二三十年代褐色外書衣，内有南化玄興（參見史記丙—A—1本）改裝紅色書衣（三三×二二・三釐米），題簽南化玄興墨書「西漢書目録」等，並有「玄興」印，第一册書衣記帝紀、表、列傳册數。印版紙大約二四×一五釐米，貼於大型和紙上（譯注：「和紙」謂日本手工紙）。改裝形式，上杉氏舊藏三史均同。偶有鈔補葉，而卷一〇〇最多，敘傳上首葉係補鈔，敘傳下前十六葉爲宋版，後

九葉爲鈔補。有朱點、朱綫，墨筆訓點，大致以列傳部分爲限，欄外亦有批注。有「中正」（橢圓陽陰）、「元／棣」（白文）、「元／瑾」等印，皆出室町時期（譯注：約當明代）京都五山學僧，平中苓次有考證（米澤宋版前後漢書，見其中國古代田制及税法，亦見影印本國寶漢書宋慶元本附録）。

首前漢書目録，至第一七葉右半葉訖，左半葉中間有木記曰「建安劉元起刊／于家塾之敬室」。前漢書目録之後，此本合訂後漢書目録（影印本照録後漢書目録，未嘗删省），末尾木記與前漢書目録同。卷三一（列傳一）末則有黄善夫

木記，曰「建安黄善夫刊/于家塾之敬室」。

第二册首顔師古新注漢書敘例七葉；次題「景祐刊誤本」，「景祐二年秘書丞余靖」云云一葉；次「宋景文公祁所用諸本參校具列如左」、「今本用宋景文公本校定外復將諸本參校具列如左」、「今本注末入諸儒辨論具列如左」等，各列參校諸本，末尾有「慶元嗣歲端陽日」劉之問校刊識語（見圖七〇），共四葉。以下乃正文卷一。

卷一首題「高帝紀第一上（空二格）班固（空二格）漢書一」，第二行爲顔注共十八字，小字雙行，第三行低二格題「正議大夫行祕書少監琅琊縣開國子顔師古注」。卷一〇〇敘傳下末葉係鈔補，敘傳上尾題「敘傳第七十上」。四周雙邊（二八・六×一二・四釐米），十行，十八字，注文小字雙行二十四字。版心綫黑口，上象鼻記大小字數者不少，雙魚尾，中間上題「前己一上　漢書一卷」等，下記葉碼。有耳題。宋諱缺筆至「敦」字。此本校刊始於光宗紹熙末年，不足三年而成，則缺筆至「敦」字固宜然。

正如劉之問識語所言，注文末往往標圈「〇」，下稱「宋祁曰」、「劉攽曰」等，載録各家校注。各卷末又題「右宋景文公以諸本參校凡所是正並附古注之末」（「凡」或作「手」），或分二行書之。

據劉之問識語，此本以宋祁校本爲底本，更用十四家善本相校，似極謹慎。然此乃書坊自稱，未必可信，文本是否精善，尚待詳細校勘。此本特點在附録大量宋祁校語、三劉刊誤等説，諸儒校説賴此以傳。附録三劉刊誤，少數已見金澤市立圖書館本（E種），如上所述，非自此本始。然此本載録較詳，且爲監本、殿本所自出，自當珍重。

（譯者按：蔡琪刊本（G種）及明汪文盛刊本所載宋祁校語、三劉刊誤，有出劉之問本外者，詳馬清源漢書宋人校語之原貌與轉變，載文史二〇一四年第一輯。）

圖七〇

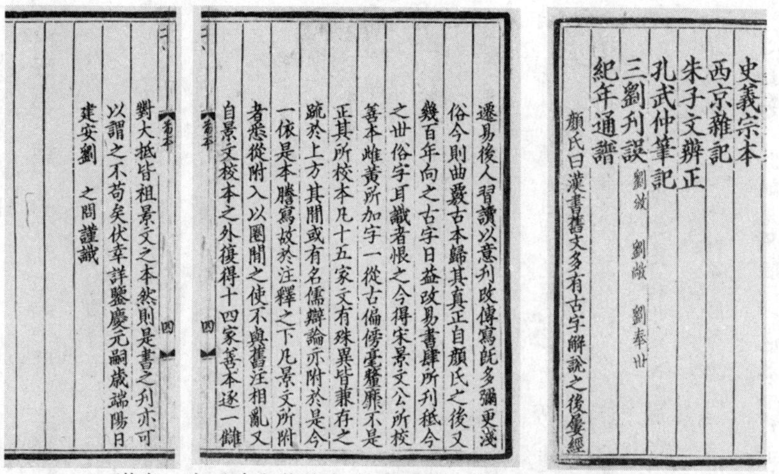

史義宗本
西京雜記
朱子文辨正
孔武仲筆記
三劉刊誤　劉攽　劉敞　劉奉世
紀年通譜
顏氏曰漢書舊文多有古字解詭之後屢經

遷易後人習讀以意刊改傳寫既多彌更淺俗今則曲覈古本歸其真正自顏氏之後又幾百年向之古字日益改易書肆所刊秖今之世俗字耳識者恨之今得宋景文公所校善本雌黃所加字一從古偏傍毫釐靡不是正其所校本凡十五家文有殊異皆兼存之疏於上方其間或有名儒辯論亦附於是今一依是本謄寫故於注釋之下凡景文所附者悉從附入以圈間之使不與舊注相亂又自景文校本之外獲得十四家善本逐一讎

對大抵皆祖景文之本然則是書之刋亦可以謂之不苟矣伏幸詳鑒慶元嗣歲端陽日
建安劉　之問謹識

漢書　慶元建安黄善夫劉元起刊(F種)　劉元起識語

F—2本：存七十五卷（存首目、卷一、卷一三至一八、卷二〇、卷二一上、卷二二至二七中、卷二八下至三八、卷四一至五〇、卷五三至五七、卷六一至六八、卷七一至七五、卷七七至八四、卷八七至九九）

同刊補配明覆元大德太平路儒學刊本四卷（卷一九、卷二一下、卷二七下之上下、卷二八上）

另有明本卷一六、卷一八，與宋本重。

凡存七十六卷六十册　松本市立圖書館藏

求古樓舊藏本，經籍訪古志著録。有二〇〇七年汲古書院影印本（松本市藏重要文化財宋版漢書，四拼一縮印，十六開精裝三册，附DVD，松本市教育委員會編輯出版，汲古書院承印發行）。狩谷棭齋身後，求古樓藏書四散，漢書歸松本藩學者松原葆齋（一八二五～一八九八），至一九〇六年嗣子松原榮舉其舊藏書兩千册捐贈開智圖書館，開智圖書館後爲松本市立圖書館，此本在此無人過問。直至一九四四年長澤規矩也訪問松本市立圖書館，無意間得見此本，始爲世人所知。一九七七年上杉本（F—1本）影印甫就，阿部隆一携影印本調查此本，一九七九年撰文介紹有關情況，刊登於信濃每日新聞，其文今見阿部隆一遺稿集第一卷（一九九三年）。目録第二葉、卷一九上第一葉右半葉缺。卷一六、卷一八與宋本重者，就卷一六首葉言，十行二十二字，單邊（一八・六×一三・四釐米），行格類似元大德太平路儒學刊本，但與補配宋版之明覆大德太平路刻本不同版。經籍訪古志只著録殘存總卷數，不知子卷如何計算。然據云此帙即求古樓本之全，中間並無遺佚。

慶元版部分經室町後期改裝，褐色書衣（二七・五×一六・六釐米），包背裝，題簽「前漢書（破損）」，下墨書「一之七十一册」。貼紙記明治三九年一一月一八日「寄贈者松原榮」。書中挾紙，題「宋本漢書缺卷十七卷十二册」，又有缺筆字表，皆出狩谷棭齋筆。明刊補配本裝潢不同此，用紅色書衣。每卷首尾墨題「成恩寺」，部分被剜去。有朱點、朱綫，墨筆假名注等，據云乃日本古代博士家譯文，眉批引録史記、新唐書、史略等，下方記音釋等。

首前漢書目録，次「宋景文公祁所用」等參校本及劉之問校刊識語，次漢書敘例及「景祐刊誤本」。上杉本（F—1本）前漢書目録至第一七葉右半葉第三行訖，空四行尾題「前漢書目録」，左半葉中間有劉元起木記二行（見圖七一）。此本前漢書目録至第一七葉右半葉第三行訖，與上杉本同，空一行尾題「前漢書目録」，空一行自第七行至左半葉末行爲黄善夫刊語並校字人氏。其文如下（亦見圖七二）：

漢書，一代之良史也。君臣行實，萬世╱之龜鑑在焉。況文章最爲近古，學者╱尤所究心。比因刻梓，集諸儒校本三╱十餘家，暨予五六友，澄思静慮，讎對╱同異，是正舛訛。始於甲寅之春，畢於╱丙辰之夏，其用心勤矣。然識見凡陋，╱慮未審於是非。（空一格）四方學古君子，視╱其遺誤，能以尺紙示誨，敬即鐫改，亦╱

圖七一

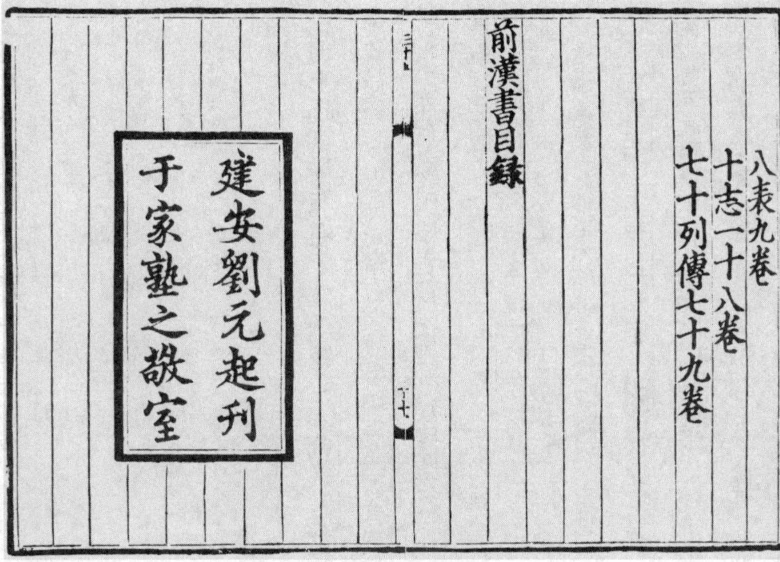

八表九卷
十志一十八卷
七十列傳七十九卷
前漢書目録
建安劉元起刊
于家塾之敬室

漢書　目録末（上杉本即 F—1 本）

圖七二

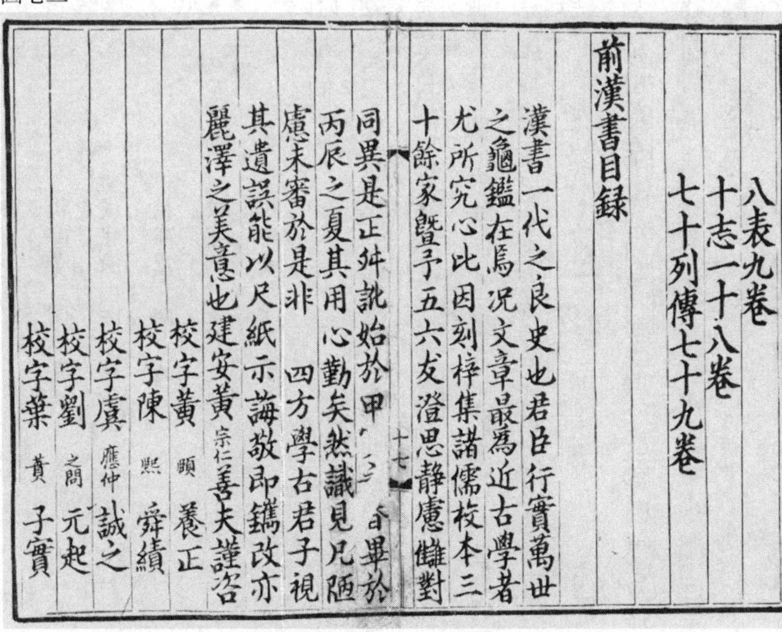

八表九卷
十志一十八卷
七十列傳七十九卷
前漢書目録
漢書一代之良史也君臣行實萬世之龜鑑在焉況文章最爲近古學者尤所究心比因刻梓集諸儒校本三十餘家暨予五六友澄思靜慮讎對同異是正舛訛始於甲寅之春畢於丙辰之夏其用心勤矣然識見凡陋慮未審於是非　四方學古君子視其遺誤能以尺紙示誨敬即鐫改亦麗澤之美意也建安黃宗仁善夫謹咨
校字黃　頤　養正
校字陳　熙　舜績
校字虞　應仲　誠之
校字劉　之問　元起
校字葉　蕡　子實

漢書　目録末（松本本即 F—2 本）

麗澤之美意也。建安黄宗仁善夫謹咨。

校字黄　頤　養正
校字陳　熙　舜績
校字虞　應仲　誠之
校字劉　之問　元起
校字葉　蕢　子實

此外則與上杉本無異，卷三一（列傳一）末黄善夫木記亦與上杉本同。

經籍訪古志、近藤正齋右文故事均言漢書有黄善夫、劉元起二人識語，而上杉本（F—1本）唯有劉元起識語，黄善夫有木記而無識語，學者曾以爲疑。逮此本（F—2本）重見天日，始知其言不誣。據黄善夫刊語，知此本校刊始於紹熙五年甲寅（一一九四）春，至慶元二年丙辰（一一九六）夏蕆功。劉之問識語云「慶元嗣歲端陽日」，蓋同時耳。黄善夫刊語後列「校字」五人，當即所謂「予五六友」，劉之問居其一。上杉本删去黄善夫刊語，替以木記「建安劉元起刊／于家塾之敬室」，而卷三一（列傳一）末之木記「建安黄善夫刊／于家塾之敬室」仍與此本同。又，後漢書（G—1本）有慶元四年劉元起刊記。長澤據此推論，三史刊刻始由黄善夫主持，劉元起參與校訂，後因黄善夫死亡等原因，劉元起替爲主持。（宋代合刻本正史之傳本，見長澤規矩也著作集第三卷。案：長澤此文一九五七年發表，時未有中國版刻圖録，無由知北大藏本後漢書（G—3本）仍有黄善夫木記，遂疑慶元四年黄善夫已故。詳下後漢書部分。）

一九七七年阿部隆一持影印上杉本與此本對照，確認全書僅此一葉此本載黄善夫刊語，上杉本改作劉元起木記爲異，其餘全同。因而認同長澤説，斷定此本有黃善夫刊記，爲初印本，上杉本改作劉元起木記，爲後印本。（案：阿部仍未注意北大藏本後漢書有黃善夫木記，故謂慶元二年至四年之間，黃善夫有故去等情況，遂由劉元起接管，説與長澤略同。）

F—3本： 一百卷（卷二七下、卷二八上、卷九七至九九上係鈔補）　同刊　凡八十冊　北京大學圖書館藏

中國版刻圖録著録（圖版一八一爲卷一首半葉，圖版一八二爲目録後劉元起木記）。北京大學圖書館藏善本書録有彩色圖版（所採書葉與版刻圖録同），第一批國家珍貴古籍名録圖録收録卷一首半葉書影。有二〇〇三年一二月北京大學圖書館藏宋元珍本叢刊影印本、二〇〇六年再造善本影印本。中國版刻圖録稱版框一八・八×一二・五釐米，北京大學圖書館藏宋元珍本叢刊稱一八・七×一二・五釐米，而再造善本稱一九・三×一三・一釐米，蓋亦再造善本據框外測距故也。

後補暗紫色絹書衣（二七×一七釐米）。金鑲玉裝（印版紙高二四・三釐米）。有「朱氏/子儋」（白文）、「濮陽李廷相雙/檜堂書畫私印」、「北京大/學藏」諸印。

首前漢書敘例，次「景祐刊誤本」，次「宋景文公祁所用諸本參校具列如左」以下，未有劉之問識語。次「前漢書目録」，末有劉元起木記，如見版刻圖録。第一卷首第三行題「正議大夫（空八格）師古 注」，中間「行祕書少監琅琊縣開國子顔」十二字被剜去。

目録後無黃善夫識語而有劉元起木記，與上杉本（F—1本）同，是此本刷印晚於求古樓本（F—2本）。卷三一末黃善夫木記右下方，上杉本有木版裂痕，而此本無，則此本刷印早於上杉本。

圖七三

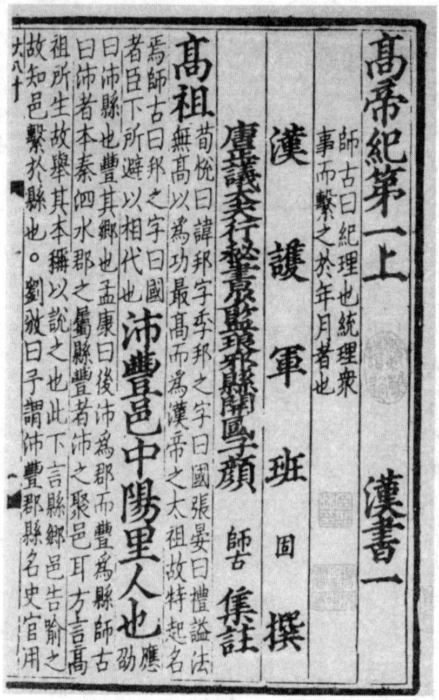
高帝紀第一上　漢書一
師古曰紀理也統理衆事而繫之於年月者也
漢　護　軍　班　固　撰
唐正議大夫行祕書少監琅邪縣開國子顔　師古　集註
高祖荀悅曰諱邦字季邦之字曰國張晏曰禮謚法無高以爲功最高而爲漢帝之太祖故特起名焉師古曰邦之字曰國者臣下所避以相代也沛豐邑中陽里人也應劭曰沛縣也豐其鄉也孟康曰後沛爲郡而豐爲縣師古曰沛者本秦四水郡之屬縣豐者沛之聚邑耳方言高祖所生故舉其本稱以説之也此下言縣鄉邑告喻之故知邑繫於縣也。劉攽曰予謂沛豐郡縣名史官用

漢書　嘉定蔡琪一經堂刊

（G種　版刻圖録）

版刻圖録云此本「版式與黄善夫本後漢書相似，蓋同時刻本」，又云「黄善夫曾刻班氏漢書，惜不傳」，以劉元起本之外別有黄善夫本，是因失檢此本卷三一末有黄善夫木記，又未知求古樓本之實情，故偶誤爾。版刻圖録云此本「有慶元元年建安劉之問刻書識語」，北大諸目如李氏木樨軒善本書録、北京大學圖書館藏善本書録及中國善本書目均稱慶元元年刊本，皆以劉之問識語「慶元嗣歲」爲慶元元年。今有求古樓本黄善夫識語，此本刊年之不在元年，自可斷定，初無疑義。至「嗣歲」一詞，出大雅生民「以興嗣歲」，傳曰「興來歲，繼往歲」，既非嗣位之年，又非二年之代詞。然合觀劉之問、黄善夫二人識語，劉意似以爲二年。

G種、宋嘉定蔡琪一經堂刊本（八行）

G—1本： 存九十二卷　宋〔嘉定元年〕建安蔡琪一經堂刊

半葉八行，行十六字，注文雙行，行二十一字、二十二字不等。

配另一宋刊本九卷（卷二九、卷四五至四七、卷五六、卷五七上、卷八六、卷八八、卷九九）

凡一百卷六十册　北京圖書館藏（書號：八四五）

未見。楊氏四經四史齋漢書第一本，楹書隅録著録。北京圖書館善本書目、北京圖書館古籍善本書目著録。中國版刻圖録著録（圖版一八三爲卷一首半葉，一八四爲「建安蔡純父／刻梓于家塾」木記），第一批國家珍貴古籍名録圖録收録敘例首半葉及木記書影。有二〇〇三年再造善本影印本。

版刻圖録目録云：「匡高二一・一釐米，廣一三・一釐米。八行（原訛「十行」，今正），行十六字。注文雙行，行二十一字、二十二字不等。細黑口，四周雙邊。宋諱缺筆至『慎』字。初印精湛，紙墨如新，可稱建本上乘。目録後有『建安蔡純父刻梓于家塾』牌記，不記刻書年月。以蔡氏一經堂本後漢書刻於嘉定元年例之，疑亦嘉定前後刻本。」（再造善本云「版框高二一・七釐米，寬一四釐米」。）

配補情況今據北京圖書館善本書目著録。據楹書隅録，配本係黄善夫、劉元起本（F種），然所言卷次與北京圖書館善本書目不盡符合。今案再造善本影印本，當以北京圖書館善本書目之著録爲正。據楹書隅録，有「古虞毛氏奏叔圖書記」、「御史振宜之印」、「御史之印」、「季振宜印」、「滄葦」（此二印大小各二）、「季振宜讀書」、「揚州季氏」、「齊菴」、「馬思」、「乾學」、「徐健菴」諸印。

據版刻圖録書影（見圖七三），卷首題「高帝紀第一上（空四格）漢書一」，第二行雙行録顔注共十八字，第三行「漢護軍班固撰」，第四行「唐正議大夫行秘書少監琅邪縣開國子顔師古集註」。末行引三劉刊誤，作「〇劉攽曰……」。又，有木記之半葉（圖見綜論編），當爲「諸儒辨論」列目之末，見其末二行曰「三劉刊誤劉攽 劉敞 劉奉世／紀年通譜」。又據楹書隅録，每卷末識云「右將監本、杭本、越本及三劉、宋祁諸本參校，其有同異，並附於古注之下」。然則此本當據黄善夫、劉元起本翻刻，改易行格及撰者署名者，如楊紹和所論（説詳楹書隅録）。（譯者按：蔡琪本列舉參校本，在黄善夫、劉之問本所列十四種外，多出一種「劉共甫本」，故書中往往引「劉氏校本」，所録校語爲黄善夫、劉之問本所無，詳馬清源漢書宋人校語之原貌與轉變，載文史二〇一四年第一輯。）

G—2本：存十四卷〔卷四七、卷六四（缺第一五葉以下）、卷六五（殘存首四葉，第一〇葉、第一六葉以下）、卷六七、卷六八（缺首十五葉）、卷六九、卷七〇（缺第三七葉以下）、卷八三至八六、卷八九、卷九二（殘存第一葉、第六至一九葉）、卷九七下（缺第一四、一七、二九葉以下）〕

同刊　　十四册　南京圖書館藏

後補深藍書衣（二五・六×一七釐米），襯紙裝。副葉有丁丙手書跋，其文見善本書室藏書志。第二批國家珍貴古籍名録圖録收録卷八九首半葉書影。藏印有「宋本」、「甲」、「漢晉書齋」（白文）、「兔牀／山人」、「濟陽／文府」、「紅葉山房／收藏之印」及丁氏諸印。卷末有乾隆末年至嘉慶一〇年間朱文藻、周廣業、陳焯、鮑廷博、盧文弨、張燕昌、胥繩武、黄丕烈、錢泰吉諸家識語。「匡、貞、慎」之外，又「敦」字亦缺筆，而「郭」字六見皆不避諱。

H種、元白鷺洲書院刊本（覆蔡琪一經堂刊本，八行）

H—1本：存九十六卷　〔元〕吉州白鷺洲書院刊

配補明覆宋刊本四卷（卷七八至八一）　潘捐　凡一百卷八十册　北京圖書館藏（書號：八六五五）

未見。嘉業堂藏書志、寶禮堂宋本書録著録。北京圖書館善本書目、北京圖書館古籍善本書目著録。嘉業堂善

圖七四

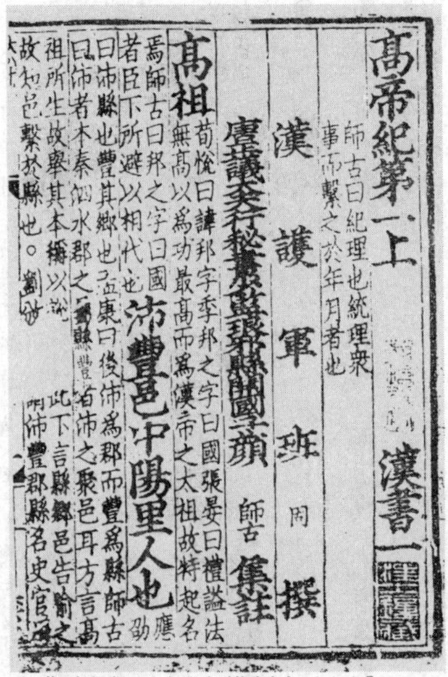
高帝紀第一上　漢書一
師古曰紀理也統理衆事而繫之於年月者也
漢　護　軍　班　固　撰
唐正議大夫行秘書少監琅邪縣開國子顔　師古　集註
高祖　荀悦曰諱邦字季邦之字曰國張晏曰禮謚法無高以爲功最高而爲漢帝之太祖故特起名焉師古曰邦之字曰國　沛豐邑中陽里人也　應劭曰沛縣也豐其鄉也孟康曰後沛爲郡而豐爲縣師古曰沛者本秦泗水郡之屬縣豐者沛之聚邑耳方言高祖所生故舉其本稱以說之也此下言縣鄉邑告喻之故知邑繫於縣也。劉攽曰予謂沛豐郡縣名史官用

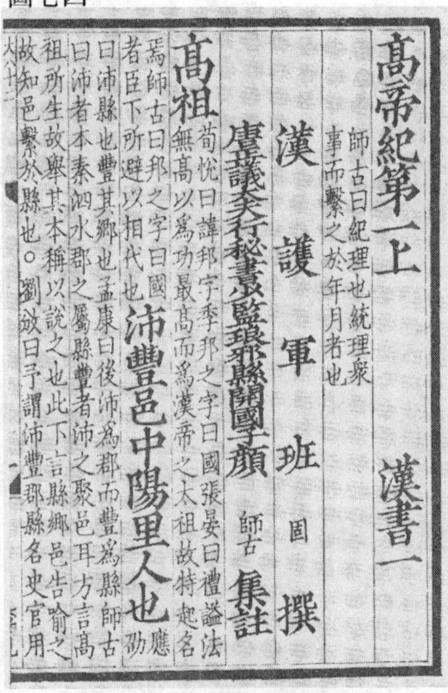
高帝紀第一上　漢書一
師古曰紀理也統理衆事而繫之於年月者也
漢　護　軍　班　固　撰
唐正議大夫行秘書少監琅邪縣開國子顔　師古　集註
高祖　荀悦曰諱邦字季邦之字曰國張晏曰禮謚法無高以爲功最高而爲漢帝之太祖故特起名焉師古曰邦之字曰國　沛豐邑中陽里人也　應劭曰沛縣也豐其鄉也孟康曰後沛爲郡而豐爲縣師古曰沛者本秦泗水郡之屬縣豐者沛之聚邑耳方言高祖所生故舉其本稱以說之也此下言縣鄉邑告喻之故知邑繫於縣也。劉攽曰予謂沛豐郡縣名史官用

漢書　元吉州白鷺洲書院刊[H種　嘉業堂圖録(右)與模刻本(左)]

本書影收書影三葉（敘例第一葉、「諸儒辨論」列目末葉有牌記者一葉、卷一首葉），第一批國家珍貴古籍名録圖録收録卷一首半葉書影。有民國九年嘉業堂模刻本（民國九年據封面背面刊記。卷尾劉承幹跋署民國一三年）。有二〇〇三年再造善本影印本，稱「原書版框高二〇・七釐米，寬一四釐米」。據配補卷次、藏印等，知此本爲嘉業堂舊物，後經寶禮堂，終歸北京圖書館。

寶禮堂宋本書録云：「首新注漢書敘例，次『景祐刊誤本』先儒注解名姓爵里，次參校諸本及『注末入諸儒辨論』，後有『甲申歲刊于／白鷺洲書院』十字牌記。」嘉業堂模刻本首「宋景文公祁所用諸本參校」，次「今本用宋景文公本校定外復將諸本參校」，次「今本注末入諸儒辨論」，次「新注漢書敘例」，次「景祐刊誤本」，次序與寶禮堂書録異，而與黄善夫、劉元起刊本同。寶禮堂書録又云：「卷末有『右將監本、杭本、越本及三劉、宋祁諸本參校，其有異同並附於古注之下』云云二行，又有『正文若干字，注文若干字』一行或二行。」

四周雙邊，每半葉八行，行十六至十九字不等，注文小字雙行二十一字。書耳記篇名。版心綫黑口，雙魚尾，上記大小字數。版式與嘉定元年前後所刊蔡琪一經堂刊本（G種）同。寶禮堂書録曾以所藏另一殘卷與此本版式一致，而殘卷字體勁秀，且少誤字，故推論殘卷當即蔡琪刊本，此本乃覆刻蔡琪本。今以版刻圖録蔡琪本書影較此本書影及模刻本（模刻本字體僵硬，筆畫直綫化），則此本的爲覆刻蔡琪本，可證寶禮堂書録説不誤。

寶禮堂書録列舉避諱缺筆字如下：「玄、弦、泫、弘、殷、匡、筐、洭、恒、鮔、禎、貞、郎、楨、湞、徵、戌、桓、完、構、冓、遘、購、慎、惇、敦、廓」。

筆者曾考此版，主要依據嘉業堂模刻本，見其字體帶有南宋中期至後期刊本之特色，遂仍舊説，目爲嘉定一七年刊本。然正如中國版刻圖録（僅見於一九六〇年初版）所言，此版刻工「與歐陽文忠公集、周益公集、文苑英華等書南宋中期吉州地區刻工，無一相合」。其實有一名劉宗見周益文忠公集，仍可視爲例外。於是重新核對此本刻工名，認爲「甲申歲」最有可能是元至元二一年（一二八四），而不能確定，故今著録作「〔元〕刊」。

今據模刻本採録刻工名二字以上者，其中標「・」者亦見寶禮堂書録。

中華・　文玉・　文年・　王季・　王真・　丙文・　兆子宗　江佐・　江雲・　江漢・　余全・　余旺・
吳昇・　宋俊・　宋國英・　宋瑞・　肖森・　肖聲・　李允・　李圭・　李杰・　李垚父・　李景從
李景漢・　李慶翁・　沈榮・　周幼敏・　周宗文・　尚森　侯東・　段尺・　叚尺　胡定・　胡辛・
胡辛甫・　胡季明　張仁・　張中　張仲・　國英　曹丙文・　陳正・　陳明・　陳茂・　喻申・　喻杞・

喻振・喻楫・彭云・彭雲・曾玉・曾春・曾振・曾震・陽壽・黄永・葉永　劉才叔・

劉子先・劉子宗・劉介叔・劉仲・劉光・劉宗・劉季明・劉季發・劉俊・劉南熙・

劉亮・劉寬・潘正　蔡太卿　蔡弢　蔡弼・蔡泰卿・蔡万・鄧明・鄧煒・鄭壽可・　黎元・

龍得雲・龍雲・鍾華・戴立・

右列刻工約八十名，其中只有五名並見於其他約十五種元刊本而已。例證雖少，或能從中看出某種傾向。「文玉」一名，容有不少同名異姓，亦容有别人同姓名者，不便遽以爲同一刻工。然據今所知，諸如越刊八行本尚書正義、周禮疏、禮記正義，兩淮江東轉運司刊本史記、漢書、後漢書，贛州刊文選等南宋前期刊本，其元代補版並見「文玉」之名。此等版本當皆見西湖書院重整書目著録之書版，其元代補修即由西湖書院主持。正如見綜論編第四章就兩淮江東轉運司刊本討論，西湖書院元代補修可以分兩期，而「文玉」見其第一期。贛州與吉州接壤，共屬宋代江南西路、元代江西行省，贛州本文選補版與白鷺洲書院本之刻工出現於西湖書院補版，自屬可能。

又，元泰定元年（一三二四）西湖書院刊文獻通考有刻工名多至百數十，其中有不少並見於兩淮江東轉運司刊三史之元代第二期補版，此第二期補版刻工亦有不少並見於元版十行本注疏（有泰定四年（一三二七）、至和元年（一三二八）等版心記年），而絶無並見於白鷺洲書院刊兩漢書者。

綜合考慮，白鷺洲書院刊兩漢書之「甲申歲」在元代，當可無疑。至於是至元二一年（一二八四）抑或至正四年（一三四四），則前者可能性較大，可從版刻圖録之推測。然後元統三年（一三三五）修儀禮經傳通解見陳正、陳明，至元三年（一三三七）序刊慈溪黄氏日抄見劉宗，則不完全否定後者之可能性。

I種、元大德九年太平路儒學刊本（九路本十史，十行）

九路儒學刊十史中，史記（乙—D種）已無足本，卷首刊語已不可見，而漢書刊語言九路刊史由太平路之請，太平路以漢書率先，尤爲重要，綜論編曾揭漢書刊語書影（圖二九），並詳論之矣。

I—1本：存二十一卷（卷一至一二、卷五六至六〇、卷九三至九六上）

元大德九年太平路儒學刊（明初）修本　四册　「中央圖書館」（北平）藏

半葉十行，行二十二字，注文小字雙行同。

淺褐色外書衣（二六・八×一八・五釐米），内有後補粉藍色書衣，包背裝。首題「太平路學新刊班固漢書」，録敘例，次「前漢書目録」，末有大德九年太平路儒學教授孔文聲跋，後有銜名二行，曰「承務郎太平路總管府判官　劉遵督工」，曰「中順大夫江東建康道肅政廉訪副使　伯都　提調」。

此本缺卷一上首葉。卷一下首行題「高帝紀第一下（空八格）班固漢書一」，次行低二格題「正議大夫行祕書少監琅邪縣開國子顔　師古　注」。四周雙邊（二一・四×一五・一釐米），十行，行二十二字，注文小字雙行同。版心綫黑口，三魚尾，記大小字數，題「前漢紀一上」等，又記葉碼、刻工名。

此本僅存全書五分之一，今據此本及上海圖書館藏本（I—4本）採録刻工名如下。單字者不録。又，原版刻工中亦有可疑爲元末補版者。

大友　子和　文貴　王介　王文　王文貴　王名祐　王祥　正甫　正寶　石山　曳之　何子敬　李祐　周寶

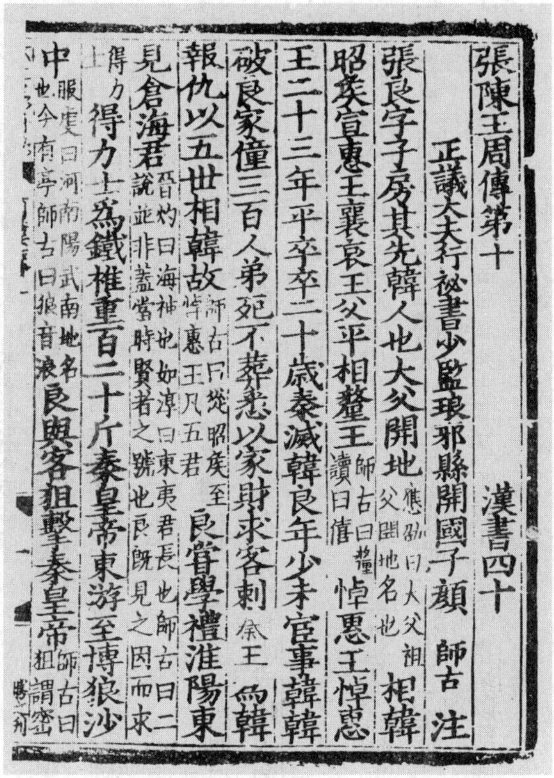

圖七五

漢書　元大德九年太平路儒學刊（I種　版刻圖録）

金大明　金大興　信甫　信卿　俞榮
徐進　徐進卿　翁子和　翁勝之　古杭
張成　張益　張益之　陳正甫　寶婺陳
正甫　陳新甫　陳實甫　陶桂岩　進卿
婺仁　婺陳　敬之　勝之　董童
萬滿傳　榮甫　劉訓　新安趙瓊甫
壽甫　錢洪之　錢拱之　以上原版
石山　伯川　張伯上　張伯瀼　張清之
章良之　趙伯川
　　以上元末明初補版

孔文聲跋云：「置局于尊經閣，致工于武林。三復對讀者，耆儒姚和中輩十有五人；重校修補者，學正蔡泰亨。板用二千七百七十五面，工費具載學計，茲不重出。始大德乙巳（九年）仲夏六日，終是歲十有二月廿四日。」（圖見綜論編）所言版數與南雍志經籍考合。

原版刻工有古杭張成、寶婺陳正甫、新安趙瓊甫，又俞榮、陶桂岩亦見唐書，而唐書刻工名亦有冠以地名括蒼（即處州）者。可知刻漢書兼用各地刻工，不限杭州也。

一—2本：零本（存卷五第九、第一〇葉，卷六，卷七）　同刊　一冊　北京大學圖書館藏（書號：九一二・一/一一六〇・四）

明初淺藍色書衣（三六・五×二二・五釐米）。題簽後補，印匡内墨題「前漢書書五之七帝紀五之七」。明代蝴蝶裝。卷五存二葉（第九、第一〇葉），卷六全三十二葉，卷七全十葉，共存四十四葉，全爲原版。但似係明初印本，若存全帙，則當亦有元末明初補版葉。刻工名皆已見上表。據云出内閣大庫。藏印唯有「北京／大學／藏書」，此非李盛鐸舊藏本。

Ⅰ—3本：一百卷　同刊〔明初成化、正德〕遞修本　　二十二册　北京圖書館藏（書號：三三八三）

未見。鐵琴銅劍樓藏書目録著録。鐵琴銅劍樓元本書影第二葉爲目録後孔文聲序，第三葉爲卷一上第一六葉書影。中國版刻圖録（圖版三〇二）爲卷四〇首半葉書影。第一批國家珍貴古籍名録圖録收録卷一首半葉書影。有二〇〇五年再造善本影印本（影印刊記稱「原書版框高二二・五釐米，寬一六・九釐米」）。版刻圖録云：「元時九路本十史刻成後，其版俱送集慶路儒學存儲，集慶路治所即今之南京，故南雍志誤認爲集慶路儒學梓。（按：此説不確。「梓」猶版，「集慶路儒學梓」謂集慶路儒學藏版，非謂集慶路儒學刻版）此本有明成化、正德間補版，蓋南監印本。」所謂成化、正德間補版，當據版心上象鼻有年記而知者。

檢再造善本影印本，版心見成化一六年、一七年、一八年及正德九年補版年記。正德九年補版又記「司禮監谷刊」，可參見三國志（C—3本）（衢州本入南監）後附正德一〇年吳一鵬跋。

Ⅰ—4本：存八十一卷　同刊〔元末明初、明成化、弘治、嘉靖以前〕遞修本　　凡一百卷一百四册　上海圖書館藏

鈔補十九卷（卷五三至七一）

後補灑銀黃色書衣（二七×一八・二釐米），襯紙裝。

卷二下第二三葉、卷二〇第一四葉、卷二八上第二九葉、卷三一第二一葉、卷九七上第二〇葉、卷一〇〇上第六葉，亦皆鈔補。又缺卷六九第一、第二葉。首題「太平路學新刊班固漢書」及敘例，首二葉係鈔補。次「前漢書目録」爲刻本，而其末空白處鈔録孔文聲跋及銜名二行。藏印有「恩福堂／藏書印」、「新安／汪氏」、「啓淑／信印」（白文）、「晉陵唐氏珍／藏經史圖書」、「堇身／殿大／學士」、「兩耳不聞／窗外事／弌心惟讀／聖賢書」，「錢唐／嚴杰／借覽」、「韓氏圖籍／傳賢子子孫孫」、「子材／鑑賞」（白文）。前六種亦見大德九年寧國路刊本後漢書（J—5本）。

明代補版葉上象鼻右方補刊年記及下象鼻多被剜去，有年記僅存者曰「成化十八年　監生何清」。其年記被剜去之補版葉，大都似同出成化一八年，部分出弘治二、三年（一四八九、一四九〇），下象鼻記「肖区」、「刘訓易」者時間更晚，但當不及嘉靖以後。此本有明代前期補版，刻工名有：文貴、可愛、何受、李弼、周紀、周紀實、萬滿里。

J—5本：殘本（存卷六六至六九）　同刊（至明弘治）遞修本　二册　上海圖書館藏

後補灑金黃色書衣（二八×一八・六釐米），襯紙裝。題簽「宋版漢書列傳　第四（五）册」。

補刻當至明成化、弘治。

副葉有「五福五代／堂古稀／天子之寶」、「八徵／耄念／之寶」、「太上／皇帝／之寶」三璽印，正文亦有「乾隆／御覽／之寶」（橢圓）、「天禄／繼鑑」（白文）二印。另有「晉府／書畫／之印」、「子子孫孫／永寶用」爲朱鍾鉉印。又有「華陽／國士珍／秘之印」、「錯閲江／大經□／潔百氏」印。雖有晉府、乾隆印，殊非善本。

一種其他傳本

新版北京圖書館古籍善本書目有一部存四十七卷者（存卷一上、卷一五至一七、卷一九下至二〇、卷二一下至二五、卷四一至四八、卷五一至五六、卷五八至六〇、卷六四至六五、卷七〇至七七、卷八一至八四、卷九六下至一〇〇。書號：一八六三六。此部不見舊版北京圖書館善本書目），不言有修補。劉薔先生認定北圖此四十七卷并「保利二〇一一春拍」所見卷二七，即天禄琳琅書目後編卷四「宋版史部」著録之「漢書 八函六十四册」（説見二〇一二年北京大學出版社出版劉著天禄琳琅研究「表2—2 天禄繼鑑書存佚狀况、版本實情一覽」）。天禄續目雖列爲宋版，其版本情况無隻字説明，僅録「晉府／書畫／之印」、「子子孫孫／永保用」、「敬德／堂圖／書印」三印及補鈔葉。今按上海圖書館所藏卷六六至六九（1—5本），恰爲北圖藏本所缺，且藏印符合，頗疑其原爲一帙。然北京圖書館古籍善本書目不言有明修，則不知何故。存疑。

楹書隅録著録一部三十册，不言有修補、缺卷，只云有「蘭陵蕭江氏藏書記」印。

傳書堂藏善本書志著録一本，缺本紀八至一二、志一至三，明人影鈔補足，有成化一六年、一七年、一八年補刊葉。

善本書室藏書志及江南、江蘇圖書館諸書目著録重刊此種之版本。

三　後漢書　九十卷　宋范曄撰　唐李賢注　志三十卷　晉司馬彪撰　梁劉昭注

A種、南宋初期刊十行本（舊稱「景祐刊本」，十行）

舊稱「景祐刊」後漢書，刻工多與舊稱「咸平刊」吴書（三國志A—1本，静嘉堂藏）一致，而「咸平刊」吴書實爲南宋初期刊本，則此種後漢書亦可推定爲〔南宋初期〕刊本。蓋後漢書之刻梓，稍晚於史記、漢書。

A—1本：存八卷（存志第一至第三，列傳第四、第七五至七八。卷中多殘缺，詳下文。）

〔南宋初期〕刊

半葉十行，行十九字，小字雙行二十五字左右。

配〔南宋福唐郡庠〕刊元大德及元統修本十卷（列傳第五、第七至一二、第一六、第七九、第八十）

凡存十八卷二册　「中央圖書館」藏

「中央圖書館」宋本圖録收録列傳第七五首半葉書影（見圖七六）。中國訪書志（增訂本第四三三頁）著録。

圖七六

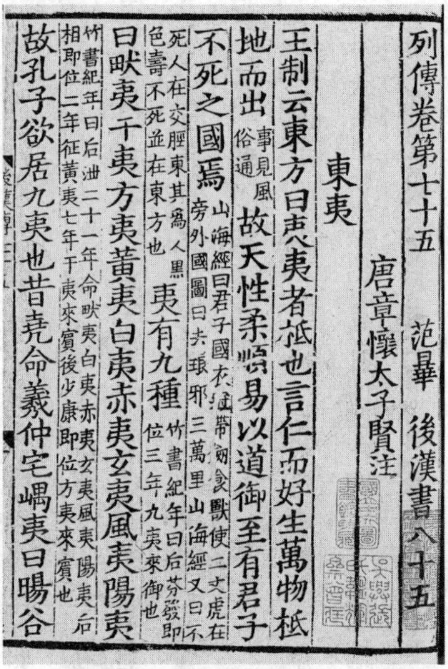
列傳卷第七十五　范曄　後漢書八十五
唐章懷太子賢注
東夷
王制云東方曰夷夷者柢也言仁而好生萬物柢
地而出事見風俗通故天性柔順易以道御至有君子
不死之國焉山海經曰君子國衣冠帶劍食獸使二文虎在旁外國圖曰去琅邪三萬里山海經又曰不死人在交脛東其爲人黑色壽不死並在東方也夷有九種竹書紀年曰后芬發即位三年九夷來御也
曰畎夷于夷方夷黄夷白夷赤夷玄夷風夷陽夷竹書紀年曰后泄二十一年命畎夷白夷赤夷玄夷風夷陽夷后相即位二年征黄夷七年于夷來賓後少康即位方夷來賓也
故孔子欲居九夷也昔堯命羲仲宅嵎夷曰暘谷

後漢書　南宋初期刊（A種）
（本圖像數據由「國家圖書館」提供）

後補深藍色絹書衣（二六・一×一七・三釐米）。兩册首及傳一四、傳七九首鈐「甲子丙寅韓德均錢潤文／夫婦兩度攜書避難記」（白文）、第一册首鈐「德均／審定」（白文）、「希／逸」（白文）、「价／藩」、「韓印／繩大」（白文）、第一、第二册末及傳七末鈐「松江讀有用書齋金山守山閣／兩後人韓德均錢潤文夫婦之印」，傳一四首鈐「國端／家藏」（白文）、第二册首鈐「吴興張／氏韞輝／齋曾藏」，卷末識語後鈐「韓應陛鑒藏／宋元名鈔名校／各善本于讀／有用書齋印記」、「韓印／繩大」（白文）、「价／藩」諸印。

卷末有錢大昕手跋二則，其文見下録傳斯年跋，亦見中國訪書志。潛研堂文集所收跋後漢書一文，乃經調整潤色，然大旨固無異。另有散紙傳斯年鋼筆手書跋，移録全文如左：

後漢書殘本兩厚册，「中央圖書館」藏，舊藏雲間韓氏。末有錢竹汀跋，迻録全文如左：

後漢書淳化刊本止有紀、傳，其志三十卷則乾興元年準判國子監孫奭奏添入。但宣公誤以爲劉昭所補，故云范作之於前，劉述之於後。不知志出於司馬彪續漢書，昭特注之耳。彪西晉人，乃在范前，非在范後也。

此本雖多大德補刊之板，而志第一至第三尚是舊刊，於朓、敬、恒、徵等字皆缺末筆，而讓、勗卻不回避，知實係嘉祐以前雕本。雖屢經修改，而古意猶存，斷圭零璧，終是席上之珍也。乾隆甲寅四月嘉定錢大昕假觀并識。

今案：此兩册皆十行十九字本，與世所謂「淳化」史記、「景祐」漢書同一式。審諦之，實爲四種不同之本，裝工合成者也。

其第一種僅存列傳第四（原注：宗室四王傳）。前二葉刻工「唐□（原注：下一字不能辨，似是慶字）」。厚棉紙。書體刀法絶似所謂「淳化」史記、「景祐」漢書，當爲一時之製。字已漫漶。

第二種存列傳七十五東夷傳第一葉後半、第六葉，列傳七十七西羌傳第三葉後半、第四葉、第五葉、第六葉後半、第七葉、第八葉後半、第九葉、第十葉前半、第十一葉後半、第十二葉、第十三葉、第十四葉、第十五葉前半、第十六葉、第十七葉前半、第十八葉、第十九葉、第二十葉、第二十一葉後半、第廿二葉、第廿三葉前半、第二十五葉前半、第三十一葉、第三十二葉。字體介於南北宋之交，初印悦目，無漫漶字。棉紙。刻工有張□、楊□、徐簡、徐成、許宗（原注：此刻工見所謂淳化史記）、陳□、唐慶，其他半不可識，蓋因原爲蝶裝而受損也。徵字不諱，竟字缺末筆。

其三種即世所謂南宋監本，存行在國子監，至元代入西湖書院，明入南京國子監，所謂「三朝爛板」之祖也。朝野雜記甲集卷四所載紹興末年奉勅刊板國子監者，應即是書。此一印本雖小有漫漶，并無補刊之葉，印刷似在南宋中葉，紙色較黑。存志一，十五至二十葉；志二，全；志三，一至二十三葉、二十五葉、二十六葉、二十八葉。案：此本續漢書志也，而題「後漢書志」，與北宋監本誤以劉志爲范書之説合。此本蓋翻自北宋，與朝野雜記合。列傳第七十五，全；第七十六，一至十六葉；第七十七，全。

上述第一、第二兩種各葉，即鑲入其中，不重複。

其四種爲元大德九年、元統二年補刊。存傳四，第三葉起至末；傳五，全；傳七，第七、八兩葉，二十一至二十五；傳八，全；傳九，第二葉至末；傳十，全；傳十一，第一至十二葉；傳十二，第二葉、第五葉至八葉、第十一葉至末；傳十六，第七至九葉。白棉紙，印字不漫漶。

以上第三、第四兩本爲一系，元時在西湖書院，明時在南雍。大德補刊名曰補刊，實等於重雕。今所見「三朝爛板」，其中有無幾葉宋刻，大是問題，即有，亦是南宋後葉補刻矣。

此書實僅第三、第四兩種。其第一、第二兩種之散葉，均係易入者。有時一葉之中，第二、第三種各得半葉。有此怪現象，錢竹汀焉得不識，而不提及。此書新裝，意者竹汀時尚無前兩種散葉換入，後人裝書者得此散葉，遂以易入，其來源或出自内閣大庫，或爲明初人改裝舊籍之襯紙，未可知也。

有人於甲年依其祖式製棉袍一襲，乙年易其裏，丙年易其絮，丁年易其表，戊年再易其裏，如此不已，至於十年，此第十年之衣，與甲年之衣，關係如何。然南宋以來監本，恰如此式也。此中第三種，即甲年之原物；乙丙年者應爲南宋末補板，此册無之；第四種則丁年物也。世所見弘治補刊，則九年十年物也。至於甲年物所自仿之樣式，是否即此中第一種，則不可推知矣。

正如傳氏所言，此本殘缺太甚，似以零本爲主，配以殘葉，拼成十八卷二册。十八卷中存有所謂景祐版葉者八卷，而每多殘缺。殘缺補配情況複雜，筆者所見又與傳氏不同〔大抵傳氏所謂第一至第三種皆原本原版，所謂第四種即福唐郡庠覆刻本(B種)之修補葉〕，今據鄙見表列如下：

第一册

志第一　第一至一四葉缺
　　　　第一五至二〇葉　原版
志第二　第一至三二葉　原版

志第三	第一至二三葉	原版
	第二四葉	福唐郡庠本〔大德〕補版（無年記）
	第二五、第二六葉	原版
	第二七葉	鈔配
	第二八葉	原版
傳第四	第一、第二葉	原版（漫漶）
	第三至一六葉	福唐郡庠本大德九年補版
傳第五	第一至一七葉	福唐郡庠本大德九年補版
傳第七	第一至六葉缺	
	第七、第八葉	福唐郡庠本大德九年補版
	第九至二〇葉缺	
	第二一至二五葉	福唐郡庠本大德九年補版
傳第八	第一至一九葉	福唐郡庠本大德九年補版
傳第九	第一葉缺	
	第二至一〇葉	福唐郡庠本大德九年補版
	第一一葉	福唐郡庠本〔元統〕補版（無年記）
	第一二葉	福唐郡庠本元統二年補版
	第一三至一六葉	福唐郡庠本大德九年補版
	第一七至一九葉	福唐郡庠本元統二年補版（第一八葉無年記）
	第二〇葉	福唐郡庠本大德九年補版
傳第一〇	第一葉	福唐郡庠本元統二年補版
	第二葉	福唐郡庠本大德九年補版
	第三至七葉	福唐郡庠本元統二年補版（第六葉無年記）
	第八葉	福唐郡庠本大德九年補版
	第九葉	福唐郡庠本元統二年補版
	第一〇至一五葉	福唐郡庠本大德九年補版

傳第一一	第一至一二葉	福唐郡庠本大德九年補版
傳第一二	第一葉缺	
	第二葉	福唐郡庠本大德九年補版
	第三、第四葉缺	
	第五至八葉	福唐郡庠本大德九年補版
	第九、第一〇葉缺	
	第一一至一八葉	福唐郡庠本大德九年補版
傳第一六	第一至六葉缺	
	第七葉	福唐郡庠本元統二年補版
	第八葉	福唐郡庠本大德九年補版
	第九葉	福唐郡庠本〔元統〕補版（無年記）

第二冊

傳第七五	第一至一五葉	原版
傳第七六	第一葉	福唐郡庠本〔大德〕補版（版心破損有補筆）
	第二至一六葉	原版
	第一七至二七葉	福唐郡庠本〔大德〕補版（版心破損有補筆）
	第二八葉缺	
	第二九葉	鈔配
傳第七七	第一葉	原版
	第二葉	福唐郡庠本大德九年補版
	第三至三二葉	原版
傳第七八	第一至一七葉	福唐郡庠本大德九年補版
	第一八葉	原版
	第一九至二一葉	福唐郡庠本大德九年補版
	第二二葉	原版

傳第七九　第二三、二四葉　福唐郡庠本大德九年補版

第一葉缺

第二至二八葉　福唐郡庠本（大德九年）補版

傳第八〇　第一至一六葉　福唐郡庠本（大德九年）補版（版心破損）

其中傳第七七第一一、第二二、第二三、第二五葉共四葉，皆當原版，而左半葉與右半葉之間，紙質、字體稍有差異，匡郭綫及刻工名字畫左右皆不吻合，則左右版葉又不同版。此事可怪，而未及深究，記此存疑。

志第二首行題「後漢書志第二（空三格）律曆中」，次行低十格題「劉　昭注補」。傳第七五首行題「列傳卷第七十五　范曄　後漢書八十五」，次行低七格題「唐章懷太子賢注」。尾題「後漢書列傳卷第八十」，後空一行，有三行總題曰「范曄後漢書凡九十篇總一百卷／十帝后紀一十二卷／八十列傳八十八卷」，形式與漢書（A—1本）同，後有二行題曰「右奉淳化五年七月二十五日／勅重校定刊正」。

志第二首葉左右雙邊（二二·四×一四·六釐米），十行，行十九字，注文小字雙行二十五字左右。版心白口，單魚尾下題「後漢志二　（葉碼）（刻工名）」。

除配補福唐郡庠本以及左右半葉不吻合之四葉以外，其餘當皆原版，似無補版葉。原版刻工名如下：

丁明　王奕　王敏　王溢　王稹　王慶　付及　付立　史貴　巧成　吴甫　吴浩　阮石　阮貴　周元　周升

周斗　林老　林備（？）　姚順　柳生　唐慶　徐成　徐簡　孫受　高宏　崔志　張文　張汶　許元　許先　許

宗　郭文　郭喜　陳大　陳石　陳兵　陳武　陳受　陳長　陳責　陳得　陳喜　陳章　陳榮　陳遷（？）　陳歸

楊其　楊順　葛大　劉受　潘元　蔡大　蔡道　鄭勤　□浦　□深

避諱缺筆字有「玄、弦，敬、儆、驚、竟、境，弘、泓、溵，匡、胤，恒，楨、徵」等。可見所謂景祐本三史，原版避諱缺筆字至仁宗止。

此本原版刻工亦見舊稱「景祐刊」史記、漢書及舊稱「咸平刊」三國志，如綜論編所述，而中國訪書志所舉以下各書又見相同刻工名。

續高僧傳（尊經閣）	南宋初期刊	付及　高宏
世説新語	南宋初期刊	陳榮
東坡先生奏議	南宋前期刊	陳石　陳遷
聖宋文選全集	南宋前期刊	陳章
春秋經傳集解（陽明文庫）	紹興刊南宋前期修	陳榮
類篇	南宋前期刊	周元
文選　明州	紹興刊南宋前期修	吴浩
酒經	南宋前期刊	吴浩
禮記　撫州公使庫	淳熙四年刊同九年修	張文
碧雲集　臨安府陳宅	南宋前中期刊	丁明
于湖居士文集	嘉泰元年序刊	陳榮
東萊吕太史文集	嘉泰四年跋刊	丁明　張文

晦菴先生文集　　南宋中期刊　　丁明

蘇文定公文集　　南宋前期刊第一次修　　王慶

太平御覽　　慶元刊　　王慶

此諸本皆南宋初期、前期杭州地區刊本，中國訪書志因論此本（A—1本）爲南宋初期刊本，修補時間亦不晚於前期。依鄙見，此本除配補福唐郡庠本及左右半葉不合之四葉以外，似無補版葉，然此帙既用零本零葉拼合而成，則不便深論其是否已經修補。

宋會要輯稿崇儒四曰：

乾興元年（一〇二二）十一月（仁宗即位未改元）判國子監孫奭言：「劉昭注補後漢志三十卷。蓋范曄作之於前，劉昭述之於後，始因亡逸，終遂補全。其於輿服、職官，足以備前史之缺。乞令校勘，雕印頒行。」從之。命本監直講馬龜符、王式、賈昌朝、黃鑑、張維翰、公孫覺，崇文院檢討王宗道爲校勘；奭洎龍圖閣直學士馮元詳校。天聖二年（一〇二四）送本監鏤板。

黄丕烈舊藏所謂景祐本漢書（A—1本）卷首誤入乾興元年一一月一四日中書門下牒國子監一通，詳載孫奭奏語，百衲本二十四史取以冠影印轉運司本續漢志首。今就百衲本二十四史觀此牒二葉，行格、字體皆同此本，則原當在此種版本中。牒文亦見錢大昕三史拾遺。孫奭奏云「其後漢志三十卷，欲望聖慈許令校勘雕印」，則乾興所奏、天聖二年所刻，實止續漢志，令與舊版范書並行而已，非合刻范書、彪志。所謂景祐本漢書及福唐郡庠本後漢書等，書後皆載景祐元年余靖上言，云「國子監所印兩漢書，文字舛訛，恐誤後學，臣謹參括衆本，旁據它書，列而辨之，望行刊正」，然玉海云「景祐二年九月癸卯，詔翰林學士張觀刊定前漢書，下冑監頒行，秘書丞余靖請刊正前漢書，因詔靖盡取秘閣古本對校，踰年乃上漢書刊誤三十卷，至是改舊摹板」，麟臺故事亦云「景祐二年九月，詔翰林學士張觀等刊定前漢書、孟子，下國子監頒行」，是就舊版剜改，非重新刻版（參緒論編），且其言皆不及後漢書。則景祐似無重刊後漢書之舉，遑論合刻范書、彪志。今不知合刻范書、彪志始於何時，而此舊稱「景祐本」，實南宋初期刊本，乃合刻范書、彪志之現存最早者。

舊稱景祐本（A種）現存皆殘本，目録已佚不可見。覆刻A種之福唐郡庠刊本（B種）有目録，則志在紀之後、傳之前。雖然，A、B兩種紀、傳卷首題「帝紀（列傳）第幾　范曄　後漢書幾」，大題在下，紀、傳卷次接連，傳第一爲「後漢書十一」；列傳末三行總題無志，並有淳化五年刊語；志卷首題如「後漢書志第一　律曆上」，體式固與紀、傳不同。則此本雖合刻范書、彪志，尚存單刊舊式。至明北監本，始置志於紀、傳之間，並通爲之卷次，盡失舊式（參綜論編第一〇章），爲清武英殿本所因襲。

＊　　＊

北京圖書館善本書目著録三部「北宋刻遞修本」（A—2、3、4本。一九八九年新版北京圖書館古籍善本書目著録相同，而A—2、3本順序顛倒），今皆未見。其中二部（A—2、4本）爲瞿氏鐵琴銅劍樓舊物，見其宋本書影，可確定爲南宋初期刊「景祐」本（即A種），餘一部（A—3本）於北京圖書館得見膠卷，亦已確定爲同版。然未見原件，補修情況不得而詳，故下録三本（A—2、3、4本）皆不記修補。非謂北京圖書館善本書目不可信，史記、漢書皆經南宋前期補修，則後漢書亦容有同時補修，然未知其詳，不敢妄言，寧從謹愼。

A—2本：存九十四卷（卷二、卷六至四四、卷四八至六三、卷六七、卷七三至七七、卷八四至九〇，志三至二〇、志二三至二九）

〔南宋初期〕刊

配補宋刻元修本十五卷（卷四五至四七、卷六四至六六、卷六八、卷六九、卷七八至八三，志三〇）

配補清初抄本六卷（目録、卷一、卷七〇至七二，志二一、志二二）

缺五卷（卷三至五，志一、志二）　凡存一百一十五卷三十八册　北京圖書館藏（書號：六七二九）

未見。鐵琴銅劍樓藏書目録著録，鐵琴銅劍樓書影收第七卷首葉書影。北京圖書館善本書目著録。第一批國家珍貴古籍名録圖録收録卷六首半葉書影。有二〇〇三年再造善本影印本，影印刊記稱「原書版框高二十一・二釐米，寬十五・四釐米」。檢影印本，有「汪士鐘／曾讀」（朱文）、「宋本」（橢圓）、「國瑞／家藏」（白文）及鐵琴銅劍樓諸印記。又，卷三四第三葉至第一四葉，每葉左半葉第七至一〇行之間，均斜鈐「濟道」朱印，疑與漢書A—2本所見者相同。

據影印本知，配補「宋刻元修本」即福唐郡庠本（B種），版心有大德九年、至大元年、延祐二年、元統二年補刊記。據鐵琴銅劍樓藏書目録，卷二、志二三亦鈔補，與北圖善本書目不合。今按影印本，卷二首五葉半補鈔，第六葉左半以下爲刻本；志二三凡十八葉，前十二葉皆補鈔，後六葉乃刻本。鐵琴銅劍樓藏書目録據其大體，目此卷爲補鈔；北圖善本書目以其中尚存刻版葉，故著録爲「存」此卷，此所以著録歧異之由。卷六七首二葉爲原版，第三葉以下均元代補版（以大德補版爲主，又有至大、延祐補版），故鐵琴銅劍樓藏書目録謂「列傳五十四至五十九（卷六四至六九）多元時補版」，而北京圖書館善本書目在卷六四至六九之中，特取卷六七歸「北宋」版，亦同此理。又，卷八、卷九、卷一〇上、卷二六、卷五四、卷五五、卷五八、卷六〇下、卷六一、卷八九均夾雜福唐郡庠本大德、元統補版；卷一一、卷八二上下、卷九〇、志二一、志二二、志三〇均有補鈔葉。（譯者按：此本夾雜大量福唐本（B種）書葉，混配情況複雜。若非直接對比，鑑別A種補版與B種原版，有所困難。如卷二（除首五葉半補鈔外），北京圖書館善本書目著録爲A種，今檢影印本，疑屬B種。北圖目著録A—2、3、4本爲「遞修本」，不知是確知有A種補版，抑或見夾雜B種遂以爲遞修本，不得不令人懷疑。）

鐵琴銅劍樓藏書目録云：「書末題『右奉淳化五年七月二十五日敕重校定刊正』，下題『承奉郎守將作監丞直史館賜緋魚袋臣孫何』、『承奉郎守秘書省著作佐郎直集賢院賜緋魚袋臣趙安仁』二行，後列景祐元年余靖上言。」今按影印本，趙安仁一行在第一〇行，而版心及左半葉已殘缺（見綜論編圖五）。趙安仁、孫何爲淳化五年奉詔校前後漢書者，見緒論編引宋會要，然則此下當亦有趙況、尹少連、阮思道、陳充等官銜，今不可見矣。「中央圖書館」本（A—1本）僅有淳化五年奉敕刊記二行，無孫何、趙安仁等列銜。又，按影印本，所謂「景祐元年余靖上言」兩葉與仁壽本影印B—6本同版，是配入福唐本（B種），非「景祐」本（A種）。至今未聞有「景祐」本（A種）之「景祐元年余靖上言」兩葉（參綜論編）。

鐵琴銅劍樓書影所載第七卷首頁，左右雙邊，首行題「帝紀第七（空三格）范曄（空三格）後漢書七」，次行低七格題「唐章懷太子賢注」，筆畫頗尖鋭，爲南宋初期覆刻本之典型字體。刻工名似是「印保」，無法辨清。鐵琴銅劍樓藏書目録云『敬』、『徵』字皆缺筆，而『頊』字不缺，當爲仁宗刊本」，據第七卷首頁書影所見，「徵」字缺筆而「恒」、「桓」字不缺。

A—3本：存二十二卷（卷三至卷一〇上、卷一二至一五、卷三一、卷七〇至七二、卷七四上、卷八〇、卷八六、志三、志九、志二一）

〔同〕刊

配補宋慶元建安黄善夫刊本二十八卷（卷一六、卷一八、卷一九、卷二五、卷二六、卷三一、卷三五至三九、卷六一至六三、卷六六至六九、卷七三、卷七九，志二三、志二四至三〇）

配補宋嘉定元年蔡琪一經堂刊本五十八卷（目録、卷一、卷二、卷一〇下、卷一七、卷二〇至二四、卷二七至三〇、卷三三、卷三四、卷四〇至四八、卷五〇至五七、卷六〇、卷七四下至七八、卷八一至八四、卷八九、卷九〇，志一、志二、志一〇至二〇、志二三）

缺十四卷（卷一二、卷四九、卷五八、卷五九、卷六四、卷六五、卷八五、卷八七、卷八八，志四至八）

凡存一百六卷四十册　北京圖書館藏（書號：九三三三）

僅得見縮微膠卷，未見原本。有二〇〇六年再造善本影印本，影印刊記稱「原書版框高二一·六釐米，寬一四釐米」。

目録中部分及卷三、卷九首二葉等，配補福唐郡庠刊元補版。卷六前半部等有連續多葉鈔補之處。配補各卷有「汪士鐘/曾讀」印。

卷一、卷二係配本，卷三卷首配補福唐郡庠刊元補版。卷四首行題「帝紀第四（空三格）范曄（空二格）後漢書四」，次行低八格題「唐章懷太子賢注」。版心白口，單黑魚尾，題「後漢紀四」，下記葉碼、刻工名。左右雙邊，十行，十九字。刻工名除見於上A—1本者外，更得如下諸名。

王珣　印祥　印瑞　余安　李攷　金玘　〇施元　〇洪吉　徐玘　〇徐真　〇徐雅　〇張安　張宏　張宗　張

敦　張憙　〇陳吉　陳宗　〇陳奎　〇楊守　〇楊玠　〇楊琪

右列刻工名標〇者亦見漢書(A種)，可證此版雖未見景祐刊記，實與舊稱「景祐」本史記(D種)、漢書形成一套三史。

【譯者按：據再造善本影印本觀察A—2本、A—3本(其中「景祐本」部分)，字體風格迥異。A—2本平穩厚重，A—3本瘦長峻勁，不似同版。於是持兩本比較同一葉，知確實同版，而影印時高寬比率嚴重失真。今以志三首半葉爲例，影印A—2本框内尺寸二〇・九×一四・五釐米，影印A—3本框内尺寸二一・二×一三釐米。細查版面細節，確定兩本此葉爲同一版片所印。若以A—1本志二首葉之實際尺寸(二一・四×一四・六釐米)爲標準，則影印A—2本之高寬比率與此大致符合，影印A—3本之高寬比率則横向縮小爲百分之九十。蓋因A—3本以蔡琪刊本爲配本，而蔡琪本卷數過半，故據蔡琪本設置高寬尺寸，使每葉圖像自動適配，不顧破壞原書高寬比率。圖像横向縮小爲百分之九十，則印像劇變。當知再造善本影印A—3本嚴重失實，不可據以論版式、字體風格等。】

A—4本：存三卷(卷五九、卷六四、卷六五)　二册　北京圖書館藏(書號：六五九二)

〔同〕刊

未見。北京圖書館善本書目注「瞿捐」，存卷與鐵琴銅劍樓藏書目録合。鐵琴銅劍樓書影收録卷六四第一三葉書影，刻工陳玘。

B種、南宋後半期福唐郡庠刊本(十行)

南宋中後期，福州州學覆刻舊稱「景祐本」漢書及後漢書。認爲福州州學所刊，尚無確證，姑從丁丙所言(參綜論編）。漢書尚有未經元統二年補修之傳本（B－1本），後漢書則現存傳本皆晚出，元代補版居多，幾無原版葉。後漢書與漢書多一併刷印，一併流傳，因此下述諸本，次序略同漢書。

B－1本： 一百二十卷

〔南宋後半期〕〔福唐郡庠〕刊，元大德九、一〇年，至大元、二年，延祐二年，元統二年遞修本

半葉十行，行十八字，小字雙行二十四至二十七字　　三十五册　宮内廳書陵部藏

後補淡褐色書衣（二七・二×一七・五釐米），題簽墨題「後漢書」，部分襯紙修補。補鈔葉有志三第二〇、第二七葉，志六第二葉，志一〇第一〇葉，志二三第一四葉，志二七第五、第六葉；卷三三（以下列傳，卷次接紀，不數志）第一、第二葉，卷三四第二葉，卷四〇第一八葉，卷四九第二三葉等。有朱筆句點、旁綫、聲點，墨筆假名等。書眉、行間鈔録「劉攽曰」「師説曰」等。卷中有九則題記，見萬壽元年（一〇二四）至天文五年（一五三六）間日本年號年次，如嘉承、文永、正應、大永、享禄、天文等，題記全文見圖書寮典籍解題漢籍篇彙録。此等題記與下歷史民俗博物館本（B－2本）基本一致，原出三條西家本。然B－2本所録平安、鎌倉時期識語不見此本者亦不少。又此本無林宗二識語，則移録時間或當在永禄六年（一五六三）以前。

首「後漢書目録」二十五葉。正文首行題「帝紀第一上（空二格）范曄（空二格）後漢書一」，次行低七格題「唐章懷太子賢注」。志在紀、傳之間。尾題「後漢書列傳卷第八十」，後空一行，有三行總題曰「范曄後漢書凡九十篇總一百卷／十帝后紀一十二卷／八十列傳八十八卷」，後有二行題曰「右奉淳化五年七月二十五日／勅重校定刊正」，並與A－1本同。次葉「景祐元年九月秘書丞余靖上言」云云，末記「二年九月校畢，凡增五百一十二字，損一

百四十三字，改正四百一十一字」（A—2本配入福唐本、B—6本均有此記）。

左右雙邊（二〇・六×一四・六釐米），十行，行十九字，注文小字雙行二十四至二十七字。版心白口，首葉上象鼻記大小字數，題「光武紀」，葉碼下記「大德九年補刊」，有刻工名「大」。

補版年記有大德九年、一〇年，至大元年、二年，延祐二年，元統二年，可見大德、至大時，繼漢書之後隨即補修後漢書。

此本原版葉不足十葉。分別表列原版、補版刻工名如下：

葛文・　鄧堅　鄭立・　浚　　（以上原版）

一山・　乙禾　刀甫　士賢・　子龙・　子敏・　子通・　子清・　子高・　仁父・　公迪・　公直　巴山・

文仲・　文足・　文震・　世亮　生禾　正父・　玉泉・　禾甫・　仲和・　江世亮・　江亮・　伯玉・

余仁・　吕才　龙禾　宗正　東蒙　洪真　得中　陳惠・　傅甫・　德中・　德忠・　劉通・　劉震卿・

震卿・　魏埜

圖七七

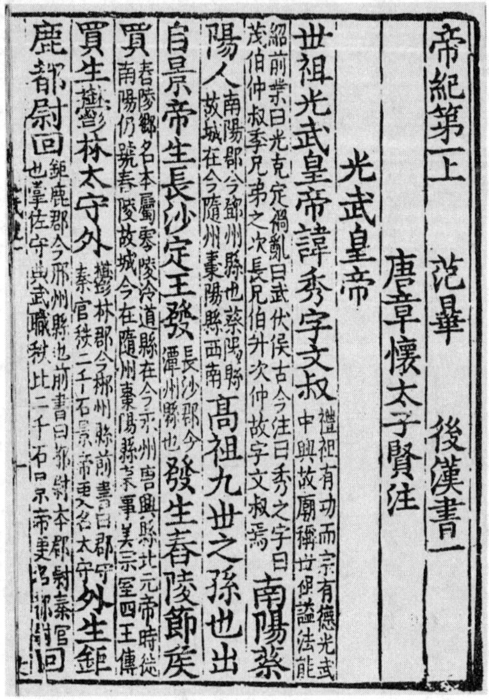

後漢書　南宋後半期福唐郡庠刊（B種　仁壽本）

大 士 子 小 仁 王 文 玉 吉 共 余 伯 吕 尨 利 定 東 志 青 和 迪 亮 泉 宸
敏 祚 通 高 張 埜 廋 清 祥 傳 堅 惠 閏 楊 節 鄒 壽 輔 德 潤 龍 興 魏 寶 （以上大德補版）
共 志 辰 林 節 （以上至大補版）
志 林 宸 埜 （以上延祐補版）
文仲 仲明 安卿・ 君裕・ 秀甫・ 梁德右
丁 大 士 子 山 天 夫 尹 匹 文 日 以 生 右 正 田 仲 吕 朱 戍 成 伯 君 東
明 和 厚 茂 徐 娘 梁 浄 祐 張 崔 鄒 壽 榮 鄧 （以上元統補版）

雙字以上刻工名標・號者亦見於漢書，單字者標號從省，實大都亦見於漢書。

避諱缺筆字幾全出補版葉，計有「玄、眩、泫、弦、玹、朗、敬、儆、警、驚、竟、境、鏡，弘、泓、怟、殷，匡、洭、筐、胤，恒，貞、偵，徵，桓，完，構，搆，購，溝，敦」諸字。

B—2本：一百二十卷 同刊 同遞修（明前期）印本 四十册 北京圖書館藏（書號：八六五七）

後補土黄色斑紋書衣（二九・七×一九・四釐米），金鑲玉裝（印版紙高二六・四釐米）。副葉題「范曄像」，畫上半身肖像，上方題「鮑惠人／撫臨／寒雲題／時乙卯／九月」（民國四年，袁克文）。藏印有「袁裳／印」、「袁氏／尚之」（白文）、「袁／尚之」，「十二硯／齋」（白文）、「謝仰曾／行一字東／石印記」（白文）、「芝庭／珍藏」、「祁叔和收藏金石書畫記」、「御賜／書香堂」（龍文，横寫「御賜」，竪寫「書香堂」）、「休復／堂印」，「紫陽精／舍朱氏／藏書印」、「玖聃式／十年精／力所聚」、「玖聃／秘笈」、「九丹／鑒藏」、「九丹／式字／奄頌」（白文）、「永清朱氏青汗金滕」、「朱印／㮊之」、「永清朱㮊之字淹頌／號九丹玖聃一號琴／客又號皋亭行四居／仁和里叢碧簃所蓄／經籍金石書畫印信」、「寒雲秘笈／珍藏之印」。書中偶見朱筆句點。

多數書葉背面有公文，而僅從印面，不易辨認。卷五三末葉見「直隸寧國府南陵縣」云云，傳四三末葉見「漳州府南靖□縣」云云。疑爲洪武年間或稍晚時期江南（止得泛言）公牘。若然，三四十年後公牘報廢，用其背面印製此本，仍在明代前期。洪武年間公牘紙印本，參魏書A—6、10本下。

元代補版甚多，版心頻見大德、至大、延祐、元統等補刊記年。又，有不少補鈔葉，覈之B—3、4、5本，往往同爲補鈔，B—6本乃爲新補版。蓋此本印製時間，與B—3、4、5本略同，補鈔葉書版當時已殘缺，至印B—6本之前，又經一次修版。

B—3本： 存九十四卷　　同刊　同遞修本

配補明嘉靖九年南京國子監刊至崇禎三年遞修本一卷（卷二三）

鈔補二十五卷（卷一至三、志一至二二）　　凡一百二十卷三十册　歷史民俗博物館藏

小汀利得氏舊藏，近年歸歷史民俗博物館。每日新聞社刊「重要文化財」圖録版及解説版（一九七六年、一九八一年）均收録列傳卷一首、卷八尾、卷二〇上尾、卷三〇下首各半葉書影，可見部分題識。

後補淡褐書衣（二七×一八釐米），題簽墨書「後漢帝紀　目録一上」等，當出室町後期（譯者按：約當明代後期），與卷中批注略同時。襯紙補修。

現存後漢書福唐郡庠本（B種）皆經至元統二年遞修，此本又多補鈔，全書原版葉僅一葉（列傳五四第一二葉）。

配補南監本有嘉靖九年刊及萬曆一〇年、二六年，天啓二年，崇禎三年補刊年記。配補南監本無批注。

鈔補卷前半部（目録、本紀）用紙刷印框廓界綫，左右雙邊（二一·五×一四·六釐米），白口，雙魚尾，半葉十行，版心鈔録字數及元代補版年記。後半部雖亦十行，然版心並無文字。另，各卷中亦有補鈔葉，計約二十五葉。補鈔葉間有批注，與版本部分同，則補鈔時間當亦在室町後期。又有極少數補鈔葉及缺葉，另有近代以薄葉紙臨摹元代補版葉者，未被裝訂。有朱點，朱綫，墨筆假名等，朱筆校字，書眉、欄外及散葉墨筆記「劉攽曰」「師説曰」等。志大部及列傳一部無此等筆迹。

大約七十卷之卷末有二十多種日本中世人講讀、標點題識。題識時間自萬壽元年（一〇二四）至永禄六年（一五六三）。據題識可知，訓點、批注内容爲三條西家彙録平安後期至鎌倉時期諸家説，至永禄六年經林宗二命人移録。

（譯者按：尾崎先生原書具體介紹歷代題識之概況，今從略。）

B－4本： 存一百一十六卷　同刊　同遞修本

配補元大德九年寧國路儒學刊本四卷（卷五五至五八）　凡一百二十卷五十册　静嘉堂文庫藏

後補灑金黄色書衣（二六×一七·六釐米），襯紙裝。版心補刊年記往往被剜。配補寧國路儒學刊本（丁種）十行二十二字，卷五五末等題「寧國路學正王師道校正」等。

補鈔葉有目録第三葉，卷五第六葉，卷八第一五葉，卷一〇上第一〇、第二五葉，卷一〇下第九葉，卷二五第九葉，卷三一第九葉，卷三三第一、第二葉，卷三四第二葉，卷三九第一二葉，卷四〇上第八葉，卷四〇下第一三、第一

七、第一九葉，卷四七第五葉，卷四九第二二葉，卷五〇第九葉，卷六〇上第一〇葉，卷七一第一一葉，卷八六第二九葉。缺葉有目録第一五葉，卷八第一七葉，卷一〇上第二四葉，志二第三葉，志三第二〇葉，志六第二葉，志二〇第六葉，志二二第三葉，志二三第一六葉，志二七第七葉以及卷末「余靖上言」第二葉。

B—5本：一百二十卷　同刊　同遞修本　六十四册　「故宮博物院」藏

中國訪書志著録。後補藍色書衣（二七・九×一八・九釐米），襯紙裝。有「澄江陳氏／楚芳圖書」、「虎林」（白文）、「董氏／家藏／圖書」諸印。

補鈔多至三十餘葉，「故宮博物院」宋本圖録（「故宮博物院」編，一九七七年）詳記葉次，此省略。然其中志三第二〇、第二七葉，卷六第二葉，卷二七第六葉，卷三三第一、第二葉，卷三四第二葉，卷四九第二二葉，於書陵部、靜嘉堂兩本（B—1、4本）或缺或補鈔，卷五第六葉，志二二第二葉，卷三一第九葉，卷三九第一二葉，卷四七第五葉，卷七一第一一葉，於靜嘉堂本（B—4本）亦或缺或補鈔，而此等葉於下録昭仁殿舊藏本（B—6本）多爲明代新補版（據仁壽本觀察），是知此等葉版片已經損壞，故在B—1至5諸本爲缺葉或補鈔葉，而在B—6本爲新補版葉。參見漢書B—5本下。

B—6本：一百二十卷　同刊　至〔明〕遞修本　四十册　「故宮博物院」藏

中國訪書志著録。昭仁殿舊藏本。後補淡緑書衣（二六・五×一八・七釐米），襯紙補修。鈐「天禄／繼鑑」（白文）、「天禄／琳琅」、「乾隆／御覽／之寶」（橢圓）諸印。又有「虞山／景氏／家藏」（白文）、「祐溪／草堂」、「祐谿」、「宗伯」諸印。

B—1至5諸本缺葉、補鈔葉，此本多明代新補版葉，如上述。仁壽本後漢書據此本影印，有補版年記各葉多用B—5本抽換。參看漢書B—4本下。

B—7本：存五十五卷（志一至七上、志一七上至二三、卷一一至三〇、卷四〇至五二、卷五五至六二）　同刊　至（明）遞修本　十二册　「中央圖書館」（北平）藏

後補藍色書衣（二七・一×一七・六釐米），包背裝。缺葉如下：志七上首葉左半、志一七上首二葉、卷一一首葉、卷一六第二六葉以下、卷四一首四葉、卷五六首葉左半、卷六二末葉。

此本補版較昭仁殿舊藏本（B—6本）增加許多，如第二册（志一七上至二三）、第一一册後半（卷五九）、第一二册（卷六〇至六二）尤多B—6本以後之補版，可知B—6本明代補版與下B—8本正德六年（一五一一）補版之間，尚另有一次補版。此本及B—8本皆無明代補版年記，而漢書（B—6本）有宣德九年（一四三四）、正統八年（一四四三）等補版年記，此本補版或亦有宣德、正統時期所刻者。又，此本當已無原版葉。

B—8本：存三十卷（志一至三〇）　同刊　至明正德六年、十年遞修本　八册　「中央圖書館」藏

中國訪書志著録。後補深藍書衣（三〇×一八・五釐米），金鑲玉裝（印版紙高二七・三釐米）。幾乎全爲明補版葉，多四周雙邊。少數葉有正德六年、十年補版年記，正德六年版有鈔手記名曰「李璞謄」。大部爲正德以前之補版，或當在宣德、正統時與。

B—9本：一百二十卷　同刊　（元明）遞修　二十册　「中研院」史語所藏

此據中國訪書志著録，「（元明）遞修」亦仍中國訪書志。

此本與漢書B—5本爲一套，裝訂、藏印同漢書。卷首副葉有鄧邦述手書題記，其文見羣碧樓善本書録及中國訪書志。據中國訪書志，此本幾無原版葉，卷中鈔補亦多。

C種、南宋前期兩淮江東轉運司刊三史本（九行）

兩淮江東轉運司刊後漢書，現存六本皆經南宋中期及元代中期遞修，如同漢書。

C—1本：存六十卷（卷六、卷七、卷九、卷一〇、卷一六至一八、卷二二至二九、卷三三至三六、卷三八至五九、卷六一至六四、卷六八至七〇、卷七三至七八、卷八二下至八五、卷八八）　十七册　静嘉堂文庫藏

〔南宋前期〕兩淮江東轉運司刊　〔南宋中期、元中期〕遞修

半葉九行，行十六字，小字雙行二十字。

後補粉紅書衣（三〇・九×二一・五釐米）。此本與漢書D—4本爲一套，三種藏印及紙背文書情況與漢書同，可證爲明洪武以後印本。然此本各卷首藏印並首行大題多被剜去。卷六二、卷六三及卷五八、卷七三中一部分，用紙不同，稍小而薄，紙背無户籍等，以襯紙統一大小。

C—2本：存二十三卷（卷四至八、卷五八、卷五九（缺後半）、卷七四下至七六、卷八一、卷八二、卷八六、卷八七、志一、志二、志六至九、志一三至一五）　九册　「中央圖書館」（北平）藏

同刊　同遞修

舊京書影有書影（二〇〇、二〇一）。改裝後補深藍書衣（三六・九×二三・六釐米），蝴蝶裝。各册首尾鈐「京師圖

書／館收藏之印」印。卷五九存至第二四葉，第二五葉以下缺十六葉。

此本存卷中有八卷靜嘉堂本（C—1本）亦有，對照兩本，原版殘存情況及補版刻工名皆同，而此本版面四周局部修補更多，原版葉有靜嘉堂本具刻工名而此本已失者。則此本補版與靜嘉堂本同，而更經局部修補後之印本。

C—3本：存六十二卷（卷一一至二二、卷二四至三七、卷四〇下至四八、卷五八、卷五九、卷六五至九〇）

同刊〔南宋中期、元中期、明初期〕遞修　二十三册　「中央圖書館」（北平）藏

改裝後補深藍書衣（三四・六×二四・六釐米），蝴蝶裝。原版葉極少，大都爲元代補版，而有雙魚尾明代補版。「中央圖書館」善本書目稱「元明修補」，是也。

刻工名未得細查，然雙魚尾葉有「黄子旻」等人名，是明洪武末年前後福州地區刻本所見刻工。綜論編第九章及解題編，依據此等刻工名，討論明初覆元大德九路儒學刊南北史及明初覆至正五年刊遼金史，綜論編亦詳列有關刻工名。中國訪書志曾論金史與南唐志、古史同爲洪武二三年福建布政司所刻，因知具此等刻工名之諸刻本當皆出洪武末年前後（參綜論編）。可見後漢書此本有洪武末年前後之補版。而C—1本用洪武一〇年前後公文紙，參考竺沙氏研究考慮公文紙報廢時間，靜嘉堂本刷印時間當晚至建文之後。兩者時間非常接近，相參而言，知C—1、2本刷印後不久即有此本修補。

卷一二至一六與百衲本二十四史補配本全然同版，則百衲本二十四史補配所用當即此本。

C—4本：存一卷（存卷一三）　同刊〔南宋中期、元〕遞修　一册　天理圖書館藏

改裝後補深藍書衣（三五・五×二五釐米），蝴蝶裝。副葉鈐「上野／藏書」褐色印。此本與靜嘉堂本（C—1本）同卷全然同版。

C—5本： 存一百一十五卷　同刊〔南宋中期、元〕遞修

鈔補五卷（卷一二至一六）　凡一百二十卷

四十册　北京圖書館藏（書號：七三四五）

未見。涵芬樓舊藏，有百衲本二十四史影印本（鈔補五卷配用C—3本），涵芬樓燼餘書録著録。中國版刻圖録收録（圖版一〇八）。有二〇〇三年再造善本影印本。中國版刻圖録云：「框高二一・四

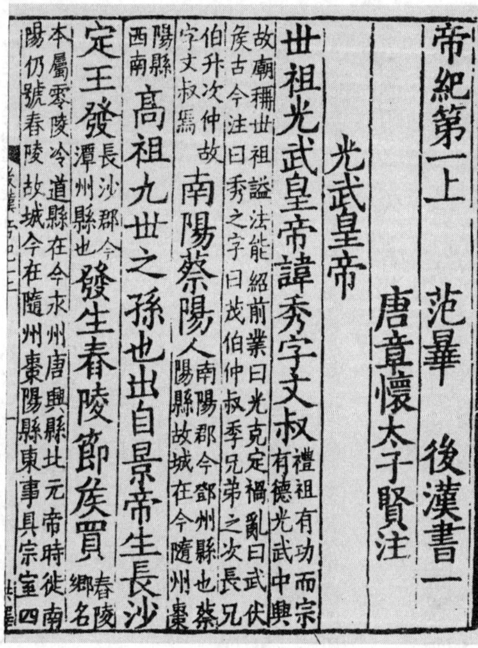
帝紀第一上　范曄　後漢書一
唐章懷太子賢注
光武皇帝
世祖光武皇帝諱秀字文叔禮祖有功而宗有德光武中興故廟稱世祖謚法能紹前業曰光克定禍亂曰武伏侯古今注曰秀之字曰茂伯仲叔季兄弟之次長兄伯升次仲故字文叔焉南陽蔡陽人南陽郡今鄧州縣也蔡陽縣故城在今隨州棗陽縣西南高祖九世之孫也出自景帝生長沙定王發長沙郡今潭州縣也發生春陵節侯買春陵鄉名本屬零陵泠道縣在今永州唐興縣北元帝時徙南陽仍號春陵故城今在隨州棗陽縣東事具宗室四

後漢書　南宋前期兩淮江東轉運司刊（C種　百衲本）

圖七八

釐米，廣一七・一釐米。九行，行十六字。注文雙行，行二十字。白口，左右雙邊。」（再造善本影印刊記稱「原書版框高二二・二釐米，寬一八釐米」。）

據百衲本二十四史，第一卷首行題「帝紀第一上（空二格）范曄（空二格）後漢書一」，次行低七格題「唐章懷太子賢注」；志一首行題「後漢書志第一（空二格）律曆上」，次行低八格題「劉　昭　注補」：與A種、B種同。目録以紀、志、傳爲序，然未通爲卷次，與B種同（A種傳本無目録）。張氏百衲本後漢書跋及校史隨筆後漢書「避宋諱特嚴」

條，詳列避諱字，多至百餘。

張氏涵芬樓燼餘書録據上象鼻有無字數分别原版、補版，以致蔡仁、淩宗、龐汝升、王壽、孫春、王涣、宋琚、徐珙、朱玩、馬祖、鄧堅等南宋中期刻工歸原版，同爲南宋中期刻工之金震、高異、童遇、朱梓、徐仁、陳允升、汪亮、童忠、丁松年、丁之才、沈昌等歸補版。中國版刻圖録糾正張説，認定此本爲兩淮江東轉運司本（版刻圖録推定爲江南東路轉運司本，未必。説詳綜論編），刻工分三期，第一期（原版）刻工皆南宋初葉南京地區良工，第二期（第二期、第三期即補版）刻工爲南宋中葉杭州地區工人，第三期刻工爲元時杭州工人。中國版刻圖録圖版一〇八選用列傳一四第一葉，版心有大小字數，刻工文玉，無疑爲元代補版葉。

此本雖經兩期補刻，然補版葉甚少。卷二至五、卷七至九、卷二〇至二二、卷二五、卷二八下、卷三〇上至三七、卷三九、卷四四至四六、卷五一、卷五二、卷五六至五八、卷六七至七一、卷七四下、卷七五、卷一〇二至一〇四、卷一一一至一一四、卷一二〇計四十六卷，皆爲原版，未經修補。少數卷補版近半數，然通計全書三千五百餘葉，補版葉僅佔一成强。静嘉堂本（C—1本）、北平本（C—2本）晚於此本，補刻葉數大增，例如

	總葉數	此本補版葉數	C—1、2本補版葉數
卷三九	27	0	24
卷八六	38	4	29
卷八七	43	7	16
卷六	29	4	12
卷七	25	0	8
卷八	24	0	10
卷三八	17	1	10

此本元代補版似在元中期，而静嘉堂本、北平本增多之補版當稍晚，似亦元中期，則在此中間原版版片受較大磨損。百衲本二十四史與静嘉堂本、北平本逐葉對照，可以證明轉運司本（C種）於元代中期經過二次修補，説詳綜論編。

張氏百衲本後漢書跋及校史隨筆皆論此本文字之優，詳列劉攽刊誤所言舊本訛誤此本不誤者。百衲本後漢書跋云：「綜計刊誤存者凡六百數十條，而此之未誤或未全誤者，猶有三十餘條，與劉氏所刊正者合。」又云：「是本爲南宋覆刻，且有元代補版，紕繆更所難免。然以校後刻諸本，文字異同不可勝數，且有足資是正者。」校史隨筆云：「昔人校勘范書，莫詳於宋之劉攽。是本於劉氏所指之誤，均不復見，或即據刊誤改正，或則所據之本出於劉氏所見之外，未可知也。」一九六五年中華書局刊點校本後漢書，以此本（實據百衲本）爲底本，云：「我們曾經拿紹興本（按：實據百衲本）跟傳世的幾個本子比較過，發現各本都誤而紹興本獨不誤的地方很多，就採用它（按：即百衲本）作爲底本。」（百衲本文字已經校改，不得逕視爲紹興本文字。詳情見一九九九年商務印書館出版百衲本二十四史校勘記後漢書校勘記。）

百衲本稱原缺五卷半，以北平圖書館藏同版本配補。就百衲本觀察，所謂五卷半，當爲此本鈔配之卷一二至一六（列傳二至六），及卷一一後半第一〇葉或第一六葉以下。配本非無原版葉，然多係雙魚尾明初補版葉，蓋用現藏臺北之舊北平存六十二卷本（C—3本）。張跋又云參用静嘉堂本（C—1本），然百衲本配卷静嘉堂本止存卷一六。

舊京書影收録轉運司本（C種）二部書影共四葉（卷二九第一葉、卷八一第一葉、志一第一葉、卷八七第四三葉），其中前三葉係補版葉。二部中後一部似是現藏臺北之舊北平本（C—2本）。一九五九年版北京圖書館善本書目著録轉運司本僅此本一部（C—5本）。

C—6本：存一一九卷　同刊　〔南宋中期、元中期〕遞修

上海圖書館藏　　凡一百二十卷六十六册

鈔補一卷（目録及卷一）

後補藍色絹書衣（三一・七×二一・六釐米），金鑲玉裝（印版紙高二八・五釐米）。第二批國家珍貴古籍名録圖録收録卷三首半葉書影。藏印有「季印／振宜」、「滄／葦」、「任邱王／文進字／晉卿藏」（白文）、「寶綘閣／藏書記」、「子祈」、「汪喜／孫」（白文）、「翁印／之熹」（白文）。據云一九五一年上海圖書館由修文堂購得。副葉貼另紙題「後漢書一百二十卷（六十六册八函）」，下云：

宋紹興刻大字册字紙（？）印本。季滄葦補鈔目録三十四葉、第一卷上下六十九葉，又各卷中鈔三十五葉。又志七第三葉，列傳一第十八葉，空白二葉。統計三千一百九十九葉。原裝金鑲玉六十六册。九行十六字，注雙行。白口，單魚尾，板心下記刊行姓名。林俊、陳伸、陳從、陳敏、周清、王中、蔡仁、林康、林仁、章駒、章英、李昇、李椿、華定、林芳、郭惇、李芳、王允成、王永從、王榮、陳振、毛仙、章旼、卓受、全中、朱安明、楊垓、陳彦、李秀、林志遠、龐汝昇、李棠。補刻綫口，雙魚尾，板心上記字數，下記刊行姓名。壽之、黄子敬、洪來、弓華、伯志、士中、石閭、政、金、王、中、彭、朮、建、徐、陳、盛。宋諱敬、驚、恒、竟、桓、慎、讓、徵、樹等缺末筆。有「季印振宜」朱文印、「滄葦」朱文印、「子祈」朱文印、「茱華吟舫」印。常熟翁叔平相國藏書。（引者案：叔平，翁同龢字。）

副葉次貼同版志第二二（郡國四）第一〇葉左半葉第二行以下原版零葉八行，上鈐「烏程／蔣祖詒／藏書」印，另貼紙有王國維識語如下：

宋刊九行本三史，余所見有南海潘氏、烏程劉氏所藏史記，每半葉九行，行十九字，其列傳二十七後有「左迪功郎充無爲軍軍學教授潘旦校對」、「右承直郎充淮南路轉運司幹辦公事石蒙正監雕」二行，是南渡初淮南漕司刊本。此殘葉半葉九行，行十六字，與史記行款略同。攷洪氏容齋續筆云：「前紹興中分命兩淮江東轉運刻三史板。」史記刊於淮南，則此後漢志亦當是江淮轉運所刊矣。史記板至明中葉尚存，南雍志所謂「大字史記」是也。惟兩漢書板早亡，故此本世極罕見。密韻樓藏明鈔成祖實録，以此葉作封面，穀孫檢得之，余亦乞得半葉，裝爲小幅。既跋余本，因復爲穀孫題此。壬戌四月國維。（下鈐「觀堂」白文印。案：穀孫，蔣祖詒字。）

目録一册共三十四葉出補鈔，有字數、刻工名。卷一上下共六十九葉亦補鈔。卷中補鈔葉有卷八第一六葉，志三第三、第四、第八、第一一、第一八至二〇葉，志五第九葉，志六第八葉，志八第七、第八葉，志一〇第一葉，志一二第一一葉，志一三第三葉，志一五第七葉，志一八第二葉，卷一一第一九葉，卷一九第二二葉，卷二三第三〇葉，卷四九第一一葉，卷五六第二葉，卷六八第一葉，卷七一第七葉，卷八一第三、第八、第十一葉，卷八二第一七葉，卷八六第一二、第三七葉，卷八七第一〇、第二三、第二四、第三一葉，卷九〇第一一葉。又，志七第三葉、卷一一第一八葉缺。卷二凡三十葉全係元代補版，首葉版心綫黑口，雙黑魚尾，上象鼻右側記字數，下象鼻記刻工名。卷三共二十九葉，其中原版十六葉，首葉亦原版，白口，單黑魚尾，刻工周清。卷四凡二十九葉，其中原版二十三葉。

有避欽宗諱「桓」作「淵聖御名」者，有避高宗諱「搆」作「今上御名」者，如容齋續筆所言，亦有經挖改作「桓」、「搆」缺末筆者；「慎」字或缺或不缺，亦有原不缺筆，後剜去末筆者（如卷六第二七葉右半葉第八行「慎」字二見，其一不缺筆，其一缺末筆而尚留末筆起筆處，是原有末筆，後剜去者）。可證此本原版在紹興時，至孝宗朝已經修補，情形與漢書（D種）同。另有「玄、朗，敬、驚、竟，弘、殷，匡，頍，恒，徵、懲，讓，樹，垣、瑗，構」諸字缺筆。

此本紙背爲明洪武初期公文，如同C－1本。有「洪武□年」字眼，下有「孫均九」等農民姓名。

C種本，以北圖所藏百衲本二十四史底本（C－5本）爲最全，且補版甚少。可惜C－5本缺卷一至一六，C－1（有卷一六）、C－3本（卷一至一六皆有）又多補版葉，則此本尚可資校對。

C－7本：存六十三卷（卷一至三、卷一七、卷一八、卷二六至二九、卷三五至四〇上、卷四九至五一、卷五五至六一、卷六八至七四上、卷七七至八五、卷八八至九〇、志六至九、志一三至一五、志一九至三〇）　二十三册

C－8本：存二卷（卷三、卷四）　一册

C－9本：存四十四卷（卷一四至一六、卷二五至二九、卷三三至三四、卷四三至五四、卷六三至六五、卷七四至七九、志一至三）　十四册

以上三本皆見一九八九年新版北京圖書館古籍善本書目（不見於一九五九年北京圖書館善本書目）。該目皆稱「宋元遞修本」，皆未見。其中C－7、C－9二本均見一九三三年北平圖書館善本書目。

D種、南宋前期建安王叔邊刊本（十三行）

D－1本：存一百二十卷　〔南宋前期〕建安王叔邊刊

半葉十三行，行二十三、二十四字不等，小字雙行約二十八字。

卷四〇下配另一宋刊本　四十册　北京圖書館藏（書號：八四六）

楊氏海源閣四經四史齋舊藏本，楹書隅録著録。中國版刻圖録著録（圖版一六〇爲卷一首半葉，圖版一六一爲目録末半葉），第一批國家珍貴古籍名録圖録收録（卷一首半葉）。有二〇〇三年再造善本影印本。

楹書隅録列舉藏印有：「趙宋本」、「華亭朱氏珍藏」、「汲古閣印」、「汲古閣世寶」、「汲古閣」、「毛姓秘翫」、「毛晉秘篋」、「子晉」、「毛鳳苞印」、「子晉氏」、「毛扆之印」、「斧季」、「毛斧季收藏印」、「中吴毛斧季圖書記」、「毛氏藏書」、「子孫永寶」、「子孫世昌」、「在在處處有神物護持」、「竑谿」、「季振宜印」、「蒼葦」、「季滄葦氏圖書記」、「御史振宜之印」、「揚州季氏」、「滄葦振宜之印」、「季振宜讀書」、「御史之章」、「乾學」、「徐健菴」、「毘陵周氏」、「九松迂叟藏書記」、「周良金印」、「周氏藏書之印」、「周誥之印」、「伯雅私印」。據版刻圖録圖版，卷首亦有「藝芸主人」印。據影印本知亦有楊氏海源閣諸印。

圖七九

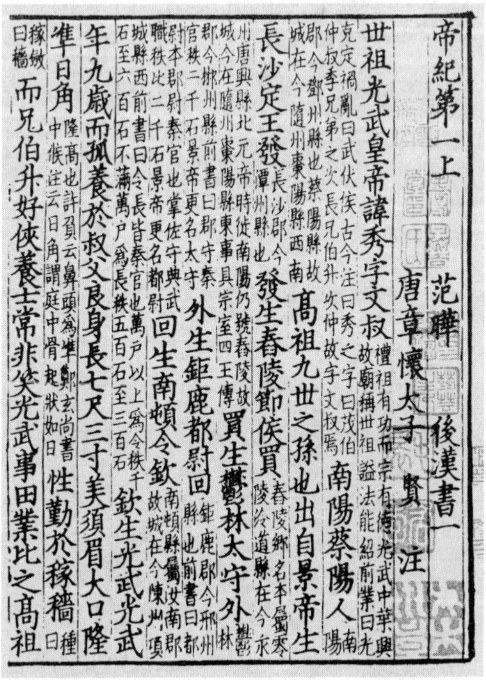
帝紀第一上　范曄　後漢書一
唐章懷太子賢注
世祖光武皇帝諱秀字文叔　南陽蔡陽人
高祖九世之孫也出自景帝生
長沙定王發　發生舂陵節侯買　買生鬱林太守外　外
生鉅鹿都尉回　回生南頓令欽　欽生光武　光武
年九歲而孤養於叔父良身長七尺三寸美須眉大口隆
準日角　性勤於稼穡　而兄伯升好俠養士常非笑光武事田業比之高祖

後漢書　南宋前期建刊（D種　版刻圖録）

版刻圖録云：「匡高一八・二釐米，廣一三・一釐米。十三行，行二十三、二十四字不等，注文雙行，約二十八字。細黑口，左右雙邊。宋諱『慎』、『敦』字不缺筆。書體秀媚，字近瘦金體。紙墨版式，純係南宋初葉建本風格。」（再造善本影印刊記稱「版框高一八・五釐米，寬一三・七釐米」。）

據版刻圖録圖版知，卷一首行題「帝紀第一上　范曄　後漢書一」，次行題「唐章懷太子賢　注」。目録末半葉空二行有五行木記，曰「本家今將前後漢書／精加校證，並寫作大／

字，鋟板刊行，的無差/錯。收書（空一格）英傑，伏望/炳察。錢塘王叔邊謹咨」。又空三行，題「武夷吴　驥　仲逸校正」。版刻圖録又云：「王叔邊，蓋浙人而開設書肆於建陽者。何義門校本後漢書記隆興二年麻沙劉仲立本，亦有吴驥題款，即可爲證。」

據影印本，此本首「景祐元年九月秘書丞余靖上言」至「改正四百一十一字」一葉，二十二行，行二十一字，版心題「後漢序」。次目録十六葉，半葉十三行，第一六葉第一〇行尾題「後漢書目録終」，空一行，第一二行記「今求到劉博士東漢刊誤，續此書後印行」。左半葉如見版刻圖録圖版。

E種、南宋前期建刊十三行本（十三至十五行）

此亦南宋前期建刊十三行本，與王叔邊本（D種）同，字體亦相似，然不同版。所見僅一本，未聞有第二帙。

E—1本：存一百一卷（南宋前期建安）刊

行、字數不定

鈔補六卷（卷四三至四八），缺志一八至三〇　　凡存一百七卷二十册　京都大學人文科學研究所藏

京都大學人文科學研究所漢字情報研究中心目前公開全部照相電子本，網址如下：

http: //kanji.zinbun.kyoto-u.ac.jp /db-machine /toho /html /top.html

室町後期補藍色書衣（二五・二×一五・四釐米），第七册有題簽墨題「東漢書列傳七之（以下破損）」亦出室町後期。首册

第二葉左半葉至第三葉右半葉墨署「常住」及「湖月聖之」。據云湖月乃東福寺第一九六代住持，天文三年（一五三四）卒。裝訂及批注當出其時。全書有朱筆句點，又有朱筆假名等，書眉亦有對校記。缺卷五九第一葉。

首「後漢書目録」，缺首半葉。卷一首題與王叔邊刊本同。尾題「後漢書列傳第八十」，下有三行總題「范曄後漢書凡九十篇總一百卷／十帝后紀一十二卷／八十列傳八十八卷」，亦與A種、B種同。卷四二末有二行題曰「以監本校正舊本，二卷内共改注百三字／邵武高天右尹德正」，可證此本確爲建安刊本。所稱「監本」不知何本，豈謂「景祐本」與？卷三九末似亦有校刊題語，已被剜去，僅存行底數字。

左右雙邊（二〇×一三・四釐米）。卷一半葉十三行，行二十四字，注文小字雙行二十八字左右。然卷二以下各卷，以十四行，二十五、二十六字，注文三十字左右者居多。又，志一第四至七葉、志一二共四葉、卷六一第一葉，皆十五行，二十六、二十七字。至卷一〇上末葉十二行，二十字，注二十五字；志一三末葉十一行，十八字，注二十五字，則蓋因卷末紙幅充裕故爾。半葉行數少則十一，多至十五，坊刻本不拘行格標準，往往如此。版心白口，雙魚尾，中間題「後漢己一」等，下象鼻偶有記葉碼、大小字數者。「玄、弦、敬、竟、弘、殷、恒、徵、桓」諸字偶爲缺筆。字體爲南宋前期建刊本典型風格，秀媚近於瘦金體。後卷字體拙劣，愈後愈拙，亦建本共同特點。卷七四上第三、第四葉及傳八七第三、第四葉，字體稍異，筆畫較粗，版心題「東漢六十四上」等亦非常例，然雙行小字無特異處，則不僅非別版，亦未必爲補版。

圖八〇

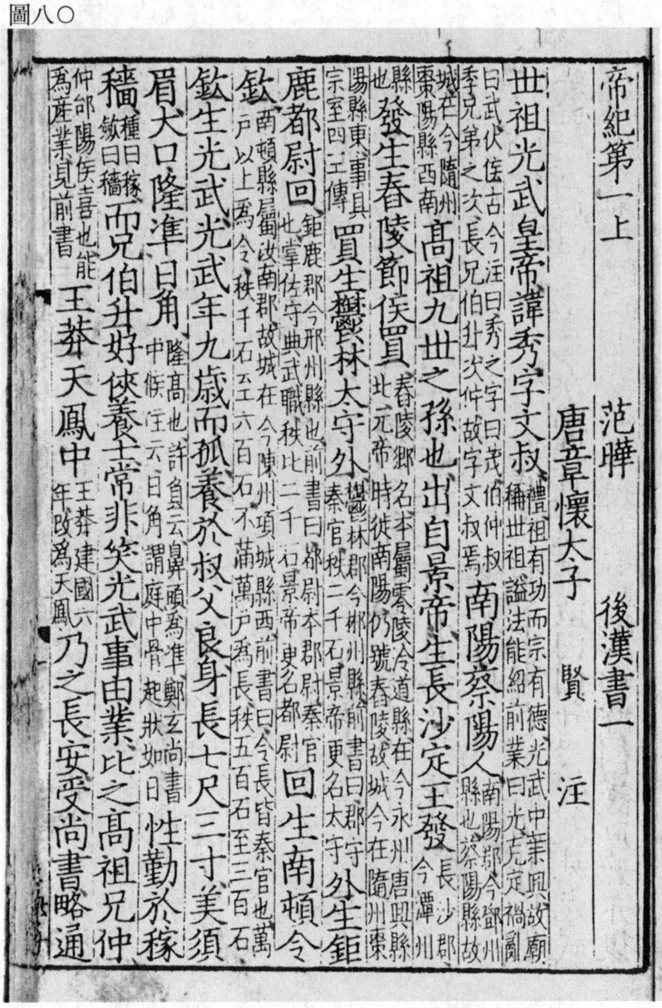

帝紀第一上　范曄　後漢書一

唐章懷太子賢　注

世祖光武皇帝諱秀字文叔禮祖有功而宗有德光武中興故廟稱世祖謚法能紹前業曰光克定禍亂曰武伏侯古今注曰秀之字曰茂伯仲叔季兄弟之次長兄伯升次仲故字文叔焉南陽蔡陽人南陽郡今鄧州縣也蔡陽縣故城在今隨州棗陽縣西南高祖九世之孫也出自景帝生長沙定王發長沙郡今潭州縣也發生舂陵節侯買舂陵鄉名本屬零陵冷道縣在今永州唐興縣北元帝時徙南陽仍號舂陵故城今在隨州棗陽縣東事具宗室四王傳買生鬱林太守外鬱林郡今郴州縣秦官秩二千石景帝更名太守外生鉅鹿都尉回鉅鹿郡今邢州縣也前書曰郡尉本郡尉秦官掌佐守典武職秩比二千石景帝更名都尉回生南頓令欽南頓縣屬汝南郡故城在今陳州項城縣西前書曰令長皆秦官也萬戶以上為令秩千石至六百石不滿萬戶為長秩五百石至三百石欽生光武光武年九歲而孤養於叔父良身長七尺三寸美須眉大口隆準日角隆高也許負云鼻頭為準鄭玄尚書中候注云日角謂庭中骨起狀如日性勤於稼穡種曰稼斂曰穡而兄伯升好俠養士常非笑光武事田業比之高祖兄仲仲郃陽侯喜也能為產業見前書王莽天鳳中王莽建國六年改為天鳳乃之長安受尚書略通

後漢書　南宋前期建刊（E種　京大人文研）

F種、南宋前期建刊十四行本

日本内閣文庫藏十四行本，經籍訪古志卷三著録，據云與崇蘭館藏宋槧小字本同種。今未聞有同種傳本。

F—1本： 存九十二卷（缺卷一至四、卷一九至四二）

（南宋前期建）刊　十一册　内閣文庫藏

半葉十四行，二十五字，小字雙行三十字

内閣文庫宋本書影（一九八四年日本書誌學會出版發行）收録卷六三首半葉、卷八一末半葉及卷四九尾題書影。

後補灰褐書衣（二三・六×一五・八釐米），題簽墨書「後漢書紀五之十下」等，右上方鈐「昌平坂／學問所」印。缺葉有：卷六五第六葉、志序第一葉左半葉、志一第三至五葉、志三第二葉、志七第四葉。鈔補葉有：卷一〇下第二葉，卷一七第一、第二、第三葉，卷五二第一、二葉，志三第二葉，志七第四葉。

卷五首題「廣範」（日本鎌倉時期藏書家），卷五尾題「見合于家本訖」，卷三九末題「見合于點本少少加首書了／弘安第九仲春初九空」，卷七八末題「見合于點本了」，卷八一末題「一見了」，卷六七末題「見訖」，皆朱書。有朱筆點、綫，書眉批注，又有墨筆眉注，極少見。上部後被截斷少許。舊裝各册首尾有「寶勝院」印及四字方印（印文不可辨識）。各卷首往往又有五・一×一・九釐米長方印，已被塗抹，上蓋「淺草文庫」印。或有同大剜截痕迹。另有「昌平坂／學問所」（墨印）、「文化辛未」、「内閣文庫」印。

卷五首行題「帝紀卷第五（空三格）范曄（空三格）後漢書五」。左右雙邊（一八・二×一三・一釐米），十四行，二十五字，小字雙行三十字。尾題「後漢書列傳卷第八十」，後有總題「范曄後漢書凡九十篇」云云，已殘其半。版心白

圖八一

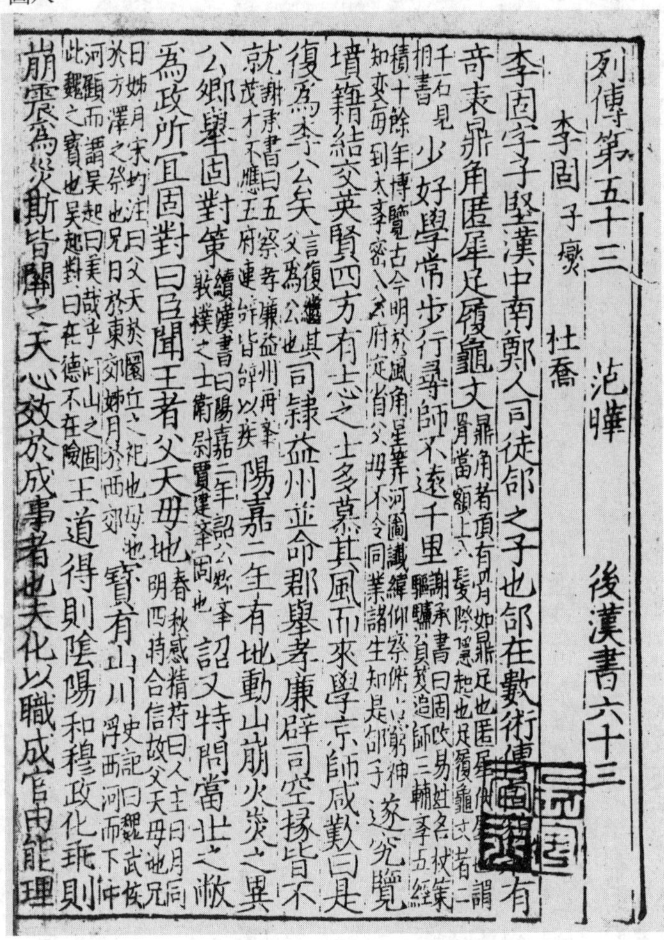

列傳第五十三　范曄　後漢書六十三

李固 子燮　杜喬

李固字子堅漢中南鄭人司徒郃之子也郃在數術傳固貌狀有奇表鼎角匿犀足履龜文鼎角者頂有骨如鼎足也匿犀伏犀也謂骨當額上入髮際隱起也足履龜文者二千石見相書 少好學常步行尋師不遠千里謝承書曰固改易姓名杖策驅驢負笈追師三輔學五經積十餘年博覽古今明於風角星筭河圖讖緯仰察俯占窮神知變每到太學密入公府定省父母不令同業諸生知是郃子 遂究覽墳籍結交英賢四方有志之士多慕其風而來學京師咸歎曰是復為李公矣言復繼其父為公也 司隸益州並命郡舉孝廉辟司空掾皆不就謝承書曰五察孝廉益州再舉茂才不應五府連辟皆辭以疾 陽嘉二年有地動山崩火災之異公卿舉固對策續漢書曰陽嘉二年詔公卿舉敦樸之士衛尉賈建舉固也 詔又特問當世之敝為政所宜固對曰臣聞王者父天母地春秋感精符曰人主日月同明四時合信故父天母地兄日姊月宋均注曰父天於圜丘之祀也母地於方澤之祭也兄日於東郊姊月於西郊 寶有山川史記曰魏武侯浮西河而下中流顧而謂吳起曰美哉乎河山之固此魏之寶也吳起對曰在德不在險 王道得則陰陽和穆政化乖則崩震為災斯皆關之天心效於成事者也夫化以職成官由能理

後漢書　南宋前期建刊十四行本（F種　内閣圖録）

口，間作黑口，上象鼻或有大小字數，雙黑魚尾，題「後漢紀」、「夋𦰩己」、「後漢」、「後漢帝己」、「後漢傳」、「後列」、「后傳」、「後漢志」、「後志」、「后漢志」等，無刻工名。宋諱缺筆有「玄、眩、朗，敬、驚，殷，匡，恒，貞、楨、徵，讓，桓、完，構，慎」諸字。不避「敦、郭」字。後半部字體稍拙，爲南宋前期建刊本之通病。然就整體而言，字體尚屬端整。

G、宋慶元黃善夫、劉元起刊本（南宋中期建刊本，十行）

G—1本： 一百二十卷　宋慶元四年建安黃善夫刊，（南宋中期）劉元起修

半葉十行，行十八字，小字雙行約二十四字　六十册　歷史民俗博物館藏

上杉氏舊藏本，有汲古書院影印本（一九九九年至二〇〇〇年出版，精裝三本）。裝訂與史記（丙—A—1本）、漢書（F—1本）同，外書衣下有紅色書衣（三三×二一・三釐米），題簽南化和尚自署「東漢書帝紀上」等。卷中有朱筆點、綫，墨筆訓點，批注較史記、漢書少。有「中正」（陽陰，橢圓）、「清光」印。補鈔葉有志三第八葉，卷三三第一六葉左半葉，卷三六第八、第一三至一三葉。

目録凡二十九葉，今合綴在漢書（F—1本）卷首。汲古書院影印本一併收録兩漢書目録。目録至第二九葉右半葉訖，左半葉首三行題「光武起後漢，乙酉歲改建武元／年，傳及十二帝，至獻帝建安二／十五年庚申，凡一百九十五年」，末行尾題「後漢書目録終」，中間六行，有大字二行木記曰「建安劉元起刊／于家塾之敬室」，匡郭雙綫，與史記、漢書同。目録二十九葉與G—3本（北京大學藏本）不同，對照内容，知此本在G—3本之後，乃修訂後印本，詳G—3本下。

圖八二

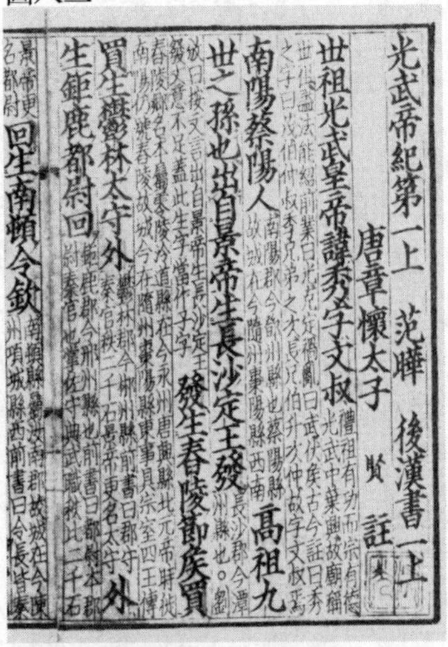

後漢書　慶元四年建安黄善夫劉元起刊（上杉本即 G—1 本）

圖八三

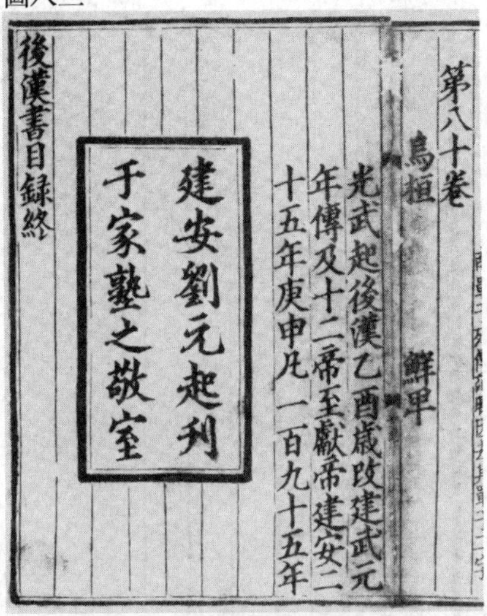

後漢書　慶元四年建安黄善夫劉元起刊（上杉本即 G—1 本）

正文以本紀、志、列傳爲序。志首劉昭序三葉，序文至第三葉右半葉訖，左半葉中央有六行識語曰：「後漢之書，向者板行，抵牾／尤多，披閲之際，不無遺恨。／本位近得京蜀善本，參校／謄寫，的無舛誤，刻梓以傳。／天下學士，伏幸詳鑒。慶元／戊午良月，劉元起父謹識。」（案：慶元戊午即四年，一一九八年。）卷一首行題「光武帝紀第一上　范曄　後漢書一上」，次行低六格題「唐章懷太子　賢　註」（漢書作「注」，此作「註」）。四周雙邊（一九・五×一二・五釐米），十行，行十八字，注文小字雙行二十四字左右。版心綫黑口，雙魚尾，上象鼻記大小字數者極少，首葉版心題「後紀一」，亦有小題大題並記，如作「後紀一下　漢書一卷」者。有葉碼，無刻工名。卷七五葉碼誤重第八葉。

章懷太子注後，間附東漢刊誤，以「〇」隔開，稱「劉攽曰」。此等體例仿漢書，然參校本不如漢書之富，亦無校本目録。各卷尾題後，多記校正字數，如云「校正三十八字」等；又有稱所據校本者，如云「此卷謹將高天祐校本／比對是正一百三十一字」（卷四八）。

此本卷三第五、第六葉爲補版。內容較之G—2本（天理圖書館藏本），增多劉攽刊誤一條二十九字（含「劉攽曰」三字），且此本此二葉行字數每有增減，字體亦不如G—2本嚴謹，知此本此二葉乃修訂改版，G—2本爲原版。

史記、漢書避諱缺筆至「敦」字，而此本亦避「廓」字（見卷六〇上第五葉、卷八〇上第八葉）。「廓」爲寧宗嫌名，慶元即寧宗年號。

圖八四

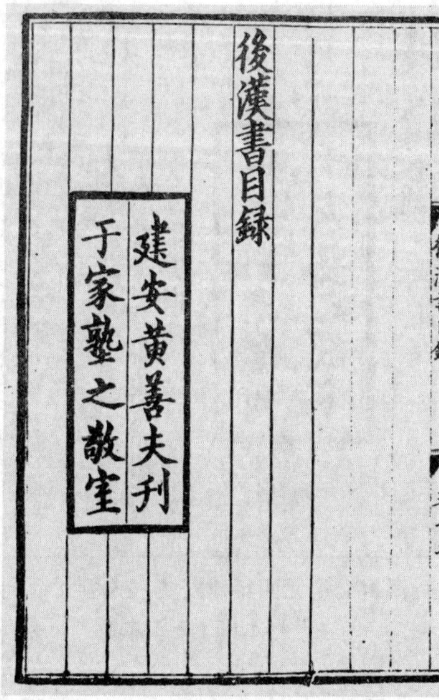

後漢書　慶元四年建安黃善夫劉元起刊
（北大本即G—3本　版刻圖録）

此本目録與G—3本不同，G—3本爲原版，此本爲修訂改版。此本卷三第五、第六葉與G—2本不同，G—2本爲原版，此本爲修訂改版。是知此本已經修補，刷印時間在G—2、G—3本之後。漢書F—2本黃善夫識語，F—1本改爲劉元起木記。後漢書目録後木記，G—3本稱黃善夫，此本稱劉元起，則修訂改版者當爲劉元起。

G—2本：存五十七卷〔卷一至五、卷九、卷一〇（以上紀）；卷一一至二三、卷二八至三一、卷三八至四六、卷五二至六六、卷七五至八〇、卷八八至九〇（以上傳）〕

宋慶元四年建安黃善夫刊

鈔補二十八卷（志三至三〇）

凡存八十五卷二十三册　天理圖書館藏

求古樓舊藏本，經籍訪古志著録。經籍訪古志著録爲八十七卷（含補鈔），今共存八十五卷，少卷八一、八二。後補粉藍書衣（二五·二×一五·九釐米），題簽墨書「後漢書帝紀自三至五」等，或無題簽，書衣直署題。右上方朱筆記小題，偶有貼紙記目録者。襯紙裝，或插入襯紙。補鈔亦出江户後期，當與改裝略同時。有朱筆點、綫，墨筆訓點，書眉批注等，當出室町後期。眉批或引書如「詩大雅」等，而校録「亻本」異文甚多（譯注：「亻」爲古代日本批校符號，猶云「一本作」），或貼小紙記異文。「亻本」異文往往優於正文。卷三一、卷六六、卷九〇，各缺末數葉。

求古樓本漢書（F—2本）有黄善夫識語，較上杉本（F—1本）早。以彼例此，後漢書此本亦當早於上杉本（G—1本）。然此本缺卷首目録及劉昭注補志序，刊記、識語等皆不可見，未能遽斷。後細查此本，發現卷三第五、第六葉與G—1本不同。經對照，知此本爲原版，G—1本爲修訂改版，如上述。

G—3本：存九十八卷　宋慶元四年建安黄善夫刊

鈔補二十二卷（志一至一四、卷四〇下至四五、卷五三、卷九〇）　凡一百二十卷六十册　北京大學圖書館藏

中國版刻圖録著録（圖版一七七爲卷一四首半葉，圖版一七八爲目録末半葉書影），第一批國家珍貴古籍名録圖録收録（卷一首半葉、目録末半葉）。有二〇〇五年再造善本影印本（影印刊記稱「原書版框高二一·一釐米，寬一三釐米」）。後補灑金深藍書衣（二六·一×一六·二釐米），金鑲玉裝（印版紙高二四·五釐米）。副葉貼紙有「盛鐸記」、「後漢書抄補葉數」，據稱此本鈔補總數四百三十六葉（包括鈔補二十二卷及他卷中補鈔葉）。次光緒一六年潘祖蔭識語，曰：「門下楊協卿海源閣藏宋元本豐富，余皆得見之。木齋太史所藏與之埒，余惜未之見也。光緒己丑，木齋舉第五名進士，以第一人及第出余門，始

得見其所藏，此本其一。其康成誡子書中無『不』字，與舊説同，洵善本也。廉生亦有一本與此本同。至黄氏、劉氏之敬室，盡詳竹汀、蕘圃所著中，不備述。書之以識欣幸。光緒庚寅三月十四日，吴縣潘祖蔭觀并識。」藏印有「木齋／宋元／秘笈」、「北京大／學藏」。

「後漢書目録」此本共三十二葉，而上杉本（G—1本）共二十九葉，内容不同，絶不同版。此摘録對照兩本目録如下：

此本

後漢書目録

帝紀十二卷

第一卷上

光武上秀

第一卷下

光武下

第二卷

明帝　莊

（中略）

上杉本

後漢書目録

帝紀一十卷

第一卷

光武皇帝　秀　上下

第二卷

孝明皇帝　莊

第三卷

孝章皇帝　炟

（中略）

第一卷
律曆　候氣
第二卷
賈逵論曆　永光論曆　延光論曆
（中略）
列傳八十卷
（中略）
第三卷
隗囂（囂音五高反）　公孫述
第四卷宗室四王三侯

三　後漢書

志三十卷
第一卷
律曆上
律準　候氣
（中略）
列傳八十卷
（中略）
第三卷
隗囂　公孫述
第四卷宗室四王三侯

齊武王縯　北海靜王興
趙孝王良　成陽恭王祉
泗水王歙　安成孝侯賜
成武孝侯順　順陽懷侯嘉
（下略）

第五卷
李通　王常

齊武王縯　子北海靜王興
趙孝王良
成陽恭王祉
泗水王歙
安成孝侯賜
成武孝侯順
順陽懷侯嘉
（下略）

此本稱「光武」、「明帝」、「章帝」，帝號例不純；上杉本則作「光武皇帝」、「孝明皇帝」、「孝章皇帝」。此本光武紀、皇后紀各分上下，帝紀凡十二卷；上杉本則上下合爲一卷，帝紀共十卷。此本律曆志至天文志皆不標篇名，直標各志中子目；上杉本則稱「律曆上」等。要之，上杉本較之此本，更爲合理、整齊。由此可知，此本目録在先，上杉本目録爲修訂改版。此本目録至第三十二葉右半葉止，三行識語「光武起後漢，乙酉歲改建武元年」云云亦在右半葉，版心破損，今經補鈔，左半葉第五行尾題「後漢書目録」，第七至九行有二行木記，曰「建安黃善夫刊／于家塾之敬室」，外郭一〇・二×三・七釐米，中間有界綫，與上杉本不同，並見圖。據知，此本先由黃善夫刊行，後改刻新訂目録，木記亦改署劉元起名。「家塾之敬室」先署黃善夫，後改署劉元起名，情形與漢書同。上杉本劉昭注補志序後有慶元四年劉元起識語凡六行（見G—1本下），此本缺劉序，其原本有無劉元起識語，已不可知。

此本除鈔補二十二卷外，尚多補鈔葉。卷三第五、第六葉，G—2本爲原版，G—1本爲修訂改版，多出劉攽刊誤一條。然此本卷三第一至第六葉皆補鈔，補鈔本雖有劉攽刊誤二十九字，然原本未必如此。卷三第五、第六葉之修訂，蓋與目録之修訂同時，則此本與G—2本同爲未經修訂之早印本。

G—4本：存四十七卷（卷三、卷四、卷五至三五、卷五七至七〇）

宋慶元四年建安黄善夫刊，（南宋中期）劉元起修　三十一册　上海圖書館藏

卷三、卷四合訂一册爲一套，卷五至三五、卷五七至七〇共三十册爲一套，上海圖書館登記號亦不連續（卷三、卷四之一册爲七九一四一五，卷五以下三十卷爲七五八四九一至七五八五二〇），今一併裝入木盒。又，據中國古籍善本書目，尚有卷八一，未見。

卷三、卷四爲徐乃昌舊藏本。新補紫色書衣（二八·五×一六·六釐米），金鑲玉裝（印版紙高二四釐米）。鈐有「徐乃／昌讀」、「積學齋徐乃昌藏書」、「孟樸校勘／經籍印記」、「積餘秘笈／識者寶之」諸印。另附散紙，有沈曾植識語，其文曰：「殘宋本漢書，每葉二十行，行十八字，楮墨精絶，世所稱慶元本，建安黄宗仁善夫所刻也。黄氏刻史記、前後漢書。其史記爲王延喆本之祖，正義最完。其兩漢書爲武英殿官本之祖，三劉攷異亦最完。今以殿本攷證『正予樂』卷三、『朕且權』卷四兩條覈之，所稱宋本皆與此合，知所據即此本矣。積餘所藏至富而珍，此殘本是直所謂閱千劍而知劍者。宣統五年三月，嘉興沈曾植記。」案：宣統五年即民國二年（一九一三）。

卷五以下，後補黄色白斑書衣（二六·八×一六·七釐米），金鑲玉裝（印版紙高二四釐米）。藏印有「錢印／孫保」（白

文)、「婺源吴熙恩/幼艙甫珍藏」、「烏程/蔣祖詒/藏書」、「上海圖/書館藏」。案：錢孫保，嘉靖四四年進士。鈔補葉有：卷一六第六至二三葉，卷一七第二一葉右半葉、第二四、第二五葉，卷一八第一葉右半葉、第二葉，卷一九第一一至一三、第一七葉，卷二〇第一一葉，卷二一第九至一三葉，卷二三第一至第六葉、第一九葉左半葉，卷二三第一葉、第二葉右半葉、第二一葉，卷二四第三、第四、第七至一一、第二一、第二六葉，卷二五第六、第七葉，卷二九第二〇葉，卷三一第一葉右半葉，卷三四第一一至一四葉，卷五九第一五、第一六葉，卷七〇下第二五葉。

此本卷三第五、第六葉與G—1本同，乃經修訂改版後之印本。卷五以下原非一帙，則無從判斷刷印時間。

G—5本：存一卷（卷八二上）　一册　「中央圖書館」藏

「中央圖書館」宋本圖録（圖三八）收卷首半葉書影。中國訪書志著録。新補灑金深藍書衣（二八・五×一七・四釐米），金鑲玉裝（印版紙高二四釐米）。

G—6本：存四卷（卷三、卷四、卷五〇、卷八一）　天津圖書館藏

G—7本：存二卷（卷五六、卷八二下）　北京圖書館藏

以上三本不知是否經過劉元起修補。G—6、G—7本皆未見。

G種小結

G—1本與G—2、G—3本對照，知G—1本目録及卷三第五、第六葉皆經修訂改版，是G種有慶元四年原

版早印本（G—2、G—3本）與稍後劉元起修補後印本（G—1、G—4本）之別。

G—1本用雌黄塗抹原文，校正文字之處極多，亦有書眉校語，多原文顯誤者。其尤甚者，如卷七一第一〇葉誤脱三十二字，欄外鈔補。可見G種校字失慎，文本不佳。百衲本二十四史及中華書局點校本均以C種（轉運司本）爲底本，未選用G種，良有以也。

H種、宋嘉定元年蔡琪一經堂刊本（八行）

H—1本：存七十五卷（卷一至一〇、志一至九、志二三至三〇、卷一一至五八）　三十二册　静嘉堂文庫藏

宋嘉定元年建安蔡琪一經堂刊

半葉八行，行十六字，小字雙行二十一字。

儀顧堂題跋云「帝紀存卷一下至卷一〇下，志存卷四至卷九、卷二三至三〇，列傳存一至四八」，今多卷一上、志一至志三。改裝後補淡褐書衣（二五・九×一六・七釐米），襯紙裝。藏印有「浙右項／篤壽子／長藏書」、「項篤／壽印」（白文）、「項氏／子長」、「項氏萬卷／堂圖籍印」、「肇錫余以嘉名」、「叢書堂印」、「歸安陸／樹聲叔／桐父印」（白文）。

首「景祐元年余靖上言」二葉，次後漢書目録，目録後有三行木記曰：「峕嘉定戊辰季春既望，刊于／一經堂。將諸本校證，並無一／字訛舛。建安蔡琪純父謹咨。」木記形式與漢書（G種）大異。

圖八五

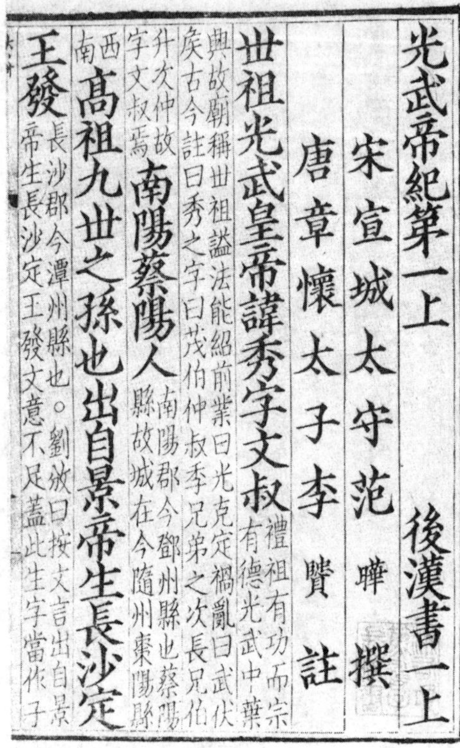
光武帝紀第一上　後漢書一上
宋宣城太守范　曄　撰
唐章懷太子李　賢　註
世祖光武皇帝諱秀字文叔禮祖有功而宗有德光武中興故廟稱世祖謚法能紹前業曰光克定禍亂曰武伏侯古今註曰秀之字曰茂伯仲叔季兄弟之次長兄伯升次仲故字文叔焉
南陽蔡陽人南陽郡今鄧州縣也蔡陽縣故城在今隨州棗陽縣西南
高祖九世之孫也出自景帝生長沙定王發長沙郡今潭州縣也。劉攽曰按文言出自景帝生長沙定王發文意不足蓋此生字當作子

後漢書　嘉定元年建安蔡琪一經堂刊（静嘉堂）

卷一首行題「光武帝紀第一上（空四格）後漢書一上」，次行低二格題「宋宣城太守范曄撰」，第三行低二格題「唐章懷太子李賢註」（「賢」字「又」作「忠」）。志一首行題「後漢書志第一（空四格）劉昭注補」，第二行、第三行與紀傳同，儀顧堂題跋云「蔡琪不辨源委，概題蔚宗、章懷之名，誠爲荒謬」。尾題「杜欒劉李劉謝傳第四十七」。四周雙邊（二一・一×一三・一釐米），八行，行十六字，注文小字雙行二十一字。版心綫黑口，上象鼻往往記字數，版心題多以「後」字冠「紀」、「志」、「傳」，如「後紀一（後志、後傳）　漢書一卷」，與G種同。卷一首葉有刻工記「官仁刁」。避諱缺筆字極少，至「敦」字。

I種、元白鷺洲書院刊本（覆蔡琪一經堂刊本，八行）

I一1本：一百二十卷　〔元〕吉州白鷺洲書院刊　潘捐　八十册　北京圖書館藏（書號：八六五六）

未見。此本舊藏嘉業堂，後經潘氏寶禮堂，轉歸北京圖書館，流傳過程與白鷺洲書院本漢書（H一1本）同。嘉業堂藏書志（整理本，一九九七年復旦大學出版社）、嘉業堂善本書影著録。寶禮堂宋本書録著録。有二〇〇三年再造善本影印本。藏印有「浙右項／篤壽子／長藏書」、「項印／篤壽」、「少谿／主人」、「汪士鐘藏」、「汪厚齋／藏書」、「汪印／振勳」、「振勳／私印」、「棣泉／父」、「棣／泉」、「吴下／汪三」、「遼西郡／圖書印」、「笠澤金／氏安素／堂書印」。據知項篤壽兼有蔡琪一經堂本（H—1本）及白鷺洲書院覆一經堂本（此本）。

此本有嘉業堂模刻本，封面左半葉題「辛酉季秋吴興／劉氏嘉業堂景／宋一經堂本」，卷末劉承幹跋云「據南宋嘉定戊辰蔡琪純父一經堂本景寫重刊」，又云「是書與嘉定甲申白鷺洲書院所刊前漢書，同得之湘陰郭筠仙侍郎家，中間略有缺頁，以舊藏景祐本補之」。然董康已言「與前書行款一律，刻工李俊等字亦偶有相同者，其爲白鷺洲書院本無疑」（見嘉業堂藏書志），寶禮堂宋本書録又云：「是本刻工姓名與前書大都相同，書法鎸工，絲毫無別，蓋亦白鷺洲書院覆刻，而其所從出，則固蔡氏一經堂本也。書中間有訛字，此亦覆刻之證。」

今據嘉業堂模刻本，四周雙邊（二一·五×一三·二釐米），八行，行十六至二十字不等，注文小字雙行二十一字。

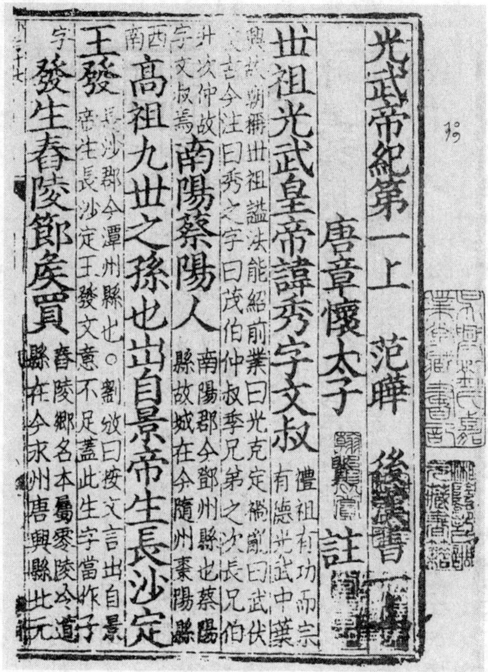

圖八六　後漢書　元吉州白鷺洲書院刊（I種　嘉業堂書影）

耳格記篇名。版心綫黑口，雙魚尾，上記大小字數，下記刻工名，版心題「後紀（志傳）幾」，「後」或作「后」，下題「漢書幾」或「漢幾」。目録後無蔡氏木記，卷一首行題「光武帝紀第一上　范曄　後漢書一上」，次行低五格題「唐章懷太子　賢　註」（首葉書影亦見嘉業堂善本書影，見圖），與H－I本三行題（見圖）迥異。志一首行題「後漢書志第幾」，下題「劉昭註補」。再造善本影印刊記稱「原書版框高二一・八釐米，寬一四釐米」。

刻工有

文應　余進　吳昇★　宋俊★　宋瑞★　宋鏗　李允★　李圭★　定應　徐進　陳明★　彭云★　彭雲★

曾春★　趙鐘　劉良　潘甘　鄧煒★　鍾敬　戴季　戴和

其中標★者亦見白鷺洲書院刊漢書（H種）。是知董康及寶禮堂宋本書録所言不誤，此本的爲白鷺洲書院刊本。寶禮堂宋本書録列宋諱字至「敦」字止。

白鷺洲書院刊漢書（H種）舊稱嘉定一七年刊本，今從版刻圖録，定爲元刊，見綜論編及解題編漢書H種下。刊刻後漢書當與漢書（H種）約同時，其爲元刊無疑。

J種、元大德九年寧國路儒學刊本（九路本十史之一，十行）

此種版本有大德九年雲謙跋，其文如下：

江東憲副伯都公語謙曰：浙西十一經已有全版，獨十七史則未也。今文移有司董其役，庶幾有成。謙應曰：此盛舉也。宛陵郡學分刊後漢書，自大德乙巳孟夏併工刻梓，至仲冬書成，板計二千二百四十有奇，字計

百二十餘萬。以學帑餘刊及半帙外，則士君子欣然協助。郡侯謹齋夏公力贊其事，克成厥功。謙備員教職，
行將瓜代，得附名于左，預有榮焉。大德九年歲次乙巳十一月望日，河南後學雲謙再拜謹跋。
「宛陵郡學」即寧國路儒學。漢書孔文聲跋後有銜名曰「中順大夫江東建康道肅政廉訪副使伯都提調」，即此「江東憲副伯都公」。漢書孔文聲跋云「始大德乙巳仲夏，終是歲十有二月」，而後漢書猶早一月，則孔跋云「令本路（案：此據太平路）以西漢書率先，俾諸路咸取而式之」者，未必事實。

善本書室藏書志著録「明人重刊」本，節引此跋，謂寧國路原本有，重刊本無。然楹書隅録、鐵琴銅劍樓藏書目録、傳書堂藏善本書志均著録此版，而皆不及此跋；藏園羣書題記著録此版，亦云已佚此跋，而據善本書室藏書志轉録。今南監二十一史唐書卷首有此跋，似非大德原刊葉，版心題「唐書跋」。案此跋脱離後漢書頗早，或九路本版片歸集慶路儒學時發生錯亂，遂以爲唐書跋。

又，此種版本卷首録「余靖上言」，末題「大德九年十一月望日寧/國路儒學雲教授任内刊」，全書末題「大德九年乙巳十一月望日/寧國路儒學雲教授任内刊」各二行，見舊京書影（二〇五、二〇七）。然楹書隅録、鐵琴銅劍樓藏書目録、傳書堂藏善本書志、藏園羣書題記、中國版刻圖録皆止録前者，不及後者。

J—1本：存四十二卷〔卷四至九、志一至三、志一五至二〇、卷二二至三二、卷四九至五二、卷五七至五九、卷六二至六四、卷六八至七〇（尾缺）、卷七九、卷八〇上、卷八七、卷九八〕

元大德九年寧國路儒學刊（明初）印　十四册　「中央圖書館」（北平）藏

舊京書影著録，稱「清内閣書，見藏北平圖書館」，（二〇二）爲志一第一葉，（二〇三）爲卷五九第二九葉書

影。原裝，橙褐書衣（三三・九×二一・二釐米），蝴蝶裝。明初印原題簽，行書題「後漢書」，下墨書題「四之六和帝」等，並鈐「晉府／圖書」印。藏印有「晉府／書畫／之印」、「敬德／堂圖／書印」、「子子孫孫／永寶用」。

卷首題「和帝紀第四（空五格）范曄（空二格）後漢書四」，「後漢書志第一（空六格）劉（空二格）昭（空二格）注補」等。四周雙邊（二一・七×一五・二釐米），十行，行二十二字，注文小字雙行。版心白口，或有上象鼻大小字數及下象鼻刻工名，中間記「後漢帝紀四」等題並葉次。

卷末多有校正題記如下。標「○」號以下據北京大學圖書館本（J－4本）補，「⊙」號以下據上海圖書館本（J－5本）補。

張栗校正　　志一八，卷四九，卷五一　○卷五一、卷七四上、卷八三、卷八四　⊙卷七四下

張栗伯穎校正　　卷八八

張栗校正孫張能官　　⊙卷三五　（J－2本卷七四下題「張栗校正同孫張能官」）

張栗王鰲叟校正　　卷四至九、志二、志三、志一五、卷二二至二四、卷二九、卷三〇上下、卷六二、卷六四、卷七九下　○卷一、卷一〇下、志二四、卷一一、卷一五、卷一六、卷一九、卷二二、卷三〇上、卷三八、卷七〇、卷八六　⊙卷一〇上、志七、卷八七

王鰲叟校正　　卷五〇

張栗同胡大用程紹慶校正　　志一六、志一七、志一九、卷二六　○卷一三、志二七

圖八七

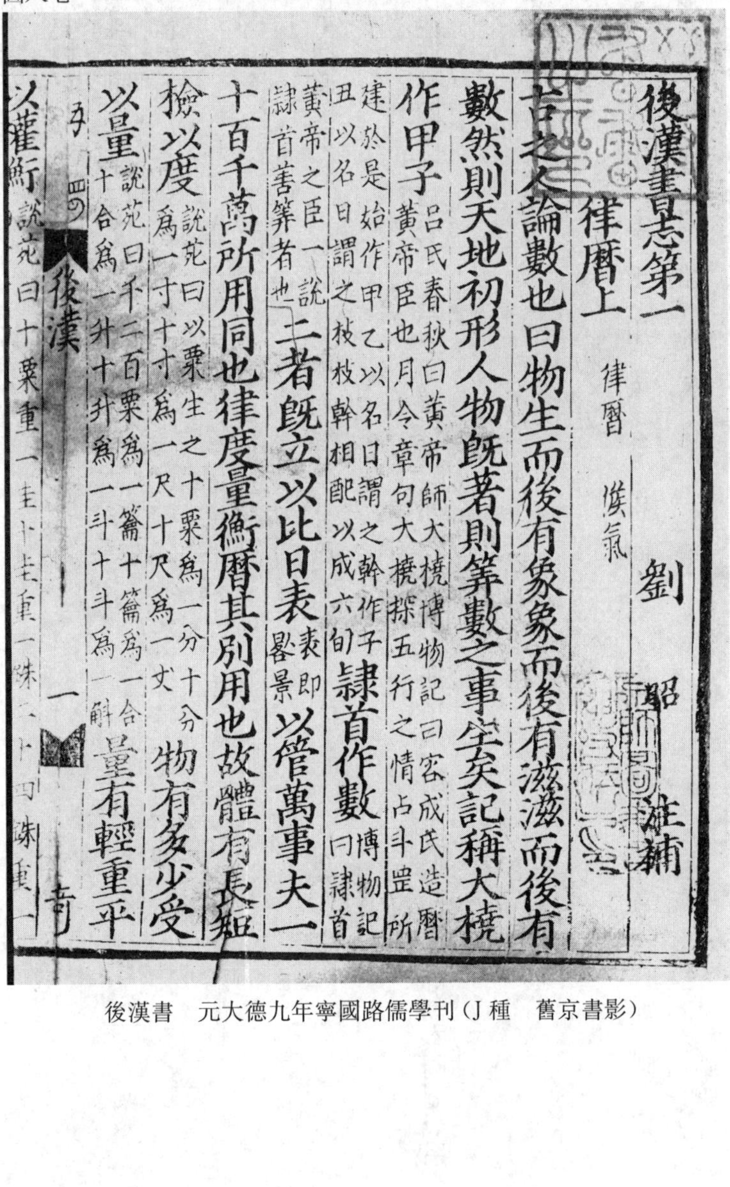
後漢書志第一

律曆上　律曆　候氣　劉　昭　注補

古之人論數也曰物生而後有象象而後有滋滋而後有
數然則天地初形人物既著則筭數之事生矣記稱大橈
作甲子呂氏春秋曰黄帝師大橈博物記曰容成氏造曆黄帝臣也月令章句大橈探五行之情占斗罡所
建於是始作甲乙以名日謂之幹作子丑以名日謂之枝枝幹相配以成六旬隸首作數博物記曰隸首
黄帝之臣一說隸首善筭者也二者既立以比日表表即晷景以管萬事夫一
十百千萬所用同也律度量衡曆其別用也故體有長短
撿以度說苑曰以粟生之十粟爲一分十分爲一寸十寸爲一尺十尺爲一丈物有多少受
以量說苑曰千二百粟爲一籥十籥爲一合十合爲一升十升爲一斗十斗爲一斛量有輕重平
以權衡說苑曰十粟重一圭十圭重一銖二十四銖重一

後漢　一

後漢書　元大德九年寧國路儒學刊（J種　舊京書影）

張栗胡大用許應斗校正　⊙志一一

張栗胡大用李荆安校正　⊙志一三、卷二五

張栗同李荆安校正　卷二五　○志九　⊙志二九

張栗同許應斗李荆安校正　⊙志九、志一〇

張栗同李繼善校正　卷五二　○卷二五、志二九

王師道校正　卷二七、卷二八上下、卷三二、卷五七、卷五八、卷五九　○卷二二、卷四一、卷四三、卷六六（含明補版葉）

⊙卷四六、卷五四、卷六八

寧國路學正王師道校正　卷三二、卷五九　○志三〇、卷四〇下、卷六〇上

此等校正人氏往往亦見於後世刊本，尤其「王師道校正」亦見於日本古活字版，論者或據此謂此等刊本同屬一系統，其實未必。

版心多記刻工名，然單字者居多。

何瑞　茂卿

公　元　戈　尤　文　夫　中　云　玉　用　朱　糸　包　何　吳　良　林　沈　容　青　奇　徐　陳　郁

籴　蔡　振　翁　誠　鮑　錢　慶　駱　鄭　萬

J—2本：存五十二卷（卷一上、卷四至九、志一至三、志一五至二〇、志二六至三〇，卷一一至二二、卷三九、卷四〇、卷四六至四八、卷五七至

五九、卷六二至六四、卷七四、卷七五、卷七九、卷八〇上、卷八二至八六）

同刊　　十七册　北京圖書館藏（書號：〇四五）

一九八九年北京圖書館古籍善本書目著録。中國版刻圖録著録，「圖版三〇三」爲卷六二首半葉。版刻圖録云：「首列『宋景祐元年秘書丞余靖上言』，後有『大德九年十一月望日寧／國路儒學雲教授任内刊』二行。大德間寧國路重翻宋景祐監本，元時九路本十史之一，入明版送南京國子監。此本蝶裝廣幅，無一補版，爲九路本史書中罕見之元印本。」J—1本［「中央圖書館」（北平）本］亦無補版，然爲明初印本。此本及唐書（新唐書E—1本）乃元印元修，刷印精美，與後印本迥異。

後補粉藍書衣（三六·五×二三·七釐米），蝴蝶裝。題簽木版印雙郭并「後漢書」三字，墨筆雙行題「書一上帝紀一上　目録付」。有「國立北／平圖書／館收藏」印。案：此本未見一九三三年北平圖書館善本書目著録。

刻工名有：公木、尤木、尤一精、王森、茂卿、益之、張四條。（單字者從省。）

J—3本：一百二十卷　同刊（明初）至成化一八年遞修　　五十册　北京圖書館藏（書號：三三八四）

未見。一九五九年北京圖書館善本書目著録。有二〇〇五年再造善本影印本，影印刊記稱「版框高二二·一釐米，寬一六·二釐米」。

藏園羣書題記著録一本，云「版心上記字數，下記刊工姓名，明成化補刊則下記監生某人」，傳書堂藏善本書志云「有成化十六、十七、十八年補刊之葉」，當爲版心有記年，此本蓋亦如此。

今檢影印本，首「余靖上言」二葉，末題「大德九年十一月」云云，次後漢書目録二十五葉，次正文。傳八〇末兩葉補鈔，故不見「大德九年乙巳」云云題記。書中版心有成化記年之補版甚多。

J—4本： 一百二十卷（缺卷四四至四九、卷五四至五九）

同刊（明初、中期）遞修　三十六册　北京大學圖書館藏

後補淡黄書衣（二九・九×一八・四釐米），金鑲玉裝（印版紙高二七・五釐米）。首行題「光武帝紀第一上（空三格）范曄後漢書一上」，次行低九格題「唐章懷太子　賢　註」。

原版刻工名如下：

方通　尤子明　尤林　王泉　古杭何通　何瑞　秀卿　茂卿　益之　陳明　彭山宗　楊秀岩　楊益之　虞卿

何通冠以地名「古杭」。南史、北史亦有冠以「古杭」者，惟無「古杭何通」。

明初補版葉或作粗黑口，刻工亦有見於他史者，則補版出同時。明初補版刻工名有

三智　周右　張伯　張伯上　張伯讓　傅繼之　黄右

明中期補版當在成化、弘治前後，有謄寫監生名，如汪鑑、何清、李弼、高安、廖縉、曹廣、俞廷桔。偶有二名連題者，以「監生 謝遂寫黄慶對」例之，當是一爲謄寫者，一爲校對者。謄寫人名左旁偶有刻工名，除王珎外皆單字，有玉、心、其、魅等。粗黑口葉有高山、高泰、楊祖等名，則時間當更晚。

J—5本： 一百二十卷　八十册　上海圖書館藏

同刊（元末明初、明）遞修

後補灑銀淡黄書衣（二六・九×一八・二釐米），襯紙裝。藏印有「恩福堂／藏書印」、「啓淑／信印」、「晉陵唐氏

珍／藏經史圖書」、「董身／殿大／學士」、「兩耳不聞／窗外事／弌心惟讀／聖賢書」，與太平路儒學刊漢書（I—4本）同。

原版刻工名有

公林　尤子明　尤林　王泉　古杭何通　何瑞　秀岩　茂卿　益之　陳明　雲卿　楊秀岩

粗黑口補版當出元末明初，有刻工如下：

吴邵　周春　高山　高泰　張伯　張伯瀼　許宗　陳添　葉就　傅繼之　楊祖

白口葉似亦元末補版，刻工有王林、黄右。

綫黑口葉上象鼻右側多被剜去，下象鼻左右側亦有被剜去者。下象鼻未被剜去者，有鈔手題名如「監生謝遂寫黄慶對」，又有何清、李弼、汪鑑、曹廣、董辛、廖縉等。刻工名有肖、玉、許、其、名等。然此等人名大多亦見於大德一一年建康路儒學刊唐書補版葉，上象鼻均記「成化十八年」。是知此本補版亦出同時，後人剜去補刊年記。另有部分補版葉，字體接近工匠體（今所謂「宋體」）者，似出嘉靖前後時期。總之，此本至少經元末明初、成化、弘治、嘉靖四次以上遞修，故稱「元末明初、明遞修」本。

四　三國志　六十五卷

繼三史之後，咸平三年（一〇〇〇）宋真宗詔令校訂三國志、晉書、唐書。此事宋會要輯稿崇儒四、麟臺故事「校鏴」條均有記載。静嘉堂文庫藏吴書二十卷，卷末記「咸平三年十月二十三日奉／勑校定雕印」，與史書記載相符。然目録末載中書門下牒稱「咸平六年十月二十九日」，是咸平三年有校刊之議，六年始刊行。静嘉堂所藏吴書舊稱咸平本，實則南宋初期刊本。然其低一格大字録裴注，半葉十四行，猶存古式，當爲咸平本舊貌。

「咸平本」外，南宋初期之三國志刊本又有舊稱紹興本及衢州本。此三種版本幾乎同時，且同爲江浙官刊，未免乖乎常情。其中舊稱紹興本及衢州本，行格皆同，文本大體一致，關係尤爲密切。

與黄善夫本史記等構成十史之南宋中期十行本三國志有日本宫内廳書陵部藏本，其文本不佳，然建安坊刻本現存僅此一種。依諸史之例，建刊本似亦當有南宋前期十四行、十五行小字本，目前無資料可資探究。

A種、南宋初期刊吴書（舊稱「咸平刊本」，十四行）

A—1本：（三）國志吴書二十卷

〔南宋初期〕刊〔南宋前期〕修　　六册　静嘉堂文庫藏

百宋一廛賦云：「孤行吴志，數册仍六；舉承祚之一隅，反少期之成局。」皕宋樓藏書志具録黄丕烈、顧蒓、陳鱣跋。静嘉堂文庫宋元版圖録收録裴松之上書表一葉、中書門下牒半葉、孫破虜討逆傳卷首半葉、咸平校定列銜一葉書影。有汲古書院影印本（一九八八年）。

改裝後補灑金深藍書衣（二六×一七釐米），蝴蝶裝。書衣墨題「吴志　第幾册」。另附題簽曰「吴志二十卷咸平六年單刻本」，似出明人手筆。傳第五末三葉（第四至第六葉）缺，黄丕烈補鈔，末題「士禮居从別本宋刻鈔補」。部分有朱點、朱綫。卷末有黄丕烈、顧蒓、陳鱣、徐雲路識語。每册首鈐「百宋一廛」、「丕／烈」、「蕘／夫」印，册尾鈐「士禮／居」印。册首又有「汪印／士鐘」（白文）、「閬源／真賞」印。目録首有「郁印／松年」（白文）、「泰／峯」印。

首葉裴松之上三國志注表，至左半葉第六行，第七行題「吴書目録（空八格半）晉平陽侯相陳　壽　撰」，下爲目録。目録首標「上袟十卷」，卷十一前標「下袟十卷」，是此本恐爲吴書單行，訂成二帙，原無魏書、蜀書。次中書門下牒半葉，亦明言「吴志」，其文如下（亦見圖八八）。

中書門下　　牒：

吴志。

牒：奉

勑：書契已來，簡編咸備，每詳觀於淑慝，實昭示於勸懲。矧三國肇分，一時所紀，史筆頗彰於遺直，策書用著於不刊，諒載籍之前言，助人文之至化。年祀寖遠，悞謬居多，爰命學徒，俾其校正，宜從摸印，式廣頒行。牒至准

勑。故牒。

咸平六年十月二十九日牒。

圖八八

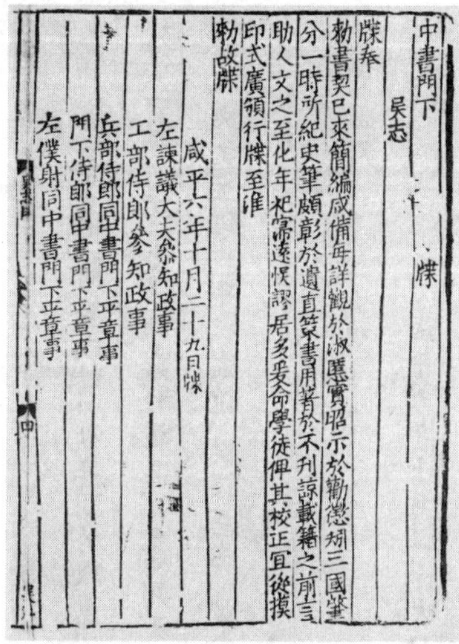

中書門下　吳志　牒
牒奉
勅書契已來簡編咸備每詳觀於汲冢實昭示於勸懲矧三國並
分一時所紀史筆頗彰於遺直范書用著於不刊諒載籍之前言
助人文之至化年祀寖遠傳寫多訛命學徒俾其校正宜從摸
印式廣頒行牒至准
勅故牒
咸平六年十月二十九日牒
左諫議大夫參知政事
工部侍郎參知政事
兵部侍郎同中書門下平章事
門下侍郎同中書門下平章事
左僕射同中書門下平章事

吳書　南宋初期刊(A 種)
卷首中書門下牒(静嘉堂)

圖八九

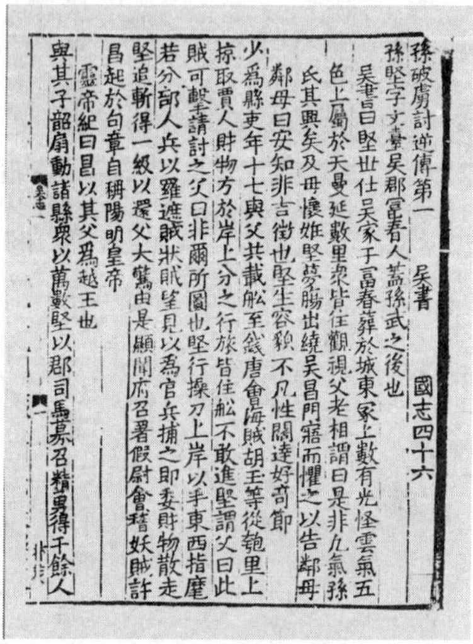

孫破虜討逆傳第一　吳書　國志四十六
孫堅字文臺吳郡富春人蓋孫武之後也
吳書曰堅世仕吳家于富春葬於城東冢上數有光怪雲氣五色上屬於天曼延數里衆皆往觀視父老相謂曰是非凡氣孫氏其興矣及母懷姙堅夢腸出繞吳昌門寤而懼之以告鄰母鄰母曰安知非吉徵也堅生容貌不凡性闊達好奇節
少爲縣吏年十七與父共載船至錢唐會海賊胡玉等從匏里上掠取賈人財物方於岸上分之行旅皆住船不敢進堅謂父曰此賊可擊請討之父曰非爾所圖也堅行操刀上岸以手東西指麾若分部人兵以羅遮賊狀賊望見以爲官兵捕之即委財物散走堅追斬得一級以還父大驚由是顯聞府召署假尉會稽妖賊許昌起於句章自稱陽明皇帝
靈帝紀曰昌以其父爲越王也
與其子韶扇動諸縣衆以萬數堅以郡司馬募召精勇得千餘人

吳書　南宋初期刊(A 種)
卷首(静嘉堂)

圖九〇

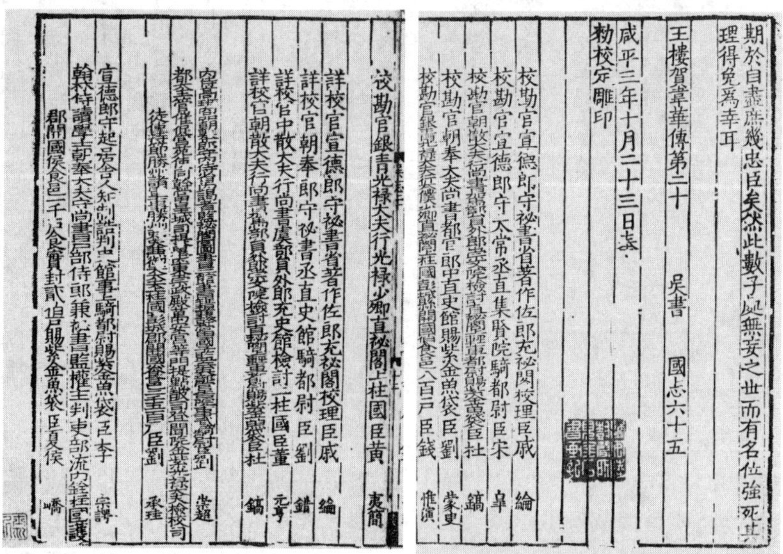

期於自盡庶幾忠臣矣然此數子處無妄之世而有名位強死其
理得免爲幸耳
王樓賀韋華傳第二十　吳書　國志六十五
咸平三年十月二十三日奉
勅校定雕印
校勘官宣德郎守祕書省著作佐郎充祕閣校理臣戚綸
校勘官宣德郎守太常丞直集賢院騎都尉臣宋皐
校勘官朝散大夫[illegible]臣杜鎬
校勘官朝奉大夫尚書都官郎中直史館賜紫金魚袋臣劉蒙叟
校勘官銀青光祿大夫[illegible]臣錢惟演
詮勘官銀青光祿大夫行光祿少卿直祕閣上柱國臣黃夷簡
詳校官宣德郎守祕書省著作佐郎充祕閣校理臣戚綸
詳校官朝奉郎守祕書丞直史館騎都尉臣劉鍇
詳校官中散大夫行尚書虞部員外郎充史館檢討上柱國臣董元亨
詳校官朝散大夫[illegible]臣杜鎬
[illegible]臣劉
[illegible]臣劉
宣德郎守起居舍人知制誥判史館事騎都尉賜紫金魚袋臣李宗諤
翰林侍讀學士[illegible]
郡開國侯食邑二千戶食實封貳伯戶賜紫金魚袋臣夏侯嶠

吳書　南宋初期刊(A 種)　卷末列銜(静嘉堂)

左諫議大夫參知政事
工部侍郎參知政事
兵部侍郎同中書門下平章事
門下侍郎同中書門下平章事
左僕射同中書門下平章事

正文首題「孫破虜討逆傳第一（空二格）吴書（空三格）國志四十六」，不著陳壽名。尾卷末題「王樓賀韋華傳第二十（空三格）吴書　國志六十五」，空一行有咸平三年校定雕印列銜，見圖九〇。

左右雙邊（第一葉因磨損乍見似單邊。版框一九·八×一三·七釐米），每半葉十四行，行二十五字。注文改行低一格大字寫，惟反切音注作小字雙行。版心白口，極少數作綫黑口，大多爲雙魚尾，中間題「吴志幾」，下記葉次、刻工名。補版葉上象鼻偶有大小字數。傳第二末（刻工王仁）題「承直郎守辟廱正臣趙霄校正」，傳第六末（刻工鄭友）、傳第一四末（刻工張佐）、傳第一六末（刻工不詳）、傳第一八末（刻工周泗）均題「從事郎試辟廱正臣吴存校正」。傳第一六末葉當係原版，其餘皆補版葉。（參見綜論編圖一〇）

補版葉約占二成。又有十餘葉似當爲原版，而字體稍劣，刷印較新。今分別録刻工名如下：

丁明　丁保　三月　三溢　元仲　六喜　王洵　王珣　王敏　王溢　王積　丘迪　甘正　江受　吴先　吴甫
吴聳　宋貴　李保　李昱　林足　林俊　林茂　范亮　孫先　孫受　高宣　張棐　郭康　郭喜　陳兵　陳武
陳長　陳得　陳章　陳逸　陳聰　陳歸　陳贇　潘元　蔣深　蔣馭　蔣達　鄭匣　鄭受　韓通

文　生　兵　志　足　阮　帚　忝　明　洙　迪　康　得　通　盛　喜　發　馭　廣　歸

王周　王溢　付及　付立　許先　楊順　齊昌　鄭勤　以上原版

英　黄　以上似原版而字劣

王仁　王太　王文　王椿　付才　付宥　何生　吴圭　李傑　周中　周文　周泗　周琳　林申　青保　張佐

張遂　陳中　陳忻　陳英　陳從　陳慶　鄭友　鄭榮　鄭寶　鍾才

忻　保　章　運　遇　壽　慶　以上補版

原版避諱缺筆字有「玄、弦、炫、眩、絃、朗、敬、驚、警、竟、鏡、弘、殷、匡、胤、炅、恒、禎、貞、楨、徵、懲、讓、勗、桓、完、構、遘」。補版葉避諱不甚嚴，亦至「構」字止。「慎」字例不缺筆，惟原版葉有一處無末筆（卷三第一五葉左半葉第六行），又有二處末筆點極短。補版葉亦無「慎」字缺筆者，「惇、敦」字無論矣。

宋代刊刻三國志之議，始於咸平三年（一〇〇〇）十月敕。此本卷末列校勘官六名，悉與宋會要、麟臺故事所言相符。然此本卷首有中書門下牒，時在咸平六年，則經校勘、詳校，至六年始刊行。但此本已非咸平刊本。竹汀先生日記鈔已言此本「卷末有校正姓名，其署銜『辟廱正』，於『桓』字缺筆，則是靖康以後刻也」。王國維因言：「考宋史選舉志，徽宗崇寧元年（一一〇二）始立辟雍，置博士、正、録等官，與大學同，宣和三年（一一二一）罷。則辟雍正一官，惟徽宗時有之。」（觀堂集林卷二一殘宋本三國志跋）今案：周行己撰趙彦昭墓誌（見武英殿聚珍版浮沚集卷七）云，趙霄徽宗崇寧二年進士，歷濟州州學教授，遷辟雍正，兼攝司業，大觀三年（一一〇九）四月卒，年四十八。此本傳第二末題「承直郎守辟廱正臣趙霄校正」，當在崇寧末至大觀年中，較咸平六年晚約一百年。傳第二末葉係補版，然傳第一六末葉當係原版，則校正題名當爲原版所有。可見咸平六年刊本至崇寧末大觀間當有覆刻或翻刻本。王國維又云：「書中避欽宗諱『桓』字，又銜名中勾當字皆改作『幹當』，亦避高宗嫌名，爲南宋重刊無疑。」其説是也。然則此本又非崇寧末大觀間刊本，而爲其覆刻本。

南宋以後刊本裴注皆於陳壽正文中小字雙行寫，而此本裴注提行低一格且作大字。此乃古式，當爲咸平舊貌。此本卷首大題「國志四十六」，乃指吴書在三國志全書中之卷次。然上三國志注表後即接「吴書目録」，是吴書單行。咸平六年所刊自是三國志全書，而單行本吴書出現於崇寧末大觀間？抑或南渡後所爲？今無從推斷。

此本刻工與南宋初期江浙刊本共同者少，而與福州開元寺毗盧大藏及南宋初期刊舊稱景祐本後漢書（A種）有十數名共同者，詳見綜論編。臺灣「中央圖書館」藏後漢書存十八卷，有原版刻工五十餘人（見後漢書A—1本下），其中丁明、王敏、王溢、王稹、吴甫、孫受、郭喜、陳兵、陳武、陳長、陳得、陳章、陳歸、潘元、付及、付立、許先、楊順、鄭勤共十九名亦見吴書（付及以下五名在疑爲原版而字稍劣葉）。史記（甲—D—1本，仁壽本二十五史）刻工無見吴書者，漢書（A—1本，百衲本二十四史）刻工僅有丁保一名見於吴書。

開元寺版刻工雖未及全面調查，但已調查部分即有七名見於吴書。

丁明　大方等大集月藏經　陶字函音釋、方廣大莊嚴經（宣和七年）

丁保　開元釋教録（紹興一八年）

王積　佛説信廣功德經（大觀元年）　開元釋教録

付及　大方等大集月藏經、方廣大莊嚴經（宣和七年）　寶授菩薩提行經、佛説瑜伽大教王經（紹興一八年）

陳得　佛説無量清浄平等覺經、大方廣三戒經（宣和六年）　大方等大集月藏經

陳章　佛説舊城喩經、佛説善樂長者經（大觀元年）　開元釋教録

潘元　開元釋教録

大觀元年（一一〇七）與建炎元年（一一二七）相差二十年，建炎元年與紹興一八年（一一四八）相差二十一年。吳書既避高宗諱，是南宋刻本，而一名刻工之工作年限最長不逾四十年，則吳書刊刻當在南宋最初之二十年間。

開元寺版每經卷首有刊記，其中有靖康、建炎記年者甚多見，而紹興五至一七年間記年者則極少見，其後紹興一八、一九年記年刊記又增多。由是推測，則紹興五至一七年之間，開元寺版刊刻幾乎中斷（詳緒論編）。思溪圓覺藏經刻工與漢書相同者甚多，而思溪圓覺藏經至紹興二年全藏刊成，數年之後，其中部分刻工仍在湖州刊刻唐書（新唐書A種）。吳書與開元寺版、思溪圓覺藏之關係今不得其詳，然吳書刊刻時間即在開元寺版刊刻中斷時，亦即在思溪圓覺藏刊成之後。而「景祐刊」三史，亦有多名刻工見於開元寺版，與吳書關係頗近，則三史與吳書刊刻時間相近。雖則三史不避南宋帝諱，未能遽斷爲南宋刻本，然漢書刻工與思溪圓覺藏合者至少十五名（思溪圓覺藏刻工目前僅調查十分之一），而思溪圓覺藏經至紹興二年全部刊成，則三史出北宋末南宋初之間，自無可疑。

目前調查所及，未見有後漢書、吳書刻工亦見思溪版者，則或可推論後漢書、吳書刻工地區，較之漢書，更接近福州。然兩宋之交僅數十年間，已有東禪、開元、思溪三藏並四史先後見刻，閩浙一帶大批刻工皆有參與。因其間

分工不知其詳，故未便斷言吴書刻地接近福州。又，三史行格十行十九字，注文小字雙行，而吴書十四行，約二十五字，獨與湖州刊唐書（新唐書A種）同，頗堪注意。

吴書補版刻工中，王文、李傑、周文、周泗、陳中、陳忻、陳英諸名亦見東禪寺版補版葉。東禪寺版已調查者，爲日本宫内廳書陵部及金澤文庫所藏大般若波羅蜜多經之前二百卷及大方廣佛華嚴經等，未及其餘。然其中已見「淳熙己亥懷安縣麦十二娘爲太家楊十娘彫捨」、「淳熙己亥孫景爲室陳屯亡孃捨錢彫此版」等刊記，時間皆淳熙六年（一一七九）。另有丁亥、戊子、己丑、癸卯、甲辰、丙午等記年，當係乾道三年（一一六七）、四年、五年，淳熙一〇年、一一年、一三年（其中或有「釋道永」名者，當晚一甲子）。王文、李傑等所刻補版當在同時，是出乾道、淳熙間，則吴書補版亦當如此。

吴書刻工亦有見於其他南宋中後期刊本者，如丁明見麗澤論説集録，東萊吕太史文集、别集、外集（嘉定四年跋），晦菴先生文集，臨安府陳宅書籍鋪刊碧雲集；吴先見錢唐韋先生文集；林茂見鄂州刊資治通鑑，寶祐刊通鑑紀事本末。然此等未必爲同一人，不足爲疑。

總之，吴書此本爲南宋初期刊、南宋前期（或涉中期）修本。不僅非咸平原本，中間尚有崇寧末大觀間刊本，此乃其覆刻本。

吴書此本文字與南宋中期建刊本（E種）、元大德一〇年池州路刊本（F種）相近。南宋前期衢州刊本（C種）地區、時期與此本較近，而文本反多異，知其分屬不同文本系統。對校表見下。

校史隨筆引新疆鄯善出土晉代古鈔吴書虞翻、陸績、張温傳殘卷校南宋中期建刊本（E種），出入甚大，而吴書此本（A—1本）均同南宋中期建刊本。古鈔本與刊本之間，有極大差距。姚季農撰兩種古卷——吴書寫本與宋紹熙本三國志校勘記（古籍史料出版社，一九七三年臺北），具録兩本照相，對校異文，就虞翻卒年等問題論鈔本之優長，並論三國志成書時間當不晚至晉代。

B、南宋前期刊十行本（舊稱「紹興本」）

B—1本：（三）國志　殘存魏書三十卷

〔南宋前期〕刊〔南宋中期〕修〔南宋中期〕印本

目録及卷中缺葉用〔南宋中期〕刊别本配補　凡存十六册　北京圖書館藏（書號：七三四六）

涵芬樓燼餘書録著録。中國版刻圖録收録卷二一首半葉書影（圖版一七）。北京圖書館善本書目著録。一九八九年版北京圖書館古籍善本書目著録，誤脱「存三十卷（一至三十）」一行。百衲本二十四史三國志用宫内廳書陵部所藏南宋中期建刊本（E—1本），然首三卷以此本補其缺。橋本增吉東洋史上より見たる日本上古史研究（一九三二年大岡山書店出版，改訂增補版一九五六年東洋文庫出版，一九八二年原書房有複製本）書首收録此本東夷倭傳部分書影（卷三〇第二五至三〇葉），乃據長澤規矩也所藏照片影印。

後補淺藍書衣（二六・五×一九・二釐米），金鑲玉裝（印版紙高二三・五釐米）。藏印有「華亭／朱氏／珍藏」、「大宗／伯印」、「榮慶堂」、「朱氏家藏」、「季印／振宜」、「季振宜／藏書」、「紋溪／草堂」、「六窽軒」、「忠孝／傳家」、「涵芬樓」、「海鹽／張元濟／經收」。

首元嘉六年裴松之上三國志注表二葉，第一葉爲補鈔，有刻工名「許忠」。次魏書目録六葉，版心葉次續上書表，自「三」至「八」，首行題「三國志目録上」，次行低七格題「晉平陽侯相陳　壽　撰」。涵芬樓燼餘書録云「目録以三志分上中下，各爲起訖」是也。然目録並上書表（除第一葉補鈔）皆配補别版，與卷一以下之「紹興本」不同版種。

正文卷首題「武帝紀第一（空三格）魏書（空三格）國志一」，不著陳壽名，體式與「咸平本」（A—1本）同。中國版刻圖録云：「匡高二〇·六釐米，廣一四·五釐米。十行，行十八字、十九字不等。注文雙行，行二十一字至二十三字不等。白口，左右雙邊。」今案：版心單魚尾，版心題「魏志幾」，下記葉次、刻工名。版面往往有局部補修，其較大者，四、五字×三、四行。文字漫漶處，有墨筆描補。又有版面清晰，似爲補版者，刻工李忠、惠忠。涵芬樓燼餘書録、中國版刻圖録並云宋諱缺筆至「桓」字。就百衲本二十四史所收三卷檢之，有「玄、玹、朗，敬，弘、殷，匡、竟，貞、楨，朂，桓」諸字。檢原件，更得「狟」字、「構」字（卷一四葉三六右）缺筆之例。

涵芬樓燼餘書録録刻工名五十七，另録八人，云「版刻稍異，版心記大小字數，當爲别本補配之葉，然亦宋刻也」，分别著録如下。中國版刻圖録此本刻工十二名，謂「皆南宋初年浙中良工」，其中李詢不見涵録。今檢原件，知除涵録所列八名外，石昌等五人並王鳳一名（王鳳不見涵録），皆配補别本之刻工，今標★號以識之。

乙可立　乙成　乙信　牛友　牛志　牛智　牛實　王乙　王允　王牛　王宗　王彦　王彬　王郭　王僅

石昌★　朱宥　朱春★　吴宗★　吴詢　李中　李安　李忠　李恂　李通　（李詢）　李懋　沈端　昌庚

圖九一

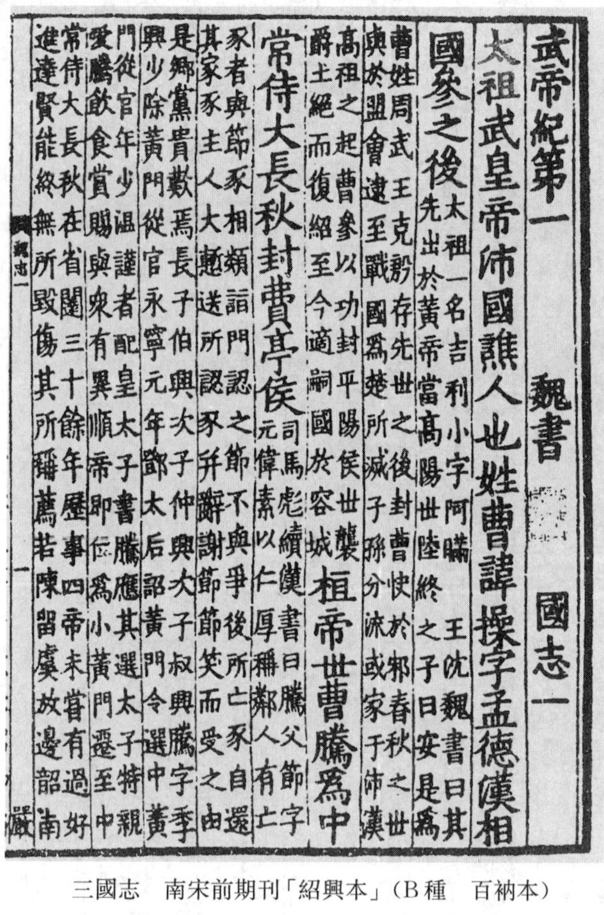
武帝紀第一　魏書　國志一
太祖武皇帝沛國譙人也姓曹諱操字孟德漢相國參之後太祖一名吉利小字阿瞞王沈魏書曰其先出於黃帝當高陽世陸終之子曰安是爲曹姓周武王克殷存先世之後封曹俠於邾春秋之世與於盟會逮至戰國爲楚所滅子孫分流或家于沛漢高祖之起曹參以功封平陽侯世襲爵土絕而復紹至今適嗣國於容城桓帝世曹騰爲中常侍大長秋封費亭侯司馬彪續漢書曰騰父節字元偉素以仁厚稱鄰人有亡豕者與節豕相類詣門認之節不與爭後所亡豕自還其家豕主人大慙送所認豕并辭謝節節笑而受之由是鄉黨貴歎焉長子伯興次子仲興次子叔興騰字季興少除黃門從官永寧元年鄧太后詔黃門令選中黃門從官年少温謹者配皇太子書騰應其選太子特親愛騰飲食賞賜與衆有異順帝即位爲小黃門遷至中常侍大長秋在省闥三十餘年歷事四帝未嘗有過好進達賢能終無所毀傷其所稱薦若陳留虞放邊韶南

三國志　南宋前期刊「紹興本」（B種　百衲本）

昌旼　金成　金彥　金章　金屠　金從　張二　張昇　張通　郭奇　陳忠　屠友　惠忠　惠道　項中　楊惇
楊謹　賈陳　賈琚　劉恭　蔣成　蔣譚　許忠　鄭昱　龐汝升★　龐知柔★　嚴志　顧仲　顧忠

乙金　成　李　奇　宥　彦　屠　琚　郭　嚴　【以上涵録所列「紹興本」刻工】

文昌★　毛端★　毛政★　阮甫★　徐泳★　徐英★　曹興祖★　詹世榮★　（王鳳★）　【以上配補别本】

涵芬樓燼餘書録云：「印紙有鈐『揚府官紙』四字者，紙背皆乾道、淳熙兩朝官牘。其銜名有署『武功大夫□中特差權發遣兩浙西路馬步軍副總管平江府駐箚趙』者，有署『觀文殿學士左宣奉大夫提舉臨安府洞霄宫魏』者。其年月日行下，有署『幹人殷亭』者，想爲書吏職名；有署『持心喪吕』者，想爲乞假事由。此亦足爲書林清話之助也。」今案：整部（除配本部分）皆用公牘紙。筆者得見原書，未敢翻看紙背，自正面觀之，不辨文字内容。「揚府官紙」印無框，高三·二釐米。又有一朱方印，五·五釐米。

此本殘存三十卷，止得部分刻工名，而其中與南宋初期紹興刊本共見者已不少。如見於北宋末至紹興初刊刻之思溪圓覺藏經者有六，見於紹興九年刊文粹者有二，見紹興刊（推定）通典者六，見紹興間兩淮江東轉運司本漢書者六，另有既見於明州刊文選及唐書等紹興先後時期刊本又見於此本之刻工。且避諱缺筆至高宗「構」字止，則此本爲南宋初期刊本，固無可疑，舊稱此本爲紹興刊本，蓋得其實。今著録爲「南宋前期」，未及定爲「南宋初期」（分期見緒論編），因無確據，姑從泛稱而已。

涵録所列紹興本刻工名中，石昌等五人（筆者標★號者）爲南宋中期刻工，故版刻圖録、北圖善本書目均稱此本爲遞修本。其實此五人爲配補别本之刻工，如目録六葉皆别本，即石昌等五名所刻。然則此本不當以爲遞修本。要之，紙背文書既有乾道、淳熙年記，則此本印製當在其三四十年後，亦即一二世紀末、一三世紀初或稍晚時期，而在此前，經過局部修補。

目録（並上書表共八葉，唯首葉補鈔）及卷中缺葉，乃用南宋中期刊別本配補，既非紹興本（B種），又非衢州本（C種）。此別本部分襯紙裝，印版用紙非公牘紙，紙高與書衣同。雙魚尾，上象鼻記大小字數。刻工即上文標★號之十四名，大都爲南宋中期常見刻工。文昌、阮甫、徐泳等所刻，疑爲元代補版。

涵録僅言「別本補配之葉，亦宋刻」，而版刻圖録、北圖善本書目則謂此本缺葉補配衢州本。然現存衢州本皆元中期以降修、明中期以降印本，盡失宋刻風韻，此本補配部分初無刊記，亦不見相同刻工名，版刻圖録何以知其爲衢州本？今不知版刻圖録、北圖善本書目鑑定之依據，記此存疑。

B—2本：零卷（存卷二八第一四葉、第一八至二九葉）　一帖　上海圖書館藏

〔南宋前期〕刊〔南宋前期〕修本

折帖裝，兩面貼原書一葉。前後有木板（二〇・八×一八釐米），絹質題簽曰「宋刻魏志殘本 張元濟題」。共存十三葉。末葉版心葉次破損，覈之衢州本（與此本行格相同），當係第一四葉。插附一紙片，寫「末葉　諸葛誕傳，應移裝首」。藏印有「景葵所／得善本」、「合眾圖書／館藏書印」。後附王國維、曹元忠、蔣汝藻識語，末有顧廷龍記曰：「陳叔通先生將移家入都，檢篋得此見贈。閱之，蓋題葉揆初先生所藏魏志殘本者，皆有裨於校勘。爲特黏厠册中，以示讀者。顧廷龍記。一九四九年十二月。」王國維識語與觀堂集林卷二一殘宋本三國志跋同，唯文字稍異。曹跋亦見箋經室遺集卷一〇。三家識語全文見拙稿上海圖書館藏宋元版解題　史部（一）（載斯道文庫論集第三一輯）。

補版葉或記字數。版心下部多破損，刻工名止見「王彥」及單字「智」，又有一葉三字名止見末一字「榮」，不知是否詹世榮。避諱缺筆字有「玄、朗，驚、竟，徵，完，構」，此十三葉無「慎」字。

三家識語皆謂此零卷爲紹興中刊本，版式一仍北宋監本。案：此本十行十九字，固與舊稱「景祐本」三史同，而舊稱「景祐本」三史皆北宋末南宋初刊本，與其配套之吴志（A—1本）乃十四行二十五字。王國維以此零卷爲衢州本，中國古籍善本書目亦著録爲「宋衢州州學刻元明遞修本」。然此本刻工「王彦」亦見北京圖書館藏所謂紹興本（B—1本），當屬同版，且疑與衢州本不同版。

蔣汝藻云此本「頗多踳譌」，「凡十三葉中譌二十四字，衍三字，奪一字」。今案：蔣氏舉列此本訛字凡二十二處，其中二十一處皆形近而訛，如「彼」訛「從」，「又」訛「夫」，「位」訛「任」，「少」訛「公」，「也」訛「光」，「臣」訛「曰」等，莫不皆是。又一處「危」訛「造」，蔣氏自注云「涉前行造字而誤」。是則所據底本漫漶，此本重刻又極其草率，未及一校者。故此等訛誤，南宋中期建刊本（E種）、南北監本皆不誤。現存衢州本此十三葉皆明代補版，而僅三處誤與此本同，餘皆不誤。

B—3本：存二卷（卷二九、卷三〇）　存佚不詳

見藏園羣書經眼録，注「（余藏）」。傅氏云：「版心上記字數，下記刻工姓名，有王彬、金成、沈端、嚴志、李五人。白麻紙，初印精善，邊欄均完整如新，可寶也。其刊工與瞿氏藏管子注多合，其爲南渡初浙刻無疑。老友曹君直元忠有長跋。」所録刻工五名，皆見B—1本，同版無疑。其云與瞿氏藏管子注多合，頗堪注意。此本曹跋見箋經室遺集卷一〇。此本今不知下落。

舊稱「紹興本」與衢州本之關係

版刻圖録圖版一七（B—1本）目録云：「別本吴書卷末有『衢州録事參軍蔡宙校正兼鏤板／衢州州學教授陸俊民校正』二行，行款與此本同，前人遂定此本爲衢州本，恐不確。」

今案：現存衢州本幾無宋刻葉，而魏書有八處，蜀、吴書各一處有二行題記曰「右修職郎衢州録事參軍蔡宙校正兼監鏤板／右迪功郎衢州州學教授陸俊民校正」。檢建炎以來繫年要録，紹興二五年三月戊辰有「新知漢州蔡宙」。又，明洪武年間福州刊古史亦有蔡宙刊記，其文全同，而校正者爲「左迪功郎衢州司户參軍沈大廉」。宋元學案卷三三云，沈大廉爲紹興進士。兩浙名賢録（今所見内閣文庫藏本，明徐象梅撰，五十四卷，天啓五年序，光碧堂刊本。）卷二二讜直云，沈大廉建炎進士，歴遷樞密院計議官，紹興更化拜監察御史。（天禄琳琅書目卷五古史條引此爲説。又據建炎以來繫年要録，沈大廉拜監察御史在紹興二六年正月，與「紹興更化」之説合。）則沈大廉任衢州司户參軍，當在紹興初年。是則衢州本三國志二行題記當亦出紹興初年。（傳書堂藏善本書志云「散官冠以左右字，乃紹興閒制」，詳參綜論編第二章。）現存衢州本三國志皆後修本，幾無原版葉，古史亦明初福州翻刻本，而其刊記則因襲南宋刊本。據此可證衢州本三國志原刊時間在南宋初期（紹興年間）。至於B—1本，據其刻工可以推定爲南宋初期浙刊本。是則B—1本與衢州本，刊刻時間及地區並無區別。

B—1本與衢州本行格亦相同。B—1本雙行小字亦佔一格，而衢州本小字往往緊湊，故有兩本不合者。然此等不同，至葉末或同時補刻二、三葉之末尾部分已見調整，下葉首字又與B—1本同。是則衢州本原版行格當與B—1本全同，唯元明補版不謹守原版行格，始有局部不合之處。

B—1本目録，列傳部分一行一目，衢州本改爲一行二目，又附傳改爲雙行注。兩本文字同誤者，如卷五「明元郭皇后」同誤「明帝郭皇后」，卷二一注「張蒓」同誤「張臻」。B—1本不誤而衢州本（嘉靖補版葉）誤者，如卷一一「焦先」衢州本誤「焦光」，卷一七「徐晃」衢州本誤「徐冕」，卷一八「龐淯」衢州本誤「龐清」等。B—1本誤而衢州本不誤者，如卷九夏侯尚子「玄」B—1本誤「宣」，卷二九「樊何」B—1本「樊」下作空格。

就影印本範圍（首三卷有百衲本二十四史，魏志倭人傳有圖版）校兩本正文，兩本亦基本相同。衢州本明代補版尤其嘉靖年間補版，略字、異體字甚多，兩本不同大都皆此類。其餘則如卷一第二葉右半葉注B—1本「叔父所有告，嵩終不復信」，元大德本同，而衢州本作「有以告」。（殿版同衢州本，而汲古閣本、點校本作「有所告」。）卷一第一四葉右半葉注B—1本「雄豪並起」，衢州本作「豪傑」；同左半葉注引論語泰伯篇「三分天下有其二」，衢州本訛「有其三」；第二九葉左半葉注「金縢之書」，衢州本訛「金謄」；第三〇葉左半葉「李堪」，衢州本訛「李擖」等。此等衢州本皆明代補版葉，不知原版如何耳。若第二九葉左半葉「子桓兄弟」B—1本不誤，而衢州本誤作「子植」者，或因諸本多誤「子植」，衢州本誤從諸本歟。又，B—2本訛字極多，且皆單純形訛，衢州本明代補版反多不誤。要之，略字、異體字及形訛字，原版與補版之間容多歧異，此等異同不足以論文本系統之差異。

總之，B—1本與衢州本，行格、文字皆基本相同，其不同之處，蓋多因衢州本元代以降補版，若衢州本原版則當與B—1本幾無異同。雖然，衢州本僅魏志即有八處校刊題記，而B—1本全然不見。衢州本校刊題記當即原版所有，輾轉補版，因襲不失。倘B—1本爲衢州本早期印本，自當具有此等題記。版刻圖録疑B—1本非衢州本，自有道理。今且以北圖藏本爲B種，上海圖書館藏本、傅增湘舊藏本附焉，與衢州本C種分別著録，以待後人論定。

C種、南宋前期刊十行本（衢州本）

此種版本有「右修職郎衢州録事參軍蔡宙校正兼監鏤板」題記，可證爲南宋初期衢州刊本。然現存諸本除上海圖書館所藏零卷十三葉外，全無原版葉，元代補版亦甚少，絶大部分爲明代補版葉。因此本後爲南監二十一史之一，沿用至萬曆二四年重刻之前，故多補版如此。

C—1本： 零卷（存卷二二第二至一〇葉、第二二至二四葉）

〔南宋前期〕衢州刊〔宋末〕修　存十三葉一册　上海圖書館藏

該館目録著録「存卷一至十六卷二十二各卷殘葉」，其中卷二二部分爲此本，餘「卷一至十六」部分爲後印別本，即下C—9本。

以白紙爲書衣（三一×二〇・二釐米），包背裝。第二葉缺右半葉。左右雙邊（二一・二×一四・六釐米），十行，行十九字，注文小字雙行二十一字。版心白口，單魚尾，題「魏志二十二」，並記葉次、刻工名。第二葉以下刻工名依次爲「宗」、「鄭意（字迹不清，或「邵貴」與）」、「鄭彦」、「祝文」、「陳圭」、「陳圭」、「徐辛」、「徐辛」、「張圭」、「江太」、「江太」、「葉□」，第二四葉無刻工名。第二四葉獨作綫黑口，無刻工名，匡高亦較低（二〇・五釐米），版面漫漶少，疑爲補版葉，似出南宋末或元初。第二四葉尾題「桓二陳徐衛盧傳第二十二」，改行低十格題「魏書　國志二十二」。僅十三葉中有「玄、朗、敬、貞、徵、懲、署、樹、讓」字缺筆，可謂相當嚴謹。第二一葉右半葉第三行注「慎」字缺末二筆，當係破損，非避諱。

刻工名彙之阿部隆一宋元版刻工名表，則鄭彦見舊稱景祐本史記（史語所藏本）及影鈔宋刊類篇（臺北「故宫」藏），張圭見南宋初期兩淮江東轉運司本漢書，祝文見南宋中期慶元年間刊樂書（「中央圖書館」舊北平本），陳圭見南宋中期最末嘉定年間刊孫氏算經（静嘉堂藏）。「景祐本」史記至嘉定刊孫氏算經時間相差不啻五十年，則知僅此數名刻工材料，尚不足以定刊刻時間。然就現存版本推測，行格與此本同者，非衢州本即所謂紹興本（B種），而今所知B種刻工名無一與此合者，因疑此本即衢州本原版。

C—2本：存四卷（卷五七至六〇）

〔南宋中期、元〕遞修

以配大德一〇年池州儒學刊本　凡六十五卷四十册　「中央圖書館」藏

中國訪書志著録。全書四十册中，第三六册後半至第三八册用此本補配。大德池州儒學刊本見F—1本。此本四卷共八十葉。卷五七第二一葉、卷五八第一三葉係鈔補。

此本無卷六四（吴書第一九），蔡宙、陸俊民題記固不可見，然較之宋、元、明遞修衢州諸本，元代補版葉有全然同版者，則此本亦爲衢州本可知。此本補版止元，不及明，然八十葉中宋刻僅存六七葉，且多南宋中期以後刻版，不知仍有原版葉否。案：南宋兩淮江東轉運司所刊三史及所謂三朝本南北朝七史（「眉山七史」），現存元修印本中，原版葉所在多有，版面狀態亦較佳。此種版本至元修印本幾無原版葉，則不知是否磨損較他本特甚。

左右雙邊。宋刻葉版心或破損，不可見。就可見者言之，綫黑口，題「吴志幾」，並記葉次。卷五八第二葉上象鼻記字數，下象鼻記刻工名「陳淮」。元代補版綫黑口，部分作白口，版心題同宋刻葉，而記大小字數及刻工名者較多。此本大部爲元代補版，避諱缺筆已不嚴謹，僅「玄、警、匡、徵」等偶缺而已。

此本刻工名已見「中央圖書館」金元本圖録著録（F—1本解題，兼及配本）。

弓華　方中九　王百九　北陳　任吉甫　朱會九　何通　周鼎　宗二　郁仁　孫再　夏義　章亞明　陳仁
陳日裕　陳邦卿　陳淮　葉禾　齊明　劉仁　蔡秀　鄭春
仁　元　王　吴　陳　褚　蘇

大部分刻工亦見兩淮江東轉運司刊三史及舊稱「眉山七史」元代補版，爲曾刻大德四年（一三〇〇）大德重校聖濟總録等書之一三世紀末一四世紀初刻工，亦即修補西湖書院所藏諸書版本之同一批刻工。惟其中陳淮、劉仁所刻，不似元代補版，而上象鼻有字數，則當爲南宋中期補版。夏義、鄭春亦常見於南宋中期刻版，然此本夏義、鄭春所刻，無疑爲元代字體風格。

以下爲明修本，依最後補版時間排列（唯C—12本未見，故置末）。C—4本以下即南監嘉靖二十一史本。

〔南宋中期，元，明中期〕，弘治三、四年，正德九、一〇年遞修本

C—3本：存二十卷（存吴書）　粉藍書衣（三一×一八・七釐米）　五册　北京大學圖書館藏

有弘治三、四年、正德九、一〇年補刊年記。正德一〇年補刊年記作「正德十年谷刊」。卷末有跋云：「予官南雍數月，公暇與司業弋陽汪公周覽東西二書庫，見書板模糊，缺落甚多，議欲補刻之以便學者。方命工從事間，適南京司禮監太監谷公以書來，曰請欲助刻書板如何。予雖未識公，心竊嘉之，因諾其請。已而公果遣人賫俸金八十兩至，遂付典簿薛悆收貯，以給工費。凡補刻前後漢書、三國志、晉書、隋書，皆爲善本，覽者稱焉。他如太史公史記、司馬温公資治通鑑、文獻通考等書，工費尤巨，則本監所補刻者。正俱告完□，識歲月於末，且用著谷公之善云爾。正德十年歲次乙亥夏五月之吉，□□吴一鵬書於東廂房之看竹處。」二〇〇六年再造善本影印本，用此本與北京大學圖書館所藏別本（遞修至萬曆一〇年）合爲一部，共二十册。

〔南宋中期，元，明中期〕，嘉靖八、九、一〇年遞修本

C—4本： 六十五卷　粉紅書衣（二九・五×一七・三釐米）　十五册　內閣文庫藏

C—5本： 六十五卷　後補深褐書衣（二六・二×一二・一釐米）　二十五册　靜嘉堂文庫藏

C—6本： 存五十九卷（缺卷一至六）　粉紅書衣（二六・二×一七・四釐米）　十四册　京都大學文學部藏

C—7本： 存二十八卷（卷一至二八）　粉紅書衣（二八・六×一七・七釐米）　十册　宫内廳書陵部藏

C—8本： 六十五卷　後補褐色書衣（二九・八×一九・三釐米）　二十八册　「故宫博物院」（觀海堂）藏

此本（C—8本）見一九七七年版「故宫博物院」宋本圖録收録。

C—9本： 存五卷（卷一、卷二、卷六至八）　粉紅書衣（三二・一×一三・三釐米）　二册　上海圖書館藏

此本（C—9本）上海圖書館目録與C—1本合爲一部，著録「存卷一至十六卷二十二各卷殘葉」。有馮夢禎校語，爲萬曆二四年南監新版所據校本。詳綜論編第一〇章。祁陽陳澄中舊藏善本古籍圖録、第二批國家珍貴古籍

名録圖録均收録卷一首半葉。

至嘉靖三八年遞修本

C—10本： 六十五卷　後補粉藍書衣（三一・五×一八・九釐米）　二十册　「中央圖書館」藏

此本爲劉承幹舊藏本，即嘉業堂善本書影卷三所收南雍三朝本。中國訪書志著録。

至萬曆五、一〇年遞修本

C—11本： 存二十卷（卷四六至六五）　後補褐色書衣（二八・三×一八釐米）　三册　「中央圖書館」藏

此本爲黄丕烈、韓德均舊物。莚圃善本書目著録。中國訪書志著録。

至（明中期）遞修本

C—12本： 六十五卷　十二册　南京圖書館藏

未見。此本善本書室藏書志著録爲「元大德丙午池州路刊本」。然據云半葉十行，行十九字，注二十二、二十三字不等，卷首有朱天錫跋，反與衢州本合。（池州路本每行二十二字。）又，盋山書影所載卷三五第二一葉書影與内閣文庫本（C—4本）等一致，則其爲衢州本無疑。江南圖書館善本書目著録爲十二本。

綜述C—3至12本

内閣本（C—4本）有雙郭「三國志」印刷題簽，蓋出明末。書陵部本（C—7本）有雙郭「二十一史」印刷題簽，亦當出明末。（此本爲南監二十一史之一，而萬曆三四年北監本遼史亦有同樣題簽。）

内閣本（C—4本）、「故宫」本（C—8本）並南京本（C—12本）卷首皆有大德丙午朱天錫跋一葉，似爲明代補版，其文見F種下。據其内容，爲大德一〇年池州路本跋。然此本有衢州校刊題記共十處，與大德一〇年池州路本固不同版。而大德一〇年池州路本（F種）筆者所見三部均無此跋。蓋因兩種版片後皆歸南監，此本補版既多，不似宋版，遂誤以彼跋冠此本者。大德九年寧國路儒學刊後漢書跋誤附唐書首，情況亦相類。善本書室藏書志、五十萬卷樓藏書目録等皆據此跋，目此種爲大德丙午池州路刊本，誤矣。朱天錫跋之後，即裴松之上三國志注表及三國志目録上。案：上表與目録通算葉次，而不與朱跋通算，亦可證朱跋不屬此本。

正文首行題「武帝紀第一（空三格）魏書（空三格）國志一」，尾題「王樓賀韋華傳第二十　吴書　國志六十五」。左右雙邊（二〇・六×一四・五釐米。諸本版框大小，記録數字稍有出入，當在計量誤差範圍之内）。每半葉十行，行十九字，注文小字雙行二十一至二十三字。凡此等格式均與B種同，然補版葉注文往往緊湊，文字位置未必與B種一致，如上述。版面較舊者，版心白口，單魚尾，題「魏（蜀、吴）志幾」，並記葉碼，與B種同。而元代以下補版或作四周雙邊，或作綫

圖九二

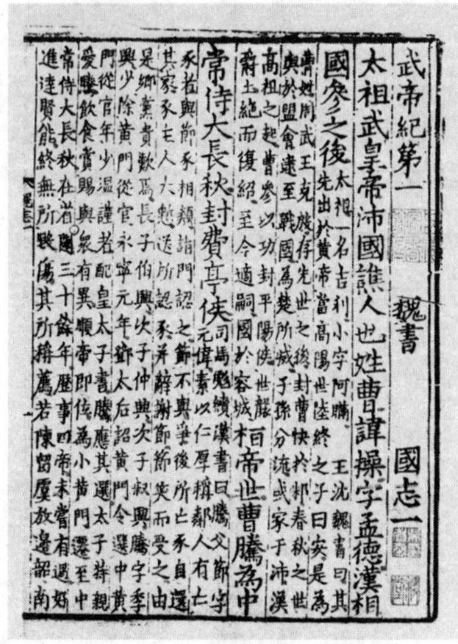
武帝紀第一　魏書　國志一
太祖武皇帝沛國譙人也姓曹諱操字孟德漢相
國參之後
桓帝世曹騰爲中
常侍大長秋封費亭侯

三國志　南宋前期刊「衢州本」
（C種　陳澄中舊藏圖録）

圖九三

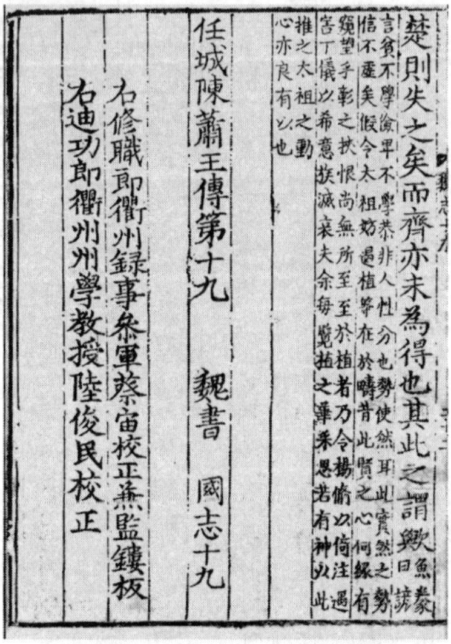
楚則失之矣而齊亦未爲得也其此之謂歟
任城陳蕭王傳第十九　魏書　國志十九
右修職郎衢州録事參軍蔡宙校正兼監鏤板
右迪功郎衢州州學教授陸俊民校正

三國志　南宋前期刊「衢州本」
（C種）　明修葉（内閣文庫）

黑口，或記大小字數，或有嘉靖八、九、一〇年補刊記，或作雙魚尾，或有明代刻工名，形式多樣。元末補版刻工有「邵賢」、「虎壽」、「步遷」、「孫牧張」等，明嘉靖補版有「白」、「先」、「光」、「羊」、「龙」、「徐珣」、「馬」、「盛」、「祥」、「黄」、「豚」、「棠」、「琥」、「雇文華」、「銑」、「顯」等。明代補版有記「嘉靖己未年　監生李之芳刊」者，嘉靖己未即三八年。偶有缺筆字，如「玄、弘、匡、恒、桓」等，然極少見，避諱甚不嚴。

卷一四、卷一九、卷二〇、卷二一、卷二三、卷二七、卷二八、卷三〇（以上魏書）、卷三五（蜀書）、卷六四（吴書）共十卷，卷末均有「右修職郎衢州録事參軍蔡宙校正兼監鏤板／右迪功郎衢州州學教授陸俊民校正」二行題記。或脱「監」字，卷二一「監」訛「置」。凡此十卷末葉均非原版，亦無元大德以前版，而皆元末以後至嘉靖九年補版。然蔡宙題記當出紹興初年，則此版原版刊刻時間當在紹興初，十處題記當係原版所有，如上述。

上述「中央圖書館」藏元大德池州路儒學刊本所配元代修本八十葉（C—2本）已無原版葉。C—4本以下明修諸本又無南宋中期補版葉，僅存少數元大德間補版。而明修本元大德間補版，版心字數及刻工名已幾無存者，刻工名僅卷五七第一葉「元」與C—2本合。乍看似元代補版者，仔細對照即知文字有異同，大都爲明代補版，其中明初補版，成化、弘治間補版及嘉靖八年至一〇年補版錯見。

萬曆二四年（一五九六）南監新校刊刻三國志，祭酒馮夢禎序云：「南雍書庫具二十一史，而國志板最爲刓缺。嘉靖十年以後續補幾十之七，魯魚帝虎，又不勝其訛也。」正如其言，此版磨損特甚。元修印本已幾無南宋初期原版葉。南宋中期補版，元修印本僅見數葉，至明印本全不可見。元代補版至嘉靖年間所存無幾，而明代又幾經遞修。

南雍志經籍考著録三國志版，「存者一千三百九十二面，缺者六面」。今檢衢州本共一千三百九十葉，與南雍志所言略同。

D種、南宋蜀刊本（十三行）

D—1本：存九卷（卷七至九、卷二五至三〇）　〔南宋蜀〕刊　七册　北京圖書館藏（書號：八六五九）

張氏愛日精盧舊物。愛日精盧藏書志、韓氏讀有用書齋書目、寶禮堂宋本書録、文禄堂訪書記著録。中國版刻圖録著録（圖版二三〇）。

副葉有韓應陛咸豐一〇年（一八六〇）題識二則，文見寶禮堂宋本書録。韓氏云：「按常熟張氏藏書志載此，稱係北宋刊本，所存魏志各卷如數外，更有蜀志九至十五，吴志四、五、十二至十五各卷，今不知尚存否也。」韓氏所得卷數與今此本卷數同。藏印有「汪士鐘／讀書」、「趙／宋本」（圓印）、「徐／渭仁」、「曾爲徐紫珊所藏」、「應陛審／定宋本」、「松江讀有用書齋金山守山閣／兩後人韓德均錢潤文夫婦之印」、「甲子丙寅韓德均錢潤文夫婦兩度攜書避難記」（白文）、「德均／審定」（白文）、「韓印／繩大」（白文）、「价／藩」。韓應陛題識署名下鈐「應陛／手記印」

圖九四

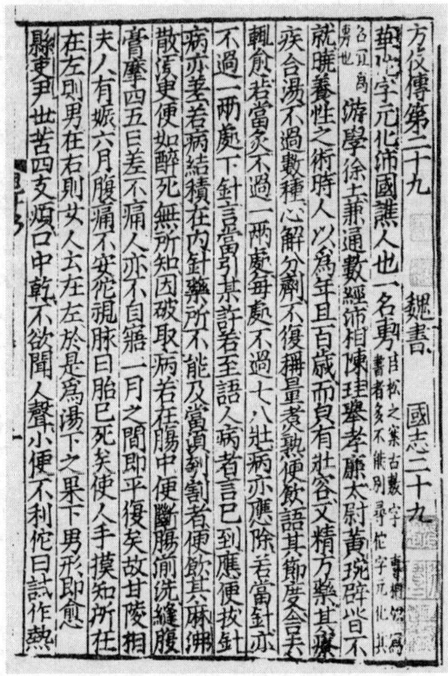
方伎傳第二十九　魏書　國志二十九
華佗字元化沛國譙人也一名旉臣松之案古敷字與旉相似寫書者多不能別尋佗字元化其名宜為旉也游學徐土兼通數經沛相陳珪舉孝廉太尉黃琬辟皆不
就曉養性之術時人以為年且百歲而貌有壯容又精方藥其療
疾合湯不過數種心解分劑不復稱量煑熟便飲語其節度舍去
輒愈若當灸不過一兩處每處不過七八壯病亦應除若當針亦
不過一兩處下針言當引某許若至語人病者言已到應便拔針
病亦差若病結積在內針藥所不能及當須刳割者便飲其麻沸
散須臾便如醉死無所知因破取病若在腸中便斷腸湔洗縫腹
膏摩四五日差不痛人亦不自寤一月之間即平復矣故甘陵相
夫人有娠六月腹痛不安佗視脈曰胎已死矣使人手摸知所在
在左則男在右則女人云在左於是為湯下之果下男形即愈
縣吏尹世苦四支煩口中乾不欲聞人聲小便不利佗曰試作熱
鬼廿九

三國志　南宋蜀刊（D種　版刻圖録）

（白文）、「應陛審定」（白文）二印。新補深藍書衣（二三・三×一四・四釐米）。有朱筆句點、綫、旁點。冊尾墨筆記「念柒頁」、「念三頁」等。

卷七首葉左右雙邊（二八・一×二一・七釐米），十三行二十五字，注文小字雙行同。版心白口，題「鬼傳七」。寶禮堂宋本書録云：「左右雙闌，版心白口，單魚尾，書名題『魏書幾』、『魏傳幾』、『魏幾』、『志幾』、『鬼傳幾』、『鬼幾』、『委幾』，下記刻工姓名。」又云：「刻工姓名：存者僅『夏芝』、『蘇□』、『和一』、『召一』、『内一』及『張』、『李』兩單字。」宋諱：『玄、弦、眩、朗、敬、警、驚、竟、境、弘、殷、匡、恒、貞、偵、徵、讓、樹、桓、構、搆』等字缺筆。」

案：張金吾曾以此本爲北宋本，寶禮堂宋本書録云：「審其字體，似爲蜀中所刻。」版刻圖録目爲成都眉山地區刻本，並云「觀字體刀法，知爲蜀本無疑」。就版刻圖録所載卷二九首半葉書影，除正文字體外，版心「鬼廿九」

三字尤見蜀刊本特色。南宋中期（慶元前後）蜀刊本以太平御覽、册府元龜、新刊國朝二百家名賢文粹最爲著名，此本刊刻當與之相近。然太平御覽所見刻工一百五十餘人，無與此本合者。又案：此本未見避「構」字。寶禮堂宋本書録所謂「構」、「搆」字缺筆，當據缺「冉」中間竪畫者（如卷八葉六右第五行右第一字）。此或爲異體字，未必爲避諱。總體而言，此本避諱不甚嚴格，而卷九夏侯惇傳不避「惇」字，則或爲南宋前期刊本。

據卷二九首半葉書影，第二行裴注脱一「與」字作空格，第八行「病亦行差」脱「行」字。未及全面校對，不敢以偏概全，然此本文本似不足貴。

E種、南宋中期建刊本（舊稱「紹熙本」，十行）

福州建安坊刻本，南宋前期多半葉十二至十四行，一行二十二字以上，且每以瘦金體刊刻，中國版刻圖録圖版一五九至一六六等皆是，而其中以正史諸書居多。至中期，轉多十行左右，行十八、十九字，字體雖屬同類，然字大，筆畫尖硬，稍失瘦金風韻。所謂十行本注疏可爲代表，正史則以黄善夫、劉元起所刻史記、兩漢書爲代表。另有三國志、晉書、隋書、南史、北史及魏仲立所刻唐書均有傳本，五代史記有元代覆刻本，可以認爲慶元嘉泰間（一一九五至一二〇四）建安諸書肆所刊，共成一套十史，如綜論編所論。

E—1本：存六十二卷（南宋中期）（建安）刊

鈔補三卷（卷一至三）　　凡六十五卷二十五册　宮内廳書陵部藏

百衲本二十四史所據底本。百衲本改動底本文字之詳情，可參整理本百衲本二十四史校勘記（三國志校勘記，一九九九年商務印書館出版)。

改裝後補淡褐書衣(二五・四×一六・二釐米)。題簽墨書「三國志」,下記册次。襯紙裝。天地裁斷,「真浄院」、「惜陰」兩印皆缺上部。首二册三國志目録上、上三國志注表、晉書本傳(附節録宋書裴松之傳),皆補鈔,卷一至三亦補鈔。卷三末有市野光彦(迷庵,一八二六年卒)二行題記「所藏宋本,帝紀一卷二卷三卷缺,得吴氏/西爽堂刻本補之」,下有「迷庵」、「光彦」、「林下一人」三印。蜀書首有中書門下牒,其文與A—1本吴書所載略同,而「吴志」作「蜀志」,「十月二十九日牒」作「十月二十三日」爲異。此牒顯爲日本江户時期補鈔,不知是否建刊本原有。百衲本此牒頗似建刊字體,乃爲商務印書館倣宋版重寫者。此本又缺卷六三末葉(第七葉)。卷四末題記「戊辰孟夏十一夜雨中校了　昆」,卷七末題記「戊午夏五戊寅晚門校對　昆」,卷八末題記「戊午建午中八夜校　昆」,皆朱筆。卷八以前多朱句點、朱綫,眉上朱墨兩色標題,並用群書治要等校語。卷末副葉市野迷庵考證此人,疑爲五山僧人,足利學校所藏毛詩注疏詩譜序末題「大荒落歲晚夏小盡日燈下一看絶句訖藤

圖九五

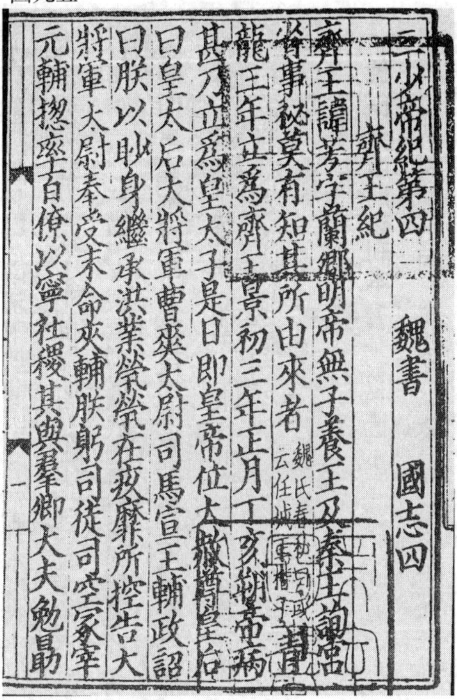

三國志　南宋中期建刊(E種　百衲本)

昷」者即此人。市野文見圖書寮典籍解題漢籍篇收録。另有市野迷庵朱筆校語。每卷首鈐「真浄院」、「惜陰」（墨印）、「江户市野光／彦藏書記」、「賜蘆文庫」、「秘閣／圖書／之章」、「帝室／圖書／之章」諸印； 每卷尾鈐「迷／庵」、「光／彦」、「林下／一人」（白文）印。附「修史館」等稿紙，重野安繹考證各印，謂「真浄院」屬南禪寺。

刊本卷三首行題「三少帝紀第四（空二格）魏書（空二格）國志四」，次行低三格題篇名曰「齊王紀」。以下各卷中皆題篇目，列傳每人傳前各題「某人傳」。尾題「王樓賀韋華傳第二十　吴書　國志六十五」。四周雙邊（一九・八×一二・四釐米，此據卷三首半葉），每半葉十行，行十八字，注文小字雙行二十三字。版心綫黑口，雙魚尾，版心題「魏（蜀、吴）志幾（魏字或作委，或作鬼。）」並記葉次。耳格記篇目。避諱不甚嚴格，缺筆字有「朗、敬、警、竟、境、殷、匡、胤、炅、恒、貞、楨、徵、讓、構、慎、惇、敦、郭、廓」諸字。此本及E－2本均缺卷首，木記、刊記皆不可見，亦無校對人名，刊刻情況不得而知。舊稱「紹熙本」，並無根據。避諱既至寧宗，則非紹熙本自明。鄙意以爲此本與黄善夫史記、兩漢書等形成十史，當係慶元、嘉泰間建安刻本。

市野迷庵朱筆校語，以明吴氏西爽堂本爲主校本，偶用毛氏汲古閣本校。如卷四有十八條校語，皆此本誤，而西爽堂本不誤者。其中多屬顯訛，如「步騭」（葉三第一一行注）「騭」訛「隙」，「司馬景王」（葉九第一九行）「馬」訛「焉」之類，可見此本印行前幾未校勘。十八處中十五處，衢州本、元大德池州路本、明南北監本、汲古閣本、武英殿版及點校本皆不誤，百衲本影印前亦改十一處。三處爲脱字，獨元池州路刊本之誤與此本同。卷五篇幅短，校語亦少，然基本情形與卷四同。卷六校語近一百五十條，蓋因其多，其中四分之三反未引用西爽堂本，而引西爽堂本校改者仍有十數處。卷七至卷九版心左右部分往往破損，有江户時期補鈔，校語亦較少，且有校語出西爽堂本不誤之字而正文未及校改者，如卷七葉六第二行「奉迎天子」，此本「奉」訛「秦」，市野校語「吴本作奉」，正文未據改正。卷十後罕見校語，然蜀書、吴書仍有據西爽堂本校改者。

E—2本：存六十二卷〔南宋中期〕（建安）刊

鈔補三卷（卷二、卷四〇、卷四一）　凡六十五卷三十二册　北京圖書館藏（書號：八四七）

未見。楹書隅録著録，爲海源閣四經四史齋宋本四史之一。北京圖書館善本書目著録。中國版刻圖録（圖版一八六）載卷八首半葉書影，第一批國家珍貴古籍名録圖録載卷一首半葉書影。有二〇〇三年再造善本影印本。

楹書隅録云：「蜀、吴書前均有目録，而魏書無之，想並承祚進書表俱缺失耳。卷第二、第三、第四十、第四十一、第四十二鈔補，字極工雅。卷首有廬山陽陳徵印。道光己酉，先公開府袁江，以重金得之，取配舊藏宋槧史記、兩漢共成四史。」然北京圖書館善本書目止云卷二、卷四〇至四一配清影宋鈔本，版刻圖録亦云「存六十二卷，餘卷前人據別本精抄配全」，則頗疑卷三、卷四二止有部分鈔補葉，宋版葉未至全失。今檢中華再造善本影印本，知卷三首葉至第一八葉補鈔，第一九葉以下乃宋版；卷四二首葉至第一九葉補鈔，第二〇葉以下乃宋版。此外，卷一、卷四、卷一〇、卷一三、卷二四、卷三六、卷三九、卷五〇、卷五一、卷五四、卷六〇、卷六一皆有補鈔葉。中國版刻圖録云：「近年百衲本二十四史本據日本宫内省圖書寮藏本影印，與此正是一版。彼本前三卷已佚，此本可補其缺。」實則此本卷一、卷三固可補E—1本之缺，而此本亦缺卷二，尚不得補全耳。

楹書隅録舉二十四例，言此本文本之善，張元濟百衲本跋及校史隨筆更舉例證成楊説。然此本文本實不佳，見E—1本市野校語即知。

F種、元大德一〇年池州路儒學刊本（九路本十史之一，十行）

元大德九年後江東建康道肅政廉訪司管下九路所刊十史之一，三國志由池州路校刊。南宋衢州本（C種）卷首附朱天錫跋，其文如下（書影見嘉業堂善本書影卷三「南雍三朝本」三國志，録文亦見愛日精廬藏書志）：

自經止獲麟之後，馬遷以紀傳／易編年。歷代信史流傳，不忝董／狐之筆。厥今／奎運昌隆，文風丕振，（空一格）江左憲臺命諸路學校，分派十七史鋟梓，池／庠所刊者三國志。池之爲郡，士類／率多貧窶，學計歲入寡羸，是舉／幾至中輟。（空一格）總管王公元宗奧學／宏才，慨然以化今傳後爲己任。／表倡之下，其應如響，用能鳩工／竣事，不勞餘力。郡博士孔淳孫／式克奉命，董提以厎于成。隸也／淺見謏聞，嘉與稽古之彥，身際／斯文鼎新之幸會，敢拜手書于／左方。大德丙午日南至，前進士／桐鄉朱天錫謹跋。

此跋所記，與漢書（I種）孔文聲跋（大德九年五月）、後漢書（J種）雲謙跋（大德九年一一月）所云相符，爲九路本三國志跋無疑。然現存F種本皆無此跋，此跋可見者在C種（衢州本）卷首，且皆明代補版。案：C種有紹興時衢州校刊題記，一行十九字，則雖有朱跋，實非大德池州刊本；此F種行二十二字，版式字體皆與大德九路諸史合，則雖無題記，刊記可證，F種爲大德池州路本無疑。南雍志經籍考著録三國志版云「存者一千三百九十二面，缺者六面」，又云「集慶路儒學梓計一千二百九十六面，見金陵新志，與今不同」。前者當即嘉靖南監二十一史所用，則C種是也；後者當即F種大德池州儒學刊本。（南雍志稱「集慶路儒學梓」者，除晉書外，皆大德九路本。）蓋C種與F種版片同在南監，而南監常印C種，F種較少印製，且C種屢經補版，已不似宋版，故取F種跋以冠C種首。互詳C種下。

F種傳本甚少，現存僅二部及零本而已。善本書室藏書志、盋山書影、楊氏觀海堂書目、五十萬卷樓藏書目録等著録稱大德池州儒學本者，實皆每行十九、二十字之衢州本（C種）。愛日精廬藏書志著録一部「大德刊本」，雖不言行格，而具録朱跋，當亦衢州本也。

圖九六

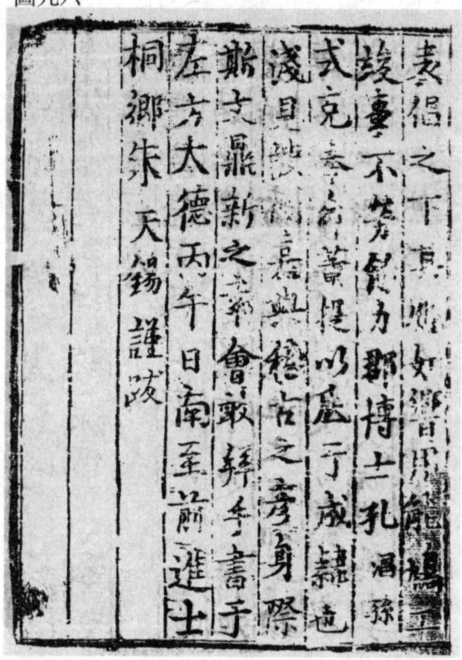

三國志　元大德一〇年池州路儒學刊本跋
（F種　嘉業堂書影）

F—1本：存六十一卷

〔元大德一〇年　池州路儒學〕刊

補配〔南宋前期〕衢州刊〔宋元〕遞修本四卷（卷五七至六〇）

凡六十五卷四十册　「中央圖書館」藏

嘉業堂善本書影收卷一首葉書影，目録稱「宋刊本」。新編嘉業堂藏書志收董康稿，以此本爲「宋刻本」，且置「紹熙本」之前。文禄堂訪書記著録爲元大德九路刻本。「中央圖書館」金元本圖録、中國訪書志均著録。民國一七年嘉業堂摹刻全本（含補配衢州本），稱「景宋本」，附校勘記三卷。

朱大韶、劉承幹舊藏，諸家印記見中國訪書志（增訂本第四三五頁）。後補深藍書衣（二九・七×二〇釐米），襯紙裝。朱天錫跋及上三國志注表並缺。補配衢州本止有元代補版，即C—2本。

圖九七

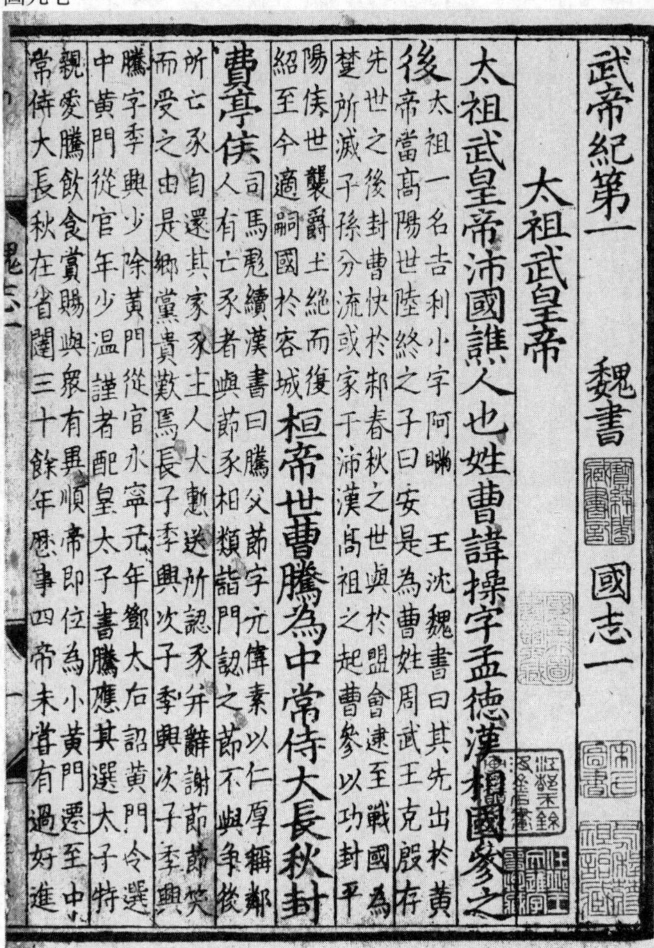
武帝紀第一　魏書　國志一

太祖武皇帝

太祖武皇帝沛國譙人也姓曹諱操字孟德漢相國參之後太祖一名吉利小字阿瞞王沈魏書曰其先出於黃帝當高陽世陸終之子曰安是為曹姓周武王克殷存先世之後封曹俠於邾春秋之世與於盟會逮至戰國為楚所滅子孫分流或家于沛漢高祖之起曹參以功封平陽侯世襲爵土絕而復紹至今適嗣國於容城桓帝世曹騰為中常侍大長秋封費亭侯司馬彪續漢書曰騰父節字元偉素以仁厚稱鄰人有亡豕者與節豕相類詣門認之節不與爭後所亡豕自還其家豕主人大慙送所認豕并辭謝節節笑而受之由是鄉黨貴歎焉長子季興次子季興次子季興騰字季興少除黃門從官永寧元年鄧太后詔黃門令選中黃門從官年少溫謹者配皇太子書騰應其選太子特親愛騰飲食賞賜與衆有異順帝即位為小黃門遷至中常侍大長秋在省闥三十餘年歷事四帝未嘗有過好進

三國志　元大德一〇年池州路儒學刊本（F 種）
（本圖像數據由「國家圖書館」提供）

正文卷首題「武帝紀第一（空三格）魏書（空三格）國志一」，與宋刊諸本同。四周雙邊（二二·一×一五·八釐米），每半葉十行，行二十二字，注文小字雙行。版心綫黑口，三黑魚尾，題「魏志幾」，並記葉次，上象鼻記大小字數，下象鼻記刻工名。上象鼻多已破損。刻工名有：仁甫、文郁、朱可山、和士永、張椿年、程德父、「吉人劉宗暉」等。「吉」或爲吉安，則於池州稍遠。

此爲原版，然有上象鼻一半全黑者，疑或爲補版。

F—2本：存六十三卷　〔元大德一〇年　池州路儒學〕刊至〔明初〕遞修

補配〔南宋前期〕衢州刊〔宋元明〕遞修本二卷（卷六四、卷六五）　凡六十五卷四十八册　「中央圖書館」藏

適園藏書志、莛圃善本書目著録。「中央圖書館」金元本圖録、中國訪書志均著録。後補灑金黄色書衣（二九×一九·二釐米），金鑲玉裝，印版紙高二八釐米。卷首上三國志注表用衢州本配補，而仍無朱天錫跋。卷六四、卷六五配補衢州本，補修至嘉靖。

修補至明初。蓋南監專印衢州本，明中期以後此版更無修補之事。餘與F—1本同。

F—3本：零本（存卷四二後半、卷四三前半）　〔元大德一〇年　池州路儒學〕刊　二册　上海圖書館藏

中國古籍善本書目僅著録卷四三。第二批國家珍貴古籍名録圖録收録卷四三首葉書影。今案：此本第一册收卷四二第一三至第二三葉，第二册收卷四三第一至第四、第六至第一一葉及卷四二第一二葉，是存卷四二後半及卷四三前半。裝訂者移卷四二第一二葉置卷四三第一一葉後，葉次可相連，且第二册末葉與第一册首葉銜接無

誤，故中國古籍善本書目誤以二册共爲卷四三。二〇〇六年再造善本影印本，以此爲一册（以卷四三第一至第四葉、第六至第二一葉、卷四二第一二至第二三葉爲序），並與北京圖書館所藏殘本二册（卷一五至一九）共爲一帙。藏印有「金菊子」、「張□/之印」、「仲/或」、「子子孫孫/永保」（圓印）。

上象鼻右側記字數。左側偶作墨釘，則原或有池州路儒學名，亦未可知。下象鼻有單字刻工名，如「正」、「文」、「可」、「甫」等。

* *

羅振常善本書所見録（周子美編訂，一九五八年商務印書館出版）著録一部魏志三十卷，「元刊本，中字，雙框，白口，三魚尾，十行二十二字，白口，上記字數，下記刻工」。「白口」兩見，與F種綫黑口不符，但除此之外，皆與F種合，疑即F種。

校史隨筆云：「元有池州本，半葉十行，二十二字，此較易得。余亦曾見二部，版印均佳，然訛字極多，難稱善本。」今謂池州本文字遠勝明印衢州本，説詳下。

附、三國志諸版文本

校勘三國志，舊有嘉業堂模刻本（模刻F－1本）所附校勘記三卷。另，楹書隅録舉所藏南宋中期建刊本（E－2本）與殿本考證所云符合者二十餘處，論E－2本之善。張元濟編百衲本二十四史選用E－1本，其跋以楹書隅録所舉尚有未盡，更舉八例證成楊説。張氏又分訛文、衍文、奪字、俗字四類，列舉諸本誤而E－1本不誤者。校史隨筆舉例與百衲本跋同。今就楹書隅録及百衲本跋所舉各處文字，更校舊稱「咸平刊本」、「衢州刊本」、元大德九路本及明三種主要版本，製爲對校表。所用版本如下：

〔南宋中期建安〕刊本（百衲本），簡稱「南宋建刊（百衲）」

〔南宋初期〕刊吴書（所謂咸平刊本），簡稱「吴志」

〔南宋前期衢州〕刊本（元明修本），簡稱「衢州」

元大德一〇年池州路儒學刊本（明初修本），簡稱「元22」

明萬曆二四年南京國子監刊本，簡稱「南監」

明萬曆二八年北京國子監刊本，簡稱「北監」

明崇禎一七年汲古閣刊本，簡稱「汲古」

清乾隆四年武英殿刊本，簡稱「殿版」

一九六〇年中華書局刊點校本，簡稱「點校」

本表以南宋建刊（百衲）爲主，葉次行次皆據南宋建刊（百衲）。上揭南宋建刊（百衲）文字，就其中標圈之字，記録各本異字。諸本文字同南宋建刊（百衲）者以「〇」代表。若有文字南宋建刊（百衲）有而某本無，或某本有而南宋建刊（百衲）無，則以「●」示無其字。

楹書隅録舉例建本與殿本考證所疑相合者

卷次	傳目	葉	表裏	行		南宋建刊（百衲）	吴志	衢州	元22	南監	北監	汲古	殿版	點校
吴12	虞翻	7	b	9	注	⿰貿刂○莫侯○反	○○○	⿰貿刂⿰歹莫	○⿰歹莫	⿰貿刂⿰歹莫	⿰貿刂⿰歹莫	⿰貿刂⿰歹莫	⿰貿刂⿰歹莫	鄮○○
魏4	齊王	9	b	8	注	勅并州并力討胡○		恪	○	恪	恪	恪	恪	○
	高貴鄉公	28	b	9	注	世○語曰		國	○	國	國	國	國	○
11	邴原	22	a	7		河南尹扶風龐迪○		○	迪	○	迪	迪	迪	迪
	管寧	23	b	1		王烈者字彦考○		方	○	方	方	方	方	方
15	張既	16	a	4	注	而位止○二千石乎		至	○	○	至	至	至	○
20	彭城王據	4	a	5	注	魏○書載璽書		列	○	列	列	列	列	○
蜀1	劉璋	5	a	6		三百○六十里		千	○	千	千	千	千	○
14	姜維	7	a	8		仕郡上計掾州辟○爲從事		郡	○	郡	郡	郡	郡	○
吴1	孫策	12	b	8	注	瑀陰圖○襲○策	○○	襲圖	○○	襲圖	襲圖	襲圖	襲圖	○○
2	孫權	7	b	1	注	魏略○曰	○	啓	○	啓	啓	啓	啓	○
		22	a	4	注	復奏○曰伏見漢書	○	書	○	書	書	書	書	書
4	士燮	10	b	1	注	捧其頭○搖○捎○之	○○○	○○稍	○稍搖	頤○稍	頤○稍	○○稍	頤○稍	○○○
10	程普	1	a	9		增兵二千騎五十匹○	○	○	○	四	四	四	四	○
11	呂範	8	b	1	注	自○稱領都督	○	曰	○	曰	曰	曰	曰	○
	朱異	15	a	5	注	而用僕○子言	○	侯	○	侯	侯	侯	侯	○
12	張温	16	b	3		納愚言於聖聽○	○	德	德〔1〕	○	德	德	德	○
	陸瑁	20	a	8		父績早亡二○男一女	○	一	○	一	一	一	一	○
13	陸遜	7	a	9		權使鄱陽太守周○魴	○	孫	○	孫	孫	孫	孫	○

	15	賀齊	2	a	6		令松○陽○長丁蕃留備餘汗	○○	陽松	○○〔2〕	陽松	陽松	陽松	陽松	○
		呂岱	8	a	10		以博爲高涼西部都尉○	○	郡	郡〔3〕	郡	郡	郡	郡	○
魏	13	王朗	18	b	1	注	釀酎○必貫三時而後成		酹	○	酹	酹	酹	○	○
蜀	5	諸葛亮	4	a	8	注	聞元直○廣元仕財如此		麗	○	麗	○	麗	○	○
吳	10	甘寧	11	a	8	注	主○不能用	王	王	○	王	王	王	王	○

張Ⅰ建本與考證所疑相合者

魏	14	蔣濟	32	b	10		弊攰之民○儻有水旱		○	○	○	○	○	敽	○
	30	烏丸鮮卑	2	b	1	注	悉髡○頭以爲輕便		○	○	○	禿	禿	禿	○
蜀	11	向朗	5	a	2	注	鎮西○將軍衛瓘		南	○	南	南	南	南	○
		楊洪	9	a	3	注	初仕郡○後爲督軍從事		往	○〔4〕	往	往	往	往	○
吳	2	孫權	10	a	3	注	吳書曰○咨字德度	○	●	○	●	●	●	●	○
	4	劉繇	1	a	7		山陰縣民○玄治數十里	○	氏	○	氏	氏	氏	○	○
		士燮	9	b	4		會卓入關○壱乃亡歸	○	闕	○	闕	闕	闕	闕	○
	15	周魴	13	a	8		惟○當陳愚	○	推	○	推	推	推	推	○

Ⅱ（訛文）俗本訛字建本不訛者

魏	16	杜畿	16	b	9	亦怪陛下不治其本○		知	○	知	知	知	知	○
	17	張郃	11	a	4	從○討柳城		後	○	後	後	後	後	○
	18	龐悳	16	b	9	惟侯戎○昭果毅		○	○	式	式	式	式	式
	27	王昶	7	b	7	而○武子擊之		至	○	至〔5〕	至	至	至	○
蜀	2	先主	18	b	3	群儒英俊並起河洛○		進	進	進	進	進	進	進

8	秦宓	12	b	6		宓稱疾臥在第舍○		茅	茅	茅	茅	茅	茅	○
10	劉封	1	a	8		先主因令達並領其衆○		兵	○	兵	兵	兵	兵	○
15	楊戲	7	b	10		維外寬内忌意○不能堪		竟	○	竟	竟	竟	竟	○
吳12	駱統	17	b	1		寡歸○無子	○	居	居〔6〕	居	居	居	居	○

Ⅲ（衍文）俗本衍字建本不衍者

魏14	劉曄	27	b	8	注	曄之情必無所●逃矣		復	●	復	復	復	復	●
14	蔣濟	32	b	10		今其所爲急●唯		務	●	務	務	務	務	●
15	張既	14	a	1	注	實不來●此也		在	●	在	在	在	在	●
20	鄧哀王沖	2	b	5		其主●不吉		者	●	者	者	者	者	●
蜀9	馬良	4	a	5		諸葛亮亦從●往		後	後	後	後	後	後	後
蜀12	郤正	23	a	9	注	乃取●豪曹巨闕		其	●	其	其	其	其	●
13	黃權	2	a	6	注	其劉主之●謂也		所	所	所	所	所	所	●
吳16	陸凱	3	a	7		吳郡吳人●	●	也	●	也	也	也	也	●

Ⅳ（脱字）俗本脱字建本不脱者

魏15	張既	16	a	1		封○妻向爲安城鄉君		●	○	●	●	●	●	○
16	蘇則	5	a	8		帝大怒踞胡○牀拔刀		●	○	●	●	●	●	○
	杜畿	12	a	8		必出於親貴親○貴○固……		●●	○○	●●	●●	●●	●●	○○
蜀1	劉璋	5	b	3		以加百姓百○姓○攻戰		●●	●●	●●	●●	●●	●●	○○
5	諸葛亮	8	a	8	注	據正○道而臨有罪		●	○	●	●	●	●	○
7	龐統	4	a	1	注	若惜其小失而廢其○大益		●	●	●	●	●	●	○
8	秦宓	14	a	4		詩云鶴鳴于○九皐		●	●	●	●	●	●	○
吳7	步隲	20	a	6		事業○在荊州界者	○	●	○	●	●	●	●	○

譯注：覈新編百衲本校勘記，所記諸本文字或與尾崎先生製表不符。兩者所據底本版面未必盡同，表述形式皆極簡，亦容有編輯失誤，不可遽斷孰是孰非。此列録百衲本校勘記所記，供讀者參考。〔1〕元「聽」南「德」，〔2〕元「松楊」，〔3〕元「部」，〔4〕元「仕」，〔5〕南「而」，〔6〕元「歸」。

據對照可知，南宋中期建刊本（百衲本）、舊稱咸平刊吴書、元大德池州路刊本三種宋元版屬一類，衢州本（大都爲明代補版）、明代諸刊本及殿版屬另一類，前一類文本明顯優於後一類。中華書局點校本用百衲本、殿版（以北監本爲底本）、金陵活字本（以南監馮夢禎校刊本爲底本）、江南書局本（以汲古閣本爲底本）四本，並參清代以來學者校説，擇善而從，編造新文本，在此表範圍内，幾乎全同百衲本。

雖然，此表所列，皆楊、張兩家所舉南宋中期建刊本（百衲本）不誤之處。其實南宋中期建刊本（百衲本）亦多訛誤，E種下已爲討論。又，衢州本（C種）版存元代西湖書院，明代歸南監，屢經修補，印製不斷，後爲南監二十一史之一，故明代諸刊本及殿本皆在此本影響之下。如吴書虞翻傳夾行注中又夾行小字注反切，衢州本已誤合「莫反」二字爲「殕」，然此葉出明代補版，衢州原版是否如此，尚未可知。然明代補版訛誤之多，令人不得不疑其宋刻原版已不盡善。所謂紹興本（B種）與衢州本緊密相關，或疑B種即衢州本較早印本。B種補版極少，大都爲南宋初期原版葉，然其訛字亦不在少，則B、C種（且不論是否一種）在南宋前期或已存諸多訛誤。

百衲本二十四史採用E—1本，E—1本所缺三卷始用所謂紹興本（B—1本）配補。校史隨筆云「衢州本爲上，建本次之」，惟因B—1本「祇存魏志」，「無已，其惟此建本乎」。按：B—1本大都爲南宋初期原版葉，存魏書三十卷；E—1本則時間晚至南宋中期，且爲建刊訛誤較多之版。理當先用B—1全本，所缺蜀書、吴書以E—1本配補乃可。豈張元濟已知B、C種文本欠佳者與。

要之，舊稱咸平本（A種）、南宋中期建刊本（E種）、大德池州路刊本（F種）較明修衢州本及明清諸本爲佳，已無疑義。衢州本原版如何，尚不可知。B種或謂衢州本原版，或謂不同版，未有定論，但其間關係非常密切。B—1本存魏書三十卷，筆者雖有幸得睹其真面目，然未及校對文字。（曾就百衲本影印三卷及倭人傳圖版校對文字，如見上文。）就B—1本三十卷全面校字，對照諸本以明其間文本優劣，（上表所列，出魏書者共二十處，亦可資參考。）並討論B種與衢州本之關係，（B—2本蔣跋所列訛字皆可比校。C—1本亦可對照。）是筆者所望於後來者。

五　晉書　一百三十卷

晉書現存宋版五種，元版三種，宋元版傳本之多，出人意表。然宋版中僅秋浦郡齋本可謂官刊，其餘均屬坊刻本。其中南宋前期刊十四行本三種時間較早，百衲本及再造善本分別據以影印。百衲本本紀、列傳共一百卷用蔣光焴舊藏十四行二十六、二十七字本（B—1本），載記三十卷用江南圖書館舊藏十四行二十五字本（C—1本），再造善本用楊紹和、周叔弢遞藏足本（A—1本）。

蔣氏舊藏本（B—1本）與海源閣舊藏本（A—1本）行格相同，字體特徵並無二致，乍見似爲同版。然仔細比較，知兩者實非同版，而其相似出於覆刻。兩版之先後，不易斷定，綜合考慮，似當以楊本（A—1本）在先，故以楊本爲A種，蔣本爲B種。

各地所藏晉書建刊十行本十餘部，均屬元代覆宋本，曾未見真宋本。直至近年，上海圖書館始披露所藏真宋版殘本六十九卷（D—1本）。於是，以黃善夫本史記爲首之南宋中期建安刊十史系列，除五代史記尚未見宋本外，均已確認宋本之存在。

A種、南宋前期建刊本（十四行二十六至二十七字）

A—1本：一百三十卷　〔南宋前期〕〔建安〕刊　周捐　三十六册　北京圖書館藏（書號：八〇〇三）

楊氏海源閣舊本。見楹書隅録、自莊嚴堪善本書目（冀淑英編，一九八五年天津古籍出版社出版）、一九五九年北京圖書館善本書目、第一批國家珍貴古籍名録圖録著録。案自莊嚴堪善本書目云：「十四行二十七字，白口，左右雙邊。此書明、清以來，遞爲華亭朱氏、季振宜、徐乾學所藏，後歸海源閣，楹書隅録卷二著録。見書影五。」其書影五，逕用版刻圖録圖版一六五，是誤以此本與百衲本底本（B—1本）爲同版。有二〇〇三年再造善本影印本。

後補粉紅書衣（二四·七×一七·一釐米），襯紙裝。有少數補鈔葉，如卷一〇六第一一葉等。首册書衣背面鈐楊氏四印：「關西節／度系關西」（白文）、「禄易書千萬值／小胥鈔良友詒／閣主人清白吏／讀曾經學何事／愧蠹魚未食字／遺子孫承此志」、「瀛海／僊班」（白文）、「東郡／楊紹／和印」。書中有季滄葦印：「御史／振宜／之印」（白文）、「季振宜／讀書」、「季振宜／藏書」、「季印／振宜」（兩種）、「滄／葦」、「宋本」（圓）、「季振宜／字詵兮／號滄葦」（此印見蔣本（B—1本）目録末葉，本屬此本，後經抽换，故列於此）。徐乾學印：「乾／學」、「徐／健菴」（白文）。楊氏諸印如下：「楊印／以增」（白文）、「至／堂」、「瀛海／僊班」（白文）、「楊東樵／讀過」（橢圓）、「楊氏海／原閣藏」（白文）、「古東郡／海原閣／楊氏珍藏」、「東郡楊氏／宋存書／室珍藏」、「東郡宋存／書室珍藏」（白文）、「宋存書／室珍藏」、「楊紹和字／彦合一字念／徽號協卿／又號筑巖」（白文）、「道光秀／才咸豐／舉人同／治進士」、「楊紹和」、「楊印／紹和」（白文）、「楊印／紹和」（白朱）、「東郡／楊二」（白文）、「紹和／筠巖」（白朱）、「臣紹／和印」（白文）、「協／卿」、「楊和／協卿」（白朱）、「彦合」、「彦合／珍藏」（白文）、「彦合／珍玩」、「彦合／珍存」、「彦合／讀書」（白文）、「楊氏／彦合」（朱白）、「協卿／讀過」（白文）、「楊紹和／讀過」（白文）、「楊二／協卿」、「紹和／筠岩」（朱白）、「楊紹和／曾敬觀／天禄琳／琅秘籍」、「史館／纂修」（白文）、「墓田丙／舍炳燭／讀書」、「東郡／楊紹／和印」、「東郡楊紹／和鑒藏金／石書畫印」（白文）、「楊紹和／審定」、「楊紹和／鑒定」（白文）、「楊紹和／藏書」、「聊城楊／氏所藏」、「陶南／布衣」（白文）。周叔弢印：「周／暹」（白文）。又有六種藏印原屬蔣本（B—1本），因此本與蔣本之間，曾經有少數書葉抽換，故亦見於此本。「柔／升」印見於蔣本幾乎所有卷首，而卷二〇、卷二六首不見此印，却見於此本（A—1本）卷二〇、卷二六首。此本（A—1本）卷二六首見「廣乘山人」、「松郡／朱氏」兩種，卷二、卷二五、卷三四尾皆見「榮慶堂」、「華亭／朱氏／珍藏」、「大宗／伯印」三種印，此五種均爲明嘉靖時期松江華亭朱氏印，頻見蔣本卷首、卷尾各約十五處，而此五印見於此本之處，蔣本即不見，實因抽換所致。然蔣本卷二、卷二五、卷三四首皆仍有「柔／升」印者，楊本、蔣本之間僅抽換卷末數葉故也。聶微萌先生調查楊、蔣二本膠卷，注意魚尾形狀、版框大小、浸水污漬等因素之連續與變化，具體分析抽換情況，如認爲卷二互換末二葉（第一〇、第一一葉）等。後筆者與聶先生一同檢查原書，確認聶先生所言不誣〔詳聶著晉書兩種宋刻二十七字本的考察，見中國典籍與文化二〇一三年第一期（總第八四期）〕。又據聶先生，再造善本在影印前加工圖像，强制統一每葉之版框高度，消除版面之污漬，故調查膠卷始得確認書葉互换之情況。當知再造善本爲美觀計，丟失大量版面信息，就研究版本而言，尚不如縮微膠卷之較多保留原貌。

首晉書目録十七葉，半葉十二行。目録首行題「晉書目録」，下空九格題「唐太宗文皇帝御撰」。次正文，首行題「帝紀卷第一（空五格）晉書一（空八格）御撰」。正文撰者題，南宋前期十四行本（A種、B種、C種）及秋浦郡齋刊本（F種）皆止作「御撰」，南宋中期建刊本（D種）以下諸本始作「唐太宗文皇帝御撰」。第二行低四格題「宣帝」。卷一尾題「帝紀卷第一（空五格）晉書一（空七格）虞喆書（空二格）」。

左右雙邊（一七・八×一二・五釐米。再造善本影印刊記稱「原書版框高十八釐米，寬十三・一釐米」），十四行二十六、二十七字。版心白口，黑雙魚尾，題「晉已一」，又記葉次。避諱缺筆字：「玄、絃、弦、慈、朗、敬、警、驚、竟、弘、泓、殷、匡、炅，恒，禎、楨、湞、徵，桓」，至欽宗「桓」字止。偶有「構」字缺一筆者，似不宜視爲避諱。又，卷三二第七葉左第九行有一處「禎」字作「御名」。考晉書之始有刊本，當在咸平年間，與三國志同（參緒論編）。而三史有舊稱「景祐本」，唐書有舊稱「嘉祐本」，是仁宗朝有校正三史、新刊唐書之舉，則晉書當亦有仁宗時期刊本，爲此南宋前期版之祖本。

B種、南宋前期建刊本（行格同A種）

B—1本：存七十三卷（卷一至四五、卷五四至八一）〔南宋前期建安〕刊
配清影宋抄本二十七卷（卷四六至五三、卷八二至一〇〇）
蔣鷺濤捐　存一百卷三十二册　北京圖書館藏（書號：五八二七）

北京圖書館善本書目著録。中國版刻圖録（圖版一六五）著録。百衲本二十四史所據底本。版刻圖録云：「存一百卷。載記三十卷，前人據别本精抄配補。百衲本二十四史印本，即據此帙影印。」今此本無載記三十卷，確如北京圖書館善本書目著録，百衲本以江蘇第一圖書館藏本（C—1本）補其缺，不知版刻圖録

言「精抄配補」何所依據（南圖本（C—1本）具有載記三十卷，其中僅十二卷爲補鈔，則此言又非據南圖本可知）。除鈔補二十七卷外，宋刊本殘存七十三卷中亦有不少補鈔葉。第一册末（卷二末）有咸豐五年（一八五五）錢泰吉、邵懿辰識語及光緒三四年蔣述彭謄寫咸豐四年蔣光焴識語。百衲本録此三則識語，移置書末。

後補灑金藍書衣（二四·二×一六釐米），襯紙裝。藏印有：「柔／升」、「廣乘／山人」、「松郡／朱氏」、「榮慶堂」、「華亭／朱氏／珍藏」、「大宗／伯印」、「太史／氏印」（白文）、「平之／真賞」（白文）、「而掄／堂印」（白文）、「鹽官蔣／氏衍芬／草堂三世／藏書印」、「臣光／焴印」、「蔣印／光焴」、「寅／昉」。目録末有「季振宜／字詵兮／號滄葦」，原屬楊本（A—1本），經抽換乃在此。筆者曾見百衲本有「廣乘山人」、「松郡朱氏」等藏印，與楹書隅録所云合，遂疑百衲本有部分雜用楊本（A—1本）書影。後經聶先生調查，知楊本與蔣本之間曾有書葉互換，百衲本紀、志、傳純用此本（B—1本），未嘗雜用楊本（聶文見前）。

卷首題名格式與楊本（A—1本）同。左右雙邊（一八·五×一二·五釐米），十四行，二十六、二十七字不等，原注小字雙行二十七字左右。雖云覆刻，第一卷首葉版框較楊本（A—1本）高七毫米。卷一末題「虞喆書」，亦如楊本。版心白口，有少數綫黑口葉。版心題「晉紀」（志、列傳。紀或作「己」，列傳或作「列」）綫」，雙黑魚尾，下象鼻記葉次，偶記字數。刻工名幾無，其僅見者「陳博刀」（卷二五第七葉）、「虞孫刊」、「孫刊」（卷二七第三第四葉）而已。版刻圖録云：「宋諱缺筆至『構』字，而『慎』字不缺筆。」然「構」字缺筆未必爲避諱，不宜遽斷。又，卷三一第七葉左第九行仁宗諱「禎」作「御名」，與楊本（A—1本）同。版刻圖録又云：「字近瘦金體，遒勁有力。紙墨版式，純係南宋初葉建本風格。」今觀版刻圖録圖版（稍大於原本），頗傳原書字體之端麗，百衲本則經縮印，稍失風韻。

圖九八

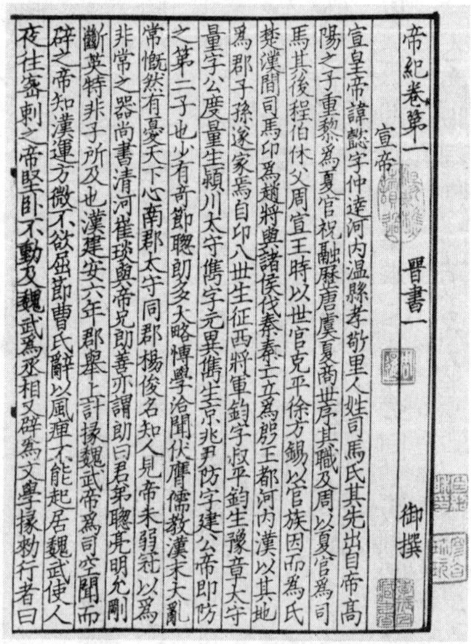
帝紀卷第一　晉書一　御撰
宣帝
宣皇帝諱懿字仲達河内温縣孝敬里人姓司馬氏其先出自帝高
陽之子重黎爲夏官祝融歷唐虞夏商世序其職及周以夏官爲司
馬其後程伯休父周宣王時以世官克平徐方錫以官族因而爲氏
楚漢間司馬卬爲趙將與諸侯伐秦秦亡立爲殷王都河内漢以其地
爲郡子孫遂家焉自卬八世生征西將軍鈞字叔平鈞生豫章太守
量字公度量生潁川太守儁字元異儁生京兆尹防字建公帝即防
之第二子也少有奇節聰朗多大略博學洽聞伏膺儒教漢末大亂
常慨然有憂天下心南郡太守同郡楊俊名知人見帝未弱冠以爲
非常之器尚書清河崔琰與帝兄朗善亦謂朗曰君弟聰亮明允剛
斷英特非子所及也漢建安六年郡舉上計掾魏武帝爲司空聞而
辟之帝知漢運方微不欲屈節曹氏辭以風痺不能起居魏武使人
夜往密刺之帝堅臥不動及魏武爲丞相又辟爲文學掾勑行者曰

晉書　南宋前期建刊

（A 種　珍貴古籍圖録）

圖九九

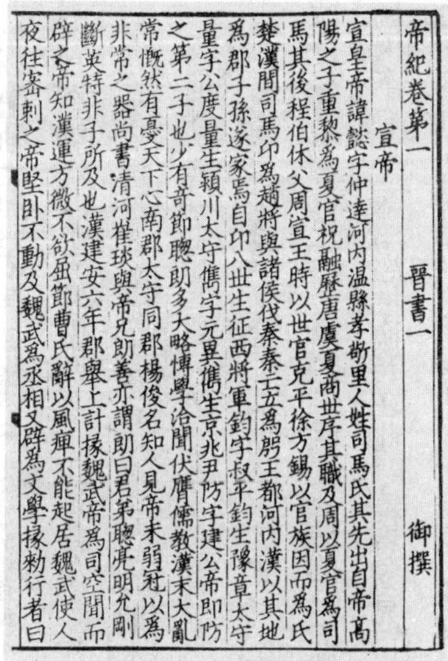
帝紀卷第一　晉書一　御撰
宣帝
宣皇帝諱懿字仲達河内温縣孝敬里人姓司馬氏其先出自帝高
陽之子重黎爲夏官祝融歷唐虞夏商世序其職及周以夏官爲司
馬其後程伯休父周宣王時以世官克平徐方錫以官族因而爲氏
楚漢間司馬卬爲趙將與諸侯伐秦秦亡立爲殷王都河内漢以其地
爲郡子孫遂家焉自卬八世生征西將軍鈞字叔平鈞生豫章太守
量字公度量生潁川太守儁字元異儁生京兆尹防字建公帝即防
之第二子也少有奇節聰朗多大略博學洽聞伏膺儒教漢末大亂
常慨然有憂天下心南郡太守同郡楊俊名知人見帝未弱冠以爲
非常之器尚書清河崔琰與帝兄朗善亦謂朗曰君弟聰亮明允剛
斷英特非子所及也漢建安六年郡舉上計掾魏武帝爲司空聞而
辟之帝知漢運方微不欲屈節曹氏辭以風痺不能起居魏武使人
夜往密刺之帝堅臥不動及魏武爲丞相又辟爲文學掾勑行者曰

晉書　南宋前期建刊

（B 種　版刻圖録）

此本與楊本（A—1本）關係密切，版面文字安排一致，同一文字見於同一位置。字體酷似，筆劃細節之特徵相符，具體文字與上下文字之位置關係，或偏上偏下、偏左偏右，亦大都一致。可以認定兩本屬於覆刻關係。唯楊本筆劃往往簡化，同一文字楊本簡體、蔣本正體之處俯拾即是，亦有楊本用重文號、蔣本重寫字之處，而相反情況雖非無，但較少。總之，兩本之一，當以另一本爲底本，精密模寫成版樣，上版刻印。僅以字體風格而言，楊本似更圓柔，「南宋初葉建本風格」似更顯著，然此差異極其微小，僅憑印象，不足以定論。

兩本文字異同，如見下列（D種末）校對表。初筆者以再造善本影印楊本校百衲本影蔣本，見楊本往往有數字至二十八字之脱字，頗爲驚異，托聶先生代查蔣本膠卷，始知蔣本脱字與楊本無異，唯百衲本描寫補字而已。可惜張元濟晉書校勘記已佚，欲知百衲本描改，必需覈查蔣本膠卷。今查蔣本膠卷可知，未經百衲本校改之蔣本文字，與楊本大體一致，諸多訛誤皆同，差異甚少。楊、蔣二本間之差異有稍可留意者，如目録「列傳」「第五十八卷孝友」列舉傳主十四人，一行列三人，共五行。楊本第一行列二人，第二行至第五行皆列三人；蔣本第一行至第四行列三人，第五行列二人。又如目録「紀」「第八卷」「廢帝海西公」，楊本「西」訛「酉」，蔣本不誤。此等或蔣本校正楊本訛誤。又，楊本有多處夾行小字校記，蔣本皆删，隨意重複上下文字填補其空白，以致不成文義。此可視爲蔣本據楊本覆刻之證（詳見校對表。另參上引聶文）。

百衲本紀、志、傳一百卷借用蔣光焴後人所藏此B—1本，據以影印，如封面背面刊記所題。張元濟跋及校史隨筆雖均未詳言描修之情形，然百衲本描修甚爲仔細，除校訂文本外，如目録版心題，此本多作單字「目」，唯末尾數葉作「晉目」，而百衲本描修統一作「晉目」。此B—1本，缺載記三十卷，故目録剜去末二葉半載記部分，而百衲本自第一四葉右半葉末行「載記三十卷」以下，悉爲補鈔。百衲本校訂文本，如見校對表，蓋皆據明清刊本校正。其底本脱字至二十數字處，補字時調整前後數行至十行，每行各增加一兩字，以求版面印象變化不大，不顯補字痕迹。凡此等處，恐一葉全爲重新描寫付印。

C種、南宋前期建刊本（十四行二十五字）

C—1本：存一百九卷　〔南宋前期建安〕刊　五十册　南京圖書館藏

鈔補二十一卷（卷八至一〇、卷二八至三〇、卷四三至四五、卷一〇一至一〇五、卷一一五至一二一）

善本書室藏書志著録，江南圖書館善本書目、宋元舊本書經眼録等著録。盔山書影載卷一首葉書影。百衲本二十四史晉書卷一〇一以下載記三十卷據此本影印。第二批國家珍貴古籍名録圖録收録卷一首半葉彩色書影，高寬比率嚴重失真，横向壓縮太甚，不得視爲原書真貌。

補鈔有二十一卷，百衲本所收載記三十卷，其中十二卷即補鈔卷。又，卷三二第一葉、卷四一第

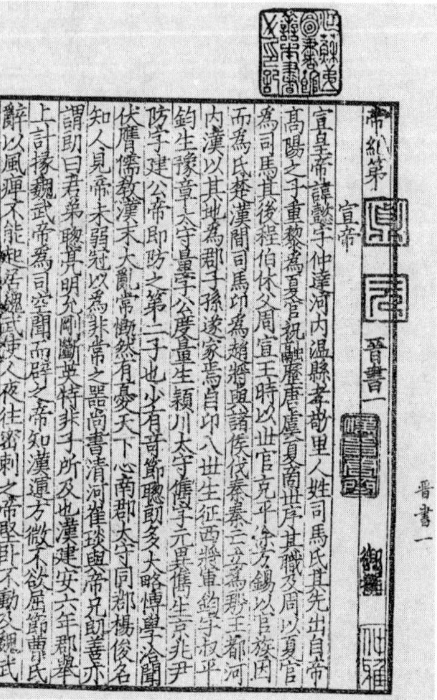

晉書　南宋前期建刊（C種　盔山書影）

圖一〇〇

六至九葉、卷六七第一葉均補鈔。朱筆加點、綫。卷末副葉有毛晉識語（其文見善本書室藏書志）及印。藏印有「鼎」、「元」、「仲雅」（王世貞）、「商丘宋犖／收藏善本」、「臣／筠」、「三晉／提刑」（宋犖、宋筠）、「馬瀛／之印」、（白文）「二／樝」、「漢晉齋」、「漢晉書齋」（馬瀛）、「泰峰／見過」（郁松年）、「濟陽／文府」、「大然／居士」、「八千卷／樓所藏」、「八千卷樓」、「八千卷／樓藏／書印」（丁丙）、「江蘇第一／圖書館／善本書／之印記」等。馬瀛稱「漢晉齋」，「晉」即此本。後補粉紅書衣（二二・一×一四・七釐米），襯紙裝。開本較小，字亦小。

首晉書目録七葉（首半葉、第六葉左半葉、第七葉係補鈔），一目不獨占一行，如作「第一　天文上　第二　天文中」。首題「帝紀第一（空六格）晉書一（空六格）御撰」。尾題「載記第三十（空五格）晉書百三十」，下半部已破損。載記各卷卷次「百」字大都被剜去。左右雙邊（一七・九×一二・三釐米），十四行，行二十五字。版心白口，間有綫黑口，雙魚

尾，版心題「晉己二」等，無刻工名。缺筆較多，「桓」字確不避諱。雖調查不周，「構」「慎」字幾無缺筆者。百衲本卷一〇三第二葉左半葉第九行「慎」字缺筆，然爲補鈔卷，不足以論此本避諱。此本字體端整，當爲南宋前期建安刊本，避諱情況可做旁證。

張氏未及討論此本文字，筆者曾取百衲本所收載記部分（卷一〇一以下）前數卷，與其他八種版本相校，並撰文發表（斯道文庫論集第二六輯）。後見原本，始知所校數卷皆出精巧補鈔，據此校對，不僅徒勞，且見笑大方。今據校對結果，知補鈔底本當爲南監長期刷印之元刊十行二十字本。百衲本混用補鈔卷，並無説明，殊非其宜。又，藏園羣書經眼録謂傅氏曾校此本，「舛誤滿紙」，不如E—8本（靜嘉堂藏十行十九字本）之善。今據下列對校表（南圖本文本，曾請張敏先生代查），知楊本、蔣本同脱、同衍之處，此本皆不脱不衍。然此當視爲楊本校對疏忽，屬於特殊，蔣本亦因之，南圖本反屬正常。總體而言，三本均屬南宋前期建刊十四行本，文本同屬一類，而其中楊本與蔣本十分接近，此本與楊本、蔣本稍有距離，詳見聶溦萌晉書版本演化考（文史二〇一三年第三輯）。

D種、南宋中期建刊十行本（十九字）

筆者三十年前推論南宋中期建刊十行本當形成一套十史，而所見晉書皆元代覆刻本，未聞有真宋本（宋元刊三國志および晉書について，載斯道文庫論集第一六輯，一九七九年）。至二〇一〇年，第二批國家珍貴古籍名録圖録收録上海圖書館所藏真宋本，同年上海圖書館舉辦館藏宋本展，展列此本，又收録於同時出版之上海圖書館藏宋本圖録（上海古籍出版社出版）。於是筆者始得見晉書真宋本，（當時未見陳澄中圖録）十史僅五代史記尚未見真宋本而已。今主據上海圖書館藏宋本圖録，參以二〇一三年筆者與聶先生一道訪問上海圖書館調查原件所見，著録如左。

D—1本： 存六十九卷（卷一至三〇，卷三七至五二，卷五四，卷六九至八五，卷一〇一至一〇五）
〔南宋中期〕〔建安〕刊配元刻明修本（卷三一至三六，卷四八第一七至二三葉，卷四九第一葉，卷五一第三至一〇葉，卷五二第一五至二〇葉，卷五三，卷五四第一至一八葉，第二五葉，卷五五，卷五九至六八，卷八六至一〇〇，卷一〇六至一三〇）

配清鈔本（卷五六至五八）　凡一百三十卷八十册　上海圖書館藏

韓氏讀有用書齋書目著録。陳澄中舊本。祁陽陳澄中舊藏善本古籍圖録（二〇〇六年上海古籍出版社出版）、第二批國家珍貴古籍名録圖録均收録卷二首半葉彩色書影。上海圖書館藏宋本圖録（二〇一〇年上海古籍出版社出版）收録目録首半葉並卷一首半葉彩色書影。藏印有：「毛」（圓）、「毛晉／秘匧」、「子晉／氏」（白朱）、「毛鳳／苞印」（朱白白朱）、「海虞毛／表奏叔／圖書記」、「古虞毛／氏奏叔／圖書記」、「東吴／毛表」（白文）、「虞山毛氏／汲古閣藏」、「汲古閣／藏書記」、「季振宜／讀書」、「韓應陛鑒藏／宋元名鈔名校／各善本于讀／有用書齋印記」、「韓印／繩大」（白文）、「价藩」、「松江讀有用書齋金山守山閣／兩後人韓德均錢潤文夫婦之印」、「甲子丙寅韓德均錢潤文／夫婦兩度攜書避難記」、「蔣祖／詒印」、「蔣祖詒讀書記」、「穀／孫」。

卷一首行題「帝紀第一（空四格）晉書一」，第二行題「（低五格）唐太宗文皇帝（空三格）御撰」。左右雙邊（二〇・五×一二・五釐米），半葉十行，行十九字。版心白口，黑雙魚尾。宋諱「玄、朗，弘、泓、殷，匡，恒，貞、楨，讓，勗，桓、完，構，慎，敦」字缺筆，「郭、廓」不缺筆。

上海圖書館藏宋本圖録於此版文本無所評述，而謂配補元刻明修本（覆宋版，即E種）「元刻本校勘較爲精審，至明代補版則俗惡不堪」。元刻本既據此版覆刻，而「校勘較爲精審」，則宋版亦當精善。左列校對表未能採用此本，姑以內閣文庫藏元覆刻本（E—2本，印製頗早，補版極少）校南宋前期建刊本（A種、B種），則前期建刊本（A種、B種）之訛脱元覆刻本大都不誤，文本相當精良。而經聶先生對校此本（D—1本），知南宋前期A、B、C種脱衍之處，此本雖不脱衍，而刻字或密或疏，一行字數不同常規，可見其底本仍如A、B、C種，此本校勘修正而已。就A、B兩種與C種之間差異而言，若排除校勘修正之因素，則此本底本似更近於A、B種。詳聶著晉書版本演化考（見上）。

圖一〇一

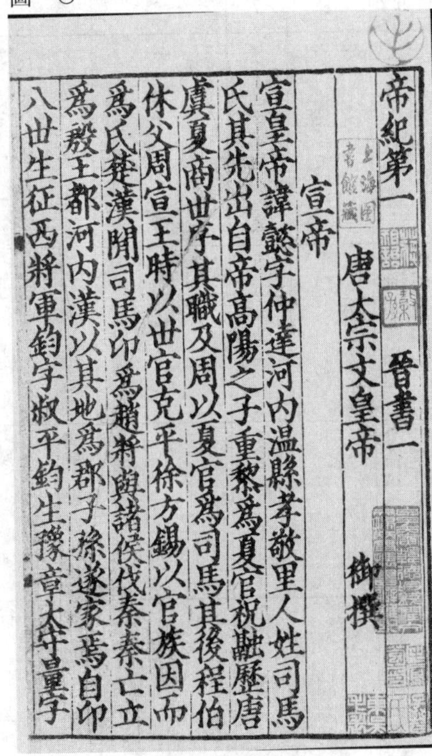
帝紀第一　晉書一
唐太宗文皇帝　御撰
宣帝
宣皇帝諱懿字仲達河内温縣孝敬里人姓司馬
氏其先出自帝高陽之子重黎爲夏官祝融歷唐
虞夏商世序其職及周以夏官爲司馬其後程伯
休父周宣王時以世官克平徐方錫以官族因而
爲氏楚漢閒司馬卬爲趙將與諸侯伐秦秦亡立
爲殷王都河内漢以其地爲郡子孫遂家焉自卬
八世生征西將軍鈞字叔平鈞生豫章太守量字

晉書　南宋中期建刊
（D種　上圖宋本圖録）

南宋建刊本晉書校對表

楊本（A—1本）用再造善本影印本，蔣本（B—1本）用縮微膠卷複印本，南圖本（C—1本）據南圖拍照電子本。蔣本請聶溦萌先生代查，南圖本請張敏先生代查，記此致謝。內閣本即E—2本元覆南宋中期建刊十行本，存卷三一至七一，今所録者皆其原版葉。

	楊本位置（卷—葉—行—字）	楊本（南宋前期建刊十四行本A）	蔣本（南宋前期建刊十四行本B）	南圖本（南宋前期建刊十四行本C）	内閣本（元覆南宋中期建刊十行本E）	百衲本	點校本
1	3—11a—6—6	王	五	五	（缺卷）	五	伍
2	6—7b—2—3	刀	刁	刁	（缺卷）	刁	刁
3	9—4b—13—1	三	王	王	（缺卷）	王	王
4	11—2b—1—1	（無）	（殘）	行	（缺卷）	行	行
5	12—1b—14—行底	理	李	李	（缺卷）	李	理
6	33—5b—1—20	（無）	（無）	有「征無戰」至「誠宜有」二十六字	有「征無戰」至「誠宜有」二十六字	有「征無戰」至「誠宜有」二十六字	有「征無戰」至「誠宜有」二十六字
7	33—5b—6—行底	有	敢	（無）	（無）	（無）	（無）
8	33—12a—7—22、23	與之	與之	（無）	（無）	（無）	（無）
9	34—10a—14—21至24	分命臣等隨界分**趨便先驅**進	分命臣等隨界分**臣等隨界分**進	分命臣等隨界分進	分命臣等隨界分進	分命臣等隨界分進	分命臣等隨界分進

10	36—14a—10—5	使卞燭教之數言	使成卞教之數言	使卞執燭不從……久不成卞教之數言	使卞執燭不從……久不成卞教之數言	使卞執燭不從……久不成卞教之數言	使卞執燭不從……久不成卞教之數言
11	37—12a—11—5	（無）	（無）	於	於	於	於
12	41—2b—8—行底	皆	牛	牛	牛	牛	牛
13	41—3b—12—5	衆	衆	衆而家	衆而家	衆而家	衆而家
14	41—3b—14—1	務	弘	弘	弘	弘	弘
15	41—3b—14—10	憙	憙	憙	嘉	憙	嘉
16	42—8a—4—行底	悚	悚	悚悚	悚	悚〃	悚慄
17	42—9a—8—8以下	「觀閣本未有達官／作未有大官誤」（小字雙行校注）	不置司馬不給官（重複下文七字，以填刪除校注之空白）	（無）	（無）	（無）	（無）
18	42—9b—2—18	所	所	所以	以	所以	所以
19	43—3a—14—行首	（無）	（無）	授	授	授	授

（續）

	楊本位置（卷—葉—行—字）	楊本（南宋前期建刊十四行本A）	蔣本（南宋前期建刊十四行本B）	南圖本（南宋前期建刊十四行本C）	内閣本（元覆南宋中期建刊十行本E）	百衲本	點校本
20	43—3b—14—行底	産	産	彦	産	彦	彦
21	44—5b—5—14之下	（無）	（無）	蕩陰穎遣志督兵迎帝及王浚攻鄴志勸穎奉天子還洛陽時甲士尚萬	蕩陰穎遣志督兵迎帝及王浚攻鄴志勸穎奉天子還洛陽時甲士尚萬	蕩陰穎遣志督兵迎帝及王浚攻鄴志勸穎奉天子還洛陽時甲士尚萬	蕩陰穎遣志督兵迎帝及王浚攻鄴志勸穎奉天子還洛陽時甲士尚萬
22	44—6b—5—21以下	「按王隱晉書云／元帝建武元年／遼西叚末波／通使於晉」（小字雙行校注）	末波在遼西諶往投之元帝之初（重複上文十三字，以填刪除校注之空白）	（無）	（無）	（無）	（無）
23	44—6b—6—6	叚	（無）	叚	叚	（無）	段
24	44—7b—11—19下	「一本作／易之」（小字雙行校注）	而群之（重複下文三字，以填刪除校注之空白）	（無）	（無）	（無）	（無）
25	45—8b—12—23下	「一作／統非」（小字雙行校注）	衛率（重複上文二字，以填刪除校注之空白）	（無）	（無）	（無）	（無）

26	45—9b—1—27	「一作／愛」（小字雙行校注）	於（重複下文一字，以填刪除校注之空白）	（無）	（無）	（無）	（無）
27	55—3a—3	（有雙行小字注音）	（有雙行小字注音）	（無）	（有雙行小字注音）	（有雙行小字注音）	
28	56—1b—13—27、28	濟忘	濟忘	流亡	流亡	流亡	流亡
29	57—8b—10—17	立	位	泣	泣	位	位
30	59—1b—13—27	大	大	天	天	天	天
31	59—1b—14—23	皮（似缺左旁）	彼	彼	彼	彼	彼
32	59—21b—8—4	㇄	（不清。字形似「已」或「巳」。）	巴	已	（空格）	已
33	61—4b—9—行底	（空格）	有（與次行首字重複）	（無）	有	有（與次行首字重複）	（無）
34	61—9a—10—25下	（無）	（無）	（無）	（無）	率衆屯彭澤以備軼訪	率衆屯彭澤以備軼訪
35	62—5a—10—行底下	（無）	（無）	窮	窮	窮	窮

（續）

	楊本位置（卷—葉—行—字）	楊本（南宋前期建刊十四行本A）	蔣本（南宋前期建刊十四行本B）	南圖本（南宋前期建刊十四行本C）	内閣本（元覆南宋中期建刊十行本E）	百衲本	點校本
36	63—2a—9—25下	（無）	（無）	賓	（無）	賓	賓
37	65—1a—14—1	傾	順	順	傾	順	順
38	65—3b—12—行底	（空格）	帝（與次行首字重複）	（無）	（無）	（無）	（無）
39	66—4a—3—行底	（空兩格）	有所（與次行首兩字重複）	（無）	（無）	（無）	（無）
40	66—9b—14—行底	逆	逆	進	進	進	進
41	68—1b—14—行底	（空半格）	（空半格）	口	口	口	口
42	68—4b—1—2下	（無）	（無）	則	則	則	則
43	68—13b—1—24下	（無）	（無）	高	高	高	高
44	69—4a—10—4至15	司牧……使之（十一字）	司牧……使之（十一字）	司牧……使之（十一字）	（無）	（無）	司牧……使之（十一字）

45	71—4b—11—15下	（無）	（無）	進	進	進	進
46	79—1a—2右（小字）	方	方	方	（缺卷）	萬	萬
47	79—11b—1行底	武	武	武	（缺卷）	（「武」字移次行首）	
48	80—4b—8行底以下	（無）	（無）	抗行比張芝草猶當	（缺卷）	抗行比張芝草猶當	抗行比張芝草猶當
49	80—4b—9—9、10	羲之	羲之	張芝	（缺卷）	張芝	張芝

E種、元覆南宋中期建刊本（行格同D種）

舊稱宋刊十行大字本，筆者所知即有十三部。其中臺北「故宫博物院」所藏殘存四卷者純乎原版，内閣文庫所藏殘存四十一卷者補版極少，幾乎全爲原版。後得見北京大學圖書館藏二部，亦原版。今觀内閣文庫藏本，字體鬆散，不似宋刊本。考黄善夫本史記以下，南宋中期建刊十行十九字本有兩漢書、三國志、南史、北史、隋書、唐書，唐書亦有元代天曆二年（一三二九）覆刻本。舊稱宋刊十行大字本晉書，行格、字體、刻工及補版情況皆與唐書元代覆刻本相合，可以推定爲元代中期覆刻南宋中期建刊本。今南宋中期建刊真本（D—1本）出現，則元版之爲覆南宋中期建刊本已得實證。

E—1本：存四卷（卷一四至一七）　　一册　「故宮博物院」藏

清内閣大庫舊本。中國訪書志（增訂版第二三二頁）著録爲「〔南宋〕刊本」。吴哲夫「故宮」善本書志（「故宮」圖書季刊3—1）説較詳，亦稱「宋刊本」。「故宮博物院」宋本圖録載卷一六首半葉書影，解題與「故宮」善本書志同。後補黑書衣（二六・二×一五・四釐米）。原版初印本。卷一四首、卷一七尾並缺。

E—2本：存四十一卷（卷三二至七二）　〔元末明初〕修　　十一册　内閣文庫藏

經籍訪古志著録，室鳩巢、淺野梅堂舊藏本。後補小菱文粉藍書衣（二四・八×一四・四釐米）。藏印有「師禮／氏」（室鳩巢）、「士／青印」、「讀杜／草堂」（白文）、「天下／無雙」、「寺田／盛業」、「字士弘／號望南」（寺田盛業）、「向黃杭／珍藏印」（向山黃村）、「棋堂／藏書」、「淺野源氏／五萬卷樓／圖書之記」、「錢長祚／珍賞印」、「漱芳／閣／清賞」、「彤函／翠蘊」（淺野長祚）等，皆江户時期人士。

刷印時間較E—1本爲晚，如卷五五末葉（刻工「正」）疑爲元末明初補版葉，然大都仍爲原版。

E—3本：存一百二十九卷（缺卷三八）　音義三卷　〔元末明初〕修　八十册　北京大學圖書館藏（書號：李 八三五七）

新補黃色書衣（二八×一七・一釐米），金鑲玉裝（印版紙高二五釐米）。卷二一第三二至三四葉、卷五〇第一六葉爲補鈔。有「廬山李氏山房」、「天門／山樵」、「寶宋書房」、「秋草齋」、「芩泉／居士」（白文）、「諷字／室」（白文）、「廓／軒」、「木犀軒／藏書」、「李印／盛鐸」（白文）、「李印／傳模」（白文）、「木齋／審定」、「木齋／藏書」、「麐嘉／館印」諸印。

卷八二首二葉以同版别本配補，用紙不同，鈐「文淵／閣印」、「大學／之章」印，爲早印本。目録第二四葉似爲明補版。

E—4本：存四卷（卷六六至六九）　一册　北京大學圖書館藏

（書號：九一三·二/三〇〇二·二）

後補藍色書衣（二五·八×一六·六釐米），襯紙裝。有「映莽/金石/書畫」、「東海/李氏/常印」印。卷六九缺第一葉及第一一葉以下。

E—5本：存六十四卷（卷一一至一三、卷一八至三〇、卷四六至六五、卷七〇至八〇、卷九七至一〇〇、卷一一八至一三〇）　十六册　「中央圖書館」（北平）藏

圖一〇二

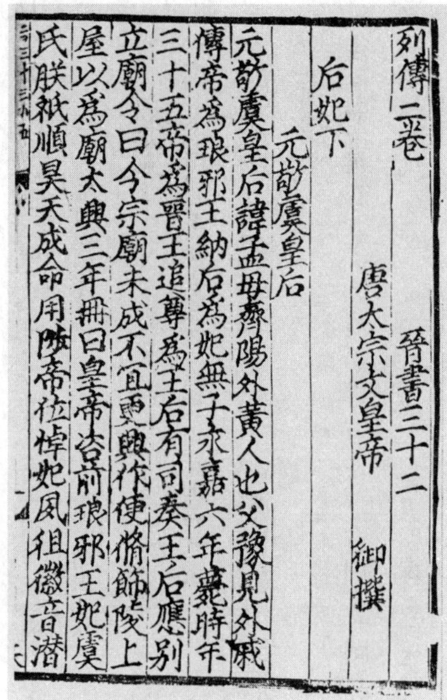
列傳二卷　晉書三十二
唐太宗文皇帝　御撰
后妃下
元敬虞皇后
元敬虞皇后諱孟母濟陽外黄人也父豫見外戚
傳帝爲琅邪王納后爲妃無子永嘉六年薨時年
三十五帝爲晉王追尊爲王后有司奏王后應別
立廟令曰今宗廟未成不宜更興作使脩飾陵上
屋以爲廟太興三年冊曰皇帝咨前琅邪王妃虞
氏朕祗順昊天成命用陟帝位悼妃夙徂徽音潛

晉書　元覆南宋中期建刊本（E種　内閣圖録）

〔元末明初〕修

舊京書影收録卷一一（志一）首末各半葉書影（二二一、二二二），皆原版葉。

一九三三年北平圖書館善本書目著録此本爲「宋刻明修本」，E—6、7本爲「宋刻明印本」。「中央圖書館」善本書目（一九六七年增訂初版）著録E—5、6、7本，均稱「宋刊元明修補十行本」。該目又有一部「宋刊元明修補十行本」存五十五卷八册，乃元刊二十字本，不同版。（譯者按：「中央圖書館」善本書目一九八六年增訂二版，由李清志先生校訂舊目，已從尾崎説改訂。説詳李先生撰修訂本館善本書目解説——史、子部，見「中央圖書館」館刊新二〇卷第一期，一九八七年六月。）

後補粉藍書衣（二六×一五・三釐米），包背裝。卷二七首、卷三〇尾、卷六二首、卷六五尾並缺。刷印時間當較E—2本稍晚，如卷四六有綫黑口葉，似爲元末明初補版。又有極少數黑口葉。藏印止有「京師圖書館／收藏印」一種，E—6、7本亦然。

E—6本： 存三十二卷（卷一〇至一二、卷一七至二〇、卷三七至四八、卷八〇至八五、卷一〇六至一一二）〔元明〕遞修　七册　「中央圖書館」（北平）藏

後補藍色書衣（二三・九×一五・二釐米），包背裝。卷八〇首缺。就卷一〇至一二、卷一七至一九觀之，明代補版葉每卷已居其半。

E—7本： 存一百二卷（卷一至一二、卷一七至二八、卷三一至四八、卷五三至六八、卷七九至八七、卷九二至九八、卷一〇四至一三〇、音義下）〔元明〕遞修　二十一册　「中央圖書館」（北平）藏

此本補版較多，如卷一〇四（載記四）共二十九葉，全係粗黑口明代補版。

E—8本： 一百三十卷　音義三卷　〔元明〕遞修　四十册　静嘉堂文庫藏

皕宋樓藏書志、儀顧堂續跋著録。静嘉堂文庫宋元版圖録（一九九二年）收録卷一首半葉（明補版）及卷二八首半葉（原版）書影。

後補藍色書衣（二九・六×一六・三釐米）。有白文「歸安陸／樹聲叔／桐父印」印。首附鈔寫貞觀二〇年閏三月修晉書詔凡四葉（六行十五字，貞字缺筆），次晉書目録。此本已經再次明修，補版葉較E—6以上諸本尤多，或有一卷中幾無原版葉者，且原版葉漫漶已甚，不少文字不易辨認。

E—9本：一百三十卷　音義三卷　〔元明〕遞修　三十六册　「中央圖書館」藏

静盦漢籍解題長編第一卷著録。（譯注：「中央圖書館」爲避戰火擬運往美國之部分善本書，於香港爲日軍所截獲，而運往日本，藏「帝國圖書館」。日帝降服後，歸還臺灣。書在「帝國圖書館」期間，長澤規矩也曾爲調查，編撰此目，一九七〇年汲古書院據稿本影印出版。）「中央圖書館」宋本圖録收録卷一〇第一三葉右半葉書影（圖四二）。中國訪書志著録（稱〔南宋〕刊〔元明〕遞修）。後補粉紅書衣（二六・五×一四・九釐米）。鈐有「吴内／湘校／勘書／籍印」、「蕙石讀書記」（白文）、「蕙石圖／書記」、「開元鄉南山邨劉／蕙石鑒賞記」（白文）、「世珩／珍秘」（白文）、「聚斅軒」（橢圓）、「聚斅／書藏」（白文）（劉世珩）、「式古／訓齋／藏書」（白文）（閔萃祥）諸印。

此本漫漶、補版狀況與E—8本略同。「中央圖書館」宋本圖録所收卷一〇第一三葉（刻工「伯茂」）屬狀態尚佳者。

E—10本：一百三十卷　音義三卷　〔元明〕遞修　四十册　南京圖書館藏

未見。此據善本書室藏書志稱「宋刊大字本」，「半葉十行行十九字」，「元明遞修之本」。

E—11本：存三十卷（卷一〇一至一三〇即載記）　〔元〕至明正德六年遞修　十二册　「故宫博物院」藏

沈氏研易樓舊藏本。中國訪書志著録。「故宫博物院」藏沈氏研易樓善本圖録（一九八六年）收録載記第一首半葉書影。改裝後補灑金深藍書衣（二八・九×一七・四釐米），金鑲玉裝。

E—12本：一百三十卷　音義三卷　〔元明〕遞修　二十八册　上海圖書館藏

卷二第一〇葉、卷四第五至一八葉補鈔。卷三五第二〇葉、卷四七第一三葉、卷八〇第二六葉、卷八四第一六葉、卷八八第一七葉、卷九一第九葉、卷九九第三〇葉均缺，插入稿紙，印有九行匡界，版心多刻「一峯文集序」。藏印有「鹽官蔣/氏衍芬/草堂三世/藏書印」、「臣光/焴印」(白文)、「寅/昉」(蔣光焴)。新補粉紅外書衣(二七・四×一六・一釐米),内有元書衣,淡褐色,單郭題簽曰「晉書」。第二批國家珍貴古籍名録圖録收録卷一一首半葉書影。

原版葉甚少,補版可分三期。明初粗黑口補版,字體拙劣,綫條較粗。正德六年補版綫黑口。又有上象鼻記「府劉校」者,似爲明中期補版。

E—13本:一百三十卷　音義三卷(缺卷一三上)　至(明嘉靖)遞修　九十六册　上海圖書館藏

補鈔葉如下:目録首八葉,卷三第一至第四葉,卷一七第三〇葉,卷二三第一七、一八葉,卷二九第三〇葉,卷五九第一六、一七葉,卷六二第二五葉,卷七四第三至第五葉,卷七八第一一葉,卷八二第二六葉,卷一一三第一四葉,卷一一六第一六葉,卷一二二第五葉,卷一二五第二二葉。後補灑金黄色書衣(二七・五×一七・五釐米),金鑲玉裝,印版紙高二五・三釐米。鈐「恩福堂/藏書印」(白文)等印。

修補情況當與E—12本同。然卷一第二葉,E—12本爲原版葉,E—13本爲明初粗黑口葉,不知當何解。E—12、13本於明初補版之後,皆經兩次以上修補,卷一第二葉E—13本既爲明初補版,E—12本何得仍用原版。記此存疑。

上下象鼻多用墨涂黑,正德六年補刊記全不可見,僅見一處下象鼻記「葉延芳謄　朱祐一」。「府劉校」亦僅見一處(下象鼻「謝太」)。又有字體近匠體者,當係嘉靖時期補版,上象鼻亦被涂黑。

此外,讀有用書齋書目、雙鑑樓善本書目亦見此種。天禄琳琅書目後編卷四所録,不言行格,而言缺筆至「惇」,或即此種。鐵琴銅劍樓藏書目録稱「宋刊十行本,每行二十字」者,則當即元版H種。

E種綜述

E—8本（静嘉堂本）正文首葉係明代補版葉，首行題「帝紀第一（空四格）晉書一」，次行低五格題「唐太宗文皇帝（空三格）御撰」，左右雙邊（一八・七×一二・六釐米）。每半葉十行，行十九字，偶有行二十字者，然極少見。版心綫黑口，題「晉帝紀幾」，下記葉次。左上角欄外偶有耳格，記篇名。尾卷末葉，E—5本係早期補版，尾題「晉載記三十（空五格）晉書一百三十」，E—8、9、12本等補版時間更晚，大題卷次「一百三十」作「一十」。

E—1本（故宮本）卷一四首葉、E—2本（内閣本）卷三一首葉，皆原版，匡郭一九・五×一二・四釐米。原版葉版心白口，上象鼻或記字數，下象鼻或記刻工名。原版刻工名有：

卞玉 仲甫 仲明 伯茂 君六 君和 東山 德祐

丁 大 口 子 弓 丑 仁 公 六 卞 天 尹 文 欠 火 以 右 目 平 正 玉 生 用 田

仲 危 汝 江 伯 余 君 成 甫 秀 良 周 和 明 東 美 若 茂 兼 徐 梁 狼 祐 真

崔 善 惠 景 鄒 壽 榮 德 樂 鄭 魏 寶

以上皆原版刻工。據E—3本（北大藏本）亦可補「文卿」。然其中弓、正、伯、善所刻，多綫黑口，字體稍異，則或爲元末補版亦未可知。

E—6本以下多明代補版，粗黑口補版一見即知，而仍偶有原版漫漶葉，見「伯茂」等原版刻工名。E—12本粗黑口明初補版有刻工名「員三刊」。新出E—11本（沈氏研易樓本）有兩三次補版，粗黑口接近大黑口，字體拙劣，粗黑口上象鼻有陰刻「朱通輦別人刊」者（載記卷二第二〇葉）。E—11本最後補版綫黑口，上象鼻有年記「正德六年刊」（一五一一年），下象鼻有抄手及刻工名。檢E—12本正德六年補版葉，下象鼻記「寫」、「抄」、「謄」者，朱進、吴朱、吴得用、吴壽、余元善、李紅、景文右、陳景淵、黄仲逢、葉延芳、葉來四、葉保、葉象、詹暘、詹積英、羅棟，記「刊」者，王景英、江取之、黄記良。正德六年補版葉亦有留墨釘處。E—12、13本有明中期補版，上象鼻記「府劉校」，下象鼻刻工有：六四、巴八、王二、王良、朱一、江二、江三、江四、江八、江達、余一、余二、余進、吴五、吴朱、吴珠、周進、范八、陸四、葉馬。E—13本補版有字體接近匠體者，似出嘉靖時期。

宋諱缺筆字甚少，至「敦、暾（光宗）」、郭、廓（寧宗）」字。

晉書音義三卷，唐何超撰，首晉書音義序（天寶六載楊齊宣序），次目録，第二葉第一五行題「晉書音義卷之上紀志起第一盡第三十」，下爲正文。此後晉書刊本殆皆附刻音義，明萬曆六年刊九行大字本散附各卷末。晉書之附刻音義，蓋始於此本底本，即南宋中期建刊本。南宋中期建刊本多附刻注釋音義、宋儒議論等，黄善夫本史記彙刻三家注，兩漢書附刻宋儒校語，則晉書附音義，亦屬異曲同工。

*　*

此種版本舊稱宋刊大字本，然字體稍拙，文字多訛，不似宋刊本。版式風格與唐書（新唐書D種）、五代史記（C種）最近，可以比較，以推論此種刊行時間。唐書有元天曆二年（一三二九）覆刻南宋中期建安魏仲立宅刊本，十行十九字，静嘉堂文庫、大垣市立圖書館等有藏。五代史記有傅氏雙鑑樓舊藏本（雙鑑樓善本書目著録），今歸北京圖書館，爲百衲本二十四史影印底本，十行十八字，卷一八末記「慶元五年孟郡曾三異校正」，南京圖書館、「中央圖書館」等收藏同版，並稱南宋慶元刊本。然就百衲本觀之，五代史記此本字體遠不如史記黄善夫本以下南宋中期建刊諸本之雋美，子明、王榮、汝善、秀實、埜卿、程元、國賓、愛之、德成等雙字刻工，大都亦見於元覆南宋中期刊唐書，故可推定爲元代中期覆刻南宋中期慶元五年（一一九九）建安刊本，而非宋刊本。

晉書此種與唐書、五代史記相較，匡郭大小略同，半葉皆十行，晉書、唐書行十九字，五代史記十八字爲稍異。字體亦相仿，略存建刊風韻。版心白口，上記大小字數，雙魚尾，下記刻工名，莫不一致。有耳題，宋諱缺筆不嚴，而至「敦」或「郭、廓」，三書皆然。晉書雙字刻工名不見唐書、五代史記，然單字名大都相同。總之，晉書此種有理由足以推定爲元中期覆南宋中期建安刊本，而今已見上海圖書館所藏南宋中期建刊真本（D—1本），則此E種爲其覆刻本，不待推論而自明。

藏園羣書經眼録著録此E種三本，均稱「元翻宋刊本」。然其説引述儀顧堂續跋以此種爲南宋監本遞修至元之説，並謂「今以此本考之，洵然」（戊午一九一八年記），雙鑑樓善本書目（一九二九年）著録仍爲「宋刊本十行十九字」，則傅氏固以此種爲宋刊本。藏園羣書經眼録（一九八三年出版）稱「元翻宋刊本」者，已經校訂，非戊午、己巳（一九二九年閲E—8靜嘉堂本）之舊。傅氏題記見於藏園羣書經眼録者每經改訂，如唐書南宋前期建刊本（新唐書B種），藏園羣書題記續集卷一所載一九三八年傅氏跋稱北宋本，藏園羣書經眼録則改稱南宋本，是其顯例。

* *

此種文本訛誤甚多，其中有因襲南宋前期建刊本以來之訛字，亦當有因襲南宋中期建刊本之訛字，又有此本新訛之字。今就E—2本（内閣文庫本）第三一卷，例示其訛字。上標南宋前期建刊十四行本（A種、B種），加傍點（・）

之字E－2本訛誤。E－2本此等訛誤處殆皆原版葉，至E－7以下諸本，皆明代補版葉，訛誤更多，不勝枚舉，僅就引用範圍例示一二，相應南宋前期建刊十四行本之文字旁加圈點（○）。

葉	右左	行	南宋前期建刊十四行本	内閣文庫本	明代補版
1	右	12	以聽王者内政	德（訛）	故（訛）
1	左	12	竟踐覆亡之轍	竟（訛）	
1	左	12	煥在紼緗興滅所由	紼糸與（訛）	紼相與（訛）
1	左	13	以爲后妃傳云	之以（訛）	
3	左	6	密勿無荒劬勞克讓	訓（訛）	
4	右	5	秦獻王柬（蔣本如此，楊本作「東」）	東（與楊本同誤）	
4	左	12	姜嫄佐嚳二妃興嬀（姑且據百衲本）	一（與楊本、蔣本同誤）	爲（與楊本、蔣本同誤）
6	右	7	太后尚有侍御十餘人（姑且據百衲本）	千（與楊本、蔣本同誤）	
12	右	1	太安元年	定（訛）	

凡此等訛誤，元刊二十字本（H種）、明南北監本、汲古閣本、武英殿版皆不誤，獨此種版本重怯貤謬。此外，筆畫訛誤，致不成字者甚夥，因無法排印，未列上表。又，吴哲夫「故宫」善本書志曾以卷一五（地理志下）爲例，E－1本與殿本相校，舉列異文十九處。審其内容，E－1本地名訛誤者過半。其中不無宋元明諸本同誤者，然不可否認

E—1本訛誤遠多於殿本。

然校對範圍不同，所得結論亦不同。今就張元濟百衲本跋所列百衲本南宋前期建刊本不誤而殿版訛誤之處，檢覈此E種，則E種文字大都與南宋前期刊本一致（詳見末尾對校表）。是知E種版本以南宋中期建刊本（D種）爲底本，文字與底本大體一致，而南宋中期建刊本文本與南宋前期建刊本同屬一系統。可見E種版本文本較佳，然因翻刻時校字不慎，偶有訛字，至明代補版又産生大量訛字。據聶先生校對真宋十行本D—1本之結果，亦云元覆本原版與真宋本大體相同，覆刻訛字極少［見聶著晉書版本演化考（見上）］。

F種、南宋嘉泰四年開禧元年秋浦郡齋刊本（九行十六字）

F—1本：存五十四卷（卷四、卷五、卷七、卷八、卷一一、卷二〇、卷三三、卷三四、卷四四、卷四五、卷四八至五五、卷六七、卷六八、卷七一、卷七二、卷七六至七九、卷八六至八九、卷九五至九七、卷九九、卷一〇一至一〇三、卷一〇七至一一二、卷一一五至一一八、卷一二二至一二五、卷一二八至一三〇）

南宋嘉泰四年至開禧元年陳譔秋浦郡齋刊　每半葉九行，行十六字。

配補明萬曆六年周若年、丁孟嘉刻本十卷（卷九、卷一〇、卷一六至一八、卷六二至六六）

凡存六十四卷三十七册　北京圖書館藏（書號：〇一一七二）

未見。文禄堂訪書記著録。藏園羣書經眼録稱：「北京圖書館新收書，乙亥（一九三五年）六月三日爨頌生送來，因校一過。」國立北平圖書館館刊第八卷第六號（一九三四年一一、一二月）載列傳第三八（晉書六八）首半葉及同卷

圖一〇三

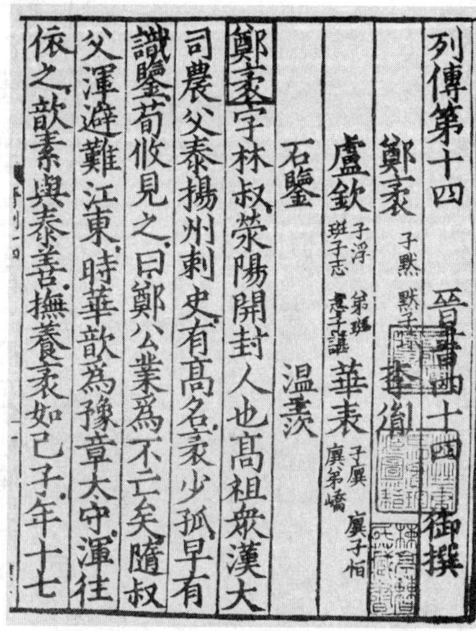
列傳第十四　晉書四十四　御撰
鄭袤　子默
盧欽　子浮　弟珽　珽子志　華表　子廙　廙弟嶠　廙子恒
石鑒　温羨
鄭袤字林叔滎陽開封人也高祖衆漢大
司農父泰揚州刺史有高名袤少孤早有
識鑒荀攸見之曰鄭公業爲不亡矣隨叔
父渾避難江東時華歆爲豫章太守渾往
依之歆素與泰善撫養袤如己子年十七

晉書　開禧元年秋浦郡齋刊
（F種　版刻圖録）

某葉右半書影。中國版刻圖録（圖版一二二三、一二二四）著録。一九五九年北京圖書館善本書目不收，今據一九八九年北京圖書館古籍善本書目著録存配卷次。檢中國版刻圖録圖版一二二三，卷四四首鈐「楝亭曹／氏藏書」、「桂林唐／氏仲實珍／藏圖籍」二印，另一印不詳其文，圖版一二二四全書末尾有「桂林／唐氏／珍藏」、「十／萬卷／樓」二印。據文禄堂訪書記，另有「函雅樓藏書」印。

據版刻圖録云：「匡高二二釐米，廣一七・二釐米。九行，行十六字。白口，左右雙邊。嘉泰開禧間陳諲知池州時刻於秋浦郡齋，秋浦即貴池古名。宋諱缺筆至『廓』字。刻工劉彦中、唐彬、唐恭、劉彦龍、劉邁、劉用、王元壽、王明、王才、王辰、丘全、曹佾、李椿、夏義、張成等，皆池州本文選補版工人。存五十四卷，缺卷一部分據明萬曆刻本配補。萬曆本款式與此同，即據此本翻版。此本字大醒目，初印精湛。原爲曹氏楝亭藏書，除楝亭書目外，公私書目俱未著録。」案：池州本文選有淳熙八年（一一八一）尤袤跋，經淳熙一四年至嘉定四年（一二一一）遞修。曹寅楝亭書目（遼海叢書所收）著録此本爲「宋本晉書　唐太宗御撰　一百三十卷　八函八十册」，而未言版本。

今案版刻圖録圖版一二二三，首行題「列傳第十四（空二格）晉書四十四　御撰」。版心單魚尾，版心題「晉列幾」，下記葉次、刻工名。刻工名除版刻圖録所舉外，藏園經眼録所記更有王大成、王大宥、王政、賈林、蔣永、陳亮，文禄堂訪書記所録更有李正、李春、熊才、曹甫、黄定、士正、成畢、駱興宗。版刻圖録圖版一二四爲卷末刊語後四行及校正題識三行，今參據文禄堂訪書記録其全文如下：

謨間歲分經太學，因取監中諸史閲之，獨晉書無善本，嘗有意焉。未幾除奉常博士，故弗果。越明年，蒙恩假守秋浦，不忘初意，到官首稽郡帑之虧盈，省節費用，以供億之餘，鳩工鏤板，且與同志三友校閲是正，期與學士共之。肇工於嘉泰甲子六月，至開禧乙丑三月竣事。郡太守宣城陳謨書。

池州州學學録何巨源校正

宣城免解進士馮時校正

迪功郎前監紹興府和旨酒庫丁黼校正

是知此本刊刻時間在南宋中期嘉泰四年（一二〇四）至明年開禧元年。

配補明萬曆刊本，當即萬曆六年序刊大字本通稱覆宋本者。萬曆六年序刊本，今據静嘉堂文庫藏本，則左右雙邊，二一·七×一七·一釐米。版框大小與此宋本幾同，行格亦同。缺筆字極多，非通常明版之比，尤以「敦」字避諱甚嚴。「郭」字殆不見避諱，「廓」字有少數缺筆。以萬曆刊本卷四四首半葉較版刻圖録圖版一二三，則宋本傳目三行（見圖一〇三），而萬曆刊本傳目止一行，僅列鄭袤及其子孫，李胤以下從略。若紀、志及列傳傳目本一行者，萬曆刊本當與宋本無異。又，萬曆刊本首有重刻晉書序，每卷後附音義，書尾有萬曆六年俞元文晉書後序。版刻圖録謂萬曆刊本即據此宋本翻刻，筆者未得見池州本，以爲其説可從。版刻圖録所載卷四四首半葉，除標題、傳目，正文止五行八十字，而此八十字與諸本並無異同。於是取萬曆刊本文本校諸本，知萬曆本與百衲本二十四史等宋元刊本不同，而與元刊二十字本、明南北監本、汲古閣本、殿版等相近，詳下校對表，以爲池州本或亦如此。今聶先生據膠卷對校池州本，知池州本文本與南圖藏南宋前期建刊十四行本（C種）最近，而校勘精善，現存諸版本之中最爲善本。又，萬曆刊本當據元刊二十字本（H種）翻刊，非覆刻池州本。並詳聶著晉書版本演化考（見上）。

G種、元大德九路儒學刊本（九路本十史之一，十行二十二字）

大德九路本行格十行二十二字，而晉書流傳極少，別有十行二十字本爲南監遞修印行，傳本較多，故舊時目録多以元刊二十字本（H種）爲大德九路本。其實，晉書十行二十二字本現存一部於臺灣，二十字本固非大德九路本。

G—1本：存五十二卷（卷一至六、卷三六、卷四五至四八、卷五四至五六、卷六九、卷七〇、卷七二至八三、卷九〇至九四、卷一〇〇至一〇五、卷一一四至一二六）

〔元大德間九路儒學〕刊〔明初〕修　十一册　「中央圖書館」（北平）藏

舊京書影收録卷一首末各半葉（圖版二一六、二一七），舊京書影提要稱「舊清内閣書，見藏北平圖書館」。「中央圖書館」金元本圖録著録亦載卷一首半葉書影。存卷中缺葉甚多。（目録第五、第六、第一五、第一六、第一九、第二〇葉，卷一第五、第六葉，卷四第一、第二葉，卷五第一、第二葉，卷六第一、第二葉，卷三六第一至第六葉，第一九葉至卷末（七葉），卷四六第六、第一七、第一八葉，卷四八第一四葉至卷末（十葉），卷五四第一葉，卷五六第一九葉，卷六九第一至第一二右半葉，卷七〇第三一葉至卷末（三葉），卷七二第二一葉，卷七三第三、第四葉，卷七五第二九、第三〇葉，卷七六第一一、第一二葉，卷七七第一九、第二〇葉，卷八一第一葉，卷八三第一、第二葉，卷九四第三至第六、第九、第十葉，卷一〇〇第二七、第二八葉，卷一〇一第一、第二葉，卷一〇二第三、第四葉，卷一一四第九、第一〇、第一三、第一四葉，卷一一七第五、第六葉，卷一一八第一、第二葉，卷一二一第一五葉，卷一二二第五、第六葉，卷一二五第一三、一四葉，並缺。）每册首尾鈐「京師圖書／館收藏印」印。

首晉書載記序二葉，次晉書目録，通爲葉次。意者卷首原有大德九路本晉書序二葉，後遺失，遂移載記序置首者與。因無校刊序，不可確知其九路中何路所刊。然其餘九史皆已知何路所刊，於江東建康道肅政廉訪司管下，獨徽州路未見分擔，則晉書似當由徽州路校刊（互詳綜論編）。

圖一〇四

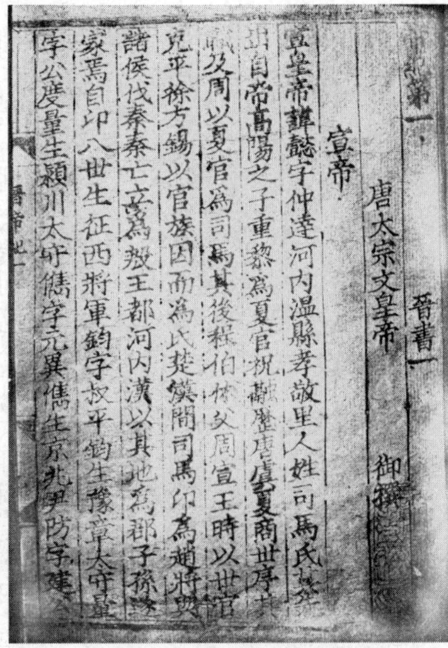

晉書　元大德九路儒學刊

（G種　舊京書影）

正文卷首題「帝紀第一（空六格）晉書一」，次行低六格題「唐太宗文皇帝（空四格）御撰」。首葉四周雙邊，然卷中多左右雙邊。每半葉十行，行二十二字。本紀部分葉有耳格，題篇名。版心綫黑口，三黑魚尾。上象鼻左右記字數及「路學」二字，或記「足」、「績」字樣。版心題「晉帝紀（晉傳、晉列傳、列傳、晉載記）」，下記葉次。下象鼻或記刻工名，有：之、万、久、今、王、羊、以、包、克、汪、金、胡、祥、華、德、顯、施惠（卷九四第三三、第三四葉）。王安（卷四六第一四葉）、張克名（卷八一第九、第一〇葉）二人所刻，雖亦二十二字，版心近粗黑口，字體亦不同，似爲明初補版。除此三葉外，當皆原版葉。此本缺葉極多，而補版甚少。竊疑明代此版已多殘缺，雖作少數補版，仍未得全帙，因此之故，南監未用此版，改用二十字本（H種）與。元至正刊金陵新志（静嘉堂文庫藏。譯注：四庫本「至大」金陵新志同。）稱「二千九百六十五面」者，當據此二十二字本（G種）書板；南雍志所載「存者三千一百五十二面，失者十三面」，當據二十字本（H種）書板。

此種文本似較佳，在下揭對校表範圍内，頗近百衲本所收南宋前期建刊本，詳下。

H種、元浙刊十行二十字本

此種版片明代存南監，經嘉靖、萬曆間遞修重印，爲南監二十一史之一，故多傳本。既爲南監所接收，則此當亦官刻本，非坊刻本，然刊行原委渺不可知。據明正德一〇年補版葉推之，原版刊行時間當在元代，去九路本大德一〇年（一三〇六）不遠。刻工名中有「毗陵彭仁山刊」（卷七第一葉），毗陵即江蘇省常州武進，因可推測爲江浙地區刊本。

Ｈ—１本：存四十六卷（卷一至一〇、卷四六至四九、卷五四至五九、卷六九至七八、卷八五至一〇〇）音義三卷

〔元〕〔浙〕刊　十六册　「中央圖書館」（北平）藏

舊京書影收録（圖版二一三至二一五）。一九三三年北平圖書館善本書目著録「存四十九卷」，其中三卷爲音義。卷五九第四〇葉以下、卷九三第一四葉左半葉以下並缺。每册尾鈐「京師圖書／館收藏印」印。後補藍色書衣（三八・二×二三・五釐米），題簽墨署「晉書　目録之音義」，蝴蝶裝。

首晉書目録，次晉書音義楊齊宣序、目録、何超自序、音義正文三卷。此本音義在晉書正文之前，故舊京書影圖版二一三爲目録首半葉，圖版二一四爲音義末半葉，圖版二一五爲卷三首半葉。然H種諸本音義皆在晉書正文之後，則此本次序當非原式。次晉書正文，首行題「帝紀第一（空六格）晉書一」，次行低六格題「唐太宗文皇帝（空四格）御撰」。左右雙邊（二二・二×一六・七釐米），每半葉十行，行二十字。版心綫黑口，上象鼻偶記字數，版心題「晉帝紀幾」，下記葉次，下象鼻少數葉記有刻工名。

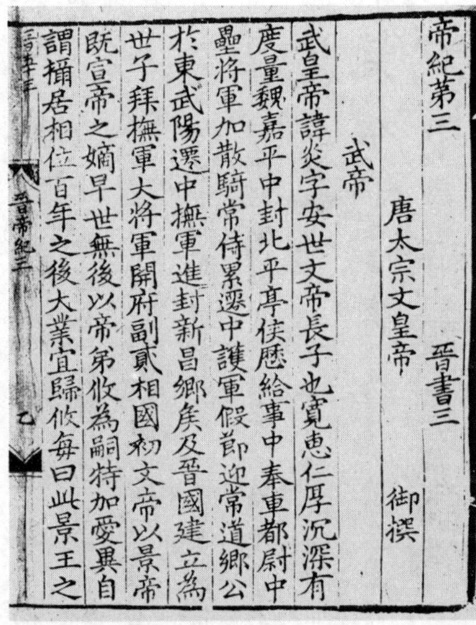
帝紀第三　晉書三
唐太宗文皇帝　御撰
武帝
武皇帝諱炎字安世文帝長子也寬惠仁厚沉深有
度量魏嘉平中封北平亭侯歷給事中奉車都尉中
壘將軍加散騎常侍累遷中護軍假節迎常道鄉公
於東武陽遷中撫軍進封新昌鄉侯及晉國建立爲
世子拜撫軍大將軍開府副貳相國初文帝以景帝
既宣帝之嫡早世無後以帝弟攸爲嗣特加愛異自
謂攝居相位百年之後大業宜歸攸每曰此景王之

晉書　元浙刊十行二十字本（H種　舊京書影）

圖一〇五

此本全部原版，無補版葉。刻工名有：湯、楊景、李友文、毗陵彭仁山、彭、時、士中、桂、鄭、翏、四郎、孟亨、茅、乂、杭、子、成、吉、亢。此本缺卷，據H—3本（京大十硯齋本）更得刻工名：武、鄭、林茂實；據至嘉靖一〇年遞修本H—11本（静嘉堂文庫藏）、H—20本（「中央圖書館」藏）中之原版葉，又得：施亨輔、劉子承、歐志淑、仁、張、誠。載記部分「江原」、「張」、「一秀」所刻，版心白口，字體稍拙，或可疑爲元末補版，然此外全不見元末補版，姑以原版視之。

原紙邊角及背面有「處州府解物人朱慶□」、「金華府解物人除□」、「歸安縣解物人汩友二」、「昌化縣解物人章繼祖□」、「徽州府歙縣提調」、「徽州府婺源縣提調」等朱印。處州府、徽州府等稱皆明代制，金華府太祖戊戌年爲寧越府，庚子年（永樂一八年，一四二〇）正月始改稱金華府（明史卷四四地理志五浙江）。是此本雖無補版，印製時間在明初。此等印記所示，當爲處州等地解送紙張至徽州府歙、婺源二縣者。則此本刷印似在徽州，此版刊地或即在徽州。處州府、金華府、歸安縣、昌化縣（以上今浙江地），徽州府歙縣（今安徽），婺源縣（今江西），並刻工名「毗陵彭仁山」之毗陵（今江蘇武進），元時皆屬江浙等處行中書省。徽州元時爲徽州路，爲江東建康道肅政廉訪司管下九路之一。大德九路本由江東建康道肅政廉訪司分令管下九路刊刻十史，晉書之外九史皆已知爲何路所刊，而其中無徽州路所刻，則晉書或爲徽州路所刊。然晉書九路本當即十行二十二字本（G種），則此種二十字本非九路本可知。若據一、二十二字本（G種）流傳極少，二、二十二字本（G種）版心有「績」字，或即績溪縣，績溪縣鄰近歙縣，三、二十字本（H種）卷一三第一、第二葉原版葉版心有「新刊」二字等情況，則容有如下推測：大德九路本，徽州路校刊晉書十行二十二字本（G種）；二十二字本版片旋即損壞，重新刊刻十行二十字本，即此H種；因而此H種版片明代存南京國子監，南雍志經籍考著録爲「集慶路儒學梓」，視同其他大德九路本諸史。雖然，如此推測恐難成立，因爲此二十字本文本與二十二字本迥異（詳下對校表），二十字本當非據二十二字本翻版。

南雍志經籍考稱「集慶路儒學梓，見金陵新志，今存者三千一百五十二面，失者十三面」。H－4本附紙有人計此H種「全部總共三千一百六十一張」，與南雍志之數合。至正金陵新志所載乃據二十二字本，已見上。

H－2本： 存六十五卷（卷四至六、卷二五至四三、卷四九至五七、卷六二至八〇、卷一〇六至一一一、卷一一三至一一五、卷一一七至一二二）

〔元〕〔浙〕刊　明天順公牘紙印本　十四册　復旦大學圖書館藏

第二批國家珍貴古籍名録圖録收録卷四首半葉書影。後補粉紅書衣（二八×一九·一釐米）。有「復旦大學／圖書館印」印。卷四九第一六葉係補鈔。雜用調運糧米公牘紙七八葉，背面有年代、地名若明天順二年、三年（一四五八、一四五九），應天府江浦縣、直隸常州府宜興縣等，並蓋大型公印。公牘紙或泛黃，或稍厚，或白而薄，皆與其餘用紙大致白色者不同。計公牘紙報廢當經二十年以上，則此本印行當在成化中期以後。全無補版葉，印面大抵清晰，但亦間有上半部或下半部大段破損者。此或版片管理不妥所致。蓋此等破損葉至正德有少量補版，至嘉靖有大量補版。

エ—3本： 存二十卷（卷一一至三〇） 〔元〕〔浙〕刊〔元末明初〕遞修 四册 京都大學文學部藏

十硯齋（文求堂田中慶太郎）舊藏本，今歸京都大學文學部中國文學哲學研究室。後補粉藍書衣（二八・九×二〇・七釐米）。副葉隸書墨題「元版晉書存志二十卷」，右下方鈐小印二，或出田中氏。有「阮學/浩印」、「悲/園」、「蕉雨亭」諸印。

正文首行題「志第一（空八格）晉書」，次行低六格題「唐太宗文皇帝（空五格）御撰」，無卷次。左右雙邊，每半葉十行，行二十字，地理志等原注小字雙行。版心綫黑口，雙魚尾，與F—1本同。原版刻工名已見上。有刻工名「平山」、「鄭埜」者，似是元末補版。另有少數補版葉似出明初。總之，此本雖有補版，刷印時間較之嘉靖南監二十一史本尤早。

除此三本外，概多明代補版。補版情況就現存二十餘部印本，大抵可分三類。第一類遞經正德一〇年、嘉靖二年、九年、一〇年修補，第二類又經嘉靖三七年修補，第三類又經萬曆三年、四年、五年、七年、一〇年遞修。第二類中有嘉靖三七年補版多寡之分，第三類中亦有遞修至萬曆七年者。（此言補版年皆據版心上象鼻，實際修補年未必止此，然無從確知。）日本内閣文庫所藏七部，具有各類印本，故先述之。H—4本至H—10本皆内閣文庫所藏。（譯者按：正德一〇年補版，版心題「司禮監谷刊」，當代諸書目、圖録著録往往誤以爲司禮監補修。其實南監本始終由南監管理，司禮監無插手補修之理。王國維傳書堂藏善本書志於三國志下云「谷即宦官谷大用，蓋出資之補刊是書者」，其説是也。詳情見三國志後附吴一鵬跋，見三國志C—3本下。）

H—4本：一百三十卷　音義三卷　明正德一〇年、嘉靖二年、九年、一〇年遞修本　三十册

平泉鄭履準、日本寬永寺舊藏南監二十一史之一。藏印有「淡泉」、「大司／寇章」、「凝雲深處／清暇奇觀」、「海頻逸民／平泉鄭履／準凝雲樓／書畫之印」（鄭履準）、「武州東叡山／勸學寮文庫」、「淺草文庫」、「大學校／圖書／之印」。本紀、志中一部及列傳前半有朱筆句點、圈點、傍點，偶亦用藍筆，眉上有朱墨兩筆校語、批注，又補版本破損文字。第一、第二册末（卷四、卷一〇末）有朱筆、墨筆題識曰「加靖乙丑三月四日平泉山人閲完」，曰「加靖乙丑四月六日平泉山人閲完」。「加靖乙丑」當即嘉靖四四年（一五六五），「平泉山人」當即鄭履準。鄭履準，海鹽縣圖經卷一三有傳（詳參綜論編第一〇章第二節）。

粉紅書衣（三一×一九・二釐米）。第五册等有大型題簽（一八×四・五釐米），雙郭内印「晉書」二字。第一册首副葉貼附紙片，上寫「晉書一本至十五本／計一千五百捌拾玖／張／全部摠共三千一／百陸拾一張」。補版葉較少，其中偶有版心上象鼻記「正德十年／司禮監谷刊」、「嘉靖二年／國子監刊」、「嘉靖九年刊（補刊）」、「嘉靖十年補刊」等。正德一〇年補版刻工有「王舜元」，嘉靖一〇年補版刻工有「容」、「瑢」等。

此套南監二十一史，缺後漢書、南齊書、周書，史記至元史共存十八史。其中史記、梁書、五代史記爲萬曆二年

至四年南監本，鄭氏藏印爲「平」、「泉」、「參軍／大夫」、「青宮／侍御」。此外十五史鄭氏皆用「淡泉」等印，與此本同；版本或宋、或元、或明刊（三國志爲衢州本C—3本，已見上），而刊補時間均在嘉靖一二年前；題簽皆雙郭刷印題，大小略同。晉書此本刷印較H—5本等同修本尤佳，爲嘉靖一〇年補版後不久所印。可以推定爲嘉靖一幾年印行南監二十一史中之一。

H—5本：一百三十卷　音義三卷　明正德一〇年、嘉靖二年、九年、一〇年遞修本　四十一册

粉紅書衣（三〇·五×一九·七釐米），墨題「晉書目録」，右肩加墨印「昌平坂／學問所」。卷首有「淺草文庫」印，書尾有「昌平坂／學問所」（墨印）、「天保壬辰」印。目録及本紀四册、載記卷一一至三〇之一册，音義尾八葉等，補鈔甚多。列傳與載記次序顛倒，列傳内次序亦頗混亂。修補與H—4本同，而字迹更漫漶，顯係後印本。

H—6本：一百三十卷　音義三卷　至嘉靖三七年遞修　三十四册

褐色書衣（二八×一九·五釐米），墨題「晉書一之三」，右肩加墨印「昌平坂／學問所」。每册首有「增島氏／圖書記」（增島蘭園）、「大學／藏書」、「淺草文庫」印，册尾有「昌平坂／學問所」（墨印）、「文政辛巳」等印。有朱筆句點。書眉有校補字，版面漫漶處直接寫入校補字，又有少數補鈔，卷一五末（第五册末）題「松井儀 三谷堯民同校」。校補之處，實與H—7本同，而校語從省，則轉録H—7本校記而已。

卷一首葉已爲嘉靖戊午三七年補版，而缺左半葉，據H—7本則上象鼻記「嘉靖戊午年」，下象鼻記「監生陳所蘊刊」。此本嘉靖三七年補版幾近一半，其刻工多至百名，有：丁、良榮、王以焕、王科、吴維洲、李敏之、夏昭、陸

禧、熊漢儒等。原版葉漫漶已甚，「毗陵彭仁山刊」等刻工名仍有可見。此本原版損傷嚴重，如卷九第一九、第二○葉，中間有斷版，拼接刷印，故匡高短數釐米，每行中段各缺二、三字。至H—7本，此二葉改爲嘉靖三七年補版。又如卷一○第一三至第一六葉、卷一四第二六葉等，此本皆原版，H—7以下諸本改爲嘉靖三七年補版。是則嘉靖三七年一年之内歷經二次（或以上）修補，此本爲第一次修補本，仍有頗多原版破損之葉，同年内又經修補，乃有H—7、8本。然嘉靖三七年再次修補草率從事，故卷九第一九、第二○葉雖經補版，中間缺字未經校補，徑作帶狀墨釘。又如卷一○第一七葉，原版版心卷次磨損，「十」字如「一」，補刻時徑作「一」，故卷一○第一七葉仍爲原版，卷一第一七葉換用補版卷一○第一七葉，以致第一卷即見末帝恭帝元熙元年年號。此後萬曆修本皆沿此誤。

H—7本：一百三十卷　音義三卷　至嘉靖三七年遞修　四十册

經籍訪古志著録稱「容安書院藏」者。有「弘前醫官澀／江氏藏書記」等印。後補紫紅書衣（二七・八×一九・六釐米），題簽雙郭刷印「晉書」二字，蓋江户時代後期裝訂。此乃嘉靖三七年再次修補本。全書有朱筆點、綫，眉上有朱筆校語，唯志部分較少。校語有校「宋版」者，如卷一首題第二行，校語云「宋版無『唐太宗文皇帝』六字」。又有用汲古閣本等明版校者。又如卷一第一七葉（竄入卷一○第一七葉，見上文），書眉朱書「錯簡」，「此一紙恭／帝紀中／脱簡」，又塗抹之，另貼一紙補鈔正文。凡此等校語同出一筆，卷末有跋云：「予所藏明槧晉書嘉靖戊午版，蓋本生考／甲父君遺物。紙墨鮮妙，而卷腦廣長，／視近世所摹刻紙質麁薄而卷腦狹／短者，好醜不啻。唯恨磨滅特多。

明季／清初尤宋槧爲珍，今去益遠，宋槧絶／不可得，而今之於明槧，尚若明季清／初之於宋槧，俱數百年前之舊物也。／且所磨滅，填以朱字，是亡兄／川甫君手／澤也。烏乎兩遺愛所存，當奉爲／拱璧，兒孫若忽諸，不孝之罪不可／遁也。／天保甲午仲春。是年正月念六日，兄捐館焉。／不肖子弟源孝善灑淚拜書。」下鈐「柳／口」(白文)、「學／之印」、「字／志述」三印。校語所用「宋版」，不知何本。内閣文庫現藏元覆宋建刊本(E—2本)無卷一，且E種卷首題有「唐太宗文皇帝」六字，卷中校語所引亦多不合，則所據「宋版」非E種可知。據今可知者，當時日本所藏宋本，除E—2本外，僅有經籍訪古志所載姬路河合某所藏宋槧小字本。至元明刊本，若南北監本、汲古閣本等，皆當不至誤認爲宋刊本。要之，所據「宋版」今不可考。

E—8本：一百三十卷　音義三卷　至嘉靖三七年遞修　四十册

粉紅書衣(二八·三×一九·五釐米)，墨題「晉書目録紀一二」，右肩加墨印「昌平坂／學問所」。有「林氏／藏書」、「林氏傳家圖書」、「大學校／圖書／之印」、「淺草文庫」諸印。版心補刊年記至嘉靖戊午年，與F—6、7本同，而嘉靖戊午補版葉更多，爲同年後修本。

E—9本：一百三十卷　音義三卷　至萬曆一〇年遞修　二十四册

新補紅褐外書衣(二七·八×一九·四釐米)，墨題「晉書紀一之四」，右肩加墨印「昌平坂／學問所」。内有粉紅原書衣，天地各小八毫米。襯紙補修。有「江雲渭樹」(陰陽文)、「林氏／藏書」、「淺草文庫」、「大學／圖書」、「昌平坂／學問所」(墨印)諸印。

全書有朱筆點、綫。卷一末記「戊申九月二十一日朝加朱句　林學士」，以下幾乎每卷末皆有題記，至卷一百三十末記「庚戌五月十九日一見了　林學士」，全書末（音義末）更有跋云：「（前略）自己酉之秋始，至庚戌之夏，／紀、志、列傳、載記全部百三十卷，悉加／朱句了。是亦稽古之助，學而不倦之／效乎。寛文十年五月中旬，弘文／學士林叟。」「己酉」似爲「戊申」之誤，是林鵞峰自寛文八年（一六六八）以一年半時日點讀。又，「江雲渭樹」爲林羅山印，本紀有林鳳谷題識如「元文庚申（一七四〇）三月二十四日一見了　林信言」等，列傳中間以前有林龍潭題識如「寶曆十二年壬午（一七六二）／六月二十七日　林慤　閲」等，又有題識如「乙卯晚夏十八日一閲　篤敬書」（卷二）、「庚午之歲浩龍主人一見」、「林伯行一見」（卷七）等，是知此本爲林氏歷代誦習者。又，卷四末葉補鈔五行後，記「文化三年丙寅六月以汲古閣本補寫／鈴木善」，並有題識一行云「寶曆十二年亡年七月十四日一見了」，似出林龍潭筆。

首晉書目録，後加一葉有校刊名氏，曰：「大明萬曆十年重修晉書／（以下每行低七至十五格）南京國子監祭酒高啓愚／司業劉瑊校刊／監承蔣遵烈／博士楊秉鉞／葉世治／助教周汝礪／莊文龍／周仕堦／學生張作／蘇民懷／袁維慶／彭師古／學録程淡／典籍丘蘭仝校。」

原版葉所剩無幾，就内容言，稱之爲明刊本更近其實。版心上象鼻有萬曆三年、四年、五年、七年、一〇年補版記年。

エ—10 本：一百三十卷　音義三卷　至萬曆一〇年遞修　三十册

龜甲文黄書衣（二五・九×一八・五釐米），墨題「晉書　一」。有「秘閣／圖書／之章」、「日本／政府／圖書」二印。

以上著録内閣文庫所藏七本，明代補版情況已得其大概。下記其他傳本。

H—11本：一百三十卷　音義三卷　至嘉靖一〇年遞修　三十册　静嘉堂文庫藏

静嘉堂文庫宋元版圖録載卷一首半葉書影（編號一六六）。黄書衣（二八·六×一九·七釐米）。晉書目録首九葉等，間有缺葉。卷首鈐「竹／垞」、「朱印／彝尊」（白文）印，第九册首有「彭城」圓印。

H—12本：一百三十卷　音義三卷　至嘉靖一〇年遞修　三十册　上海圖書館藏

粉紅書衣（二七×一八·九釐米）。晉書目録缺首七葉。卷一〇、卷一二六、卷一二七缺尾一至數葉。有「許印／喬林」、「石華藏書／子孫永寶／鬻及借人／是皆不孝」印。

H—13本：一百三十卷　音義三卷　至嘉靖一〇年遞修　四十册　北京大學圖書館藏（書號：李八三五三）

褐色書衣（三一·二×二〇·五釐米）。藏印有「茂苑香生／蔣鳳藻秦／漢十印齋／秘籍圖書」。缺葉有卷八第三、第四葉，卷一二第九、第一〇葉，卷六二第一二葉，卷六八第一三、第一四葉，卷一一九第三葉等。此等缺葉，H—14等其他傳本亦多缺，是版片已破壞，未能印製者，非印本流傳中破損散佚。

H—14本：存一百五卷（卷一至五九、卷八五至一三〇）　音義三卷　至嘉靖一〇年遞修　二十册　北京大學圖書館藏（書號：李三四七二）

深褐書衣（三七·六×一九·五釐米），包背裝，有「晉書」印刷題簽。據此裝幀可知，此部印製時間當在下一部嘉靖三七年修本之前不久。

エ—15本：一百三十卷　音義三卷　至嘉靖三七年遞修　三十二册　宮内廳書陵部藏

粉紅書衣（二七・五×二〇・四釐米），淡藍色明印題簽「二十一史」。第一九册（卷六六至六九）雜有萬曆一〇年補版葉，他卷亦不無萬曆補版及據萬曆補版之補鈔葉，然此等紙質顯異，是出後人補配，則此本可定爲嘉靖末期印二十一史之一。

此套南監二十一史缺史記，遼史用萬曆三四年北監本配補，唐書亦有以萬曆補版剪去匡郭外貼附者。北齊書、周書（所謂眉山七史本），五代史記（元刊本）之外，各史有題簽與晉書同，亦有「文章」、「華埊」、「廣博」（圓印）、「鈞龍家藏」（方印）諸印。

エ—16本：一百三十卷　至萬曆七年遞修　四十册　北京大學圖書館藏（書號：李 四七五七）

黄書衣（三一・二×二三・一釐米），印刷題簽。萬曆前期南監二十一史之一。萬曆補版年記有三年、四年、五年、七年。

エ—17本：存一百卷（缺卷一至卷三〇）　音義三卷　至萬曆一〇年遞修　二十册　蓬左文庫藏

粉紅書衣（三〇・一×二〇・一釐米）。有萬曆一〇年補刊記葉。此套二十一史，史記、漢書、五代史記爲萬曆四年南監本，後漢書、宋史有萬曆補版葉。

エ—18本：一百三十卷　至萬曆一〇年遞修　四十二册　東京都立中央圖書館藏

エ—19本：一百三十卷　音義三卷　至萬曆一〇年遞修　三十二册　東洋文庫藏

粉紅書衣（二七・二×一九釐米）。有淡藍色明印題簽「晉書」，當亦二十一史之一。書眉有校語。有「藤田鍂峰／藏書之記」印。

H—20 本：一百三十卷　至嘉靖一〇年遞修　三十册　「中央圖書館」藏

「中央圖書館」金元本圖録著録。中國訪書志著録。淡褐書衣（三二・五×二〇・五釐米），「晉書」雙郭題簽，包背裝。卷四五至四八、卷六五至八三共二十三卷爲補鈔。有「沈印／曾植」（白文）、「平／輿」、「寐叟／圖／書記」（白文）、「月午／山房／藏弆」諸印。

H—21 本：存三十四卷（存卷一至三四）　音義三卷　至嘉靖一〇年遞修　二十三册　「中央圖書館」藏

中國訪書志著録。後補淡褐書衣（三三・五×二一・五釐米），金鑲玉裝（印版紙高三〇釐米）。補刊年記幾皆剜去。有少數補鈔葉。有朱筆句點。有「延古堂李氏珍藏」印。

H—22 本：一百三十卷　音義三卷　至嘉靖三七年遞修　四十册　「中央圖書館」藏

嘉業堂善本書影著録（卷一第八葉）。「中央圖書館」金元本圖録著録。中國訪書志著録。新補藍灰書衣（三一・五×二〇釐米），白棉紙印本。有「曾經東山／柳蓉邨／過眼印」、「吴興劉氏／嘉業堂／藏書印」、「劉印／翰怡」、「求恕／居士」諸印。

H—23 本：一百三十卷　至嘉靖三七年遞修　四十册　南京圖書館藏

粉紅書衣（二七・四×二〇・五釐米）。有「八千卷／樓」、「錢唐／丁氏／藏書」印。

H—24 本：存五十五卷（卷七六至一三〇）　音義三卷　至萬曆四年遞修　八册　「中央圖書館」藏

中國訪書志著録。後補藍灰書衣（二六・八×二二・一釐米），或册有「晉書」明印題簽。部分有朱筆點、綫、校注。

及藍筆圈點。有「張鎰／藏書」、「滄州張／繼所留」印。

H—25 本： 一百三十卷　音義三卷　至萬曆一〇年遞修　六十册　「中央圖書館」藏

中國訪書志著録。褐色書衣（二六・五×一九・二釐米），金鑲玉裝（印版紙高二五釐米）。有「澤存／書庫」印。

又，北京圖書館善本書目所載

一百三十卷　音義三卷　元刻明正德一〇年司禮監、嘉靖萬曆南京國子監遞修本　徐鴻寶校並録毛晉題識

二十四册　傳捐

音義三卷　元刻明修本　一册

當亦此種，未見。雙鑑樓善本書目所載乃十九字本，與北京圖書館「傳捐」本不同。

鐵琴銅劍樓藏書目録著録「宋刊本」，「每行二十字」，題「唐太宗文皇帝御撰」，即此元刊本。傳書堂藏善本書志著録一本「一百三十卷音義三卷，元刻明修本，十行二十字，趙凡夫手校並跋」。

南監二十一史至清嘉慶年間繼續印行，而晉書始終用此二十字本，故後印本亦有天啓二年（一六二二）、崇禎七年（一六三四）補刊記年，至清順治一六年，康熙五年、二〇年、三九年，乾隆二年、五五年皆經修補。此等後印本全無原版葉，此省略。

附、晉書諸版文本

盧文弨群書拾補曾校晉書，張元濟百衲本跋取其中本紀三十八處，以校南宋前期建刊本（B種）。今就百衲本跋所舉，更廣校諸本，表列如下。所校諸本計有：

（南宋前期建安）刊十四行二十六、二十七字本（B種，今據百衲本二十四史），簡稱「南宋26（百衲）」

（元覆南宋中期建安）十行十九字刊本（E種），簡稱「元19」

（元大德九路儒學）刊十行二十二字本（G種），簡稱「元22」

（元浙）刊十行二十字本（H種），簡稱「元20」

明萬曆六年吳郡俞元文序刊九行十六字本，簡稱「明16」

明萬曆十年南京國子監刊本，簡稱「南監」

明萬曆二十四年北京國子監刊本，簡稱「北監」

明崇禎元年汲古閣刊本，簡稱「汲古」

清乾隆四年武英殿刊本，簡稱「殿版」

一九七四年中華書局刊點校本，簡稱「點校」

表例同三國志，諸本文字同百衲本者用「○」代表，若諸本及百衲本文字有而某本無其字者，則用「●」示無其字。元大德九路本有缺卷缺葉，則標「（缺）」。

卷	葉	表裏	行	南宋26（百衲）	元19	元22	元20	明16	南監	北監	汲古	殿版	點校
一	1	a	6	楚漢間司馬卬○爲趙將	○	○	○	○	○	○	○	卬獨誤	○
	2	a	4	權果遺將呂蒙西襲●公安	●	羽	羽	羽	羽	羽	○	羽	○
	3	a	1	達與魏○興○太守申儀有隙	○○	○○	●●	●●	●●	●●	○○	●●	○○
		b	8	凡攻敵二○扼其喉而擣○其心	必擣	（缺）	必擣	必擣	必擣	必擣	必擣	必擣	必○
	4	a	14	國以充實焉○	○	（缺）	○	○	○	○	○	●獨誤	○
	5	a	7	關中多蒺蔾○	藜	○	蔾	蔾	蔾	蔾	蔾	藜	蔾
		b	2	長安粟五百萬斛輸○于○京師	○○	○○	●○	●○	●○	●○	●於	●○	○於
	7	b	11	帝○固讓子弟官不受	○	○	○	○	○	○	○	●獨誤	○
	11	a	5	喪葬威儀依漢○霍光故事	○	○	○	○	○	●	○	●	○
二	1	b	10	帝○乃勅欽督鋭卒趨合楡	○	○	●	●	●	●	○	●	○
	2	b	2	臣請依●●霍光故事	●●	●●	奏●	●漢	奏●	奏●	●漢	昔漢	●漢
	8	a	2	及備他境○不下四萬	○	郡	郡	郡	郡	郡	郡一作境	郡	郡
			11	金城太守楊欣○趣甘松	○	○	○	○	○	○	○	頎獨誤	○
		b	4	仍○斷大政	○	○	○	○	○	乃	○	乃	○
	10	a	8	犯命陵○正	○	○	淩	淩	淩	淩	淩	淩	○
三	3	a	9	罷部曲將長○吏○以下質任	○○	（缺）	○○	○○	○○	○○	○○	吏長獨誤	○○
			11	麒○麟各一見于郡國	騏	（缺）	騏	騏	騏	騏	騏	騏	○
	6	b	6	賜太常博士學○生○帛牛酒	○○	○○	●●	●●	●●	●●	○○	●●	○○

	7	b	11	鮮卑寇廣甯○殺略五千人	甯	○	甯	甯	甯	甯	甯	甯	寧
	9	b	7	討叛虜樹機能等竝○破之	○	○	●	●	●	●	竝	●	○
	11	a	6	斬吳江陵督五○延楊本作王	○	○	王	王	王	王	王一本作五	王	伍
		b	1	剋○州四郡四十三	○	○	克	克	克	克	克	得獨異	克
	12	b	6	牂柯○獠二千餘落内屬	○	○	○	○	泂	○	○	泂	○
	13	a	4	尚書褚䂮○	○	契	契	契	契	契	契	契	○
	14	b	8	大熙元年……改元巳巳○	○	己	○	○	○	乙	○	乙	己
			13	承魏氏奢侈刻弊○之後	○	○	革	○	○	革	○	革	○
	15	b	7	驕泰之心因斯○以○起	○○	○○	○○	○○	○○	而斯	○○	而斯	○○
四	1	a	13	得以眇○身託于群后之上	○	(缺)	○	○	眇	眇	眇	眇	○
	9	a	12	九月頓○丘太守馮嵩	○	穎	穎	穎	穎	穎	○	穎	○
五	2	b	3	河東太守路○述○力戰死之	○○	○○	●●	●●	●●	●●	●●	●●	○○
	5	b	1	冬十月勒寇豫州諸郡○	○	○	軍	軍	○	軍	軍一作郡	軍	○
			13	猗盧……次于盂○城	○	(缺)	盆	盆	盆	盆	盆一作盂	盆	○
	10	a	1	爾乃取鄧艾於農瑣○	○	○	○	○	○	○	○	隙獨誤	○
七	2	b	11	舟軍四萬次于蔡州○	洲	(缺)	洲	○	洲	洲	洲一作州	洲	洲
	3	a	10	李陽與蘇逸戰於柤○浦	○	(缺)	祖	祖	祖	祖	○	祖	○
九	2	b	12	若涉泉○水	○	(缺)	○	○	○	○	○	氷獨誤	○
	10	a	1	二月乙○未○地○又震	○○○	(缺)	巳又地	○又地	巳又地	巳又地	○又地	巳又地	○○○

十1b1	散騎常侍郭磨○	磨	（缺）	○	○	○	磨	○	磨	○

據對照可知，南宋建刊二十六、二十七字本（B種）、元覆南宋建刊十九字本（E種）、元大德九路本（G種）三種屬一類，元刊二十字本（H種）、明南北監本、殿版四種又屬一類，雖亦不無宋本獨誤者，然總而言之，前一類文本明顯優於後一類。E種與B種文字極相近，兩種同爲建刊本，豈有某種繼承關係與。南京圖書館藏南宋前期建刊十四行二十五字本（C種），今僅得見百衲本影印載記部分，不知其紀、志、傳與十四行二十六、二十七字本（B種）爲如何，亦當就此表三十八處校其異同。後一類錯訛文字亦大致相近，而殿本訛誤尤多。然右表所列，皆盧文弨、張元濟曾論殿本訛誤之處，不得據此以爲殿本不如諸本。據聶氏文（見上），殿本雖以汲古閣本爲底本，而用元覆南宋建刊本（E種）校勘，故其文本較明代諸本爲佳。萬曆六年序刊本舊以爲覆刻嘉泰四年秋浦郡齋刊本，其實據監本亦即元刊二十字本（H種）翻刻，文本並不佳。據聶氏介紹，秋浦郡齋刊本（F種），當謂現存最善本，與萬曆六年序刊本截然不同。今謂秋浦郡齋本乃現存唯一南宋官版，其文本精良，事屬自然。明吴氏西爽堂本此未表列，其文本性質亦類汲古閣本，惟較汲古閣本更接近南北監本。諸本文本之比較分析，詳參聶氏文。

六　宋書　一百卷

南北朝七史，北宋政和中（一一一一—一一一七）始有刊本，至紹興一四年（一一四四）後，又有四川轉運使井憲孟所刊「眉山七史」真本，然此二本均逸，元明清以來絶不見著録。宋元刊本之傳於後世者，獨南宋前期江浙刊本而已，且久謬稱「眉山七史」。此謬稱「眉山七史」書板，嘉靖一〇年前後編入南京國子監二十一史，歷經補修，繼續刷印，直至爲南監萬曆二十一史取代而止。詳參本書綜論編。

今分論所述宋書以下七史，皆南宋前期浙刊本，並無其他版本。故下文著録各本，一律省略「〔南宋前期　浙〕刊」六字，以便突現各本補修情況。七史版式共同，左右雙邊，高約二三釐米，寬一七釐米。原版葉版心稍寬，綫黑口，無魚尾，分六格，第二格書名卷次，第四格葉次，第六格刻工名。其餘刻工等詳情，並見綜論編。

A種、南宋前期浙刊本

A—1本：存六十八卷

〔南宋中期、元、元末〕遞修本六十八卷（卷一至五、卷一一至一三、卷一五至七四）　四十册

配〔南宋中期、元、元末〕、明嘉靖遞修本三十二卷（卷六至一〇、卷一四、卷七五至一〇〇）　十四册

凡一百卷五十四册　「中央圖書館」藏（書號：〇一四七〇）

遞經徐乾學、季振宜、劉承幹等手，傳是樓宋元版書目、季滄葦藏書目著録。嘉業堂善本書影卷二所收書影、目録稱「元刊本」者，當據此本。一九九七年復旦大學出版社刊行嘉業堂藏書志收録吴昌綬、董康志稿，董稿據六十八卷著録，言不及配本。一九九七年商務印書館出版張元濟書札（增訂本）收録張氏致劉承幹書札，其中一九三〇年張氏向劉氏索借宋書，即稱「宋印六十八卷」，或稱「宋刻宋書四十册」。阿部隆一（增訂）中國訪書志著録（第四

三七頁至第四四二頁）。一九九三年版滿目琳瑯：「中央圖書館」善本特藏收録卷一首葉（南宋中期補版）及卷六第二八葉（弘治四年補版）彩色書影。國家圖書館善本書志初稿著録。

同版兩種配爲一套，後補青緑書衣（三三×二二·五釐米），表面塗料脱落嚴重。兩種均鈐「季印／振宜」、「滄／葦」印以及「藝風／審定」、「吴興劉氏嘉／業堂藏書記」、「劉印／承幹」（陰）、「翰／怡」、「劉承幹／字貞一／號翰怡」（陰）、「吴興劉氏／嘉業堂藏書印」、「國立中央圖／書館收藏」等印。

圖一〇六

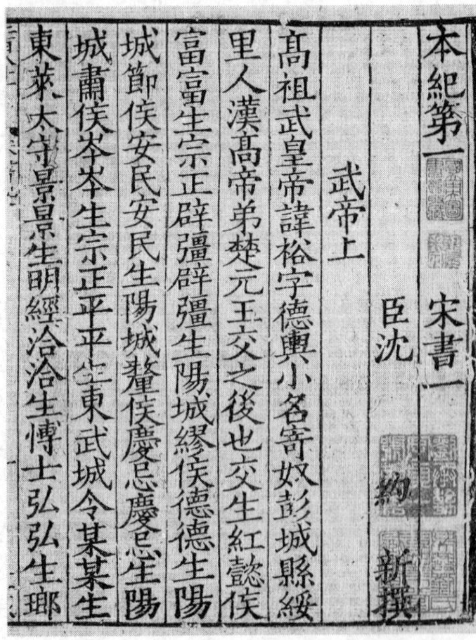
本紀第一　宋書一
臣沈約新撰
武帝上
高祖武皇帝諱裕字德輿小名寄奴彭城縣綏
里人漢高帝弟楚元王交之後也交生紅懿侯
富富生宗正辟彊辟彊生陽城繆侯德德生陽
城節侯安民安民生陽城釐侯慶忌慶忌生陽
城肅侯岑岑生宗正平平生東武城令某某生
東萊太守景景生明經洽洽生博士弘弘生琅

宋書　南宋前期浙刊　南宋中期修葉（「央圖」善本特藏）

前一種六十八卷四十册，襯紙補修。每册首尾鈐明朝「禮部官書」大印（一一·七×五釐米），第一册首鈐清徐乾學「乾／學」、「徐／健菴」印。若藏印可信，則此本兩種配補成足本，當在徐乾學收藏之後、季振宜去世之前。季振宜順治四年（一六四七）進士，崇禎三年（一六三〇）生，長徐乾學一歲。「禮部官書」印，亦見南齊書A－1本、魏書A－5本，而南齊書A－1本、魏書A－5本均經明初修版。禮部收藏南監本，當即其新修新印本，則此本似亦當有明初補版。然筆者調查此本時，未及見有明初補版。今檢百衲本，全書中有四葉見刻工名葉禾、虞良，而此二人亦見南北史等明初別版，是明初南監修補時，有此等與福州有關刻工參與。然此四葉非屬A—1、A—2本，則A—1、A—2本尚未見有明初修葉，故暫定此本遞修至元末。

後一種補配部分，遞修至明嘉靖二二年。

A—2本：存五十八卷（卷四至一二，卷一四至二四，卷二七，卷二八，卷三〇，卷三一，卷三九，卷四一至四八，卷五二至六五，卷七五至七九，卷八二，卷八三，卷九三至九六）

〔南宋中期、元、元末〕遞修本　存三十一册「中央圖書館」（北平）藏

舊京書影（三二九、三三〇、三三一）收録卷二二第六五葉（卷末校記）、卷四六首葉及第一六葉（卷末校記）書影。據一九九三年中華書局版藏園訂補郘亭知見傳本書目，傅增湘著録此本稱存八十三卷，而所云卷次（卷二至一二，卷一四至二八，卷三〇，卷三一，卷三九，卷四一至四八，卷五二至七二，卷七五至八三，卷九三至九八）較今所存多十八卷（卷二，卷三，卷二五，卷二六，卷三〇，卷三一，卷三九，卷六六至七二，卷八〇，卷八一，卷九七，卷九八），合計當七十六卷，疑著録有誤。後補藍色書衣（三七·八×二三·四釐米），題簽墨書「宋書本紀六卷之七」等。蝴蝶裝。每册首鈐「晉府／書畫／之印」，尾鈐「敬德／堂圖／書印」，全書首尾鈐「京師圖書／館收藏之印」。

據藏印，此乃明晉莊王朱鍾鉉舊藏本，朱鍾鉉卒於弘治一五年（一五〇二）（見明史卷一一六晉王棡傳），則印製當在此前。此本無弘治四年修葉，亦無補刊年記，今推定遞修至元末止。百衲本見明初刻工名葉禾、虞良，非據此本，如

上述。紙張有「卞□□解物人陳彦德」、「衢州路西安縣解紙人方允成」等朱印，而類似印記亦見晉書元刊本（H－1本）、五代史記（舊京書影二六三）等，當出明代初期，故此本亦可推定爲明初印本。

A－3本：存三十六卷（卷二、卷三、卷六、卷七、卷一五至一八，卷二三至二八，卷三〇、卷三一、卷四一，卷五二至五七，卷六一、卷六二，卷六六至七二，卷八〇、卷八一、卷九七、卷九八。）

〔南宋中期、元、元末〕遞修〔明初〕印本　存二十册　北京圖書館藏（書號：〇七九〇）

一九三三年北平圖書館善本書目著録爲「宋刻元印本」，一九八九年北京圖書館古籍善本書目著録爲「宋刻宋元遞修本」。後補淺藍書衣（三七・八×二三・五釐米），題簽墨書「宋書 本紀二卷之三卷」，蝴蝶裝。卷二首題「本紀第二（空五格）宋書二／臣沈　約　新撰」。左右雙邊（二二・一×一七・八釐米），九行十八字。

卷一八（志八）首第一、第二葉刻工王昌，第三、第四葉無刻工名，第五、第六葉刻工王祖，卷七一（傳三一）第五、第六葉刻工王欽，此八葉爲原版，採用七史獨特之版心格式，但版面已磨損，漫漶較甚。除此八葉爲原版外，南宋中期補版不足二成，且經磨損，字體已非原貌，其餘八成以上元代兩期補版各佔一半。

此本卷八〇、八一及卷九七、九八共四卷，乃A－1A－2本所缺。此外，百衲本各卷首尾止見「京師圖書館收藏之印」者，似皆據此本。則百衲本影印底本用此者，當不下二十卷。

A－4本：零本［存卷三四（志二四）缺首二十八葉］

〔南宋中期、元、元末〕遞修〔明前期〕印本　存一册　北京圖書館藏（書號：一七八二一）

後補淺藍書衣（三七·四×二三·五釐米），蝴蝶裝。無原版葉。版面狀態，較之A—2、A—3兩本，此本磨損似稍甚，姑目爲「明前期」印本。然此本或原與A—3本爲一帙，亦未可知。

A—5本：零本（存卷七三、卷七四，有缺葉）

〔南宋中期、元、元末〕遞修本　存一册　上海圖書館藏

後補深紫色絹書衣（三六·六×二四釐米），蝴蝶裝。藏印止見「上海圖／書館藏」一印。卷七三缺第一葉，卷七四缺第三、七、九、一六葉及第二三葉以下二十六葉。南宋中期補版佔八成，元代補版佔二成，已無原版葉。百衲本卷七三、卷七四用A—1本，兩相對照，當屬同時印本。第二批國家珍貴古籍名録圖録收録此版卷七四首葉，似據此本。

【至嘉靖遞修本】

此七史版，嘉靖八至一〇年間，經大規模補修而編入南京國子監二十一史。故嘉靖修本亦即南監二十一史本，傳本頗爲不少。然原版葉已無一存者，即南宋中期補版葉亦極罕見。蓬左文庫藏魏書有萬曆一六年補刻年記（卷一〇九第一二葉），大致爲最後補修時間，此外別本皆不見如此年記。七史入二十一史後之情況，可參本書綜論編第一〇章。

宋書下至周書凡七史，下文列舉現存嘉靖修本可知者爲表。內閣文庫收藏明嘉靖中爲鄭履準所藏者，有寬永寺勸學寮藏印，當爲嘉靖前半期印本，於現存嘉靖修本中最屬早印，表中附「（鄭）」以標誌。內閣文庫又有一部，

爲昌平坂學問所舊藏本。此兩部，原皆二十一史全套，今分散不成套。書陵部、蓬左文庫藏本雖有缺失，現在仍爲二十一史全套。「中央圖書館」藏本中，宋書至周書册數三十、十二、十、六、四十八、十册者，嘉業堂舊藏嘉靖末年印製二十一史中之七史，明印題簽皆同式。中國大陸所藏本，除上海圖書館、復旦大學圖書館所藏外，皆未調查，今據北京圖書館善本書目、北京大學圖書館藏李氏書目、江南圖書館善本書目列録。成簣堂文庫舊藏茶水圖書館現藏本，因圖書館未及整理，未能調查。

現存宋書嘉靖修本有：

三十册　內閣（鄭）　三十册　內閣　二十册　靜嘉堂　三十二册　書陵部　二十册　大倉
三十册　蓬左　四十册　杏雨　三十二册　茶水　三十册　北京　三十册　「中央」
三十二册　「中央」　二十四册　南京　四十二册　上海

【百衲本】

百衲本張元濟跋稱：「初借北平圖書館所藏六十七卷，其後假得南潯嘉業堂劉氏殘本，補入二十三卷。其志第四，列傳第四十四、四十五、四十六，第四十八、四十九，第五十一、五十二，第五十九、六十（案：即卷一四、八四至八六、卷八八、八九，卷九一、九二，卷九九、一〇〇），以常熟瞿氏鐵琴銅劍樓暨涵芬樓藏元明遞修本合配。」案：一九二六年張氏致朱希祖書翰（下引張氏書札，均見張元濟書札（增訂本））云：「宋、梁、魏、北齊，凡京師圖書館所有殘宋本均已照來，宋書僅缺四分之一。」一九二七年致傅增湘書翰列呈「影印二十四史辦法」，稱「宋書用京師圖書館宋本，缺二十七卷，以三朝本補」。云「缺二十七卷」，則已得七十三卷。北平圖書館舊藏A—2本（存五十八卷）、A—3本（存三十六卷），除去重複，正得七十三卷之數。至一九三〇年，從劉氏借得六十八卷四十册攝照。然一九三二年遭日軍轟炸，照相底版盡燬。至一九三三年張氏又從劉氏重借攝照。一九三四年張氏致劉氏書翰云：「續借宋刻殘本宋書，計四十册，當經檢出二十三卷補入百衲印本之内。」所云與百衲本跋合。今覈百衲本，鈐有晉府藏印者約三十卷，當出A—2本；止見「京師圖書/館收藏之印」者，當據A—3本，亦不下二十卷。然百衲本跋所言「北平圖書館所藏六十七卷」，則不可詳知其目。又，張氏言借劉氏殘本「補入二十三卷」，即A—1本，然百衲本中鈐有「禮部官書」印者三十三卷，不啻二十三卷。細案百衲本每卷所據底本，卷八至一〇、卷七五至七九、卷八二、八三、卷九三至九六，均用A—2本。此十四卷，别本均屬明修，自當選用A—2本。然A—2本至今尚存第一四卷（志第四），而張氏列爲「以常熟瞿氏鐵琴銅劍樓暨涵芬樓藏元明遞修本合配」十卷之一。檢百衲本卷一四（志第四）往往有弘治、嘉靖補刊年記，而就百衲本明代補版葉覈查A—2本相應書葉，則皆趙遇春、沈思忠、金震、方中以、王明、王涣、陳晃、朱梓、金榮、孫斌、徐乂、劉仁、施昌、王信、繆恭、沈文、張堅、王定等所刻南宋中期補版葉佔多半，元代補版葉次之。是A—2本卷一四遠優於百衲本所用遞修本，不知何以未能收入。豈一二八巨劫，北平本照相底版亦被燬，其後補照，未能悉補照與？

又，A—2本其餘諸卷，多與A—1本重複。覈之百衲本，或用A—1本，或用A—2本，比率相當，且有一册之首見晉府印，尾見禮部印者，是混用A—1、A—2兩本。編製百衲本，每葉選用照片效果較佳者，故一卷之中，所用底本不一，絶非某卷用某本如此單純。百衲本見「禮部官書」印者三十三卷，亦不得謂其三十三卷全據

A—1本。百衲本實混用A—1、A—2兩本，而通觀各卷又不覺其混雜之痕迹，是亦可證A—1 A—2兩本修印情況一致，當出同一修版，印製時間相距不遠。

卷八四至九二，卷九九、一〇〇，凡十一卷，世無善本。百衲本所用，即或偶無嘉靖補版，然皆遞修至嘉靖一〇年者。

七　南齊書　五十九卷

A種、南宋前期浙刊本

A—1本：五十九卷　〔南宋中期、元、元末、明初〕遞修　二十册　北京圖書館藏（書號：五二三六）

此百衲本所據江南傅氏雙鑑樓本，現藏北京圖書館。第一批國家珍貴古籍名録圖録收録卷一首半葉書影。有二〇〇四年再造善本影印本（影印刊記稱「原書版框高二十二・五釐米，寬十九・三釐米」）。北京圖書館善本書目著録爲「宋刻宋元明初遞修本　繆荃孫　楊守敬　章鈺跋　沈曾植題款　二十册」。繆、楊、章三跋早見於一九二八年發表之藏園羣書題記（北平北海圖書館月刊一～五），一九八九年上海古籍出版社版藏園羣書題記卷一「宋刊本南齊書跋」亦録其文。藏園羣書題記所收跋及藏園羣書經眼録傅氏按語，推論此本來源甚詳。章鈺借傅氏藏本以校嘉靖修本，除藏園羣書題記所録附原書後之跋外，章氏自存編入文集之跋，見四當齋集卷二（有近代中國史料叢刊三編第一八輯影印本)。諸書具在，今不重録。

每册首尾鈐「禮部官書」印，與宋書A—1本同，無其他印記。觀百衲本，原版葉無一存者，南宋中期補版葉居多，且有缺「敦」字末筆者(卷一第一九葉，刻工吴明)。傅氏經眼録分原版、補版著録刻工名，原版刻工除單字者多至九十四名，吴明亦在其中，其實皆南宋中期補刻刻工。補版刻工傅氏列毛原敬、江子名、朱宗甫等名，以爲元代補版，其實明初刻工。今案：此本於元代經二次以上補修，又經明初補修。書中毛原敬、朱宗甫、江子名、李五、周受、張名遠、陳士通、黄子崇、葉禾、羅恕等所刻葉有二十多葉，而此十名皆見明初版南北史等。付善可、朱王文、陳德全、虞壽、劉子和、劉景舟、鄭子和、鄭和子等所刻約二十葉，亦當與毛原敬等同類。

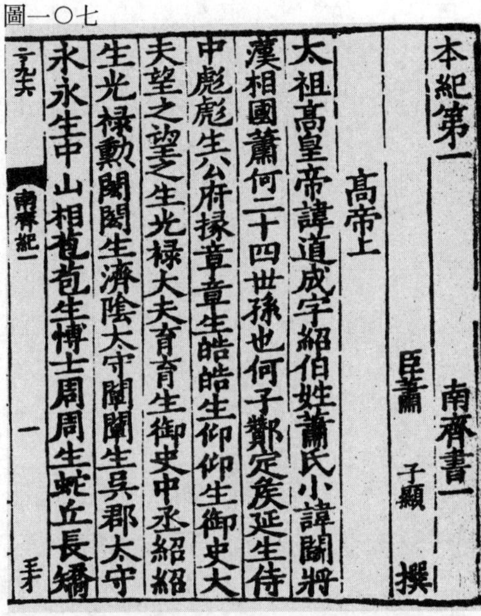
本紀第一　南齊書一

臣蕭子顯撰

高帝上

太祖高皇帝諱道成字紹伯姓蕭氏小諱鬬將漢相國蕭何二十四世孫也何子酇定侯延生侍中彪彪生公府掾章章生皓皓生仰仰生御史大夫望之望之生光禄大夫育育生御史中丞紹紹生光禄勳閎閎生濟陰太守闡闡生吴郡太守永永生中山相苞苞生博士周周生蛇丘長矯

圖一〇七　南齊書　南宋前期浙刊　南宋中期修葉(百衲本)

又案一九九三年中華書局版藏園訂補郘亭知見傳本書目，傅增湘云「眉山七史現存諸本，以明初印本爲最早，諸家著録所謂宋刊元修元印者皆非事實」，所藏南齊書、魏書，「刷印早於他本，然實亦明初印本」。又云：「雖號爲蜀中眉山刊本，然以刻工核之，均南宋中期及晚期浙杭刊工。」是傅氏固知經眼録所謂「原版」刻工皆出南宋中晚期浙江。不知傅氏何時更改認識，亦不知傅説是否經傳氏後人修改。

A—2本：五十九卷　〔南宋中期、元、元末、明初〕遞修　十二册　「中央圖書館」藏（書號：〇一四七五）

中國訪書志著録（增訂本第四四二頁至第四四四頁），國家圖書館善本書志初稿著録。後補棕褐書衣（二八・六×二〇・二釐米）。部分有朱筆句點，第九册首鈐「漢陽／推官」（白文），第一一册首鈐「讀易／世家」印。

卷首有曾鞏等校定上書敘録及南齊書目録（缺首二葉）。正文首葉爲南宋中期補版，刻工王才，首行小題、大題文字磨滅過半。覈稍晚之嘉靖修本，則首葉版心雖無補刻年記，然版面上半及首行部分已經修補，一望即知。其他各葉，版面破損皆較嚴重，文字多漫漶，尤以版面四周爲甚。因此可知，此本雖屬與A—1本同版同修，然刷印時間較晚，當爲嘉靖修補前不久所印。此本已無治平二年崇文院牒（見綜論編圖一四），與嘉靖修本同。

【舊京書影所收二本】

舊京書影收録南齊書二本。其一，提要（舊京書影提要）稱「宋刻零葉，舊清内閣書，見藏大連圖書館」，收録卷一五第四葉（二三二。提要作「志十二」，誤）、卷二九第一五葉（二二三）書影。觀此兩葉，皆南宋中期補版葉，刻工曹鼎、陳壽。兩葉既非原版，又不知其餘殘葉遞修至何時。此兩葉書版雖屬宋修，刷印時間不可遽斷，或出明初以後印本，亦未可知。

又一本，提要稱「宋刻明修本，舊寒山趙氏書，見藏北平圖書館」，收録卷五五第一葉書影（二二四）。一九三三年北平圖書館善本書目著録一部「宋刻明印本」五十九卷，或即此本。一九五九年八卷本北京圖書館善本書目不見著録，一九八九年新版北京圖書館古籍善本書目又見「宋刻宋元明遞修本」五十九卷十二册（書號：〇五〇）。

【至嘉靖遞修本】

現存南齊書至嘉靖一〇年遞修本有：

十二册　內閣　十二册　書陵部　八册　静嘉堂　十五册　杏雨　九册（缺卷一至八、卷三五至三九、卷四五至五一）　蓬左　十册　「中央」　十二册　「中央」　十二册　北京大　八册（卷五補鈔）　北京

八　梁書　五十六卷

A種、南宋前期浙刊本

A—1本：存四十卷（卷一至六、卷一一至二二、卷二六至四一、卷四六至四八、卷五一至五四）　存十四册　「中央圖書館」（北平）藏

（南宋中期、元）遞修

百衲本所據底本。舊京書影收録卷二首尾二葉（二二五、二二六）書影。一九三三年北平圖書館善本書目著録。後補深褐書衣（三一·三×二四·一釐米），淺藍色題簽紙墨書「梁書本紀　卷之二」等。鈐印「京師圖書／館收藏之印」。蝴蝶裝。南宋中期修葉缺筆至「燉」、「廓」字。補修至元代，未見有明初補修。

梁書未經明嘉靖修補之印本，傳世僅此一部殘本而已，故百衲本即以爲底本。此本缺卷，百衲本用別本，則往往見嘉靖補版葉。然百衲本於此本所有卷葉，亦有改用別本嘉靖補版葉之處，蓋因此本偶有缺葉及葉面大部破損

處，亦不得不爾。

【至嘉靖遞修本】

現存梁書嘉靖修本有：

十册　内閣　　十二册　書陵部　　十二册

靜嘉堂　　十四册　杏雨　　十册　蓬左

十四册　北京　　十册「中央」　二十册　復旦

大　　十册　南京　　十册　上海

再造善本影印上海圖書館藏本。此本全無原版葉，經南宋中期，元，明嘉靖八、九、一〇年補版。詳見拙稿上海圖書館藏宋元版解題　史部（一）（出版信息見本書卷首）。

圖一〇八

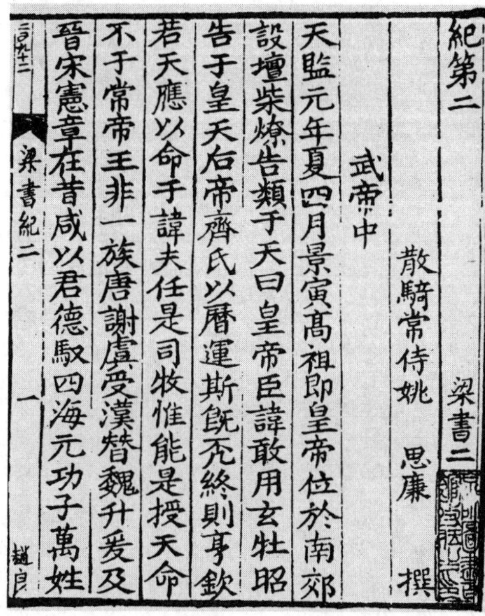

紀第二　梁書二

散騎常侍姚　思廉　撰

武帝中

天監元年夏四月景寅高祖即皇帝位於南郊

設壇柴燎告類于天曰皇帝臣諱敢用玄牡昭

告于皇天后帝齊氏以曆運斯既忽終則亨欽

若天應以命于諱夫任是司牧惟能是授天命

不于常帝王非一族唐謝虞受漢替魏升爰及

晉宋憲章在昔咸以君德馭四海元功子萬姓

梁書紀二　一

梁書　南宋前期浙刊　元修葉（百衲本）

九　陳書　三十六卷

A種、南宋前期浙刊本

或因卷帙最小，七史中陳書傳本狀態最佳。北平圖書館舊藏三部，雖皆殘本，遞修至元代初期、元代前期而止。與此相較，靜嘉堂藏本之完足無缺，且遞修僅至元代中期者，猶覺不足美。因此，陳書原版葉尚多存在。對照四部傳本，可以證明元代補刻至少有三次，此在七史版本研究上具有重大意義。元代初、前期補修葉數量極少，若據後修、後印本，即有元代初、前期補修葉，亦難以識別。中期亦即大德年間補修，規模甚大，其他諸書亦間有。不妨推測，元代補修情況，其餘六史以及西湖書院所儲南宋臨安國子監舊藏諸書版，大致當與陳書相同。

A—1本：存二十五卷〔卷一（存第一五葉右半、第一八葉左半至第二〇葉右半、第二一葉至第二六葉），卷五（缺第一五葉），卷六（存第四葉），卷八，卷九（缺第一六葉），卷一〇（缺第一、第九葉），卷一七（存尾一葉），卷一八，卷一九（缺第七葉以下），卷二〇至二二，卷二四（存第九、第一〇葉），卷二五（存第二葉），卷二六（缺第一、第二葉），卷二七（缺第一〇至一六葉），卷二八（缺第一七葉），卷二九至三六〕

〔南宋中期、元前期〕遞修　　存七册　　「中央圖書館」（北平）藏

一九八三年上海古籍出版社版王重民中國善本書提要著録。改裝後補藍黑書衣（三五·四×二三·七釐米），蝴蝶裝，襯紙補修。

殘缺嚴重，雖稱存二十五卷，其中三卷僅存一葉，如上著録。蓋搜訪殘葉，綴合而成帙者。然此帙所存宋原版葉最多，而間有極少數元初補版葉。細言之，卷二九、卷三二各十一葉，及卷一七、卷二五各存一葉，悉皆原版葉。南宋中期曾經大規模修補，卷一、卷五、卷六、卷一九、卷二二、卷二四（存二葉）、卷三一、卷三四至三六共十卷，皆南宋中期以前修本。卷二八、卷三三，除南宋中期補版外，又有刻工「北陳」所刻。此人當係宋末人，最晚亦不過元初。其餘各卷，間有極少數書葉見黄、謝、徐、承、祖等刻工名者，似是元初補版葉。

若就此本七册二十五卷總體而言，修版至元代初期止，據静嘉堂本（A—4本）知此版至元代中期又經補修，則

此本印製時間當在元代中期補修之前。其實，此本有全部原版葉之卷，有補修至南宋中期、末期以及元代前期之卷，不可一概而論。如卷三一、卷三二中之原版葉，檢A—2本至元代中期修本，相應書葉已改爲南宋中期補版葉。南宋中期經補修後，即無仍用原版刷印之理，是知卷三一、卷三二（至少其中原版葉）之刷印時間在南宋中期之前。可證此七册二十五卷非同時印製，而是拼合不同時期印本而成。又，此本不僅缺卷多，卷中缺葉亦多，「京師圖書／館收藏之印」止見於第五册（卷二八）以下各册，則此本拼湊數種殘本（其中當有宋刊宋印殘本）而成，固屬無疑。案一九二六年張元濟致朱希祖函云「京師圖書館僅存宋本八卷有半，已悉數照來」，自注：「爲列傳卷二十二第十八頁至卷三十。」若合紀六卷通數，則爲卷二八第一八葉至卷三六，亦即此本鈐「京師圖書／館收藏之印」部分。然則二十五卷七册拼成一部，猶在一九二六年以後。（譯者按：一九一六年京師圖書館善本簡明目録著録一部殘本，存傳二一至三〇，三册。張宗祥京師圖書館善本書目（詳本）云該部爲「舊清內閣書」。）

百衲本曾用此本爲底本之一，然有不取此本原版葉而取用别本元代補版葉者。如卷五第一三、一四葉，卷八第一、第二葉，卷九第一、第二、第五、第六葉，卷一〇第五葉，卷一七第九葉，卷二二第一、第三、第四葉，卷三一第二葉，卷三二第五、第六葉，此本皆原版葉，百衲本未能用此，殊可惜。或因此本殘葉多，故選擇稍有疏忽與。

A—2本：存八卷〔卷一七至二一、卷三二（缺首半葉）至三三（缺第一三至二二葉）〕　二册　「中央圖書館」（北平）藏

〔南宋中期、元前期、元中期〕遞修

一九八三年上海古籍出版社版王重民中國善本書提要著録。後補藍黑書衣（三二·六×二一·九釐米），蝴蝶裝。有「晉府／書畫／之印」、「橋氏／家藏」、「國立北／平圖書／館收藏」印。

第二册卷三一第一、第二葉，卷三二第五、第六葉，爲元初補版葉，刻工「林」，静嘉堂本（A—4本）亦然，而A—1本該葉乃原版葉。是知A—1本卷三一、三二當係宋末印本，而此本經元代補修。元代中期補版，字體不陋，數量亦少，而往往有墨釘，可見其校勘疏忽。

較之静嘉堂本（A—4本），此本僅存八卷，而所存原版葉多出四十五葉，南宋中期補版葉情況亦相仿。可見此本印製之後、静嘉堂本印製之前，書版經過大規模補修。蓋元代中期大德年間後，西湖書院補修書版，此本印製在其前，静嘉堂本印製在其後。

圖一〇九

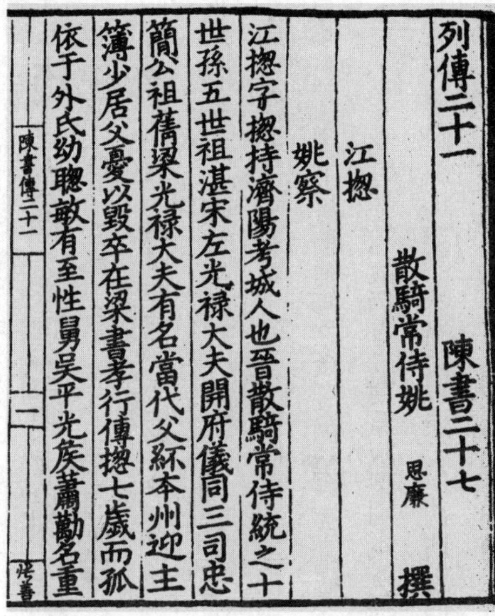

列傳二十一
陳書二十七
散騎常侍姚　思廉　撰
江揔
姚察
江揔字揔持濟陽考城人也晉散騎常侍統之十
世孫五世祖湛宋左光禄大夫開府儀同三司忠
簡公祖蒨梁光禄大夫有名當代父紑本州迎主
簿少居父憂以毁卒在梁書孝行傳揔七歲而孤
依于外氏幼聰敏有至性舅吴平光侯蕭勱名重
陳書傳二十一
二

陳書　南宋前期浙刊　原刻葉（百衲本）

百衲本亦用此本，故卷一七首見晉府、橋氏兩印，又有不取A—1本之原版葉而採用此本元初補版葉者。然百衲本選用北平三本及静嘉堂本（A—1至A—4本），非一卷同用一本，僅凴各卷首尾印記，不足以判斷卷中書葉所出底本。

A—3本： 存五卷〔卷五（缺第一、第二、第二七至三一葉），卷七（缺第一、第六至第八葉），卷八，卷九，卷一〇（缺第八、第九葉）〕

〔南宋中期、元前期、元中期〕遞修　一册　「中央圖書館」（北平）藏

一九八三年上海古籍出版社版王重民中國善本書提要著録。改裝後補藍黑書衣（三一·四×二一·三釐米），包背

裝。

卷五狀態與A—1本（存二十五卷本）同，原版二葉，餘皆南宋中期補版葉，或出宋印亦未可知。卷七爲A—1本所缺，此本含原版三葉，亦不見於静嘉堂本（A—4本），卷中又有元初補版葉。卷八至一〇，原版葉較A—1本減少七葉，而此七葉皆改爲元代中期補版，静嘉堂本（A—4本）亦然，百衲本不取A—1本原版而採用此本補版葉（細目見上A—1本下）。是知此本包含二、三批宋末至元代不同時期修、印本，後人綴合幾種殘本而訂成一册。

此本卷九雖經元代中期補版，與静嘉堂本（A—4本）同，然其末葉乃原版葉（刻工「田立」。百衲本刻工名作「田力」，A—1本無刻工名），而静嘉堂本已替換爲元代補版（刻工「王興」）。

A—4本：三十六卷　〔南宋中期、元前期、元中後期〕遞修　三十六册　静嘉堂文庫藏

後補粉紅書衣（三二·八×二一·五釐米），襯裝。

陳書未經明代補修而全部完足者，今存僅此一本。然此本較A—1至A—3本，元代多經一次以上補修，原版葉留存甚少，印製時間恐已入明代。細言之，全書四百四十九葉，百衲本原版葉有一百四十二葉，佔四分之一以上，而此本僅存二十一葉。減少之原版葉，大都於元代中後期抽換爲新補版。又如上文A—2本、A—3本下所述，此本於元代中後期補修之後，又經第二次補修，原版葉又見減少，不少南宋中期補版葉亦改爲新版。然因A—1至A—3本有缺卷，故仍有二葉原版葉别本皆無，僅存於此本中。

元代補修不止一次，然過去辨識元代初期、中期補版尚有困難。今經調查，知北平三本（A—1至A—3本）與静嘉堂本（A—4本）同卷之間差異明顯，此一問題始得明確認識。下列静嘉堂本後修葉刻工，皆大德前後時期刻工，

故知此本最後大規模補修在元中後期。在此之前，南宋中期以後之補刻，從字體等可以推定爲元代前期及元代中、後期。

元代刻工中，至静嘉堂本始出現者如下。依姓名筆畫排列，同姓刻工中，先列對照北平三本可以證明爲後修者，又於括弧中舉列北平三本缺卷，雖無可對照證明，仍可推定爲同時者。

丁銓　毛文　王付　王圭　王桂　王細孫　王興　（王全）（王信）任阿　任亮　任韋　务陳秀　（朱曾＊）何九万　何益＊　何慶＊　吴子華＊　吴宗　吴祥　李嵩　李宝　（沈珍＊）阮明五＊　周鼎　（芦開三＊）（金友）　胡昶＊　（胡慶十四＊）茅化竜＊　邵夫　孫日　（孫開一）（孫斌）徐文＊　徐友山＊　徐榮徐榮祖　（徐泳＊）（翁子和）高凉　（張三＊）章文一＊　章亞明＊　陳二　陳邦卿＊　陳復陳万二　（陳文玉＊）陶春　（單侶＊）楊十三＊　楊明＊　（楊采＊）葛辛＊　詹德潤　劉仁　滕慶＊（蔣蚕＊）

表中附＊號者，亦見元大德四年（一三〇〇）序刊大德重校聖濟總録二百卷及約有三十名刻工與聖濟總録共通之南宋前期兩淮江東轉運司刊三史元代補版。可證在此四本（A－1至A－4本）中，至此静嘉堂本（A－4本）始見之元代第三次補修，即在大德年間左右。此本亦絶無明初補版葉，可知印製時間在元代後期以後，恐在明初。此又可證明北平三本（A－1至A－3本）印製時間在大德以前。

百衲本似以此三十六卷足本爲主要底本，而從北平三本中酌情選用原版葉等更佳書葉。故北平三本存卷，百衲本往往仍用此本，卷首卷尾多見此本汪士鐘等藏印。

A—5本：三十六卷〔南宋中期、元前中後期〕遞修　八册　復旦大學圖書館藏

新補藍黑書衣（三二・九×二三・三釐米）。補刻情況與静嘉堂本（A—4本）同。然有二十五葉補鈔，印製時間或較A—4本稍晚。書眉墨書校語，蓋與補鈔同時期。有「國立同濟／大學圖書／館藏書」印。第二批國家珍貴古籍名録圖録收録卷一首半葉書影。

【至嘉靖遞修本】

南監二十一史本陳書之補版年記有嘉靖八年及九年。今知有如下傳本。

六册　内閣（鄭）　六册　内閣　八册　書陵部　六册　蓬左　八册　杏雨
六册　茶水　二十册「中央」　六册「中央」　四册「中央」　八册　北京
十二册　北京　二册（存卷二七至三六）　北京　六册　北京大　六册　上海

一〇　魏書　一百一十四卷

A種、南宋前期浙刊本

百衲本跋云：「涵芬樓所藏僅得其半，先後假北平圖書館暨江安雙鑑樓傅氏、吴興嘉業堂劉氏藏本補完。卷

中有元代修補之葉，或謂有明初續補者，然皆不著年號，殊難斷言。」所據各本，皆可謂善本，惜除嘉業堂舊藏本外，今皆未見。此先據各種目録探討百衲本底本，次詳論東洋文庫、大倉文化財團（集古館）所藏明成化以後印本等。

先據當時目録書，舉列其可能爲百衲本底本者。

北平圖書館善本書目（一九三三年版）著録

①存七十二卷（目録，紀一至一二，傳一至二八、三一至三三、四二至五八、六六至七七，志五）　宋刻元印本

②存二十六卷（傳一〇至一四、二四至三五、六一至六三、八〇至八二，志八至一〇）　宋刻明初印本

③存九卷（傳七中至七下，志六、九至一〇、一三至一四、一七至一八）　宋刻明印本

④一百一十四卷　宋刻明印本

雙鑑樓藏書續記著録

⑤一百一十四卷（鈔配卷三至一九）　宋刊元修

（「禮部官書」朱文大印，「季振宜印」、「滄葦」、「少谿主人」朱文諸印）　六十四册（鈔配九册）

嘉業堂善本書影著録

⑥一百一十四卷　宋刊（元修）本

涵芬樓燼餘書録著録

⑦一百一十四卷　宋刊元明遞修本　四十册

中有四十一卷用元代公牘紙印，紙背多延祐、泰定、元統、至元等年號。其餘各卷補至嘉靖八年。

⑧一百一十四卷　六十四册

⑨存十七卷（卷一至一七）　宋刊元遞修本　十二册

用明南京都督府諸衛各倉及馬草場公牘紙印，紙背有成化年號。「季滄葦藏書」印。

一九三〇年三月張元濟致函傅增湘云：「聞吴君子馨云，館中有魏書殘本數部，有出弟所知之外者。屢托伯恒到館檢視，所答甚屬模糊，只可奉瀆。」可見在一九三三年北平圖書館善本書目出現之前，館藏未得妥善整理。傅增湘受張氏之托，檢視北平圖書館藏魏書殘本二部，其一存三十四册（目録，紀一至一二，傳一至三五、四二至五八、六六至七七，志五至六、八至一〇、一三、一四、一七、一八），又一部存五册（傳一〇至一四、二四至二八、三二、六〇至六三、八〇至八二，傳卷七中下、三一、四〇至四二、四四、五八、五九，志一五、一六，九、二〇），見藏園群書經眼録。傅氏所見二部，至一九三三年之前經整理，改爲①、②、③本三部。（譯者按：傅氏所見當如張宗祥京師圖書館善本書目（詳本）著録，爲三部，經眼録著録有訛奪。詳參人民文學出版社版舊京書影出版説明。）又，藏園群書題記收録一九三〇年作宋刊魏書跋（爲A—5本作）云「京館舊藏大庫本亦祇存七十四卷」，與經眼録前一種三十四册卷次共計八十五卷及①本七十二卷均不符，亦不可究詰。

北平目録著録版本大體精確，既以③本、④本爲明印，列於①、②之後，則當有嘉靖補版，當非百衲本所據。檢百衲本，京師圖書館藏印見於紀一、二、三、五、八、一二，傳三、七上中下、四九、七〇，志五各卷首或尾，而此諸卷均在傳氏所見第一種三十四册，而不在第二種五册；在北平目録之①本，不在②本。是百衲本所用北平圖書館藏本，當爲傳氏所見第一種三十四册，大致相當於北平目録之①本。

一九五九年八卷本北京圖書館善本書目不著録①、②、③、④本，只著録涵芬樓舊藏⑦、⑧、⑨三本（書號：七三五二、七三五三、七三五四）。至一九八九年新版北京圖書館古籍善本書目，除⑦、⑧、⑨三本外，又著録①、②、③、④本，共著録七本。此據新目録，重列①、②、③、④本如下：

A—1本： 存七十二卷（目録，卷一至四〇，卷四三、四四，卷五四至七〇，卷七八至八九，卷一〇六）　存二十八册　北京圖書館藏（書號：〇五一，即①本）

A—2本： 存二十六卷（卷二二至二六，卷三六至四七，卷七二至七五，卷九二至九四，卷一〇七至一〇八）　存七册　北京圖書館藏（書號：〇五二，即②本）

A—3本： 存六卷（卷一九，卷一〇六至一〇九，卷一一三）　存十二册　北京圖書館藏（書號：〇七九一，即③本）

A—4本： 一百一十四卷　四十册　北京圖書館藏（書號：〇五三，即④本）

以上四本均未見。新目著録存卷，均按一百一十四卷通數卷次，而③本之傳七中下、志一〇與一三、志一七與一八北平目録各數一卷，故③本存九卷，今著録爲存六卷，其實無異。又，②本存傳六一至六三，按一百一十四卷通數卷次則卷七三至七五，而新目著録作「七二至七五」，此乃小異。據上文推論，百衲本所用大致相當於A—1本。

舊京書影收録傳七中首葉及傳七下末葉書影（二三一、二三二），有「晉府／書畫／之印」、「敬德／堂圖／書印」，提要稱「舊清内閣書，見藏北平圖書館」。案：A—3本存卷自卷一九始，卷一九即傳第七，而據一九三三年北平舊目，③本存傳第七中下，缺上。疑舊京書影所據當即A—3本（③本）。

⑤雙鑑樓本，後歸華盛頓國會圖書館。

A—5本：存九十七卷　〔宋、元、明初〕遞修　五十五冊

圖一一〇

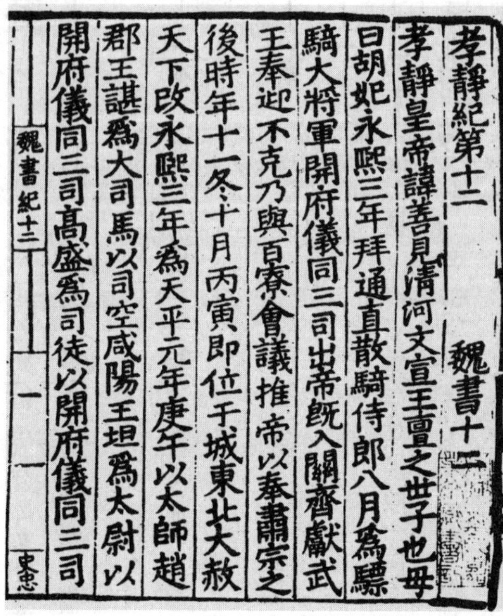
孝靜紀第十二　魏書十二
孝靜皇帝諱善見清河文宣王亶之世子也母
曰胡妃永熙三年拜通直散騎侍郎八月爲驃
騎大將軍開府儀同三司出帝既入關齊獻武
王奉迎不克乃與百寮會議推帝以奉肅宗之
後時年十一冬十月丙寅即位于城東北大赦
天下改永熙三年爲天平元年庚午以太師趙
郡王諶爲大司馬以司空咸陽王坦爲太尉以
開府儀同三司高盛爲司徒以開府儀同三司
魏書紀十二　一　史忠

魏書　南宋前期浙刊　原刻葉（百衲本）

鈔配十七卷（卷三至一九）　九冊　凡一百一十四卷六十四冊　美國國會圖書館藏

未見。此徐坊（徐梧生）舊藏本，一九三〇年爲傅增湘所得。文禄堂訪書記、藏園群書經眼録、藏園群書題記均有著録。觀群書題記及張元濟致傅氏書函數通，可知購買經過。

藏園群書題記宋刊本魏書跋云「宋版所存爲多，元修祇十之二」，固屬溢美，而一九九三年版藏園訂補郘亭知見傳本書目稱此本爲「宋刊元明遞修本」，則不知其確知有明代補版，抑或因其印製在明初，遂稱明遞修而已。

美國國會圖書館藏中國善本書目（王重民輯録，袁同禮重校）卷二著録爲宋刻明初印本，並云：「檢其刻工姓氏，有

與明初翻刻南北史及遼史同者，則當是明初刷印本。張菊生、傅沅叔先生謂爲元印者，恐不足信。卷内有『禮部官印』、『季印振宜』、『滄葦』、『少谿主人』、『雙鑑樓』、『藏園』、『傅增湘』、『沅叔審定宋本』等印記。其禮部官印爲明初所鈐，疑爲南監修版之後，禮部遣人專印，故用紙獨佳也。自卷三至卷一九凡十七卷九册爲鈔配，然鈔配本上鈐季氏印，則爲明末清初所寫，亦三百年前物也。」一九八三年上海古籍出版社版王重民中國善本書提要亦載同文。

案：此謂魏書補刻刻工亦見明初洪武末年覆刻元大德九路儒學刊南北史（明初覆刻南北史詳本書綜論編），可證此本已經明初補修。禮部官書印亦見宋書A—1本、南齊書A—1本，原當係七史全套，如傅增湘所論。蓋因國子監有補修七史書版之舉，故禮部收繳新印本。南齊書A—1本中可證爲明初補版者不下三十葉，宋書A—1本未見可證爲明代補版之葉，但亦似有極少數明初補版葉。此本明初補版，參下文A—9、A—10本下。

⑥嘉業堂本，後歸「中央圖書館」。

A—6本：存九十四卷（缺卷四〇至五九） 〔宋、元、明初？〕遞修　存六十册　「中央圖書館」藏（書號：〇一五〇六）

「中央圖書館」宋本圖録、中國訪書志、國家圖書館善本書志初稿均見著録。一九九七年復旦大學出版社版嘉業堂藏書志收録董康志稿著録一百一十四卷，除列原缺卷外，未云印本有缺失卷。然一九三一年張元濟致劉承幹函云：「蒙借宋刊魏書六十册，如數收到。惜列傳缺去廿三卷。」同年致傅增湘函亦云：「董授翁見告，謂翰怡處有宋本全部。借來，亦尚缺十餘卷。」則一九三一年張元濟所借亦即六十册，雖所云缺卷數目不一，當與今存者同，已缺二十卷。檢百衲本，此二十卷（缺卷四〇至五九）即不見嘉業堂藏印，亦可證百衲本跋所云嘉業堂藏本確爲此帙。

此本補修至明初。嘉業堂善本書影卷二收「宋刊本」卷一首葉書影，上象鼻記字數，下象鼻見刻工名「曹中」，乃元代補版葉；卷三收「三朝本」敘録書影，亦元代補版葉。嘉業堂善本書影選用元代補版葉，實因選取首葉，不得不然。至百衲本此二葉，與嘉業堂善本書影同版同修，則本可另選原版葉，不知爲何仍用補版葉。

此本用明洪武時公牘紙刷印。據竺沙雅章調查列表（漢籍紙背文書研究，一九七三年京都大學文學部研究紀要一四，第五頁），現存洪武年間公牘紙印本有北京圖書館藏爾雅疏十卷（宋刊宋元明初遞修本）、忠文王紀事實録四卷（宋咸淳七年吴安朝等刊本）、「中央圖書館」藏魏書（即此本）、隋書八十五卷（元大德饒州路刊本）、静嘉堂藏漢書殘八卷（南宋前期兩淮江東轉運司刊宋元遞修本）等。其中筆者得以就原本調查紙背文書並刻工者，僅静嘉堂文庫藏漢書殘八卷（即本書上文漢書D－4本。存卷九四上下、卷九五、卷九六上下、卷九七上、卷九九上中。故上文D－4本著録「存五卷」，此云八卷據子卷言）而已。綫裝紙背查看不易，調查容有不周，然所見年記自洪武初年至一三年，則此等文書之製作時間當在洪武一幾年，報廢時間當在洪武末年後。既如此，正面漢書之刷印時間當在洪武末年之後，疑當有明初補版。然此殘卷所見三十五名元代以後補版刻工，竟無同見於南史、北史、遼史、金史、古史、古今紀要、慈溪黄氏日抄分類、文粹等明初版本及魏書、文獻通考等明初補版葉者。三十五名中或有明初刻工而不見於南史、北史等，或在此殘八卷之外，原有南史、北史等所見刻工名，材料有限，皆不可知。故此漢書印本，是否已經明初補修，今無從斷定。魏書此本所用公牘紙，似亦與漢書同出一批，蓋當年以此類報廢文書刷印正史。既用洪武年紙背文書，魏書此本似亦經明初補修，如A－5雙鑑樓本。然尚無確證，有待就原本再次調查。

⑦、⑧、⑨涵芬樓三本，今皆在北京圖書館。

A—7本：存四十一卷　〔宋、元〕遞修公文紙印本　凡一百一十四卷四十册　北京圖書館藏（書號：七三五二，即⑦本）

配宋元明遞修本七十三卷

A—8本：一百一十四卷　宋、元、明遞修本　六十四册　北京圖書館藏（書號：七三五三，即⑧本）

A—9本：存十七卷（卷一至一七）〔宋、元、明〕遞修公文紙印本　紙背有成化年號　「季振宜藏書」印　存十二册　北京圖書館藏（書號：七三五四，即⑨本）

三本均未見。此據一九五九年北京圖書館善本書目、一九八九年北京圖書館古籍善本書目，並參涵芬樓燼餘書録重列目。第一批國家珍貴古籍名録圖録收録卷一首半葉書影，似據A—7本。

案王國維撰蔣氏密韻樓傳書堂藏善本書志，著録魏書三本：

a本：一百三十卷（此本内卷一六至卷二一、卷三六至卷四八、卷五四至卷五八、卷六二至卷七〇、卷九三、卷九四、卷一一一至卷一一四、卷一二六、卷一三〇，計三十九卷皆以元時公文紙印，有至元、延祐、至正等年號，皆宋刊及元補刊也。餘卷以明印本配補，則有嘉靖補刊之葉。）

b本：存六卷（存列傳卷一七、卷一八、卷四七、卷四八、卷五四、卷五五，凡六卷。用明洪武年公牘紙印，無修補之葉。有「鸞臺學士」、「四箴堂記」二印。）

c本：存十七卷（存本紀卷一至卷一七。用成化公牘紙印。）

對照燼餘書録可知，a本、c本後歸涵芬樓，今在北京圖書館，即A—7、A—9本。

據爈餘書録，A—7本元代公牘紙印本四十一卷，至明遞修本七十三卷，唯爈餘書録不言卷次。傳書堂藏善本書志雖稱元代公牘紙印本計三十九卷，然所列卷次合計實有四十一卷，與爈餘書録符合。疑爈餘書録據傳書堂藏善本書志所列卷次而訂正合計卷數。A—7本即蔣氏舊藏a本，此無疑義。

背面公文見至元年記，而至元下至元朝滅亡三十餘年，慮及公文報廢時間，則此本刷印時，或已入明，即在元末，南方已入朱元璋控制下。相對而言，此四十一卷仍屬善本。然就傳書堂藏善本書志所列四十一卷覈查百衲本，則四十一卷中五卷有北平圖書館印，三卷有嘉業堂印，十九卷有雙鑑樓印，共二十七卷皆未用此本。魏書自宋本以來皆作一百一十四卷而偶有子卷，每卷首尾大題卷次僅據一百一十四卷。若據全書一百三十卷數卷次，則須列表重數，故傳書堂藏善本書志所記卷次未必無誤。然仍可知百衲本較少用此本。

A—9本紙背有成化年號。同用成化時公牘紙之大倉集古館藏本（見下A—11本）、東洋文庫藏本（A—12本）有洪武末年前後時期補版，則A—9本當亦如此。北京圖書館善本書目鑑定爲至明遞修，固屬可信。成化晚至元百數十年，晚洪武亦近百年，則百衲本無用此本之理。

A—8本爲爈餘書録⑧本，據書號可知。然爈餘書録除册數外無任何説明，北京圖書館善本書目、同古籍善本書目又僅言「宋元明遞修本」，不得其詳。二〇〇六年再造善本影印魏書六十四册，稱「據中國國家圖書館藏宋刻宋元明遞修本影印」，當即此A—8本。據影印本，補版年記至嘉靖一〇年。有「涵芬樓」、「海鹽／張元濟／經收」、「涵芬／樓藏」（白文）諸印。目録首葉及卷五四（傳第四二）首葉（嘉靖八年補版葉）鈐「四箴／堂記」、「鸞臺／學士」（白文大印）二印。此二印亦見傳書堂藏善本書志之b本，而卷次不符。當知爈餘書録之⑧本（即A—8本）與傳書堂善本書志之b本初不相涉，傳書堂藏善本書志之b本今不知下落，⑧本又不知涵芬樓得自何人。另，上海圖書館現藏一部殘本，亦有此二印。

A—10本：存九卷〔卷四五、卷四六（首七葉）、卷六一至六五、卷八二、卷八三（有缺）〕

〔南宋中期〕〔元〕遞修　洪武時公牘紙印本　存四册　上海圖書館藏

後補白色書衣（二七·一×一九·九釐米）。藏印有「四箴／堂記」、「鸞臺／學士」（陰）、「寒／雲」（陰）、「寒雲／藏書」、「温百室」（橢圓）、「大隆／審定」等。此明代前期印本，而原版葉存留頗多。殘存二百一十八葉中，原版有八十九葉。公牘紙詳情參拙稿上海圖書館藏宋元版解題　史部（二）。第二批國家珍貴古籍名録圖録收録卷四五首半葉書影。

上海圖書館另有殘本存三卷（卷八六至八八）一册，後補粉紅書衣，有「燕謀」、「寒雲／鑑賞／之鉨」（橢圓）、「抱／存」等印，中國古籍善本書目與A—10本合併著録爲「宋刻宋元遞修公文紙印本　存十二卷」。是知鈐有「四箴／堂記」、「鸞臺／學士」二印者，原或爲足本（至明遞修本），後分散，六卷（卷二九、卷三〇、卷五九、卷六〇、卷六六、卷六七）經蔣氏密韻樓（b本）而今下落不明，九卷（卷四五、卷四六、卷六一至六五、卷八二、卷八三）經袁克文手而今歸上海圖書館（A—10本），目録及卷五四與別本混配而歸涵芬樓，今藏北京圖書館（A—8本）。

【百衲本底本問題結論】

上文據當時目録，列舉可能爲百衲本底本者①至⑨，又據現藏情況重列爲A—1至A—9本。經討論，百衲本所用大致可推定爲北平圖書館所藏A—1本、傅增湘所藏A—5本、劉承幹所藏A—6本、涵芬樓所藏A—7本，此皆元末至明初印本。其餘北平圖書館所藏A—3、A—4本及涵芬樓所藏A—8、A—9本皆遞修至明，當不爲百衲本所取。A—2本雖亦較早印，然百衲本中有京師圖書館藏印各卷皆非A—2本所有。（其實北平圖書館整理爲A—1、A—2、A—3本，當在張元濟拍照之後，見上文。此言A—1、A—2，僅爲討論方便。）檢百衲本各卷首尾所見藏印，北平本之「京師圖書／館收藏之印」見目録第二葉及其餘十四卷，雙鑑樓本之「禮部官書」、「季印／振宜」、「滄／葦」諸印見目録及其餘四十六卷，嘉業堂本之「吴興劉氏嘉／業堂藏書記」印見於十八卷，全書不見涵芬樓之藏印。北平本印記大都在前十九卷中，而此恰爲雙鑑樓本所缺。若第二〇卷以下，則雙鑑樓本印記最多，嘉業堂本次之，至北平本則僅三見（卷六一、卷八二、卷一〇六上）。可知百衲本似以雙鑑樓本爲主，配用嘉業堂本、涵芬樓本、北平本而成。

實則編輯百衲本之情況極其複雜，細節不可具知。其可知者，經一九三二年日寇劫難後，一九三三年六月傅增湘致張氏函云：「魏書印本敝藏實視蔣書爲勝。最好查明蔣書凡非宋印者，盡行抽换，較爲完美。侍亦不憚此煩也。」張氏回函云：「以前所照有北平圖書館本，有嘉業堂劉氏本，有蔣氏本。其間不少元補之葉，屬抽换尊本，極所欣幸。惟恐有已經製成者則可聽之，現正屬詳細檢查。」同年七月張氏函云「魏書尚有數百葉擬抽换」，至一九三四年仍有「補照魏書五葉」等語。是知百衲本非以雙鑑樓本全部照相爲基礎，補以别本，而是雜用北平、劉氏、蔣氏諸本，書葉不佳乃用雙鑑樓本抽换。另，張氏致丁英桂函、致吴子馨函、致朱希祖函、致劉承幹函，均言及魏書，可以參考。

論版本，北平本A—1及涵芬樓本A—7（不含配本）無明初補版，最可利用。雙鑑樓本A—5，已經明初補修，如王重民所論。嘉業堂本A—6疑亦經明初補修。百衲本多用雙鑑樓本，故其中明初補版甚多。其據刻工名可確證爲明初者不少於一百三十葉，再加推定與此一百三十餘葉同出一時者，總數超過二百葉。正如百衲本跋所言，「元代修補之葉，或謂明初續補者，然皆不著年號，殊難斷言」，疑當年張元濟未必確知雙鑑樓本之不如北平本A—1及涵芬樓本A—7。明初補版問題，詳見下文A—11、A—12本下。若以北平本A—1及涵芬樓本A—7爲主，缺卷以雙鑑樓本、嘉業堂本補足之，明初補版蓋可減少一半，而可增多原版葉、南宋中期補版葉。

大倉集古館（大倉文化財團）、東洋文庫各藏一部一百一十四卷，其中包含遞修至明初部分。上文言及明初補版，即以持此二本每葉對校百衲本，始得證明。二本皆經南宋中期及元代補刻，不言可知，下文從省不復標示。

A—11本：配本　凡一百一十三卷八十册　大倉文化財團（集古館）藏

a. 存五十七卷（卷五四至六五、卷六九、卷七〇、卷七二至一一四）　至〔明初〕遞修〔明前期〕印

b. 存一卷（卷七一）　成化一〇年前後公文紙印本　至〔明初〕遞修〔明成化、弘治間〕印

c. 存五十卷（目録、卷一至四八、卷六七、卷六八）　至明嘉靖一〇年遞修

鈔補六卷（卷四九至五三、卷六六）　〔清〕鈔

董康誦芬室舊藏本。經大倉文化財團改裝，今爲金鑲玉裝（印版紙高二六・五釐米），粉紅書衣（二九・九×二一・一釐米）。

a. 部分，除少數原版葉外，有南宋中期、元代初期、元代中期補版葉，如同百衲本。然如卷七七至七九、卷一〇六上中下、卷一〇八之四等，對校此本與百衲本乃知，此本明初補版葉，在百衲本則爲原版葉或南宋中期補版葉（此較少見）者。葉數不爲多，仍可列此本明初補版刻工名如下。

毛原敬　朱宗甫　江子名　江厚　吴六　吴睡　吴榮三　李五　周受　周應　范彦榮
張名遠　張廣祖　郭□中　陳子通　黄四崇　鮑與道　薛志良　羅恕

此皆明初刻工，見南北史等九路本及其覆刻本。此等明初補刻刻工之存在，可證王重民論雙鑑樓本有明初補版之不誤。黄四崇刻葉有季振宜印（卷七三首葉），尤爲明證。而此本明初補版葉百衲本爲原版或南宋中期補版，則又可證百衲本底本，實有未經明初補修之善本。其遞修至元，未經明初補修者，蓋涵芬樓本A－7與。殆非北平本，然未有確證。又據此等明初補版之確鑿者，檢查版式特點相同者，得如下刻工，亦當同出明初：

付善可　危壽　朱王文　余彦文　施實　陳德全　虞保山　虞壽　劉子和　歐志滿
蔡彦舉　鄭子和　鄭和子

其中歐志滿刻葉有京師圖書館印（卷一九中第一葉），則北平本A－1疑亦經明初補修。

此等明初刻工，亦見静嘉堂等所藏元泰定元年（一三二四）西湖書院刊、後至元五年（一三三九）、明初遞修本文獻通考三百四十八卷。若僅據版式、字體，則原版、後至元補版與明初補版，極難辨識，故文獻通考之明初補版往往被誤認爲元代後期補版。

又，此本a．部分缺葉甚多，每卷各缺一至四葉。此本a．部分缺葉，在印製時間稍晚之A－12本b．部分仍缺印葉，唯有鈔補而已，更有此本a．部分不缺而A－12本b．部分又缺者，是知缺葉實由版片破損，非印葉之破損。可知此本a．部分當早於A－12本b．部分。然A－12本b．部分當爲成化末、弘治初印本，上至明初逾百年，則此本固明初版片入南監後所印，自無疑義。

此本b．部分一冊一卷（卷七二），含原版十六葉，遞修至明初，與a．部分同，而用成化八年至一〇年前後南京都督府諸衛倉文書，刷印時間當在成化末、弘治初，與A—12本b．部分同。A—12本b．部分卷六二至九三獨缺卷七一，頗疑此本b．部分與A—12本b．部分原屬一帙。又，A—9本用紙亦同，存卷一至一七，亦A—12本b．部分所缺，或皆同出一本，亦未可知。

A—12本：配本　凡一百一十四卷六十四冊　東洋文庫藏

b．存四十六卷〔卷三八、卷三九、卷五九（存第一九葉以下）、卷六〇、卷六二至七〇、卷七二至九三、卷九五、卷九七、卷九九、卷一〇〇、卷一〇三至一〇九〕　成化一〇年前後公文紙印本　至〔明初〕遞修〔明成化弘治間〕印

c．存六十一卷（卷一至三、卷九至三七、卷四〇至五三、卷五六至五九前半、卷七一、卷九四、卷九六、卷九八、卷一〇一、卷一〇二、卷一一〇至一一四）　至明嘉靖十年遞修

d．存八卷（卷四至八、卷五四、卷五五、卷六一）　〔清〕鈔

藤田豐八舊藏本，有「藤田鈴峯」藏書之記」印。粉紅書衣（三九．七×二二．二釐米），金鑲玉裝（印版紙高二六．八釐米），部分有襯紙補修。

此本b．部分，與A—11本b．部分、A—9本，皆成化年間公文紙。竺沙雅章曾於東洋文庫詳查此本，據云有成化七至一〇年南直隸、湖廣、浙江等所屬諸縣里長、糧長等向南京都督府諸衛倉、馬草場繳納糧米之運糧呈文，有諸衛倉上禀收糧之收糧揭帖，有諸衛官攢軍斗名簿等衛倉管理有關各類揭帖（見漢籍紙背文書研究第七頁）。考慮文書報廢時間（成化一〇年至成化二三年有十三年，次年改元弘治），可以推測印製時間當在成化、弘治間。又，此本b．部分與百

衲本相較，則明初補版較百衲本增多。唯一例外在卷六五第五葉，百衲本及A—11本a.部分（明前期印）爲明初補版，刻工薛志良，而此本反爲原版葉，刻工名似是田立。此本b.部分印製時間必在A—11本a.部分之後，而此葉版之先後正相反，不合常理。若第六葉則三本皆薛志良所刻，自無問題。又，此本b.部分與A—11本a.部分相較，明初補版刻工名往往磨損，可知此本b.部分印製時間較晚。明初補版已經磨損，或因所用木版質地鬆軟。案：明初覆刻南北史等一批刻工，似原在福建，如綜論編所述。魏書雖由南京國子監爲之補修書版，或囑福建刊刻補版，而福建用木較軟，故不經磨損，亦未可知。又，此本b.部分較A—11本a.部分，補鈔葉增多明顯。A—11本a.部分之南宋中期或元代補版葉，此本b.部分多用成化公文紙紙背鈔補。覈之嘉靖修本（南監二十一史本），則此等處多換爲嘉靖八年補刊葉，可見成化、弘治時書版已經磨損，不堪刷印，故至嘉靖年間補修時最先爲之補版。

宋書明印本少數補版葉有弘治四年年記，是其時有修補印製七史之舉。成化公文紙印本，豈其時所爲與。

南京大學圖書館亦藏有公文紙印本零卷。

A—13本：存一卷（卷四二）　至(元代中期)遞修　一册　南京大學圖書館藏

後補花圓文黑絹書衣（三二・一×二二・五釐米），金鑲玉裝（印版紙高二七・一釐米）。卷末有辛卯歲黃裳識語二行，鈐「善本」、「黃裳藏本」、「黃裳流/覽所及」諸印。

僅存列傳第二九，全二十六葉中，缺第一四葉。無原版葉，南宋中期補版葉五，餘二十葉乃元代補版。雖無明初補版葉，然紙背文書有洪武年號，印製在其後，若存其餘諸卷，自當有明初補版。紙背文書見户口、收糧等，似亦洪武三、四年糧米繳納文書，但未見地名耳。

【至嘉靖遞修本】

知見南監嘉靖二十一史本如下。補刻年記有嘉靖八年、九年、一〇年。蓬左文庫本中有一葉見萬曆六年（一五七八）補刊年記，是在編刊萬曆二十一史之同時，補修舊版繼續刷印者。詳見綜論編。

四十册　書陵部　四十册　内閣　二十九册（缺卷一一三、一一四）　内閣（鄭）

四十二册　静嘉堂　二十二册（缺卷一至五九）　蓬左

三十册（缺卷一三至一八、卷七一至七三、卷九三至九五、卷一〇七、卷一一一、卷一一二）　「中央」

八十册　「中央」　四十册　「中央」　十六册（存卷一三至四九、卷一〇五至卷一〇八）　上海

六十四册　北京　四十册　北京大　十册（有補鈔）　北京大

北京大學圖書館又藏一部零本（存卷九三至九四、卷一一〇至一一二）二册，遞修至嘉靖一〇年。

一一　北齊書　五十卷

A種、南宋前期浙刊本

北齊書善本，今僅有北平圖書館舊藏殘本一部，爲元代中期以前印本，原版葉較多，有少數元初期補版。其餘

圖一一一

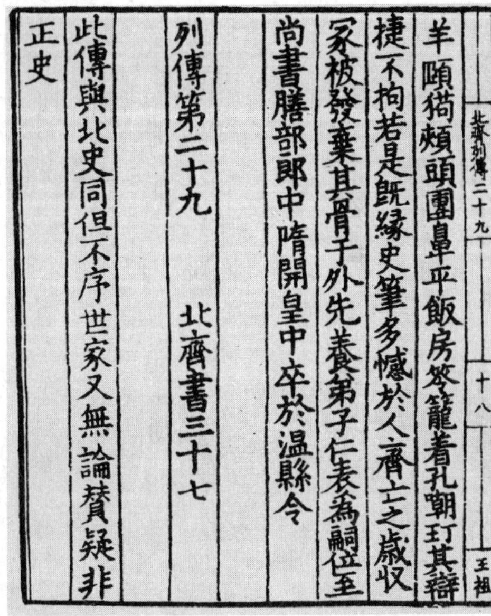
北齊列傳二十九　十八　王祖
羊頤猶頰頭團皁平飯房笭籠着孔朝玎其辯
捷不拘若是既緣史筆多憾於人齊亡之歲收
冢被發棄其骨于外先養弟子仁表爲嗣位至
尚書膳部郎中隋開皇中卒於溫縣令
列傳第二十九　北齊書三十七
此傳與北史同但不序世家又無論贊疑非
正史

北齊書　南宋前期浙刊　原刻葉（百衲本）
傳本皆南監至嘉靖一〇年遞修本，絕無原版葉留存，而足本亦不過十餘部。

A—1本：存十六卷（卷三五至五〇）〔南宋中期、元前期〕遞修　五冊　「中央圖書館」（北平）藏

舊京書影收録卷三七尾、卷三八首、卷三八尾、卷四五第三一葉書影（二三三、二三四、二三五、二三六）。一九八九年上海古籍出版社版藏園群書題記有校宋刊北齊書殘本跋。改裝後補紫色書衣（三三×二一・四釐米），加襯紙，包背裝。題簽墨書「北齊書十一列傳廿七之卅」等，尾冊題
「北齊書十五」，知此本改裝時，全五十卷十五冊首尾完好。改裝時間恐在明代後半期。鈐「橋氏／家藏」、「京師圖書／館收藏」二印。

存十六卷，凡二百三十五葉，其中原版殘存六十六葉。一卷中殘存原版之比率頗有參差，如卷三五凡九葉均原版，而一卷凡十數葉全部補版者有二。補版有二次，南宋中期補版一百二十五葉，元代前期補版二十四葉，計葉數容有誤差，然不致有太大出入。由此可見南宋中期補修規模大，原版被抽換者過半。原版葉版面漫漶，百衲本爲之描潤，除誤刪卷四〇第一葉刻工名「陳立」外，與原本並無大異。補版亦然。參考上文分析陳書刻工之結果，

即用百衲本，亦可辨别南宋、元代兩期補版。

此本未經元代中期補修，則下至嘉靖，已經二百三十年以上。故將嘉靖修本比照此本，差異顯然。嘉靖修本已無原版葉；南宋中期補版刻工名僅存數名；雖版面磨損嚴重，尚存南宋中期風格者止二、三葉；版面四周等經大面積修補，僅可知爲宋版者約六十葉；元初補版已有局部修補者，亦有二葉元初補版被抽换爲嘉靖補版。

此本原版葉，多爲元代中期補版所替代。然此本原版中有十七葉，在嘉靖修本爲嘉靖八、九、一〇年補版葉。此十七葉中，或有先爲元代中期補版所替换，至嘉靖時又换補版者，然大都當爲原版至嘉靖時始被抽换，原版存留三百五十年之久。

【至嘉靖遞修本】

八册　内閣（鄭）　八册　内閣　八册（卷一至八補鈔）　書陵部

一册（存卷四十五至五十）　大東急　八册　蓬左　八册　静嘉堂　十六册　茶水

十册　杏雨　二十四册「中央」　八册「中央」　十五册　北京　八册　北京

八册　北京大　八册　南京　六册　上海

北京圖書館藏十五册本爲涵芬樓舊藏本，有二〇〇三年再造善本影印本。

一二　周書　五十卷

A種、南宋前期浙刊本

張元濟跋百衲本云：「眉山七史，唯周書最罕見。涵芬樓獨有其二，且宋刊之葉，尚存什之七八。壬申初春，正在攝影，將付印矣，戰事遽作，燬於火，殘餘才百數十葉。懸格訪補，應者凡六七部，多刓敝不可用。余友吳縣潘博山以所藏三朝本相假，元明補版，多於涵芬藏本，版心雖已剜去，一望可識。然以余所見，此亦其亞已。」今按：補修至元代者，僅有天理圖書館及上海圖書館所藏零本各一册，其餘傳本皆遞修至嘉靖之三朝本。百衲本已無原版葉，然刷印時間似在嘉靖補修後不久，較其餘諸本之出萬曆年間後印者猶善。

A—1本：零本〔存卷四四（末一葉）、卷四五、卷四六（首八葉）〕　存一册　天理圖書館藏

〔南宋前期、元前期、元中期〕遞修

改裝後補藍黑絹書衣（二二×一七・一釐米），金鑲玉裝（印版紙高二六・二釐米）。

卷四五凡十八葉，合計共存二十七葉。其中卷四五第一五葉至第一八葉共四葉爲原版，另有南宋中期補版四葉，元代前期補版九葉，餘乃元代中期補版葉。原版刻工僅見王欽一名，如見綜論編七史刻工列表。覈百衲本，此本原版葉均已改爲嘉靖補版，此本南宋中期補版中二葉、元初補版中五葉，亦被抽換爲嘉靖補版，可證此本印製時間當在嘉靖之前。蓋當爲元末前後時期印本，如靜嘉堂所藏陳書（A—4本）。

A—2本：零本［存卷四四（缺末葉）］

〔南宋中期、元〕遞修　存一册　上海圖書館藏

新補深紫書衣（三〇・八×二一・九釐米），金鑲玉裝（印版紙高二五・八釐米）。第一七葉（南宋中期補版，刻工金祖）夾在册中，未裝訂。卷四四凡二十葉，此本缺末葉，存十九葉。其中無原版葉，南宋中期補版三葉，元代補版十六葉。

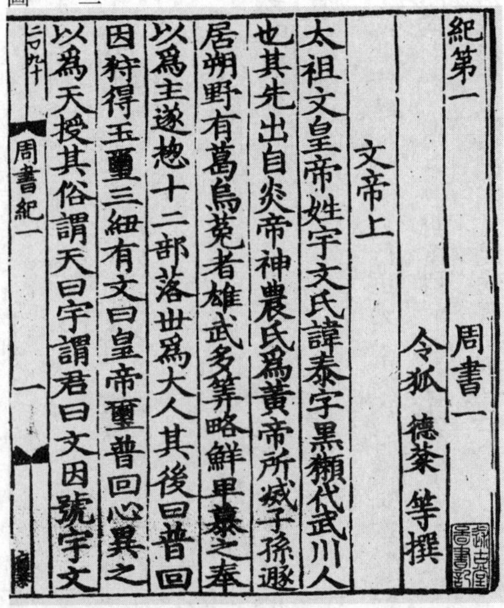
周書一　令狐德棻等撰

紀第一

文帝上

太祖文皇帝姓宇文氏諱泰字黑獺代武川人也其先出自炎帝神農氏爲黄帝所滅子孫遯居朔野有葛烏菟者雄武多筭略鮮卑慕之奉以爲主遂揔十二部落世爲大人其後曰普回因狩得玉璽三紐有文曰皇帝璽普回心異之以爲天授其俗謂天曰宇謂君曰文因號宇文

周書紀一　一

圖一一二

周書　南宋前期浙刊　元修葉（百衲本）

【百衲本底本】

百衲本所用潘承厚藏本，見潘承弼（景鄭）著硯樓書跋著録。據百衲本觀察，上象鼻已經剜去嘉靖八年、九年、一〇年補刊記，全不可見。日本所藏周書此版，除大東急記念文庫藏鄭履準舊藏本（鄭氏舊藏本獨周書藏於大東急記念文庫，餘皆在内閣文庫）外，均屬萬曆時期後印本。用以對照，萬曆印本嘉靖補版字畫纖細，百衲本粗寬，雖文字特徵完全一致，其爲同版無疑，然筆畫粗細迥異，百衲本幾疑爲補鈔葉。據此推測，百衲本筆畫若非影印前描潤所致，當爲嘉靖補修後不久所印，故與萬曆印本不同。

北京大學圖書館收藏一部遞修至嘉靖本二十四册（書號：NC2599/8424.62），後補灑金黄色書衣（三〇・三×一七・

五釐米），襯裝。補版似至嘉靖一〇年，而年記已被剜去，然版面狀態較佳，似補修後不久所印。卷八首葉補鈔，書耳題「述古堂鈔補」，並鈐「述古堂／圖書記」印。每卷首均有「述古堂／圖書記」印，與百衲本所見同，著硯樓書跋亦云所藏爲述古堂故物。此本或即潘氏舊藏本，亦未可知。另有「正定梁氏蕉林／珍藏書畫之印」、「梁印／清標」（白文）、「焦／林」等印。（梁清標見藏書紀事詩。梁氏舊藏本如續古逸叢書所收孟子等。）有二〇〇五年再造善本影印本。

【至嘉靖遞修本】

十册　大東急（鄭）　六册　尊經閣　十册　内閣　十册　蓬左

十册　静嘉堂　十二册　杏雨　十册（缺卷三一至四〇）　書陵部　十二册　故宫

三册（存卷一至卷一〇）「中央」　十册　「中央」　五册（存卷一至一五）　北京　十册　北京

八册　北京大　十册　南京　十二册（存卷一至三五）　上海　二十二册　復旦大

*　*　*

以上，宋書至周書，所論僅南宋前期杭州刊本一種而已。北宋嘉祐中始有七史刊本，南宋紹興中有井憲孟刻本，即真本眉山七史，然此二種刻本均早亡佚。獨此南宋前期杭州刊本，遞經補修刷印，至萬曆中南京國子監重校雕版乃止。除此三種外，宋元時期絶無刊刻七史之迹象。

北宋時期陸續刊行正史，南宋初有覆刻本。之後，南宋前期有數部建刊十四、十五行本，南宋中期乃有建刊十行本。南宋中期建刊十行本，以黄善夫本史記爲首，後由劉元起、魏仲立等人刊行，蓋先後刻至五代史記，不妨視爲十史彙刻本。元代有大德九年、一〇年江東建康道肅政廉訪司屬下九路儒學所刊正史，漢書等刊書序雖稱十七史，當亦止刊十史。因有南北史，南北朝七史較易爲忽視。七史別無刊本，嘉靖南監二十一史即用此版。蓬左文庫所藏魏書有萬曆一六年補版葉，則知此版刷印不止四百五十年。北宋始刊七史，因傳本不足，校訂無以補全，如魏書即有缺卷。加以遞修既久，原版葉已不可見，書版漫漶，欲爲補版，亦無別本可資校對。是以萬曆中南京國子監重校刊版，序中慨嘆校訂之難。萬曆南監版七史，自二年及五年刊梁書始，一六年及一八年刊陳書、周書、北齊書、南齊書，至二五年而宋書、魏書新版完成。其中自不免較多訛誤，故南監本以下諸本文字多劣。唯偶有現存南宋前期刊本缺葉，南監本以下諸本以南北史等補足之處。

張元濟氏在二十世紀三〇年代一二八寇難前後時期，不爲情況所困，不屈不撓，多方搜訪元修以前善本，不得已乃補以明初修本，終成七史，其功甚偉。其中摻雜較多明初甚至嘉靖補版，且每本每葉來源不甚明確，乃其遺憾。

一三　隋書　八十五卷

A種、南宋初期刊十四行本（二十五或二十六字）

隋書以元刊本爲主，百衲本亦稱用大德刊本，而元刊本情況複雜，需加以分析討論。宋刊僅存二種殘本。

A—1本：存六十五卷〔卷一至九，卷一三至一五，卷一九至二六，卷三二至七六（缺尾）〕

〔南宋初期〕刊〔南宋前期〕修　存十二册　北京圖書館藏（書號：一一二八二）

一九九一年前往北京圖書館，未被准許查閲原本，僅見縮微膠卷。第一批國家珍貴古籍名録圖録收録首半葉書影。有二〇〇六年再造善本影印本。

傅增湘舊藏本，雙鑑樓善本書目稱「北宋刊小字本」，存六十二卷，無卷一三至一五（志八至一〇）。一九八三年版藏園群書經眼録及一九五九年北京圖書館善本書目著録存卷並與今同，一九八九年新版北京圖書館古籍善本書目漏録存卷。經眼録傅氏按語云：「此書余庚申歲（民國九年，一九二〇）南游，獲之寶應劉翰臣啓瑞家，亦内閣大庫佚出之書也。原蝴蝶裝，厚繭紙褙封，黄絹爲衣，尚是宋代宫裝。惜蟲蝕過甚，版心盡失，不可復治。爰命工重加裝訂，别選佳紙爲衣，而以蜕衣附焉。」一九九三年版藏園訂補郘亭知見傳本書目説略同，而稱己未秋（民國八年，一九一九）歸其所有，並云「原裝黄絹書衣上有明人題字，當是明初刷印進入洪武内府之書」。今按：傅氏於民國九年五月得此「北宋本」「十四册」，購價一千三百元，見藏園日記抄摘録（文獻二〇〇四年第二期）。

副葉有沈兆奎題記：「藏園主人庚申（一九二〇）一歲中，得宋本禮記釋文、／群經音辨、龍龕手鑑、隋書、通典、水經注、／輿地廣記、歐陽文忠公居士集、蘇文定公集、／豫章先生集、劍南詩稿、汲古閣景宋本／唐國史補、何義門校宋本淮南子、穴硯齋／寫本戰國策、萬曆七年大統曆。以嘉平月／二十有二日爲祭書之會，循年例也。與祭者，／仁和吴昌綬，汾陽王式通，武進董康，陽湖／陶湘，長白彦悳，蕭山朱文鈞，海寧張宗／祥，吴興徐鴻寶，涇陽張恂，張允亮。／吴江沈兆奎題記。」第五卷末有「宣統辛酉（民國一〇年，一九二一）二月沈曾植借觀」題記一行。此

圖一一三

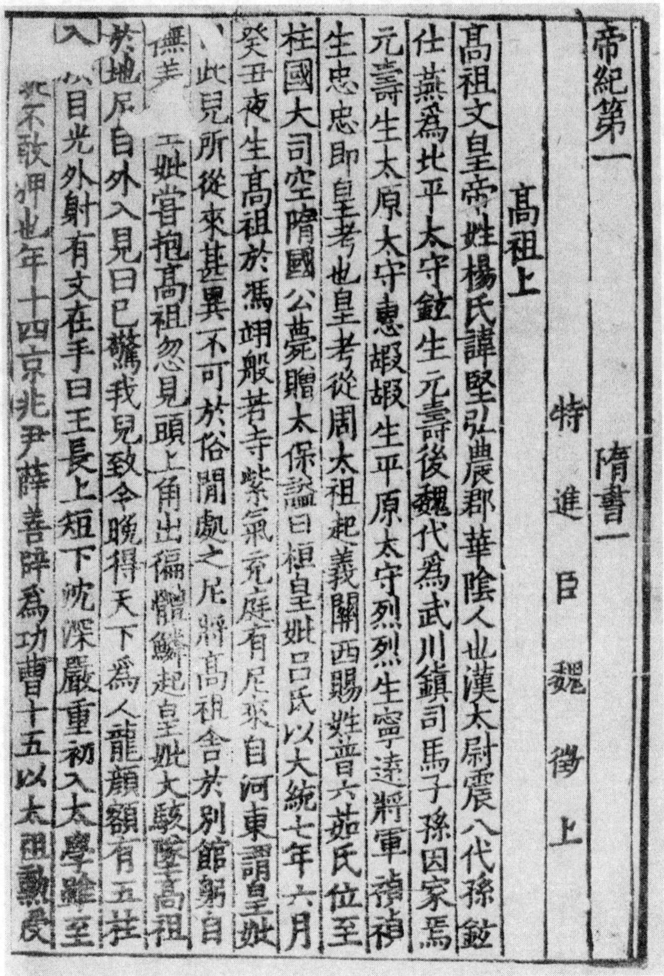

帝紀第一　隋書一

特進臣魏徵上

高祖上

高祖文皇帝姓楊氏諱堅弘農郡華陰人也漢太尉震八代孫鉉
仕燕爲北平太守鉉生元壽後魏代爲武川鎮司馬子孫因家焉
元壽生太原太守惠嘏嘏生平原太守烈烈生寧遠將軍禎禎
生忠忠即皇考也皇考從周太祖起義關西賜姓普六茹氏位至
柱國大司空隋國公薨贈太保謚曰桓皇妣呂氏以大統七年六月
癸丑夜生高祖於馮翊般若寺紫氣充庭有尼來自河東謂皇妣
曰此兒所從來甚異不可於俗間處之尼將高祖舍於別館躬自
撫養皇妣嘗抱高祖忽見頭上角出徧體鱗起皇妣大駭墜高祖
於地尼自外入見曰已驚我兒致令晚得天下爲人龍顔額有五柱
入頂目光外射有文在手曰王長上短下沈深嚴重初入太學雖至
親不敢狎也年十四京兆尹薛善辟爲功曹十五以太祖勳授

隋書　南宋前期十四行本（A種　珍貴古籍圖録）

本藏印僅見「北京／圖書／館藏」一種。

首「隋書目録」十一葉，正文首行題「帝紀第一（空七格）隋書一」，次行低十格題「特　進　臣　魏　徵　上」，第三行題「高祖上」，卷尾題與首行同。志卷首第二行題「太尉揚州都督監脩國史上柱國趙國公臣 長孫無忌等奉敕撰」，第三行題「禮儀一」等。左右雙邊（據再造善本影印刊記，板框二一・三×一五・二釐米），十四行，行二十五至二十六字，注文小字雙行三十二字左右。版心多破損，似是白口，單黑魚尾，版心偶有似題「隋書（列）傳幾」者，刻工名見吴亮、毛諫（此字不確定）等。缺卷四五第六葉及卷七六第一三葉以下。原版頗有磨損漫漶處，補修除整版重刻外，有改刻版心前後各數行者。下列宋諱字，缺筆相當嚴格：「軒轅，玄弦炫眩絃袨鉉懸朗，敬警驚竟境鏡，弘殷，匡胤，恒暅，禎貞徵懲，曙署樹屬豎，讓，頊勖，桓完洹，構購遘。」而「慎」字以下全不避諱。

刻工吴亮見南宋初前期刊禮記鄭注（寶禮堂）、廣韻（静嘉堂），毛諫見紹興九年刊毛詩正義（杏雨書屋）、紹興刊文選（足利學校）、南宋初期刊春秋五禮例宗（寶禮堂）。又，北宋末南宋初刊史記（史語所）之南宋前期補版及春秋經傳集解（静嘉堂），則吴亮、毛諫兩者同見。據刻工與避諱，可以推定此本爲南宋初期刊本。補版文字較細而端正，「慎」「惇」等字仍不缺筆，似出南宋前期，晚不下南宋中期以後。

綜考此本，當與十四行本兩唐書同屬一類。即兩浙東路茶鹽司刊舊唐書（A種）、紹興七年左右湖州刊新唐書（A種），與此本當爲大約同時所刊。然此本疑亦覆刻北宋本。

B種、南宋中期建刊十行本（十九字）

十行十九字南宋中期建刊本，今所知見止三部殘本，合計不過八卷。

B—1本：存二卷［卷九、卷一一（禮儀志四、六）］　存二册　「中央圖書館」藏（書號：〇一五二二）

B—2本：存一卷［卷一〇（禮儀志五）］　存一册　「中央圖書館」藏（書號：〇一五二三）

「中央圖書館」宋本圖録（圖五〇爲卷一一首半葉書影），中國訪書志及國家圖書館善本書志初稿均著録。B—1本新補褐色書衣（二五×一九・五釐米），襯裝。B—2本藍黑絹書衣（三〇・九×一七釐米），金鑲玉裝（印版紙高二四・四釐米）。卷一一缺第二五葉以下。B—2本首尾有戊辰（一九二八）徐乃昌，辛未（一九三一）鄧邦述、劉之泗，壬申（一九三二）張元濟以及顧則奂題識。B—1本有「芙川張蓉／鏡心賞」（白文）、「虞山張蓉／鏡鑑定／宋刻善本」、「虞山／張氏」、「守學／好古」、「日華／鑑藏」、「延陵／後裔」諸印。B—2本有「劉世／珩觀」、「號之／泗侍」、「之泗／經眼」、「劉／之泗」（白文）、「之泗／嗣守」、「公／魯」（白文）、「公魯／校讀」、「聖廎秘笈／識者寶之」、「宋本」（橢圓）、「徐乃／昌印」、「徐乃／昌讀」、「鄧／邦述」諸印。

卷首題「志第四（空五格）隋書九」等。左右雙邊（一九・九×一二・五釐米），十行，行十九字。版心綫黑口，雙黑魚尾，上或下象鼻記字數，左上欄外題篇名。「弘、恒、徵、勖」等字缺末筆。曾委請李清志先生覆查，據云「恒」字缺筆一處，不知爲有意缺筆抑或刻字習慣如此。又，此三卷中之「慎」「敦」字，均不缺筆。

B—3本：存五卷［卷二四、卷二五、卷八三至八五（即食貨志、刑法志、傳四八至五〇）］　存二册　北京圖書館藏（書號：六七三二）

未見。第一批國家珍貴古籍名録圖録收録卷二四首半葉書影。有二〇〇三年再造善本影印本。案：寶禮堂宋本書録著録「隋書殘本一册」（食貨志、刑法志），鐵琴銅劍樓藏書目録著録「隋書三卷宋刊殘本」（卷八三至八五）。此本當即兩家舊藏本，同入北京圖書館者。鐵琴銅劍樓書影收録卷八四首葉書影。卷二四、卷二五爲一册，袁克文、劉梅真諸印外，有「新建懷來／書院藏書」印及「吴國／用印」、「延陵／後裔」二印。另紙李盛鐸跋七行，有云「寒雲既藏九行本，又得此

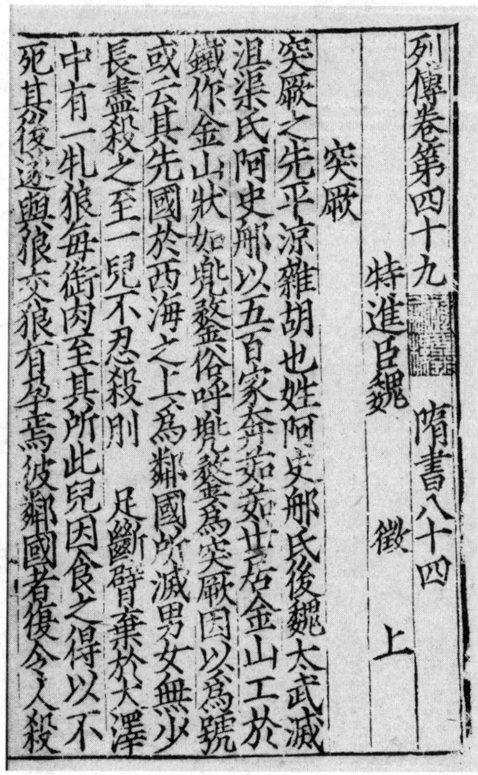
列傳卷第四十九　　隋書八十四
特進臣魏　徵　上
突厥
突厥之先平凉雜胡也姓阿史那氏後魏太武滅
沮渠氏阿史那以五百家奔茹茹世居金山工於
鐵作金山狀如兜鍪俗呼兜鍪爲突厥因以爲號
或云其先國於西海之上爲鄰國所滅男女無少
長盡殺之至一兒不忍殺刖足斷臂棄於大澤
中有一牝狼每銜肉至其所此兒因食之得以不
死其後遂與狼交狼有孕焉彼鄰國者復令人殺

圖一一四　隋書　南宋中期建刊十行本（B種　鐵琴圖録）

宋刊零卷」云云。李跋全文亦見一九八五年北京大學出版社版木樨軒藏書題記及書録一書中題記附録部分。另紙袁克文跋十一行，下小字補記此本避諱之嚴共六行，末署「乙卯（一九一五）十一月初四日」。知此本遞經袁克文、潘明訓手，後歸北京圖書館。卷八三至八五爲一册，鐵琴銅劍樓瞿氏諸印外，有「吴國／用印」、「延陵／後裔」二印。

據再造善本影印刊記，板框二一・三×一五・二釐米。版心雙魚尾中間題「志十九　隋書廿四　（葉次）」等，唯每卷首尾各一葉僅記葉次，因卷首尾標題具在，版心毋庸題篇名卷次。寳禮堂宋本書録云，宋諱「玄，

殷、弘、恒、徵、樹、朂、構、敦」等字缺筆。卷八五終卷後，有無名氏志序及天聖二年勅，如鐵琴銅劍樓藏書目録所言。天聖二年勅與舊京書影（編號二四〇，F種）所見同文，惟「禁中」此本提行，「彫造」此本作「刊造」，小字注文「左正言」此本作「右正言」，「黄監」此本作「黄鑑」爲異。

B種版式、字體，皆南宋中期建刊本之典型形態，故中國訪書志稱「與建安魏仲立宅刊新唐書行格相同，字體版式相似」。南宋中期建刊本，自黄善夫本史記至五代史記共有十史，此屬其一，詳本書綜論編。南宋中期建刊十史中，晉書、唐書、五代史記均有元代覆刻本，隋書則無聞。

C種、元大德饒州路儒學刊本（九路本十史之一，十行二十二字）

元大德九路儒學刊隋書無刊書序，舊時目録往往謬稱瑞州路刊本。然版心上象鼻有「饒學」等字，其出饒州路刊行，自無疑義。大德九路儒學刊本固由饒州路刊行，然另有瑞州路刊本，至今均有傳本。饒州路刊版後入南監二十一史，遞經修印，直至萬曆二二、二三年重雕新版爲止，且百衲本亦用此版爲底本，故學者於此版最爲熟習。然此版有元末明初覆刻本，百衲本中原本、覆刻本相混，情況頗爲複雜。

饒州路刊本現存多南監印本，已經遞修至嘉靖一〇年。元末、明初印之善本現存數部，其中臺北「中央圖書館」所藏零本二册，僅存經籍志二至四訂爲二册者，號稱最善本，實則僅存三卷中缺葉多至四葉，且最末卷二五第三五葉確爲明初補版葉。「中央圖書館」（北平）另藏一部殘本存三十五卷，無明代補版，當係元末印本，較經籍志殘部更優。又有一部明初修本，雖已混用覆刻版，首尾完好，原版葉版面狀況較經籍志殘部亦不遜色。今據諸本，概述饒州路刊本原版，然後細論各傳本。

首「隋書目録」十九葉，正文首行題「帝紀第一（空七格）隋書一」，次行「（低三格）高祖上（空三格）特進　臣　魏徵　上」。四周雙邊（二一・八×一五・四釐米），十行二十二字。版心綫黑口，魚尾有單、雙、三各種，版心題亦有多種，作「隋帝紀一　（葉次）」者居多。上象鼻偶記州縣學、書院名及字數，下象鼻偶記刻工名。卷末附刻無名氏五代史志跋及天聖二年勅附崇文院校勘雕造題名六行。

學校、書院名及刻工名不多見，容有被刪去者。饒州路所屬，有鄱陽、德興、安仁三縣並餘干、浮梁、樂平三州，路學、縣學、州學及書院分擔校正。此列版心所見學校、書院名如下。其中有一卷內兼見二、三地名者，是一卷中非皆在一地校正。

堯　堯學　饒學　路學　堯泮　（泮）　（饒州路學）全書各卷（除卷一六至一八、卷三六、卷三七、卷四〇、卷四一）

番泮　（鄱陽縣學）卷七、卷二三、卷三三至三四（饒州路學在鄱陽，未詳路學與縣學之分）

余干　餘干　（餘干州學）卷三至五、卷二四

樂平　条平　平州　（樂平州學）卷四、卷一四、卷二八、卷三〇

浮學　（浮梁州學）卷五五至五七

初菴（書院）　（德興縣）卷一六、卷二八、卷三四、卷八〇

忠定（書院）　（餘干州）卷四、卷一九、卷三八、卷四〇

錦江（書院）（安仁縣）卷三六至三八、卷四〇、卷四一

長薌（書院）（浮梁州）卷七、卷一五、卷二〇至二六、卷三一、卷三四、卷三八、卷六四

雙溪　卷六三

刻工名如下。（依筆畫排列，冠地名者從姓名筆畫。單字者列後。）

丁九三　丁務成　丁義之　丁福　丁應　丁禮之　子芳　子榮　元秀　元明　昌江斗翁　王三　王子安　金川王永　金川王永壽　王林甫　金川王德元　付一　付正甫　可川　玉甫　仲華　安元　安清　安貴　朱元秀　何璋甫　呈南翁　呈美仲　呈道　周元信　金川周元信　金川季七十　宗瑞　南翁　珍叟　胡壽之　范玉甫　美中　梓之　陶吉　昌江禰梓程南翁　昌江程道鎮　道鎮　貴邦　貴和　洒州？楊魁伯　魁伯　德元　龍湖劉元明　盧柴道

丁　万　彡　中　之　仁　元　王　文　斗　方　木　午　王　包　正　永　立　生　仲　共　同　朱　成　臣　伯　呈　宗　志　杉　肖　言　叔　季　宜　忠　林　東　明　信　洪　珍　南　柴　海　常　清　祥　華　傳　椎　程　童　紫　裕　道　費　榮　德　嚴

刻工名所冠金川、昌江、洒川等地名，將在南北史下稍爲考證，要皆今江西省北半部、鄱陽湖東，當時應屬江東建康道。龍湖不見南北史，在鄱陽湖北。唯「禰梓」不詳。金川王永、金川王永壽、洒州楊魁伯三人，亦曾刊刻北史版。

除〔一〕本以外，傳本皆經明初補修。舊時目録著録此種刻工，皆不分析原版、補版及覆刻本。明初補修規

模不大，故易忽視，其實稍加注意即可見其與原版不同。此等刻工皆見南北史、唐書等大德九路本其餘各史補版葉，可見補修時間當在元代後期十史書版統置集慶路學之後。可以推定爲明初補版刻工者如下。

王安　朱禾　朱伯和　伯上　伯禾　呂茂
張伯上　張伯瀼　張克名　張清之　章良之
傅繼之　楊茂　趙伯　趙伯川
士　王　可　朱　伯　呂　張

以下分述各本。

圖一一五

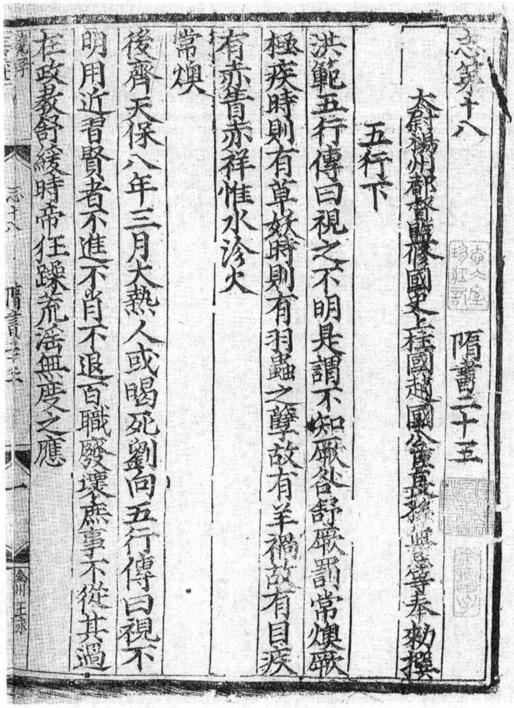

隋書　元大德饒州路儒學刊（C種　「央圖」善本特藏）

C—1本： 存三十五卷（卷八至一〇、卷一三至一六、卷一八至二六、卷三六至五〇、卷六〇至六三）

元大德間饒州路儒學刊〔元末明初〕印　存十三册　「中央圖書館」（北平）藏

舊京書影有卷九末葉書影（二三九），有「廣智退隱」等印，當即此本。王重民中國善本書提要著録。褐紅書衣（三〇・七×一九・八釐米），第二册以下有大型題簽，印外框（外郭二〇・九×三・九釐米）及「隋書」二字，框内右下方墨書「志八之九」等。蝴蝶裝。

此本版心上下象鼻之字數、學校書院名、刻工名等留存者甚多，遠非百衲本可比，亦不見元末明初刻工名。然偶見墨釘，當非原版所有，是此本亦經補修，且各卷首尾等多處鈐「廣智退隱」、「觀書以進德也竊／書虧德幸勿爲之」二墨印，此往往見於其他元末明初印本，則此本或當稱元末修本爲正。裝訂包括題簽，或是明代書版入南監以後所爲。

此本卷一三第八葉有刻工名「金川王德元」，固爲原版葉，至E—1本（明前期印本）已爲補版，刻工「王安」。同卷第一五葉、第一六葉、第二二葉，此本爲「金川王永」所刻原版，E—1本則改爲「章良之」所刻補版。王安、章良之等，皆上表所列明初刻工。可見此本乃未經明初補修之善本。大德九路本唐書，有未經補修刷印精美之善本（E—1本），以之對照明前期印本，更易瞭解大德九路本原版與明初補修之情形。

有「京師圖書／館收藏之印」，似爲百衲本所用。然檢此本所存三十五卷，百衲本所用似甚少。

C—2本：存三卷（卷三三至三五，即經籍志二至四）

元大德間饒州路儒學刊（明初）修

存二册　「中央圖書館」藏（書號：〇一五二四）

後補藍黑書衣（三二·六×二〇·三釐米），部分有襯紙補修。卷三五末有「蓉鏡／珍藏」印。

似皆原版，而最末葉即卷三五第三五葉有刻工名「章良之」，爲明初補版。缺卷三四第一三葉、卷三五第二、第七、第二六葉凡四葉，而其中有在E種混配本（卷三五用饒州路本）中改爲補版者，頗疑此等缺葉，或因版片破損，當時未得印製。

D種、元後期覆元大德饒州路刊本（行格同C種）

饒州路刊隋書有覆刻本，前人所未言。下述存四十七卷殘本（D—1本），學者莫不視爲饒州路刊本，與C—1、C—2本同版（「中央圖書館」善本書目著録爲「瑞州路刊本」，坐混同饒州路刊本與瑞州路刊本之失，爲舊時書目之通病，至一九八六年增訂二版，則改稱「饒州路儒學刊明正德前修補本」）。行格一致，字體極似，筆者於一九七二年觀察此本，亦以爲同版。其版心「饒學」等學校、書院名及刻工名極罕見，以爲補修時所删。然持目録、卷一等部分與百衲本相較，即見少數異文，心存疑竇，至一九八三年渡臺，再度調查，始證實爲元代後期覆刻本。

又查八十五卷四十八册本（E—1本），知明代初或前期，饒州路刊本（C種）與覆刻本（D種）之版片混合爲一本（E種）。是則明南京國子監印本隋書，包括嘉靖補修二十一史本，因有大量覆刻本版片羼雜其中，不得即爲元大德饒州路刊本之遞修本。

D—1本：存四十七卷（卷一至五、卷二四至二九、卷三二、卷三五至四六、卷五〇至五三、卷五八至七六）

〔元後期〕覆元大德饒州路刊本　存十七册　「中央圖書館」（北平）藏

舊京書影收録目録首葉、卷一首葉書影（二三七、二三八），提要稱「有『晉府書畫之印』、『敬德堂圖書印』等，舊清内閣書，見藏北平圖書館」，當即此本。深藍書衣（三二×二六・八釐米），第六、第一七册後補藍黑書衣。蝴蝶裝。第二至五册、第七册有印刷題簽，雙郭，題「隋書」（外郭二〇×三・九釐米）。此本印製時間當不早至元代，似爲明代南監所印，題簽亦當爲此本印製時原物。然此本印製時間早於下述洪武公牘紙本（F—1本），則當出明代最初期。每冊首鈐「晉府／書畫／之印」，尾鈐「敬德／堂圖／書印」，乃明朱鍾鉉晉王府故物。百衲本卷六八首、卷七四尾見此印，則百衲本亦曾用此本。又有「京師圖書／館收藏之印」、「國立北／平圖書／館收藏」印。部分卷葉有破損，缺卷三一第一、第二、第五、第九、第一〇葉，卷七五第一葉、第一七至二三葉，卷七六第一至六葉、第一四葉、第一八至二〇葉。

此本卷一首題，形式與饒州路本同，而「魏徵　上」三字之間空格稍小，框郭高寬皆小數毫米，是爲小異。饒州路本大都爲四周雙邊，此

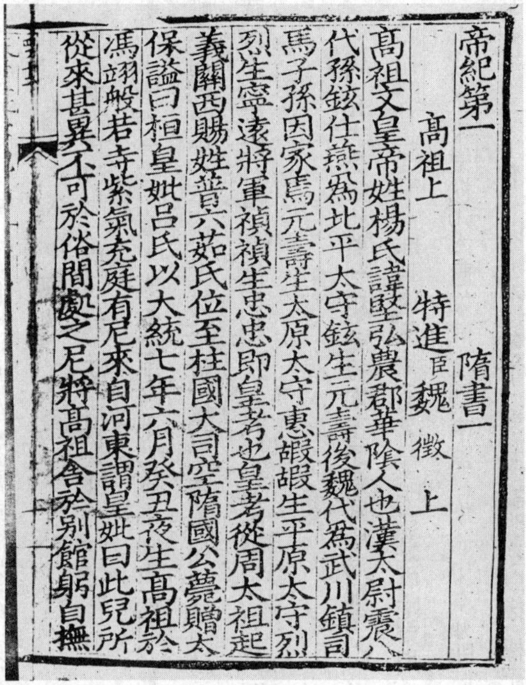
帝紀第一　　隋書一
高祖上　　特進臣魏徵上
高祖文皇帝姓楊氏諱堅弘農郡華陰人也漢太尉震八
代孫鉉仕燕爲北平太守鉉生元壽後魏代爲武川鎮司
馬子孫因家焉元壽生太原太守惠嘏嘏生平原太守烈
烈生寧遠將軍禎禎生忠忠即皇考也皇考從周太祖起
義關西賜姓普六茹氏位至柱國大司空隋國公薨贈太
保謚曰桓皇妣呂氏以大統七年六月癸丑夜生高祖於
馮翊般若寺紫氣充庭有尼來自河東謂皇妣曰此兒所
從來甚異不可於俗間處之尼將高祖舍於別館躬自撫

隋書　元後期覆大德饒州路刊本（D種　舊京書影）

圖一一六

本雖首葉仍作四周雙邊，以下幾乎全爲左右雙邊。百衲本中左右雙邊之葉，大都即爲覆刻版葉。行格無異，字體極似，字形有特色處尤刻意模仿，故對照版面尚難見其差異。然此本目録中尤其雙行小字中往往有墨釘，正文中亦有少數墨釘。此本又有誤字，如目録第一四葉左半葉，卷七〇列傳楊玄感附「斛斯政、劉元進」，此本「政」訛「欽」，「進」訛「振」。墨釘、訛字集中出現於特定書葉，或因覆刻所據底本有磨損漫漶之葉，故一葉中即見多處訛誤。版心較多差異。版心題偶異，魚尾數及魚尾形往往不同，此本不記字數者較多。此本版心記學校、書院名者

甚少，其僅見者，卷五九第五、第六、第九、第一〇葉及卷六四第一三、第一四葉見「堯學」，卷六三第五、第六葉及卷七六第四一葉見「番泮」，如此而已。此等諸葉，饒州路本原版皆無學校名，卷六三、卷七六饒州路本原版從未見鄱陽縣學記號，且此本「堯學」「番泮」文字拙劣，當非饒州路學、鄱陽縣學校刊。此本乃覆刻饒州路本，疑爲西湖書院或其周圍所刊，版心學校名本當删削，而此數葉仍見者，只能理解爲刻工戲爲模仿底本。

此本刻工名亦甚少，僅見者如下：

士中　方亨　王思明　王德明　可川　丘舉之　朱元　東干　東虞　思明　徐乂山　徐艾山　時子榮　陶士中

湯景　湯景先　蔡元　鄭必清

之　士　子　亢　仲　关　羊　麥　周　杭　孟　甸　明　東　耑　孫　時　翏　景　彭　楊　鄭

此等刻工皆不見饒州路本原版、補版，則其爲不同版甚明。其中士中、王德明、丘舉之、朱元、徐艾山，亦見兩淮江東轉運司刊三史之元代第二次補版，故可定此本刊刻時間爲元代中後期。綜考此本與饒州路本之關係，上述版式等諸因素，竊以其爲元代後期刊本。故此本與南史、北史覆刻九路本並無關係。

E種、元大德饒州路刊版、元後期覆饒州路版混配本（行格同C種）

饒州路刊版（C種）與其覆刻版（D種），至明初具爲南京國子監所藏，南監在兩套版片中選取較佳者，配成一套印行。洪武末、永樂初印本已如此，嘉靖南監二十一史本亦即此種混配本。在混配之前，饒州路本已經明初補修，故見明初補版刻工名。以下分述各本，補修僅論明初以後，標記版本亦省略刊刻時地，僅録印製時間。

E—1本：八十五卷（卷四二至四四補鈔）（明前期）印　四十八册　「中央圖書館」藏（書號：○一五二四）

儀顧堂題跋著録。「中央圖書館」金元本圖録、静盦漢籍解題長編、中國訪書志、國家圖書館善本書志初稿等著録。國家圖書館善本書志初稿收録卷二首葉書影。

後補灑金粉紅書衣（二八・三×一九釐米），襯裝。藏印甚多，張燮、張蓉鏡、姚畹真等張氏一族所用多種外，又有錢大昕、宗源翰等印。詳見上列「中央圖書館」金元本圖録以下四書。

卷首副葉有陸心源手題三則（其中二則見儀顧堂題跋而文有小異。此陸氏爲宗源翰題，非陸氏藏本，皕宋樓藏書志著録者非此本），又趙列文題一葉，卷二二末有趙棻玉題記一行，全文皆見静盦漢籍解題長編、中國訪書志，此不贅録。此本補刻較少，首尾完好，卷末備有無名氏志序及天聖二年敕，故爲藏書家所重。然諸家不僅未見此本混用饒州路本與其覆刻本，且將饒州路本與瑞州路本混爲一談。陸心源竟云：「元初饒州、樂平、浮梁、餘干皆爲州，仍隷瑞州路。至元十四年，饒州始升爲路。隋書刊於大德乙巳，故仍隷瑞州。」陸氏杜撰此説，以圖彌縫混同饒州、瑞州之誤，無怪乎神田喜一郎斥爲囈語。案：宋代饒州屬江南東路，瑞州屬江南西路。至元一三年（一二七六）元軍平定此地，一四年確定行政區域，饒州、瑞州並升爲路。一在鄱陽湖東，一在其西，直綫距離一百五十公里，初不相涉。諸家多誤，中國訪書志雖知陸説誤，而又有誤解，特此解釋。

目録十九葉中，第六、第八至一四、第一六、第一八、第一九葉等即出覆刻本。如此例，一卷中夾雜用覆刻本者，至少有二十卷。至後半部，卷五八至六六、卷六八、卷七〇至七二、卷七四至七六共十六卷，全葉均出覆刻本。

此本有以明洪武年間公牘紙紙背印製之葉，紙質稍白，顯異於其他紙葉，而所印皆覆刻本。或可疑此本爲配本，饒州本缺卷以覆刻本配補。然亦有覆刻本散見一卷之中，所用紙張與前後饒州路本相同者，則當非配補缺卷缺葉，而乃混用兩種印版。

又案經嘉靖一〇年前後補修之南監二十一史本，雖刻工名大都消失，尚可見饒州路本原版之付一、貴邦、貴和，饒州路本補版之趙伯，覆刻本之士中、方亨、王德明、徐艾山等，且所見書葉正與此本同。可證此本已經混用饒州路本與覆刻本版片，且其版片之混用爲南監嘉靖二十一史本所沿用。蓋明代前期，饒州路本與覆刻本版片，同歸南京國子監。饒州路本需補修，因行格一致，字體極似，即選用覆刻本版片以代刻補版，於是形成混合兩種之新版本。

紙背文書内容包括洪武二年至一一年黄册，見「浙江等處行中書省劄……」，「合州府帖文……」，「台州府帖文……」等文字。又有大字題「稔糧黄册里長甲首輪(下缺)」，縱分九欄，横分四段以上，成方形表格，縱欄印題「洪武二年甲首」等，横欄印題「洪武二年」等，中間每一格墨筆填寫一人姓名者。數量較多，當是難得之檔案資料，「中央圖書館」劉顯叔先生有意研究，筆者期待其成果。

紙背文書既見洪武一一年記，此本印製時間當在洪武末或永樂以降。饒州路本書版與覆刻本書版之混配時間，當不早至洪武初年，亦不得晚至下次補版年記之正德一〇年。此本之紙背文書，正可證明混配時間大約當在洪武末至永樂之間。

愛日精廬藏書志著録一部八十五卷元刊本，云「紙背係洪武初年行移文册」，並録天聖二年勅。情況正與此本同，或此本即其舊藏本亦未可知。

E—2本：八十五卷　（明正德以前）印　二十册　「中央圖書館」藏（書號：〇一五二五）

後補褐色書衣（二八·三×一七·九釐米），白綿紙本。有「張印／鈞衡」（白文）、「石銘／收藏」、「吴興張氏適園收藏圖書」、「擇是居」（橢圓）、「菦圃／收藏」諸印。

適園藏書志、菦圃善本書目、中國訪書志、國家圖書館善本書志初稿等著録。

中國訪書志曾目爲「（明）遞修」，謂此本補刊年記悉皆剜去，補修、刷印狀態與三十册有「揚州阮／元審定」印者（書號：〇一五二七）相當，即認爲此本經過正德間補修，嘉靖前所印。今據「中央圖書館」善本組李清志先生細查教示，此本剜去補刊年記者不過三葉，尚有補刊年記可見者，正德有二葉，嘉靖有三葉，而此等補版葉，紙色、紙質與全書不同，亦即出於配補。更檢配補以外書葉，則如卷二八第八、第二五、第二六諸葉，此本爲原版，而嘉靖修本乃爲正德一〇年補版。又如卷二六第三一葉，此本缺葉，而嘉靖修本亦爲正德補版葉。又，此本原版葉較嘉靖修本更多，且此本補版葉尚可見「堯學」等文字。綜合諸證，知此本爲正德一〇年以前印本，而配補極少數嘉靖印葉。

E—3本：八十五卷（卷三四、三五補鈔）　（明）遞修　四十八册　上海圖書館藏

後補淡褐書衣（二七·九×一八·五釐米），襯紙裝。藏印有「師竹／主人」（白文）、「徐乃／昌讀」、「□□／呆坡／家藏」、「子子孫孫／萬年／永寶」。卷三四、三五及卷一〇第九葉、第一二葉，卷二三第七四葉，卷二八第一六至一八葉，卷八三第三葉均補鈔。卷二八第一六葉印葉，羼入全書末尾。

上象鼻偶見字數，饒州路學刊版亦見「堯學」、「番泮」字眼，然極少。下象鼻刻工名不多見，且多爲單字。其

中陶士中、士中、東虞，即覆刻版刻工。饒州路學版部分並覆刻版部分，均經明代前期補修，而未見有嘉靖補修葉，知印製時間在嘉靖補修以前。

綜上所述，饒州路學本版片與其覆刻本版片，於明代初期或前期混合爲一，之後有正德一〇年補版約三十葉，又經嘉靖八至一〇年補修，爲南監二十一史本。然目前未聞有正德補修之後嘉靖補修以前之印本存世。中國訪書志曾以「中央圖書館」藏三十册有「揚州阮／元審定」印者（書號：〇一五二七）與張氏適園舊藏二十册本（即E－2本）當之，其實皆非。後者（E－2本）爲正德以前印本，如上述。前者（書號：〇一五二七）補刊年記雖有剜去或墨筆塗抹處，然仍有五葉留存嘉靖補刊年記。此亦蒙李清志先生教示得知。若然，其卷一第九葉、第一〇葉仍是原版，止得認爲補配。

【至嘉靖遞修本】

隋書嘉靖補修在八年、九年、一〇年及一二年。静嘉堂藏本北史有嘉靖一年、二年補刊年記，而此時隋書當未有補修之舉。八年補版中，可見有刻工名「徐英」、「陳朴」。一二年補版僅見卷三九第七葉一葉。經嘉靖補修，此一混合版本隋書乃爲南京國子監二十一史之一，至今傳本尚多。

二十册　內閣（鄭）　二十册　內閣　二十册　內閣　二十册　書陵部　十二册　大倉

十八册（缺卷一一至二七）　東洋　十七册（缺卷一九、二〇、六〇、七〇）　蓬左　四十册　斯道三册（存卷一至二七）　故宫　　六册（存卷二八至三三）　故宫　　二十册（劉氏嘉業堂舊藏本）　「中央」

三十册（阮元等舊藏本）　「中央」　　四十册　史語所　　四十八册（公文紙印本）　北京　　二十册（涵芬樓舊藏本）　北京

二十册（卷五七配清抄本、卷五七至六三配元至順三年瑞州路儒學刊明修本）　北京

六册（存卷六至一二、卷二四、卷二五）　北京大　　二十册　南京　　二十册　南京

其中北京圖書館二十册一部，涵芬樓燼餘書録著録稱「間有明正德、嘉靖補版，每册前後均鈐『南京國子監官書記』木印」。亦見傳書堂藏善本書志。此本當即百衲本所據，故百衲本卷五九尾、卷六〇首、卷七九尾凡三處見「南京國子／監官書記」印。又，百衲本卷三一第九、第一〇葉爲嘉靖八年補版，且印面清晰鮮明。疑此爲南監二十一史始成，而繳納國子監之樣書。

其餘各部，爲嘉靖至萬曆初年先後五十年間所印，時間有先後，版面磨損程度各異。内閣文庫所藏三部中，鄭履準、寬永寺勸學寮舊藏本，刷印最早。鄭履準舊藏漢書、晉書當爲嘉靖補修後不久所印（有嘉靖四四年鄭履準閱讀識語，參詳綜論編第一〇節），隋書當亦然。毛利高標舊藏本，用紙見嘉靖二六年八月、九月等時間及「結人陳軒」、「結人肖智」等墨書，疑爲嘉靖三〇年左右所印。

元大德原版，至嘉靖補刻時已經二百二十年，而原刻葉存留頗多，不啻過半，且版面尚不至漫漶。然版心學校、書院名及刻工名則大半已被削去，其僅存散見者，有：堯學、番泮、条平、樂平、錦江、浮學；貴邦、貴和、趙伯、徐艾山、士中、方亨、付一、乂、士、方、仁、付、臣、甸、孫、道、學、艷等。此等刻工名中，饒州路學原版、補版及覆刻本

三類刻工均見，如上述。冠於刻工名上之地名，若金川、昌江、龍湖等，已全然不可見。卷末無名氏志序及天聖二年勅，多數傳本皆備。

東洋文庫藏本卷七十四第十一葉有萬曆丁亥年（一五年）補刻年記（刻工「鎣」），是知隋書遞修刷印，直至萬曆二十二年、二十三年重雕新版之前。至此時，版面破損已較嚴重。

【百衲本】

百衲本隋書，刊記稱「上海涵芬樓影印元大德刻本，並借北平圖書館、江蘇省立國學圖書館藏本配補」，則不取殘缺不成帙之宋本，而取元本爲底本，且用涵芬樓藏本爲主，即燼餘書録著録者。如上所述，涵芬樓本補修至嘉靖一〇年，乃饒州路學本與其覆刻本之混合版，當含正德補版約三十葉、嘉靖補版約七十葉。一九三一年張元濟致傅增湘函云：「隋書用元刊本，此書亦自有佳處，但館中所藏中，有明補一百一十四葉，弟欲覓元刊補配。」是借用北平圖書館、江蘇省立國學圖書館藏本，以抽換明代補版葉。

如上所述，涵芬樓本二十册，每册首尾當有「南京國子／監官書記」印，而百衲本僅三見；百衲本絶不見正德一〇年補版葉，嘉靖補版亦不過卷二三中之兩葉而已。是百衲本雖以涵芬樓本爲主，而抽換實多。百衲本卷四七首獨見京師圖書館印，似即饒州路學刊十三册本（C—1本）。百衲本卷六八首、卷七四尾見「晉府／書畫／之印」及「敬德／堂圖／書印」，當即十七册覆刻本（D—1本）。可知北平圖書館藏本，用C—1本、D—1本。然C—1本、D—1本每册首尾均鈐藏印，而百衲本所見僅此三處，蓋因百衲本以C—1本、D—1本抽換涵芬樓本之明代補版故爾。百衲本卷七七尾有小印三枚，印文不辨，疑即江蘇省立國學圖書館藏本。據江南圖書館善本書目及江蘇省立國學圖書館圖書總目著録，均云二十册，元大德瑞州路刊本。「瑞州路」固誤，而不言明修，則當未見嘉靖八年、一〇年補刊年記。未見原本，姑作嘉靖修本，故上文「至嘉靖遞修本」列出南京圖書館藏本。

百衲本覆刻版書葉甚多，一望即知。蓋張氏以覆刻版書葉抽换明代補版葉，不知其非饒州路學原本也。經此抽换，嘉靖補版僅存二葉，而饒州路學本冠以地名之刻工名，除洒州楊魁伯、金川周元信尚存外，金川王永壽、金川王德元、昌江禰梓程南翁、龍湖劉元明等均不可見矣。以饒州路學本與覆刻本混版之涵芬樓本爲主體，未能以饒州路學原版原刻三十五卷（C—1本）爲基礎，又以覆刻版書葉（疑出D—1本）抽换涵芬樓本明代補版，此兩點可謂百衲本所留之遺憾。究其原因，一則當年借用北平圖書館本不甚容易，張氏在上海亦無親自對照版本之便利，二則對此等版本之認識不準確，當年以混淆饒州路與瑞州路爲常，遑論饒州路學本與覆刻本之辨。如今中華書局點校本亦以百衲本爲底本，百衲本影響極大。然饒州路學本與覆刻本之間，文字異同情況究竟如何，頗有必要對校檢查。

F種、元至順三年瑞州路儒學刊本（九行）

元至順間，江西湖東道肅政廉訪司刊刻十史，其中唯一現存者瑞州路儒學刊本隋書。鐵琴銅劍樓舊藏本卷首有周似周序，云「至順壬申夏，府奉省憲命，備儒學提舉」云云，故稱至順三年（壬申，一三三二）刻本。至順三年實非刊成時間，詳綜論編。神田喜一郎大德九路本十七史考於此瑞州路儒學本隋書有所考辨，頗富創見，下文論述亦

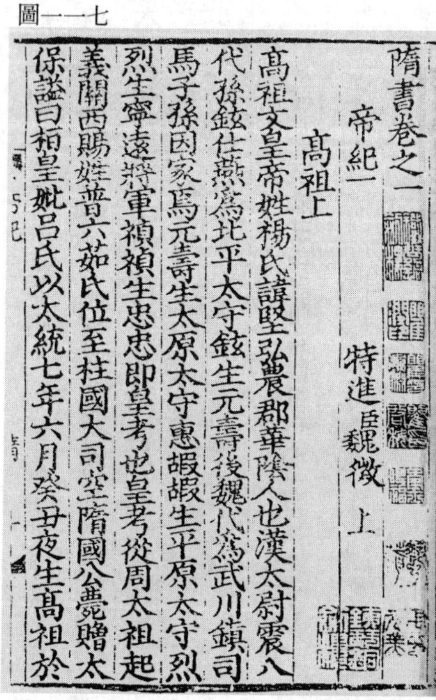

圖一一七

隋書　元至順三年瑞州路刊（F種　鐵琴圖録）

多得益於該文。

舊時目録如鐵琴銅劍樓藏書目録、鐵琴銅劍樓藏宋元本書目、皕宋樓藏書志、儀顧堂題跋、善本書室藏書志、藝風藏書續記、傳書堂藏善本書志、「中央圖書館」善本書目、「故宫博物院」善本書目等，均見隋書瑞州路刊本。其實，除鐵琴銅劍樓本的爲瑞州路刊本外，其餘皆饒州路刊本或其覆刻本（又有其混版）。儀顧堂題跋、善本書室藏書志、藝風藏書續記，明言版心有「堯學」、「饒學」等字，而不稱饒州，特稱瑞州，是舊時混同兩版之失，儀顧堂題跋進而混同饒州、瑞州兩地，辨已見上。因

F—1本、F—2本未經親見，版式等詳情將記述於F—3本下。

F—1本：八十五卷　元至順三年瑞州路儒學刊〔明〕修　二十册　北京圖書館藏（書號：三三八五）

未得見原本，僅見縮微膠卷。鐵琴銅劍樓舊物，鐵琴銅劍樓藏書目録、鐵琴銅劍樓藏宋元本書目著録，鐵琴銅劍樓善本書影收録卷一首葉書影。藏印有「愛日／精廬／藏書」、「周印／元美」、「埶／菴」、「鐵琴銅／劍樓」（正方白文）、「鐵琴銅／劍樓」（長方白文）、「瞿印／秉淵」（白文）、「瞿印／啓科」（白文）、「瞿／潤印」（白文）、「良士／眼福」

（白文）。

觀鐵琴銅劍樓書影可知，此本字體雖與饒州路儒學刊本相似，然標題格式不同，版心亦不同，尤其行格不同（彼十行，此九行），則兩版之間固非覆刻關係，可以斷言。第九行「桓」字此本缺筆，饒州本不缺筆；此本「太統」，饒州本作「大統」，是文字亦有差異。鐵琴銅劍樓藏書目録及宋元本書目並云此本「與宋本式無異」。所謂「宋本」當據瞿氏所藏南宋中期建刊本（B—3本），然彼十行十九字，此乃九行二十二字，不知何以言此。

查看縮微膠卷，乃見此本卷首有周似周序二葉（文見綜論編），卷尾有天聖二年敕及江西湖東道肅政廉訪司以下列銜（與舊京書影二四〇、二四一同）。於是始悟當年諸目録混同饒州路學本與瑞州路學本，而鐵琴銅劍樓藏書目録獨得辨識瑞州路學本（其後丁祖蔭撰鐵琴銅劍樓宋元本書影識語，稱此本爲「大德中瑞州路學重刊」，並爲考證，又云「原目（案：謂鐵琴銅劍樓藏書目録。）云至順間刊者，實誤」。丁氏以不誤爲誤者，因未詳檢原本，故知其一而不知其二，混同瑞州路學本與饒州路學本），以及收藏此本後之一九五九年八卷本北京圖書館善本書目，已將饒州路學本與瑞州路學本辨别分明，實由於此。

鐵琴銅劍樓藏書目録謂此本「校讎無訛，元刻中之善者。汲古本於經籍志最多訛字，今據是本全校之」。並列舉經籍志文字汲古閣本誤而此本不誤者，約八十處。今案其中二十五處，汲古閣本與饒州路學本同，即汲古閣本因襲饒州路學本，而中華書局點校本大都亦因仍饒州路學本。參照兩唐志、日本國見在書目等，知部分異文似當以瑞州路學本爲是，小字注有無「亡」字，似亦以瑞州路學本有「亡」字爲是，然孰是孰非，實不易決斷。要之，瑞州路學本與饒州路學本之間，文字出入較多。

F—2本：八十五卷　元至順三年瑞州路儒學刊〔明〕修（卷二〇配饒州路學本與覆刻本混版明修本）

三十册　北京圖書館藏（書號：八六六〇）

未見。寶禮堂宋本書録著録爲宋刊本。一九五九年八卷本北京圖書館善本書目稱「卷二十配元大德饒州路儒學刻明修本」，雖未辨明饒州路學本至明初與覆刻本混成一版，然未可云誤；至一九八九年新版北京圖書館古籍善本書目，妄改舊文作「卷二十配元大德瑞州路儒學刻」，則其誤與丁祖蔭鐵琴銅劍樓宋元本書影識語同出一轍。

此書入潘氏寶禮堂前，爲袁克文所藏，故有乙卯（一九一五）年李盛鐸跋云：「去歲厰肆有九行本，憾未得見，今夏抱存展轉得之。書爲馬笏齋舊藏。」又云：「原缺天文一卷，案頭適有去歲購十行殘本，爲抱存補入。」是配補第二〇卷爲李盛鐸所爲。又，李跋仍將十行本稱爲瑞州路本，此本爲宋末元初刊本。李跋全文見一九八五年北京大學出版社版木樨軒藏書題記及書録一書中題記附録部分（此書移録李跋，標題稱「元至順三年瑞州路儒學刻明修本」，乃編者據北京圖書館善本書目所加，非李氏意）。

寶禮堂宋本書録云：「是書宋刊流傳絶少。世傳江安傅氏有北宋本（案：即A—1本），常熟瞿氏有南宋本（案：即B—3本），但皆殘缺。元刊衹有瑞州路本。其行款與此皆不同。是本書法含婀娜於剛健，已開松雪先聲，然宋諱避至二十餘字，當爲宋季所刊。余嘗以涵芬樓景印百衲本，略加讎對，云云。」此因襲舊誤，以饒州路學本爲瑞州路本，即以百衲本爲瑞州路本，故持百衲本對校此本，多見異文，竟不知此本乃真瑞州路學本。

寶禮堂宋本書録列録此本缺筆字如下：

玄朗　弘殷　匡筐恇洭　頊　恒峘　禎貞楨徵　樹戍　勗　桓洹　構媾購搆溝遘　慎　惇敦

又列刻工名如下：

張仁甫 張仁 韋祥甫 李祥夫 祥夫 文彬 信中 以實 秀夫 蘭可 少安 冲可 庭桂 山玉 桂堂 正夫 如文

仁 長 文 京 友 忠 王 秀 蘭 劉 胡 英 潘 番 寧 占 永 信 賢 中 韋 务 義 乂

以 李 實 珍 蔣 仲 方 桂 泉 真 普 著 古 正 因 生 祥 本 如 信 月

此等刻工皆不見其他宋元刻本。「張仁」見南宋前期江浙刊七史（舊稱眉山七史）本陳書、魏書、北齊書，與此本之「張仁」時代不同，自非一人。「少安」見元大德四年序刊大德重校聖濟總録，然僅此一名，不知是否偶合。

寶禮堂宋本書録列録藏印，有「吴江徐／氏記事」、「徐伯／衡父」、「顧行／之印」、「馬印／玉堂」、「笏／齋」。

F—3本：存十五卷（卷一至卷一五）　元至順三年瑞州路儒學刊〔明〕修　存十册　北京圖書館藏（書號：七三五七）

傳書堂藏善本書志著録八十五卷，涵芬樓燼餘書録著録殘十五卷。燼餘書録云：「因需校閱，僅取出帝紀五卷、志十卷，餘均毁。」毁於倭寇炮火。一九五九年八卷本北京圖書館善本書目不著録，一九八七年序新版北京圖書館古籍善本書目著録。

傳書堂藏善本書志著録爲宋刊本，並云：「今以校元瑞州路刊本，皆以此本爲勝。」將饒州路學本稱爲瑞州路本，以校此真瑞州路本，誤與寶禮堂宋本書録述F—2本同。涵芬樓燼餘書録著録爲宋刊本，而云：「以字體證之，蓋宋元閒刻也。」寶禮堂宋本書録述F―2本，雖見字體頗似元刊本，云「已開松雪先聲」，終因其避宋諱，不敢斷爲元刊本，此燼餘書録説亦然。

後補藍黑書衣（二五・九×一七・八釐米），襯紙裝。藏印有「葉氏／菉竹堂／藏書」（橢圓）、「毛氏圖／史子孫／永保之」、「開卷／一樂」、「宋本」（橢圓）、「季振宜／藏書」、「席鑑／之印」（陰陽）、「席氏／玉照」、「張印／月霄」、「愛日／精廬／藏書」、「上壽／堂印」、「林／橋」、「海鹽／張元濟／經收」、「涵芬樓」、「涵芬／樓印」。卷一一第三七、第三九葉及卷一四第一葉右半爲補鈔。

每册末尾有蔣衡題記，第一册末（卷二末）云「乙巳六月初四日校」，第二册末（卷五末）云「乙六月初五日校」，第三册末（卷七末）云「乙六月初七日校」，第四册末（卷九末）云「乙六月初八日校」，第五册末（卷一〇末）云「乙六月初十日校」，第六册末（卷一一末）云「乙六月十二日校」，第七册末（卷一二末）云「乙六月十三日校」，第八册末（卷一三末）云「乙六月十四／日揮汗校／共十五簽」，第九册末（卷一四末）云「乙六月十六日／已正校畢／共二十簽」，第一〇册末（卷一五末）云「六月十八日校／共九簽」。卷三又有八行題記云：「種石兄架上見宋板隋書一册，世云九行廿字／本即此書，係宋時天聖閒刊本。內有明崑／山菉竹堂葉文莊公藏書印，又汲古閣毛／子晉印。惜內有南宋時補板十之一。是書／宋本中可謂完璧。後得價三百金。余家／有毛刻隋書，向種石兄借是書對校，／閲三月校畢，知宋本美處，約補三千餘／字。拙老人蔣衡偶記。」乙巳當爲雍正三年（一七二五）。

首無周似周序，有總目一葉。總目凡八行，曰：「總目／隋書八十五卷／帝紀五卷／特進臣魏徵上／志三十卷／太尉揚州都督監修國史上柱國趙國公臣長孫無忌奉敕撰／列傳五十卷／特進臣魏徵上。」

正文每卷首標題格式不一，姑録首四卷及志、傳首卷端題如下。第一卷首題「隋書卷之一／（低二格）帝紀一（空五格）特進臣魏徵　上／（低三格）高祖上」。第二卷首題「帝紀第二／（低十格）隋書二／（低八格）特進臣魏　徵上」。第三卷首題「隋書卷之三／（低二格）紀三（空五格）特進臣魏　徵上」。第四卷首題「隋書卷之四（空五格）帝紀四／（低八格）特進臣魏　徵上」。第六卷首題「隋書第六卷／（低六格）監修國史趙國公長孫無忌等撰／（低二格）志三十卷之一／（低三格）禮義一」。第三十六卷首題「隋書三十六卷／（低十一格）特進臣魏　徵上／（低一格）列傳第一」。

左右雙邊（二二・四×一三・九釐米），極少數書葉作四周雙邊。有耳題。半葉九行，第一卷、第二卷每行二十二字，第三卷以下每行十九字至二十一字不等。版心綫黑口，極少數作小黑口，雙黑魚尾，上象鼻偶記字數，版心題或作「帝紀卷一　隋書」，或作「隋書二卷　帝紀」，有葉次，偶見刻工名。F—1本、F—3本、F—4本所見刻工共有：

山玉　少安　文夫　文曾　宇可　以安　以實　冲可　李洋　李祥夫　秀夫　信中　庭桂　張仁甫　肅可

其餘單字者從略。

此本有補版，總數當佔一成多，而卷二補版葉正如蔣衡所言，將近一半。補修時間當在明代前期。然補版皆不見刻工，故上列刻工名均出原版。

F—4本：八十五卷　元至順三年瑞州路儒學刊（明）修　四十八册　上海圖書館藏

後補灑金黑書衣（二六・五×一七・四釐米），襯紙裝。鈐有蔣光焴藏印三種：「鹽官蔣／氏衍芬／草堂三世／藏書印」、「臣光／熖印」（白文）、「寅／昉」。第二批國家珍貴古籍名録圖録收録卷一首半葉書影。

首無周似周序，有總目一葉及隋書目録。書尾有無名氏志序、天聖二年敕，而缺肅政廉訪司列銜一葉。缺卷一第一五、一六葉，卷一八第一三葉，卷一九第一七、一八葉，卷三五第三五、三六葉，卷七七第三葉，卷八〇第八葉。

版片磨損，如卷八三不少書版上部或下部有斷裂，文字缺損。

F—5本： 八十五卷（配抄卷七九、卷八〇）　元至順三年瑞州路儒學刊（明）修　四十八册　上海圖書館藏

後補淺藍書衣（二七・三×一七・六釐米），金鑲玉裝（印版紙高二四・三釐米）。有「梅華／草堂」印。

此本首無周似周序，尾無天聖二年敕及肅政廉訪司列銜。補鈔葉較多，除卷七九、卷八〇整卷外，如隋書目録第一葉、第二〇至二二葉（末葉），卷八第一九葉，卷七七第一三葉，卷七八第二八葉，卷八四第二七、二八葉等均補鈔。又，此本不補卷八五末葉所缺左半，而鈔録其後之無名氏志序。

此本雖經明代補修，然刷印時間較F—4本稍早。

F—6本： 存卷一二　元至順三年瑞州路儒學刊　存一册　北京大學圖書館藏（書號：〇九一三・九／二六二八・二）

後補灑金淡緑書衣（二五・七×一六・九釐米）。存卷一二（禮儀七）。

左右雙邊（二〇・六×一三・九釐米），九行二十字，注小字雙行。此部刻工名「信中」已見上文，即F—3本，餘皆單字。

一九八九年新版北京圖書館古籍善本書目著録瑞州路學刻本四部，其中三部已見上文，即F—1、F—2、F—3本。另一部存四十卷（存卷六至九、卷二一至二四、卷四〇至五七、卷七二至八五）十二册，書號〇五八者，蓋即舊京書影二四〇、二四一所照。舊京書影提要稱「元刻殘本，舊清内閣書，見藏北平圖書館」。臺北現藏舊北平本中，並無瑞州路

學本，則舊京書影二四〇、二四一所照今當藏於北京圖書館。而今北京圖書館藏本中，僅此存四十卷、書號〇五八者符合條件。

又，安徽教育出版社二〇〇三年版胡適全集第一六卷載「所謂全氏雙韭山房三世校本水經注」一文，附録一九五四年至一九五五年所寫後記三篇，論述隋書卷六三史祥傳之缺文問題。胡適略云：毛本有殿本、百衲本所缺「至須水兩軍相對公理未成列祥縱擊大破之」十八字。常熟翁興慶家藏一部元刻本，半葉九行，行十九至二十二字不等，亦有此十八字，而「至須水」上更有「祥」字，與通典合。百衲本等誤脱此十九字，必是翻刻時跳過一行所致。但「須水」當從通典作「溴水」，毛本、翁氏藏本均訛。今案：胡適云翁氏藏本「是一部集合十幾種版本配湊修補重印的『百衲本』，有行十九字版幾種，行二十字版七八種，行二十二字版三、四種，還有每行字數不等的補版」。其實，瑞州路學本一行字數十九字至二十二字不等，翁氏藏本既是九行，當即瑞州路本，其中容有補版，使胡適誤以爲别版，然其云配補「十幾種版本」絶非事實（胡適云「這十幾種都是半葉九行」，則不含饒州路本及其覆刻本）。翁氏藏本後爲上海圖書館所購。以上蒙陳冠華先生教示。

瑞州路本有饒州路本所缺十九字，可爲瑞州路本文本優良之一證。瑞州路本與饒州路本，以往混爲一談。鐵琴銅劍樓藏書目録持瑞州路本與毛本相校，傳書堂藏善本書志亦與饒州路本相校，均以瑞州路本爲優，然不知其本爲瑞州路本。今版本已得辨别，切盼有心人據真饒州路本與真瑞州路本（注意分辨覆刻本及補版）對校文本，研究兩版文本差異之性質、意義。

一四　南史　八十卷　唐李延壽撰

A種、南宋前期刊本（九行）

南史南宋前期刊本，至今知見止金澤文庫舊藏本一部，且殘帙分藏各處，合之亦不過五卷餘而已。

A—1本：存目録、卷二三至二六（列傳一三至一六）　存五册（傳增湘舊藏）　北京圖書館藏（書號：一一二八三）

A—2本：存卷四六（列傳三六）第一、第三葉，卷四七（列傳三七）第四葉　存三葉（内藤湖南舊藏）天理圖書館藏

A—3本：存卷四八（列傳三八）　存一册　金澤文庫藏

A—4本：存目録第二五至二七葉，卷二六（列傳一六）第三二、第三三葉，卷四五（列傳三五）第二一葉，卷四六（列傳三六）第一一葉、第一三至一七葉，卷四七（列傳三七）第一一至二一葉　存二十三葉　金澤文庫藏

A—1本，雙鑑樓善本書目、一九八三年中華書局版藏園群書經眼録、一九五九年北京圖書館善本書目皆見著録。金澤文庫圖録（一九三五年，幽學社）收録卷二五（列傳一五）首半葉及卷二三首半葉書影（圖版三二、三三），云：「目録一卷一册，傳增湘氏藏。列傳卷二三至二六，四册，同。」（見圖一一八）藏園群書經眼録著録此本云「存卷二十至二十六，又目録一卷，凡五卷」，當在「卷二十」下誤脱「三」字。又云：「歲丁巳（民國六年，一九一七），日本田中慶太郎寄京重裝，因以善價收之。」

據二〇一〇年筆者得見原書之情況記録，則後補灑金藍書衣（三〇・六×二一・二釐米），金鑲玉裝（印本部分紙高二八・〇釐米）。書前綴入「藏園先生七十歲小像」（右上題「藏園老人七十壽賜念卅一年十二月　兆和」）一葉。卷二四首尾各缺

圖一一八

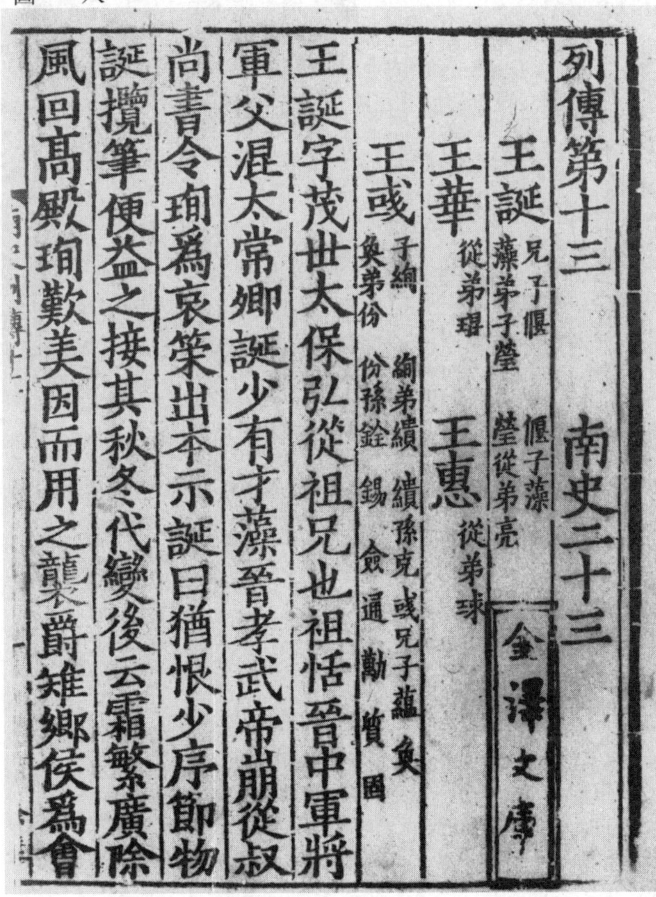
列傳第十三　南史二十三

王誕 兄子僴 僴子藻 藻弟子瑩 瑩從弟亮

王華 從弟珺　王惠 從弟球

王彧 子絢 絢弟續 續孫克 彧兄子蘊 奐 奐弟份 份孫銓 錫 僉 通 勱 質 固

王誕字茂世太保弘從祖兄也祖恬晉中軍將軍父混太常卿誕少有才藻晉孝武帝崩從叔尚書令珣爲哀策出本示誕曰猶恨少序節物誕攬筆便益之接其秋冬代變後云霜繁廣除風回高殿珣歎美因而用之襲爵雉鄉侯爲會

金澤文庫

南史　南宋前期刊（A種　金澤文庫圖録）

一葉，卷二六缺第三一葉左半以下。目録、卷二三首皆見「金澤文庫」雙郭印，卷二五首見「金澤文庫」單郭印。〔金澤文庫圖録云，單郭第一號印見卷二三首，重郭粗筆印（圖録稱「第四號印」）見卷二五首，蓋卷次互訛。〕又有「雙鑑樓／珍藏印」、「江南傳／增湘沅／叔珍藏」、「藏園秘／籍孤本」、「沅叔／審定」、「書／潛」、「沅叔／心賞」、「晉生／心賞」、「忠謨／繼賞」（白文）、「佩德／齋」諸印。卷二三首葉，左右雙邊（二一·八×一五·二釐米）。

藏園群書經眼録列録刻工名及避諱缺筆字如左：

刻工名：王恭　朱貴　何彦　余政　吴棠　李紹　李忠　周彦　金彦　金敦　姜仲　彦文　徐通　徐逵　徐遺

翁祐　張定　張明　張暉

宇　宥　宣　憲　永　顯　昌　茂　方

避諱缺筆：玄朗　敬　弘　匡胤　炅　貞　桓　構　慎

今據原書，缺筆字可增「炫、驚、啣、頊」。「構」字見卷二三第一二葉左第七行者，不敢遽定是否避諱缺筆。「慎」字缺筆，則此本刊刻不早於南宋孝宗朝。

A—2本，金澤文庫圖録收録卷四六（列傳三五）第一葉書影，稱「列傳卷卅六之一、三、四共三葉，内藤乾吉氏藏」。然此三葉，恭仁山莊善本書影未著録，杏雨書屋未收藏，久不知下落。後乃知此三葉現在天理圖書館所藏古刻留真中。古刻留真據云爲文求堂田中慶太郎所編，彙合宋元明版本零葉共五十二種五十七葉，貼於大型經折紙板。函套有内藤湖南手筆題簽，並鈐「恭仁／山莊」朱印，則金澤文庫圖録當據内藤所藏此帙古刻留真著録。金澤文庫圖録稱「列傳卷卅六之一、三、四共三葉」，今據古刻留真則列傳卷卅六之一、三及卷卅七之四。疑金澤文庫圖録漏録「卷卅七之」。親驗此三葉，卷四六第一葉框郭爲左右雙邊（二二×一五・四釐米），刻工名依次爲「顯」、「宥」、「徐逵」，皆不見金澤文庫印。

A—3本有一整卷凡二十三葉，且得以親驗，故就此詳述版本情況。此本經襯紙補修，改裝爲蝴蝶裝，外加褐色書衣，頗新（二八・五×二〇・七釐米）。尾題次行鈐「金澤文庫」單郭大墨印，關靖金澤文庫研究（一九五一年，講談社）以此印爲一一一號印。

首行題「列傳第三十八（空二格）南史四十八」。第二、第三行列目。此卷爲吴郡陸氏列傳，故列陸澄以下諸名，涉兩行。第四行始爲正文。卷尾題與卷首同，惟小題、大題中隔三格。左右雙邊（二二・二×一五・五釐米），每半葉九行，每行十八字。版心白口，單魚尾，版心題「南史列傳三十八」，又記葉次、刻工名。刻工名有：張定、姜仲、彦文、李、忠、張、昌、方、通、棠。避諱缺筆字有：玄朗、敬警竟鏡、弘殷、恒、徵、署、讓、昫、完。在此二十三葉内，不見「構」「慎」等字。

A—4本爲散葉，有襯紙，未裝訂（二七・九×四〇・四釐米）。大小與A—3本略同（因未裝訂，寬加一倍）。據云出自稱名寺倉庫中，同時所出有宋刊南華真經注疏二葉（與静嘉堂文庫所藏殘本存五卷五册者同屬一帙）。雖云發現時書葉對折，印面在外，如綫裝，然因兩邊框郭外各留五釐米，可推測原爲蝴蝶裝。卷二六尾框外鈐「金澤文庫」單郭大墨印，與A—3本同。缺筆較嚴，除A—3本所見外，又有懸、驚、境、泓、樹。「敦」字、「郭」字各一見，均不缺筆。綜合A—1至A—4本，可見避諱至「構」「慎」止，不及光宗以下。

【A—1至4本綜述】

據關靖，日本延寶五年（一六七七）冬，加賀前田綱紀派津田太郎兵衛光吉調查金澤稱名寺藏本，編録賬簿，名曰「稱名寺書物之覺」，其中著録「南史列傳　約二百張」（金澤文庫研究附録第二）。今雖不可確知A—1本葉數，然以A—3本卷四八全二十三葉爲比率，推算A—1至A—4本現存殘葉，合計約當一百九十葉。然則如今所知A—1至A—4本，與一六七七年所存「約二百張」相差無幾，最多不過一卷。又，享保三年（一七一八）六月又編録賬簿（現藏西大寺），著録「南史列傳一結」（金澤文庫研究　第三百九十八頁）。「一結」當解爲「一紮」。蓋此時原書裝訂已經損壞。要之，金澤文庫舊本南史，今存殘卷散葉，合計不足六卷，其實三百餘年前已如此。

傅氏稱A—1本「紙如玉版，墨光如漆，宋刊宋印」（見經眼録），當非虛言，親見A—3本等即知其精美。可知上文所列刻工皆原版刻工。此等刻工大都爲南宋前期及中期諸刊本所常見。尤其足利學校藏紹熙三年兩浙東路茶鹽司刊禮記正義，有王恭、余政、李忠、周彦、金彦、姜仲、徐通、翁祐八名與此南史共見，可見南史刊行時間當在紹熙年間前後。案嘉趣堂本世説新語末尾載淳熙戊申（一五年）陸游刊書跋云：「郡中舊有南史、劉賓客集版，皆廢于火，世説亦不復在。游到官，始重刻之，以存故事。世説最後成，因併識于卷末。」然則淳熙一三年（一一八六）陸游任知嚴州之後，至一五年之間，曾於嚴州（即新定）重刊南史。新定續志「郡有經史詩文方書八十種」中有「南史」，當即陸游所刊。又，淳熙一四年陸游於嚴州刊刻劍南詩稿，版刻圖録著録（圖版一〇二）云有刻工「李忠、張明、金敦、翁祐等」，藏園群書經眼録著録刻工，在版刻圖録所舉外，又有徐通、金彦、張定、王恭，凡八名均見南史，則此版恐即淳熙一三至一五年間嚴州郡齋刊本。嚴州與紹興接壤，時間與紹熙三年相距不過五六年，刻工與禮記正義多同，亦屬自然。南宋前期紹興、乾道刊本，或中期慶元、嘉泰、開禧、嘉定刊本，亦有與此南史共見一、二名刻工者，然今所見僅八十卷中之六卷而已，不便深論。避諱亦然，今所見六卷之外，或有避諱及「敦」等字者，亦未可知。

要之，此南史必爲南宋前期以後所刻，疑即淳熙一三至一五年間嚴州郡齋刊本，而殘存卷數過少，尚不敢論斷。

以金澤文庫現存卷四八（A—3本）文本，與元大德廣德路儒學本及明南北監本、汲古閣本對校，並無大異。南史不見元西湖書院重整書目著録，南宋本與元本之間關係不明確。元本經嘉靖間補修，在南監繼續刷印，直至萬曆一八年始代新版，而北監本、汲古閣本均以萬曆南監本爲底本，故元本以下文本出入不大。

中華書局點校本（一九七五年）以百衲本爲底本，參校明本及武英殿本、金陵書局本。點校本卷四八出校記凡十七條，均屬他校（用南齊書六條，梁書四條，陳書四條，通志三條，王懋竑讀書記疑、王鳴盛十七史商榷各一條）。而其中二條，點校本所改，與此南宋本（A—3本）合。點校本校記原文如下：

〔六〕史曹都令史歷政來諮執選事　「都」各本作「郎」，據南齊書改。

〔七〕繕字士繻　「繻」各本作「儒」，據陳書改。

元本以下皆作「郎」、「儒」，而此南宋本獨作「都」、「繻」，與南齊書、陳書合。

除此二條外，點校本出校十五條，其中二條南史避唐諱，非版本訛誤，其餘版本訛誤，此南宋本皆與元本以下同。又，此卷陸慧曉傳附陸倕傳，末言其子名「纘」，此南宋本及元本以下諸本均作「瓚」，點校本逕改（第一一九三頁）不出校。此外，此南宋本卷四八亦有少數訛誤字及同義異字等，然皆不足爲病。元本亦有類似異字，南監本又增少數異字，其中一部分訛誤及異字爲北監本、汲古閣本所因襲。又，金澤文庫圖録所見傳增湘、内藤湖南舊藏本（A—1、A—2本）書影文字，與元本以下諸本全同。

【A種小結】

此南宋前期刊本，九行十八字大字本，行格與南北朝七史同，字體亦類似，雖有版心形式等不同，然刊行時間當稍後於七史，蓋皆覆刻北宋國子監本者。北史亦當有同類刻本，而今未聞有傳本。

B種、南宋中期建刊本（十行）

B—1本：存四十卷（卷一，卷二，卷六至卷一〇，卷一二，卷一三，卷二二至三一，卷三四至三六，卷六三至六九，卷七一至八〇）

〔南宋中期　建安〕刊

配清抄本五卷（卷一一，卷一五至一八，卷二一）　共存四十五卷二十九册　北京圖書館藏（書號：一三三九〇）

一九五九年北京圖書館善本書目著録，一九八九年新版北京圖書館古籍善本書目漏録存卷。第一批國家珍貴古籍名録圖録收録卷一首半葉書影。有二〇〇三年再造善本影印本。新補灑金粉紅書衣（二三・八×一六・二釐米），襯紙裝。藏印有「徐／健菴」（白文）、「乾／學」、「季振宜／藏書」、「季印／振宜」、「滄／葦」（白文）。除鈔配五卷及缺第七卷第二一葉外，存卷中補鈔葉亦不在少，如卷二首葉係補鈔，而上鈐「季振宜／藏書」印。書中夾有宋建陽所作葉數表，據云存一千一百七十七葉，補鈔二百三十六葉半。

首南史目録凡二十七葉，末有四行墨記曰：「此書本宅刊行已久，中遂漫滅。／今將元本校證，寫作大字，命工／雕開。竝無魚魯之訛，庶以便於／檢閲。天下學士大夫請詳鑒焉。」首卷首行題「宋本紀上第一（空四格）南史一」，第二行低八格題「李（空三格）延壽」。左右雙邊（二一・九×一二・六釐米），十行，行十八字。版心綫黑口，雙魚尾，上魚尾下題「南史紀幾」，下魚尾下記葉次。偶記字數，然極少見，並無刻工名。有耳題。

所見缺筆有「玄鉉朗　弘　匡洭　恒　洹　禎貞　樹　讓　勗　桓　搆　慎」。後半部分調查不周，雖見「敦　郭廓」等字出現數次，尚未見有缺筆。

B—2本：存一卷（卷七〇）　存一册　遼寧省圖書館藏

未見。見第二批國家珍貴古籍名録圖録第二册。據圖録，此本左右雙邊（二九·八×一三·二釐米），十行，行十八字，黑口，有季振宜藏印。圖版（卷七〇首半葉）可見「東北圖／書館所／藏善本」、「遼寧省圖／書館善本」二印。

卷七〇恰爲B—1本所缺，且皆有季振宜印，蓋原屬一帙。

圖一一九

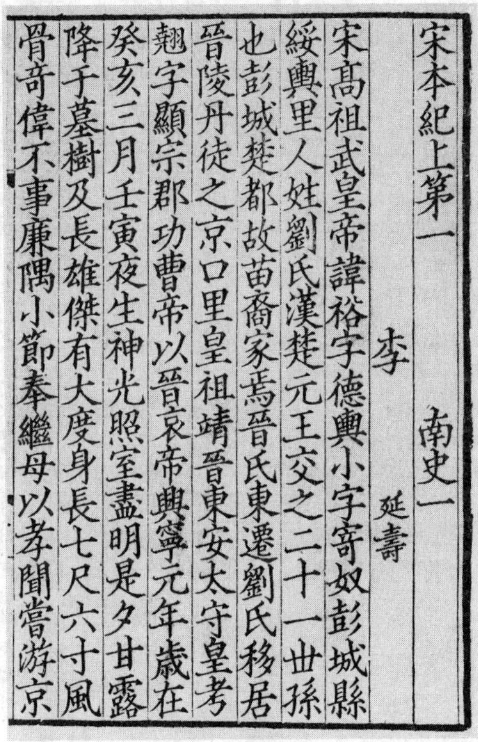
宋本紀上第一　南史一
李　延壽
宋高祖武皇帝諱裕字德輿小字寄奴彭城縣
綏輿里人姓劉氏漢楚元王交之二十一世孫
也彭城楚都故苗裔家焉晉氏東遷劉氏移居
晉陵丹徒之京口里皇祖靖晉東安太守皇考
翹字顯宗郡功曹帝以晉哀帝興寧元年歲在
癸亥三月壬寅夜生神光照室盡明是夕甘露
降于墓樹及長雄傑有大度身長七尺六寸風
骨奇偉不事廉隅小節奉繼母以孝聞嘗游京

南史　南宋中期建刊本（B種　珍貴古籍圖録）

南宋中期建刊正史，過去止知有九史，獨缺南史，既未見南宋刊本，又未聞有元代覆刻本。如今終得見此本，證明南宋中期建刊正史確實具備十史。可惜此本雖有四行木記，然不記刊行者名號如三史、唐書。

中華書局點校本未及參校A、B兩種宋本。如卷二五校記〔八〕：

方古信爲儔　「方古」元大德本作「万古」，其他各本作「萬古」。按「萬古」一詞用之於此不合。蓋「方」誤爲「万」，「万」又易爲「萬」。今據册府元龜八八二改正。

不言宋本作如何，可證點校者果未見A—1本及B—1本。

C種、元大德一〇年廣德路儒學刊本（九路本十史，十行）

元大德九路儒學本中，南史爲何路所刊，因版心等資料稀少，不易證明，臺北「中央圖書館」善本書目（舊版）、金元本圖録等曾以爲信州路所刊，蓋謂與北史同，非也。後神田喜一郎考證爲廣德路所刊，如綜論編所述，一九八六年版「中央圖書館」善本書目（增訂二版）已經改正。

此先據「中央圖書館」善本書目（增訂二版），列其所藏（含舊北平本）有關傳本。

①八十卷四十册　元大德丙午（一〇年）廣德路儒學刊明印本

②八十卷二十六册　同　刊明嘉靖間南監修補本

③八十卷二十册　同　刊　同　修補本

④存七十八卷十九册　同　刊　同　修補本　缺首二卷

⑤存二十六卷十册　元大德丙午（一〇年）廣德路儒學刊本　存紀四至七，傳一至五、一八至三〇、三四至四四、五八至六〇　北平

⑥存十七卷七册　同　刊

存紀二、三、六、七，傳六至一〇、一二、一三、三四至三六、五五至五七　北平

⑦存四十四卷六册　明初覆刊元大德一〇年廣德路儒學本

存紀一至一〇，傳一至八、二七至三六、五五至七〇　北平

⑧存三十二卷八册　同　刊

存傳二四至二七、三二至五六、六一至六三　北平

據此，則①⑤⑥爲原版，②③④經明代補修，⑦⑧乃明代覆刻本。其中①②③④共四本，亦見「中央圖書館」金元本圖録及中國訪書志，兩書均謂②③④爲遞修至嘉靖一〇年本。今不論嘉靖修本（②③④），依次詳述①⑤⑥本，下D種詳述⑦⑧本。

圖一二〇

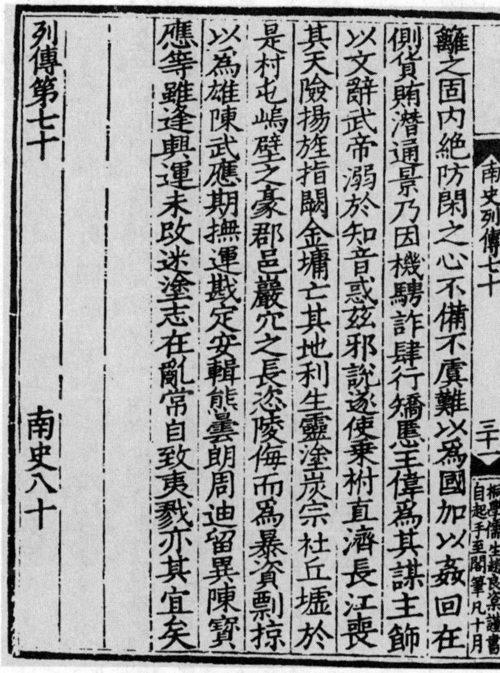

南史　大德一〇年廣德路儒學刊（C種　百衲本）

C—1本：八十卷　元大德一〇年廣德路儒學刊〔元末明初〕修　四十册　「中央圖書館」藏（即①，書號：〇一四九二）

a：〔明前期〕印　七十五卷弱　襯紙裝

b：〔嘉靖七年、八年〕印　五卷餘（卷七一至七三，卷七八第七葉至卷八〇）　金鑲玉裝

歷經明人史鑑、清果親王、孫星衍、張鈞衡等所藏，平津館鑑藏書籍記、適園藏書志、莛圃善本書目、「中央圖書館」金元本圖録、「中央圖書館」善本書目、中國訪書志、國家圖書館善本書志初稿著録。

藏印有「史鑑／之章」（白文）、「西史／邨人」（白文）、「子孫／保之」、「果親王府／圖書記」、「自得／居士」（白文）、「孫／伯淵」（白文）、「張印／鈞衡」、「石銘／收藏」、「石銘／秘笈」、「擇是居」（橢圓）、「吴興張氏適園收藏圖書」、「莛圃／收藏」、「繡衣／執法大／夫印」（白文）。史鑑三印見平津館鑑藏書籍記著録，清果親王印亦見補鈔葉上。

a·b·同版不同印本配合，統一改裝淡緑書衣（三三×二〇·三釐米）。第三六册、第三七册前半、第三九册後四分之一及第四〇册爲b·印本。b·印本原書印紙矮a·印本二至五釐米，故爲金鑲玉裝。b·印本往往用明正德一三年至一六年間公牘紙印製。公文内容涉及浙江各地（杭州府、紹興府、紹興府餘姚縣、衢州府、衢州府江山縣、金華府蒲江縣）往南京（光禄、龍户衛倉、潘陽右衛倉）運送糧食事宜，亦見各種大型官印（方六·五釐米，方七釐米，八×四釐米等）。同類公牘紙（年代有先後不同）亦見宋刊七史魏書及隋書等，則此類公文或不需長期保管。

首「南史目録」，缺大德丙午蒯東寅刊書序。卷一首葉（見「中央圖書館」金元本圖録）與後印本之嘉靖一〇年補版不同，上象鼻記字數「四百八」，下象鼻見刻工名「東」。首行題「宋本紀上第一（空八格）南史一」，次行低十二格題「李（空三格）延壽」。四周雙邊（二二·八×一五·四釐米），每半葉有界十行，行二十二字。版心白口，三魚尾，中間題「南史帝紀（列傳）幾」及葉次，上下偶記字數、刻工名。刻工名有：

古杭占閏　占閏　古杭良卿　何甫　玉山　子后　朱敬之　朱茍　徐進卿　陳刁　僧玘　張珍　張后　張伯上

木易

木易　占　陳　可　于　東　虞　黄　翁　中　入　弓　伊　其　范　洪　引　允　鄭　茂　共　四　王

公　董　章　方　芦　余　張　楊　良　卿　徐　進　僧　玘

卷八十末葉下象鼻題二行十八字：「桐學儒生趙良棨謹書／自起手至閣筆凡十月」。中國訪書志等作「擱筆」，原書字作「閣筆」，如見百衲本。

a．b．印本均經元末明初補修，如卷七二第一葉、第二葉（b．印本）見刻工名「張伯上」，而此名屢見於隋書、唐書補版。a．印本蓋爲明前期及中期所印，b．印本則更晚。b．印本補鈔葉甚多，又，版面文字雖未至漫漶模糊，而破損甚重，如版面上方缺損數段，明人補寫者，有五、六葉。然b．印本之補版，亦未見晚於a．印本所見者，則b．印本爲嘉靖八至一〇年南監爲編入二十一史重加補修之前所印，且b．印本背面公文見正德一六年（一五二一，次年改元嘉靖），公文報廢至少需數年，則印製當在嘉靖七、八年。b．印本補鈔葉如卷七一、卷七二、卷七九各三葉，卷七八有九葉，卷八〇有十葉，逮嘉靖八年至一〇年補修時皆見補刻。印製b．印本時版片缺損，不得印此諸葉，故嘉靖八年至一〇年時必需皆爲補版。

北京圖書館善本書目著録一本「元大德十年刻明嘉靖元年重修本」十二册（書號：三三八六），爲鐵琴銅劍樓舊物，鐵琴銅劍樓藏書目録云「間有嘉靖元年修版」。下述北史靜嘉堂本即有嘉靖元年、二年補版年記，則此鐵琴銅劍樓舊藏、北京圖書館藏南史自當有嘉靖元年補版年記。b．印本用正德一六年公文紙，必不容無其次年嘉靖元年之補版葉，故定b．印本爲「（元末明初）修」。嘉靖元年補版，蓋在b．印本今存五卷餘之外。

C—2本：存二十六卷（卷四至七，卷一一至一五，卷三八至四〇，卷四四至五四，卷六八至七〇）　存十册　「中央圖書館」（北平）藏（即⑤）

元大德廣德路儒學刊（明初）修

舊京書影收録列傳二九（卷三九）首半葉（二四二），及列傳三〇第一四葉（卷四〇末葉）書影（二四三）。王重民中國善本書提要著録。

各册首尾框郭外見「廣智退隱」、「觀書以進德也竊／書虧德幸勿爲之」二墨印，見舊京書影（二四二）。又有「京師圖書／館收藏之印」，見舊京書影（二四三）。

蝴蝶裝。第三至第六册有紅褐色原裝書衣（三〇・四×一五・七釐米），大型雙郭（明）印題簽（外郭二一・五×三・四釐米），題「南史」。其餘各册新補蔓草文深褐色絹書衣，襯紙補修。缺卷四首十五葉。

全部皆原版，獨卷五第二六葉及卷七第一八葉共二葉當爲明初補版。

C—3本：存十七卷（卷二，卷三，卷六，卷七，卷一六至二〇，卷二二，卷二三，卷四四至四六，卷六五至六七。又存卷六八首葉）　存七册　「中央圖書館」（北平）藏（即⑥）

元大德廣德路儒學刊（明初）印

王重民中國善本書提要著録爲「存十八卷」，因數卷六八僅存首葉者，故多一卷。

後補紫色書衣（三三・三×二〇・七釐米），包背裝。鈐印：「京師圖書／館收藏之印」。卷一九缺首葉，卷六七末尾附綴卷六八首葉。

全皆原版，無補版葉。然印製在明代，當已經過補修，唯殘存部分不見補版而已。如C—1本卷七二有張伯上補版葉，此本當亦有，而今已缺，無可證明。刻工名有：僧玉山　玉山　僧　徐　章　宗　甫　岸　共。

【綜論嘉靖八年以前印本】

上述三本（C—1、C—2、C—3），除C—1本中b．印本以外，版面狀態尚佳，可以推測南史至明代前期以前偶見刷印，僅有極少數書版經過補修（印數當不甚多，故版面磨損較少；印數亦不甚少，故傳本不止一部）。

一九五九年北京圖書館善本書目（一九八九年新版北京圖書館古籍善本書目同）著録元刊本二部，一爲「明修本三十二册」（書號：七三六〇），一爲「嘉靖元年重修本（卷七五至七六配明周雲治抄本）十二册」（書號：三三八六）。雖皆未見，前者當即涵芬樓舊藏本，後者當即鐵琴銅劍樓舊藏本。鐵琴銅劍樓舊藏本有嘉靖元年補刊年記，而C—1本b．印本用正德一五年公牘紙，刷印時間必當在嘉靖元年以後，却不見嘉靖元年補刊年記，皆如上述。據爐餘書録，涵芬樓舊藏本無序跋，版心下有「古杭良卿刊」五字及「桐學儒生趙良粢云云」二行十八字，又有「嘉靖初年補版」。「古杭」、「桐學」等地名問題，綜論編已爲備述。北史有較多嘉靖元年補版及少數嘉靖二年補版，據以推測，涵芬樓舊藏本除嘉靖元年外，亦有嘉靖二年補版年記，故稱「嘉靖初年」與？然北京圖書館善本書目於鐵琴銅劍樓舊藏本稱「嘉靖元年重修本」，而於涵芬樓舊藏本乃稱「明修本」，似謂涵芬樓舊藏本遞修更晚。要之，北京圖書館所藏二本，未見原本，不可遽斷。又，嘉靖九年、一〇年補修後之其他印本，原版殘存尚不爲少，而嘉靖元年補刊年記多被削去。

C—1本有南史目録而缺大德刊書序。C—2、C—3本缺第一卷，不知原本有無此序。北京圖書館現藏二部中，涵芬樓舊藏本則無此序（據爐餘書録），鐵琴銅劍樓舊藏本不知有無此序。是則嘉靖八年以前印本，未見有大德刊書序者。至嘉靖九年、一〇年補修後之其他印本，大都皆有此序，然嘉靖時已缺其第三葉，僅刻版框、界綫（半葉五行，與此序其餘三葉同），首記一「闕」字。今據版刻狀況推測，第四葉似爲原版，而第一葉、第二葉及記「闕」之第三葉皆嘉靖補版。

C—1、C—2、C—3本所見刻工甚多，遠非嘉靖九年、一〇年修本之比。嘉靖九年、一〇年補修時，原版磨損不可用則新刻補版抽換外，原版仍可用者，亦往往削去字數、刻工名，故刻工名大量消失。如爐餘書録、百衲本跋所言卷四一末葉「古杭良卿刊」五字，末卷末葉「桐學儒生趙良楶」云云，嘉靖九年、一〇年修本均不可見。

【嘉靖九年、一〇年以後印本】

日本所藏廣德路刊本（C種），均屬經過嘉靖一〇年前後補修之南監印本。

二十册　內閣（鄭）　二十册　內閣　二十三册　書陵部　二十册　靜嘉堂　二十三册　東洋

二十册　蓬左　二十册　都中央（傳增湘舊藏本）　二十册　杏雨

此等印本，既有明初補版，又有不少嘉靖九年、一〇年補版。卷一第一葉（左右雙邊，二一・九×一五・七釐米）即嘉靖一〇年補版，見靜嘉堂宋元版圖録（一九九二年靜嘉堂文庫發行，汲古書院發售）。原版葉（四周雙邊）留存者亦不少，然其刻工僅存如下數名：

古杭占閏　占閏　占　宀　楊　進　千　皿　中　玉山　張珍　陳　章洪

全部白口或綫黑口，獨卷六有二葉粗黑口，刻工名「張清之」，當不晚至嘉靖，疑或爲弘治時期補版。

南京圖書館藏一部三十册，未見，目録止云大德丙午（一〇年）刊，不知補修至何時。北京大學圖書館所藏五部，皆李盛鐸舊藏本，其中四十册者（書號：李四六五七）當係嘉靖一〇年補修後不久所印，十六册（書號：李一六五〇）及二十册（書號：李五五四八）者印製時間稍晚，當爲嘉靖二〇年前後所印，三十一册者（書號：李八五五九）版面漫漶，當爲嘉靖末年所印，另一部二十册（書號：李八三四六）則是萬曆五年以後所印。上海圖書館藏徐乃昌舊藏三十二册本見嘉靖元年、八年、九年、一〇年補刊年記，然未見覆刻版書葉羼雜其中。北京師範大學藏殘本存十卷（卷一至卷一〇）六册，亦經嘉靖補修，雖仍見「古杭占閏」（原版）、「張清之」（明初補版）等名，然又有覆刻本書葉混配其中。

最遲於至正四年（一三四四）前，九路儒學本十史版片，已調集存放於集慶路儒學，故金陵新志已見著録。後爲明南京國子監所繼承，如南雍志經籍考所云。嘉靖七年至一〇年，經大規模補修，與其他諸史宋、元、明初刊本，匯編成二十一史。其後一直刷印，至萬曆一七年至一九年重刊新版南史，始爲取代。詳見綜論編第一〇節。

D種、明初覆元大德一〇年廣德路儒學刊本（十行）

覆刻本十行二十二字，固與元刊本同，而框郭大都皆左右雙邊，與元刊本之四周雙邊不同，且字體潦草；至其補版，則版心粗黑口，字體更潦草，差異顯然。百衲本雖稱用大德本，實則覆刻本書葉過半，故特爲D種附論於此。分析刻工名，知刊刻當在洪武後半期以後，大致可斷爲明初覆刻本。綜論編已爲詳論，此不重述。日本公私收藏未聞有此覆刻本，獨静嘉堂藏大德廣德路刊遞修本中，有二葉配補用覆刻本而已。「中央圖書館」舊北平本（上文⑦⑧）之外，又有傳增湘舊藏本今在上海圖書館。

D—1本：存四十四卷（卷一至一八，卷三七至四六，卷六五至八〇）

〔明初〕覆元大德廣德路儒學刊本　存六册　「中央圖書館」（北平）藏（即⑦）

後補藍黑書衣（二八・七×二〇・一釐米），題簽墨書「南史本紀卷一之四」等，包背裝。鈐印：「京師圖書／館收藏之印」。

首南史目録，次正文，與廣德路儒學刊本相仿。第一卷首葉，左右雙邊（二二×一五・五釐米）。此本無補刻。刻工名見綜論編。

D—2本：存三十二卷（卷三四至三七，卷四二至六六，卷七一至七三）

〔明初〕覆元大德廣德路儒學刊本　存八册　「中央圖書館」（北平）藏（即⑧）

後補淡緑書衣（二九・五×一九・六釐米），題簽墨書「南史列傳三十四之三十七」等，包背裝。藏印有：「晉府／書畫／之印」、「敬德／堂圖／書印」、「京師圖書／館收藏之印」。與D—1本同版，無補刻，刷印亦幾乎同時。

D—3本：存七十六卷　〔明初〕覆元大德廣德路儒學刊本〔明〕修

配補元大德廣德路儒學刊明遞修本四卷（卷七七至八〇）　共八十卷四十一册　上海圖書館藏

傳爲海源閣舊物。藏園群書經眼録著録，一九八九年上海古籍出版社版藏園群書題記有跋。傳氏跋云：「聞爲海源閣所庋，第無印記可證，衹存『恩福堂藏書記』一印，或煦齋相國遺籍耶？」今案此本，除「恩福堂／藏書記」（白文）、「讀易樓」印及雙鑑樓（傅增湘并其子忠謨）印多種外，海源閣多種印記累累（詳見上海圖書

館藏宋元版解題　史部（二），載斯道文庫論集第三二輯）。使傅跋可信，則海源閣諸印豈皆出書估作僞與？王紹曾撰海源閣宋元秘本書目補遺（見二〇〇二年齊魯書社版訂補海源閣書目五種）云：「此本王獻唐調査登録時尚存海源閣，散出後傅沅叔曾經眼，藏園群書經眼録著録，去向不明。」藏園群書經眼録著録本是否海源閣舊物，尚不無疑義，至若其去向，則當爲此上海圖書館藏本，自屬無疑。

藏園群書經眼録云：「海源閣遺籍，庚午歲收得。」案：庚午民國一九年（一九三〇）。據民國二〇年張元濟致傅氏函，知傅氏曾求張氏補配南史缺卷，而張氏未能應之。則配補猶在其後。唯傅氏止言卷七九、八〇配補，今配補卷七七至八〇共四卷，不知其詳。

後補灑金淺藍書衣（二二·九×一八·四釐米），襯紙裝。配補卷七七至八〇共四卷，裝訂爲二册，後補灑金乳白書衣。

首大德刊書序，凡三葉。此序原四葉，而第三葉久佚，大德廣德路本嘉靖修本第三葉僅刻框郭、界綫及一「闕」字。今覆刻本乃去此缺葉，以第四葉直接第二葉。次南史目録，次正文。第一卷首葉已非覆刻本原版，而爲覆刻本之補版。首行題「宋本紀上第一（空七格）南史一」，次行低十三格題「李　延壽」。左右雙邊（二一·一×一四·九釐米），十行，二十二字。版心粗黑口，雙黑魚尾，版心題「南史帝紀一　（葉次）」。

覆刻原版葉綫黑口，而此本甚少。覆刻補版葉粗黑口，字體潦草，而此本大半屬此。竟有一卷全然補版者。或因覆刻原版質地脆弱，不經反復刷印，以致如此與？

卷二三第二五、第二六葉爲大德廣德路刊本，用紙古老，與其餘書葉截然不同，當出後人配補。

覆刻本原版刻工見綜論編，覆刻本之補版刻工名有：

付華　好九　林九　張孟　陸其　陸福　許六　劉清遠（陰刻）

【百衲本】

百衲本南史封面陰面刊記稱「上海涵芬樓影印北平圖書館及自藏元大德刻本」，而張元濟跋稱「北平圖書館藏元大德本，既借影如干卷，不足，補以涵芬樓藏本，顧版多漫漶不可讀。余友常熟瞿良士、江安傅沅叔，各出所藏以彌其憾。雖間有補版，然皆清朗悦目」。可知百衲本所用底本，有涵芬樓藏本、北平圖書館藏本、鐵琴銅劍樓藏本、傅增湘藏本。涵芬樓藏本、鐵琴銅劍樓藏本今皆在北京圖書館，傅增湘藏本今在上海圖書館，即D－3本。北平圖書館舊藏本，除上列⑤⑥⑦⑧本外，亦有今藏北京圖書館之「明初印本」，不知百衲本所用何本。

百衲本首大德刊書序，第三葉久佚，仍缺。一九三五年一〇月張元濟致丁英桂函云：「昨呈南史序三頁，細看尚欠精細。開卷便見，應求工整。乞發還再修。」即指此三葉。百衲本此三葉字體與嘉靖修本截然不同（盋山書影、嘉業堂善本書影均收録嘉靖修本此序第四葉。嘉業堂本刷印較盋山本爲晚，然兩者同版），蓋出摹寫。後至一九三六年九月，傅增湘將其於永樂大典中所得此序缺文九十七字録示張元濟，故百衲本後印本（筆者所見爲一九五八年縮印本）乃仿其餘三葉字體補寫第三葉，右側版框外題「是葉原闕，依永樂大典卷之一萬一百三十五寫補」。

次南史目録凡二十六葉，次正文卷一凡三十葉，均屬覆刻本。今全書八十卷，加目録一卷，凡八十一卷中，有二十四卷整卷皆覆刻本書葉，有二十卷覆刻本書葉過半，有三十一卷大德廣德路學本居多而雜用覆刻本（含其原版與補版),至於全部用大德廣德路學本者僅二卷。據覆刻本分佈情況推測,百衲本似以北平圖書館舊藏存四十四卷六册之覆刻本(D—1本)爲基礎,不足諸卷以別本配補。

百衲本所以如此者,張元濟當時不知大德廣德路學本有明初覆刻本,故以明初覆刻本爲元印本。傅增湘跋覆刻本(D—3本)云:「考皕宋樓、鐵琴銅劍樓均藏有此本,然瞿本有嘉靖元年修版,陸本有嘉靖十年修版。此帙雖有補刊,要是元修元印,固遠勝之。」(藏園群書題記)知傅氏以明初覆刻本連同其補版粗黑口字體潦草者,並以爲元代刻版之元代印本,勝過廣德路學本之嘉靖補版。張元濟所見亦當如此。

今檢百衲本用粗黑口葉(即覆刻本之補版葉)處,覈以大德廣德路學刊嘉靖修本,則皆嘉靖九年、一〇年補版葉。此可能有兩種情況:一則大德廣德路學刊嘉靖七年以前印本,此等處版片磨損,或漫漶,或缺葉,故需抽換。二則大德廣德路學刊嘉靖九年、一〇年以後印本,此等處即嘉靖九年、一〇年補版葉,既誤以覆刻本爲元代印本,「遠勝」於嘉靖補版,故以抽換。又,大德廣德路學刊本若有「古杭占閏」、「古杭良卿」等刻工名,則百衲本仍選用廣德路學刊本,不取覆刻本。

總之,百衲本不辨大德廣德路學刊之與明初覆刻本,隨意混用,且覆刻本居大半,不可不謂其失。故王重民中國善本書提要就C—2本而云:「余既校北史,始知北京圖書館善本書目分載元與明初有兩刻,信其著録南史,亦分兩本,是也。及檢百衲本廿四史中南史,題爲元大德間刻本,乃其刻工十八九同於明初所刻北史,始悟百衲本捨明珠而取碔砆也。」又云:「百衲本南史中,其真爲元大德所刻之葉,僅居十之一二(原注:列傳十三至十六存元刊葉最多,餘不過十之一)。捨此(案:即C—2本)不印,實菊生先生之偶失也。」然張元濟當年托人照北平圖書館藏本,未能親見原本，更無直接對照諸本之便，除涵芬樓藏本外，依靠朋友協助，所得版本及照片往往模糊不清，輒爲抽换，影印事務極其繁忙，固無暇研究版本，無條件辨別覆刻本。此張元濟之所以與趙萬里、王重民不同。

二〇〇二年商務印書館出版整理本百衲本南史校勘記，世人始得知百衲本校改之詳情。如列傳第二九（卷三九）首葉第一〇行「僧韶閒行」，百衲本底本訛作「門行」，描修爲「閒行」。然百衲本此葉爲覆刻本，若廣德路學刊本，則固作「閒行」不誤，見舊京書影（二四二）。百衲本底本混用廣德路學刊本與覆刻本，又有大量校改，其文本已非屬某種版本。中華書局點校本以百衲本爲工作本，版本異同擇善而從，酌情出校，則於傳世版本之外，又創造新文本，或便於閱讀理解，實不便於討論研究。混用版本，擇善而從，不妨視爲百衲本之流亞。

一五　北史　一百卷　唐李延壽撰

A種、南宋中期建刊本（十行）

北史無南宋前期刊本傳存，而有南宋中期建刊本二部，現藏靜嘉堂文庫及北京圖書館。此種版本與黄善夫本史記等形成整套十史。

A—1本： 存八十一卷（卷二，卷六至一八，卷二〇至二九，卷三一至八〇，卷九三至九八，卷一〇〇）　存八十册　靜嘉堂文庫藏

〔南宋中期　建安〕刊

皕宋樓藏書志著録。静嘉堂宋元版圖録收録卷二首半葉及卷二第一五葉右半書影。北京圖書館藏本(A—2本)存二十七卷,存卷大致與此本重複,多出者僅二卷(卷一九、卷三〇),仍缺十七卷不可得見(卷一,卷三至五,卷八一至九二,卷九九)。後補灑金深藍絹書衣(二六·四×一六·七釐米),金鑲玉裝(印版紙高二四釐米)。每册首鈐「季振宜/藏書」印。

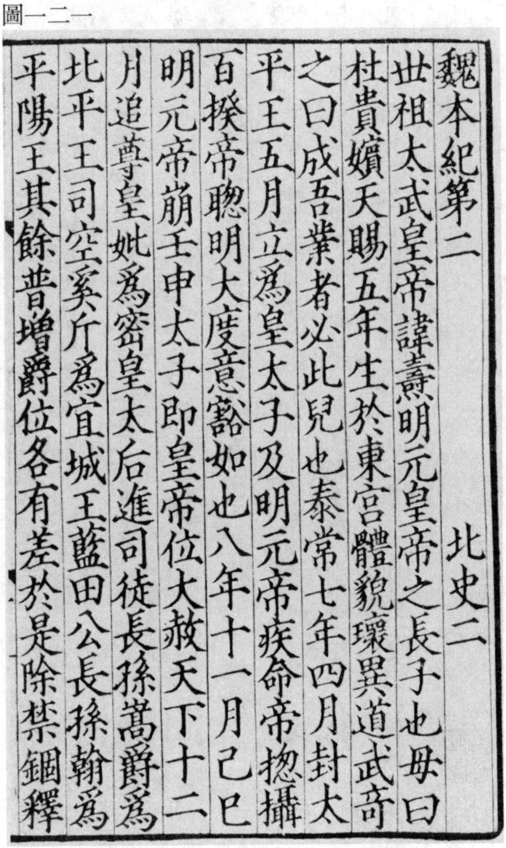
北史二
魏本紀第二
世祖太武皇帝諱燾明元皇帝之長子也母曰
杜貴嬪天賜五年生於東宮體貌瓌異道武奇
之曰成吾業者必此兒也泰常七年四月封太
平王五月立爲皇太子及明元帝疾命帝揔攝
百揆帝聰明大度意豁如也八年十一月己巳
明元帝崩壬申太子即皇帝位大赦天下十二
月追尊皇妣爲密皇太后進司徒長孫嵩爵爲
北平王司空奚斤爲宜城王藍田公長孫翰爲
平陽王其餘普增爵位各有差於是除禁錮釋

圖一二一

北史　南宋中期建刊(A種　静嘉堂)

卷一缺,卷二卷首題「魏本紀第二(空六格)北史二」,左右雙邊(二〇·七×一二·七釐米),十行十八字。版心綫黑口或白口,雙魚尾,中間題「北己(紀、傳)幾」,下象鼻記葉次,無字數、刻工名。有耳題。列傳各卷首有目,卷中各傳開首又以一行題名,與三國志(百衲本所收)同。往右斜上竪硬之字體,行格,以及避諱「玄朗　驚　弘　匡恇　恒　禎貞徵　樹　讓　桓　構　慎　敦燉　廓」諸字缺筆等,皆可謂南宋中期建刊十史之共同特點。末卷尾題「序傳第八十八(空五格)北史一百」。刊刻當在慶元時,然目録、卷一均缺,不知刊行人名氏。

A—2本: 存二十七卷(卷一三至三八,卷四九)

〔南宋中期　建安〕刊　存十三册　北京圖書館藏（書號：六七三三）

未見。鐵琴銅劍樓舊物。鐵琴銅劍樓藏書目録、鐵琴銅劍樓書影（收録卷一三后妃列傳上第二葉書影）收録。第一批國家珍貴古籍名録圖録收録卷一三首半葉書影。有二〇〇三年再造善本影印本。鈐有「汪士鐘字春霆／號朖園書畫印」（白文）、「鐵琴銅／劍樓」（白文）印。

據書影知此本與靜嘉堂本同版。

【A種文本】

鐵琴銅劍樓藏書目録云，此本「閒有脱字，如后妃列傳序穆光、茂德以下八十一御女名，内脱去五字；于仲文傳『嘗於雲陽宫見周文』下脱去『帝。問曰……』二十四字」。今案：八十一御女名，宋本缺「艷婉」（八十一御女之第一二）及「瓊章」（第一七）之「瓊」、「彭媛」（第二五）之「媛」、「貞穆」（第三六）之「貞」。「瓊」、「媛」、「貞」三字元本亦脱，通志（卷二〇）、文獻通考（卷二五四）同。

鐵琴銅劍樓藏書目録又云「然取與汲古本相校，善處甚多」，其下列舉五十餘事。今案：鐵琴銅劍樓藏書目録所言未必全是，其中數處當以汲古本爲是，宋本誤。如卷二六許彥傳云，許彥子宗之受敕討丁零，云云，「文成聞之曰」云云。元本、汲古本、點校本如此，而宋本「文成」作「太武」。魏書卷四六作「高宗」，高宗即文成帝。又據魏書本紀，許宗之奉敕討丁零在文成帝太安二年，則作「太武」顯誤。不知宋本何以作「太武」，亦不知鐵琴銅劍樓藏書目録何以以作「太武」爲是。

大體而言，此本優於汲古本，固不可疑。然此本優於汲古本之處，大抵元本亦與宋本同。宋本、元本較汲古本爲優，本不足異。欲知此宋本之獨特價值，須持元本相校方始可言。點校本校勘記亦有斥元本以下諸本之誤，而取此宋本文字之處。然其例甚少，無以討論宋本文本之特點。今取静嘉堂本（A—1本）卷二與元本相校，則宋本共三十七葉，元本三十八葉，其中宋本、元本同誤者至少三十五處（此卷點校本未參校宋本。點校本出校改元本以下諸本，宋本同誤者三十處。點校本從他本徑改，無校記，而宋本、元本皆誤者，至少五處），宋本獨誤、元本不誤者十五字，而宋本不誤、元本誤者僅一處而已。另取數卷對校，大致情形相似。南宋中期建刊本，雖優於明刊諸本，終不如宋元官刻本之善。三國志等諸史皆然，北史亦不例外。

B種、元大德信州路儒學刊本（九路本十史，十行）

元大德九路儒學刊北史，無刊書序，刊行時間不得確知，當與南史之大德一〇年同時期，相距不遠。每葉版心見信州路各儒學、書院之名，自可確定爲信州路所刊。此版後編入明南監二十一史，一直沿用至萬曆，如南史，故嘉靖一〇年修本流傳甚廣，日本所藏亦頗不鮮。更有數部傳本爲明初以前或嘉靖初年修補印本，原版葉保存甚多。

B—1本：存六十五卷（卷一，卷二，卷五，卷六，卷九至一四，卷一七至二〇，卷二三至三一，卷四一至四九，卷五六至六四，卷六八至七一，卷七四至八三，卷八六至九〇，卷九五，卷九六，卷九九，卷一〇〇）

〔元大德〕信州路儒學刊〔明初〕印　存三十二册　「中央圖書館」（北平）藏

筆者調查此本時，此本之中混入B—2本之一册（卷二至卷四），B—2本中混入此本之一册（卷八三），因此「中央圖書館」善本書目（增訂本）著録B－1本存六十七卷，B－2本存二十七卷，而著録存卷卷次出現混亂。B－1本較B－2本，高大四釐米，寬大二釐米，裝訂亦顯異，一望即知，且B－1大本之一册（卷八三）夾於B－2小本之間，不利保護。故本書原版即參用北平圖書館善本書目著録如此，並希望混亂得以調整。至見一九八六年「中央圖書館」善本書目（增訂二版）則已經改正（惟存六十五卷本著録缺卷，脱漏「傳十」，當補），互混二册皆歸其所，令人欣喜。舊京書影收録卷四首半葉（二四四）及卷四八尾半葉（二四五）書影。褐色書衣（三六・五×二二・九釐米），大型雙郭題簽（外郭二二・五×三・五釐米）題「北史」，蝴蝶裝，蓋明初印製時之原裝。右方又有墨筆目録題簽。鈐印有：「京師圖書／館收藏之印」。

缺目録，正文首題「魏本紀第一（空五格）北史一」，左右雙邊（二二×一五・六釐米），十行，行二十二字。版心綫黑口，多數書葉上象鼻右側記「信州路儒學」等路學、書院名，左側記字數。雙魚尾，中間題「北史帝紀一上」等。北史無子卷，而此本版心題往往附「上」字（「中央圖書館」善本書目（增訂本）著録此本缺卷，誤稱「紀二下」。蓋見版心有「二上」無「二下」故云，不知北史無「二下」），百衲本删除「上」字殆盡。下象鼻記刻工名，有卷末一葉下象鼻記書手名者。卷末，尾題後往往有校正人名氏，詳後。

此本無元末明初補版葉，可以認爲原刻本。案：百衲本卷二八有刻工趙伯川所刻葉，卷六一至六四有刻工王、王安、楊茂卿、張克名所刻共九葉，當爲明初補版。據存卷及藏印推測，此五卷似用此本影印，然此本即無此等補版葉。是知百衲本卷首、卷尾藏印，不足以説明卷中書葉之出處。

此本無補版，缺卷較少，百衲本似以此本爲主要底本。

圖一二二

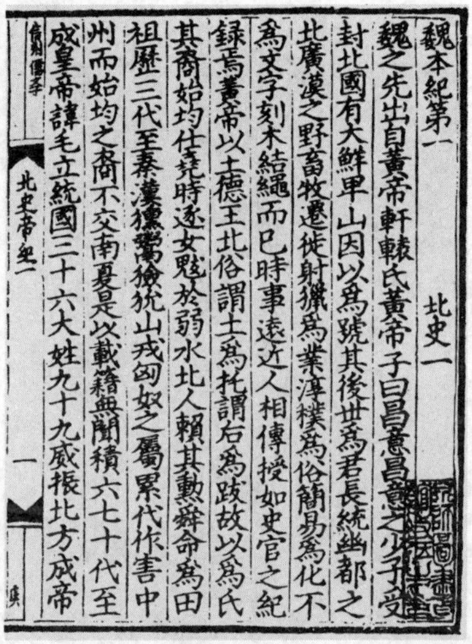
魏本紀第一　　北史一
魏之先出自黃帝軒轅氏黃帝子曰昌意昌意之少子受
封北國有大鮮卑山因以爲號其後世爲君長統幽都之
北廣漠之野畜牧遷徙射獵爲業淳樸爲俗簡易爲化不
爲文字刻木結繩而已時事遠近人相傳授如史官之紀
録焉黃帝以土德王北俗謂土爲托謂后爲跋故以爲氏
其裔始均仕堯時逐女魃於弱水北人賴其勳舜命爲田
祖歷三代至秦漢獯鬻獫狁山戎匈奴之屬累代作害中
州而始均之裔不交南夏是以載籍無聞積六七十代至
成皇帝諱毛立統國三十六大姓九十九威振北方成帝
北史帝紀一

北史　元大德信州路儒學刊（B 種）原刻葉（百衲本）

圖一二三

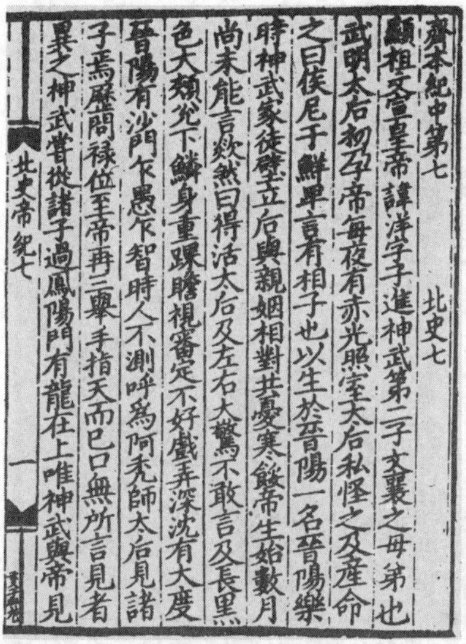
齊本紀中第七　　北史七
顯祖文宣皇帝諱洋字子進神武第二子文襄之母弟也
武明太后初孕帝每夜有赤光照室太后私怪之及產命
之曰侯尼于鮮卑言有相子也以生於晉陽一名晉陽樂
時神武家徒壁立后與親姻相對共憂寒餒帝生始數月
尚未能言欻然曰得活太后及左右大驚不敢言及長黑
色大頰兌下鱗身重踝瞻視審定不好戲弄深沈有大度
晉陽有沙門乍愚乍智時人不測呼爲阿禿師太后見諸
子焉歷問祿位至帝再三舉手指天而已口無所言見者
異之神武嘗從諸子過鳳陽門有龍在上唯神武與帝見
北史帝紀七

北史　明初覆大德信州路儒學刊本（C 種）原刻葉（百衲本）

B—2 本：存二十九卷（卷二至四，卷九，卷一〇，卷一七，卷一八，卷三五，卷三六，卷五二至五五，卷五八至六〇，卷七八，卷八二，卷八六至八八，卷九一至九三，卷九五，卷九六）

〔元大德〕信州路儒學刊〔明初〕修

存十三册　「中央圖書館」（北平）藏

後補深藍書衣（三二·三×二〇·八釐米），蝴蝶裝。

有明初補版葉，然止數葉而已，或B—1 本印製後不久所印。卷八一缺葉多至二十葉。

B—3 本：存三十六卷（卷二至五，卷二五，卷二六，卷三八至四〇，卷四七至六一，卷七八至八五，卷九四至九七）

〔元大德〕信州路儒學刊

存十五册　北京圖書館藏（書號：〇五六）

此亦北平圖書館舊藏本，未見。

B—4 本：一百卷（卷五四重）　混配下列四本

九十三册　「中央圖書館」藏（書號：〇一五一三）

a．元大德信州路儒學刊本

b．同　刊〔明初〕修本

c．同　刊至明嘉靖二年遞修本

d．〔明初〕覆元大德信州路儒學刊本〔明〕修本

傳爲海源閣舊物。海源閣藏書目（光緒一三年跋刊）、楊保彝編海源閣宋元秘本書目（民國二〇年山東省立圖書館刊）均不著録北史。王紹曾撰海源閣宋元秘本書目補遺（見二〇〇二年齊魯書社版訂補海源閣書目五種）云：「王獻唐調查登録時有元刻本北史九十六册，疑即此本。」案：王獻唐調查在一九二九年，

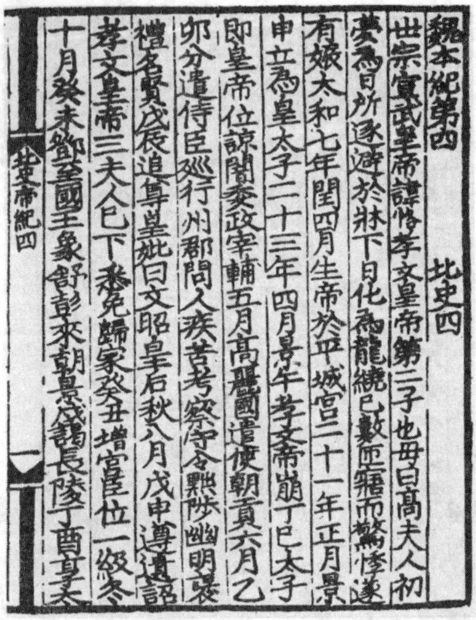
魏本紀第四　北史四
世宗宣武皇帝諱恪孝文皇帝第二子也母曰高夫人初
夢爲日所逐避於牀下日化爲龍繞己數匝寤而驚悸遂
有娠太和七年閏四月生帝於平城宮二十一年正月景
申立爲皇太子二十三年四月景午孝文帝崩丁巳太子
即皇帝位諒闇委政宰輔五月高麗國遣使朝貢六月乙
卯分遣侍臣巡行州郡問人疾苦考察守令黜陟幽明褒
禮名賢戊辰追尊皇妣曰文昭皇后秋八月戊申遵遺詔
孝文皇帝三夫人已下悉免歸家癸丑增宮臣位一級冬
十月癸未鄧至國王象舒彭來朝景戌謁長陵丁酉
北史帝紀四　一

北史　明初覆大德信州路儒學刊本（C種）
明修葉（百衲本）

圖一二四

次年（一九三〇）王氏印發聊城楊氏海源閣藏書之過去現在（亦見訂補海源閣書目五種收録），其中第九節現存善本書目著録「元本北史九十六册」。

藏園群書經眼録著録，稱「海源閣遺籍，庚午歲收得」。案：庚午一九三〇年。一九八九年上海古籍出版社版藏園群書題記收録元大德本北史跋云：「舊爲季滄葦所藏，見延令書目，有『季振宜藏書』朱文小印。又『恩福堂藏書印』，當爲英煦齋。至『秋菘齋印』，未悉何人。此與南史均傳爲宋存書室散出者，惜缺失第四十二、四十四至五十，凡八卷。」案：所云缺失八卷，蓋據列傳卷次而言，若據通書卷次則當爲卷五四、卷五六至六二。一九三〇年一二月刊行雙鑑樓藏書續記云「原闕九卷，余訪求原帙補全，尚闕卷四二」，所缺卷數八或九，不易遽斷，然知此時僅

缺「卷四二」（當即列傳第四二卷，亦即卷五四）。據傅增湘、張元濟往來書札，知一九三一年張氏應傅氏之求，允贈列傳第四二卷，至一九三二年四月托趙萬里携至北平，傅氏得償所願，配補成足本。至如今此本卷五四重複，則不知何故。「中央圖書館」金元本圖録、中國訪書志、國家圖書館善本書志初稿著録。此本藏印除上引傅增湘跋所云外，有海源閣楊氏、雙鑑樓傅氏（傅增湘及子忠謨）多種，又有其他印記，詳見此三書，國家圖書館善本書志初稿著録尤詳。

後補灑金粉藍書衣（二七·八×一八·四釐米），襯紙裝。卷五四重複，有二部，其一後補灑金粉紅書衣（大小同前），鈐有「王印/獻臣」印，卷首有朱筆句點。此乃張元濟贈與傅增湘之一册，故涵芬樓燼餘書録著録王獻臣舊藏殘本，存四十一卷（燼餘書録稱五十一卷，而所云殘卷合計實四十一卷），即缺列傳第四二（列傳第四二即第五四卷。又案：此本實覆刻本，今藏北京圖書館，即下C—6本）。

第一二函（題簽作「第十」，後經配補，今爲第一二函）有傅增湘手書題簽云：「此書海源閣舊藏，庚午冬購於廠市，頗有殘帙，先後訪求原本配齊。壬申五月重裝記。書潛檢畢。」今案：海源閣楊氏藏印僅見首二册（目録、卷一）。目録凡三十一葉，均爲覆刻本（C種），其中覆刻本原版十七葉，覆刻本補版十四葉。卷一大都爲信州路儒學刊原刻原版葉，而覆刻本明代補版三葉混入其中。設若海源閣藏印可信（南史藏印不無疑義，參見南史D—3本），則此本在海源閣時，似已混配原刻本與覆刻本。

此本有三十八卷卷中書葉全爲大德信州路儒學刊本原刻原版，即卷三，卷四，卷六，卷九，卷二〇至二六，卷二八至三二，卷三四，卷三六，卷三七，卷三九，卷四六（有一葉出補鈔），卷四八，卷五二，卷六〇，卷七四至七六，卷七八，卷八〇，卷八三至八八，卷九二，卷九三，卷九五，卷九六。鑒於北史明初補版甚少，則此三十八卷或出明初補修以後所印，亦未可知。姑定此三十八卷爲 a．元大德信州路儒學刊本。

又有四十卷卷中書葉大半皆大德信州路儒學刊本原刻原版，惟雜有少數（每卷一至八葉不同）補版葉或覆刻本書葉。其中二卷（卷八一、卷八九）分別有四葉及一葉明初補版，又有六卷兼有明初補版及覆刻本書葉。在此諸卷中，嘉靖補版葉及覆刻本書葉可以視爲配補缺葉，故不妨認定此四十卷爲 b．大德信州路儒學刊明初修本。

三十八卷無補版，四十卷有少數補版，共七十八卷皆明初印本。此七十八卷中一半以上皆無藏印，二十餘卷有「曾經我眼」印，十餘卷有傅氏諸印（其中幾卷兼有「曾經我眼」印）。「曾經我眼」印不詳出處，未嘗與季振宜、楊氏諸印同見，亦不見於覆刻本。

又，全書中，嘉靖補版葉共三葉。卷七以大德信州路儒學刊本爲主體，除雜有一葉覆刻本補版葉外，又有一葉雖無補刊年記，然據字體可定爲嘉靖補版。卷四三以覆刻本補版葉爲主體，而配補大德信州路儒學刊原版一葉及嘉靖二年補版二葉。凡此等當皆出後人配補，不得謂此三卷原爲嘉靖修本。因此，姑列 c．至明嘉靖二年遞修本，其實不過此三葉配補葉。

此本除目録外，書中有十四卷亦皆全爲覆刻本，又有六卷配補數葉大德刊本。此等凡二十卷，以覆刻本補版葉（粗黑口）爲主體，覆刻本原版葉僅見其中六卷，每卷存一至四葉而已。二十卷中僅二卷有傅氏藏印，餘皆無印記，而書葉以覆刻本補版爲主體，與目録一卷鈐有楊氏藏印，原版多於補版者，尚可區别，當爲來源不同。此謂 d．（明初）覆元大德信州路儒學刊本（明）修本。

總之，此本配補情況相當複雜。不僅配卷情況不甚明確，即一卷之中亦互見各類印本，如卷二七，無印記，第

一、第二葉爲覆刻本原版葉，第三至一三葉爲覆刻本補版葉，第一四至二八葉爲大德本原版葉，一卷之中三種互見。

B—5本： 一百卷 〔元大德〕信州路儒學刊〔元〕至明嘉靖二年遞修 四十九册 靜嘉堂文庫藏

（卷一〇前半及第二七、第二八葉，卷一一、卷一二，配明末鈔本。目録，卷一，卷二，卷九一至九三，配清代鈔本）

皕宋樓藏書志著録，儀顧堂題跋收録元板北史跋。靜嘉堂宋元版圖録收録卷二八首半葉（可與中國版刻圖録所收北京圖書館藏本書影對照）及卷三五末半葉書影。

後補粉紅書衣（二八・五×一八・八釐米），襯紙裝（印版用紙高二六・一釐米）。

第一册（北史目録、卷一、卷二）係清代補鈔，無界十行二十二字，行格與刻本同。卷一〇（部分）至一二之補鈔，用有界十行二十二字稿紙，似出明末。卷九一至九三之補鈔，無界十行二十二字，當出清代後期以後。

此本有極少數明初補版，凡十六葉。又偶見嘉靖元年、二年補刻年記，計嘉靖元年補版約一百一十葉，二年補版約四十葉。除此之外，大體皆原版。南雍志經籍考云，版片存者二千六百七十六面，缺者四十五面，所云蓋據嘉靖九年、一〇年補修前之存版調查。此本缺葉凡三十八葉，後修本相應書葉殆皆嘉靖九年、一〇年補版。蓋此本缺葉多爲當時缺版，或可以南雍志所云缺四十五面當之與（此本補鈔約十卷，若有原本，當亦有缺葉）。

嘉靖九年、一〇年補修時，此本印面不甚漫漶之書葉，亦往往被重刊抽換。其未被抽換，仍用原版者，版心儒學、書院名及刻工名又多被删削，各卷學校之分工、刻工名上冠地名等，均不可考。因此，未經嘉靖九年、一〇年補修之印本如此本者，頗足珍重。

北京圖書館今除上述北平舊藏存三十五卷本（B—3本）外，另藏有二部。

B—6本：一百卷　明嘉靖元年重修本　四十八册　北京圖書館藏（書號：三三八七）

B—7本：一百卷　明修本（卷七至九配明初刻本）　六十册　北京圖書館藏（書號：七三六一）

二本均未見。B—6本爲鐵琴銅劍樓舊藏本，鐵琴銅劍樓藏書目録著録。卷二八首半葉書影見中國版刻圖録（圖版三〇四），有二〇〇六年再造善本影印本。一九五九年北京圖書館善本書目、中國版刻圖録均稱此本爲「嘉靖元年重修本」，而一九八九年北京圖書館古籍善本書目作「嘉靖重修本」。按静嘉堂本（B—5本）嘉靖二年補版葉僅四十一葉，於全書中所佔比率極小（静嘉堂本雖缺五卷弱，不妨推論大概），然此本果有嘉靖二年補版，一九五九年版北京圖書館善本書目當不至忽略。今檢再造善本影印本，全書版心僅存嘉靖元年補版年記，不見二年及九年、一〇年等年記，疑此一九八九年古籍善本書目誤脱「元年」二字而已，非另有所見。至若究竟有無嘉靖二年以後補版，則需持静嘉堂本（B—5本）等嘉靖二年補版葉對比方始可知。

B—7本爲涵芬樓舊藏本。燼餘書録云此本爲蔣香生舊藏，又云「稍有缺葉，以别一元本及明補版配」。北京圖書館善本書目已經鑒定卷七至卷九共三卷爲明初刻本，亦即C種覆刻本。除此之外，明修、配補之具體情形，不知其詳。

百衲本用北平圖書館本及涵芬樓本，當即B—1本及此B—7本。然百衲本不見蔣香生藏印；卷七、卷八此本爲覆刻本，而百衲本却見大德本書葉各六葉；此本卷七、卷八以外當非覆刻本，而百衲本中頗多覆刻本書葉，甚或有覆刻本補版葉（粗黑口）佔多數之卷次。是知百衲本底本絶不止此二本。

【信州路儒學本校刊學校、刻工、書手、校正人綜表】

版心上象鼻記信州路各儒學、書院名，下象鼻記刻工名，卷末版心偶記書手名，卷末尾題後偶題校正人名。全書一百卷，分工明顯，今依次列録。書手、校正人名，注記所見卷次。刻工名上冠地名者照録，且止列録原版刻工。至若明初及嘉靖初補版刻工，則統置於後，不論所見卷次。

卷一至五〇

【學校名】信州路儒學刊造　信州路儒學刊　信州路學刊　信州路學刀　信州路學　信州路刊　信州儒學刊　信州儒學　信州學内刊　信州學刊　信州學刀　信州學　信州府學刊　信路學刊　信路學　信學刊　信學刀　信學　州學刊　州學刀　州刊　路學刊　路學　府學　府州學　本學刊　學刊

【刻工名】一宗　丁和甫　子中　子名　子伸　子忠　子明　文章　艾伯大　朽木　江士堅　士堅　江子珍　江祖珍　祖珍　江益山　益山　江義甫　義甫　江興甫　興甫　何南卿　何南　玉甫　吴友山　友山　吴方午　方午　吴明甫　明甫　吴祖　余子真　子真　余志道　余道　志道　周廣　倪學　連君礼　君礼　陳仁玉　仁玉　洒？州楊魁　洒？州楊魁伯　魁伯　賴元甫　元甫　德昌　應子公　子公　丁　山　中　公　王　午　木　占　田　可　升　丑　吉　尹　朽　江　伯　君　秀　昌　明　何　周　忠　珍　和　艾　甫　倪　祖

真　南　益　徐　童　興　潘　虞　道

【書手】巳上諸葛詠書（卷一〇）　諸葛詠書（卷一三、一四、二八、二九、三〇、三一）　葛書（卷三一、三七、四五）

【校正人】「方洽　周益　周巳千　孫粹然　校正」（卷三、四、六、七、九）

「周巳千　孫粹然　校正」（卷二）　「周益　校正」（卷八）

「方洽　周益　校正」（卷一〇、一六、一七、二〇）

「方洽　周益　周之冕　孫粹然　校正」（卷一三、一四、一五、二一、二三、二六至二九、三一、三三至三五、三七、四二至四五、四八、四九）

「方洽　周易　周之冕　陳莘　校正」（卷三八、三九、四〇）

「周之冕　孫粹然　校正」（卷一九、二三、二四、二五、三〇、三二、三六、四一）

卷五一至六七

【學校名】信州路象山書院刊　信州象山書院刊　信州象山刊　信州象山　信象山刊　信象山　象山書院刊

象山刊　象山

【刻工名】子仲　仁可　金川王永壽　金川王永　金川永壽　金川王　王永　用明　均夕　吴以敬　以敬

金川周元信　金周元信　元信　盱江李仲　李仲　古杭張用可　古杭張用　古杭用可　康山張可久　可久

可宗久　可宗　英可　祥仲　仲立　盱江黄仲位　盱黄仲立　盱江仲立　盱仲立　干仲　盱江黄君用　黄均用

均用　齊吉　儒父　德父　德甫　德懋

山　父　元　正　立　可　志　杰　常　寄　儒

卷六八至七二

【學校名】信州路稼軒書院刊　信州路稼軒書院　信州稼軒書院　稼軒書院刊　稼軒書院

【刻工名】徐仲　清甫　震升　升　立　徐　清　添　興

卷七三至七九

【學校名】藍山書院刊　藍山刊

【刻工名】子進　用明　二　子　可　用　先　伯　吕　池　希　■

卷八〇至八三

【學校名】信州路道一書院刊　道一書院刊　道一書院　道一刊　道一

【刻工名】文章　可臣　康山張　張敏翁　王氏刊　山　中　文　田　臣　甫　張　敏　翁　雷　震　巨　吕

【校正人】「楊燧　校正」（卷八一）「聶則遷　校正」（卷八二）「陳志仁　校正」（卷八三）

卷八四至九〇

【學校名】玉山縣學刊　玉山儒學刊　玉山學刊　玉學刊

【刻工名】弓　王　占

【校正人】「鄭道寧　王烈　校正」（卷八四至九〇）

卷九一至九三

【學校名】永豐儒學刊　永豐學刊　永豐刊　永

【刻工名】立　辛　沂　明　興

卷九四至九六

【學校名】弋陽縣學刊　弋陽縣學　弋陽學刊　弋陽學　弋學刀

【刻工名】希敬　李䷍　連生　生　用　可　志　希

卷九七、卷九八

【學校名】上饒縣學刊　上饒縣刊

【刻工名】八士　子厚　子進　元中　元仲　彦卿　顔卿　子　厚　梁

卷九九、卷一〇〇

【學校名】貴溪縣學刊　貴溪學刊　貴溪學刀　貴縣學刀

【刻工名】希敬　仁　希　保　鄭　蔡

【〔明初〕補版刻工】王安　張克名　張清之　章良之　傅繼之　楊茂卿　趙伯川　王　朱　吕

【明嘉靖元年補版刻工】仇選　史夢祥　何應福　李逢太　沈之翰　胡易　徐正　徐正徐　曹珮　曹繼芳

張子曜　張祥龍　舒芳　劉慶傑　熊子易　熊綸　傑

據此表知信州路儒學分擔校刊北史，前半五十卷自己承擔，後半五十卷乃使其轄内五縣縣學及主要四書院分擔。

書院分擔者自卷五一至八三，其中象山書院十七卷，稼軒書院五卷，藍山書院七卷，道一書院四卷。此等書院明清時期繼續存在，象山書院、道一書院在貴溪縣，稼軒書院在鉛山縣，藍山書院在弋陽縣，見各縣縣志（道一書院見康熙二二年序刊廣信府志）、大明一統志等。惟鉛山縣元代乃爲州，不屬信州路。大德九路本十史，由江東建康道肅政廉訪司所屬九路分擔校刊，而鉛山州居九路之一，刊行五代史記。以常理言，鉛山之稼軒書院自不當承辦信州路之北史，更不當自稱「信州路稼軒書院」。豈鉛山之外，信州路又有一稼軒書院與？志此存疑。

縣學分擔者自卷八四至一〇〇，其中玉山縣學七卷，永豐、弋陽縣學各三卷，上饒、貴溪縣學各二卷。卷次在後，卷數亦甚少。五縣縣學均見大明一統志卷五一廣信府下，亦見康熙、同治廣信府志以及各縣縣志。

路學、四書院、五縣學按卷分工，不僅校正人、書手無互見者，即刻工名亦極少互見者。此尚不足以推論爲分地雕版，至少可見時間集中，刻工亦有所分工。

今考刻工名所冠地名，「康山」在饒州路樂平縣（見康熙二三年序刊饒州府志），饒州路即信州路之北鄰。「金川」亦見隋書刻工（隋書爲饒州路所刊），在衢州路常山縣西北部（見天啓三年序刊衢州府志、光緒一二年序刊常山縣志），而衢州路常山縣即信州路玉山縣之東鄰。「盱江」在建昌路，北流爲汝水，注入鄱陽湖（見康熙一九年序刊南城縣志），而建昌路即信州路之西鄰。可見此三地皆在信州路周圍。又案饒州路刊隋書有刻工「昌江程道鎮」，而昌江即在饒州路浮梁縣西，流入鄱陽湖。此亦刻工地名在刊書地周圍之一例。然此數地皆在饒州路、信州路一帶，亦即今江西省東北部，東接浙江，南接福建，信州路上饒或鉛山南至建陽百餘公里。疑此地帶在元代，或亦盛行刻書，爲杭州、建安之亞。

刻工名所冠地名中，「古杭」似即杭州，但既有「康山」、「金川」、「盱江」等名，此書刊地必不得謂在杭州。至正金陵新志云「十七史書板計紙二萬三千張」，即據大德九路本十史言（至正金陵新志有十史每種紙數，合計兩萬三千一百零二）。大德九年以後，兩年之間刊刻兩萬三千餘版，非集合大量刻工不辦。當地附近有大批刻工，自無棄而不用之理。杭州刻工參與其間，亦不足爲異。

又，「洒（或泖字？）州」未詳何地，存疑。

【嘉靖八至一一年修本】

經南京國子監嘉靖八至一〇年之大補修，原版書葉驟減，其僅存者亦被刊削版心學校名、刻工名。然此後至萬曆一六年新版刊成，半世紀間印本流傳至今者猶不少。

三十册　内閣（鄭）　三十册　内閣　三十册　書陵部　二十五册（缺卷三五，卷三九至四三，卷八二，卷八三）　東洋

一册（存卷一六，卷五七至五九，卷七三，卷七四）　東洋　二十八册（缺卷六至九，卷五七至六一）　蓬左　三十二册　天理

三十册「中央」　六十四册「中央」　十六册（存卷三至五，卷一七至四八，卷八三至一〇〇）　故宫

臺北「中央圖書館」所藏二部，今據同館金元本圖録及中國訪書志。

内閣文庫藏鄭履準、寛永寺勸學寮舊藏本爲嘉靖中期印本，書陵部藏本爲嘉靖末或隆慶間印本，内閣文庫藏林家舊藏本、蓬左文庫本皆萬曆一〇年以後所印。傳本多爲南監二十一史之一，諸史補修先後不同，故可推論印製年代，與南史同。

印製年代雖異，而補刻年記則同，以嘉靖九年、一〇年爲主，偶有嘉靖一一年刊記，然極少見。此時彙編整修

二十一史，規模甚大，而北史嘉靖九年、一〇年補版卻少於嘉靖元年、二年補版。原版葉正文多仍舊，而版心學校、刻工名以及卷末校正人名氏削落大半。信州路儒學之名尚存數處，而書院、縣學概不可見。刻工名僅存者，吴友山、吴祖高、英可用、何南、子、伯、士、堅、山等而已。校正人名氏僅存卷二一、卷三三、卷九〇，且卷三三校正人四名，後印本僅見後二人。

北京大學圖書館收藏三部，其一存二册七卷（卷三七至三九，卷四五至四八），遞修至嘉靖一〇年，蓋嘉靖中期印本（書號：九一三·八/四〇一五·四）。其一足本三十册，亦遞修至嘉靖一〇年，萬曆五年至一〇年印南監二十一史之一（書號：李八三四三）。其一存八册二十四卷，卷三八至四一並卷五四爲覆刻本且有補版，卷四二至五〇爲大德本未經嘉靖八至一〇年補修之印本（書號：李 八五二九）。

另據目録書著録，南京圖書館有元大德信州路刊本三十册（見丁氏善本書室藏書志、江蘇省立國學圖書館圖書總目等。亦見第二批國家珍貴古籍名録圖録），未見。上海圖書館有元刻本（見同館善本書目），乃B、C混配本，詳見C種末。

C種、明初覆元大德信州路儒學刊本（十行）

大德九路本北史有明初覆刻本，正如南史。覆刻本不僅行格一致，字體亦稍似，卷末周巳千、孫粹然、方洽、周益、周之冕、楊燧、鄭道寧、王烈等校正人名氏亦仍原本，出入不大。雖然，字體、版式等特點與南史、遼史、金史覆刻本相通，且有大量刻工名互見，故可證明爲明初洪武年間後半以後所刻一批覆刻本之一種，詳見綜論編。北史覆刻本日本無收藏，筆者止調查臺北「中央圖書館」所藏舊北平本。然百衲本中頗多雜用覆刻本書葉。

C—1本：存九十一卷（缺卷二二至二四，卷二九，卷三〇，卷三四，卷六〇，卷七九，卷八〇）

〔明初〕覆元大德信州路儒學刊本　存三十册　「中央圖書館」（北平）藏

王重民中國善本書提要著録。改裝後補深藍書衣（二八・五×一九・三釐米），包背裝，夾襯紙。第二册首尾鈐「晉府／書畫／之印」、「敬德／堂圖／書印」，其餘各册均不見。首北史目録，缺首四葉。正文卷一首葉，左右雙邊（二二・一×一五・七釐米），首題、行格等一仍大德本。

此本皆覆刻本原版，無覆刻本補版葉。然缺葉甚多，如卷三二僅存一葉，前後數卷各缺數葉至十數葉。另有補鈔三葉。又，卷七五有一葉，卷七六有九葉，及卷七六之大半書葉，皆配補大德本書葉。

王重民中國善本書提要據此本刻工往往亦見百衲本補版葉，遂謂此爲重刻，然仍用大德本之補版，僅重刻大德本原版部分，相配而成，大德本原版從此廢棄。實則王氏不知百衲本混用覆刻本，遂誤以覆刻本書葉爲大德本之補版。百衲本書葉有大德本原版、大德本補版、明覆大德本原版、明覆大德本補版，錯綜複雜，非如王氏理解之單純。

C—2本：存六十九卷（存卷一至一二，卷一七至二九，卷三一，卷三二，卷三六至四〇，卷六一至九七）

同刊〔明〕修　存二十六册　「中央圖書館」（北平）藏

a. 第一至六册（卷一至一二），第一一册（卷三一、卷三二），第一四册（卷六一至六三）

覆刻本原版　金鑲玉裝（印版用紙高二四・二釐米）

b. 第七册，第一〇册，第一二册，第一三册，第一五至二六册

覆刻本原版　襯紙裝　鈐印：「晉府／書畫／之印」、「敬德／堂圖／書印」

c．第七、第八册（卷二〇至二七）

覆刻本補修本　襯紙裝

王重民中國善本書提要著録。後補深藍書衣（二六·八×一八·三釐米）。覆刻本原版，版心綫黑口，版心題「北史帝紀一上（葉次）」等，下象鼻記刻工名。覆刻本補版，版心粗黑口，版心題格式略同，罕見刻工名，僅見者於粗黑口中陰刻白字。

c．補修本，覆刻本原版葉止佔二成，且版面磨損較嚴重，大半已抽换爲覆刻本補版葉。或因刻於福建，用材質地鬆軟故與？覆刻本補版葉字體潦草，墨釘較多。蓋補修時間當較晚。覆刻本補版刻工有：吴陶、林九、游元壽、鄭文壽。另據百衲本，得補覆刻本補版刻工：吴員、何二、何好二、余延宗、余宗、游林九、清遠。

北京圖書館今藏五部。

C—3本：一百卷（卷六二至七七，卷八六至九三配元大德信州路儒學刊本）　二十八册（書號：〇五五）

C—4本：一百卷（卷六，卷七，卷二七，卷三三配清鈔本。缺葉配元大德信州路儒學刊本）　七十六册（書號：七八七九）

C—5本：存四十四卷（存卷一至一二，卷二四至三七，卷六九至八六）　二十册（書號：〇七九二）

C—6本：存四十一卷（存卷一至七，卷一〇至一二，卷一九，卷四三至五三，卷五五至六六，卷八六，卷八七，卷九二，卷九四，卷九八至一〇〇）　存三十四册（書號：七三六三）

C—7本：存二十一卷（存卷一至二一）　存十册（書號：七三六二）

C—4本爲劉氏嘉業堂、C—6本爲王獻臣、C—7本爲郁泰峰舊藏本。C—6本、C—7本見涵芬樓燼餘書録著録。C—7本原爲足本，張元濟云：「方滬戰未發前，余適校閲帝紀，因僅取此一函，餘三函尚存涵芬樓中，遂成灰燼。」C—6本原有卷五四，張元濟取以贈傅增湘，詳見B—4本下。燼餘書録題C—7本爲「元刊本」，並云：「行款與前書（案：謂蔣香生舊藏B—7本）合，校正人名亦同，惟增孫䅿然一人。以某人校某卷，亦與前書不盡合，然非覆刻前本也。」張氏之意，似謂此既非大德信州路儒學本，又非其覆刻本，乃別一元刊本。今謂若非覆刻本，不得一致如此。C—6本、C—7本當即覆刻本。

南雍志經籍考稱「集慶路儒學梓」者，大德信州路儒學本（B種）。C種覆刻本，後不盛行，不如大德信州路儒學本遞修刷印之久、之多。

B、C混配本：一百卷　混配大德信州路儒學刊〔明〕修本與〔明初〕覆同刊〔明〕修本　四十册　上海圖書館藏

後補淡褐書衣（二六・九×一八・五），襯紙裝。缺卷一九第二〇葉及卷七九第六葉以下。鈐「鹽官蔣／氏衍芬／草堂三世／藏書印」、「臣光／焴印」（白文）、「寅／昉」諸印。

首北史目録，末題「周巳千孫粹然　校正」。卷一首葉爲覆刻本明修葉，首行題「魏本紀第一（空六格）北史一」，左右雙邊（二三・一×一一・四釐米），十行，二十二字，版心粗黑口，雙黑魚尾，題「北史帝紀一上」。

此本覆刻本明修葉過半，覆刻本原版葉居三成，信州路學版較少。版心可見「州學」、「（墨丁）路學刊」、「信州路學刊」等字，卷末往往有「方洽周益　周巳千孫粹然　校正」等題。此本中之信州路學版，尚有原版葉，而刻工名殆不可見。覆刻本原版刻工有：

六彦　吴福　周壽　陳魯　媿名　黄子明　黄軒　劉傑　熊佛林　蔣佛　羅雄

覆刻本明修刻工有：

何好二　吴員　付華孫　林九　余延宗　荷好二　鄭文壽

案：信州路學本（B種）經嘉靖八至一〇年補修，至萬曆一五年左右仍在南京國子監。然此本中之信州路學本，並無嘉靖補版葉。不知信州路學本與覆刻本何時相混，混配情況不詳，待考。

【百衲本】

百衲本刊記稱：「涵芬樓影印北平圖書館及自藏元大德刻本。」當年北平圖書館所藏有上述B—1本（存六十五卷）、B—2本（存二十九卷）、B—3本（存三十六卷）、C—1本（存九十一卷）、C—2本（存六十九卷）。涵芬樓所藏有上述B—7本（一百卷）、C—6本（存四十一卷）、C—7本（存二十一卷）。在此諸本中，百衲本似以B—1本爲基礎，補以B—7本等諸本，絶非僅據二本，上文已論述。就B—1本所存範圍而言，如卷五九百衲本包含六葉明初覆刻本（C種），即知其非出B—1本。至於B—1本所存六十五卷以外部分，則雜見元大德信州路刊本（原版、補版）與明初覆刻本（原版、補版），而且其中明初覆刻本以粗黑口補版葉居多。具體情況列表如下：

卷次	目録	卷三	卷四	卷七	卷八	卷一五	卷一六	卷二一	卷二二	卷三三	卷三四	卷三五	卷三六
該卷總葉數	31	32	21	30	22	34	30	31	25	40	30	30	23
大德信州路本原版葉數	4	4	4	6	6	8	16	13	17	14	8	28	20
大德信州路本補版葉數	0	0	0	0	0	0	0	0	0	0	0	0	0
明初覆刻本原版葉數	2	1	6	2	7	6	1	4	0	2	0	2	3
明初覆刻本補版葉數	25	27	11	22	9	20	13	14	8	24	22	0	0

卷次	卷三七	卷三八	卷三九	卷四〇	卷五〇	卷五一	卷五二	卷五三	卷五四	卷五五	卷五九	卷六五	卷六六
總葉數	19	32	24	37	21	25	19	31	31	35	20	15	20
大德本原版	19	32	22	28	15	16	7	26	14	22	14	13	12
大德本補版	0	0	0	0	0	0	0	0	0	0	0	0	0
覆刻本原版	0	0	2	5	5	2	1	0	0	2	3	0	0
覆刻本補版	0	0	0	4	1	7	11	5	17	11	3	2	8

卷次	卷六七	卷七二	卷七三	卷八四	卷八五	卷九一	卷九二	卷九三	卷九四	卷九七	卷九八		
總葉數	15	21	24	14	21	21	39	38	30	30	30		
大德本原版	12	21	22	9	20	3	18	26	25	24	17		
大德本補版	0	0	1	0	0	1	0	0	1	0	0		
覆刻本原版	0	0	0	0	1	0	0	0	2	1	2		
覆刻本補版	3	0	1	5	0	17	21	12	2	5	11		

百衲本各卷所用底本究係何本，已不可知。如卷三四凡三十葉，其中覆刻本佔二十二葉，且全爲覆刻本之補版葉。

今存北平圖書館、涵芬樓舊藏覆刻本（C種）凡四種，其中C—2、C—6、C—7本均無此卷，C—1本有此卷而無補版葉。豈謂C—7本一九三二年七十九卷燒毀之前所照底片未全燬與？抑或另有所據？皆無從定論。

又，如卷三五至三九、卷六五、卷六七、卷七二、卷七三、卷八五、卷九四諸卷，大德信州路本佔大部，夾雜極少數覆刻本書葉，當以大德信州路本爲基礎，用覆刻本配補，抽換大德信州路本之缺葉或嘉靖補版葉。覈之靜嘉堂藏本（B—5本），此諸卷百衲本用覆刻本之書葉往往爲嘉靖元年、二年補版葉，可爲旁證。是百衲本於一卷之中亦混用多種底本，更無法推論其底本。

最可議者，如卷三凡三十二葉中，二十七葉用覆刻本補版。而此卷即經嘉靖九年、一〇年補修之嘉靖二十一史本，嘉靖元年補版僅三葉而已（此三葉剜去補刊年記，而與靜嘉堂本（B—5本）同版。靜嘉堂本有補刊年記，故知爲元年），餘皆原版，版面狀態尚可，文字筆畫清晰。此等諸卷，百衲本置明確可用之大德信州路本不用，而選用覆刻本，且取大量覆刻本補版葉。未聞有人校對大德信州路本與明初覆刻本（以及其補版），論證明初覆刻本（及其補版）優於大德信州路本。誠如此，則又當全部改用覆刻本。今百衲本混用兩種，實屬不妥。此蓋有兩因。一則張元濟不知大德信州路本與明初覆刻本之别（參上C—7本下），故選用底本不分兩種。二則當年照相技術有限，往往因照相效果不佳而需抽換或補照。換言之，照相之優劣不得不優先於底本之優劣。

今存北史宋版一種（A種），元版一種（B種）。宋版文本不如元版，已見A種下。大德信州路本（B種）與其覆刻本（C種），雖未有人全面校對，據常理論，自當以大德信州路本爲正。百衲本混用覆刻本，可謂遺憾。

一六　舊唐書　二百卷

A種、南宋初期兩浙東路茶鹽司刊本（十四行）

舊唐書現存宋元版僅此一種，而且僅存一部殘本。明版亦僅聞人詮本一種而已。故百衲本用此南宋刊殘本，缺卷以聞人詮本補足。

A—1本：存六十九卷（卷三一至三四，卷四一至四五，卷四八至五〇，卷六五至七八，卷八八至九七，卷一〇〇至一一〇，卷一二八至一三三，卷一六五至一六九，卷一七九至一八四，卷一九〇下至一九四上）

〔宋紹興〕兩浙東路茶鹽司刊　存三十二册　北京圖書館藏（書號：六七三四）

鐵琴銅劍樓舊物。鐵琴銅劍樓藏書目録、鐵琴銅劍樓宋元本書目（江刻書目三種所收）著録，鐵琴銅劍樓書影未見。

中國版刻圖録收録卷六八首半葉書影（圖版七三）。百衲本影印所有存卷，有二〇〇四年商務印書館出版百衲本二十四史校勘記舊唐書校勘記（上下兩册）可查其描修改字。第一批國家珍貴古籍名録圖録收録卷三一首半葉書影。又有二〇〇三年再造善本影印本。

黄丕烈注百宋一廛賦，詳録所藏唐書殘本存卷，與上録完全一致，百宋一廛書録又云有「紹興府鎮越堂官書」硃印，則此本曾爲黄丕烈所藏，蓋無疑義。藝芸書舍宋元本書目殘本，存卷又同，是黄丕烈之後爲汪氏所藏。另，愛日精廬藏書志著録殘本五卷，「存一百四十卷下至一百四十四卷上」。所云卷次當係列傳卷次（因卷一四〇、卷一四四皆不分上下），若通數紀、志五十卷，則卷一九〇下至一九四上，似即此本之一部分。然不知何以分出，又何以會合。

（二〇〇三年上海古籍出版社版舊唐書辨證引録一九三八年葉啓發撰葉石君校本識語云：「黄丕烈藏本歸汪氏藝芸書舍，汪藏再散，一百四十下至一百四十四上歸昭文張氏，餘則不知流於何所。」葉啓發不知六十九卷皆在鐵琴銅劍樓，故不以其分而又合爲異。）

鐵琴銅劍樓藏書目録、鐵琴銅劍樓宋元本書目著録殘存卷次與上同，而卷數稱六十一卷，蓋筆誤也。中國版刻圖録之目録因襲其誤。鐵琴銅劍樓書影識語改稱六十九卷。百宋一廛賦注著録殘存卷次亦同，而云「凡六十七卷有零」；百衲本跋、校史隨筆著録卷次同，而稱「凡六十七卷，又子卷二卷」，乃因卷一九〇僅存下，卷一九四僅存上，故分别言之。若論總數亦六十九卷，故百衲本版本述要（今據二〇〇三年商務印書館版張元濟古籍書目序跋彙編）云「尚存六十九卷」。中華書局點校本出版説明云「殘存六十七卷」，則據百衲本跋或校史隨筆而忽略「又子卷二卷」五字，可謂草率。

檢百衲本，此本卷四二、卷四三、卷七三、卷八八、卷一七九、卷一九〇下各卷首葉左上方鈐蓋「紹興府鎮／越堂官書」大型長方印（長過一五釐米）。另據再造善本，卷一二八亦有此印。（然此卷首葉缺左半，而補紙寫框郭、界綫，鎮越堂印鈐於補紙。若使再造善本可信，鎮越堂收藏之前此半葉已經破損。容有原書無此印，爲再造善本誤加之可能性，待查。百衲本以明刊本配補此半葉，故不見此印。）鐵琴銅劍樓藏書目録云：「鎮越堂在紹興府署蓬萊閣之下，嘉定辛巳建。當是宋時鈐記也。」據再造善本，又有「憲／奎」（白文）、「秋浦」、「平陽汪氏／藏書印」、「汪士鐘藏」（白文）、「綬珊／經眼」（白文）諸印。

此本缺卷六五（傳一五）第一葉，卷一〇四（傳五四）第一、第二葉，卷一一〇（傳六〇）第八葉，卷一二八（傳七八）第一葉左半，卷一六五（傳一一五）第一葉左半至第三葉，卷一九四上（傳一四四上）第一七葉，百衲本皆以明刊本補足。

卷三一首行題「唐書志卷第十一」，次行低十二格題「劉（空四格）昫（空三格）等修」，不題全書通數卷次，列傳亦

圖一二五

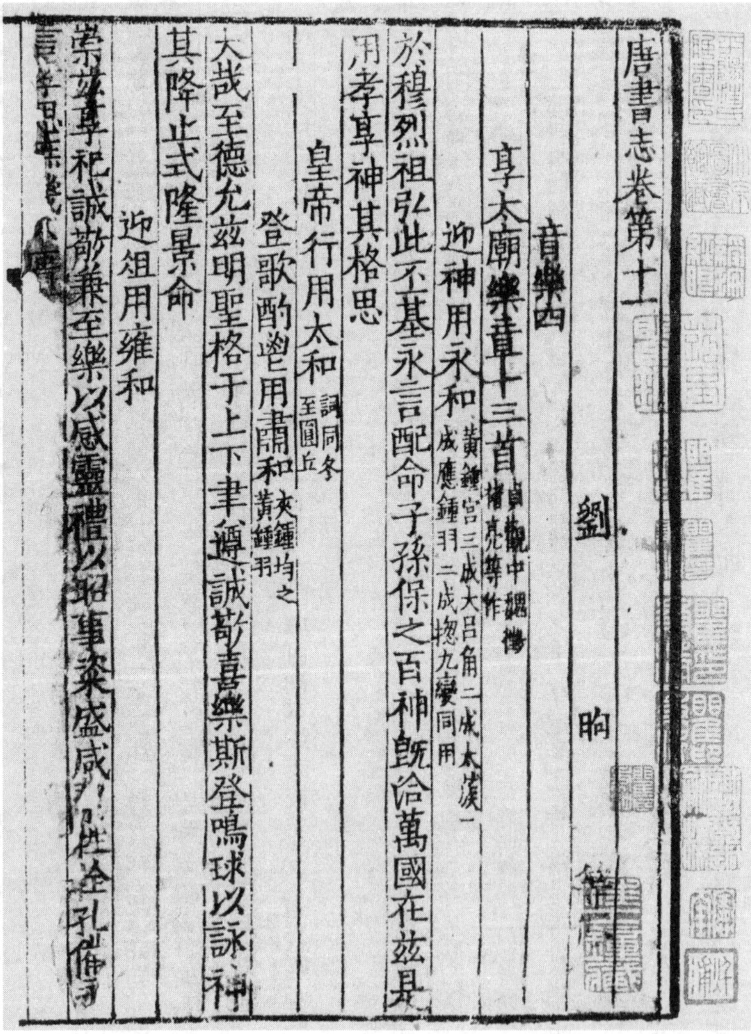

舊唐書　南宋初期兩浙東路茶鹽司刊（A種　珍貴古籍圖録）

然。左右雙邊，版刻圖録云，匡高二一・四釐米，廣一四・二釐米（再造善本影印刊記云「版框高二一・七釐米，寬一五釐米」）。十四行，行二十五至二十六字，注文小字雙行二十九至三十二字。版心白口，單魚尾上記册次如「（第）十四」，下題「唐志（傳）十一」等，下方記葉次及刻工名。無大小字數。刻工名或缺。此本似無補版，故版心格式統一。又，百衲本每葉版心上方皆標白圈「○」，而不見於再造善本，疑乃百衲本所爲，非宋本所有。

據版心上方册次，今此殘本係第一四册、第一五册、第一八至二一册、第二五至二八册、第三一至三六册、第四○册、第四一册、第五○册、第五一册、第五四册、第五五册、第五七册、第五八册，共計二十四册。版心葉次每卷另起，故唯據上下卷版心册次有異，始可知一册起訖。今此殘本可以確定一册起訖者，第一九册（卷四二至四四，凡七十四葉）、第二六册（卷六七至七○，凡四十四葉）、第二七册（卷七一至七四，凡四十八葉）、第三一册（卷九二至九五，凡四十五葉）、第三五册（卷一○三至一○六，凡四十四葉）。據此五册而言，每册三或四卷，一册葉數少則四十四葉，多則七十四葉。案：第五八册自卷一九一始（卷一九○版心標記第五七册），下至卷一九四上，共三卷有半，凡五十三葉。爲簡便計，姑依點校本與宋本存卷葉數比率推算，宋本卷一九四下約當有十葉，合前五十三葉，凡六十三葉左右，自當共屬第五八册。由此，則其下卷一九五至書尾卷二○○凡六卷，葉數當在一百至一百三十之間，固宜分爲二册。是可推知，版心所記原册次，全書當共分六十册。

此本卷末多見校正、校勘銜名各一行。

右文林郎充兩浙東路提舉茶鹽司幹辦公事霍文昭校勘　卷三二至三四、一○○、一○一、一○八、一○九、一一八

左從政郎紹興府録事參軍張嘉賓校勘　卷四一、四二、四四、四五、四八、五○

左奉議郎充紹興府府學教授朱倬校正　　卷四三、一六五至一六九、一七九至一八二、一八四、一九〇下、一九一至一九三

右文林郎充兩浙東路提舉茶鹽司幹辦公事蘇之勤校勘　　卷六五、六六、六八至七五、七七、七八、八八至九一、九三、九五、九六、九七、一〇三、一〇五、一〇六

右文林郎充浙東路提舉茶鹽司幹辦公事蘇之勤校正　　卷九二

左從政郎紹興府録事參軍徐俊卿校勘　　卷一〇七、一二九至一三三

文徵明序嘉靖一八年聞人詮刊本云：「後有教授朱倬名，倬忤秦檜，出爲越州教授，當是紹興初年。」今得古麗巍先生教示云：朱倬任紹興府府學教授，校勘舊唐書，當在紹興七年至一一年之間。（魏了翁撰朱倬神道碑（本傳略同）云：「時方以劉豫爲憂，因賜對，策其必敗，高皇大喜，詔改合入官，與相秦檜忤，出教授越州。」案：朱倬召對之論，見繫年要録紹興七年正月癸未（二一日）條。後四日丁亥（二五日），秦檜除樞密使，至同年一一月，僞齊爲金所滅，則朱倬「出教授越州」當在紹興七年正月至一一月之間。神道碑又云：「參知政事張守帥浙東，又以表于上，除教授諸王宫。」張守薦余良弼等劄子云：「倬止求遠次教授，待闕累年，今方到任。」案繫年要録云「紹興十年閏六月丙子，資政殿大學士、江南西路安撫制置大使、兼知洪州張守移知紹興府」，則張守上此劄子，推薦朱倬除諸王宫教授，當不早於紹興一〇年閏六月。又據宋史張守傳及宋會要輯稿食貨（六四之七五）推測，張守上此劄子亦不應晚於紹興一一年十一月。且繫年要録又云：「紹興十二年五月辛丑，左奉議郎新諸王宫大小學教授朱倬罷。」是知朱倬至紹興一〇年或一一年「到任」紹興府學教授，然此前已爲紹興府府學教授「待闕累年」。上任後，旋除諸王宫大小學教授，不久罷任。）又，張嘉賓、徐俊卿同爲建炎二年進士，見淳熙三山志卷二八及浙江通志卷一二五。

據此銜名知此版同周易注疏、尚書正義、周禮疏、禮記正義、資治通鑑、外臺秘要方、事類賦（以上諸書見中國版刻圖

録）、太玄經（見書林清話）等，當爲兩浙東路茶鹽司出資刊行。然此本除兩浙東路茶鹽司外，又有紹興府人員參與校勘，如同資治通鑑、事類賦，則此類書蓋應國子監要求而承辦。參考行格、刀法，疑此本乃覆刻北宋刊本，正如此期多數官刻本。

檢百衲本，得此本刻工名如下：

丁珪　弓成　方成　方彥成　王介　王升　王正　王田　王因　王圭　王安　王成　王伸　王昌　王茂　王康
王惠　王華　王榮　朱因　朱明　江文　江通　余全　吳圭　吳邵　吳紳　李昇　汪文　阮于　阮宗　周尚
周浩　林梭　林英　林逵　林達　姚臻　施章　施蘊　胡滂　洪茂　徐子明　徐侃　徐宗　徐忠　徐杲
徐高　徐顔　時明　馬俊　婁謹　張元　張永　張良　張敏　張達　張謹　章楷　許文　許成之　許春　許椿
郭良　陳文　陳安　陳迎　陳英　陳浩　陳達　陳錫　陳濟　陳礼　傅中　黄安　黄季常　黄彬　黄華　黄暉
楊武　葉旦　葉邦　葛珎　趙宗　趙實　劉益　劉閏　蔡道　鄭英　駱昇　駱寶　藍昂　顧昌　顧祐

此等刻工名中，有不少同見於南宋初期（紹興年間）諸刊本者。如外臺秘要方四十卷（靜嘉堂文庫、宮内廳書陵部、北京圖書館藏）與此本同有兩浙東路提舉茶鹽司幹辦公事官銜（人名不同），亦當同爲紹興中刊本，刻工名同見者多達二十八名。此外，如紹興二年刊思溪版大藏經有五名以上，紹興七年刊新唐書（靜嘉堂文庫、足利學校遺蹟圖書館等藏）有五名，紹興九年刊毛詩正義（杏雨書屋藏）有九名，同年刊文粹（北京圖書館藏）有五人以上，紹興一六年刊事類賦（北京圖書館藏）有六名以上刻工，與此本同見。此皆杭州及其周圍地區所刊。思溪版大藏經未及調查全部，僅就十分之一部分之刻工即有五名同見；文粹、事類賦未見原本，僅就中國版刻圖録所列刻工即有五名、六名同見，其實當不止此數。又，足利學校遺蹟圖書館藏明州本文選，未經紹興二八年補修，有十三名刻工與此本同見。又如紹興末年後所刊兩淮江東轉運司刊三史及舊稱眉山七史之南宋前期刊本，亦各有六名或七名同見。具體情況如下表。

思溪圓覺藏經	紹興二年	湖州	王成　徐杲　徐高　徐顔　趙宗　等
（新）唐書	紹興七年	湖州	王介　王成　王昌　江通　吴邵
毛詩正義	紹興九年	紹興府	阮于　徐杲　徐高　張謹　章楷　陳迎　陳錫　駱昇　駱寶
文粹	紹興九年	臨安府	王因　王成　吴邵　阮于　徐杲　等
事類賦	紹興一六年	兩浙東路	丁珪　阮于　徐杲　徐高　洪茂　陳錫　等
文選	紹興二六年以前	明州	方成　王因　江通　吴圭　阮宗　洪茂　徐宗　張謹　陳迎　黄暉　葛珎　施章　駱昇　王伸
外臺秘要方	紹興年間	兩浙東路	丁珪　弓成　王介　王安　王成　方彦成　朱明　江通　余全　吴邵　李昇　阮于　林俊　施藴　徐侃　徐杲　徐高　徐顔　時明　婁謹　張永　章楷　陳文　陳浩　葉邦　趙宗　鄭英　黄季常
轉運司三史	南宋前期	兩淮江東	王榮　林俊　洪茂　徐侃　徐杲　徐顔　婁謹
舊稱眉山七史	南宋前期	江浙	王升　王圭　王華　朱明　李昇　徐杲

此等刻工，正如版刻圖録所謂「皆南宋初期浙中習見之良工」，故此本可斷定爲南宋紹興中（一一三一～一一六二）刊本。

避諱至高宗止，缺筆字有：

玄弦眩絃縣懸朗　眺　珽挺頲　敬儆驚竟境鏡　弘泓殷溵　匡胤　炅　恒峘

禎貞湞徵懲　署樹豎　讓　項勗　佶　桓洹垣完萑　構遘雊購勾彀

總之，此本爲紹興中兩浙東路茶鹽司所刊，毫無疑義。

此版刊行之後，宋元時期並無刊刻此書之迹象，直至四百年後，乃有嘉靖一八年聞人詮刊本。鐵琴銅劍樓善本書目對校宋本與聞人本，羅列異同較詳。校史隨筆特立「宋刻明刻之異同」一節，舉曆志、地理志、李白傳三本文字，分上下兩欄，並列對照。曆志聞人本將「差以加夏率又以」七字之前後各十九字，互换錯置，以致文理不通。地理志不僅次序混亂，又有脱文。李白傳中脱二十六字。

道光中岑氏懼盈齋刻本，後印本附刻舊唐書校勘記六十六卷、逸文十二卷，校史隨筆所言曆志、地理志、李白傳三處，均有校記，並以太平寰宇記、册府元龜爲證。中華書局點校本以懼盈齋本爲工作底本，而此三處均從宋本，曆志更引新唐書爲證。

此書北宋咸平時當有刊本，而南宋以來絶無蹤迹。遂初堂書目有「川本小字舊唐書」、「川本大字舊唐書」，然不見他家書目，不知其詳。除此以外，現存僅有宋刊一種，明刊一種。大德九路本十七史，所刻僅及十史，况劉昫唐書本不在十七史之列，是知大德九路本必無此書刊本。至清代殿本、懼盈齋本均以聞人本爲祖本。是舊唐書善本，無出此南宋初兩浙東路茶鹽司本之右者。

又，十七史商榷云：「錢敏求藏有至樂樓抄本，不言出於何人。葉石君借得以校聞人本，多有不同。張石民又借得石君校本，以校近沈詹事等考定殜本。石民跋稱，葉氏所據抄本係影宋抄，每卷末有校勘人名，末卷有朱倬名。然則至樂樓抄本即是紹興本。」案：至樂樓抄本今不知下落，而葉石君校本尚存湖南省圖書館，又北京圖書館有鐵琴銅劍樓舊藏過録葉校本。二〇〇三年上海古籍出版社版舊唐書辨證介紹葉校本甚詳，可參。

（附）明嘉靖一八年餘姚聞人詮刊本

舊唐書版本甚少，有明一代僅見聞人詮刊本流傳，清代刊本亦以聞人本爲祖本，故此簡述聞人本。

聞人本首聞人詮刻舊唐書敘二葉，次楊循吉舊唐書重鏤紀勳序二葉，文徵明重刻唐書序四葉。次一葉首沈桐識語「桐空空鄙夫，繆承校史之役，寔維／云云」，下列「惠借藏書」、「捐俸助善」、「分番校對」、「出資經費」諸人姓名。次唐書目録三十五葉，次正文。卷一首題如見百衲本，撰者、刻者、校者名氏，凡六行。左右雙邊（二一・四×一四・三釐米），十四行二十六字。行格與南宋本相仿，字體、版心格式等亦類似，總體風格接近南宋本，而每卷首列署聞人詮等校者名，行次已不同於南宋本，正文出入亦頗多，則不得謂爲覆刻南宋本。又，百衲本每葉版心上方皆標白圈「〇」，此既不見於南宋本（今據再造善本），亦非聞人本所有，當爲百衲本所加。

聞人本所據底本及其文本内容，二〇〇三年上海古籍出版社版舊唐書辨證有論，可參。

嘉靖以後至殿本刊行止，聞人本爲唯一可印版本，故遞經補修，重複印製，現存傳本亦不少，僅日本一地收藏者即不下二十部。然現存傳本多經補修，雖未細查，已經確認至少經過三次遞修。

一七　新唐書　二百二十五卷

A種、南宋初期刊本（舊稱「嘉祐刊本」，十四行）

新唐書有嘉祐五年（一〇六〇）進新唐書表及二日後命送杭州付梓之中書劄子。靜嘉堂文庫藏陸氏皕宋樓舊藏宋版新唐書，舊稱北宋嘉祐刊本，即謂新唐書成書後之首次刊版。然中國版刻圖録（圖版六六）稱北京圖書館所藏同版遞修印本爲「紹興刻宋元遞修本」，並云：「直齋書録解題：『吴興郡人思溪王氏刻藏經，有餘版，以刊唐書、五代史，寘郡庠中。中興，監書多闕，取板以往，即今監本。』觀此書首期刻工，與湖州本北山小集、景德傳燈録及思溪藏多同，因悟此即思溪王氏刻本。前人以此本不避北宋後期諱，定爲嘉祐監本，恐不確。」今因此説，覈查思溪藏，得同名刻工甚夥，又據建炎以來繫年要録等，知新唐書刊年當在紹興七年（一一三七）之前。

下述靜嘉堂本（A—1本）有南宋前期補版，而足利學校舊藏殘本（A—2本）乃原版未經補修之印本。中國版刻圖録所載，當爲北京圖書館藏本，似經南宋前、中期及元中期三次補修。

A—1本：存一百六十七卷（卷一至一〇，卷二五至六七，卷七〇至九七，卷一〇三至一三〇，卷一三七至一五八，卷一九〇至二二五）

〔南宋初期〕刊〔南宋前期〕修

配〔南宋中期〕建安魏仲立刊本六卷（卷六八，卷六九，卷一〇一，卷一〇二，卷一三五，卷一三六）

配明萬曆二一年鈔本十五卷（目録，卷一一，卷一八至二四，卷九八至一〇〇，卷一三一至一三四）

凡存一百八十八卷九十册　靜嘉堂文庫藏

皕宋樓藏書志著録爲「北宋杭州刊本」，儀顧堂題跋有宋嘉祐杭州刊本新唐書跋。靜嘉堂宋元版圖録收録進書表末半葉、卷四首半葉、卷一二二末半葉書影。目録補鈔，然其中上卷首四葉及下卷有一葉乃紹興本。卷七一紹興本，而亦有補鈔葉。改裝後補白書衣（二七・九×一七・三釐米），襯紙裝。藏印有：「李安詩／伯之克／齋藏書」、「錢唐梁／氏珍藏／書畫記」、「子〃孫〃／永用之」（白文）、「樹德／堂子／孫保之」（白文）、「梅谷／藏書」（白文）、「季振宜／藏書」、「季印／振宜」、「滄／葦」、「汪印／士鐘」（白文）、「閬源／真賞」、「歸安陸／樹聲叔／桐父印」（白文）等。有朱筆句點、朱筆綫，書眉墨筆標記干支及要事，又録通鑑異文、校勘案語等。每卷末有南宋末景定五年（一二六四）至咸淳三年（一二六七）李安詩識語，其文如下。卷二二五上第一〇葉補鈔，與李安詩識語同出一筆，蓋皆李安詩手筆。

卷四　景定甲子夏五下七點抹終卷／會稽李安詩識于克齋
卷一〇　景定甲子八月八日點抹終卷安詩識
卷二七上　景定甲子八月廿九日點抹終卷安詩識
卷三〇上　景定甲子九月三日點校終卷安詩識
卷三五　景定甲子九月五日點抹終卷安詩識
卷四二　景定甲子重陽日點校終卷安詩識
卷四七　甲子九月十八日點抹終卷李安詩識
卷五四　景定甲子九月廿七日點抹終焉安詩識
卷六〇　景定甲子九月廿八日點抹終焉安詩識
卷八二　景定甲子十月三日點抹終卷安詩識
卷九一　景定甲子十月初六日點抹終卷安詩識

卷一〇八　景定甲子臘月四日點抹終／卷會稽李安詩識

卷一一五　景定甲子臘月十二日點抹終卷安詩識

卷一二三　景定甲子歲除日點抹終卷安詩識

卷一四一　咸淳乙丑臘月九日點抹終卷安詩

卷一五〇　余以憂患之餘不親書册久矣前之日／母氏小祥連日徹覺勞倦不可以風亢生／

安閑小室點讀終卷　咸淳丙寅十二月／二十二日會稽李安詩謹識

卷一九三　咸淳丁卯三月十六日標點終卷會稽李安詩

卷二〇〇　咸淳丁卯三月中七點抹終卷會稽李安詩

卷二〇七　咸淳丁卯三月下五題點終卷會稽李安詩

卷二一四　咸淳丁卯四月四日點抹／終卷會稽李安詩

卷二一八　咸淳丁卯四月癸酉點抹終卷會稽李安詩

卷二二三下　咸淳丁卯四月十九日點抹終卷李安詩識

卷二二五下　咸淳丁卯四月戊寅標點終秩但其／間有一二字誤無佳本考證不敢輒／

下雎黄姑俟善本當更是正會稽李安／詩謹識是日陰雨書于／六友堂

儀顧堂題跋云：「李安詩仕履無考。宋嘉定壬申（五年，一二一二）刊本大事記，末有『免解進士充府學直學李安詩同校正』銜名。查景定壬申距景定甲子（五年，一二六四）五十二年，當即其人也。」（案：皕宋樓藏書志卷二〇著録大事記十二卷通釋三卷，有嘉定壬申刊書識語及校正人李安詩官銜。然此本今佚，「中央圖書館」（北平）藏大事記通釋僅存二卷一册（缺卷一），無刊書識語及校正人銜名。）

又，全卷末尾有明永樂八年（一四一〇）錢塘梁某識語：

此書逮今一百四十餘年，來自杭／之桂翁。（案：皕宋樓藏書志重「桂翁」二字。蓋補二字讀之爲便。）年逾八衷，見鬻於余。／余以囊橐暫乏，託之友人宋節。貫／來旬日，始償價。書以示吾子孫，當謹保之，毋忽。

時／大明永樂八年歲次庚寅夏五月望日錢唐（下缺）／（印）

卷三末有萬曆二一年（一五九三）充菴居士識語：

此宋板唐書爲錢塘李氏藏本。予愛其字畫無訛，標抹詳好，／珍收有年，第中多殘缺。兹以燕閒抄録裝繕，俾成完璧。書示／子孫，使知先賢之嗜學與予之苦心（案：皕宋樓藏書志脱「苦」字），尚其寶護無斁云。時／萬曆癸巳重九。充菴居士識（印）

據此推測此本補鈔十五卷餘，蓋萬曆二一年充菴居士所爲。補鈔端正，行款、字體一仍刻本，而卷七一補鈔葉，版心下象鼻偶見「監生汪鑑」、「王益」等。「王益」爲原版刻工，而「監生汪鑑」似據明代補版，疑補鈔底本爲遞修至明代之後印本。補鈔卷册首已鈐季振宜藏書印，季振宜順治四年（一六四七）進士，可以爲補鈔出充菴居士之旁證。錢塘梁氏、充菴居士均未詳。

此本除有缺卷外，存卷中亦不無缺葉。卷七五下宰相世系表第一五至二九葉、第三八葉共十六葉原缺，版心葉次不數此十六葉，接連爲葉碼。百衲本以別本補此十六葉，此本存葉則訂正版心葉碼。又，據舊時書目等著録，此本似存有卷一八一至一八九諸卷，實則此本無此九卷。據裝訂狀態及册數推測，此本在皕宋樓時當已無此九

圖一二六

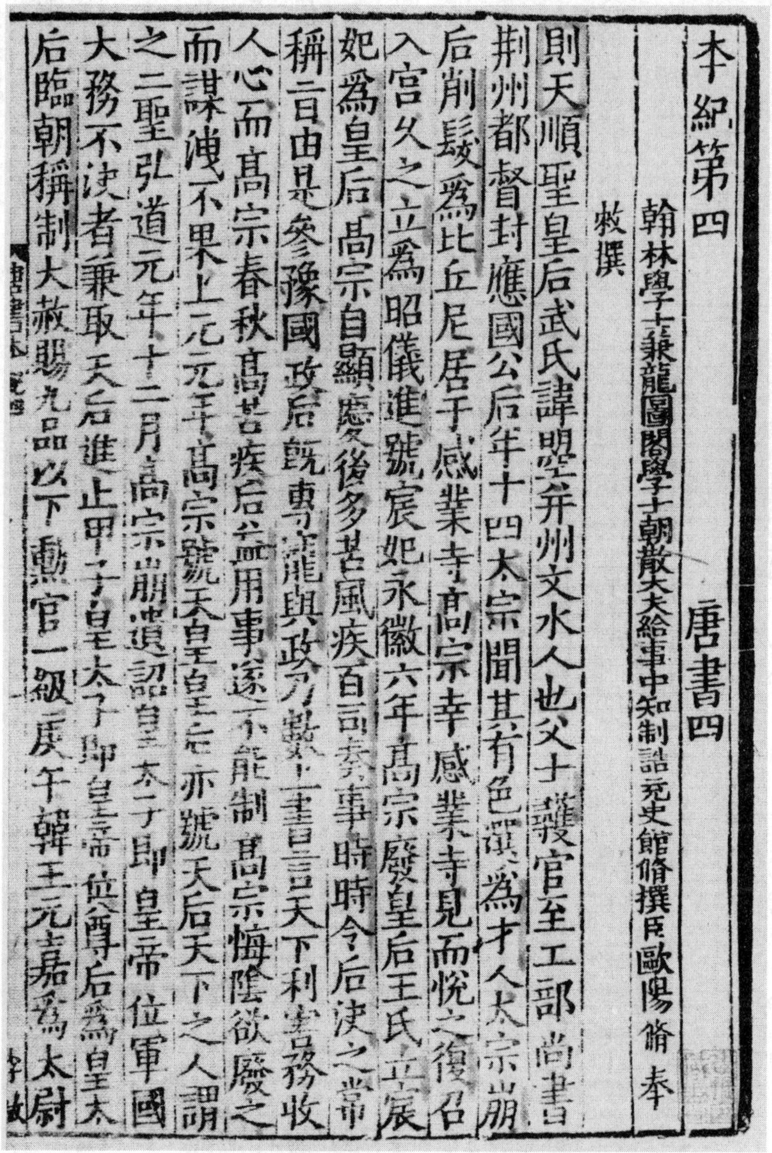

本紀第四　唐書四

翰林學士兼龍圖閣學士朝散大夫給事中知制誥充史館脩撰臣歐陽脩奉

敕撰

則天順聖皇后武氏諱曌并州文水人也父士彠官至工部尚書荆州都督封應國公后年十四太宗聞其有色選爲才人太宗崩后削髪爲比丘尼居于感業寺高宗幸感業寺見而悅之復召入宮久之立爲昭儀進號宸妃永徽六年高宗廢皇后王氏立宸妃爲皇后高宗自顯慶後多苦風疾百司奏事時時令后決之常稱旨由是參豫國政后既專寵與政乃數上書言天下利害務收人心而高宗春秋高苦疾后益用事遂不能制高宗悔隂欲廢之而謀洩不果上元元年高宗號天皇皇后亦號天后天下之人謂之二聖弘道元年十二月高宗崩遺詔皇太子即皇帝位軍國大務不決者兼取天后進止甲子皇太子即皇帝位尊后爲皇太后臨朝稱制大赦賜九品以下勳官一級庚午韓王元嘉爲太尉

新唐書　南宋初期湖州刊（A種　静嘉堂）

卷，百衲本亦用別本補足。

天祿琳琅書目卷二「宋版史部」著録一部「唐書十函一百册」，似爲二百二十五卷足本，首有曾公亮進書表，尾有進呈及鏤板頒行官銜。據云有「宋本」、「滄／葦」、「季振宜／藏書」、「御史／振宜／之印」、「乾／學」、「徐／健菴」諸印，爲清初季振宜、徐乾學所藏本。静嘉堂本有季振宜藏印，而無徐乾學藏印。又，「宋本」、「御史／振宜／之印」二印亦不見静嘉堂本，且據天祿琳琅書目，静嘉堂本所存卷次亦見此二印。倘使此諸印可信，則天祿琳琅本與静嘉堂本並非同一部，季振宜曾經收藏二部以上。然據天祿琳琅書目，其本卷一〇〇、卷一〇一、卷一三二、卷一三三（列傳一五、二六、五六、五七）有「李安詩／伯之克／齋藏書」印，卷一〇〇、卷一〇一有「錢唐梁／氏珍藏／書畫記」、「子〓孫〓／永用之」（白文）二印，卷一〇一、卷一三二有「梅谷／圖書」（白文）、「樹德／堂子／孫保之」（白文）二印。而静嘉堂本卷一〇〇、卷一〇一、卷一三二爲補鈔，卷一三三配建刊本。是則至少此四卷原當與静嘉堂本爲同一部。但静嘉堂本卷一〇〇等補鈔在明代，故此四卷之分離仍在季振宜收藏以前。

此本首嘉祐五年六月曾公亮上表，然無進呈、鏤板頒行之中書劄子及其銜名。正文首題「本紀第一（空十一格）唐書一　／（第二行低三格）翰林學士兼龍圖閣學士朝散大夫給事中知制誥充史館脩（空一格，當有「撰」字）判秘閣臣歐陽脩奉　／（低三格）勅撰」。左右雙邊（二二·二×一四釐米），每半葉十四行，行二十四至二十五字，注文小字雙行三十一至三十三字。版心白口，單魚尾，上象鼻不記字數，魚尾下題「唐書本紀（列傳）幾」，志又有「禮樂志」等小題，下記葉次及刻工名。補版葉格式同。

此本原版、補版同屬南宋前期。而原版葉版面稍磨損，補版葉印面清晰，字體亦微異，故差異明顯，一望即知。

補版葉比率甚小，大抵紀、志、傳各卷皆不過十分之一至二。表十五卷幾無補版葉。原版葉缺筆見如下諸字，至仁宗諱而止：

玄胘玹泫炫弦鉉朗　班侹鋌　敬儆璥璥憼驚警境鏡　弘泓殷溵　匡胤　炅熲　恒峘　禎貞損徵

補版葉大致亦然，而有少數例外，如卷一一七第七、第八葉爲補版葉，刻工施澤，内容爲吉頊傳，而「頊」爲神宗諱，故缺末筆二十見。覈足利學校本（A－2本），有此二葉，且皆原版，則全不缺筆。吉頊亦見本紀（卷四第一〇葉），此本亦補版葉（刻工施珣），缺其末筆。此本補版葉亦有缺「完」字末筆者，見卷一一一第九葉，刻工朱明。「慎」字頻見，此本皆不缺筆。

卷一〇一乃此本缺卷，百衲本用北京圖書館藏本。其第七葉刻工章彦，第八葉刻工章宇，第九葉刻工李時，内容爲蕭遘傳，而「遘」音同高宗諱，故第七葉「遘」字缺筆三見，第八葉十二見，而第九葉「遘」字七見，全不缺筆。此則百衲本業經描修，往往與底本不同，不可盡信。案：章彦爲原版刻工，然足利學校本（A－2本）第七葉爲原版葉，刻工乃作王端，有待對照覈查。又，章宇、李時同爲補版刻工，而「遘」字或避或不避，截然不同，亦不近人情。百衲本描修巧奪天工，補足筆畫，削除筆畫，均有可能，若非覈查原本，無可定論。如百衲本卷一九五以静嘉堂本影印，其第九葉左半有「慎」字，静嘉堂本不缺筆，而百衲本却缺末筆。此蓋因描修消除字外行間校閲者所記文字、符號，不慎一併消除「慎」字末筆。百衲本之失真，詳下【百衲本】。

此本原版雖有磨損，尚不至漫漶，故原版版面皆不見塊狀補修之痕迹。然微小修改則非全無也。如此本卷七二下第五葉爲原版葉，與梅澤紀念館舊藏原刻本（A－3本）同版，刻工名「盛」（錢盛）亦同。然左半葉第一〇行末字，梅澤本作墨釘，而此本刻成「居」字。此處次行首字亦「居」字，是改行誤重「居」字。初刻時知此誤重，故留作墨釘。補修時已不知此誤重，故又刻出「居」字。百衲本删此「居」字，重新調位整行文字，不僅不留空白，字距不擠不鬆，可謂天衣無縫。

此本原版刻工如下：

六通　毛易　王介　王介　王成　王昌　王真　王益　王春　王祖　王端　王震　史復　江通　余俊　吴邵
吴紹　吴諧　李十娘　李攸　李孜　李敏　李順　李謀　沈章　周志　周富　周祥　周詳　周畢　周燁　徐氏
章中　章忠　章立　章彦　章容　莫中　莫忠　陸通　華元　雇中　雇仲　董三六　董四三　董安　董易
虞集　蔡舉　蔣濟　衛祥　錢盛　錢暘　謝氏　嚴先
先　李　沈　周　昕　明　敏　章　董　舉

補版刻工如下：

王昇　王祚　王端　史郁　朱明　余俊　吕昕　李文　李崧　沈珍　施珣　施澤　胡寔　孫容　徐用　張通
張詵　章宇　章受　章容　莫中　莫允　陳説　董昕　董明　董暉　董暘　趙秀　蔡通　錢端　戴全　嚴詵
顧諲

中國版刻圖録引直齋書録解題，謂此版爲思溪王氏刻本。今録直齋書録解題原文如下：

五代史纂誤五卷，雜録一卷。

吴縝撰。宇文時中守吴興，以郡庠有二史板，遂取二書刻之。後皆取入國子監。初，郡人思溪王氏刻藏經，有餘板以刊二史，寘郡庠。中興，監書多闕，遂取其板以往，今監本是也。

「二史」謂唐書、五代史記，「二書」謂糾謬、纂誤。王國維兩浙古刊本考卷下（海甯王忠慤公遺書二集）亦曾據此，將此四書列於「湖州府刊板」下，可見此種唐書與思溪藏有密切關聯。於是筆者調查思溪藏刻工，先查五百卷，約當全藏十分之一，得二百餘名刻工，其中十五名亦見此本。後又查七百卷，又得一名同見此本者。十六名刻工同見，足以證明此本即湖州刻本。五代史記A—1本補版甚多，原版刻工具姓名者不過四人，僅有一名南宋前期補版刻工同見於唐書此本，故尚不敢斷定五代史記A—1本即湖州刻本，然亦不必否定其可能性。此本原版刻工名之同見於其他刻本者如下：

思溪圓覺藏	北宋末至紹興二年	湖州	王成　王昌　王祖　王益　王真　王震　李攸　李諆
景德傳燈録	紹興四年（四部叢刊三編）		章中　章立　章彥　董易　周富　徐氏　華元　虞集　衛祥　錢暘　嚴先
文粹	紹興九年	臨安府	王成
外臺秘要方	紹興中	兩浙東路	王介　王成　江通　吴邵
文選	紹興中	明州	江通
（舊）唐書	紹興中	兩浙東路	王介　王成　王昌　江通　吴邵
五代史記	南宋初期	湖州	華元
通典	南宋初期	江浙	王益　虞集
（舊稱眉山）七史	南宋前期	江浙	王昌　王祖　王真

蘇文定公文集	南宋前期	眉山	王成　王祖
龍龕手鑑	南宋前期（四部叢刊）		王成　吴邵
北山小集	南宋前期（四部叢刊續編）		王昌　章彦
史記	淳熙三年刊八年修	桐川郡齋	章中
石林奏議	開禧二年跋		王震
通鑑紀事本末	寶祐五年		王介　王春
咸淳臨安志	咸淳		王春　王真

表中除蘇文定公文集爲蜀眉山刊本，石林奏議以下三種爲南宋中後期刊本外，餘皆南宋前期杭州地區刊本，故可認定唐書此版亦然。又，表中景德傳燈録爲鐵琴銅劍樓舊藏本，三十卷十册，而書葉大部皆爲此表所列四名刻工（亦即同見於唐書此版之刻工）所雕。北山小集四部叢刊續編採用清道光七年張蓉鏡家影宋抄本，四十卷十二册，現藏北京圖書館。避諱、刻工名等皆一如宋版，孝宗名諱「昚」及嫌名「慎」以小字作「御名」、「犯御名」。所據宋版爲黄丕烈舊藏本，據云紙背爲乾道六年（一一七〇）湖州官司簿帳，參見愛日精廬藏書志等。「中央圖書館」收藏一部殘本，即宋版公牘紙印本，存四卷一册，參見（增訂）中國訪書志、國家圖書館善本書志初稿等。

此本補版刻工名之見於他書者，如下：

文粹	紹興九年	臨安府	董明　蔡通
漢官儀	紹興九年	臨安府	董明
外臺秘要方	紹興中	兩浙東路	朱明　董昕　董明

(舊)唐書	紹興中	兩浙東路	朱明
史記	淳熙三年刊八年修	桐川郡齋	章宇　陳説　董昕　董明
周易注疏	南宋前期	越刊八行本	朱明
北山小集	南宋前期		朱明　李崧　施詢　施澤　胡寔　章宇　章容　董昕　董明　董暉
史記	南宋前期	淮南西路	朱明
漢書	南宋前期	兩淮江東	李文　陳説　章宇　董明　董暉　董昕　蔡通
後漢書	南宋前期	兩淮江東	朱明

可見此本補版刻工所刻諸書，與原版刻工所刻幾乎相同，且其中無一人兩表同見者。據此推知，此本原版及補版刻工，同屬一群，而上一代人於南宋初期刊刻原版，下一代人於南宋前期刊刻補版，中間相隔十年至三十年。

此本原版刻工五十餘名，南宋初期兩浙東路茶鹽司刊舊唐書殘本（A—1本）可得刻工名九十四，思溪藏刻工目前已查一千二百卷，得刻工名約二百七十。將來調查思溪藏其餘諸卷，或許能得更多刻工，然當不甚多。綜合考慮，當時臨安府周圍一帶，當有約三、四百名刻工從事刻書。其中王、朱、沈、李、周、金、施、徐、馬、張、章、陳、魚、黃、楊、葛、葉、董、虞、錢、嚴諸姓尤常見，而如董三六、董四三似爲兄弟，徐氏、謝氏、李十娘、魚大娘、魚母唐三娘似是婦女，則刻書已爲家業。又，同姓者多，勢必有不同時期而同姓同名者，分析刻工需要慎重。

案：新唐書糾謬有紹興戊午（八年，一一三八）四月望左從政郎充湖州州學教授長樂吴元美跋，云：「今直寶文閣宇文公時中自蜀來守吴興，以郡庠有新唐書、五代史版本，而吴君此書不可不附見也，遂令併刻之。」直齋書録解題所言與此合。據建炎以來繫年要録知，宇文時中知湖州在紹興六年八月至八年三月之間（繫年要録云：紹興六年八月丙辰「直徽猷閣兩浙西路提點刑獄公事宇文時中，陞直寶文閣，知湖州」。又云：八年三月甲午「左中大夫參知政事陳與義罷爲資政殿學士，特遷左太中大夫，知湖州，……直寶文閣知湖州宇文時中移知遂寧府」），則新唐書、五代史記之刻自當於紹興六年（一一三六）之前。是新唐書此本可定爲南宋初期刊、南宋前期修本。

A—2本：存一百九卷（卷七六至七九，卷九一至一三二，卷一四四至一七二，卷一九二至二二五）　存二十二册　足利學校遺蹟圖書館藏

〔南宋初期〕刊

上杉氏三代（憲實、憲忠、憲房）捐贈足利學校之書，過去唯知有八部，至今藏於足利學校，未有散佚。至一九六六年，長澤規矩也發現此唐書殘本，自費購買，捐贈足利學校。（見足利學校藏書之集散（上・補），載書誌學新六號一九六六年。後收録長澤規矩也著作集第二卷。）當與梅澤本（A—3本）爲一部，原藏金澤文庫，後由上杉憲實捐贈足利學校。

江户時期改裝鼓印桐花文書衣（二一・二×一四・一釐米）。有少量朱綫、朱圈點及墨筆句點，或云出宋人手。卷二二末（第一六册末）及全書末尾列銜後，框郭外墨書題「上杉安房守藤原憲實寄進」。卷一〇三首（第三册首）等凡十七處有剜去長方形印記之痕迹，不知原有何印。檢剜去痕迹，最小四・一×〇・九釐米，則印記當小於此。足利學校十一代庠主睦子有「足利學校」小型長方印，見鈐於慶長抄本周易王弼注、江户初抄本論語集解等書（參見一九四五年講談社出版川瀨一馬足利學校研究第二一五頁），而稍大於此。長澤規矩也推測爲此書從足利學校流出之後所鈐（見長澤規矩也著作集第二卷金澤文庫本之範圍一文）。

圖一二七

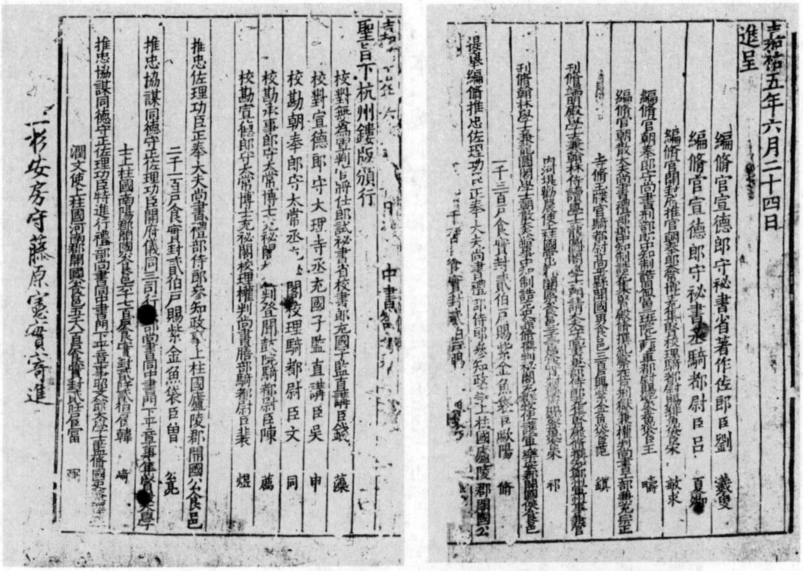

新唐書　南宋初期湖州刊（A 種）　卷末列銜（足利圖録）

缺卷七六（列傳一）首九葉，卷九一首一葉。有蟲損，尤以版心爲甚。卷九一第七葉，卷一〇八第七、第八葉，卷一二五第六至第八、第一〇葉，卷一二六第一至第四、第六至第一二、第一五、第一六葉，卷一三二第一二至一四葉，卷二二一第一一、第一三葉，卷二二二上第八葉，似是原缺，補入印單邊框郭之無界白紙。然其中亦有静嘉堂本留存原版葉者，則印製此本時當不缺。

卷末附嘉祐五年六月曾公亮等進呈官銜，富弼等鏤板頒行官銜。其文當如下：

嘉祐五年六月二十四日

進呈

（提舉編脩曾公亮等刊修編脩官八名官銜凡十二行）

嘉祐五年六月二十六日准　中書劄子奉

聖旨下杭州鏤版頒行

（富弼以下校勘、校對等八名官銜十一行）

此本蟲蝕，曾公亮名及「二十六日」之「十六」等字，已不可見。然此種南宋初期刊本（A種），至今知見僅此本具此列銜。元代覆刻南宋中期建安刊本、元大德建康路儒學刊本、明萬曆北監本及日本寬延刊本等，均具有嘉祐五年進呈表及此進呈、鏤板頒書官銜。宋史本紀、續資治通鑑長編均云，歐陽脩等上唐書在嘉祐五年七月戊戌二日，今據此知六月已進呈，敕命鏤版，如緒論編所言。

此本版心往往蟲蝕，所存刻工名無出靜嘉堂本（A—1本）之外者。然與靜嘉堂本相較，則如卷九一第三葉靜嘉堂本無刻工名而此本有刻工名李攸，第四葉靜嘉堂本刻工胡寔而此本刻工李攸，第六葉靜嘉堂本刻工呂昕而此本刻工董易，等等，靜嘉堂本補刻葉在此本均爲原版，刻工隨之不同。亦可證此本無一葉補版，印製精美，爲原版早印本。惜紀、志全缺，列傳亦有缺卷。

A—3本： 零本（存卷七下）　〔南宋初期〕刊　一册　東京國立博物館藏

曾爲梅澤紀念館藏品，近年轉歸東京博物館。博物館網頁（http://www.emuseum.jp）有全本彩色電子版，供讀者免費閲覽。

改裝後補深褐書衣（二七×一九·五釐米），襯紙補修。首尾有「金澤文庫」墨印（外郭七·六×一·八釐米）。原當與足利本（A′—2本）爲同一部。書衣背面貼紙條，墨書題「駿河御讓　金澤本／唐書宰相表　一册」。然則此本蓋即所謂「駿河御讓本」，寬永目録首列「唐書宰相世系表　一册　金澤文庫舊藏宋版」，歷來不知去向者（參考川瀨一馬駿河御讓本研究，載一九三四年書誌學三之四，後收録日本書誌學之研究）。「駿河御讓本」通常皆有「御本」印，此本則無。

此本僅存卷七下，即宰相世系表一一下，静嘉堂本（A－1本）亦存此卷，且全爲原版葉。對照兩本，框郭缺口等特徵一致，可證兩本即用同版印製。然如上述，第五葉第一〇行末字此本墨釘，静嘉堂本補「居」字，是此本爲原版早印，與足利本（A－2本）同，静嘉堂本已經南宋前期補修，除補版抽換外，即用原版亦不無修改處。

中國版刻圖録「圖版六六」爲唐書「宋紹興刻宋元遞修本」，刻地定爲「吴興」，即此A種。其本當爲北京圖書館所藏，亦即當年百衲本取以補静嘉堂本（A－1本）缺卷者。

一九三三年版北平圖書館善本書目著録宋刻本唐書共六部。

a．存八卷　志一二中下、一四上下，傳一四〇至一四五　宋刻本

b．存一百三十卷　目録，紀一至一〇，志一至三三、三五至三七，表一〇下、一四、一五，傳一七至三四、八一至一四〇上、一四五至一四七　宋刻元印本

c．二百二十五卷　宋刻明印本

d．二百二十五卷　宋刻明印本

e．存一百三十五卷　志一至一四、一九至二七、四七至五〇，表一一至一三上，傳七至五六、六八至九五、一〇一至一〇三、一一七至一二二、一二七至一三二、一三九至一五〇　宋刻明印本

f．存九十二卷　紀一至一〇，志一五至一八上、四七至五〇，表一至一一、一四、一五，傳六至一〇、四三至四八、五〇、五一、七三至七四、七

宋刻明印本

九至九二、九七至一〇六、一一七至一二二、一二四至一二八、一四〇、一四一、一四二下至一五〇

今案：百衲本中，可以推定其用北平圖書館藏本者（持百衲本與静嘉堂本對照，書葉與静嘉堂本不同，然仍屬同種版本，則可推定爲北平圖書館藏本）如下，凡四十卷餘。

卷一一至卷二四，卷九九，卷一〇一，卷一〇二，卷一五九至一六四，卷一六六至一七四，卷一七六至一七九，卷一八一至一八三，卷一八九。（以上整卷，皆静嘉堂本所缺。）

卷五第一三葉，卷八第一一、第一二葉，卷九第三葉，卷一〇第六葉，卷二六第一一、第一三、第一四葉，卷二九第一三葉，卷四九上第二葉，卷七一上第一至第四葉、第一九、第二三、第二四、第三一、第三二、第三四葉，卷七五下第一五至二九葉、第三八葉。（以上一卷中用一至數葉，皆静嘉堂本所存卷。）

其中除卷四九、卷七一共十一葉外，均在b．本所存範圍内。北平目録分紀、志、表、傳著録存卷，今以二百二十五卷通數卷次，並參一九八九年新版北京圖書館古籍善本書目，重爲著録如下。

A—4本：存一百三十卷（目録，卷一至四三，卷四五至四七，卷七〇下，卷七四，卷七五，卷九二至一〇九，卷一五六至二一五上，卷二二〇至二二二）

〔南宋初期〕刊〔宋元〕遞修　　存二十二册　北京圖書館藏（書號：〇六〇〇）

未見。百衲本及中國版刻圖録所據，當即此本。有二〇〇六年中華再造善本影印本。第一批國家珍貴古籍名録圖録收録卷首半葉（元修）及目録第九葉右半（見背面公文）書影。一九八九年北京圖書館古籍善本書目著録：「唐書二

百二十五卷目録二卷，存一百三十二卷。」覈其存卷卷次，與一九三三年北平目録同。唯一九三三年北平目録著録存卷不數目録，新版北京圖書館古籍善本書目在唐書二百二十五卷外，特列目録二卷，而存卷混同數之，故多出二卷。

舊京書影收録一部「宋刻元修殘本」，有進書表（二四八、二四九）、目録首半葉（二五〇）、卷三首半葉（二五一）、卷七四上第二六葉右半（二五二）、卷二〇八第一五葉左半（二五三），共六張照相，即據此本。舊京書影提要云：「首進唐書表。目録不分上下卷，而首尾猶題『卷上』『卷下』。宋諱有避有不避。用官文書舊紙反印，有天曆、元貞、延祐江浙廉訪使萬户府等字。舊清内閣書，見藏北平圖書館。」其云用官文書舊紙，與新版北京圖書館古籍善本書目云「公文紙印本」合。舊京書影照片二五二、二五三取此兩處紙背文字及印記隱約可見者，而中華再造善本全然不可見，是中華再造善本加工電子化圖像，高對比度簡單化處理，將此等痕迹視而不見或視同污漬，任其消失，不知此皆極重要之版本信息。又，目録雖分上下二卷，然下卷首葉首行無標題，版心葉次「十七」，與上卷末葉接連爲之，故舊京書影提要以爲不分上下卷。此本目録補版甚多，原版如何，尚待調查。

據百衲本所用四十卷餘觀察，卷一一首、卷二〇尾、卷二一首、卷一〇一首、卷一七四尾、卷一七五首均見「京師圖書館／收藏之印」。部分書葉版心上象鼻記字數，字體、刻工顯屬後代補版，原版葉殘存甚少。

中國版刻圖録云此本版框高二〇・九釐米，廣一四釐米。（再造善本影印刊記云「版框高二十・五釐米，寬十五・九釐米」）

今據百衲本此四十卷餘，採録刻工名，且分四類。

I、與静嘉堂本紹興原版刻工同名者

王大介　王成　王昌　史復　吴諧　章中　章彦　虞集

Ⅱ、與静嘉堂本南宋前期補版刻工同名者

王祚　朱明　吕昕　李崧　施珣　施澤　胡寔　徐用　章宇　章容　董昕　董暉　董暘

Ⅲ、上象鼻無字數而且不屬Ⅰ、Ⅱ之刻工

王政　王華　王進　王涣　包端　朱宥　余政　余敏　吴祐　吕信　吕祐　李玉三　李仲　李忠　李松
李若用　李時　李益　沈定　沈松　沈珍　沈祚　沈諒　周彦　金祖　洪茂　徐高　徐榮　高彦　張榮　張説
章宗　陳仁　陳用　陳言　陳英　陳紹先　陳壽　陳學　童昕　賈祚　趙明　潘亨　鄭春

Ⅳ、上象鼻有字數之刻工

子成　子英　太亨　文明　王正　王昌　王明　占讓　可川　平山　朱大存　朱仁　朱長二　李益　求裕
沈貴　谷仲　周山　周明　林茂叔　青之　金震　彦德　茂實　孫琦　袁子寧　徐永　徐明　高顯　張成
張亨　許成　許彦明　陳文　雇恭　趙良　趙周　趙明　趙秀　鄭埜　應子華

因百衲本已經描修，字體、刻工已非原貌，故止得如此分類。Ⅰ、Ⅱ二類刻工名皆見於静嘉堂本，足證此本與静嘉堂本屬同版，爲南宋初期刊本，而經南宋前期補修。然Ⅰ類刻工極罕見，四十卷餘中僅存十餘葉。Ⅲ、Ⅳ屬於宋元補版刻工。姑且以版心有無字數爲指標，大致可分宋元。

就本書上文已列諸書刻工名表中，檢尋此Ⅲ類刻工名，則思溪藏有王政、徐高，外臺秘要方有李忠、徐高，淳熙刊史記有朱宥、余政、吕祐、李益、周彦、高彦，兩淮江東轉運司刊史記有王華、陳壽，同刊漢書有王政、洪茂、余敏，舊稱眉山七史之北齊書有王華，同魏書有潘亨。凡此諸人皆南宋前期刻工，則所刻補版當與静嘉堂本南宋前期補版同時所爲。又，Ⅲ類刻工名中，金祖、陳紹先、鄭春見於兩淮江東轉運司刊三史之補版及舊稱眉山七史之第一次補版，則當以爲南宋中期補版。Ⅳ類刻工名中，占讓、徐明、鄭埜、應子華見於兩淮江東轉運司刊三史及舊稱眉山七史更晚時期之補版，當以爲元代刻工。

中國版刻圖録分三期著録此本刻工：

第一期南宋初葉浙中良工

董易　虞集　董昕　章中　施寔　章宇　包端　朱宥　章容　章彦　董暉　李詢　徐高　等

第二期南宋中葉杭州地區補版工人

王恭　宋琚　金祖　吴志　陳壽　求裕　曹冠英　詹世榮　邵亨　丁松年　等

第三期元時杭州補版工人

徐艾山　鄭埜　雇恭　應子華　任阿伴　徐愛山　蔣佛老　等

中國版刻圖録分析刻工素來精確，然此第一期混同紹興及南宋前期。董易、虞集、章中、章彦爲紹興原版刻工，董昕、章宇、章容、董暉爲稍後南宋前期之補版刻工，參上靜嘉堂本刻工表。施寔、朱宥、李詢、徐高雖不見於靜嘉堂本，然徐高見思溪藏、外臺秘要方，朱宥見淳熙刊史記，如上述，施寔見淳熙中桐川郡齋刊史記，李詢見兩淮江東轉運司三史之漢書，則亦皆南宋前期補版刻工。包端名雖見於嘉定三年跋刊中興館閣録，然天理圖書館藏通典包端與王政、周彦、徐高、陳仁、潘亨等數人共見，越刊八行本禮記正義亦見包端，則不妨視爲南宋前期補版刻工亦見於中期最初期版本。此本遞修至元代，原版葉極少，疑原版及南宋前期補版均經磨損，不易分辨，故中國版刻圖録混同爲第一期與。

版刻圖録所列第二期刻工，皆常見於「敦」「郭」兩字缺筆之南宋中期諸刻本。如紹熙三年（一一九二）刊禮記正義（八行本，足利學校遺蹟圖書館藏）見王恭、包端、吴志、邵亨，吴志又見嘉定五年（一二一二）刊歷代故事（静嘉堂藏）、慶元六年（一二〇〇）刊春秋左傳正義（中國版刻圖録），邵亨又見嘉定一二年刊渭南文集（版刻圖録）。至若宋琚、吴志二人，則是南宋中期刻工之最常見者，其餘諸人皆與此二人共見。版刻圖録所列十名，百衲本僅見金祖、陳壽二人。

版刻圖録所列第三期刻工，百衲本所見者鄭埜、雇恭二人。此二人及「子華」（疑即應子華）共見於文獻通考。徐艾山等諸人，亦見其他元版諸本。

總之，此本遞經南宋前期、南宋中期、元中期補修。

B種、南宋前期建刊十四至十六行本

江南圖書館善本書目（清宣統中刊）、江蘇省第一圖書館覆校善本目（民國七年刊）、江蘇省立國學圖書館圖書總目（民國二四年、二五年刊）等著録一部「唐書二百二十五卷　嘉祐小字本　汪氏藝芸書舍藏書　三十册」，係丁丙舊藏本，今藏南京圖書館。善本書室藏書志云「每葉三十行，行二十五字」（半葉十五行），莫友芝宋元舊本書經眼録謂此本每半葉十六行。盋山書影（民國一八年江蘇省立國學圖書館）收録卷一六四（列傳八九）首葉書影，實十六行二十九字。然中國版刻圖録圖版一六六爲南京圖書館藏唐書卷四三上（地理志上）首半葉，十四行二十四字，目録引用善本書室藏書志，則與盋山書影所收當即一本。觀此兩張書影，字體風格同屬南宋前期建刊本，然行格不同，盋山書影所載排字緊密，版刻圖録所載較疏鬆，印象大異，僅據書影不敢遽斷爲同書。

北京圖書館有傅增湘舊藏本存一百二十四卷（僅存列傳，其中四卷配補明版），百衲本採用其中三十六卷。檢百衲本，此本十六行，約二十九字，字體印象亦與版刻圖録所載不同。然以盋山書影所載卷一六五書影，與百衲本影印傅增湘舊藏本卷一六五相較，則又似同版。

其實，一部之内行格不一致者，南宋建刊本中不乏其例。如上文已見北京大學圖書館藏史記、京都大學人文科學研究所藏後漢書皆如此，唐書亦然。盋山書影所載與版刻圖録所載正是同一帙，而傅增湘舊藏本是否同版，則待對校始可知。

B—1本： 存一百五十五卷〔南宋前期　建安〕刊

（缺卷一九至二三，卷三九，卷四七至四九，卷五八至六〇，卷七〇下，卷七一上，卷七二中下，卷八六，卷一〇五，卷一〇六，卷一一二至一一八，卷一二二至一三三，卷一三六至一四六，卷一五七至一六三，卷一七八至一八二，卷一九三至一九五，卷二〇二至二一〇，卷二一五上，卷二二一至二二二上）　存三十册　南京圖書館藏

善本書室藏書志、盋山書影、中國版刻圖録著録，見上文。第二批國家珍貴古籍名録圖録收録卷五首半葉書影。後補粉紅書衣（二五·四×一五·五釐米），後又重爲書衣。襯紙裝。此本缺葉甚多。如卷二缺首三葉，卷六缺第一〇葉，卷一〇缺第九葉以下，卷一八缺第九葉以下（以下卷一九至二三全缺），又缺卷三六第一〇葉至卷三七首三葉，又缺卷三八第一一葉以下（以下卷三九全缺）。藏印有：「汪印／士鐘」（白文）、「閬源／真賞」、「綸音／嘉惠藝林」、

圖一二八

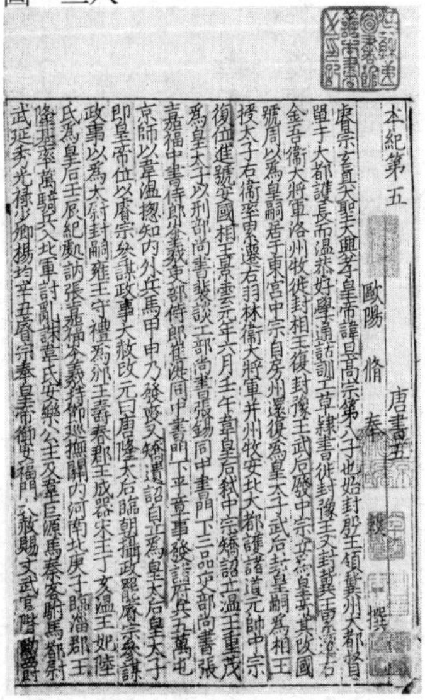
本紀第五　唐書五
歐陽脩　奉敕撰

新唐書　南宋前期建刊（B種）
十六行（盔山書影）

圖一二九

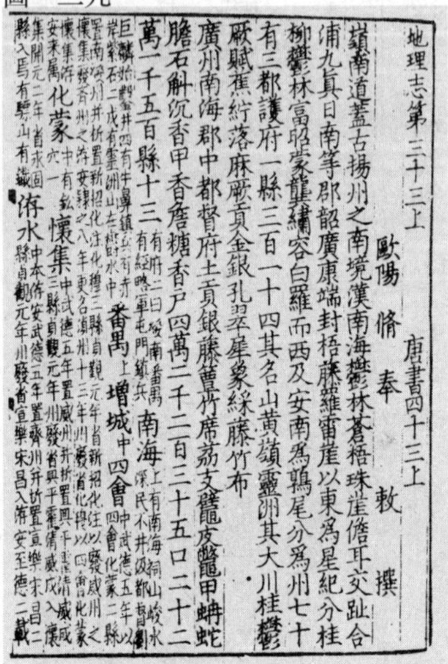
地理志第三十三上　唐書四十三上
歐陽脩　奉　敕　撰

新唐書　南宋前期建刊（B種）
十四行（版刻圖録）

「惠甫／寓目」、「八千卷／樓所藏」、「八千卷／樓藏／書印」、「善本／書室」。唐書目録及卷一首五葉皆補鈔，卷二缺首三葉。

卷三首題「本紀第三（空八格）唐書三」，次行低九格題「歐陽　脩　奉（空三格）敕（空三格）撰」。尾題「逆臣列傳第一百五十下」。左右雙邊（一九×一三釐米）。每半葉十四至十六行，行二十五至三十一字不等。本紀始爲十五行二十五字；志以十六行或十五行居多，而版刻圖録所載地理志爲十四行，其十五行亦有前十二行細、後三行寬者；傳以十五行始，後爲十六行，如盔山書影、百衲本所見。版心白口，雙魚尾，題「己幾」等，不記字數及刻工名。

避諱不甚嚴謹，缺筆字有：「玄弦朗　頊　敬儆警驚　境鏡　弘殷　匡胤　恒　禎貞偵楨徵懲」等。校史隨筆就傅增湘藏本（B—2本）而云「避諱至高宗止」。今案此本，「搆購遘」字偶有缺一畫者。然「講」字亦有缺一畫者，則或是通俗異體字如此，未必爲避諱。

此本卷末有丁丙識語，而善本書室藏書志所載標題「宋嘉祐刊本」，較此本識語加詳焉：「……是書曾公亮進書表及目録已佚。……每葉三十行，行二十五字。版心窄狹，幾不能容。首行大題亦在下。仁宗以上諱『匡胤恒禎』及嫌名『殷敬鏡境貞』等字皆缺筆，而不及英宗以下，殆嘉祐時所鏤版也。謹按天禄琳琅著録是書，稱『行密字整，結構精嚴』，與此正同。惟中有節缺之卷，與藝芸精舍藏目缺卷相符，誠秘笈也。有『汪士鐘印』、『閬源真賞』兩印。……」丁氏誤以此本爲嘉祐刊本，並與南宋初期湖州刊本（A種）混同之。又，丁氏據第一卷著録行格，以爲半葉十五行二十五字，盋山書影引此文，而所載書影乃列傳，十六行二十九字，竟與其文不符。

中國版刻圖録「圖版一六六」之目録全文如下：「匡高一九·三釐米，廣一三·二釐米。十四行，行二十四字。注文雙行，行二十九字。白口，左右雙邊。字體娟秀，版式刀法與晉書、周易注、初學記等書相似，純係南宋初年建本風格。宋諱缺筆至『貞』字，知據北宋嘉祐監本翻版。丁氏善本書室藏書志謂此書爲北宋嘉祐刻本，絶非事實。」版刻圖録定此本爲南宋建本，否定嘉祐刻本之説。然版刻圖録目録云此本十四行二十四字，所載圖版正如此，則讀者何以知此與盋山書影所載其實一本？莫友芝宋元舊本書經眼録著録此本曰「每半葉十六行，行二十九字。汪閬源氏舊藏，今歸錢塘丁氏。每册首有『汪士鐘印』、『閬源真賞』二印。」此言十六行二十九字，又一説也。要之，此本一部之中，兼有十四行、十五行、十六行之卷。舊時著録皆僅就一部分著録行格，不顧先後行格之異，故讀者每致迷惑，疑不可解。今幸調查原本，始得涣然冰釋矣。

B—2本：存一百二十卷（卷九七至二〇七，卷二一二至二二三中，卷二二四下至二二五）

配明刻本四卷（卷一六三，卷一六四，卷二二二，卷二二三）

傳增湘跋　　共存一百二十四卷三十四册　北京圖書館藏（書號：一二五〇九）

未見。一九五九年北京圖書館善本書目、一九八九年北京圖書館古籍善本書目著録。一九三三年張元濟於上海爲傳氏購買此書，先照相以補百衲本，至年底始郵寄北平（見張、傅往來書札），故藏園群書經眼録云：「甲戌歲（一九三四）張菊生前輩代余收之，因取三十三卷（案：當爲「三十六卷」之訛，辨見下。）配入百衲本廿四史中。」藏園羣書題記續集（一九三八年刊）卷一有傅氏北宋小字本唐書跋，其文如左：

此宋刊唐書殘帙，存卷自列傳二十二起，至一百五十止，其全書總卷爲第九十七至二百二十五卷。中缺一百三十三至三十六，一百四十七下至四十九上，凡得一百二十三卷。半葉十六行，每行二十九字。白口，左右雙闌。宋諱「桓」、「慎」字皆不避闕，蓋北宋本也。字體秀勁，筆意在褚、顏之間，斷爲閩中所刻，與宋建本之鋒棱峭厲者，迥然不同。北宋尚存古意，不似南宋以後，專以精麗爲長。此時代刀法之變遷，不廑繕工之有優劣也。余舊藏百衲本通鑑，其小字十五六行者，與此正同。他如日本官庫所藏初學記、江南館所藏晉書，其密行細楷，亦類此。近歲涵芬樓彙印百衲本廿四史，以唐書難得古槧，因假靜嘉堂之陸氏書，摹影以歸。而陸書頗有缺卷，以北平館本補之，仍苦不足。適余在滬肆收得此書，浼張菊翁前輩代爲諧價。菊翁因就此中擷取三十六卷，以彌其缺。於是北宋刻唐書，遂有小字合璧本，傳播於世宇，亦書林中一快事也。菊翁付印時，曾取此本與武英殿本對校，歷舉周處、封倫等傳文字不同，可以正殿本之失者凡六事。若盡發此百許卷，詳爲勘誦，其獲當何如耶。戰禍將發，憂心如焚。何時假我以優閑之歲月，肆力丹鉛，一償此願乎。丁丑（一九三七年）六月初十日，清泉逸叟識於藏園之萊娛室。

藏印有歐陽玄印、宋景濂印、萬卷堂印及宋蘭揮諸印，其流傳之緒，可以考見。別有「紫玉玄居寶刻」一印，未審何人，竢博攷之。又第八十八、九，一百三十七、八各卷，字迹方板，刻工疏率，神氣索然，決非原刻。豈宋末坊肆覆雕？抑明代有翻本，取以補入耶？疑莫能明也。沅叔又識。

一九八九年上海古籍出版社版藏園羣書題記收録此跋，除删削「戰禍將發」二十七字外，改謂此本爲南宋初本，故「與宋建本之鋒棱峭厲者，迥然不同，北宋尚存古意，不似南宋以後，專以精麗爲長」改作「與習見建本之鋒棱峭厲者，迥然不同，蓋南渡之初尚存古意，不似孝、光以後，專以精麗爲長」。而此前一九八三年中華書局版藏園羣書經眼録已定此本爲南宋初建刊本，除跋所舉資治通鑑、晉書、初學記三本外，更舉「瞿氏藏周易」、「内藤虎藏邵武東鄉朱中奉宅刊史記」，以爲「其密行細楷亦類此，蓋南宋初建本之精者」。又列藏印「歐陽玄印」、「宋景濂藏書印」、「萬卷堂印」、「宋筠」、「蘭揮」、「雪苑宋氏蘭揮藏書記」、「微子世家」等，較跋稍詳。今檢百衲本所見此本藏印，有「緯蕭／草堂書記」、「宋筠」、「蘭揮」、「雪苑宋氏蘭／揮藏書記」、「萬卷堂／圖籍章」、「紫玉／玄居／寶刻」等。

百衲本新唐書跋云：「歲戊辰（一九二八），覩皕宋樓陸氏舊藏小字本，半葉十四行，行二十五字，堪與舊唐書相耦，乞影攜歸。復句北平圖書館殘帙補之，猶不足。適書肆以別一殘宋本至，爲商丘宋氏故物，視陸本每半葉僅羸二行，行增四五字，喜其相近，亟留之。凡陸本所無，及漫漶過甚者，均可攙配。」今檢百衲本，其用此本者，計有卷九八，卷一〇〇，卷一一九，卷一三一至一三六，卷一三九，卷一五一，卷一五四，卷一六五，卷一七五，卷一八〇，卷一八四至一八八，卷一九一，卷一九三，卷一九七，卷二〇〇，卷二〇一，卷二〇四至二〇七，卷二一四，卷二一五，卷二一六下，卷二二〇，卷二二一上，卷二二二中，二二五上，共三十六卷。然此三十六卷中，静嘉堂本所存者二十卷，北京圖書館本所存者二十三卷，合計四十三卷，除去重複十三卷，共三十卷爲静嘉堂本或北京圖書館本所有，兩本均缺者，僅卷一三一至一三六（列傳五六至六一）六卷而已。换言之，百衲本於静嘉堂本或北京圖書館本所存卷次亦往往改用此本。

據百衲本觀察，此本半葉十六行，行二十九字，故其字較A種爲小，字體亦截然不同，乃南宋初期建刊特有之類瘦金體（參考綜論編第三章第二節）。中國版刻圖録圖版一五九至一六六，即周易注（有一九二八年文求堂影印本）、後漢書注（即本書D種）、史記集解、索隱（即本書乙—A種）、史記集解（即本書甲—I本）、晉書（即本書B種）、唐書（即本書B—I本）凡六本，均屬南宋初期建陽坊刊，字體風格一致，尤以圖版一六四、一六五之史記集解與此本最相似。中國版刻圖録目録評述此類字體，稱「書體秀娟」（周易注、後漢書注）、「娟秀」（唐書）、「字近瘦金體」（周易注、史記集解、晉書）、「遒勁有力」（晉書）。後漢書有錢塘王叔邊刊記，史記集解、索隱有乾道七年（一一七一）建谿蔡夢弼東塾刊記。周易注避「慎」字，晉書避「構」字，後漢書注不避「慎」「敦」字，史記集解不避北宋後期及南宋諱字（其實有避「慎」字處，見本書史記甲—I本下），避諱情形稍有差異，然皆南宋前期建刊本，此不容置疑。

中國版刻圖録論述南京圖書館藏本（圖版一六六）時所舉初學記，亦即傅氏跋所舉「日本官庫所藏初學記」，乃日本宫内廳書陵部藏金澤文庫本初學記三十卷十册，卷首序末有四行刊記曰：「東陽崇川余四十三郎宅／今將監本寫作大字，校正雕開，／並無訛謬。收書　賢士，幸詳／鑒焉。紹興丁卯（一一四七年）季冬日謹題。」正文卷一半葉十二行約二十二字，卷二以下十三行約二十四字，字體與中國版刻圖録圖版一五九至一六六等同屬一類。然此初學記，每卷開首字體工整，愈後愈潦草，且卷次愈後字體愈潦草，幾令人疑爲元刊本。又，京都大學人文科學研究所藏後漢書一百二十卷二十册（有缺，即本書E—1本）亦當屬同期建刊本。此後漢書卷一半葉十三行約二十四字，而卷二以下行格變化爲十四行約二十六字，且卷中亦偶見十五行二十七字之葉，各卷末葉又有十一行十八字、十二行二十字等變例。據初學記、後漢書等，知當時坊刻本行格未必一定，南京圖書館本唐書一書中兼有十四行、十五行、十六行，正同此例。此傅增湘舊藏本，僅存列傳，一律十六行，持百衲本（影印傅增湘舊藏本之三十六卷）與南京圖書館本相較，始得證實爲同版。

竹汀先生日記鈔卷一有云：「新唐書一部，卷末有墨記一方云：『麻沙鎮水南劉仲吉宅，紹興庚辰（三〇年）月。』」今案：此種（B種）現存二部均缺卷首，無從論證是否紹興三〇年劉仲吉宅刊本。

存疑：存八卷（卷七二中下，卷七四，卷二一五至二二〇）　三册　北京圖書館藏（書號：〇七九三）

未見。此即上文録一九三三年北平圖書館善本書目之a.本。舊京書影著録一本宋刻殘本，（二五四）爲卷七二中（宰相世系表第一二中）首半葉書影，（二五五）爲卷二二〇（傳一四五）第一五葉（末葉）左半，卷次正合此本存卷首尾，爲此本照相無疑。據照相觀察，字體有南宋前期建本特色。又，行格先後不同，卷七二中首半葉十四行二十五字，卷二二〇卷末字體潦草，僅雕十一行，行二十五至二十七字不等，亦南宋前期建刊本之常態。因此，頗疑此本爲南宋前期建刊本，不知是否即B種。照片（二五五）（卷二二〇第一五葉）與百衲本卷二二〇不符。

C種、南宋中期建安魏仲立宅刊本（十行）

紹熙、慶元年間黄善夫、劉元起刊行史記、漢書、後漢書爲起始，建安一地陸續刊成十史，皆用十行十九字左右之同一版式。此唐書即其中之一，且除三史外，唯唐書有木記可以知刊行人姓名。「中央圖書館」藏本具有木記，且存卷較多。至北京圖書館、静嘉堂文庫則僅存零卷。

C—1本： 存一百八十二卷（卷一至四三，卷五四至六九，卷七〇下，卷七一下至七三，卷七五至一〇〇，卷一〇三至一一四，卷一一九至一二九，卷一四〇至一九六，卷二〇八至二一二，卷二一六至二二二，卷二二五）

〔南宋中期〕建安　魏仲立宅刊

補鈔十三卷（卷一〇一，卷一〇二，卷一三〇至一三五，卷一九七，卷一九八，卷二〇五至二〇七）

凡存一百九十五卷六十七册　「中央圖書館」藏（書號：〇一五四〇）

劉氏嘉業堂舊物。嘉業堂善本書影收録目録首葉、目録上末葉及卷一首葉書影，至其書影目録稱「唐書一百八十八卷」，則不知何據。一九九七年復旦大學出版社版嘉業堂藏書志收録吴昌綬志稿，著録存卷及補鈔卷次與上著録略同，其有不合處，疑爲筆誤。（增訂）中國訪書志著録。「中央圖書館」善本書目、國家圖書館善本書志初稿並稱「存一百九十三卷」，是計算缺卷爲三十二卷，全書二百二十五卷減三十二卷，遂得一百九十三卷之數，不知其中卷七〇（表第一〇）、卷七一（表第一一）皆缺上存下，缺卷數之，存卷當亦數之，存卷當以一百九十五卷爲正。又，「中央圖書館」善本書目（增訂二版）著録缺卷有訛誤，「表卷十上」下當補「卷十一上」，傳「卷一百三十八至卷一百四十二」當刪末「二」字。

深紅褐色書衣（二五・四×一五・五釐米），金鑲玉裝。藏印有「項子京／家珍藏」、「項氏萬卷／堂圖籍記」、「季印／振宜」、「蘇齋」、「汪印／士鐘」（白文）、「憲／奎」（白文）、「秋／浦」、「劉印／承幹」（白文）、「承幹／心印」（白文）、「翰／怡」、「劉氏／翰怡」、「承幹／鈐記」、「嘉業堂」、「翰怡／玩賞」、「御賜抗心希古」、「希古樓」等。［據國家圖書館善本書志初稿又有「在＝處＝／有神物／護持」（白文）、「毛／褒」、「華／伯」（白文）諸印。］

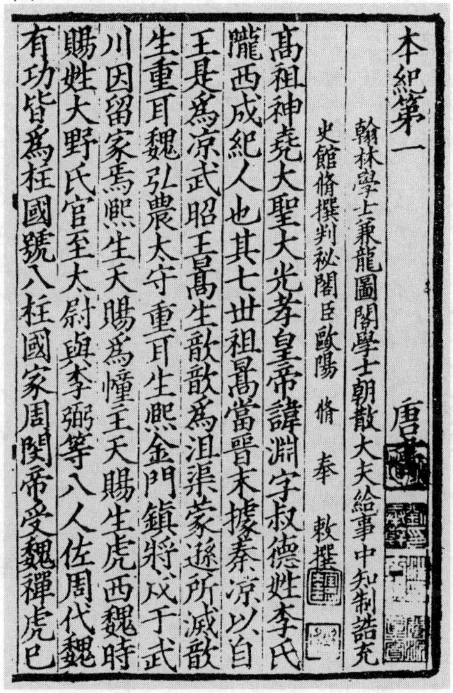
本紀第一　　唐書一
翰林學士兼龍圖閣學士朝散大夫給事中知制誥充
史館脩撰判祕閣臣歐陽　脩　奉　敕撰
高祖神堯大聖大光孝皇帝諱淵字叔德姓李氏
隴西成紀人也其七世祖暠當晉末據秦涼以自
王是爲涼武昭王暠生歆歆爲沮渠蒙遜所滅歆
生重耳魏弘農太守重耳生熙金門鎮將戍于武
川因留家焉熙生天賜爲幢主天賜生虎西魏時
賜姓大野氏官至太尉與李弼等八人佐周代魏
有功皆爲柱國號八柱國家周閔帝受魏禪虎已

圖一三〇

新唐書　南宋中期建安魏仲立刊（C種　嘉業堂書影）

首唐書目録上下卷，卷上末有雙行木記曰「建安魏仲立宅刊行／收書賢士伏幸詳鑒」，如見嘉業堂書影。首題「本紀第一」，隔七格題「唐書一」，第二、第三行低三格弱題「翰林學士兼龍圖閣學士朝散大夫給事中知制誥充／史館脩撰判祕閣臣歐陽　脩　奉　敕撰」。卷末有「嘉祐五年六月二十四日／進呈」曾公亮等八名列銜及「嘉祐五年六月二十六日准中書劄子奉／聖旨下杭州鏤板頒行」富弼等八名列銜。

左右雙邊（一九・二×一二・五釐米），有界，半葉十行，行十九字，注文小字雙行。版心綫黑口，雙魚尾，題「唐己幾」、「唐書紀幾」、「唐書禮樂志幾」、「唐禮樂志幾」等，無定式，下魚尾下記葉次。無刻工名。上象鼻或記字數，然極罕見。宋諱「玄炫鉉朗　敬璥驚境　弘殷　匡　炅　恒　禎貞湞徵懲　桓　構　慎　敦燉　郭廓」諸字缺筆，與三國志同，較三史多「郭廓」字。

卷二一六第二〇至二二葉版心粗黑口，疑或爲元代覆刻本。其餘當即建安魏仲立宅刊本。

卷六八、卷六九（表第八、第九）静嘉堂本（A—1本）以魏仲立本配補，故百衲本據劉氏此本影印，見百衲本跋。然此本卷六九末有「蘇齋」印，百衲本則不可見矣。

静嘉堂藏湖州刊本（A—1本）有配補六卷（卷六八、卷六九、卷一〇一、卷一〇二、卷一三五、卷一三六）三册，即魏仲立刊本。印版用紙（二四×一五釐米）較湖州本稍小，故爲金鑲玉裝。印記有「毛／褒」、「華／伯」（白文）及「宋本」（橢圓）、「御史／振宜／之印」見卷一〇二首，「季振宜／藏書」（白文）見一三五首，「汪印／士鐘」（白文）、「閬源／真賞」見每册首。

北京圖書館藏有一部宋刻殘本，存二卷（卷二七下、卷二八（即志一七下、志一八））一册，書號「六七三五」，即鐵琴銅劍樓舊藏本。鐵琴銅劍樓藏書目録稱「三卷」，乃據子卷言（志一八分上下二子卷），其實無異。其言「嘉祐刻本」，則固非其實。鐵琴銅劍樓宋本書影收録卷二七下首葉書影，除瞿氏諸印外，亦見「在＝處＝／有神物／護持」（白文）、「毛／褒」、「華／伯」（白文）諸印，明爲汲古閣舊物。或原與静嘉堂配本爲一帙，亦未可知。

繆荃孫藝風藏書記卷四著録「新唐書二百二十五卷」十行十九字本，云：「目後有牌子云『建安魏仲立宅刊行，士大夫幸詳察之』行書兩行，是南宋閩本。惟英宗以上諱闕維謹，英宗以下不避，從北宋本出也。收藏有『項氏萬卷堂圖籍印』朱文長方印，『毛褒』、『華父』連珠小印，『在在處處有神物護持』白文方印，每卷有『汪印士鐘』白文、『閬源真賞』朱文兩印。汲古閣舊裝。藝芸書舍宋元本書目内有此書。」所言木記文字不符，缺筆亦大異，不可據信。「中央圖書館」本（C—1本）缺筆至寧宗諱，若云不避英宗諱，則南宋初期湖州刊本（A種）乃爾。

D種、元天曆二年覆南宋中期建安魏仲立刊本（十行）

元代中期天曆二年（一三二九）覆刻南宋中期建安魏仲立宅刊本，行款全同，而版心上象鼻記大小字數，下象鼻記刻工名，缺筆大減，傳本不少，往往誤以爲宋刊本。

静嘉堂有二百二十五卷四十八册，大垣市立圖書館存一百八十八卷六十五册，北京大學圖書館有二百二十五卷一百册，寶禮堂宋本書録著録一部二百二十五卷一百册，藏園羣書經眼録著録一部二百二十五卷，舊京書影著録一部二百二十五卷，「舊歸安姚氏書，見藏北平圖書館」，收録進書表第二葉左半（二四六）及卷一首半葉（二四七）書影。

静嘉堂本、大垣圖書館本及舊京書影著録本，卷首有曾公亮進書表，卷末有進呈及下杭州鏤板頒行中書劄子列銜（静嘉堂本有部分缺逸及補鈔），與南宋初期湖州刊本（A—1、A—2本）、建安魏仲立宅刊本（C—1本不見進書表）同。寶禮堂本似缺，宋本書録未言及此。又，大垣本及寶禮堂本經明宣德九年、一〇年補修。各本皆無建安魏仲立宅木記，卷一首葉版心下象鼻記「己巳冬謙德刊」，即謂元天曆二年。

D—1本：二百二十五卷　元天曆二年覆〔南宋中期〕建安魏仲立宅刊本　四十八册　静嘉堂文庫藏

静嘉堂宋元版圖録收録卷一首半葉、全書末尾總目半葉及進呈、下杭州鏤版列銜一葉書影。

後補灑金藍色書衣（二四・七×一四・九釐米），襯紙裝。藏印有「石／林」、「冢宰／之章」、「啟／南」（白文）、「臣陸／樹聲」（白文）、「歸安陸／樹聲叔／桐父印」等。首曾公亮進新唐書表及唐書目録卷上首九葉均補鈔。卷末有進呈、下杭州鏤版列銜，而缺末葉，下杭州鏤版列銜僅見一行。又，書中偶有缺葉及補鈔葉。全書有朱筆句點。

左右雙邊（一九×一二・三釐米），十行十九字。部分有耳題。版心白口，記「（大小字數）唐本紀幾（葉次）（刻工名）」。此本與静嘉堂所藏建安魏仲立宅刊本六卷（A—1本之配本）相較，除版心稍有變化外，行款全同，可見其爲覆刻本。

刻工名多不記姓，以單字者居多。卷一首葉記「己巳冬謙德刊」。其餘刻工名列表如下：

三　子　子文　子明　山　弓　中　予　仇　天　文　文　王　王君粹　王愛之　王榮　可　正　玄　用　目
仲希　汝　汝善　江　亨　伯　君　君美　君粹　呂　志　成　甫　秀　秀實　具　明　枝　注　青　英
英玉　茂　茂卿　范興　美　徐　徐文　祐　高　卿　國用　國賓　崔　埜　净　清　清甫　祥　善　曾　華
華甫　愛之　程元　遠　壽　實　榮　粹　賓　劉　廣　德　德成　德謙　興　静　應　謙

覈之其他元版之可知刊年者，則「德謙」、「子明」（李、劉）、「君美」（江）、「徐文」、「清甫」（江）、「華甫」（丁、吳）諸名亦見舊稱「元興文署刊」資治通鑑，「子明」(徐)、「王君粹」、「君美」(汀)、「英玉」(汪)亦見至治二年(一三二二)福州三山郡學刊通志，「華甫」亦見泰定元年(一三二四)西湖書院刊文獻通考，「子明」、「王君粹」、「王榮」、「英玉」(汪)、「茂卿」、「德成」亦見泰定四年(一三二七)前後所刊十三經注疏。由此則「己巳冬德謙刊」自當爲天曆二年(一三二九)，此種唐書可以定爲元天曆二年覆刻南宋中期建安魏仲立宅刊本。

圖一三一

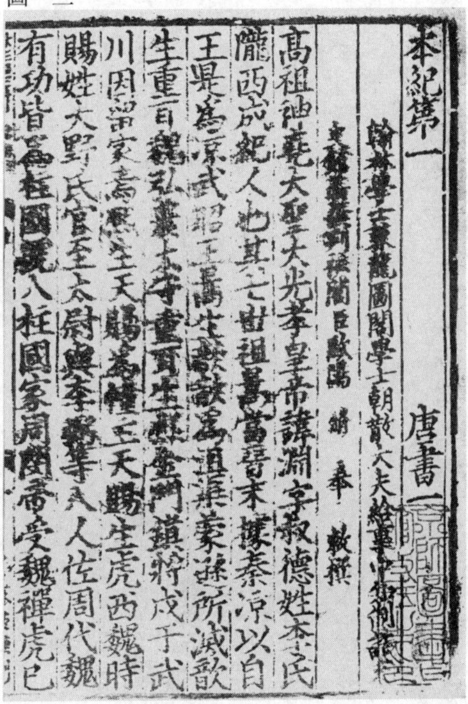

新唐書　元天曆二年覆魏仲立刊本(D種　舊京書影)

D—2本： 存一百八十九卷(缺卷一一至一九，卷四二至四七，卷四九至五六，卷六一至六六，卷八七至九三)

同刊　明宣德九年、一〇年遞修　六十五册　大垣市立圖書館藏

大垣市立圖書館漢籍目録附善本解題(一九七二年該館出版)著録。後補鼓印龜甲蔓草文紅書衣(二五・四×一六・七釐米)，襯紙補修。鈐有「大垣文庫」、「大垣／鄉校／之印」等藏印。缺進書表。目録首二葉皆補版，四周雙邊。書中有少數缺葉。卷末有進呈、下杭州鏤版列銜。

左右雙邊（一九・一×一二・三釐米），十行十九字，版心白口，上象鼻記字數，下象鼻記刻工名，卷一首葉見己巳年刊記，均與静嘉堂本（D—1本）同。補刻葉版心小黑口，下象鼻或見「宣德九年」、「宣德九年知府宋補」、「宣德九年太守宋補」、「宣德九年太守案補」、「宣德十年同知周」等補刊記。全書中，補版葉不足一百。

D—3本： 二百二十五卷　同刊　明宣德九年、一〇年遞修　一百册　北京大學圖書館藏（書號：李八八七九）

後補粉紅書衣（二五・七×一五釐米），襯紙裝。藏印有：「錢印／謙益」、「錢謙／益印」（白文）、「德化李／氏凡將／閣」、「木齋／宋元／秘笈」、「木犀軒／藏書」、「明墀／之印」（白文）、「李氏／玉陔」、「李印／盛鐸」（白文）、「木／齋」、「北京大／學藏」等。

明代補版刻工有「輝」、「白」、「公」、「文之」等。

D—4本： 存一百五十六卷（卷一至四，卷一一九至三一，卷四九至五六，卷七一下至一〇一，卷一一六至二二五）

同刊　明宣德九年、一〇年，正德六年遞修　存三十册　北京大學圖書館藏（書號：九一四・一／七七七二・一）

淡黄書衣（二六・八×一七・五釐米）。卷一首葉爲明代補版，無己巳年刊記。明代補版葉，除白口上象鼻記「正德六年刊」、「府劉校」等外，多爲粗黑口，偶有白文大小字數。頗多墨釘。

藏園羣書經眼録著録傅氏所藏「元翻宋刊元明遞修本」，謂其版心「黑口」，則明代補版較多。又云：「明補板板心有『府劉校』三字，與晉書同。」案：D—4本遞修至正德六年，即見「府劉校」三字，疑傅氏所藏亦經正德六年補修。傅氏所云晉書，即元覆南宋中期建刊本（本書E種）。

【百衲本】

百衲本以靜嘉堂藏南宋初期湖州刊本（A—1本）爲主，補以北平圖書館藏湖州刊本遞修本（A—4本）及傅增湘藏建刊十四至十六行本（B—2本）。又，據百衲本跋知，表第八、第九及目録，即用嘉業堂藏魏仲立刊十行本（C—1本）。然實際情況錯綜複雜，需稍加分析。

百衲本採傅增湘本凡三十六卷，而其中三十卷爲靜嘉堂本或北平圖書館本所有，百衲本置靜嘉堂本及北平圖書館本不用，而改用傅增湘本，如B—2本下所述。此蓋因靜嘉堂本及北平圖書館本照相不合用，故以抽換。

又，百衲本之描修，於底本照相頗多加工。如靜嘉堂本全書皆有朱墨批語，蓋出李安詩手，相當詳細，而百衲本一概抹消，以清版面。靜嘉堂本南宋初期原版葉，版面磨損，印面往往不清晰，而百衲本無此病，是版面描修相當精細，故字體亦稍失原來風貌。雖如此，南宋初期原版葉與南宋前期補版葉，尚可分辨。

靜嘉堂本卷七五下（宰相世系表一五下）脱第一五至二九葉、第三八葉（凡十六葉），而版心葉次上下連貫。百衲本蓋用北平圖書館藏本元代補版配補此十六葉，描修改正先後原版葉版心葉次。靜嘉堂本現存表各卷，悉皆原版葉，而有此訛脱。疑經南宋前期、後期補修，至元代補修，始得補缺葉。又如卷一，靜嘉堂本首葉之後夾入有格白紙，是因原版第二葉版心誤標「三」，第三葉以下葉次皆順此而下，故以爲缺第二葉。其實此卷無缺葉，版心葉次錯訛而已。百衲本乃描修改正葉次。（再造善本影印A—4本，第二葉版心改作「二之三」，以示無缺葉，第三葉標「四」，以下皆仍舊。）

百衲本校改文字，則如卷一六七第一一葉右半葉末字「成就」，足利本（A－2本）原版不誤，而靜嘉堂本此葉乃南宋前期補版，「成就」訛作「成龍」，百衲本描修改正。又如卷八第一一葉左半葉第二行，百衲本有空二格處。覈靜嘉堂本，此葉爲南宋初期原版（刻工章彥），二字格擠刻「粟三月」三字，看似「粟盲」。百衲本此葉及一二葉用元代補版葉（刻工張亨），蓋用北平圖書館本抽換。今未見北平圖書館本，而再造善本影印A－4本卷八第一一葉爲元代補版，「粟三月」確作空格，則百衲本當據北平本。

百衲本描修，有擅改刻工名及避諱筆畫，極其不妥者。如卷三第一二葉靜嘉堂本刻工「王真」，百衲本改作「王震」（再造善本影印A－4本無刻工名）；卷七第一四葉，靜嘉堂本「董」，百衲本改作「李」（再造善本影印A－4本作「王汝霖」）；卷二五第八葉、第一二葉，靜嘉堂本「李敏」，百衲本改作「李攸」。此例甚多，不勝枚舉。其中以原版刻工名互訛者居多。又，卷七二下（宰相世系表一二下）第二葉左半葉第二行及第二三葉第六行各見「曙」字，第二〇葉第三行見「頊」字，第四七葉左半葉第七行見「署」字，靜嘉堂本皆原版葉，皆不缺筆，而百衲本皆缺筆，似爲描修所致。南宋初期湖州刊本舊稱嘉祐刊本，則「曙」（英宗諱）、「署」、「頊」（神宗諱）諸字是否缺筆，不得不令人關注。此亦當知，百衲本等影印本不足以論避諱。

百衲本目録上第五至第一六葉，目録下第一至第一八葉，卷二一第六葉，卷五六第六葉，卷八九第七葉，卷一二一第六葉，皆左右雙邊，十四行，行二十五字左右，版心白口，單魚尾，不記字數。行格及目録下卷首題格式等與南宋初期湖州刊本合，然字體呈往右斜上勢，筆畫稍粗，儼然建刊風格，且避諱相當嚴謹，避至南宋中期「敦」「燉」「廓」諸字，而無刻工名。昔見百衲本，曾疑南宋中期或有建安刊十四行本，然正史刊本未聞有南宋中期十四行本者。今案：此諸葉，當即百衲本跋所謂「縮劉本（案：謂C－1本）以足之」者，故行格同南宋初期湖州刊本，而字體風格同南宋中期魏仲立宅刊本。百衲本跋止言表第八第九及目録，其實另有四葉同用「縮劉本以足之」之法。

E種、元大德一一年建康路儒學刊本（九路本十史，十行）

元大德九路儒學本唐書，爲建康路儒學所刊，神田喜一郎論之已詳。因有大德丁未（一一年）刊書序，明言爲「昇（唐代昇州，元代爲建康路，後爲集慶路）所録者唐書」，序後列建康路儒學、建康路溧陽州儒學、建康路溧水州儒學、建康路明道書院教授等銜名，故知爲建康路儒學所刊，自無疑義。

此種唐書元刊本，明嘉靖一〇年前後編入爲南京國子監二十一史之一，遞經補修，刷印至清代，先後四百年，與晉書同。緣此，至今傳本較多，然其嘉靖初年以前印本則甚少見。刊書序及建康路諸學列銜，見善本書室藏書志、適園藏書志、傳書堂藏善本書志、五十萬卷樓藏書目録等引録者，皆非全文。其實，現存僅有「中央圖書館」（北平）藏存一百二十五卷四十九册本（E－4本）具原文而已。今據其本録全文如下。原本版心題「唐序」，半葉九行，凡三葉。文中「墨釘」、「墨」爲原書墨釘。

李唐英主迭興夷類鉏荒恬武功過／亂略粲乎有文以致天下之隆平嗣
有丕緒者過佚前人光扶衰救危墨釘／墨釘竹固已濫于金匱石室間矣宋
墨祐中歐陽公被旨芟虀唐書紀用／其墨瀍其志禮樂則謂古者禮樂出
於一後世率爲空名五行志中破諸／儒災異附會之説傳則宋尚書删述

時以一書出兩手申命歐公併删外

傳公曰宋前脩也人所見多殊豈能／悉如己意於是一無所易書成例合

官高者書其名公曰予豈可掩宋之／功以爲己力於是紀志書歐而宋之

氏公書于傳宋嘗曰自古文人不相／讓此事所未聞至令宋史題之大德

丙午拜都侍御持節江東而嘗欲部／下各路分刊十七史昇所鋟者唐書

墨釘邪建康路推官吕承務提其綱

前甘州路教授趙伯升日涖四學監／造者且敦儒尋友縷緝毫聯自一校

至三校用心亦勤矣時僕鼓篋昇序／一日命述其事辭不已而曰唐叟一

十八君本於太宗聽仁義之一言以／故制度紀綱幾三百載使昭宣亦□

以理而維其法則豈止昭宣而已後／之觀史者茍知徒法不能以自行雖

若稽墳典亦可得其綱領若舍理以

求灋不維不知古亦不知唐大德丁／未元正十一月五雲山戚明瑞書

建康路明道書院監造

建康路溧水州儒學監造本學教諭朱祐之李君實
建康路溧陽州儒學監造本學教諭趙奇孫
建康路儒學監造前祈門縣儒學教諭陳宣南
建康路儒學直學　馬琪　沈振祖
建康路儒學監造前□州儒學教授學正侯起莘
建康路明道書院　山長　張坦
建康路儒學學録　戚明瑞
建康路儒學學生　劉子壽
建康路溧水州儒學教授　屠約
建康路溧陽州儒學教授　仇遠
建康路儒學教授　趙由暲

此一百二十五卷四十九册本（E—4本），已經元末明初補修，故此序亦有墨釘，而第二葉中央，約在第八、第九字之間，有横向裂痕，侯起莘之「前□州儒學教授學正」（譯注：王國維、王重民録文皆無「教授」，此疑作者移録誤衍）即不可讀。傳書堂藏善本書志作「前□陵州儒學學正」，但「前」下「州」上似不容二字。此存疑。

傳書堂藏善本書志著録本：「無明代補刊之葉，缺卷二百十七、卷二百十八二卷，有『田耕堂藏』一印。」此本不見涵芬樓燼餘書録及北京圖書館善本書目，今不知下落。善本書室藏書志考校勘監造者云：「溧水學教授屠約、溧陽學教授仇遠，乃杭人也。約字存博，號月汀，官至徽州教授。遠，字仁近，號仁父，官至杭州知事，著有金淵集、山邨集。」

明初以後印本，卷首多附有大德九年雲謙跋，乃後漢書跋誤入唐書者。一九八九年版北京圖書館古籍善本書目、中國古籍善本書目等據以唐書爲大德九年刊本，實誤。

大德建康路本新唐書之明初以前修本，臺北「中央圖書館」(北平)有四部，天理圖書館有二部，上海圖書館有一部，北京圖書館有零本二部。

「中央圖書館」善本書目先列四部「南監修補本」，後列舊北平本四部。舊北平本四部皆極珍貴，然皆非足本。其中第一部爲原版本，餘三部皆元末明初修本。

E—1本：存一百六十卷（卷一一至三四，卷四二至四七，卷五一至七一下，卷七二下至七四上，卷八二至八七，卷九一至九七，卷一〇〇至一一二，卷一二〇至一三〇，卷一三三至一五二，卷一六二，卷一六四，卷一六七至一九二，卷一九八至二〇二，卷二〇八至二一四，卷二一六至二二一，卷二二三至二二五）又，釋音卷九至二五

元大德一一年建康路儒學刊　存六十六册　「中央圖書館」(北平)藏

舊京書影圖版（二五九、二六〇），提要云有「國子監崇文閣官書」等朱記，圖版（二五九）爲志一首半葉，當即據此本。褐色書衣（三二·九×一九·九釐米），題簽墨書「唐書十一之十四禮樂志」等。蝴蝶裝。鈐印：「京師圖

書／館收藏之印」。多數卷有夾紙，記一卷葉數。用紙似摻雜竹葉，極爲脆弱，四周破損嚴重。因爲蝴蝶裝，印面破損不明顯，然版心已見破損。保管甚不理想，令人擔憂。因其狀態不佳，圖書館婉拒借閱卷一八一至二二一、卷二二五下及釋音十七卷，固得其宜。筆者亦曾懇請特藏組組長封先生即時爲之襯紙補修，唯當時無補修高手，祇得先修明版書，不敢遽爲修補宋元版云。

缺卷首及本紀，存志一以下共二百六十卷，而悉皆原版葉，絶無補修痕迹，版面清晰，彌足珍貴。每册首尾皆鈐「國子監崇文閣官書」印。（上大字二行「國子監崇／文閣官書」，下小字三行「借讀者必須愛／護損壞闕失典／掌者不許收受」。）此本缺卷一，匡郭、版式等見E—2本下，刻工名等統論於E—4本後。

E—2本： 存一百六十三卷（卷一至四六，卷五五至六六，卷七〇下至七二，卷七六至八一，卷八九至九六，卷一〇四至一一七，卷一三〇至一七三，卷一八一至一九六，卷二〇二至二〇七，卷二一四至二一六，卷二二一下至二二五） 存二十七册 「中央圖書館」（北平）藏

同刊（元末明初）修

舊版「中央圖書館」善本書目稱「存一百六十卷」，而著録存卷雖用紀、志、表、傳分爲卷次，其實與筆者所見正同，「存一百六十卷」當係訛誤，故一九八六年增訂二版即改作「存一百六十三卷」。

王重民中國善本書提要著録一部殘本存八十八卷十五册，存紀卷第一至一〇，志一至一七上，表一至六，傳一至六、一四至二一、二九至三五、六二至九〇、一四六至一五〇，目録後有黄圭中題記，當即此本。疑當王重民在美國見此本時，僅以此十五册爲一部，未見其餘十二册。然提要又云「今僅存二十八册」，則不知何故。

藍黑書衣（三〇×二〇・八釐米），題簽墨書「唐書志 第一之第十卷 禮樂」等。但第一、第二册新補深藍書衣，經襯紙補

修，與其餘二十五册不同。目録末有識語曰：「余住冶城之日，市紙命工就成均印漢書並此書全。是書綴四十帙。／豫章清宇黄圭中志。」卷二下、卷四末題「清宇道人黄彦直圭中識」，卷二下尾題「余住冶城自得是書，綴爲四十册。清宇道者志。」存卷中又有缺葉，如卷一第六葉、第八葉、第九葉、第一二葉，卷五第七葉等均缺。

首嘉祐五年曾公亮進新唐書表並唐書目録。無唐書釋音，卷末附刻嘉祐五年中書劄子。第一卷首葉首行題「本紀第一（空七格）唐書一」，

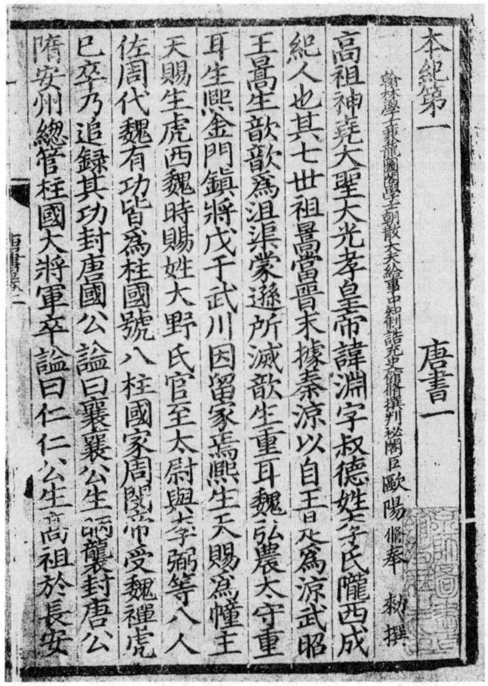
唐書一
本紀第一
翰林學士兼龍圖閣學士朝散大夫給事中知制誥充史館修撰判秘閣臣歐陽脩奉　敕撰
高祖神堯大聖大光孝皇帝諱淵字叔德姓李氏隴西成
紀人也其七世祖暠當晉末據秦涼以自王是爲涼武昭
王暠生歆歆爲沮渠蒙遜所滅歆生重耳魏弘農太守重
耳生熙金門鎮將戍于武川因留家焉熙生天賜爲幢主
天賜生虎西魏時賜姓大野氏官至太尉與李弼等八人
佐周代魏有功皆爲柱國號八柱國家周閔帝受魏禪虎
已卒乃追録其功封唐國公謚曰襄襄公生昞襲封唐公
隋安州總管柱國大將軍卒謚曰仁仁公生高祖於長安

新唐書　元大德一一年建康路儒學刊（E—2本）

圖一三二

次行題「臣歐陽脩奉敕撰」，「臣」上官銜凡二十八字。左右雙邊（二二·二×一五釐米），十行二十二字。版心白口，偶記字數，雙魚尾中間題「唐書卷一」等，下方記葉次，偶見刻工名。

書中含有少數元末明初補版葉，或作綫黑口，大都可據字體辨識，其疑似者可與E—1本對照即可確定是否補版。補版時間疑在明初，然無確證，姑以爲元末明初。補版葉出現較集中，卷九八至卷一一〇補版居多，其中數卷似整卷皆補版。

E—3本：存一百卷（卷一至七，卷二一至三〇，卷五三至六〇，卷六八至七三，卷九二至九六，卷一二一至一二五，卷一四〇至一四五，卷一五

一至一一六五，卷一七一至一七六，卷一八二至二〇六，卷二一〇至二一四，卷二二二至二二四）　又，釋音卷一一末葉至卷二〇，卷二二第一葉、第四葉，卷二四第一葉

同　刊〔元末明初〕修　存三十二册　「中央圖書館」（北平）藏

深藍書衣（三四・九×二一・七釐米），題簽墨書「唐書一之四 本紀一之四」等，蝴蝶裝。首進新唐書表，次唐書目録，次正文第一卷，無雲謙跋、戚明瑞序等。釋音除「中央圖書館」善本書目著録「存九卷（卷一二至卷二〇）」外，又有零葉四葉（卷一一末葉，卷二二第一、第四葉，卷二四第一葉）。

目録開始即有數葉明初補版，版面有缺損，亦有鑲木補修之處。於是與E—2本對照，乃知無論補版葉之分布，抑或框郭、文字筆畫之缺損，皆非常相似，當係幾乎同時所印。然細言之，則此本缺葉較E—2本更多，往往有E—2本之原版葉在此本爲缺葉者，是此本刷印時間稍晚於E—2本。

E—4本：存一百二十五卷（卷一五至二三上，卷二六至四九，卷六四至六九，卷七〇下至七五，卷九八至一〇五，卷一一〇至一二一，卷一二六至一三一，卷一三八至一四二，卷一六二至一六九，卷一七九至一九五，卷一九九，卷二〇〇，卷二〇四至二二一，卷二二五）　又，釋音卷一二至二五

同刊〔元末明初〕修　存四十九册　「中央圖書館」（北平）藏

舊京書影著録殘本一部，云卷首有進書表、雲謙跋、戚序並列銜，收録三張照片，即曾公亮上表第二葉左半（二五六）、雲謙跋第二葉右半（二五七）、禮樂志九（通數第一九卷）第一葉右半（二五八），疑據此本拍照。

藍黑書衣（三七×二二・九釐米），題簽墨書「唐書目録」等，蝴蝶裝。鈐「京師圖書／館收藏之印」。首進新唐書表，次大德九年雲謙後漢書跋，次戚明瑞序、列銜（見上），次目録。據筆者知見，現存諸本中，戚序僅見於此本。此本雲謙跋版心見刻工名「金錡」，如見舊京書影，而南監印本無此刻工名，字體顯異，當係嘉靖時期補版，恭仁山莊善本書影所收亦然。此本可證後漢書跋明初已誤附唐書。後漢書舊北平本存四十二卷十四册者（本書J—1本）缺首尾，不得確定原是否有雲謙跋。此本卷末附嘉祐五年進呈列銜及中書劄子。

此本亦有明初補版，印製時間當與E—2本、E—3本相近。

E—5本：二百二十五卷（缺卷二二五上下，配補天曆二年覆南宋中期建刊本）

同刊〔元末明初〕修　凡一百二十册　上海圖書館藏

後補淡黃書衣（二八・六×一八・三釐米），金鑲玉裝（印版用紙高二六・六釐米）。藏印有：「馬印／玉堂」（白文）、「笏／齋」、「漢唐齋」（白文）、「扶風／書隱／生」、「劉印／松南」（白文）、「劉松／南印」、「劉印／紹濂」（白文）、「紹濂／之章」（白文）、「劉氏晚晴／閣收藏／圖書印」、「五忠／劉氏」（白文）等。

首進新唐書表，次唐書目録。書中有缺葉，如卷二一上第一五葉，卷四七第一、第二葉，卷八二第一葉，卷一六三第一七葉，卷一六五第一三、第一四葉，卷一九七第一一葉等。補版殆皆粗黑口。

今據上述五本，舉列刻工名如下：

原版刻工：

弋辰卬（疑即戴辰卿） 中成 王君粹 玉泉 仲文 朱德明 李友生 沈昇 周昱 孟文 於世榮 俞榮
姚德昌 施惠 洪升 胡勝 茂之 括蒼翁清隱 括蒼翁勝實 翁舜卿 陳相 陳擱 陳壽 陶桂岩 程元
葉祐 劉子明 德昌 戴辰卿
人 之 于 子 夕 万 辶 卩 仁 公 天 中 介 文 木 包 古 正 玉 永 存 共 成 羊
吴 秀 李 良 肖 孟 沈 周 於 東 俞 姚 洪 茂 茅 翁 張 陳 陶 堅 曾 菜 楊 誠
賈 榮 鄭 蔡 霍 樊

補版刻工：

巴友 王子智 王安 王佛生 付庚 朱大存 朱禾 江厚 伯川 何敬 吴五 吴旦 吴睡 吴榮二
沈中民 周東山 周春 周鼎華 季七十 張伯勿 張伯瀼 張克名 張清之 張廣 張廣祖 章良之 郭生
黄道正 楊成 葉就 趙川 趙伯川 劉子和 戴添與
丁 刁 之 子 川 山 仁 云 中 元 文 月 王 木 付 巨 民 丙 禾 存 羊 吴 宋 吕
走 谷 沈 宗 孟 易 是 炳 孫 曹 集 焦 楊 鼎 壽

原版刻工有二名翁氏冠以地名「括蒼」。括蒼在浙江南部，麗水附近，北至杭州，西至上饒（刻北史），東南至建陽，直綫距離皆約二百餘公里，而建康路（江寧）在杭州西北又有二三百公里。當知刻工名上所冠地名，不可與刻書地點等同視之。補版刻工多與南北史等諸書共見，則補修當出明初南京國子監。

E—6 本： 存二百二十二卷（缺卷四四至四六） 又，釋音二十五卷

同刊〔元末明初〕修　後印本　共存一百册　天理圖書館藏

後補淺藍書衣（二八・六×一九・一釐米），襯紙裝。本紀、列傳有一部分加朱句點、圈點、傍點，眉上有少數墨筆批注。鈐有明項元汴、清朱彝尊等諸人印記甚多。首進新唐書表，正文末有嘉祐五年進呈列銜。後附釋音二十五卷俱全。除缺第二一册（選舉志上下及百官志一）外，志四〇缺四葉，傳一三缺二葉。

原版葉留存較多，補版刻工不出北平三本（E—1、E—2、E—3本）所見，則此本亦明初修本。然版面磨損較甚，補鈔葉不啻一百，印製時間當較晚。南監後印本有成化一八年（一四八二）及弘治三年（一四九〇）補版，版心有補刊年記，而此本皆不見。當可推定此本乃成化一八年之前不久所印，較北平三本約晚八十至九十年，下距嘉靖大補修三十至四十年。

E—7本：存一卷（卷九五）　同刊〔明初〕修　存一册　天理圖書館藏

後補深藍書衣（二七×一七・七釐米），朱書「元槧　唐書九十五卷」。襯紙裝。鈐印：「天理圖／書館藏」。

僅存高儉、竇威列傳，而十二葉皆原版葉。然版面稍磨損，絶非早印本。且不僅北平三本（E—1、E—2、E—3本），即成化補修前印本（E—6本），此一卷莫不全爲原版。故此，特於調查北平三本之後，前往天理覆查此本，確認版面狀態，知此本當屬明初印本，今所剩僅此十二葉皆原版，純屬偶然。

一九五九年版北京圖書館善本書目著録二部「元刻本」：

a．二百二十五卷目録二卷　元刻本　（卷一六五配清影元抄本）　一百八十册（書號：一一三九一）

b. 存二百二十四卷（缺卷一〇三）元刻明修本

（卷二〇四至二一八，卷二三五至二四四，卷二四八，卷二四九，卷二五一至二五五，卷二七二至二七四，卷二七六至二七八，卷二〇七至二〇九配另一元刻本）　凡存一百二十册（書號：六七三六）

筆者所知新唐書元刊本，即天曆二年覆南宋中期建安魏仲立刊本（D種）與此大德九路本（E種）二種，而元刊本種類不多，竊以爲新唐書元版止此二種而已。因此懷疑b. 本之「元刻明修本」之與「另一元刻本」，一爲D種，一爲E種。又，E種目録不分上下，則a. 之「元刻本」疑當係天曆二年覆南宋中期建安魏仲立刊本（D種）。誠如此，則一九五九年北京圖書館善本書目已知D種爲元覆宋刊本，與舊日書目往往目D種爲宋本者不同，不得不謂精審。

後見一九八九年新版北京圖書館古籍善本書目，著録新唐書元版凡八部。首二部爲大德九路本（誤稱「大德九年」刻，辨已見上），皆僅存一卷之零本。第三部、第四部即一九五九年版書目所載a.、b. 本，而新版書目著録版式爲「十行十九字白口左右雙邊」（a. 本）、「十行十九字黑口左右雙邊」（b. 本），其餘四本亦皆「十行十九字」，則殆可推定爲天曆二年覆南宋中期建安魏仲立刊本（D種）。D種原版白口，補版黑口，與新版書目稱a. 「元刻本」爲「白口」，b. 「元刻明修本」爲「黑口」，亦較符合。然未見原本，止得推論如此。

另據江南圖書館善本書目、江蘇省立圖書館覆校善本書目著録一部足本（有缺葉），釋音亦全，凡五十册，稱「元大德建康路刊本　有『雲間姜子圖書』一印」。案善本書室藏書志著録一部二百二十五卷，不言及釋音與藏印，而云有戚序與校勘列銜，則有「雲間姜子圖書」印者或非丁氏舊藏本。

明南京國子監於嘉靖八至一〇年（一五二九～一五三一）整修諸版，編爲二十一史，唐書與隋書、南史、北史、五代史皆用大德九路本。其後長期大量印製，至萬曆二年至二五年間，始陸續校刊新版，廢棄舊版。唯獨元浙刊晉書與此大德九路本唐書，乃未見校刊新版，繼續使用舊版，直至嘉慶一〇年（一八〇五）二十一史版木悉皆燒亡，南監二十一史不復存在。（參詳綜論編第一〇章。）

大德至嘉慶五百年，唐書此版遞經補修，不斷刷印，補修次數恐不下二十次，至清代印本中原版葉極其罕見，每葉框郭大小、字體皆不同，文字訛誤亦不少。嘉靖修本版心上象鼻偶見成化一八年（一四八二）、弘治三年（一四九〇）補刊年記，上海圖書館藏一部足本一百二册，一部殘本（存一百九十九卷）一百八册，版心上象鼻每被剜空，即剪去成化一八年、弘治三年補刊年記之痕迹。

今就日本主要圖書館及臺北「中央圖書館」所藏諸本（又補一條北京大學圖書館藏本），表列各本版心補刊年記之最晚者。

明成化一八年，弘治三年，嘉靖八年、九年、一〇年、一一年

五十册　内閣　　五十册　東文研　　六十四册　東洋　　六十八册（存一百七十六卷）「中央」

六十册〔卷一一八、卷一二二、卷一四二、卷一六一并釋音（缺末二卷）配補遞修至崇禎七年本〕　書陵部

嘉靖三七年　　五十册　内閣　五十册（缺釋音）「中央」　六十册　「中央」　四十八册（缺卷一至六）「中央」

萬曆四年　　五十册　都中央　六十册　都中央

萬曆一六年、一七年　　四十五册（缺二十八卷）　蓬左

萬曆二六年　五十册　内閣　四十册（卷六至二五配補聞人詮刊舊唐書）　京大圖
萬曆三七年　五十册　内閣
萬曆四五年　四十册　京大圖　五十册　人文研
三十二册（缺卷一至一〇，卷七二下至七三，卷一二〇至一五一）　静嘉堂
天啓四年　三十九册　人文研
崇禎元年、二年、三年、七年、一〇年、一一年，清順治一五年、一六年
四十四册　大倉
康熙五年、二〇年　四十二册（缺釋音）　東文研　二十七册（缺卷一至六〇）　書陵部
康熙三九年　五十四册　内閣　四十八册（合訂爲二十八册）　國會
雍正七年　四十四册　静嘉堂　四十四册　東文研　五十册　北京大學圖書館藏（書號：NC2620/7872）
乾隆五五年　四十八册　内閣

成化一八年補版較多，下象鼻記寫樣者、校對者、刻工等名。前半部以如下格式爲主：「監生廖縉寫　監生田方對　上」蓋右爲寫樣者，左爲校對者，下爲刻工。後半部則以僅記右邊寫樣者爲主，偶有寫樣者外又於下記刻工名者。寫樣者、校對者、刻工常見相同三人配合，然並不固定。下分右（寫樣者）、左（校對者）、下（刻工）著録諸名如下。右（寫樣者）、左（校對者）大致皆冠以「監生」二字，今從省。

何清　新昌李弼　汪鑑　周祚昌　俞廷　廣信俞廷桔　胡泉　徐英　徐讓　徐讓寸　曹廣　陶玉　陳成章
陳章　廖晉　廖縉　盧鑾　謝遂　簡玉寸（以上右）
田方　李官　徐郁　張仕　曾伯　曾伯中　黄慶　雷俊　鄭琦（以上左）
上　于　太　王玉　王珍　方　心　尔　名　對　甫　冠　肖　肖御　吴　敘　志　木　珍　吴瓚（以上下）

弘治三年補版較少，下象鼻偶見「監生」名，有「吴用行」、「孫魯」、「羅邊」、「孫惠」，當即寫樣者，不見刻工名。嘉靖補版刻工與南北史等諸書無大出入，其名大都已見上文，今不煩録。清代補版刻工名從略。

一八　五代史記　七十四卷　宋歐陽脩撰　宋徐無黨注

A種、南宋初期刊本（十二行）

A—1本：七十四卷〔南宋初期〕刊〔南宋前期〕修　十八册「中央圖書館」藏（書號：〇一五六一）

含補鈔十三卷（卷三四至四一，卷四九，卷五〇，卷五五至五七）

楊守敬得此本於日本，後經繆荃孫、劉世珩、張乃熊遞藏。日本訪書志、藝風藏書記、芷圃善本書目著録。「中央圖書館」宋本圖録收録第一卷首半葉書影，中國訪書志有詳説，國家圖書館善本書志初稿著録。有宣統三年（一九一一）劉世珩影刻本，封面陰面刊記曰：「貴池劉氏玉／海堂景宋叢／書之七。宣統／建元十月附黄岡陶子麟／

刻，三年辛亥／閏六月竣工。」影摹甚工，即補鈔葉亦一仍底本。

後補紫絹書衣（三〇·八×一八釐米），金鑲玉裝（印版用紙高二五·七釐米）。藏印有：「古家館」（白文）、「東宮／文庫」、「楊印／守敬」（白文）、「星吾海／外訪得／秘笈」、「雲輪閣」、「荃孫」、「費印／念慈」（白文）、「屺懷／父」、「西蠡／經眼」（白文）、「貴池劉世珩鑑藏經籍金石書畫記」、「聚學／書藏」、「聖廎秘笈／識者寶之」、「宜春堂」（橢圓）、「葱石讀書記」（白文）、「宋本」、「伯／庚」（圓形）等。有日人校字浮簽。首陳師錫五代史序出補鈔，次五代史記目録首七葉亦補鈔。書中補鈔甚多，除卷三四至卷四三第三葉，卷四九，卷五〇，卷五五至五七，共十三卷餘皆補鈔外，卷一二第四葉，卷四二第一〇葉，卷四七第一二葉，卷五一首三葉，卷五四第一〇、第一一葉，卷六一第九葉，卷六八第二葉，卷七一第八葉，卷七三第七葉，卷七四首二葉等皆補鈔。

第一卷首葉係補版，首行頂格題「五代史記卷第一」，第二行低十格題「歐陽　脩　撰」，第三行低十一格題「徐　無黨　注」，第四行頂格題「梁本紀第一」。左右雙邊（二六·八×一一釐米），有界十二行，行二十一至二十二字，注文小字雙行二十四至二十七字。版心白口，單魚尾，題「史本紀一」等，下方記葉次。版心下端或有刻工名，然極少見。

卷一原版四葉，補版四葉；卷二原版一葉，補版四葉；卷三原版二葉，補版二葉；卷四原版二葉，補版六葉；卷五以下則以補版葉居多，原版葉較少。

原版刻工名有：

郎和　陳用　陳忠　屠適

中　王　用　亨　杞　汴　玘　言　周　孟
忠　胡　梁　郎　信　連　陳　屠　華　機
適　恭

補版刻工名有：
付先　安上　華元
上　下　万　公　元　付　尔　立　先　全
何　宗　奇　徐　夏　華　貴　黄　源　董
蔣

中國訪書志云，此本避諱「玄朗、敬、弘殷、匡胤、貞」諸字缺筆，補版又避「弦鉉朗、驚、讓、勗」諸字，皆不及哲宗以下。筆者曾請「中央圖書館」李清志先生詳爲覆查，據云原版葉中局部補修之處（卷四第六葉末行），亦有避「勗」字缺筆者。然此不知爲原版已避，抑或補修時始避。又案此本疑爲南宋覆刻北宋版，而北宋版當爲神宗朝所刊（熙寧一〇年「詔藏秘閣」，刻版當在其後不久，詳參本書緒論編），北宋版已避神宗諱，亦不無可能。

日本訪書志云：「此書開卷題『五代史記』，便與各本不同。別本皆有『曾三異校定』，宋槧歐陽居士集亦有三異考異，此本無之，則爲北宋槧無疑。字畫古雅，饒有歐書化度寺筆意，間有補刻，亦端正不苟，相其紙質，雖是明代所印，然不害爲宋刻佳本。」藏園群書經眼録云：「楊氏號稱北宋本明印，殊不足據，要是宋季所刊耳。」楊守敬

圖一三三

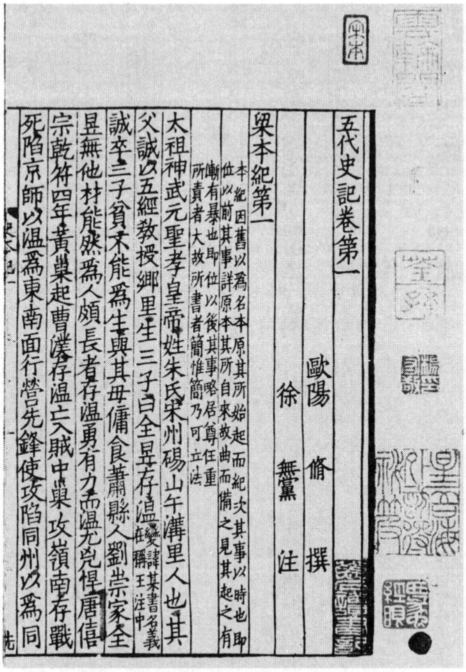
五代史記卷第一
歐陽　脩　撰
徐　無黨　注
梁本紀第一
本紀因舊以爲名本原其所始起而紀次其事以時也即位以前其事詳原本其所自來故曲而備之見其起之有漸有暴也即位以後其事略居尊任重所責者大故所書者簡惟簡乃可立法
太祖神武元聖孝皇帝姓朱氏宋州碭山午溝里人也其父誠以五經教授鄉里生三子曰全昱存溫誠卒三子貧不能爲生與其母傭食蕭縣人劉崇家全昱無他材能然爲人頗長者存溫勇有力而溫尤兇悍唐僖宗乾符四年黄巢起曹濮存溫亡入賊中巢攻嶺南存戰死陷京師以溫爲東南面行營先鋒使攻陷同州以爲同

五代史記　南宋初期刊（A種）
（本圖像數據由「國家圖書館」提供）

目爲北宋刊，傅增湘又謂宋季刊本，皆無可靠根據。中國訪書志據此本原版刻工陳忠、陳用及補版刻工華元、付先皆見史記集解（舊稱景祐本，即甲—D種）、明州刊文選、臨川先生文集、白氏六帖事類集（天理圖書館藏本）、越刊八行本周禮疏、淮南路轉運司刊史記、新唐書、思溪版藏經等南宋初期或前期浙江刊本，推定此本爲南宋初期浙江刊、南宋前期修本（以高宗、孝宗朝爲前期，其中高宗朝紹興年間爲初期，見緒論編）。

新唐書有南宋初期湖州刊本（A種），據直齋書録解題云，以思溪藏之餘版刊刻唐書、五代史記。五代史記此本亦南宋初期浙江刊本，刻工與唐書共見者一名（此爲補版刻工，但五代史記原版、補版時間差距不大），與思溪藏共見者二名，則此本是否即湖州刊本？遽難斷定。因刻工名之共見者太少，其中或有名同而人異者，不似唐書有一批刻工足以證明其爲南宋最初湖州刊本。又，五代史記此本版框顯較唐書小，高度矮五・六釐米，寬度狹三釐米，行數、字數亦較唐書少，每半葉少二行，每行少三至四字。故不敢遽認此本爲湖州刊本。然刻工名共見者少，或因此本原版葉過少；版框小，行數字數少，或因五代史記僅七十四卷，篇幅不大之故。故又不敢排除此本爲湖州刊本之可能性。解決此疑惑，需更多資料。若得見傅增湘舊藏本（見下），或能得到綫索。

B種、南宋前中期刊本（十二行）

王文進文禄堂訪書記著録一部宋刻本：「存卷十三、卷十五。半葉十二行，行二十一字至二十四字，白口，版心下記字數、刊工姓名（王立、王受、高安禮、高智廣、高安道、高智立、吴俊、吴世榮、吴小二、熊焕、徐信、蔡侃）。宋諱『敬驚、朗、貞』字皆缺筆。」文禄堂書影收録卷一七第八葉，不知是所藏卷一三、卷一五中摻入此葉，抑或另據別本。

一九四三年八卷本藏園群書題記卷一有北宋本五代史記跋云：「壬戌（民國一一年，一九二二）殘臘，書友魏經腴忽舉兩册見示，存序目、本紀卷一至十二凡十二卷。半葉十二行，每行二十二字，白口，左右雙闌，版心上魚尾下記『史本紀幾』，下魚尾下記刊工姓名及字數。刊工有高安禮、熊焕、吴世榮、徐信、高安道、吴信、蔡侃、王受、吴小二諸人。宋諱如朗、弘、殷、敬、玄、匡、胤、貞、恒、勗等字，皆缺末筆，佶、慎不缺，定爲北宋所刊。審其筆致刀法，於豫章爲近。當是歐公成書後第一刻本，遍攷古今簿録，歐史之古

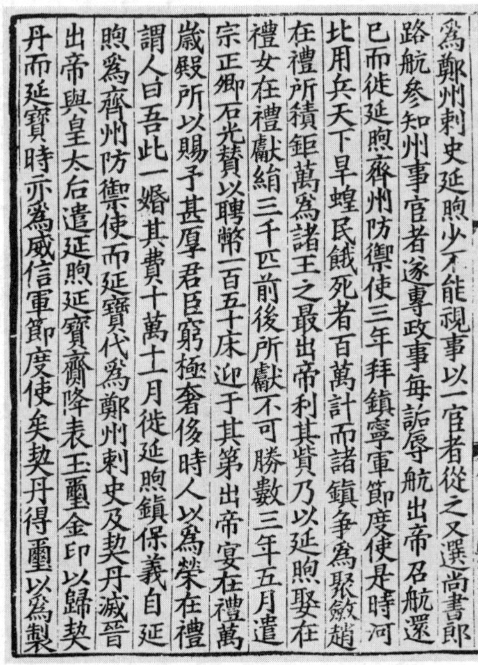

爲鄭州刺史延煦少不能視事以一官者從之又選尚書郎
路航參知州事官者遂專政事每詬辱航出帝召航還
巳而徙延煦齊州防禦使三年拜鎮寧軍節度使是時河
北用兵天下旱蝗民餓死者百萬計而諸鎮争爲聚斂趙
在禮所積鉅萬爲諸王之最出帝利其貲乃以延煦娶在
禮女在禮獻絹三千匹前後所獻不可勝數三年五月遣
宗正卿石光贊以聘幣一百五十床迎于其第出帝宴在禮萬
歲殿所以賜予甚厚君臣窮極奢侈時人以爲榮在禮
謂人曰吾此一婚其費十萬十一月徙延煦鎮保義自延
煦爲齊州防御使而延寶代爲鄭州刺史及契丹滅晉
出帝與皇太后遣延煦延寶齎降表玉璽金印以歸契
丹而延寶時亦爲威信軍節度使矣契丹得璽以爲製

五代史記　南宋前中期刊（B種　文禄堂書影）

圖一三四

刻，殆莫先焉。」百衲本序目即用此殘本，百衲本跋仍稱「北宋本」，而校史隨筆則云：「有人目爲北宋刊本，然以字體、鐫工考之，恐已入於南宋矣。」

百衲本跋云「首序目原有缺葉，改用北宋殘本」，序目（至目録末「徐無黨曰云云」）十四葉每半葉十二行，與正文（用C種）不同，序首隱約見「榮□／□□」印，當即藏園群書題記所云「榮觀堂書印朱文大章」，則似用傳增湘所藏殘本影印。然筆者仍疑或出商務印書館描寫。

傳增湘舊藏十二卷當即下列B—1本，王文進所見二卷則不知今藏何處。據版式及刻工名，兩部當屬同版，

而楊守敬舊藏本（A—1本）雖行格相同，然版心不記字數，且刻工名無一共見者，故阿部隆一中國訪書志（一九七六年初版）論定王、傅所見，爲不同於楊守敬舊藏本（A種）之另一種版本，並云：「高安禮見紹熙元年序刊坡門酬唱，高安道見淳熙間撫州公使庫刊禮記及春秋經傳集解，是其本雖非北宋，仍爲南宋前期刊本。」一九八三年中華書局版藏園群書經眼録著録刊工較跋多出王日知、宋元、蔡信、高智、羅昇五名，而云：「蔡侃紹興二十二年曾刻撫州本謝幼槃集，高安道曾刻撫州本禮記，當爲南渡初撫州刊本。」與阿部所見略同，不僅否定北宋説，更具體推論爲撫州刊本。一九八九年上海古籍出版社版藏園群書題記所載跋亦經修改，删「定爲北宋所刊」一句，「當是歐公成書第一刻本」云云改作「當是歐史現存最古刻本」。

B—1本：存十四卷（卷一至一四）　宋刻本　周捐　存三册　北京圖書館藏（書號：八〇〇七）

未見。一九五九年北京圖書館善本書目載此本，稱「周捐」即周叔弢舊藏本。一九八五年版自莊嚴堪善本書目云：「十二行二十二字，白口，左右雙邊，内閣大庫舊藏。」二〇一〇年版自莊嚴堪善本書影收録卷一三首半葉彩色書影，並云：「十二行二十二字，小字雙行二十五至二十八字不等。框高二十二・五釐米，寬十六・三釐米。有『榮觀堂書』等藏印。」據「榮觀堂書」印記及存卷，可以推定此部卷一至卷一二爲傅增湘舊藏本（見藏園群書題記、藏園群書經眼録），後歸周叔弢。卷一三、卷一四則不知來源。

傅增湘舊藏本當有序目，而一九五九年北圖善本目、一九八九年北圖古籍善本目皆不著録序目，然此等書目例不具録序目，此部有無序目，不敢懸揣。於是筆者求仇鹿鳴、魯明兩先生（中華書局五代史記點校本修訂組）指教，知所見複製本（當據北圖縮微膠卷打印）即有序目。仇先生又言，所得複製本卷八缺後三分之一，曾請史睿先生覈查原書，確認原書殘缺，非複製之失。另據仇先生言，此部似未經修補，版面印象遠佳於B—2本，不敢遽斷爲同版云。

B—2本：存六卷（卷四三至四五，卷四八至五〇）

〔南宋〕刊〔南宋中期～元〕修　存二册　北京大學圖書館藏（書號：李　八二八八）

後補藍黑書衣（二七・三×一四釐米），襯紙裝。藏印有「絶振青」、「木樨軒／藏書」、「北京大／學藏」。藏園群書經眼録云：「癸亥正月又見卷十四、十五二卷，皆初印。刊工有吴小二、王三立、吴受、高智廣諸人。又見卷四十三至四十六，四十八至五十，計七卷，補刻之板已居八九，寫刻俱草草，避諱亦不謹嚴矣。（李木齋先生收去）」所言前一本僅存卷一四、卷一五，或即文禄堂訪書記著録者，然卷次不一致，未可遽斷，亦不知下落。後一本歸李盛鐸所有，今藏北京大學圖書館，筆者得以調查原本。此部較藏園群書經眼録所言少一卷（卷四六），而一九五六年跋刊北京大學圖書館藏李氏書目已如此，僅存六卷，與今同。

卷四三首葉係元代補版，首行題「五代史記卷第四十三」，次行低十格題「歐陽　脩　撰」，次行低十一格題「徐　無黨　注」。左右雙邊（二一×一五・六釐米），十二行，二十二至二十三字。版心白口，題「史傳四十三」，上象鼻記字數，下象鼻記刻工名。尾題「五代史記第五十」。

卷中原版葉與補版葉數量相當。原版葉版心記字數者少。其難以認定爲原版抑或補版之書葉，版心題下偶記刊年，雖不清晰，似作「丙辰刊」、「壬戌刊」等。補版葉亦有記「辛卯入」者。記刊年如此，多見於南宋中期後之補版，前後差六年似亦因此爲補版刊年。據版面亦可推測，此本經南宋中期補修。刻工名僅有一字勉强可辨認，餘皆不可辨識，然似無傳增湘、王文進所舉諸人。避諱「玄、敬、弘、殷、貞」諸字缺筆。

楊守敬舊藏本（A—1本）亦有卷四九、卷五〇，可以證實此本爲不同版。楊守敬舊藏本（A—1本）雖亦十二行，然版框甚小，迥異於此本。

此本下象鼻偶見四至五字，似爲刻工名及字數，又此本字體與文禄堂書影所載「宋刻本存第十三卷、第十五卷」之書影相仿，因此推定此本與王文進、傅增湘所述爲同版。藏園群書經眼録曾論此種版本爲「南渡初撫州刊本」，今案撫州刊本或有可能，刊刻時間不得謂南宋初。經眼録舉謝幼槃集與禮記爲證，謝幼槃集爲紹興二二年刊本，而禮記乃淳熙間刊本。中國訪書志所列更有紹熙元年刊本坡門酬唱，則刻工時代當在南宋前期、中期之間。因此，即使假設「丙辰刊」、「壬戌刊」爲原版刊年，亦不當爲紹興六年、一二年（一一三六、一一四二），而當爲慶元二年、嘉泰二年（一一九六、一二〇二）。

又案文禄堂書影，目録雖稱「存第十三卷、第十五卷」，然所載書影乃第一七卷第八葉。右半葉末行起，爲延煦傳，而「煦」即宋哲宗諱，此葉「煦」字七見，皆不避諱。又，版心下部有四或五字，似作「熊恒三百」，疑或爲刻工「熊焕」及字數「五百」與（此葉字數正五百字整）。又觀書影此葉字體，頗有覆刻本刀法特點，類似舊稱景祐本漢書（本書A種），則傅增湘初以爲北宋本，亦不足怪。又，持書影此葉與楊守敬舊藏本（A—1本）對照，則見兩本文字位置不同。兩本每葉行數同，而一行字數每有出入，至此第八葉已相差數行。又，校此一葉，楊守敬舊藏本有誤字二。　楊守敬舊藏本亦不避「煦」字。

文禄堂書影又有一本「元覆宋本」，目録云「板心有『至元乙酉刊』五字」。所載書影爲卷四六第九葉，版心正見「至元乙酉刊」五字。行格十二行二十二字，與前一種同，而上象鼻有字數，下象鼻有單字刻工名，字體拙劣。

「至元乙酉」當係至元二二年（一二八五）。此本不見文禄堂訪書記著録，不得其詳。五代史記除大德九路本之外，未聞別有元代刊本。或爲宋刊本之元代補版葉，亦未可知。持書影此葉與楊守敬舊藏本（A—1本）對照，則相應文字位置相差數行。可證此非A種之補版，而有可能爲B種之補版。又，校此一葉，楊守敬舊藏本「驚」字、「弘」字缺筆，書影此葉不缺筆，楊守敬舊藏本並書影此葉各有誤字一。

C種、元覆宋慶元五年建刊曾三異校本（十行）

百衲本五代史記正文七十四卷用傅增湘所藏十行十八字本，號稱慶元五年刊本（雙鑑樓善本書目作「三年」，當爲訛誤）。此本今不知下落，據百衲本觀察，除徐無黨注外，又有雙行小字注稱「曾三異校定曰」云云，卷一八尾有題記一行曰「慶元五年魯郡曾三異校定」，卷二三、卷二四、卷三四、卷五七、卷五八共五卷末題「魯郡曾三異校定（卷二四作「校正」）」，避諱缺筆至「愼」、「敦」字，行格、字體皆與史記黄善夫本、兩漢書劉元起本、唐書魏仲立本及不知刊行人之三國志、晉書、南史、北史、隋書相仿。可知五代史記慶元刊本，於南宋中期建安一地與他史共同形成十史。

曾三異事迹，張元濟已爲詳考。校史隨筆云：「按中興館閣續録，曾三異臨江軍人。端平元年三月，以承務郎主管潭州南嶽廟，充秘閣校勘。二年九月，除太社令。又宋史藝文志有曾三異宋新舊官制通攷十卷，又宋新舊官制通釋二卷。直齋書録解題：『周益公解相印，編定六一居士集，屬舊客曾三異校正，益完善無遺恨云云。』是三異必一學識淹貫之士，且甚服膺歐公者，故於校正六一居士集外，又校刊是史也。雍正江西通志稱三異爲三聘弟，三聘宋史有傳，臨江新淦人。三異乃自署曰魯者，蓋追紀其祖籍耳。」

然筆者所見及各種書影所見所謂慶元刊本，當皆元代覆刻本，非慶元刻本，情況與晉書同。雖無慶元刻本可以對照，然據版式、刻工名，參考新唐書既有魏仲立本、又有天曆二年覆刻本之情形，筆者推定五代史記亦元代覆刻本，堅信無疑。

一九八三年版藏園群書經眼録著録百衲本底本爲「宋刊本」，出「按」云：「此書江南圖書館及常熟瞿氏均有之，余曾檢閲，都非初印，江南本補版尤多，模糊特甚。北京圖書館所藏乃内閣大庫舊儲，蝶裝精印，而存者只三十八卷。求如此完好整潔者殆不易得。」是謂百衲本底本爲初印本。然

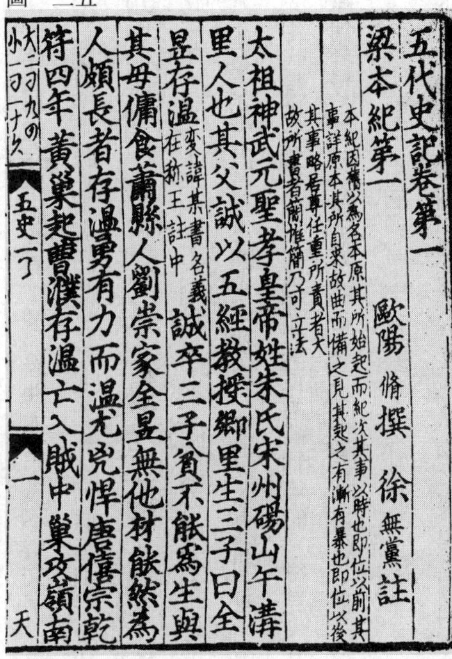

五代史記卷第一

梁本紀第一　歐陽脩撰　徐無黨註

本紀因舊以爲名本原其所始起而紀次其事以時也即位以前其事詳原本其所自來故曲而備之見其起之有漸有暴也即位以後其事略居尊任重所責者大故所書者簡惟簡乃可立法

太祖神武元聖孝皇帝姓朱氏宋州碭山午溝里人也其父誠以五經教授鄉里生三子曰全昱存温變諱其書名義在梁王註中誠卒三子貧不能爲生與其母傭食蕭縣人劉崇家全昱無他材能然爲人頗長者存温勇有力而温尤兇悍唐僖宗乾符四年黃巢起曹濮存温亡入賊中巢攻嶺南

五史一　一　天

圖一三五

五代史記　元覆南宋中期建刊本（C種　百衲本）

其下「又按」乃云：「詳檢全書，僅卷一首數葉闌外無耳者宋刊，餘均元刊。前後紙色不一，疑是配成者。」此一反舊説，又不知何所根據。今案百衲本版面清晰，似爲早印本，傅氏云「完好整潔」，似非虚言。筆者所見諸本皆後修本，不僅原版葉留存甚少，且版面漫漶，即補版葉亦經磨損，甚至有筆畫不清，後人墨筆描補者。故下文C—1本下著録刻工名，補入百衲本所見而後修本不見者。此種版本日本未聞有傳本。

C—1本：七十四卷　〔元〕覆宋慶元五年刊曾三異校本〔明〕遞修

二十四册　「中央圖書館」藏（書號：〇一五六二）

中國訪書志、國家圖書館善本書志初稿著録。新補褐色書衣（二七・二×一六・七釐米），金鑲玉裝（印版用紙高二六釐米）。首陳師錫五代史記序，次五代史記目録，次正文。

第一卷首行題「五代史記卷第一」，次行題「梁本紀第一（空三格）歐陽　脩撰　徐無黨註」。左右雙邊（一九・五×一二・三釐米），十行十八字，注文小字雙行，行二十一字左右。版心白口，雙黑魚尾，中間題「五史一」等，上象鼻記大小字數，下象鼻上方記葉次，下方記刻工名。耳格題篇目。

序、目尚存原版約有十葉，漫漶太甚，幾不辨文字。正文中原版葉極少見。明代補版粗黑口，一望可知。卷一第三葉以下，版心下方往往見「丁亥」二字，似爲第一次補修年記。新唐書元覆南宋中期建安魏仲立刊本有宣德九年、一〇年（一四三四、一四三五）補版（見新唐書D－2、D－3本），此本「丁亥」當不早至永樂五年（一四〇七），疑當爲成化三年（一四六七）。「中央圖書館」宋本圖録云此本有正德六年（一五一一）補刊年記，而於印製晚於此本之二十册本（C－2本）則不言有正德六年補修。筆者調查時間有限，未能檢得正德補刊年記，委請「中央圖書館」善本組李清志先生代爲精查，李先生告示並無正德補刊年記。後見一九九七年版國家圖書館善本書志初稿，則又云「正德六年補刊者版心上方有注明，唯極少」，似非虚擬之辭。要之，此本明代遞修，當至正德前後時期而止。

刻工名單字居多，二字者似皆不具姓：

卞玉　仲甫　仲明　伯茂　君六　君和　東山　國用　愛之　程元　德祐　慶之

山　元　王　文　用　正　吕　仲　成　伯　技　君　徐　高　國　善　遠　德

其中「國用」「愛之」「程元」三名及大多數單字名皆見元覆宋刊本新唐書、晉書，另據長澤規矩也元代刻工表，「仲甫」「仲明」見宋刊宋文鑑元代補版（静嘉堂藏）及十行本十三經注疏元刻部分。雖雙字名不多，而且不具姓名，然同一人之可能性仍不可否認。

南宋中期建刊十史至今得知者，版心皆不記刻工名，上象鼻記大小字數亦極罕見，而此本每葉皆有之。又，此本字體不似黄善夫本史記等南宋中期建刊各史之尖鋭嚴峭，右上勢稍減，筆畫較細，轉顯圓潤，頗似元覆刊本唐書，亦與元代建刊各種字書、韻書、類書相近。綜合考慮，可以斷定此本乃元覆南宋中期建刊本。慶元間曾三異題識，不過因襲南宋刊本而已。

C—2本：七十四卷　同刊（明）遞修　二十册　「中央圖書館」藏（書號：〇一五六三）

中國訪書志、國家圖書館善本書志初稿著録。新補紫色書衣（三二×一八釐米），襯紙裝。印製在C—1本之後，似有正德以後補修。藏印有：「朱澍／私印」（白文）、「子／清」、「桐華／別館」（白文）、「我齋／圖書」、「抱蜀／子」、「季魯／氏藏」、「博爾濟吉特瑞誥收藏」、「翰鶊博爾／濟吉特氏／匏名宦主／人審定金石書畫印」、「西拉木棱／瑞誥收／藏書籍」、「鳳倫／秘笈」、「鳳倫審／定謝小韞侍」、「南海／謝小韞」等。

瑞誥（字鳳倫）於首册手書題記。書衣題「元覆宋槧五代史七十四卷都二十册一册（印章）」（印文「鳳倫四十後／作謝小韞侍」），右方又有別筆題「此慶元刊曾三異刻本／元明補版甚多」。是瑞誥已疑此非宋本，而目爲元代覆刻本。

C—3本：七十四卷　同刊（明）遞修　二十四册　南京圖書館藏

善本書室藏書志、盋山書影著録。第二批國家珍貴古籍名録圖録著録。新補藍黑書衣（二五・八×一五釐米），襯紙補修。藏印有：「虞山／埜老」、「曹／炎印」、「彬侯」、「嘉惠堂／藏閲書」、「綸／音／嘉惠藝林」、「八千卷樓」、「八千卷／樓所藏」、「八千卷／樓丁氏／藏書記」（白文）、「善本／書室」、「江蘇第一／圖書館／善本書／之印記」等。卷一末朱筆題「戊戌正月二十四日用葉石君所藏舊監板本子對讀」，卷七四末題「崇禎戊寅臘月收藏」，各一行。首有丁丙手書識語，經過整理，收入善本書室藏書志。書中有丁亥補刻年記，而無正德年記。

C—4本：七十四卷（缺卷四二至五八，卷二三補鈔）同刊〔明〕遞修　十二册　復旦大學圖書館藏

後補淺緑書衣（二六×一五・二釐米），襯紙裝。副葉有無名氏識語二則。有「宋本」（橢圓）、「海虞吴朝李／莊仲寶藏」、「雲山一葉／閣李氏／藏書」、「李莊仲／圖書記」、「常熟趙氏／舊山樓／經籍記」、「舊山／樓」、「宗建／私印」（白文）、「積學齋徐乃昌藏書」、「南陵徐乃昌／校勘經籍記」、「徐乃／昌讀」、「積余秘笈／識者寶之」、「復旦大學／圖書館藏」諸印。

☆

一九八九年新版北京圖書館古籍善本書目著録二部「慶元刻」本，其一乃一九五九年版目録僅稱「宋刻本」（有配補）之鐵琴銅劍樓舊藏本（書號：六五九二）。鐵琴銅劍樓藏書目録稱「宋刊本」，云「『匡』『徵』『貞』字皆減筆，板式甚工」，其實「慎」「敦」「燉」亦缺筆，避而不言，而爲曖昧評語，自屬舊時書目之通病。鐵琴銅劍樓書影開本較大，見所載第一卷卷首書影，較百衲本更似宋刊本。然此仍應爲元代覆刻本。

一九八九年目録之第二部「慶元刻」本，爲「元明遞修本」，存三十八卷（卷一〇至二八，卷五一至五八，卷六四至七四），

八冊（書號：〇七九八）。舊京書影（二六一、二六二），提要云「宋刻元明修補殘本，舊清内閣書，見藏北平圖書館」，（二六一）爲卷二八末半葉，（二六二）爲卷五六首半葉，當即此存三十八卷本。藏園群書經眼録著録所謂慶元本，云「北京圖書館所藏乃内閣大庫舊儲，蝶裝精印，而存者只三十八卷」，是存三十八卷本爲内閣舊本，可以爲證。

D種、元大德鉛山州宗文書院刊本（九路本十史，十行）

此種刊本無刊書跋，然行格、字體與元大德九路儒學本其餘諸史相符。又少數傳本卷末有「宗文書院刊」五字刊記（D—2本、D—4本），案新編方輿勝覽卷一八信州有「宗文書院」，注云：「在鉛山縣鵝湖寺。淳祐庚戌（一〇年），江東提刑蔡抗建，奏請於朝，御書今額。」是知此種版本即大德九路本五代史記，當爲鉛山州分擔者。然刻工名中有見元代後期覆刻饒州路本隋書（D種）、元刊二十字本晉書（H種）並至正六年刊宋史（A種）者，不知五代史記是否亦有元代後期覆刻版，如隋書然。所見傳本尚少，未及詳細比對，分析論定猶待後之學者。今且將此類傳本均目爲「大德鉛山州宗文書院刊本」，並非以爲定論。

D—1本：存五十八卷（序目，卷一至一六，卷三三至七四）

〔元大德鉛山州宗文書院〕刊〔明初〕修　存八冊　「中央圖書館」（北平）藏

舊京書影（二六三、二六四），當即此本。（二六三）卷五七首半葉，版式、字體皆九路本之典型。（二六四）卷七四尾半葉，字體稍拙。中國善本書提要著録。「中央圖書館」善本書目（增訂二版）、國家圖書館善本書志初稿均稱「大德間集慶路儒學刊」，蓋因南雍志經籍考云「集慶路儒學梓，見金陵新志」而誤，不知南雍志之「梓」止謂藏版，非刊刻之謂，且建康路至天曆二年（一三二九）始改稱集慶路，大德間（一二九七至一三〇七）豈有集慶路儒學。

蝴蝶裝，暗褐書衣（三六・七×二二・六釐米），題簽墨書「五代史序之八卷」等。每冊首尾鈐「京師圖書／館收藏印」朱印。又，此本用紙四角偶見「金華府解物人吴仲和（「和」舊京書影提要作「智」）」、「金華府解物人余鎬（「鎬」舊京書影提要作「鮮」）」等朱印，可證印製時間當在明初，參詳晉書元刊二十字本（H—1本）下。首五代史記序，次五代史記目録，目録末尾無「徐無黨曰云云」。卷六七缺第一至第三葉。

圖一三六

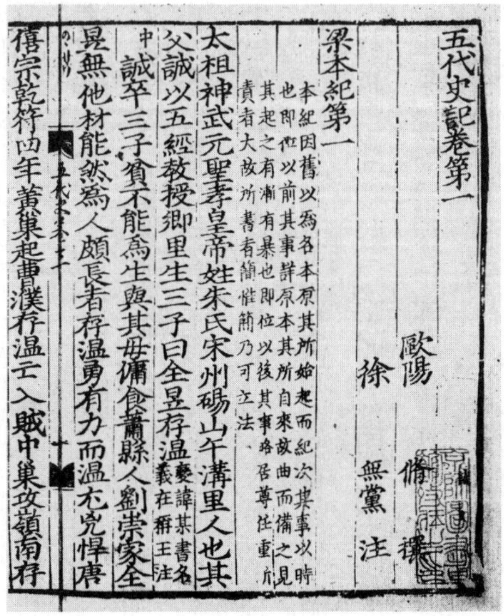
五代史記卷第一
歐陽　脩　撰
徐　無黨　注
梁本紀第一
本紀因舊以為名本原其所始起而紀次其事以時也即位以前其事詳原本其所自來故曲而備之見其起之有漸有暴也即位以後其事略居尊任重責者大故所書者簡惟簡乃可立法
太祖神武元聖孝皇帝姓朱氏宋州碭山午溝里人也其父誠以五經教授鄉里生三子曰全昱存溫（溫義在稱王注中）誠卒三子貧不能為生與其母傭食蕭縣人劉崇家全昱無他材能然為人頗長者存溫勇有力而溫尤兇悍唐僖宗乾符四年黄巢起曹濮存溫亡入賊中巢攻嶺南存

五代史記　元大德宗文書院刊（D—1本）

第一卷首葉首行題「五代史記卷第一」，次行低十二格題「歐陽（空三格）脩　撰」，第三行低十三格題「徐無黨注」。卷七一末尾題「宣德郎國子博士臣高字校正」一行。尾題「五代史記卷第七十四」，下皆空行，無宗文書院刊記，見舊京書影（二六四）。左右雙邊（二二・一×一五・四釐米），部分或作四周雙邊。十行，行二十二字，注文小字雙行。版心綫黑口，上象鼻右半記字數，雙魚尾，題「五代史卷之一　（葉次）」，下象鼻偶見刻工名。刻工將於D—5本下一併討論。此本卷四第三、第四葉下半破損，已經補修，則此本已非純粹原版。

此本版心下象鼻，除刻工名外，又偶記「宗文」二字（卷五八第九、第一〇葉，卷七〇第一、第七葉）及「宗」一字（凡二十二

圖一三七

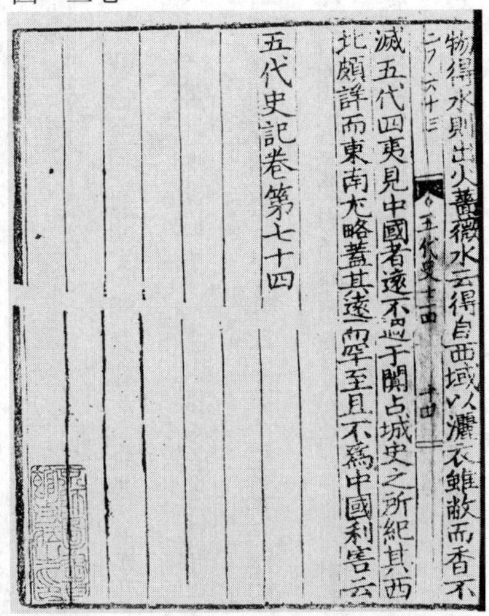

五代史記　元大德宗文書院刊（D—1本）原刻？（舊京書影）

圖一三八

五代史記　元大德宗文書院刊（D種）明修（再造善本）

處），疑即宗文書院之省稱。文祿堂訪書記著録元刻殘本，云「板心下刊『宗文書院』四字」，不知所據何本，疑或誤以卷末刊記爲版心文字。

D—2本：七十四卷　同刊〔明初〕修

二十册　北京圖書館藏（書號：三三八八）

鐵琴銅劍樓舊物。第一批國家珍貴古籍名録圖録收録卷一首半葉書影。有二〇〇六年再造善本影印本。

新補藍黑書衣（三〇×一八・八釐米），襯紙裝。鈐「㚖丰／山房」印。卷三三末（第八册末）有大型長方印，首字「學」，以下被剜去。卷一八第二葉，卷五九第一、第六葉，卷六〇第六葉補鈔。首五代史記序，次五代史記目録，次正文。版式與D—1本同（再造善本影印刊記稱「原書版框高二十一・六釐米，寬十六・四釐米」）。用紙略帶黃色，有少數書葉偏白，然當亦同時刷印，非配補葉。卷三第四葉右半葉末行及左半葉，卷一二第六、第七葉，卷四〇第四、第五、第一〇、第一一葉，當爲明初補版。

卷七四末葉上方約三分之一破損，而仍可見尾題次行題「宗文書院刊」。愛日精廬藏書志已云「卷末有『宗文書院刊』五字」，而筆者所見確有此五字題記者，此本與内閣文庫藏本（D—4本）而已。D—1本末半葉（舊京書影（三六四））自「滅」字始，第二行「利害云」，全文終結，恰至行底，第三行空一行，第四行尾題「五代史記卷第七十四」。此本末半葉雖缺上方，據所存文字尚可推知，首行自「不」字始，故第二行「利害」已至行底，「云」字在第三行，第四行空一行，第五行尾題「五代史記卷第七十四」，第六行下方題「宗文書院刊」。此葉當爲補版，然D—1本末半葉是否原版，及原版有無「宗文書院刊」五字，今皆不得確定。

D—3本：七十四卷　同刊（明初）修　十二册　北京大學圖書館藏（書號：李　四五五四）

後補淡青書衣（二七・三×一八・七釐米），襯紙裝。藏印有「馬玉堂」、「笏齋」、「木犀軒藏書」。缺葉甚多（詳情見北京大學圖書館藏宋元版史部正史類解題），卷七四末葉亦缺，不知有無刊記。

遞修至明前期、中期之傳本，筆者所見亦有數部，此舉二部以該其餘。

D—4本：七十四卷　同刊（明前期至中期）遞修　八册　内閣文庫藏

深褐原書衣（二八・四×一八・一釐米），外加淡褐書衣。原書衣左上方墨題「五代史序目紀一之十二」等，右上方鈐「昌平坂／學問所」墨印。外加書衣鼓印「帝國圖書館藏」。卷一二末（第一册末）朱筆題記曰「文化戊辰六月端六日卒業於藥材所／樗園良」。目録末尾仍無「徐無黨曰云云」。

此本缺卷二第一、第二葉，卷三第一、第二葉等，覈嘉靖修本皆明代中期補版，字體與此本其他明代中期補版無異。疑此本印製時間，或在明代中期修補時期。

卷七四末葉爲明代前期補版葉，尾題次行題「宗文書院刊」，「宗」字似作「崇」，故内閣文庫著録此本爲「元刊(崇文書院)」，本書日文原版亦曾作「崇文書院」。然持此末半葉書影與再造善本影印D—2本相較，則文字筆畫一致，似爲同版。於是重訪内閣文庫，覈查原本，知此末葉刷印時紙張移位，筆劃有重影，故刊記「宗」字看似「崇」字而已。又，據再造善本影印本觀察，D—2本末半葉上方三分之一破損，而仍有框郭行界；首行文字偏右，「者」「不」「城」等字竟有筆畫越過版心界綫者，疑皆經後人描補版框、筆劃。惜影印不精細，原本狀態不可判斷。

D—5本：七十四卷　同刊(明前期至中期)遞修(卷六至九，卷六七至七四補鈔)　十册　上海圖書館藏

後補暗藍書衣(二八·一×一七·四釐米)。

除上標共十二卷外，卷中補鈔葉亦不少，卷七四末葉亦補鈔，題「宗文書院刊」。

以上五本(D—1至D—5本)所見刻工，一併列舉如下：

一宗　人禾　子明　方午　王德明　亨保　沈亨　沈明　(湯)景先　匋(陶)士中　匋子亭　季子　若虚　盛之

陳乂　彭仁山　趙仁壽　鄭埜

七　入　万　仁　王　仲　朩　成　亨　秀　茅

考此諸刻工中，時間較早者，除「方午」、「一宗」見大德信州路本北史外，「王德明」、「鄭埜」見兩淮江東轉運司刊三史元代第二期補版，「士中」、「彭仁山」、「鄭埜」見元刊十行二十字本晉書(H種，非九路本，而舊時常被誤認爲九路本)，

「王德明」、「匋(陶)士中」、「景先」見元代後期覆刻饒州路本隋書(D種)，「匋(陶)士中」、「鄭埜」見至正五年、六年刊宋史、金史，「王德明」、「匋(陶)士中」見洪武三年刊元史，則時間當晚於大德本。

明代補版至少有兩批，明代前期大抵在永樂之後一五世紀中葉有一批，葉數較多。明代中期補版葉較少，時間當在嘉靖前不久，弘治、正德年間。字體拙劣，筆畫較粗。此本書版文字最拙劣者，頗似南史明初覆大德本之補版葉(如南史D—3本)。

刻工名往往有其上空一格，冠「宗文」、「宗」、「孝」等字，當指宗文書院。然明代前中期補版亦頻見此式，且元代後期覆刻饒州路本隋書版心亦刻「堯」、「堯孝」等字，則「宗」、「宗文」不足以定其爲大德本。究竟爲大德本，抑或覆刻大德本，又有無大德本、覆刻本混配之情形等，今皆未及詳查，待考。

書林清話卷四「元監署各路儒學書院醫院刻書」條云：「大德壬寅六年，宗文書院刻經史證類大觀本草三十一卷目録一卷，見四庫總目提要、錢日記、孫記續編、森志補遺、丁志、陸志；無年號刻本草衍義二十卷，見陸志；刻五代史記七十五卷，見張志、瞿目、朱目。」今檢靜嘉堂藏本證類大觀本草，木記「大德壬寅孟春／宗文書院刊行」出補鈔，書中刻字風格似屬元代後期或元末明初，乃建安坊刻本，必非鉛山州宗文書院所刊。靜嘉堂所藏本草衍義無刊記，皕宋樓藏書志云「此元宗文書院刊本，與證類本草同刊」，其實亦屬建安坊刻，且與證類大觀本草行格不同，字體稍異，認其爲宗文書院所刊，毫無根據。是鉛山州宗文書院刊本現存僅此五代史記一種而已。

明嘉靖八年至一〇年間，南監開始彙編整修二十一史，五代史記即用此大德本。以後直至萬曆二至五年重刊新版，近半世紀時間，陸續印製，印數當可觀。筆者知見傳本，有如下幾部：

十册　内閣　十册　尊經閣　十册　東大　十册　「中央」　二十册　「中央」

六册（缺卷四二至五〇，卷五九至六四，卷七四）「中央」　八册　北京大　二十四册　南京

此等皆南監嘉靖二十一史之一，故有嘉靖八年、九年、一〇年補版年記。

尊經閣本有陳師錫序，而内閣本（十册本）、「中央」三本均屬較晚印本，皆無此序，則或此序書版嘉靖後半期已經破損，遂不得印，亦未可知。嘉靖修版以前，目録末葉（第一八葉）至第五行而目録終，空三行，第九行有尾題。嘉靖修版移尾題於第一〇行，中間四行，嵌木加入「徐無黨曰云云」，小字八行。嘉靖修版卷七四末葉爲嘉靖九年補版，左半葉尾題在第五行，與D—2本、D—3本同，而第六行無「宗文書院刊」五字。

一九　宋史　四百九十六卷

A種、元至正六年江浙等處行中書省刊本

宋史四百九十六卷，後於遼、金史一年，至正五年（一三四五）一〇月上進，六年江浙等處行中書省開版，爲唯一元刊本。清内閣大庫舊藏殘本歸北平圖書館，不足全書三成，百衲本基本收入。此本今藏北京圖書館，未及調查原本，僅就各種目録及百衲本述其大概。

A—1本：存一百二十七卷（卷一九至二二，卷四三，卷四四，卷五一，卷五三，卷五四，卷六四至六七，卷七五，卷七六，卷八四至八六，卷九五，卷

一〇三，卷一〇四，卷一一〇至一一二，卷一二三，卷一二六，卷一二七，卷一三七至一四四，卷一四七至一五〇，卷一五三至一五六，卷一六〇，卷一七〇，卷一七三至一七五，卷一七七，卷一七八，卷一八一至一八五，卷二一五至二一七，卷二二一，卷二三二，卷二三六，卷二三九，卷二六三，卷二六四，卷二六七，卷二六九，卷二七〇，卷二七三，卷二七四，卷二七七至二七九，卷二九一，卷二九二，卷三〇一，卷三〇二，卷三〇五至三〇八，卷三一一，卷三一二，卷三一九，卷三三〇，卷三三三，卷三三四，卷三三七，卷三三八，卷三四〇至三四三，卷三四八，卷三四九，卷三五二，卷三五三，卷三五八，卷三五九，卷三八九，卷三九〇，卷三九二，卷三九三，卷三九九至四〇四，卷四〇九至四一一，卷四二九，卷四三〇，卷四四一至四四五，卷四五〇至四五三，卷四六一，卷四六二，卷四九五）

元至正六年江浙等處行中書省刊　存六十九册　北京圖書館藏（書號：〇一二〇六）

未見。此據一九八九年新版北京圖書館古籍善本書目著録殘存卷次。此本當即一九三三年版北平圖書館善本書目稱「存一百三十六卷」者。舊目著録殘存卷次，分紀、志、表、傳爲數，與新目通數卷次不同。今覈對兩目，除卷二六七（傳第二六），舊目著録作「二六上」，不知其意外，新目有卷三四〇（傳第九九）爲舊目所無，餘皆無異。是知舊目「存一百三十六卷」，實「一百二十六卷」之訛，今增卷三四〇，故爲一百二十七卷。又，中國版刻圖録「圖版二八一」收録此本卷三三七首半葉書影，目録稱「存一百三十七卷」，亦當爲「一百二十七卷」之訛。

一九一六年京師圖書館善本簡目著録此部爲「清内閣書」，存卷較一九三三年北平目少六卷，即卷九五（志四八）、卷一五三至一五四（志一〇六至一〇七）、卷一七四（志一二七）、卷二一六（表七）、卷四九五（傳二五四）。據京師圖書館善本詳目，知此六卷皆「由歷史博物館移來」配補。

一九二九年至一九三五年，北平圖書館月刊分八次（卷三第二號至第六號，卷四第四號，卷五第一號，卷九第三號）刊載葉渭清元槧宋史校記，即據此本校勘。然已刊校記不含志、表（卷五一至二三九），列傳無卷三四〇（此卷不見一九三三年書目，蓋當時無此卷），卷四〇九以下又闕如焉。

舊京書影（二六五）爲此本卷一九首半葉，（二六六）爲卷五一末半葉照相。百衲本收録此本絶大部分，而卷一七四（志一二七）、卷二七〇（傳二九）用成化朱英刊本，未用此本。第一批國家珍貴古籍名録圖録收録卷一九書影。有二〇〇五年中華再造善本影印本。據中華再造善本知，此本卷三四〇（傳第九九）缺首二葉，蓋因此之故，一九三三年舊目忽略此卷，未及著録。又，卷一七四（志一二七）缺首十四葉及第二三葉以下，卷二七〇（傳二九）僅存首半葉，故百衲本只得改用成化朱英刊本。

册首見「晉府／書畫／之印」印，册尾見「敬德／堂圖／書印」、「子子孫孫／永寶用」二印，首尾均鈐「京師圖書／館收藏之印」印。據舊京書影、再造善本觀察，此本當作蝴蝶裝。（中華再造善本對折，印面在内，左右半葉相對，是仿蝴蝶裝。然蝴蝶裝粘連版心背面，而北京大學圖書館所藏中華再造善本粘連左右邊，當非原貌。）

據百衲本觀察，卷九五第一五至二〇葉，卷二六七第八至第二六葉，卷二七九第一五至二一葉，卷三〇一第一至一三葉，卷三〇二第一〇至二一葉等，皆出描摹，覈查再造善本，知此等處原本均缺。唯卷九五第一三、第一四葉，百衲本仍用刻本，而再造善本已缺，不知是否百衲本拍照後，有所缺逸。

卷一九首葉首行題「本紀第十九（空六格）宋史十九」，次行低二格題「開府儀同三司上柱國録軍國重事前中書右丞相監脩國史領經筵事都總裁臣脱脱等奉」，皆用扁體字，「國史」、「經筵」上各留空隙，「奉」字改大，恰至行底，第三行低二格記大字「敕修」二字，第四行低三格題「徽宗一」。尾題作「列傳卷第二百五十四」等，不題「宋史卷幾」。

四周雙邊，據版刻圖録云，匡高二〇・八釐米，寬一五・一釐米（再造善本影印刊記云，框高二一・八釐米，寬一六・四釐米）。十行，二十二字。版心細黑口（偏粗之綫黑口）。上象鼻右記字數，左或記「本紀（志、列、傳、列傳）」或不記。又有左右相反者。雙魚尾中間，上方題「紀十九」等，下方題葉次。下象鼻偶見刻工名，詳見A－2本下。字體端正遒勁。

舊京書影提要云：「册末紙背闌角，有『郭成裝褙』、『鄭潤裝褙』、『江宗浩裝褙』、『楊明裝褙』諸墨記。」蓋即至正原裝裝褙工人印記。

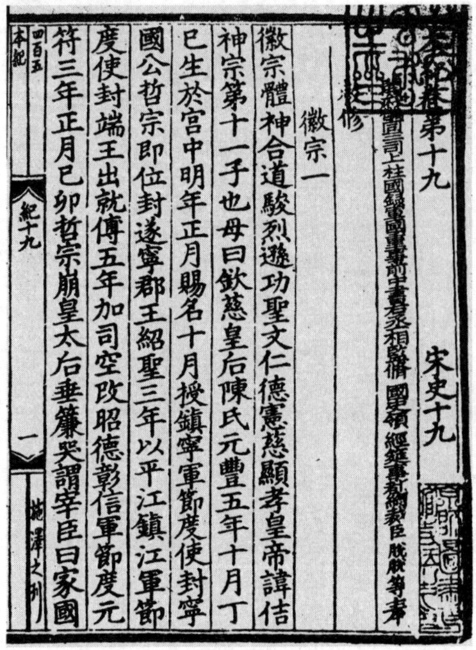
宋史十九
本紀第十九
徽宗一
徽宗體神合道駿烈遜功聖文仁德憲慈顯孝皇帝諱佶
神宗第十一子也母曰欽慈皇后陳氏元豐五年十月丁
巳生於宮中明年正月賜名十月授鎮寧軍節度使封寧
國公哲宗即位封遂寧郡王紹聖三年以平江鎮江軍節
度使封端王出就傳五年加司空改昭德彰信軍節度元
符三年正月己卯哲宗崩皇太后垂簾哭謂宰臣曰家國

宋史　元至正六年江浙等處行中書省刊（百衲本）

圖一三九

A－2本：存十六卷（卷三三、卷三四、卷三九、卷四〇、卷六〇、卷七〇、卷七六、卷八三、卷一六六、卷二三四、卷二五八、卷二五九、卷三〇五、卷三〇六、卷三三八、卷三三九）

同　刊　　存十一册　北京圖書館藏（書號：〇一一七二）

未見。一九三三年北平圖書館善本書目著録一部「存十二卷」，對校殘存卷次，此本少一卷（卷三二〇，即傳七九），多五卷（卷三三、卷三四、卷六〇、卷三三八、卷三三九），餘十一卷同。

百衲本卷三九、卷四〇、卷六〇、卷七〇、卷八三、卷二五八、卷二五九，共七卷用此本，知卷六〇雖不見一九三三年北平書目，然當時確在北平館。又，卷七六、卷三〇五、卷三〇六、卷三三八，共四卷與A—1本重複，百衲本用A—1本。其餘五卷，即卷三三、卷三四、卷一六六、卷二三四、卷三三九，百衲本皆不用此本，而用成化朱英刊本。

據百衲本觀察，卷三九第一至第三葉，卷四〇第七至第一四葉，卷二五九第六至一三葉等，疑爲補鈔。

今據百衲本記録A—1本、A—2本刻工如下：

于乂　士良　大用　子芳　子真　子堅　弓文成　弓日新　弓利貞　弓華　中谷　仁榮　太子　王子文
王子明　王子芳　王子英　王子温　王仁　王太卿　王正卿　王清谷　王淵　王壽甫　付子榮　付茂　以寧
古囦　可大　可道　史仁榮　平甫　仲玉　仲凱　仲裕　仲謙　任子　任子敬　任德章　任璋　朱子明　朱仁
朱可大　朱在明　朱圭　朱珪　朱弥　朱昱　汝舟　汝祥　江伯高　亨甫　伯大　伯遜　何可道　何垕　何達
君仲　君耑　李友文　李仲謙　李章　秀之　秀卿　沈子明　沈天錫　沈仲淵　沈亨甫　沈秀之　阮子陽
阮仲凱　阮德中　阮嶧　匋士中　匋耑　周中　周中山　周士　周平甫　周立翁　周成　周百里　周東山
周益之　孟宗魯　麦茂　居仁　岦中　東山　林茂　林茂卿　林茂實　炎茂　季良　青之　芦起潛　姚華甫
施仲明　施澤之　胡子芳　胡子秀　胡子貞　胡子堅　胡太之　胡仲玉　胡仲珪　胡伯遜　胡名仲　胡克明
胡秀卿　胡泰之　胡景旻　茅子方　茅子芳　茅仲華　茅君用　茅師善　倪平山　倪順昌　孫仁　徐中谷
徐仲裕　徐天祐　徐升之　徐昇之　徐永　徐汝舟　徐季良　徐德　時子榮　袁子成　袁云卿　袁雲卿　起潛
張仲明　張君用　張周士　曹子明　曹安夫　曹實大　章之才　章才　章子泉　章成　章甫　章壽卿　章静之

陳一青　陳一清　陳大用　陳仁　陳元仲　陳可大　陳右之　陳正　陳名耑　陳政　陳祐之　陳福　陶士中
陶瑞　貫之　屠瑞卿　景旻　智文　程宜甫　華甫　童茂實　費容　黄子善　黄以然　黄明成　楊春　葉華甫
董大誠　董仲璋　虞居仁　虞家　虞智文　壽卿　德清　趙良甫　趙良魁　齊思賢　劉明忠　劉德夫
劉德甫　潘正　蔡汝祥　蔣太之　蔣士良　蔣弘善　蔣弘道　蔣□太　談茂　鄭明　鄭埜　錢青之　盧起潛
駱君用　繆中甫　繆成　繆成之　謝子君　謝成　魏以寧　魏伯大　魏章甫
乂　才　弓　史　玉　仲　成　何　沈　阮　周　旻　炎　施　胡　茅　倪　徐　曹　章　家　屠　費　楊
董　虞　潘　蔣　談　駱　繆

刻工名上冠地名者，卷二九一第二四葉見「四明王子芳刊」，卷二九二第一葉見「天台盧起潛」。其餘諸名亦多屬江浙方面刻工。

一九八九年北京圖書館古籍善本書目及中國古籍善本書目僅著録A—1本、A—2本，而一九三三年北平圖書館善本書目又有一「元刻本」，今存臺灣：

a・宋史岳飛傳一卷附岳忠武王廟名賢詩等一卷　〔元末明初〕刊　一册　「中央圖書館」（北平）藏

舊京書影（三五七）爲此本岳飛傳首半葉照相。中國訪書志著録。百衲本卷三六五岳飛傳當據此本。

舊京書影提要、中國訪書志均以此本岳飛傳爲據至正六年本宋史卷三六五覆刻者（舊京書影提要稱「大德本」，當屬筆誤）。據中國訪書志，此本岳飛傳版式、標題格式等一如至正六年本，而刻工名有「金子中」、「金」、「陳仁甫」，此皆不見至正六年本現存諸卷中，且「陳仁甫」亦見至正六年嘉興張氏家塾刊養蒙先生文集，故可定爲元末明初刻本（必在至正六年後，且至正六年後約二十年而元亡）。今更就百衲本觀之，則字體亦稍異於至正六年本。蓋據至正六年本抽取岳飛傳，附加岳忠武王廟名賢詩，重寫刻版，單獨印行流傳。

【百衲本】

百衲本四百九十六卷中，一百三十三卷用至正六年本，岳飛傳用元末明初翻刊本，餘三百六十二卷用成化朱英刻本。用至正六年本一百三十三卷中，一百二十四卷用A—1本，七卷用A—2本，又有二卷即卷一五二、卷三八六，非A—1、A—2本，亦不見一九三三年北平書目，不知來源，亦不知下落。

又，用至正六年本一百三十三卷中，又有配補成化朱英刊本者，當是至正本缺葉或補鈔葉。然至正本十行二十二字，朱英刊本十行二十字，行格不同，故文字不易銜接。

【成化朱英刊本】

增訂四庫簡明目録標注「續録」云：「元刊本，北平圖書館有殘本，此外絶不可見。」百衲本跋云：「元刊本舊藏内閣大庫，今歸北平圖書館。當未出時，世無知者，故每以明成化本當之。」今已知元刊本，則與成化本版式不同，一望即辨，如張元濟所言。又，成化本字體較元刊拙劣。

嘉靖二十一史用成化本，因其時已破損嚴重，故嘉靖補版甚多。萬曆重刊新版二十一史，宋史未見重刊，仍用成化本，故嘉靖後期以下，至清代遞經補修，至今傳本不少。

二〇　遼史　一百十六卷

A種、明初覆元至正五年江浙等處行中書省刊本

遼史當於至正五年江浙等處行中書省付刻，而今無傳本，與宋史、金史傳存至正版不同。百衲本遼史稱以元版影印，所用實明初洪武年間後半期刊本。張元濟知所見非至正版，亦知或爲覆刻本，然未明言爲明版，後爲王重民所指出。一九三三年北平圖書館善本書目，經趙萬里先生鑑定版種，定所藏四部此種版本爲「明初刻本」。北平舊藏本有二部今藏臺北「中央圖書館」，而「中央圖書館」善本書目又誤稱「元刊本」，至一九八六年修訂二版始改爲「明初覆元至正五年刊本」。一九八九年新版北京圖書館古籍善本書目著録北平舊藏本二部，稱「明初刻本」，因仍一九三三年舊目，固不誤。

金史既有至正版，又有覆刻至正版，行格、版式仿至正版，百衲本以覆刻本補配至正版之不足。遼史行格與金史同，然版心不同金史，而同於明初覆刻南史、北史，刻工名與明初覆刻南史、北史、金史大量一致。因此，遼史雖無至正版可資對照，仍可斷定爲明初覆刻本。

一九三三年北平圖書館善本書目著録四部「明初刻本」：

a．存八十八卷　紀一至三〇　志一至一七上　二七至三一　表一至八　傳一至二八

b. 存五十四卷　志一至一四　一八至三一　傳一至二六

c. 存九十五卷　目録　紀一至三〇　志一至二五　二七至三一　表一至八　傳一至二七

d. 存八十卷　紀一至六　二四至三〇　志一至一四　一八至三一　表一至八　傳一至三一

其中a.、d.今在臺灣，b.、c.今在北京。

A—1本：存八十八卷（卷一至卷四七，卷五八至卷九八）　八册　「中央圖書館」（北平）藏

此即右列a.本。「中央圖書館」善本書目著録殘存卷次如此，與北平舊目分數紀、志、表、傳不同，其實所言卷次無異，而卷數作「存八十卷」，誤矣，修訂二版亦未訂正，不知何故。舊京書影收録此本，（二七一）爲牒文末半葉，（二七二）爲修史官員末半葉，（二七三）爲卷一首半葉書影。

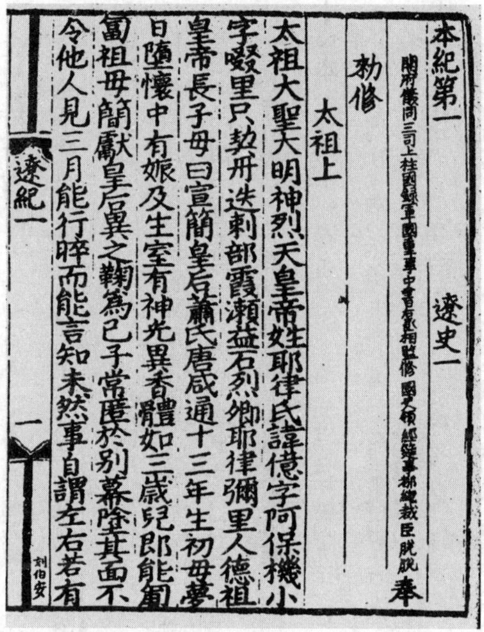
本紀第一　遼史一
開府儀同三司上柱國録軍國重事中書右丞相監修國史領經筵事都總裁臣脫脫奉
勑修
太祖上
太祖大聖大明神烈天皇帝姓耶律氏諱億字阿保機小
字啜里只契丹迭剌部霞瀨益石烈鄉耶律彌里人德祖
皇帝長子母曰宣簡皇后蕭氏唐咸通十三年生初母夢
日墮懷中有娠及生室有神光異香體如三歲兒即能匍
匐祖母簡獻皇后異之鞠爲己子常匿於別幕塗其面不
令他人見三月能行晬而能言知未然事自謂左右若有
遼紀一　一　刘伯安

圖一四〇

遼史　明初覆元至正五年江浙等處行中書省刊本（百衲本）

王重民中國善本書提要著録此本，云：「按此本刻工與明初翻刻南、北史同，故知爲明初刻本。百衲本二十四

史所印遼史，除有一二補版不同外，實即此刻本。張菊生先生跋云：『遼金二史，同時鐫刻，然以此刊本與北京圖書館所藏初刻金史相較，字體絶異，刻工姓名亦無一相合，而與涵芬樓所補之五十五卷較，則字體相類，刻工姓名同者亦有四十六人，是此決非初刻無疑。然徧觀海内外所存遼史，衹有此本，是否别有初刻，殊難言也。』則此本非元刻，菊生先生似已知之，奈仍題元刻，非也。」今案：張氏百衲本二十四史版本述要（見二〇〇三年商務印書館版張元濟古籍書目序跋彙編）已言「恐係覆本」，蓋因尚缺明證，故姑稱元刻而已。

後補藍黑書衣（二九・三×一八・七釐米），題簽墨書「遼紀　一至三十」，包背裝。各册首尾鈐「京師圖書／館收藏印」。百衲本卷首聖旨，次進遼史表，次三史凡例，次修史官員，次遼史目録，與宋史、金史例合，當得其正，而此本置進遼史表於卷六三（表第一卷）首，缺三史凡例，又有缺葉。舊京書影提要著録（二七一）作「詔旨之□」，（二七二）作「目録之□」，是因此本牒文缺首二葉，修史官員缺前一葉，皆僅存末葉，故未能確定葉次。

卷一首行題「本紀第一（空六格）遼史一」，左右雙邊（二〇・七×一五釐米），版心粗黑口，雙魚尾中間上方題「遼紀一」等，下方記葉次，下象鼻偶記刻工名，上象鼻無字數。尾題「列傳第二十八」。

A—2本：存八十一卷（卷一至七，卷二四至四四，卷四九至一〇一）　十三册　「中央圖書館」（北平）藏

此即上列d. 本，然多出第七卷。舊京書影（二六七）牒文第一葉左半，（二六八）凡例第一葉右半，（二六九）修史官員第一葉右半，（二七〇）表第五卷末葉（第五葉）左半，當據此本。

後補深藍書衣（三〇・六×二一釐米），墨題「遼史（一）紀」等。第一册本紀金鑲玉裝（印版用紙高二六・八釐米），第二册以下包背裝，每葉夾襯紙。有「晉府／書畫／之印」、「敬德／堂圖／書印」二印。無進遼史表，牒文第一葉下半

部及第二、第三葉皆補鈔。舊京書影（二六七）下半殘缺，補紙劃界綫，而文字闕如。今檢此本，破損狀況與舊京書影（二六七）一致，而文字已經補鈔，是補鈔在舊京書影照相之後。舊京書影提要又言缺進遼史表，亦與此本合。

一九八九年新版北京圖書館古籍善本書目著録「明初刻本」三部，第一部（書號：〇八〇二）存九十五卷，當即上列舊目c.本。舊目著録存卷較新目多卷五六（志二五），合計卷數爲九十六，當以新目爲正。第二部（書號：〇六二）存七十二卷不見一九三三年舊目。第三部（書號：〇七九九）存五十四卷，當即上列舊目b.本。一九八九年新目又著録「明初刻遞修本」三部，與一九五九年八卷本書目同。其中第二部（書號：三三九〇）爲鐵琴銅劍樓舊藏本，鐵琴銅劍樓書影收録卷八首葉書影。第三部（書號：七三六七）當即涵芬樓舊藏本，見燼餘書録者，亦當即百衲本底本。據百衲本觀察，有少數補版，然無法確認是否經多次遞修。静嘉堂文庫藏本十册，當與百衲本同版，亦有明代補版葉，兩相對校，首葉即有文字異同，或因明代補修不止一次之故。百衲本跋並校史隨筆皆云「是本刊板粗率，訛字亦多」，今無從判斷至正原本已訛，抑或明初覆刻版之訛，又抑或其補版之訛。校史隨筆又云「余所見是史，印本漫漶者多」，今見静嘉堂本，版面亦稍磨損，且有裝訂亂次及補鈔葉。則百衲本所據，印製時間或較晚，經過遞修，增加訛誤，亦有可能。然嘉靖七年南監開始重刊新版遼史，是百衲本底本印製時間自當在其前。

文禄堂訪書記著録「元大德九路刻本」，據所録刻工名，亦可推斷爲同版（即明初覆至正刊本），遼史固不得有大德刻本。

二一　金史　一百三十五卷

A種、元至正五年江浙等處行中書省刊本

百衲本金史用北平圖書館所藏至正刊本，缺卷以明初覆刻本配補。案一九三三年北平圖書館善本書目著録四部「元刻本」：

a．存四十三卷（目録上，紀五，志七、九、一〇、一四至一九、二二至二六、二九、三二至三四、三六至三九，表一至三，列傳三至五、一五、一六、二一五至二八、三六至三八、四一、四九、五〇）

b．存五十四卷（目録二卷，紀三，志五、六、八、一六、一七、二〇至二七、三〇、三一、三三、三四、三六至三八，列傳一〇、一三、一四、一七、一八、二〇至二二、三一至三五、三九至四一、四六、四八、四九、五一至五三、五九至六二、六六、六七、七〇、七二、七三）

c．存七卷（紀一、三、一二，列傳一〇至一三）

d．存一卷（紀二六）

a．四十三卷，b．五十四卷，似皆連目録卷數合計者。又，金史本紀十九卷，d．「紀二十六」顯有訛誤。此四本中，a．、b．、d．三本見一九八九年新版北京圖書館古籍善本書目。

A—1本： 存五十四卷（即b．本）　存四十册　北京圖書館藏（書號：〇六五）

A—2本： 存四十三卷（即a．本）　存三十三册　北京圖書館藏（書號：〇六四）

A—3本： 存一卷（卷二六，即d．本）　存一册　北京圖書館藏（書號：〇八〇三）

圖一四一

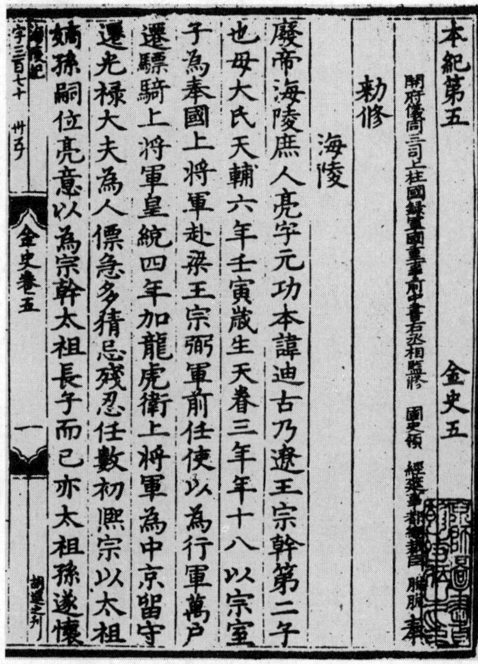
本紀第五　　金史五
開府儀同三司上柱國録軍國重事前中書右丞相監修國史領經筵事都總裁臣脱脱奉
勅修
海陵
廢帝海陵庶人亮字元功本諱迪古乃遼王宗幹第二子
也母大氏天輔六年壬寅歲生天眷三年年十八以宗室
子為奉國上將軍赴梁王宗弼軍前任使以為行軍萬戶
遷驃騎上將軍皇統四年加龍虎衛上將軍為中京留守
遷光禄大夫為人僄急多猜忌殘忍任數初熙宗以太祖
嫡孫嗣位亮意以為宗幹太祖長子而已亦太祖孫遂懷

金史　元至正五年江浙等處行中書省刊（百衲本）

皆未見。一九八九年新目著録殘存卷次，以全書通數卷次，不分紀、志、表、傳，其實A—1本、A—2本卷次與b.、a.無異，今不煩重録。A—3本存卷，新目著録作「二十六」，則第二十六卷（志七），舊目誤作「紀二十六」。一九八九年新目又有一部殘卷。

A—1本鈐「晉府／書畫／之印」、「敬德／堂圖／書印」、「子子孫孫／永寶用」三印，舊京書影收録「舊清内閣書，見藏北平圖書館」，有晉府朱記者，即A—1本，（二七四）牒文首半葉，（二七五）進金史表末尾，（二七六）修史官員首半葉，（二七七）目録下末葉校勘官姓名，皆與百衲本同。A—1本有二〇〇五年再造善本影印本，第一批國家珍貴古籍名録圖録收録卷三首葉書影。

A—4本： 存四卷〔卷三一（志一二）、卷三二（志一三）、卷七六（傳一四）、卷七七（傳一五）〕

存四冊　北京圖書館藏（書號：七三六九）

未見。涵芬樓舊物，曾見燼餘書録及一九五九年八卷本書目。據燼餘書録，此本亦晉府舊藏本。卷七六（傳一四）與A—1本重複，則晉府舊藏本不止一部（參A—6本下）。

據百衲本所見印記，可知百衲本以A—1本爲主，A—1本所缺，乃配用A—2本。A—1本所存五十二卷（加目録二卷共五十四卷），百衲本除傳五一至五三共三卷改用明初覆刻本（B種）外，餘四十九卷均皆用之。紀一、一二，傳一一、一二共四卷，舊目c·本有之，其他諸本所缺，而百衲本不用元本，是c·本不爲百衲本所用，亦不見一九八九年新目，不知何故。又，A—1、A—2本均缺卷三二（志一三），而百衲本用元刊本，卷尾有晉府印，當據涵芬樓藏本，即A—4本。則傳一四、傳一五，或亦用A—4本也未可知。唯卷三一（志一二）百衲本用明刊本，不用A—4本。

總之，百衲本除目録外，有四十九卷用A—1本，二十七卷用A—2本，一卷用A—4本（或A—1本四十八卷，A—2本二十六卷，A—4本三卷），共七十七卷用至正本。全書一百三十五卷，除七十七卷外，餘五十八卷百衲本皆用明初覆刻本，與明初覆刻南史、北史、遼史行格一致。然百衲本跋云「其書法圓潤者，皆元代初刻，凡八十卷」，又云「其餘字較瘦弱，暨摹刻拙劣者，又黑闊口者，皆元覆本，凡五十五卷」，是謂至正刊本八十卷，覆刻本五十五卷，合計一百三十五卷，與百衲本實情不符，不知何因。豈誤以改用覆刻本之三卷（傳五一至五三）爲至正本與。又，中國版刻圖録「圖版二八〇」用至正本卷八七（傳二五）首半葉書影，當據A—2本，而目録稱「存八十卷，百衲本二十四史印本，即據此帙影印」，不知卷數八十何所依據？豈因襲百衲本跋「凡八十卷」之語與？今皆不可知。

今據百衲本、舊京書影等知，A—1本卷首，首録「皇帝聖旨裏」以下有關刊印裝褙之公文，版心題「金史公文」，末列官銜，共二葉。次進金史表，次修史官員，共八葉，版心皆題「金史目録上」，次目録上、下，次正文。正文第一卷，百衲本不用c·本，而用明刊本，首行題「本紀（空八格）金史一」，第二、第三行題脱脱「奉敕修」，與宋史、遼史同。元刊本版框四周雙邊，據版刻圖録云，匡高二一·四釐米，寬一五釐米（再造善本影印刊記云，高二一·七釐米，寬一六・七釐米）。十行二十二字之行格，與宋史、遼史以及大德九路本十史相同。版心綫黑口，上象鼻左右各題「本紀（禮志、列傳等）幾」及字數，雙魚尾中間上方題「金史幾」，下方記葉次，下象鼻偶記刻工名。

據百衲本採録至正本刻工名如下：

一青　于文奎　士良*　大用*　子方　子秀　子泉　子堅*　子貴　子陽　子賢　中成　中玉　中甫　仁甫
今友　元仲　元亨　太之　文奎　王子乂　王子仁　王子文*　王子方　王子芳*　王子義　王子淵　王仁*
王六　王太郎　王正卿*　王清谷*　王壽甫*　王端　付茂*　古囦*　右之　弘善　永之　仲裕*
任子敬*　任德章*　朱二　朱在明*　朱朴　朱明　朱珍　朱珎　朱珪*　朱顯*　亨甫*　伯巽　呈宜甫
吴文　吴文昌　宋貴　李友文*　李章*　杜乂　杜義　秀卿*　沈元　沈亨　沈亨甫*　沈能甫　沈貴
沈福　阮子陽*　阮明　阮德中*　甸中　甸士中*　周士*　周平甫*　周成*　周忠　孟宗魯*　孟淳
齊思賢　林茂*　金友　俞童　俞瑞　姚了山　姚華甫*　施澤之*　胡子彦　胡子堅*　胡子賢　胡古囦
胡仲玉*　胡泰之*　胡進之　胡景旻*　倪平山*　倪順昌*　凌茂　孫仁*　孫友仁　徐永*　徐仲裕*
徐汝舟*　徐施　徐壽　徐壽二　徐德*　徐德一　師善　時子榮*　時榮　泰之　翁大有　張仲明*
張君用*　張德顯　曹成之　曹德新　章子才*　章子泉*　章六秀　章壽卿*　章静之*　陳一青*
陳大用*　陳大義　陳仁*　陳仁甫　陳元仲*　陳元亨　陳右之*　陳正*　陳政*　陳祐之*　陳義
陳壽　陳壽之　陳福*　陳禮　陶士中*　陶瑞*　屠瑞卿*　景旻*　程宜甫　費遠林　楊萬三　楊叔章
楊明　楊青之　楊保　楊清之　葉德甫　葉德榮　董仲璋*　詹仲享　壽甫*　壽卿*　趙良　趙良甫*

鄔成　齊思賢＊　德中　德忠　德顯　潘正＊　蔣士良＊　蔣弘善＊　談茂　鄭必清　鄭春　鄭埜＊　鄭椿

澤之　盧垚　錢必清　靜之　繆中甫＊　繆成＊　繆成之＊　謝了之　謝文炳　謝成＊　謝德成

乂　才　中　之　元　方　王　古　玉　任　朱　李　胡　囦　麥　江　亭　青　匋　孟　明　岩　施　珎

徐　時　昺　曹　張　章　陳　椿　葉　董　義　瑞　魁　屠　堅　趙　毅　鄭　謝

表中附「＊」號者，亦見元刊本宋史。又，書中有二處見「胡古囦刊陳貞書」、「陳貞書／胡泰之刊」，當爲並記寫樣人與刻工名。卷六七第五葉見「德清陳元仲」，當爲冠以地名。

A—5本：零本（存卷二九、卷三〇、卷六七殘葉）　存一冊　北京大學圖書館藏（書號：九一五・七／七八七八・二）

新補深藍書衣。存卷二九（志一〇）第六至八、第一一、第一二葉，卷三〇（志一一）第三至一〇、第一三、第一四、第一六至一九、第二一葉，卷六七（傳五）第一葉。有「晉府／書畫／之印」、「敬德／堂圖／書印」、「子子孫孫／永寶用」三印。

四周雙邊（二一・一×一五・五釐米），十行二十二字。版心綫黑口，題「金史六十七　（葉次）」，上象鼻右側小字題「列傳」，左側記字數，下象鼻記刻工名，如卷六七第一葉刻工名作「德清陳元仲」。

A—6本：零本（存卷五七、卷五八）　存一冊　大谷大學圖書館藏

晉府舊物，神田喜一郎鬯盦文庫本。改裝後補灑銀乳白書衣（三三・九×二三・一釐米）。以白綿紙白紙爲綫裝本，攤開白紙葉，前葉左半與後葉右半上粘著元版一葉，元版書葉對折，左右半葉印面相對。鈐有「晉府／書畫／之印」、「敬德／堂圖／書印」、「子子孫孫／永寶用」三印及「大谷大學圖書館」（橢圓）、「大谷／文庫」二印。

版框四周雙邊，高二一・七釐米，寬一五・一釐米。行格、版式皆同上。刻工名亦皆見上表。卷五七（志三八）與A—1本重複，百衲本亦見晉府印，而鈐蓋位置與此本不同。是此本與A—1本皆晉府舊本，而爲不同部。疑此本原與涵芬樓本（A—4本）爲一帙。

天禄琳琅書目後編卷九著録「金史 六函四十八册」，云書前有江浙行中書省牒，次進表，次目録二卷，卷一有「泊如／齋」白文印，又云「此係初成時杭州所梓官本，真爲希覯」。今不知所云是否覆刻本。

B種、明初覆元至正五年江浙等處行中書省刊本

校史隨筆云：「余所見元刊金史，凡三本。一、至正五年原刊。其二、亦元刻本，字體瘦弱，然摹刻勝於遼史，余定爲初覆本。其三、字體板滯，版心上下有闊黑口，余定爲再覆本。原刊、初覆，版心上分記紀、志、表、傳及字數，下記刻工姓名，惟再覆本無之。」今謂張氏所云「初覆本」，當爲明初覆本，所云「再覆本」，疑當爲明初覆本之明代補版。據刻工名分析，此覆刻本當爲明初福建刊本，與中和堂隨筆記載有洪武年間福建刊本金史合，當即其本，詳參綜論編第九章第二節。

B—1本：一百三十五卷　四十八册　北京圖書館藏（書號：七三六八）

未見。涵芬樓舊藏本，燼餘書録著録。據燼餘書録云，有「楊氏家藏／書畫私印」印。傳書堂藏善本書志著

録一部「金史一百三十五卷元刊元印本」，疑即此本。百衲本當以此本補至正本之缺。張元濟知此本爲覆刻，而仍以爲元刻。此本實爲明初覆刻本，與南史、北史、遼史同。百衲本卷首、目録用至正刊本，而卷一以下共五十五卷皆用此本，今據以述其大概。

第一卷首題格式、行格等，與卷三以下至正刊本同。卷一四周雙邊，版心綫黑口，上象鼻題「本紀」、「章宗紀」等，下象鼻記刻工名，字體亦工整，頗似至正本，正如燼餘書録云「鎸刻較精，譌字亦少」。然自本紀後半以下，大都作左右雙邊，字體接近明初覆刻本遼史，加以刻工與明初覆刻本南史、北史、遼史一致，則此本亦爲明初覆刻本，當無疑義。

燼餘書録於此本云「譌字亦少」，於遼史云「校勘亦疏，時見譌字」，同爲明初覆刻本，而評價迥殊。校史隨筆云「施氏金史詳校，所據借自蔣槐堂之元本，與余所見元本又有異同」，下列施氏云各本誤而張氏所見（即百衲本底本）不誤者，其下又云：「上文所舉是本諸字，皆見於原刊或初覆本者，與施氏所據之本皆不同。」百衲本跋舉例更多，其中不少至正本缺卷，百衲本用此本之處。是此本「譌字亦少」，實非虚譽。據以推測，施氏所見「蔣槐堂所藏元本」，似爲張氏所謂「再覆本」，亦即覆刻本之補版。今未得校對諸本，不可定論。

B—2本：存五十六卷（紀七至一三，志四至六、一五至一九、二三至二六、三四至三六，表一、二，傳一〇至一一、一八至二五、二九至三五、三九至四一、四五至四七、五一至五八）

〔明初〕覆元至正五年江浙等處行中書省刊本　十六册　「中央圖書館」（北平）藏

一九三三年北平圖書館善本書目著録「明初刻本」二部，其一即此本，又一本存四十卷，今藏北京圖書館（書號〇八〇四）。「中央圖書館」善本書目曾著録爲「元刊本」，修訂二版已改正。

後補藍黑書衣（三〇・八×二一・一釐米），包背裝。有「京師圖書／館收藏之印」印。

卷七首葉與百衲本同版，左右雙邊（一九・八×一五・二釐米），首行題「本紀第七（空十一格）金史七」。此外，與百衲本同版之卷亦不少，版心綫黑口，少數有白口，百衲本亦然。此本無補版，當係較早印本。

B—3本：存二卷〔卷一〇七、卷一〇九（傳四五、四七）〕同刊　二册　臺北圖書館藏

中國訪書志著録。後補黑色絹書衣（二八・五×一九・三釐米），金鑲玉裝（印版用紙高二四・二釐米）。内田嘉吉捐贈本。

此兩卷與B—2本重複，百衲本亦用覆刻本。中國訪書志云「版心白口」、「卷一百九間有綫黑口葉」，然據百衲本及B—2本推測，「白口」與「綫黑口」疑互錯。中國訪書志又據刻工名推論此本即校史隨筆所云第二種「初覆本」，且爲閩刻。其説可從。

B—4本：一百三十五卷　同刊（卷九三至九六配補嘉靖八年、九年南監刊本，卷九七至九九補鈔）　二十四册　北京大學圖書館藏（書號：李一〇九）

後補淡褐書衣（二六・二×一七・三釐米）。有「尼山／後人」、「宣／儀」（陰陽）、「宣／儀」、「吴郡／卓信」（白文）、「立／峯」、「明墀／之印」（白文）、「李氏／玉階」、「木犀軒／藏書」、「李印／盛鐸」、「李印／傳模」、「麐嘉／館印」諸印。

B—5本：一百三十五卷　十六册　北京圖書館藏（書號：三三九一）

未見。鐵琴銅劍樓舊物，鐵琴銅劍樓書目、鐵琴銅劍樓書影著録。鐵琴銅劍樓書目云：「前有進書表及史官銜名、中書省令鋟梓印造咨文。明監本卷三十三及卷七十八俱有缺文，此本尚全。」

鐵琴銅劍樓書影收録卷一首葉書影，刻工「熊汝敬」，即可推定爲明初覆刻本（參考綜論編第九章第二節刻工表）。一九五九年版北京圖書館善本書目定此本爲「明初刻遞修本」，而一九八九年新版北京圖書館古籍善本書目改稱「元至正刻明修本」，不知何據。

校史隨筆所謂「再覆本」，「字體板滯，版心上下有闊黑口」者，疑指明初覆刻本之補版。就百衲本言之，卷一六第二葉，卷二〇第一三、第一六、第一八葉，卷六八第四葉，卷七〇第六、第一〇葉，卷七一第一一葉，正爲「字體板滯，版心上下有闊黑口」者。卷一〇七第二〇葉似亦屬同種版，然僅據影印本尚不敢確定。今此九葉，皆不見刻工名，然據版心體式、字體等特點，可推測爲明代補版。參照南史、北史、遼史等情況，推測校史隨筆所謂「再覆本」，當指明初覆刻本之明代補版。因不知張元濟所見何本，故只得推測如此。筆者推測除此明初福建覆至正本外，別無第二種覆至正本。

百衲本所用覆刻本當即涵芬樓本（B—1本），然燼餘書録不言有粗黑口補版。百衲本之九葉補版不知爲B—1本所有，抑或另據別本配補。又，一九五九年北京圖書館善本書目著録B—5本並另一部二十七册本（書號：二〇八五）均稱「明初刻遞修本」。覆刻本是否經多次補修，尚不無疑問。此待調查原本。

藏園群書經眼録著録内閣大庫舊藏北京圖書館至正刊本稱「綫黑口，四周雙闌」，又著録傅氏自藏本稱「明初刊本，十行二十二字，黑口左右雙闌」。稱「黑口」而不云「綫黑口」，則或即如張元濟所云「闊黑口」，亦未可知。傅氏自藏本，雙鑑樓善本書目著録爲「元刊殘本，十行二十二字，黑口，四周雙闌，存志一至三十九，表一至四，列傳一至二十九」。

結語

此先簡單覆述宋元時期刊刻正史之概況。北宋時期，繼端拱、淳化年間刊刻五經正義之後，即有刊刻三史之舉。刻版之前，已經反復校勘，刻成之後又經多次修改。南北朝七史，由於傳本多不完整，搜訪抄本、校勘頗費時日，始見完成。除三史與南北朝七史外，其餘諸史之校勘刊刻未見史籍記載，亦當經歷類似過程。北宋版如今僅存史記，而南宋初期諸版本往往是覆刻北宋版。覆刻北宋版，或出當時政治處境無奈之舉，結果得以傳存北宋版精良文本，價值最高。本書已經著録知見所有傳本所在，可供讀者探索。南宋初期版本，至南宋前期補版已經出現不少訛誤及墨釘。建安坊刻本往往兼收諸家校注，自詡善本，其實文本頗多訛誤，難稱精善。然則南宋諸版已非盡善，而演化爲明代南北監本，經清代殿本，最後形成中華書局點校本。點校本雖然相當出色，但宋元版並非皆在北京，當時條件有限，點校本未能充分利用。又，百衲本並不可靠，如見本書中多次提及。因此，仍有必要全面校對宋元版本，至少需要校對北宋版系統諸本。如今中華書局開始陸續編輯出版新修點校本，令人期待。

版本鑑定方面，本書有如下幾點主要論證：一、從刻工名論證舊稱「景祐刊」三史、舊稱「咸平刊」吴書、「嘉祐刊」唐書，實皆（北宋末）南宋初刊本。利用福州東禪寺、開元寺二藏及湖州思溪藏之刻工，推論此諸版之刊刻時間，是版刻圖録之重要發明。筆者調查此三藏刻工，獲得較多刻工信息，結合其餘諸版之刻工，足以補證版刻圖録之推論。二、論證杏雨書屋藏(舊藏恭仁山莊)史記及北京大學藏建刊史記之配本確實爲北宋版。舊以杏雨書屋藏本與北京圖書館藏本爲同版。如今北京圖書館藏本有影印本，得與杏雨書屋藏本相對照。又，北宋版通典亦有影印本，勘校版面、字體特點，可以論定杏雨本爲北宋版，北圖本爲南宋初覆刻本。影印本、書影爲版本鑑定之利器，筆者常受其恩。例如中國版刻圖録之重要，若無此書，筆者之研究當寸步難行。三、從刻工分析論證「眉山七史」確爲浙江刊本。「眉山七史」傳本皆後印本，其中原版葉存留不多，故以往學者未能否定蜀刊本之懷疑。筆者搜訪各地藏本，獲得較多原版刻工名，始得論證。四、提出南宋中期建刊十史概念。黄善夫、劉元起刻三史，魏仲立刊唐書，刊行者不同，其餘諸史又不見刊書者名氏，而風格一致，體例、版式大致統一，且不見重複，故筆者認爲不同刻書者之間當有一種默契或協調，不妨視爲南宋中期建安書肆之一套十史。又，十史均有元代覆刻本，字體風格又有特色。據此字體特點，筆者認定以往藏書家視爲宋版之晉書、五代史記實皆元版。五、大德九路本十史中，晉書、隋書、南北史有複雜情況。晉書有十行二十字元版，舊時目録往往著録爲大德九路本，其實大德九路本皆十行二十二字，晉書傳本今僅存一部，十行二十字本乃其翻版，後入南監爲二十一史之一，故傳本甚多。隋書有元代後期覆刻本，南北史有明初覆刻本，原版與覆刻版皆入南監，故南監印本混用兩套版片。隋書另有瑞州路刊本，亦非大德九路本。

在研究過程中，發現舊時各種書目、書志、解題之失實，超出想象。與此相反，趙萬里先生北京圖書館善本書目、中國版刻圖録精確無比，堪稱典範，而上世紀三十年代發表兩宋諸史監本存佚攷、北平圖書館善本書目已經顯示超群之見識，令人自然敬佩。長澤規矩也先生不僅發表多篇論考，還投入大量精力編撰宋元版所在目録、刻工名表等，致力於基礎工作。阿部隆一先生在戰後策劃並實現日本、臺灣、香港所藏宋元版本之全面調查，運用大量刻工名信息，分析版本種類，推定刊刻時間，又致力於搜集縮微膠卷等複製書影，以便進行比較研究，爲後人研究開闢道路，並爲此奠定基礎。趙、長澤、阿部三先生之學恩，即筆者賴以研究之根基，感謝不盡。

宋元版本皆極珍貴。本書解題編著録諸版本，皆蒙各藏書機構、單位及相關人員各位之厚意，始得調查研究。在此向各機構、單位及各位人士對學術研究之理解、支持，表示衷心之謝意。

本書日文版出版之前，相關内容曾經單獨發表，列舉如左：

關於南宋兩淮江東轉運司刊三史	史學 四六～三	一九七四年
關於宋刊新唐書	斯道文庫論集 一一	一九七四年
關於宋元刊三國志及晉書	斯道文庫論集 一六	一九七九年
關於明南北國子監二十一史	斯道文庫論集 一八	一九八二年
關於宋元刊南北史、七史及隋書(上)	斯道文庫論集 一九	一九八三年
關於宋元刊南北史、七史及隋書(下)	斯道文庫論集 二〇	一九八四年
關於元刊宋史、遼史、金史	西と東と——前嶋信次先生追悼論文集 汲古書院	一九八五年
宋版鑑別法	ビブリア 八五	一九八五年
關於宋元刊兩唐書及五代史記	斯道文庫論集 二一	一九八五年
關於元大德九路儒學刊十史	神田喜一郎博士追悼論文集 二玄社	一九八六年

本書日文版吸收此諸篇内容，皆經修改。日文版出版之後單獨發表之論文，見本書卷首編譯説明。

引用參考文獻表

以書目、書志、圖録爲一類，其餘論著資料爲一類。每類排序，以書名（論著則作者）首字筆畫爲原則，而靈活調整。如昭德先生郡齋讀書志，排序從「郡」字筆畫，而「昭德先生」標引號。首字相同，也考慮發表時間等因素調整順序。

一、書目、書志、圖録

3 大垣市立圖書館漢籍目録附善本解題（附圖版及び解題）（日文），大垣市役所，一九七一年

上海圖書館善本書目，上海圖書館，一九五七年

上海圖書館藏宋元版解題　史部（一）（日文），尾崎康撰，斯道文庫論集第三一輯，一九九六年

上海圖書館藏宋本圖録，上海古籍出版社，二〇一〇年

4 文禄堂書影，王文進輯，一九三七年北京文禄堂印本

文禄堂訪書記五卷，王文進撰，一九四二年北京文禄堂排印本

王子霖古籍版本學文集，王雨著，王書燕編，二〇〇六年上海古籍出版社出版

天禄琳琅書目十卷天禄琳琅書目後編二十卷，于敏中奉敕編撰，彭元瑞等奉敕續。光緒十年長沙王氏刊本。

有一九九五年中華書局清人書目題跋叢刊影印本
元西湖書院重整書目一卷，一九一七年刊松鄰叢書甲編本，亦見王國維兩浙古刊本考（一九二七年海寧王氏石印海寧王忠慤公遺書三集本，翻印本甚多）
五十萬卷樓藏書目録初編，一九三六年東莞莫氏鉛印本，有二〇〇八年中國書店海王邨古籍書目題跋叢刊影印本
木犀軒收藏舊本書目，李盛鐸撰，一九三七年打字油印本
木犀軒藏宋本書目一卷元本書目一卷，李盛鐸撰，民國間排印本。有二〇〇五年商務印書館出版中國著名藏書家書目彙刊影印本
木樨軒藏書題記及書録，李盛鐸撰，張玉範整理，一九八五年北京大學出版社出版
「中央圖書館」善本書目，一九五七至一九五八年中華叢書委員會出版
「中央圖書館」善本書目（增訂本），一九六七年「中央圖書館」出版
「中央圖書館」善本書目（增訂二版），一九八六年「中央圖書館」出版
「中央圖書館」宋本圖録，一九五八年中華叢書委員會出版
「中央圖書館」金元本圖録，一九六一年中華叢書委員會出版
中國善本書提要，王重民撰，一九八三年上海古籍出版社出版
中國善本書提要補編，王重民撰，一九九一年書目文獻出版社出版

中國訪書志（日文），阿部隆一撰，一九七六年汲古書院初版，一九八三年增訂版

中國古籍善本書目史部，一九九一年上海古籍出版社綫裝本，一九九三年精裝本

中國版刻圖録，一九六〇年文物出版社初版，一九六一年增訂版

日本訪書志十七卷，楊守敬撰，光緒二三年宜都楊氏刊本。有二〇〇八年中國書店出版海王邨古籍書目題跋叢刊影印本

日本國見在宋元版本志經部（日文），阿部隆一撰，見斯道文庫論集第一八輯，一九八一年（免費電子版見http：//koara.lib.keio.ac.jp/xoonips/）。後收入阿部隆一遺稿集第一卷（汲古書院一九九三年東京出版）

日本現在宋元版解題　史部（上）（日文），尾崎康撰，見斯道文庫論集第二七輯，一九九二年

內閣文庫宋本書影（日文），一九八四年日本書誌學會出版

5 平津館鑑藏書籍記三卷補遺一卷續編一卷，孫星衍撰，道光二〇年金陵陳宗彝刊獨抱廬叢刻本。有二〇〇八年中國書店出版海王邨古籍書目題跋叢刊影印本

古文舊書考四卷，島田翰撰，一九〇五年東京民友社排印本，一九二七年北京藻玉堂排印本。有多種影印本

北平圖書館善本書目四卷，趙萬里撰，一九三三年北平圖書館刊本。有二〇一一年人民文學出版社出版舊京書影／北平圖書館善本書目影印本

北京大學圖書館藏李氏書目五卷，趙萬里等撰，一九五六年北京大學圖書館排印本

北京大學圖書館藏宋元版史部正史類解題，尾崎康撰，陳捷譯，見中國典籍與文化論叢第一輯，一九九三年

北京大學圖書館藏宋元版解題史部(日文)，尾崎康撰，見斯道文庫論集第三〇輯，一九九五年
北京大學圖書館藏善本書録，張玉範等撰，一九九八年北京大學出版社出版
北京圖書館善本書目八卷，一九五九年中華書局出版
北京圖書館古籍善本書目，一九八九年書目文獻出版社出版
北京圖書館藏正史宋元版解題抄——「正史宋元版研究」補訂(日文)，尾崎康撰，見史學(三田史學會)第六四卷第三、四號，一九九五年
北京圖書館藏正史宋元版解題抄——「正史宋元版研究」補訂，尾崎康撰，陳捷譯，見北京圖書館館刊一九九五年三—四期
6 江南圖書館善本書目，民國排印本，有二〇〇八年北京圖書館出版社明清以來公藏書目彙刊影印本
江蘇第一圖書館覆校善本書目，胡宗武等撰，一九一八年排印本
江蘇省立國學圖書館圖書總目，柳詒徵等撰，一九三三年至一九三五年排印本
百宋一廛賦一卷，顧廣圻撰，黄丕烈注，嘉慶一〇年士禮居叢書刊本。有一九九三年中華書局清人書目題跋叢刊影印光緒間潘祖蔭翻刻本
百宋一廛書録一卷，黄丕烈撰，一九一五年烏程張氏適園叢書刊本。有一九九三年中華書局清人書目題跋叢刊影印本
自莊嚴堪善本書目，冀淑英撰，一九八五年天津古籍出版社出版

自莊嚴堪善本書影，周一良主編，二〇一〇年國家圖書館出版社出版

7 宋元舊本書經眼録三卷附録二卷，莫友芝撰，同治一二年獨山莫氏刊影山草堂六種本。有二〇〇八年中國書店出版海王邨古籍書目題跋叢刊影印本

祁陽陳澄中舊藏善本古籍圖録，二〇〇六年上海古籍出版社出版

8 京師圖書館善本簡明目録，一九一六年京師圖書館排印本

京師圖書館善本書目（詳本）一九二九年抄本藏東京大學東洋文化研究所，謄抄本藏京都大學人文科學研究所

長滝寺宋版一切經現存目録，一九六六年文化財保護委員會出版

直齋書録解題二十卷，陳振孫撰，乾隆三八年武英殿聚珍本。徐小蠻等點校本，一九八七年上海古籍出版社出版

季滄葦藏書目一卷（即延令宋板書目），季振宜撰，嘉慶一〇年刊士禮居黄氏叢書本。有二〇〇八年中國書店出版海王邨古籍書目題跋叢刊影印本

金澤文庫本圖録，關靖編，一九三五年一九三六年幽學社出版

9 美國國會圖書館藏中國善本書録，王重民撰，袁同禮校，一九五七年美國國會圖書館出版。有一九七二年臺北文海書局影印本、二〇一四年廣西師範大學出版社影印本

故宫善本書目三卷，張允亮撰，一九三四年北平故宫博物院圖書館出版。其中天禄琳琅現存書目一卷，天禄

琳琅録外書目一卷，宛委別藏書目一卷
「故宮博物院」善本書目，一九六八年「故宮博物院」出版
「故宮博物院」宋本圖録，一九七七年「故宮博物院」出版
「故宮博物院」藏沈氏研易樓善本圖録，一九八六年「故宮博物院」出版
拜經樓藏書題跋記五卷附録一卷，吳壽暘撰，道光中海昌蔣氏刊別下齋叢書本。有一九九五年中華書局清人書目題跋叢刊影印本
重要文化財　第一九卷　書迹・典籍・古文書二，一九七六年每日新聞社出版
10 海源閣藏書目一卷，楊紹和撰，光緒一四年刊江刻書目三種本。亦見「訂補」海源閣書目五種
海源閣宋元秘本書目四卷補遺一卷，一九三一年山東省立圖書館排印本。亦見「訂補」海源閣書目五種
「訂補」海源閣書目五種，王紹曾等撰，二〇〇二年齊魯書社出版
恭仁山莊善本書影，一九三五年小林寫真製版所出版部出版
「新修」恭仁山莊善本書影，一九八五年武田科學振興財團出版
盋山書影第一輯宋本第二輯元本，柳詒徵輯，一九二八年南京國學圖書館石印本
「昭德先生」郡齋讀書志，光緒一〇年王先謙刊本二十卷，附附志一卷。一九三三年續古逸叢書影印袁州本四卷，後志二卷考異一卷附志一卷。一九八七年北京現代出版社出版中國歷代書目叢刊第一輯影印兼收兩本。又有一九九〇年上海古籍出版社出版孫猛撰郡齋讀書志校證

留真譜初編二編，楊守敬編，光緒二七年宜都楊氏刊初編，一九一七年宜都楊氏刊二編

11 涵芬樓燼餘書録，張元濟撰，一九五一年上海商務印書館出版。有多種翻印本

「國家圖書館」善本書志初稿，一九九六年一九九七年臺北「國家圖書館」出版

「第一批」國家珍貴古籍名録圖録，二〇〇八年國家圖書館出版社出版

「第二批」國家珍貴古籍名録圖録，二〇一〇年國家圖書館出版社出版

12 善本書室藏書志，光緒二七年錢塘丁氏刊本，有一九九〇年中華書局清人書目題跋叢刊影印本

善本書所見録，羅振常撰，周子美編訂，一九五八年上海商務印書館出版

皕宋樓藏書志一百二十卷續志四卷，陸心源撰，光緒八年歸安陸氏刊本，有一九九〇年中華書局清人書目題跋叢刊影印本

莛圃善本書目六卷，張乃熊撰，榮寶齋鈔本，一九六九年臺北廣文書局出版書目三編影印本

著硯樓書跋，潘景鄭撰，一九五七年上海古典文學出版社出版

「重要文化財」喜多院宋版一切經目録，一九六九年川越喜多院出版

復旦大學圖書館藏宋元版解題（日文），尾崎康撰，見斯道文庫論集第三四輯，一九九九年

13 遂初堂書目，尤袤撰，道光二六年刊海山仙館叢書本，有一九八七年北京現代出版社出版中國歷代書目叢刊第一輯影印本。又有叢書集成排印本

楝亭書目，曹寅撰，一九三四年一九三五年遼海書社出版遼海叢書第八集排印本

群碧樓善本書録六卷，鄧邦述撰，一九二九年江寧鄧氏刊本。有二〇〇八年中國書店出版海王邨古籍書目題跋叢刊影印本

愛日精廬藏書志三十六卷續志四卷，張金吾撰，光緒一三年吴縣徐氏活字印本。有一九九〇年中華書局清人書目題跋叢刊影印本

傳是樓宋元本書目，宣統二年玉簡齋叢書影印本。二〇〇八年中國書店出版海王邨古籍書目題跋叢刊影印光緒一一年儀徵吴氏傳硯齋叢書本，書名「本」作「板」

傳書堂藏善本書志，王國維撰，一九七四年臺北藝文印書館影印稿本，一九七六年臺北大通書局王國維先生全集影印本。又有二〇〇九年浙江教育出版社王國維全集點校本

經籍訪古志六卷補遺一卷，森立之撰，光緒一一年序排印本。有二〇〇八年中國書店出版海王邨古籍書目題跋叢刊影印本

14

滿目琳瑯：「中央圖書館」善本特藏，一九九三年臺北「中央圖書館」出版

嘉業堂善本書影五卷，劉承幹編，一九二九年吴興劉氏印本

嘉業堂藏書志，繆荃孫、吴昌綬、董康等撰，吴格整理，一九九七年復旦大學出版社出版

楹書隅録五卷續編四卷，楊紹和撰，光緒二〇年楊氏海源閣刊本，一九一二年武進董康補刊本。有一九九〇年北京中華書局清人書目題跋叢刊影印董康補刊本

圖書寮典籍解題漢籍篇（日文），一九六〇年日本宫内廳書陵部出版

儀顧堂題跋十六卷續跋十六卷，陸心源撰，光緒一六年、一八年序刊本，有一九九〇年中華書局清人書目題跋叢刊影印本

15 適園藏書志十六卷，清張鈞衡撰，一九一六年南林張氏刊本。有二〇〇八年中國書店出版海王邨古籍書目題跋叢刊影印本

增訂四庫簡明目録標注二十卷附録三卷，邵懿辰撰，邵章續録，一九五九年中華書局出版

16 静嘉堂文庫宋刊本展覽會陳列書解説(日文)，長澤規矩也撰，一九三三年静嘉堂文庫出版。後收入長澤規矩也著作集第三卷(汲古書院一九八九年東京出版)

静嘉堂文庫宋元版圖録(日文)，一九九二年静嘉堂文庫出版

静盦漢籍解題長編(日文)，長澤規矩也撰，一九七〇年汲古書院出版

18 藏書紀事詩七卷，葉昌熾撰，宣統二年長洲葉氏刊本。有一九八九年上海古籍出版社排印本附王欣夫補正

藏園群書題記，傅增湘撰，連載北京圖書館月刊(第五號起更名北平北海圖書館月刊)第一卷第一期至第五期，一九二八年。又見圖書館學季刊第三卷第一、二期合刊(一九二九年)等

藏園群書題記續集五卷補遺一卷，傅增湘撰，一九三八年傅氏排印本

藏園群書題記八卷，傅增湘撰，一九四三年企麟軒排印本，有一九六七年臺北廣文書局書目叢編影印本

藏園群書經眼録，傅增湘撰，傅熹年整理，一九八三年中華書局出版

藏園群書題記二十卷附録二卷，傅增湘撰，傅熹年整理，一九八九年上海古籍出版社出版

藏園訂補郘亭知見傳本書目十六卷，傅增湘訂補，傅熹年整理，一九九三年中華書局出版

舊京書影照片一套附舊京書影提要一册，倉石武四郎編，一九二九年沖印排印。有二〇一一年人民文學出版社出版舊京書影／北平圖書館善本書目翻印本

雙鑑樓善本書目四卷，傅增湘撰，一九二九年江安傅氏刊本

雙鑑樓藏書續記二卷，傅增湘撰，一九三〇年江安傅氏刊本

19 藝芸書舍宋板書目一卷元板書目一卷，汪士鐘撰，同治一二年吴縣潘氏刊滂喜齋叢書本，有叢書集成排印本

藝風藏書記八卷續記八卷，光緒二六年刊藏書記，一九一二年刊續記。有一九九〇年中華書局清人書目題跋叢刊影印本

藝風堂文漫存十二卷，繆荃孫撰，宣統二年刊本

20 寶禮堂宋本書録，張元濟撰，一九三九年南海潘氏排印本。有多種翻印本

21 鐵琴銅劍樓宋元本書目四卷，瞿鏞撰，光緒二三年刊江刻書目三種本

鐵琴銅劍樓藏書目録二十四卷，瞿鏞撰，光緒二四年瞿啓甲修補刊本，有一九九〇年中華書局清人書目題跋叢刊影印本

鐵琴銅劍樓善本書影（即鐵琴銅劍樓宋金元本書影），瞿啓甲輯，一九二二年常熟瞿氏印本

鐵琴銅劍樓宋元本書影識語四卷，丁祖蔭撰，一九二二年常熟瞿氏印本

22「韓氏」讀有用書齋書目，封文權撰，一九三四年瑞安陳氏裒殷堂排印本

25故宮所藏觀海堂書目四卷，何澄一撰，一九三二年北平故宮博物院圖書館出版

二、單獨著作、單篇論文

3大藏會　大藏經：成立と變遷（日文）（百華苑一九六四年京都出版）

小川貫弌　思溪版大藏經私攷（日文），見龍谷史壇一九，一九三七年

小川貫弌　思溪圓覺禪院と思溪版大藏經の問題（日文），見龍谷學報三二四，一九三九年

小野玄妙　大藏經概説（日文），見佛書解説大辭典所收佛教經典總論（大東出版社一九三六年東京出版）

小野玄妙　宋代思溪圓覺禪院及同法寶資福寺新雕二大藏經雜考（日文），見日華佛教研究會年報第三年，一九三八年

川瀨一馬　駿河御讓本の研究（日文），見書誌學第三卷第四期（一九三四年），後收入日本書誌學之研究（「大日本雄辯會」講談社一九四三年出版，講談社一九七一年第二版）

川瀨一馬　足利學校の研究（日文）（「大日本雄辯會」講談社一九四八年出版，講談社一九七四年增補新訂本）

川瀨一馬　新羅佛國寺釋迦塔出の無垢浄光大陀羅尼經について（日文），見書誌學新第三三、三四期（一九八四年）

4王亮　伏侯在東精力所聚——田吳炤書事鈎沉，見中國典籍與文化二〇〇八年第四期
王鷟嘉　中國版刻圖録初版、修訂版對照表，見版本目録學研究第五輯，二〇一四年七月
王國維　五代兩宋監本考，見海寧王忠慤公遺書二集，一九二七年海寧王氏石印本。亦見一九四〇年商務印書館出版海寧王静安先生遺書及多種王氏全集，又有人人文庫單行本
王國維　兩浙古刊本考，見海寧王忠慤公遺書二集，一九二七年海寧王氏石印本。亦見一九四〇年商務印書館出版海寧王静安先生遺書及多種王氏全集
王國維　殘宋本三國志跋，見觀堂集林卷二一（版本衆多，此據中華書局一九五九年北京出版二十四卷本）
王獻唐　聊城楊氏海源閣藏書之過去現在（山東省立圖書館一九三〇年出版山東省立圖書館叢刊第一種。亦見二〇〇二年齊魯書社出版訂補海源閣書目五種收録）
王重民　史記板本和參考書，見圖書館學季刊卷一第四期，一九二六年。後收入冷廬文藪（上海古籍出版社一九九二年上海出版）
中國科學院歷史研究所第一第二所　史記研究的資料和論文索引（科學出版社一九五七年北京出版）
水澤利忠　史記之文獻學的研究（日文），見史記會注考證校補第九卷（一九七〇年出版）
水澤利忠　上杉家藏慶元本史記の研究（日文），見米澤善本の研究と解題（ハーバード・燕京・同志社東方文化講座委員會一九五八年發行，有臨川書店一九八三年京都影印本）
仁井田陞　慶元條法事類と宋代の出版法（日文），見書誌學第四卷第五期，一九三五年

仁井田陞　宋會要と宋代の出版法——特に版本の避諱闕筆法に就いて——(日文),見書誌學第一〇卷第五期,一九三八年

5平中苓次　米澤の宋版前後漢書について(日文),見米澤善本の研究と解題(ハーバード・燕京・同志社東方文化講座委員會一九五八年發行,有臨川書店一九八三年京都影印本。)亦見平中氏中國古代の田制と稅法：秦漢經濟史研究(一九六一年彙文堂版，一九六七年東洋史研究會版)及漢書：國寶宋慶元本(朋友書店一九七七年京都出版)附録

6艾俊川　法藏的譬喻：因襲故典還是自出機杼?,見啟真1(浙江大學出版社二〇一二年出版,以書代刊),後收入文中象外(浙江大學出版社二〇一二年出版,艾氏個人文集)

7沈津　也説朱氏結一廬藏書,博文,網址：http://blog.sina.com.cn/s/blog_4e4a788a0100ahrg.html

李清志　修訂本館善本書目解説——史、子部,見「中央圖書館館刊」新二〇卷第一期,一九八七年六月

李國慶　明代刊工姓名索引(上海古籍出版社一九九八年出版)

李小文、孫俊　李盛鐸致袁克文論書尺牘,見文獻二〇〇八年第四期

李紅英　袁克文史部善本藏書題識,見文獻二〇一三年第一期

尾崎康　北齊の文林館と修文殿御覽(日文),見史學(三田史學會)第四〇卷第二、三號,一九六七年

尾崎康　宋刊新唐書について(日文),見斯道文庫論集第一一輯,一九七四年

尾崎康　南宋兩淮江東轉運司刊三史について(日文),見史學(三田史學會)第四六卷第三號,一九七四年

尾崎康　宋元刊三國志および晉書について(日文),見斯道文庫論集第一六輯,一九七九年
尾崎康　明南北國子監二十一史について(日文),見斯道文庫論集第一八輯,一九八二年
尾崎康　宋元刊南北史・七史・および隋書について(上)(下)(日文),連載斯道文庫論集第一九、第二〇輯,一九八三年、一九八四年
尾崎康　宋元刊兩唐書および五代史記について(日文),見斯道文庫論集第二一輯,一九八五年
尾崎康　元刊宋史・遼史・金史について(日文),見西と東と——前嶋信次先生追悼論文集(汲古書院一九八五年出版)
尾崎康　宋版鑑別法(日文),見ビブリア 天理圖書館報(Biblia : bulletin of Tenri Central Library)第八五輯,一九八五年一〇月
尾崎康　元大德九路儒學刊十史について,見神田喜一郎博士追悼論文集(二玄社一九八六年出版)
尾崎康　宋元刊資治通鑑について(日文),見斯道文庫論集第二三輯,一九八八年
尾崎康　補説,見日本足利學校藏宋刊明州本六臣注文選(人民文學出版社二〇〇八年北京出版)卷首
吴哲夫　故宫善本書志:　宋版晉書存四卷,見故宫圖書季刊第三卷第一期,一九七二年
8武秀成　舊唐書辨證(二〇〇三年上海古籍出版社出版)
長澤規矩也　宋朝私刻本攷(上)(日文),見書誌學第一卷第三期,一九三三年。後收入長澤規矩也著作集第

三卷(汲古書院一九八九年東京出版)

長澤規矩也　帝諱闕筆に基く宋刊本鑑定に關する注意(日文),見書誌學第二卷第一期,一九三四年。後收入長澤規矩也著作集第三卷(汲古書院一九八九年東京出版)

長澤規矩也　宋刊本刻工名表初稿(日文),見書誌學第二卷第二期,一九三四年。後收入長澤規矩也著作集第三卷(汲古書院一九八九年東京出版)

長澤規矩也　元刊本刻工名表初稿(日文),見書誌學第二卷第四期,一九三四年。後收入長澤規矩也著作集第三卷(汲古書院一九八九年東京出版)

長澤規矩也　正德十行本注疏非宋本考(日文),見書誌學論考(安井先生頌壽記念)(松雲堂書店一九三七年東京出版)。後收入長澤規矩也著作集第一卷(汲古書院一九八五年東京出版)

長澤規矩也　宋刊本の闕筆について仁井田博士の教を乞ふ(日文),見書誌學第十卷第二期,一九三八年。後收入長澤規矩也著作集第三卷(汲古書院一九八九年東京出版)

長澤規矩也　明初刊本五種(日文),見積翠先生華甲壽記念論纂(一九四二年東京出版),後收入長澤規矩也著作集第三卷(汲古書院一九八九年東京出版)

長澤規矩也　宋代合刻本正史の伝本について(日文),見滝川博士還曆記念論文集(一九五七年),後收入長澤規矩也著作集第三卷(汲古書院一九八九年東京出版)

長澤規矩也　足利學校藏書の集散について―上ノ補―(日文),見書誌學第六號,一九六六年。後收入長澤

規矩也著作集第二卷(汲古書院一九八五年東京出版)

長澤規矩也　金澤文庫本の範圍——足利學校の唐書から考えて(日文)，見金澤文庫研究第二四卷第三號(總第二五一號)，一九七八年。後收入長澤規矩也著作集第二卷(汲古書院一九八五年東京出版)

阿部隆一　宋代の慶元版「漢書」——松本圖書館所藏(日文)，見信濃每日新聞夕刊，一九七九年十月二十九日、三十日、三十一日，十一月五日分五次連載。後收入阿部隆一遺稿集第一卷(汲古書院一九九三年東京出版)

阿部隆一　宋元版刻工名表(日文)，見阿部隆一遺稿集第一卷(汲古書院一九九三年東京出版)

昌彼得　清内府藏書中的僞本(古版本鑑別雜譚(二))，見故宫文物月刊第九卷第三期，一九九一年。後收入增訂蟫菴群書題識(商務印書館一九九七年臺北出版)，亦見蟫菴論著全集(二〇〇九年)

竺沙雅章　漢籍紙背文書研究(日文)，見京都大學文學部研究紀要一四，一九七三年

金子和正　天理圖書館藏宋刊本刻工名表(日文)，見書誌學第一八號，一九七〇年

9 神田喜一郎　妙覺寺常住日典(日文)，見書誌學第一〇卷第四號，一九三八年。後收入東洋學文獻叢説(二玄社一九六九年東京出版)及神田喜一郎全集第三卷(同朋舍出版一九八四年京都出版)

神田喜一郎　元大德九路本十七史考(日文)，見史林第二五卷第三號，一九四〇年。後收入東洋學文獻叢説(二玄社一九六九年東京出版)及神田喜一郎全集第三卷(同朋舍出版一九八四年京都出版)

神田喜一郎　中國における印刷術の起源について(日文)，見日本學士院紀要第三四卷第二號，一九七六年一一月。後收入神田喜一郎全集第二卷(同朋舍出版一九八三年京都出版)續東洋學説林中

胡適　所謂全氏雙韭山房三世校本水經注，見安徽教育出版社二〇〇三年合肥出版胡適全集第一六卷
范公詒　兩漢書舊本攷二卷，黄任恒校補，一九三四年南海黄氏排印信古閣小叢書所收
姚季農　兩種古卷——吴書寫本與宋紹熙本三國志校勘記（古籍史料出版社一九七三年臺北出版）
10馬清源　漢書宋人校語之原貌與轉變，見文史二〇一四年第一輯
馬清源　漢書版本之再認識，見版本目録學研究第五輯（北京大學出版社二〇一四年出版）
孫毓修　中國雕板源流考，商務印書館一九三〇年出版萬有文庫本
倉田淳之助　漢書版本攷（日文），見東方學報（京都）二七，一九五七年
11章鈺　眉山七史南齊書校本跋，見四當齋集卷二（一九三七年排印本十四卷，有臺北文海出版社出版近代中國史料叢刊第三編第一七四册影印本）
郭立暄　中國古籍原刻翻刻與初印後印研究（中西書局二〇一五年上海出版，原爲二〇〇八年復旦大學博士論文）
張文虎　校刊史記集解索隱正義札記五卷，同治一一年金陵書局刊本，有一九七七年中華書局排印本
張元濟　宋本南齊書跋，見圖書館學季刊（中華圖書館學協會）第四卷第三、四期，一九三〇年
張元濟　百衲本後漢書跋等，見百衲本各史末尾，亦見張元濟古籍書目序跋彙編（商務印書館二〇〇三年北京出版）
張元濟　百衲本二十四史版本述要，見百衲本二十四史預約樣本（商務印書館一九三〇年上海出版），亦見張

元濟古籍書目序跋彙編（商務印書館二〇〇三年北京出版）

張元濟　校史隨筆（商務印書館一九三八年上海出版，影印翻印版本衆多，亦見張元濟古籍書目序跋彙編收録）

張元濟　張元濟書札（增訂本）（商務印書館一九九七年北京出版）

張元濟　百衲本二十四史校勘記（商務印書館一九九七年至二〇〇四年北京出版）

史記校勘記（一九九七年）　漢書校勘記（一九九九年）　後漢書校勘記（一九九九年）　三國志校勘記（一九九九年）　宋書校勘記（二〇〇一年）　南齊書、梁書、陳書校勘記（一九九九年）　魏書校勘記（二〇〇一年）　隋書校勘記（二〇〇一年）　南史校勘記（二〇〇一年）　舊唐書校勘記（二〇〇四年）　新唐書校勘記（二〇〇四年）　新五代史、金史校勘記（二〇〇四年）　宋史校勘記（二〇〇四年）

張元濟　張元濟古籍書目序跋彙編（商務印書館二〇〇三年北京出版）

張麗娟　穀梁單疏本與注疏合刻本考，見儒家典籍與思想研究第一輯（北京大學出版社二〇〇九年出版）

張興吉　影宋百衲本史記考，見中國典籍與文化二〇一〇年第二期

曹元忠　箋經室遺集二十卷（吴縣王氏一九四一年排印本）

12勞榦　北宋刊南宋補刊十行本史記集解後跋，見「中央研究院」歷史語言研究所集刊第一八輯，一九四八年

賀次君　史記書録，一九五八年北京商務印書館出版

傅增湘　藏園日記抄，見文獻二〇〇四年第二期

傅斯年　北宋刊南宋補刊十行本史記集解跋，見「中央研究院」歷史語言研究所集刊第一八輯，一九四八年

13葉渭清　元槧宋史校記，一九二九年至一九三五年，北平圖書館月刊分八次（卷三第二號至第六號，卷四第四號，卷五第一號，卷九第三號）刊載

14趙萬里　館藏善本書提要「南齊書五十九卷」，見北平北海圖書館月刊第一卷第六號，一九二九年。後收入趙萬里文集第一卷（國家圖書館出版社二〇一一年北京出版）

趙萬里　兩宋諸史監本存佚攷，見「中央研究院」歷史語言研究所集刊外編第一種「慶祝蔡元培先生六十五歲論文集」（一九三三年一月）。後收入趙萬里文集第一卷（國家圖書館出版社二〇一一年北京出版）

趙鐵寒　北宋刊史記五種板本辨正（上）（下），見大陸雜誌第二三卷第二期、第三期，一九五九年

15潘美月　南宋重刊九行本七史考，故宫圖書季刊第四卷第一期，一九七三年

劉薔　天禄琳琅研究（北京大學出版社二〇一二年北京出版，原爲二〇一〇年北京大學博士論文）

16横山弘　上海圖書館、南京圖書館、北京圖書館部分善本目録（爲歡迎日本圖書館職員友好の翼訪華團專選陳列）（日文），見中國研究月報第三六七號（「中國の圖書館——全國圖書館職員友好の翼訪中團報告1978.6.3～6.19」專題），一九七八年九月

橋本增吉　東洋史上より見たる日本上古史研究（大岡山書店一九三二年出版，改訂增補版東洋文庫一九五六年出版，原書房一九八二年出版複製本）

18 聶溦萌 晉書兩種宋刻二十七字本的考察，見中國典籍與文化二〇一三年第一期（總第八四期）
聶溦萌 晉書版本演化考，見文史二〇一三年第三輯
19 闞靖 金澤文庫の研究（講談社一九五一年東京出版）
20 蘇精 近代藏書三十家（傳記文學出版社一九八三年臺北初版，中華書局二〇〇九年北京增訂版）

漢譯增訂版編後記

喬秀岩

本書日文版有作者一九八八年初秋寫的「後記」，介紹本書相關研究的大致經過，羅列每一環節支持、協助作者研究的人士姓名，以表謝忱。日文版出版之後，作者又調查了上海圖書館、復旦大學圖書館、北京大學圖書館、北京圖書館、清華大學圖書館等所藏善本，獲得諸多相關人士的支持與幫助。二〇一三年編譯初稿已成，筆者與葉純芳約請作者重游臺北，「中研院」文哲所邀請作者舉辦一場小型座談會，以「臺北、東京、上海、北京——一個版本學者的歷程」爲題，請作者介紹調查研究宋元版本的經歷。此先參考座談會的筆記，結合日文版後記等其他資料，簡述作者研究的大致情況。

作者尾崎康先生所屬的慶應大學附屬研究所斯道文庫，至一九七〇年左右已經大致完成日本所藏漢籍古抄本(唐鈔本及其轉鈔本)的基本調查。一九七〇年阿部隆一教授赴臺灣調查楊守敬舊藏書，見臺灣一地收藏大批宋元版本，遂策劃從臺灣開始，系統調查宋元版本。一九六七年出版的「中央圖書館」善本書目增訂本收録了由美國運至的北平圖書館舊藏書，一九六八年又有「故宮博物院」善本書目出版，爲他們提供了初步的綫索。一九七一年開始，尾崎先生與阿部教授一同前往臺灣，連年舉行長期調查。北平圖書館舊藏書當時由「中央圖書館」管理，故其著録見「中央圖書館」善本書目，但原件保管在「故宮」内，由「中央圖書館」派專員來監管。調查北平舊藏書，以北平圖書館善本書目及長澤規矩也提供的舊京書影(照片散葉)爲主要參考資料。阿部教授將連續五年訪臺調查的結果編輯出版中國訪書志一書，一九八一年又調查「故宫」新收沈氏研易樓舊藏書，一九八三年未及見增訂中國訪書志出版而去世。

調查臺灣藏書的同時，他們也開始系統調查日本所藏宋元版本，主要藏書單位有静嘉堂文庫、内閣文庫、宫内廳書陵部、足利學校遺蹟圖書館、東洋文庫、東京大學圖書館、東洋文化研究所等。阿部教授於一九八一年發表過日本國見在宋元版本志。而尾崎先生重點研究史部宋元版，在本書日文版出版之後，一九九二、九三年分兩次發表了日本現在宋元版解題　史部。阿部教授他們深知對照書影對版本研究的關鍵性意義，所以在臺灣和日本，通過自拍、購買等不同方式，積極搜集宋元版本的縮微膠卷，爲後來的研究建立了基礎。此前，一九七二年尼克松訪華，中日恢復邦交，故一九七八年有一批學者參加「友好訪問團」，參觀了上海圖書館。一九八一年，尾崎先生扛著剛出版的影印本北宋版通典精裝九册，訪問文津街的北京圖書館，借閲五種宋版通典。當時尾崎先生在閲覽室偶然見到有人在對校通典版本，想來應該是受王文錦老師委託，在爲中華書局點校本通典做準備工作。八十年代以後，中日交流日漸頻繁，一九八七年横濱舉辦「北京大學圖書館藏書展覽會(古籍插圖本)」，尾崎先生結識大陸圖書館界的人士也越來越多。九十年代，他在上海調查版本的機會較多，慶應大學退休之後，則來訪北京的機會較多。先後調查了北京大學圖書館、上海圖書館、復旦大學圖書館等所藏史部宋元版本，都有較全面的報告，如見本書卷首編譯説明。另外，北京圖書館收藏宋元版最豐富，尾崎先生曾多次訪問調查，除了本書解題編收録内容外，也有很多收穫，可惜寶藏無窮，未能進行全面調查。此外，也訪問調查過南京圖書館、天津圖書館、清華大學圖書館等地所藏善本。尾崎先生回顧自己的研究經歷，認爲日本學者可説是佔盡了歷史的便宜。臺灣收藏的善本書，都是當時相關人士爲了保護這些珍本，免於日本的侵略破壞，千辛萬苦，經過南京、上海護送過來的。七十年代北京與臺北互不相容，大陸學者無法到臺灣調查，於是阿部教授、尾崎先生他們才有機會進行全面徹底的調查研究。蔣復璁先生等在迎接阿部教授、尾崎先生時表示，看到自己以性命保護的這些書，終於有人來利用研究，感到非常欣慰。中日恢復邦交後，日本學者又有機會調查北京、上海的宋元版本，而此時大陸學者還不能到臺灣調查版本。尾崎先生這番話，十分客觀，却令人有很多感慨。尾崎先生生於一九三四年，適逢北平圖書館善本書南遷。出生於父祖兩代皆任慶應大學教授的書香門第，少年時期却要在静岡縣鄉下度過苦日子，尾崎先生自來痛恨軍國主義。有一點可以肯定的是，尾崎先生沒有辜負歷史給他的有利條件，出色地完成了他的研究。

尾崎先生在結語裏面，總結本書在版本鑑定方面的主要論點有五項，表面看來似乎平淡無奇，其實都是很重要的發明。修訂漢譯版已經吸收日文原版出版以後，作者繼續調查、修正錯誤、補充不足的内容，也收録了再造善本相關的信息，相信正史宋元版本的大致情況已經基本確定了。

二〇〇四年筆者到北京大學歷史學系任教，發願製作本書譯本。至今十多年，蒙尾崎先生信任，請教解答的航空來回信札不知其數，當面陪侍請益的時間也很久，太多回憶，一言難盡。然個人感慨無益於讀者，在此僅述筆者對尾崎先生版本學的粗淺認識，供讀者參考。

阿部隆一、尾崎先生的版本學，在筆者看來，是在趙萬里成就的基礎上，繼續推進的。趙萬里在版刻圖録中提示重要的刻工名，但舉例有限。阿部教授調查每一部宋元版本，都詳細記録刻工名，積累了大量信息（阿部身後，尾崎先生他們整理這些信息，編成宋元刻工表，見阿部隆一遺稿集第一卷），用來論定大量宋元版本的刊刻時間，令人矚目。因爲版本研究需要盡可能多的傳本，搜查需要時間，阿部教授出版中國訪書志時，曾聲明這些調查記録只能是初稿，有待修訂。故阿部教授對版本的鑑定不可能完全準確，對原版、補版的認定也不可能無誤，因而刻工名的時代認定也偶有失誤，這是所有學者都不可避免的問題。與此同時，阿部教授的版本研究也有一個在分析方法上的缺陷。阿部教授在討論某一版本時，通常都要羅列大量其他版本上出現此版刻工的情況，據以推測刊刻時間。同一刻工從事那些其他版本的刊刻工作，儘管一個刻工的工作時間會有二三十年的幅度，只要疊合衆多刻工參與過的其他版本的時間，大致可以推測此版刊年。但阿部教授羅列的大量其他版本，很多都只有一兩名刻工同時出現在討論對象的版本。假設兩套版本各得二十名刻工，只有一名同時出現在兩套版本，應該如何理解？只有一名重複，其餘十九名都不相同，豈不説明兩套版本並非出於同一時期、同一地點？刻工名往往很簡單，本來很容易重複。在這種情況下，同名異人的可能性遠遠大於同一個人。尾崎先生明確意識到這個問題，所以在本書中反復强調同名異人的可能性，注意提示一批刻工共同出現的情況。本書對舊稱景祐本、兩淮江東轉運司本、舊稱眉山七史的刻工分析，是典型的例子。就這點而言，尾崎先生的分析思路與趙萬里先生一致，而較阿部教授更加精準。趙萬里先生對宋代刻工有相當全面的認識，不過在版刻圖録中簡單提示要點而已。尾崎先生在本書中提供了非常豐富而且系統的刻工信息，相信對今後的宋元版研究會有很大的幫助。

尾崎先生以正史做爲範圍，探索歷代刊刻行爲的體系性，是其研究獲得成功的另一方法上的創新。如南宋中期建刊十行本，以往學界没有明確的認識，尾崎先生推測應該形成十史，並且都有元代覆刻本。因爲有這種體系性認識，所以他很早能够確定諸多藏書單位著録爲宋版的晉書、唐書、五代史記都是元代覆刻本。尾崎先生三十年前的推測，後來陸續獲得了實證。南史南宋中期建刊十行本從來不見著録，無論是宋版還是元代覆刻版都没聽説過，但尾崎先生推測當年建安書肆也應該刊行南史。一九八七年日文原版已經排出校樣之後，他獲得機會訪問北京圖書館，借閲一九五九年北京圖書館善本書目僅著録爲「宋刻本」的南史，知道是現存唯一部南宋中期建刊本南史，尾崎先生在校樣上亟爲補録，記下「果然在此」的感歎（本書解題編譯文未能直接表達這種語氣，在此補充説明）。二〇一〇年在上海圖書館看到真正的南宋中期建刊十行本晉書，也證實了尾崎先生認定其他傳本均屬元代覆刻本的鑑定。又如大德九路本相關的複雜情況，超出常人預期，若無尾崎先生非常仔細的對比研究，很難分析清楚。這些都是尾崎先生針對正史刊刻的體系性，綜合研究才得以明白的情況。

尾崎先生對自己的調查研究非常負責，嚴格區分通過膠卷、影印本、書影等資料瞭解的情況和直接調查原件的結果。本書解題編著録現存諸本，凡經尾崎先生直接調查原件的，原則上都有記録書衣外形尺寸和版框尺寸，没有直接調查原件的，就説明「未見」。尾崎先生曾經告訴筆者，後來有一些學者調查東禪寺藏、開元寺藏、思溪藏，列出大量刻工名，比自己調查的多出很多，但不敢貿然利用别人的調查結果。意思是説，采録刻工信息，必須以精確鑑定版本爲前提。現存東禪寺藏、開元寺藏傳本都混合兩藏而成，每一經都有原版、覆刻之别，每一板都有不同時期補版，所以刻工屬於何時何地，必須經過自己的鑑定才敢用。筆者認爲，並不是尾崎先生不相信别人，而是鑑定要自己負責。所以讀者可以相信本書所述都是尾崎先生認真負責的研究成果，儘管這並不保證所述内容皆精確無誤。

編輯這部漢譯增訂版，筆者受益最深，希望本書出版也能給各位讀者帶來更多的裨益。在編輯過程中，筆者發現舊京書影是阿部隆一、尾崎先生討論宋元版最常參考的資料，而國內學者幾乎都没見過。於是筆者與人民文學出版社宋紅老師合作，編輯出版了「舊京書影／北平圖書館善本書目」一書。希望讀者參考該書，驗證尾崎先生的討論。

宋元版本如今都是稀世珍寶，没有藏書單位諸多老師們的幫助，尾崎先生都無法調查研究。在此，替尾崎先生對所有支持、幫助他調查珍貴版本的各位老師，表示衷心的謝意。蒙恩的老師實在太多，也深怕有萬一遺漏，請恕不一一列名。

本書的編譯工作始終得到北京大學歷史學系各位領導、師友的大力支持，十多年了，滿滿的情誼，只有拜謝！回想十幾年前筆者在東京認識王鏗老師，開始與北大歷史學系結緣。一直以來王鏗老師照顧筆者如同小弟，所以本書能請他校對全書，潤色定稿，感覺很圓滿。筆者以二〇一六年底正式離開歷史學系的專任職位，在筆者心中，本書出版猶如向系裏提交十二年工作的總結報告。本書出版得到北京大學基礎研究項目（歷史文獻學，教育部二〇〇九年基本科研業務費專項撥款）的資助。

感謝中華書局領導及責編、校對的辛勤工作，感謝汲古書院的授權處理。